L'ARCHITECTURE

CONSIDÉRÉE

SOUS LE RAPPORT DE L'ART,

DES MŒURS

ET DE LA LÉGISLATION;

PAR C. N. LEDOUX.

Exegi monumentum.....

TOME PREMIER.

DE L'IMPRIMERIE DE H. L. PERRONNEAU.

A PARIS,

CHEZ L'AUTEUR, RUE NEUVE D'ORLÉANS.

M. D. CCCIV.

A SA MAJESTÉ
L'EMPEREUR
DE TOUTES LES RUSSIES.

Les Scytes attaqués par Alexandre de Macédoine, jusques au milieu des déserts et des rochers qu'ils habitaient, dirent à ce conquérant : Tu n'es donc pas un dieu, puisque tu fais du mal aux hommes !

Tous les peuples de la terre diront à l'Alexandre du Nord : Vous êtes un homme ! puisque vous voulez bien accueillir un système social, qui contribuera au bonheur du genre humain.

J'ai l'honneur d'être, avec la reconnaissance la plus respectueuse,

de Votre Majesté Impériale,

Le très-humble & très-obéissant Serviteur,

Le Doux

Gravé par Dien

AVERTISSEMENT

L'œuvre d'architecture de Claude-Nicolas Ledoux devait se composer de cinq gros volumes ainsi que l'annonce un prospectus publié en 1802, qui ne nous apporte guère de précisions quant à leur contenu. Mais la mort de l'auteur interrompit la publication, nous dit le bibliographe Quérard. Il faut cependant noter que notre architecte céda ses droits sur la publication de son œuvre à Vignon moyennant la somme de vingt-quatre mille francs, somme dont on ne retrouva d'ailleurs pas trace à sa mort ; Vignon, également architecte, était son ami, et peut-être son fils naturel.

On sait seulement que ces cinq volumes devaient comprendre toutes les œuvres et projets de Ledoux. Il est certain que, en plus des cent vingt-cinq planches dont se compose le tome premier - seul paru - de l'édition de 1804, d'autres étaient prêtes et tirées, ou du moins gravées, avant le décès de l'artiste. C'est ce qui ressort de l'examen de deux recueils contenant des planches de Ledoux dont certains cuivres portent déjà la date de 1771 (recueil André Carlhian et recueil de la Bibliothèque d'Art et d'Archéologie) et de plusieurs exemplaires de l'édition en deux volumes publiée par Ramée en 1847.

Quelques mots sur chacun de ces volumes :

Le recueil André Carlhian, déjà décrit par les bibliographes de Ledoux, se compose de 48 planches à raison d'un ou plusieurs cuivres par planches. Certains de ces cuivres sont de dimensions différentes de ceux qui ont été tirés plus tard dans les éditions de 1804 ou de 1847 ; d'autres ont été modifiés ultérieurement : additions de paysages, de grilles ; ornements différents, traits ombrés, plans complétés, etc. Nous avons reproduit, de ce recueil, onze documents inédits ou présentant des variantes suffisamment importantes pour pouvoir être retenus.

Quant au recueil de la Bibliothèque Doucet (Bibliothèque d'Art et d'Archéologie ; fol. Rés. 169) il se compose, comme le recueil Carlhian, de planches gravées avant l'édition de 1804, car, pour la plupart, les cuivres sont tirés sans indication générale et, en tout cas, sans numéro. Nous avons reproduit, de celui-ci, trois planches.

L'édition Lenoir, publiée avec préface par Ramée, se rencontre sous deux formes : la première présentation est en deux volumes dont un sous la date de 1804 avec texte et 125 planches, et l'autre sous un titre daté de 1847 et composé de 230 nouvelles planches avec une table descriptive de celles-ci.

La seconde forme un recueil de 300 planches dont 70 de l'édition de 1804 et 230 planches nouvelles ; il n'y a pas de texte sauf la préface de Ramée et une table descriptive à chaque volume, table évidemment différente de celle qui accompagne le deuxième volume de la présentation décrite précédemment.

Quelles que soient les combinaisons employées par l'imprimeur ou l'éditeur, il apparait donc que des exemplaires du premier volume de 1804 restaient invendus quarante-trois ans plus tard et que furent refondus des exemplaires avec des planches déjà tirées. Quel fut le tirage initial et combien furent composés d'exemplaires en 1847 ? On ne peut absolument rien dire sinon que l'ouvrage, sous n'importe quelle forme, est extrêmement rare. Est-ce la raison pour laquelle on ne le voit pas figurer dans les bibliothèques célèbres d'architectes comme Bérard, Destailleur, Foulc, Goddé, Bertone, Mauban, Penard et autres ? Ou est-ce parce que l'opinion du XIXe siècle non seulement le négligea mais le méprisa ?

Quérard, déjà cité, annote sa description bibliographique du commentaire suivant : " Mais le texte en a été écrit par Ledoux avec une emphase et des écarts d'imagination qui le rendent peu intelligible ". De son côté, Ernest Vinet, autre bibliographe et, de plus, bibliothécaire de l'École nationale des Beaux-Arts s'exprime ainsi : " Le texte de ce volume nous autorise à croire que la perte n'est pas énorme (l'interruption de la publication). Il est impossible de parler d'architecture avec une emphase plus ridicule ".

Ce texte est peut-être illisible : Marcel Raval le qualifie d'"atteint de moralisme frissonnant, de prophétisme éperdu, de naturisme ingénu ", le compare à " une échauffourée d'abstractions et de symboles qui s'abattent en de pesantes prosopopées, dans un cliquetis d'apostrophes et de majuscules "; nous n'avons cependant pas cru pouvoir le séparer de la présente reproduction de son œuvre. Probablement conçue et écrite dans les geôles de la Révolution, cette littérature témoigne, malgré ses excès, du génie de son auteur qui eut la prescience du rôle que l'architecture avait à jouer au milieu des idées philosophiques nouvelles. Ce style romantico-social n'est d'ailleurs pas seulement de la littérature : Claude-Nicolas Ledoux en fit la transcription matérielle en dessinant la première ville ouvrière, LA VILLE IDEALE, ceci bien avant le siècle de l'industrie. On sait qu'une ébauche de cette « cité radieuse » avant la lettre fut construite et qu'un témoignage en subsiste — après avoir subi bien des vicissitudes — à Arc-et-Senans, en Franche-Comté.

C'est bien l'incompréhension du dix-neuvième siècle qui éteignit ou étouffa, comme on voudra, son souvenir : Madame du Barry, curieuse de connaître l'hôtel de la Guimard où le tout-Paris d'alors se précipitait, ne put résister à l'envie de voir l'œuvre due à son protégé, dont on parlait tant ; elle vint donc, masquée, afin de n'être point reconnue en un tel lieu de débauche. Quant au menu peuple de Paris, il bailla d'étonnement devant l'hôtel Thélusson. Telle était la curiosité qu'il soulevait chez ses contemporains.

Par contre, la conspiration du silence des bourgeois du siècle de la machine, l'urbanisme du baron Haussmann, l'impopularité des barrières de Paris, la pioche du vandalisme, le feu, tous ces éléments ont persécuté, détruit et anéanti la plupart des monuments érigés par Claude-Nicolas Ledoux.

Il nous a donc paru utile de publier intégralement ce que nous connaissons de son œuvre gravé ; l'amateur, l'architecte, le bibliothécaire trouveront ici 355 planches tirées de l'édition originale de 1804 et de l'édition Ramée. Grâce à l'obligeance de Mademoiselle Suzanne Damiron, directeur de la Bibliothèque d'Art et d'Archéologie, et à l'amabilité de M. André Carlhian, nous avons également pu reproduire plusieurs planches restées inédites et comparer les deux recueils entre eux. On trouvera, à la table, la description de toutes les planches.

Toute notre gratitude va également à nos confrères MM. Vincent, Fréal et Cie qui ont mis à notre disposition les archives de leur maison d'édition.

Pour terminer, précisons que nous n'avons pas la prétention d'apporter un élément nouveau à la biographie de Cl.-N. Ledoux ; tous nos renseignements ont pour source les ouvrages de Madame LEVALLET-HAUG (Paris et Strasbourg, 1934) et de MM. RAVAL et MOREUX (Paris, 1945) auxquels nous prions le lecteur de se reporter, ainsi que la thèse (non publiée) de M. J. LANGNER.

F. D. N.

INTRODUCTION.

Omnia vincit amor (*).

Dans la foule des occupations dont on peut juger par l'immensité du travail que je mets sous les yeux des Nations; au milieu des agitations dont on a fatigué ma constance; au sein des persécutions inséparables de la publicité des grandes conceptions, et des passions qui se sont usées contre mon énergie; assujetti presque toujours à des calculs rétrécis, à des fortunes craintives, à des volontés versatiles qui neutralisent les élans du génie, je n'offrirai point à mes lecteurs de ces projets qui se perdent dans le vague des combinaisons imaginaires, ou dont l'effrayante possibilité anéantit d'avance l'exécution.

Persuadé qu'en abrégeant les annales du temps, et en réunissant les modèles et les principes que l'art y a déposés, je peux lui imprimer à lui-même un mouvement créateur qui lui fasse enfanter des chefs-d'œuvre, et agrandir son domaine et sa gloire, j'ai rassemblé, dans une lecture de quelques jours, toutes les richesses des siècles qui nous ont précédés.

Avant que la nuit ne couvre de son voile obscur le vaste champ où j'ai placé tous les genres d'édifices que réclame l'ordre social, on verra des usines importantes, filles et mères de l'industrie, donner naissance à des réunions populeuses. Une ville s'élèvera pour les enceindre et les couronner. Le luxe vivifiant, ami nourricier des arts, y montrera tous les monuments que l'opulence aura fait éclore.

Ses environs seront embellis d'habitations consacrées au repos, aux plaisirs, et plantés de jardins rivaux du fameux Eden.

Asyles du laborieux artisan, les villages et les bourgs ajouteront à la beauté du coup d'œil par le contraste de leur simplicité. La maison du pauvre, par son extérieur modeste, rehaussera la splendeur de l'hôtel du riche, et de ces palais où sous les lames dorées qui les couvrent, les grands semblent rivaliser d'éclat avec l'astre du jour.

Dieu! qui créas les mondes, tu vois avec complaisance s'embellir une partie de celui que tu nous a cédé. Ton temple domine sur tous les édifices, comme

---

(*) C'est ce sentiment qui m'a inspiré et m'a soutenu dans ce long travail.

notre amour pour toi doit dominer sur tous les sentiments. L'homme naissant t'y est présenté; les grands actes de sa vie y reçoivent ta sanction, et sa dépouille mortelle y vient solliciter ton regard, avant de s'enfoncer dans la tombe.

La morale qui est la religion active, la philosophie qui est la sœur de la religion, ont aussi leurs sanctuaires. Les peuples du Thibet et les enfants de Confucius y retrouvent le temple de la loi que dans leurs cœurs a gravé le doigt de la nature. Où le vice ne règne pas, la vertu peut se passer d'autel. Rien de ce qui peut propager les bonnes mœurs, corriger les mauvaises, en punir et sur-tout en prévenir les effets, n'est négligé.

L'exemple est la plus puissante des leçons. Un bâtiment majestueux est consacré à la sagesse; des portiques multipliés l'entourent; l'enfance y joue à couvert; la jeunesse les parcourt; la vieillesse y médite. Une école y est ouverte, où l'on apprend à l'homme ses devoirs, avant de l'instruire de ses droits. Là on lui fait voir que toutes les vertus tirent leur origine les unes des autres; que les Platon, les Socrate, les S.-Augustin, ont tous travaillé au même édifice et marché vers le même but. Les tables de Solon, de Niger, les capitulaires de Charlemagne, s'y trouvent placés sous les yeux comme le calendrier de l'honnête homme.

La beauté qui n'est que la proportion, a un empire sur les humains dont ils ne peuvent se défendre : des figures d'une correction pure et flatteuse, ornent l'enceinte du monument; elles personnifient les principes, et par la seule influence de leurs charmes, elles en accélèrent le développement et en propagent les effets. Oh! que de chefs-d'œuvre les Goths eussent laissés à la postérité, si les Phidias du temps avoient épuré leur style!

Vu de près, le vice n'influe pas moins puissamment sur l'ame; par l'horreur qu'il lui imprime, il la fait réagir vers la vertu. L'Oïkema présente à la bouillante et volage jeunesse qu'il attire la dépravation dans sa nudité, et le sentiment de la dégradation de l'homme ranimant la vertu qui sommeille, conduit l'homme à l'autel de l'Hymen vertueux qui l'embrasse et le couronne.

L'Atelier de corruption, sous ses antres obscurs et profonds, lui découvre les sources empoisonnées qui altèrent la vigueur de la morale, minent les trônes, renversent les empires, et il ne le rend au jour qu'avec la haine de tout ce qui peut corrompre les mœurs.

INTRODUCTION.

On peut être vertueux ou vicieux, comme le caillou rude ou poli, par le frottement de ce qui nous entoure; le bonheur et le bien-être peuvent donc se trouver dans le sentiment attractif des jouissances communes, et de là ces cénobies construites à l'ombre des bois tranquilles, où des sages, vivant réunis sous les lois simples de la nature, cherchent à réaliser la desirable félicité des temps fabuleux de l'âge d'or. De là ces maisons destinées à plusieurs familles.

Tout s'anime par la concorde. Des deux premiers frères que nous présente l'histoire du monde, l'un fut homicide et mourut de repentir. Combien il seroit consolant de prévenir le crime et les remords! Que d'avantages résulteroient pour la société des tendres affections que consolident les nœuds du sang! Quand on est nourri dans le même berceau, tout, jusqu'au tombeau, doit unir. Les habitudes, les plaisirs, les pensées doivent être les mêmes et se confondre. L'or s'épure par le feu, l'amitié par l'or. En unissant et identifiant les intérêts, on les prolonge; en les prolongeant, on double l'existence, on prévient les divisions, on oppose à leur naissance une liaison dont l'idée seule porte à l'ame un baume consolateur. Si la société est fondée sur un besoin mutuel qui commande une affection réciproque, pourquoi ne réuniroit-on pas, dans des maisons particulières, cette analogie de sentiments et de goûts qui honorent l'homme? Aussi verra-t-on que ma cité possède des Maisons de frères. Le caractère des monuments, comme leur nature, sert à la propagation et à l'épuration des mœurs. Là sont élevés des théâtres sous la forme progressive qui nivèle l'humanité; ici des arcs de triomphe qui la déifient; plus loin des cimetières où elle va s'engloutir.

Les lois viennent au secours des mœurs. Le temple éclairé de la justice forme une opposition salutaire avec les lieux sombres destinés au crime, et qui jamais ne doivent recéler l'innocence.

Du Prétoire coule la source féconde et bienfaisante de la sécurité publique.

Au Pacifère se concilient les intérêts des familles, et se préviennent ou se terminent leurs divisions. On y donne un frein à l'immoralité, et des chaînes aux passions des cités perverties.

Tous les arts, toutes les conditions trouvent des demeures qui leur sont propres. On y voit l'atelier où le machiniste moins fort, mais plus adroit qu'Atlas, comme lui peut soulever le monde.

INTRODUCTION.

Au sein des forêts d'une immense étendue, se font remarquer le Toit sacré de leur conservateur qui, nouveau Sylvain, les surveille et les protège; la Retraite pyramidale du bucheron qui, parmi les géants qui les peuplent, frappe au signal du maître, et fait tomber sous son utile coignée ceux de ces enfants de la terre, que leur taille élevée rend plus propres à conduire nos flottes à la fortune et à la victoire, et ceux dont les bras sont destinés à entretenir les foyers du frileux citadin, et le corps à nourrir les poëles affamés des usines; la Coupole domestique du charbonnier qui prépare l'aliment nécessaire aux fourneaux des chimistes, et, dans les précautions que ses travaux exigent, trace des leçons contre l'asphyxie; enfin, les galeries compartimentées où, près de sa demeure, le charpentier façonne, appareille, nivèle ses bois, et par leur atténuation sage et combinée, va doubler, dans les longs bâtiments de graduation qu'ils doivent soutenir, le souffle propice et officieux des vents.

Dans les campagnes, l'Agriculture et tous les dieux champêtres ont des temples. Leurs noms inscrits sur les autels indiquent leurs droits à notre amour. A ce culte si naturel s'associent les parcs, quelque fiers qu'ils soient du voisinage des châteaux. De tous côtés sont des bâtiments économiques, des granges, des fermes parées, des bergeries productives, monuments trop dédaignés. Bacchus et Cérès voient leurs dons recueillis avec reconnoissance par les mains laborieuses de leurs ministres qui, puissants par l'exemple, en laissant tomber quelques épis de leurs riches moissons, apprennent à l'indigence que la richesse suit le travail comme elle fuit l'oisiveté.

Sous la protection de Pan, et plus encore sous celle de l'innocence, le monarque berger, au milieu de ses sujets, goûte avec sûreté le sommeil paisible qui s'éloigne si souvent du séjour inquiet des grands.

Chantre des dieux, des rois et des bergers, chantre de la nature, le poète dans sa demeure inspiratrice, voit accourir aux ordres du génie la troupe docile des sensations; elles le placent sur le trépied d'Apollon, et dans ses transports extatiques il embouche à son gré la trompette d'Homère, le flageolet de Théocrite, ou fait résonner la lyre de Pindare ou le luth d'Anacréon.

Le commerce est un de ces canaux précieux qui répandent l'abondance; il doit être secondé.

INTRODUCTION.

Des marchés publics appellent les productions variées, fruit du sol fécond et de l'industrie créatrice des nations; cent voûtes les y protègent contre les intempéries destructives; et des fleuves, par leurs courses combinées, facilitent les plus riches échanges.

De vastes magasins, sous leurs amples péristyles, recèlent les trésors de tous les climats, recueillis par le négociant habile, pour être distribués aux classes laborieuses.

Un caractère simple et grand fait reconnoître les caisses financières gardées par le respect public, nourries par le bien même qu'elles font refluer sur tous les membres de la société.

Chacun juge suivant ses penchants. Heureux l'homme dont les passions sont en harmonie au milieu d'un monde discord! Le voluptueux, au sein de la mollesse laisse échapper pour de brillantes jouissances la fortune acquise par ses pères. Le paresseux offre la sienne comme excuse de son inutilité. Le pauvre, en convoitant leur or, en critique l'emploi, gémit sur sa détresse et reproche à Plutus ses aveugles faveurs et l'injuste répartition de ses bienfaits.

Faut-il que tout soit misère ou magnificence? Faut-il anéantir la splendeur d'où la société tire son aisance? Eh! qu'importe de quelle manière le prodigue dépense, s'il s'acquitte envers le pauvre qui reçoit le prix de ses sueurs. Qu'importe comment le pauvre emploie ce tribut du riche. Si l'art ne peut offrir aux uns qu'une habitation modeste, il la prémunira par le secours officieux de l'argile durcie, contre les caprices incendiaires de la foudre qui consume les chaumes voisins; il la distinguera par ce goût qui plaît même dans les villes, quand il assujettit les plus simples fabriques à la pureté des lignes.

Mais il créera pour les autres des châteaux dominateurs, des communs populeux, des écuries fastueuses, vanités utiles; il fera pour eux sortir du sein de la terre, comme autant de prodiges de la féerie, ces maisons de plaisance, séjours de délices, asyles des jeux, rendez-vous des Grâces, et quelquefois celui des Muses. Il donnera à des entrées de parcs le caractère merveilleux de l'antique chevalerie. Les retours de chasse des Potentats de la terre, célébrés par les cent bouches de la Renommée, appelleront chez nous les nations desireuses de nos arts. L'hotellerie leur offrira ses commodes ressources et ses doux loisirs. L'hospice toujours ouvert au voyageur, par ses utiles épurations, ne permettra l'entrée des frontières qu'à l'homme digne d'y pénétrer. L'intérieur des cités offrira les bains qui fortifient le corps; le trésor provocateur des desirs brûlants qui l'attèrent; les bibliothèques où se nourrit l'esprit; le fisc où il se dessèche; la maison d'étude où se dispensent les lumières, celle de jeu où elles s'éteignent; les demeures vastes et somptueuses des gouverneurs, vuides de contentement et pleines d'amertumes; l'étroite habitation de l'employé circonscrit au nécessaire; les murs du traitant chargés des dépouilles de cent familles.

Peuple! unité si respectable par l'importance de chaque partie qui le compose, tu ne seras pas oublié dans les constructions de l'art : à de justes distances des villes s'élèveront pour toi des monuments rivaux des palais des modérateurs du monde; des maisons de réunion et de plaisirs. Là tu pourras, par des jeux qui te seront préparés, dans des fêtes dont tu seras l'objet, effacer le souvenir de tes peines, boire l'oubli de tes fatigues, et, dans un délassement réparateur, tu puiseras des forces nouvelles et le courage nécessaire à tes travaux.

C'est par le tableau de ces compositions aussi variées que nombreuses, toutes marquées au caractère qui leur est propre, et qui, dans leur exécution offrent l'analyse de tous les principes, que j'instruirai, échaufferai, contiendrai l'artiste qui s'élance dans la carrière de l'Architecture.

Tous les hommes ont une propension naturelle qui dirige leur choix et base leurs résolutions. L'enthousiasme change d'objet, et l'intérêt de but; elle est invariable la ligne que le sort nous a tracée; et, semblables au char qui roule entre deux abîmes, nous ne saurions la quitter sans nous perdre.

A l'homme fidèle au vœu de la nature, et qu'emporte le sentiment brûlant de sa destinée, donnera-t-on de froids et assoupissants préceptes? L'effraiera-t-on par le vague immense de l'horizon qu'on ira lui découvrir? Ses yeux ne doivent-ils pas plutôt trouver où se reposer, voir le précepte confirmé par l'exemple, et l'exemple amener cette discussion qui éclaire et donne aux facultés leur utile développement.

Tout tient à l'impression du maître.

Les projets les plus simples prennent la teinte de l'ame qui les conçoit;

INTRODUCTION.

elle donne son empreinte à tout ce qu'elle touche, et si elle ne veut pas ressembler au grand nombre parce qu'elle est au-dessus de lui, elle ne le rabaissera point, parce qu'il n'est pas à sa hauteur. Rien n'est indifférent.

L'homme qui ne seroit point pénétré de ce principe, seroit déplacé au milieu des hazards que les circonstances font éclore. Semblable au vaisseau lancé sur la vague agitée, jouet des aquilons capricieux, on le verroit indécis, incertain dans sa direction, éviter sans cesse le vent bienfaiteur qui seul peut le faire heureusement surgir au port.

Chacun, il faut en convenir, a sa manière de cingler; mais quand on est tellement organisé qu'une voile oiseuse pour un pilote ordinaire, habilement dirigée, fasse franchir les pôles, on seroit condamnable de résister à sa destinée.

L'emploi du temps est comme le bonheur suprême, il presse la mesure et ne laisse rien à desirer. Ne croyez point que l'on ait besoin de cette gloire fugitive et stérile qui séduit le commun des humains et se borne à la vie, quand on a droit de prétendre à ce patrimoine inattaquable, fruit des sollicitudes, fondé par l'indépendance, assuré dans les fastes de l'art, et qui n'a rien à redouter des vacillations du globe.

Dans les préceptes il est une marche à suivre; j'ai dû classer mes exemples. L'ordre chronologique m'a paru le plus simple; il facilite le rapprochement des distances, la comparaison des productions et des temps qui les ont vu naître. On saisit plus aisément l'ensemble de l'espace que l'art a parcouru, des gouffres qu'il a comblés malgré la continuelle opposition de l'habitude et du faux goût, tyrans barbares dont l'homme du monde connoît le pouvoir et les effets. Souvent il aura vu la première se substituer furtivement même à l'amour, et le second doublant son bandeau, l'associer au vice et le prostituer à des monstres. Malgré l'application irrésolue et même vicieuse des principes de l'art, il sera facile de se convaincre de l'immutabilité des bases sur lesquelles ils sont fondés, par leur périodique reproduction.

Qu'ils disparoissent ces précepteurs à gages qui ont falsifié les idées mères en délayant le savoir dans le vase commun du métier! ils ne sauroient atteindre à la hauteur de cet art sublime.

L'Architecture est semblable aux astres bienfaisants qui éclairent le monde. Elle a ses retours et ses phases comme eux; comme eux elle éprouve de ces chocs qui confondent les éléments; sa lumière se dérobe ainsi que la leur, sous l'épaisseur des nuages, et victorieuse de leurs ténèbres, s'en élance plus brillante et plus belle. Elle est entourée d'éclatants satellites qui réfléchissent sa splendeur et se soutiennent avec elle au sein de l'immensité, par son imposant équilibre.

Pour développer tout l'ensemble d'un art qui exige l'universalité des connoissances, et se dirige par le sentiment attractif de toutes les modifications sociales, j'ai rassemblé, j'ai réuni des vues partielles sur son origine, ses progrès, ses écarts et ses variations. Le volume antique est dans mes mains, et plongé dans la profondeur des méditations qu'il présente, je vois s'élever lentement et passer devant mes yeux étonnés, ces ombres motrices de l'inspiration.

Voyez sur la masse du globe ces taches additionnelles qui effraient la pensée; ces tombes où sommeille l'orgueil; ces dépôts fastueux des chétifs débris de l'homme, s'élevant du sein des déserts qui rappellent son néant.

Voyez ces nuages sans nombre qui s'approchent, se pressent, se déchirent; ne diroit-on pas que ce spectacle les inquiète et les tourmente? Est-ce un nouveau monde dont les sommités s'échappent de la confusion du chaos, ou sont-ce les catacombes de l'univers?

Quel mortel, à cet aspect imposant, ne sent pas toute sa petitesse et ne se prosterne pas devant l'Architecte rival du Créateur?

Jettez les yeux plus loin, vous verrez les prodiges de Sémiramis, les merveilles des Hébreux.

Interrogez les cendres d'Ilion, les annales des nations les plus célèbres; tous ces hommes qui ont paru à leurs plus brillantes époques, pour le bonheur des arts autant que pour le progrès de la civilisation : que vous apprendront-ils?

Les Grecs dégrossissent les masses que la main patiente de l'Égyptien a formées; les peuples plus modernes les atténuent; elles s'appauvrissent sous Théodose; les Goths occidentaux les divisent, et les rendent fatiguantes à l'œil par les ornements dont ils les surchargent.

Enfin le flambeau du génie ravive sa flamme, et l'excite en l'agitant contre les ruines des chefs-d'œuvre antiques; l'art éclairé se ranime, et les grands principes s'adaptent jusqu'aux usages familiers, et c'est alors que ses bienfaits célestes se déploient et se généralisent.

J'appellerai l'homme heureusement organisé par la nature à sentir le profit qu'il peut tirer des découvertes des âges qui nous ont précédés, persuadé que les efforts qui contribuent à étendre les lumières ne sont jamais que relatifs au sentiment qui les provoque; et convaincu que les folles productions d'une imagination délirante, officieusement couverte par les décombres du temps, ne peuvent laisser échapper qu'un faux éclat, je regarderai comme un devoir d'opposer à cette perfide lueur, la lumière vraie des principes destinés à éclairer notre âge.

L'impulsion qui met les hommes en action doit les porter tous à contribuer aux jouissances sociales.

Par cette utile direction, ils deviennent alors autant de réverbères qui, placés à des distances combinées avec leur portée, dissipent, par la réunion de leurs lumières, les ténèbres qu'un plus grand éloignement feroit naître.

Que les nations embouchent la trompette! qu'elles sonnent un appel général à ce concours bienfaiteur! l'Architecte sera prompt à s'y rendre, et sa main active et généreuse versera sur la société des trésors dont il ne la rendra comptable qu'à ses cendres. Semblable à la rosée, nourrice brillante de nos champs, que l'on ne célèbre que lorsqu'elle n'est plus, et après la récolte abondante des grains qu'elle a fécondés, ses travaux ne seront payés que par l'immortalité de son nom.

La postérité conservera, honorera sa mémoire. Dans ses ouvrages, propagateurs de l'art, elle en admirera les grands principes. Tout amalgame falsificateur, fruit unique des circonstances, disparoîtra.

Là, comme dans un livre élémentaire, ces principes se développeront avec leurs résultats divers, tous confirmés par l'expérience.

On y retrouvera la série de ces idées simples et positives, bienveillantes directrices des opérations du génie, et qui, dans les hommes destinés à suivre ses traces, seconderont si puissamment le jugement, pour le choix des moyens, et le raisonnement, pour l'emploi qu'on en peut faire.

Indiquons ces règles immuables qu'ils pourront y recueillir.

La salubrité des vents, le site le plus opportun des lieux doivent toujours

INTRODUCTION.

précéder et déterminer la disposition et la marche des constructions: on doit bâtir à raison de la température.

La dépendance qui n'a que trop perpétué les vices de conception, sera comptée pour rien, et on ne subordonnera pas la faveur de la position au crédit d'un usage considéré dangereux.

On ne s'écartera point de l'unité de la pensée, et des lignes de la variété des formes, des loix de la convenance, de la bienséance, de l'économie. L'unité, type du beau, *omnis porro pulchritudinis unitas est*, consiste dans le rapport des masses avec les détails ou les ornements, dans la non interruption des lignes qui ne permettent pas que l'œil soit distrait par des accessoires nuisibles.

La variété donne à chaque édifice la physionomie qui lui est propre, elle multiplie, change cette physionomie suivant les situations adjacentes et les plans qui conduisent à l'horizon, et d'un desir satisfait en fait éclore mille autres.

La convenance qui fait valoir la richesse et travestit l'infortune, subordonnera les idées aux localités, rassemblera les besoins divers, sous des dehors relatifs et peu dispendieux.

La bienséance nous offrira l'analogie des proportions et des ornements; elle désignera au premier aspect le motif des constructions et leur destination.

L'économie des matières en imposera aux yeux sur la dépense réelle, grace au prestige enchanteur qui trompe l'œil par les sages combinaisons de l'art.

On n'oubliera pas la symétrie; puisée dans la nature, elle contribue à la solidité, et établit des rapports parallèles qui n'excluent pas le pittoresque, je dis plus, le bizarre qu'il faudroit bannir.

Qui pourroit le négliger le goût? lui à qui nous devons tant de jouissances; la méthode qui précise toutes les idées.

Le premier démontre la bonne ou la mauvaise manière de celui qui l'exerce; le véritable goût est de n'avoir pas de manières; il n'est pas, comme on le croit, attaché aux ailes fugitives de l'arbitraire, ni fondé sur des conventions fantastiques; c'est le produit d'un discernement exquis que la nature a placé dans le cerveau qu'elle a favorisé.

La seconde présente des acceptions infinies; elle nous apprend à lier les

INTRODUCTION.

choses les plus simples avec celles qui sont composées; elle nous donne le moyen de tirer des conséquences suivies.

Qui n'a pas éprouvé le despotisme de la beauté? cette sympathie subite et irréfléchie qui commande l'admiration et soumet nos sens à son empire.

On arrache au sein de la terre l'or qui fait disparoître les fléaux de la misère : six millions d'hommes vivent du produit des mers; vingt millions se désaltèrent avec les fruits multipliés par l'industrie; le goût du bien-être, le goût vivifiant du bien-être nourrit plus de monde encore, et marche à pas de géant chez les nations policées; celui de la distribution entre dans tous les rangs de la société. L'homme du monde indique ses besoins; souvent il les indique mal, l'Architecte les rectifie. Le premier sépare les inconvénients généraux de ses avantages relatifs, croyant avoir tout fait en dictant le nécessaire; il voudroit légitimer des enfants désavoués par le scrupule de l'art : telle est son erreur....

Cependant la puissance créatrice de la distribution a des bases qui étendent et précisent les volontés, resserrent ses écarts, et quoiqu'elles appartiennent à tous les genres d'édifices, quoique ses recherches s'appliquent individuellement, ses modifications sont infinies.

La manière de poser la question sur la distribution la concentre dans des points donnés qui ont retardé ses progrès. Plusieurs nations la méconnoissent, d'autres abusent de la liberté qu'elle accorde : en Italie les divisions sont grandes; on donne tout à la représentation; en France on la multiplie, on les fatigue, on les contraint tellement dans les étages tronqués (1), que l'on a compromis la salubrité, la commodité, altéré nos facultés, et détruit la bienfaisance de l'art.

En présentant la variété sous tous les aspects dont elle est susceptible, je suis bien loin de croire qu'elle doive reposer sur les bases mobiles du caprice. Toujours assujettie à l'épuration du goût, à la sévérité des lignes, au principe tracé par l'impérieux besoin, qui commande à la nature entière, la distribution ordonne à tous les genres de services de se rapprocher de lui; soit à la ville, soit à la campagne, elle ordonne d'économiser le temps, et de se prémunir

(1) Entresols.

INTRODUCTION.

contre les fantaisies qui le prodiguent. Qui peut oublier ce que l'on doit à la classe laborieuse qui fend le sillon pour lui confier les germes nourriciers de la vie? Qui peut oublier celle qui assure, accumule la maturité des saisons? J'éveillerai la sollicitude publique sur les négligences que l'ignorant multiplie, que le voluptueux méprise, que l'insouciant perpétue. J'attaquerai, oui, j'attaquerai les abus accrédités par la servitude des usages qui retardent la science de la distribution; je déchirerai le bandeau qui couvre depuis tant de siècles une pratique emmuselée, pratique que la conscience du mieux, développe plus qu'un précepte circonscrit qui voudroit la rendre invariable.

La décoration est le caractère expressif, plus ou moins simple, plus ou moins composé que l'on donne à chaque édifice; elle distingue les autels qui disputent d'éternité avec l'Être suprême, du fragile palais que la puissance passagère soutient. Elle vivifie les surfaces, les immortalise, les empreint de toutes les sensations, de toutes les passions; elle modifie les irrégularités du sort, abaisse la présomptueuse opulence, et relève la timide infortune; elle flétrit l'ignorance, aggrandit le savoir, et dans sa juste répartition, elle donne aux nations le lustre qui les fait briller, et plonge dans la barbarie les peuples ingrats ou insouciants qui négligent ses faveurs. Cette coquette habile, appuyée sur les doux arts de la civilisation, joue tous les rôles; elle est alternativement sévère ou facile, triste ou gaie, calme ou emportée. Son maintien impose ou séduit; elle est jalouse de tout, et ne peut supporter le voisinage qui l'offusque, ni la comparaison qui détruiroit ses charmes. Sans cesse entourée par les desirs qui se groupent avec ses rayons, elle s'isole du monde (1). Dans sa retraite méthodique, elle a des mesures scandées sur des mouvements égaux.

Si la science perfectionne l'esprit, si elle élève l'homme au-dessus de lui-même, ce caméléon séducteur travestit l'existence commune en présentant l'utile sous les formes de l'agréable, et l'associe aux attractions respectives et aux contrastes qui la font valoir.

Si l'Architecture ne supporte pas les corps étrangers qui lui commandent,

---

(1) Les décorations bien conçues doivent être isolées, et ne peuvent être dominées par aucun corps qui leur nuise ou les resserre.

si elle trouve dans son isolement l'indépendance qui lui convient, elle ne peut se garantir des rapports approximatifs avec les parties qui la composent.

La beauté croît et s'efface à raison des oppositions; elle est grêle, délicate ou robuste. La juste proportion s'enorgueillit de la pureté de ses contours et de ses rapprochements. L'œil par-tout satisfait, par-tout se promène, par-tout se repose; il est ramené par l'attrait qui lie l'art à la nature. Ce n'est plus la composition de l'Architecte; il disparoît sous la magie qui le fait oublier : c'est l'oracle du goût qui proclame sa souveraineté; on oublie le dieu qui a présidé, l'artiste qu'il a inspiré, on ne voit plus qu'un délicieux assemblage qui confond toutes nos facultés :

> Et par l'effet constant d'un merveilleux hazard,
> Tout y paroît nature et tout y paroît art (1).

C'est une des merveilles du monde; que dis-je, c'est une partie du souffle divin qui ranime et embellit sa surface.

Si la décoration favorise les ordres d'Architecture employés chez toutes les nations; si l'encens du jour fume autour de ces longs fuseaux (2) que le mauvais goût préfère; si cet encens, dis-je, noircit l'idole en brûlant pour elle, on s'accordera généralement sur la beauté des ordres grecs; mais c'est à tort qu'on leur a donné des règles applicables à tous les lieux, à tous les pays. La distance seule peut en fixer le diamètre et l'écartement (3); leurs puissantes facultés se resserrent pour concentrer leurs forces; leur mâle contenance jamais ne se compromet; voyez-les de près, elles offrent des proportions majestueuses; voyez-les de loin, elles reprennent en élégance ce qu'elles perdent de leur force.

Les ordres fragiles sont des êtres privilégiés; ils se plaisent dans les lieux abrités; ils conviennent aux tempéraments délicats; le vent, les pluies, les glaces du nord, les chaleurs du midi décomposent l'acanthe recourbée qui pare leur tête; ils altèrent les filets des cannelures que le Verseau brise dans l'excès de sa rage.

(1) Vers de M. Luce de Lancival.
(2) Ces colonnes hors de proportion.
(3) Ces ordres nous ont paru les plus convenables aux pays septentrionaux; je les ai souvent employés avec succès à des distances éloignées.

INTRODUCTION.

Le beau temps! où les tableaux de nos grands maîtres couvroient les murs de nos appartements, où la menuiserie abjurant ses lignes tourmentées, ses divisions, ses moulures, reprenoit les formes que la sagesse indiquoit : le beau temps! où les dieux, assemblés sur nos têtes, défendoient les plafonds des fantaisies dépravées. Nos bronzes, nos tapis, chefs-d'œuvre de l'art, nos étoffes de Lyon, confidentes de la volupté des cours, des plaisirs des souverains, transportoient les beautés du Vatican dans les palais des empereurs du nord. Ce beau temps est passé; des papiers dispendieusement économes qu'un souffle efface, que le soleil flétrit, que le vent fait envoler, souillent nos salons, nos boudoirs des couleurs noircies sous la lave d'Herculanum. La dignité de nos théâtres s'en afflige : par-tout on pleure l'absence du goût.

Je différencierai la décoration pour la présenter dans ses contrastes. La pierre, sous la touche de l'art, éveillera un nouveau sentiment, développera ses propres facultés. Souvent, très-souvent j'offrirai cette ordonnance libre et débarrassée de ses entraves, cette ordonnance qui plaît avec de belles masses, et doit sa pompe à l'économie subsidiaire, à des oppositions bien entendues, à l'appareil recherché qui décèle le savoir; j'élaguerai ces emplois fragiles, ces ornements saillants que les tempêtes humides décomposent.

J'essaierai de prouver que ce parti est peut-être le seul qui convienne aux constructions particulières, dévorées par l'immensité, ou exposées aux accidents de l'air, qu'il est peut-être le seul qui ait la force de résister à la destruction.

Le critique, toujours hors des limites, applaudit avec économie ou censure avec prodigalité : en partant du principe, moins on offre à son humeur farouche, plus on est irréprochable; voyez ce que l'art gagne quand il dépouille l'objet principal de tout ce qui est inutile; voyez ce qu'il perd en le délayant dans l'accessoire. Telle pensée qui paroît commune, eût paru sublime, si elle avoit été débarrassée de ces détails de convention qui séduisent l'homme prévenu. On perd la vue si on s'accoutume à voir par les yeux d'un autre. Les désordres se perpétuent par imitation ou par l'attrait de certains rapprochements.

Après avoir analysé quelques parties de l'art dans ses détails, je lui présenterai tous les pas glissants du plaisir, toutes les ressources des passions vertueuses; je lui présenterai le luxe du monde, ces astres terrestres, les femmes à qui nous devons la lumière et nos facultés énergiques. Divinités de la terre, indépendantes des secousses volcaniques qui changent ses surfaces; vous dont la fraîcheur égale celle du matin, et qui surpassez l'éclat du soleil dans son midi, faites jaillir sur nous une étincelle du feu avec lequel vous échauffez le monde; nous vous devons nos premières idées et les élans qui mènent à la gloire, quand ils sont dirigés par vos vertus; nous vous devons les premiers documents de tous les arts. Pourquoi n'amuseriez-vous pas notre enfance avec les hochets qui faciliteroient les principes et les feroient aimer? Pourquoi ne tailleriez-vous pas nos premiers crayons? Pourquoi enfin, ne multiplieriez-vous pas nos forces par de nouvelles puissances?

Le sentiment fin et délicat dont vous êtes douées pourroit répandre sur les mœurs publiques l'empreinte de votre cœur, et sur l'économie politique, l'instruction qui ne peut être séparée de l'art dont vous faites le premier ornement (1).

La discussion a ses dangers quand elle est mal dirigée, l'interlocution ses ennuis quand les passions pèsent sur les hommes.

Si je fais sortir le soleil des profondeurs de l'océan pacifique, ce sera toujours pour échauffer la terre de ses premiers rayons. Si je m'appesantis sur des motifs qui paroissent sortis du sujet, s'en éloignent ou sont par eux-mêmes peu intéressants; si je romps cette harmonie desirable qui enchaîne les idées, je la renouerai bientôt par des résolutions qui justifieront l'écart, en mettant en évidence des préceptes constatés par la nature et l'expérience. Je péserai sur les choses et jamais sur les personnes; cependant on ne doit point s'attendre à trouver constamment une répartition exacte entre l'étendue et l'importance des observations descriptives et celles de l'objet qui en est le motif, les uns étant l'effet d'une impression simultanée, et les autres n'étant que le produit d'une application ordinaire.

L'homme se perfectionne par ses propres sensations; en vain on voudroit les mépriser, rien ne peut les contraindre, elles franchissent tous les obstacles.

L'Architecture est à la maçonnerie ce que la poésie est aux belles lettres :

---

(1) On sait que les cannelures imitoient les plis des vêtements des femmes, et les volutes du chapiteau ionique leur coiffure.

INTRODUCTION.

c'est l'enthousiasme dramatique du métier; on ne peut en parler qu'avec exaltation. Si le dessin donne la forme, c'est elle qui répand le charme qui anime toutes les productions. Comme il n'y a pas d'uniformité dans la pensée, il ne peut y en avoir dans l'expression.

Chacun a sa manière de sentir, de s'exprimer : tantôt c'est un torrent qui se précipite des hautes montagnes, il entraîne après lui le rocher; tantôt c'est le calme d'un beau jour qui laisse voir à travers l'onde argentine les reflets des arbres qui se peignent dans ces miroirs mobiles. L'homme élevé, toujours soutenu, ne compose pas avec le moment, il suit l'impression qui le domine ; l'artiste écrit comme il fait ; toujours inspiré, des bureaux de commis deviennent sous sa main des Propylées magnifiques (1); la maison d'une danseuse offre le temple de Therpsicore ; le hangard d'un marchand développe les jardins de Zéphyre et Flore; des champs arides produisent des usines, des villes où les colonnes poussent à côté des orties.

Pourquoi, me dira-t-on, employer sans relâche le style figuré?

Il faut du repos, il faut de grandes lacunes pour soutenir l'attention et faire valoir les objets susceptibles d'élans. Oui sans doute, c'est là le vaste champ où l'insuffisance glane à son aise. Lafontaine, cet homme inimitable, fait tenir aux bêtes le langage qui leur convient. Virgile, dans ses églogues, met dans la bouche du berger le mot de son état; il peint la simplicité de ses mœurs; il met dans l'Ænéïde l'élévation du poëme héroïque. Homère chanta la guerre d'Ilion, mais s'il s'étoit contenté de la décrire, il auroit ennuyé à la vingtième page. Quand l'Architecte décrit les usages déja trop avilis des campagnes, il faut qu'il élève l'ame de son lecteur; s'il n'est pas toujours obligé de donner de l'esprit aux bêtes, il est toujours forcé d'animer, je dirai plus, de faire respirer ses murs.

Parle-t-il des temples? conçoit-il des palais? il est souvent au-dessous de son programme. L'art sans éloquence est comme l'amour sans virilité; déguisant l'instruction pour l'amalgamer avec ses prestiges qui font disparoître la sécheresse didactique, il offrira pour le plus petit objet ce dont le plus grand

---

(1) Propylées vient de προ, πυλη, porte d'avant, ou προ, πυλοσ, pile, pilier, strues, construction.

INTRODUCTION.

est susceptible; s'il bâtit une petite ville, il donnera le moyen de concevoir la plus vaste, et dans ces vues extensives tout est de son ressort, politique, morale, législation, culte, gouvernements. Qu'importe à l'artiste qui ne peut prétendre à être poète, et qu'on ne peut assujettir à la méthode, pourvu que son style attache à la pensée ce qu'il a voulu y inculquer. Si le scrupule du poète ne lui permet pas une mesure délaissée, s'il exclut les tableaux qui stimulent son imagination, pour s'empreindre de la couleur qui l'efface, qu'importe si l'artiste trouve dans son isolement de quoi développer de nouvelles puissances? Qu'importe de quelle manière il s'approprie cette analogie sentimentale qui fait bouillonner les conceptions. Le langage qui s'applique à tel ou tel édifice souvent devient trivial; sent-il le métier? il n'est pas écouté de l'homme de génie : il ne peut pas même lui être utile, s'il ne remue pas son imagination. Mais si l'expression est l'image du sentiment, que risque-t-il de l'élever, on est déja trop enclin à descendre de cet art sublime. Au surplus sa souveraineté n'a-t-elle pas bien le droit de faire des princes? N'a-t-elle pas le droit de les choisir parmi les derniers sujets de son empire? J'userai de la liberté qu'elle me donne, et souvent je divaguerai sur des matières qui paroissent n'avoir aucun rapport à l'Architecture. Que dis-je? est-il quelque chose qui lui soit étranger? Cet art qui rassemble toutes les connoissances, n'est-il pas lié par des attractions sensibles, à l'administration générale, à la politique des cours, aux mœurs publiques et particulières, aux sciences, à la littérature, à l'économie rurale, au commerce? Est-il quelque chose que l'Architecte doive ignorer, lui qui est né au même instant que le soleil, lui qui est le fils de la terre, lui qui est aussi ancien que le sol qu'il habite? N'a-t-il pas fallu des Architectes pour abriter l'homme le jour de sa naissance, des intempéries de l'air, des ardeurs brûlantes de l'été, des glaces de l'hiver; il a tout mis en action dès le commencement du monde.

J'aurois rempli à peine la moitié de mon but, si l'Architecte qui commande à tous les arts, ne commandoit à toutes les vertus. Le projet est vaste sans doute; mais ce que l'homme veut dans ce genre, les dieux le veulent aussi.

Après avoir déroulé les feuilles nombreuses des bâtiments civils, je présenterai les Propylées de Paris, tels qu'ils étoient avant leur mutilation, tableaux qui se lient aux sites les plus piquants, et dont les effets tiennent à la magie trompeuse de nos théâtres. Je *dévillagerai* (1) une peuplade de huit cent mille hommes pour lui donner l'indépendance qu'une ville tient de son isolement; je placerai les trophées de la victoire aux issues fermées qui mutilent ses lignes de tendances; je transplanterai les montagnes; je dessécherai les marais, comblerai les précipices dont les vapeurs repompées par le soleil, retombent sur la tête des humains quand les tourbillons du serein se condensent; je gonflerai les pentes de la plaine pour écouler les eaux paresseuses; je présenterai les chemins destinés à désobstruer l'intérieur de la ville; ces magnifiques boulevards, sans exemple pour l'étendue, je les préserverai des fardeaux excédants qui écrasent le grès, inquiètent l'habitant craintif ou préoccupé. Je présenterai des constructions dont la diversité rassasie la soif du désir, les vertus du dehors rassemblées dans un cercle pour niveler l'esprit public, ces masses additionnelles qui soumettent les temps les plus reculés aux calculs du moment. Je remplacerai le filandreux sapin (2) que pénètre la goutte tenace de l'équinoxe, par des péristyles solides qui abriteront le dépositaire des revenus publics. Pour la première fois on verra sur la même échelle la magnificence de la guinguette et du palais; l'égalité morale n'en souffrira pas, je dis plus, n'en sera pas fâchée; la supériorité de l'esprit et des talents s'enorgueillira. Je remettrai sous les yeux les dépenses des constructions, des mutilations, les produits perdus, consentis, les conflits ministériels, les abus d'autorité, l'effroi des ames communes, l'importance des instruments choisis dans la turpitude pour lancer les traits aiguisés dans les cabinets subalternes et dirigés par la vengeance. On verra la nullité de ces amphibies désorganisateurs verbaliser sur le choix d'une borne, pour associer la multitude trompée et la race future à leur ressentiment. Ils dresseront des tréteaux dans les carrefours pour montrer, au son des clairons, des phantômes économiques qui dépensent pour détruire. Le croira-t-on? on verra des criminels d'état livrés dans l'arène à la férocité des bêtes pour avoir assemblé sous des formes monumentales, des besoins publics dégénérés par l'opinion.

(1) On entroit dans Paris en traversant un marais ou des voieries.
(2) Les portes de la ville avoient pour abri des auvents qu'il falloit renouveller souvent.

INTRODUCTION.

Comme si les insectes qui mordent le cuir invulnérable du talon pouvoient laisser la trace d'une impuissante piqûre; comme si le génie pouvoit être avili par le trait honorable qui retracera un jour la magnificence d'une grande nation.

Voyez ce complice du crime de mutilation; fidèle à la haine, desséché par l'envie, il poursuit à perdre haleine les mortels qui pourroient inquiéter ses ambitieux projets; et s'il montre quelques sentiments pacifiques, ce n'est que pour tourmenter les victimes qu'il a immolées et disséminer les cendres des tombeaux qu'il redoute. Déja le Tartare vengeur le réclame, spectre haï de lui-même, il traîne en longs anneaux ses membres venimeux; son œil hagard, les cavités de ses joues, moins profondes que les cavités de son ame, sont recouvertes d'une peau verdâtre et terreuse, à travers laquelle pousse la carie de ses os. Ah! si ce monstre eût été médecin, au lieu de se dire Architecte, à l'exemple de Procuste, il eût mutilé, étendu, raccourci les hommes, il eût coupé les pieds, les bras, les jambes. On verra ces Erostrate du jour, déguiser les motifs de ces monuments, les dégrader, et se charger de la honte des siècles; leurs noms seront imprimés sur les débris qu'ils ont noircis; on les retrouvera sous la fumée qui enveloppe encore leurs mystères sacrilèges.

Tous ces détails tiennent aux grands évènements qui élèvent ou détruisent les empires. Ils ne seront pas inutiles à la classe pure et timide des artistes qui auront à se prémunir dans l'exercice de leurs talents, contre les atteintes de la médiocrité et des passions qui l'accompagnent.

Elle apprendra que le génie crée, que le talent met en œuvre, que le sentiment de l'art met en place; elle apprendra que les tempêtes politiques font reculer les siècles; elle apprendra que quand on détruit, on donne l'aumône au métier et que l'on appauvrit l'art. O le beau temps! où Paris conservoit encore son orgueil, où l'esprit entraîné par le torrent du génie, voyoit ses portiers logés dans des palais fastueux! Quelle étoit alors l'expectative de l'Architecte? Qu'auroient été un jour les palais des riches et des grands? Les ruines des monuments qui constatent la splendeur des nations, annoncent ou précèdent la ruine des empires. L'art perd ses modèles, la race présente ses comparaisons; la tradition seule y gagne en rassemblant les désastres du monde, elle est la seule qui enrichisse ses fastes. On est saisi d'effroi quand on trace d'avance la marche du temps et l'impuissante leçon du passé; on est saisi d'effroi quand on voit les arts se précipiter et s'enfoncer sur ces corps à demi brisés qui entraînent leur ruine. Si la progression arrivée au plus haut période peut exciter des mouvements subversibles, si elle peut amonceler ses décombres sous la lave politique, il faut en convenir, la terre dans la confidence, avertit et cache long-temps le volcan qui la renverse, l'explosion est ralentie par l'insuffisance des feux qu'elle concentre, et à raison des..........

DIFFICULTÉS A VAINCRE

POUR

LA RÉSOLUTION DE TOUS LES PROJETS

SOUMIS AUX ARTISTES.

Les corps où la réputation s'acquiert dans le calme d'une vie douce et inactive, ces corps où l'inertie s'alimente à frais communs, aux dépens des reflets nourriciers qui glissent sur le petit nombre, où l'on peut critiquer, déchirer sans pitié ceux qui luttent contre la fortune orageuse de l'opinion, parce qu'individuellement on ne s'expose à rien; ces corps enfin qui sont censés s'occuper de l'art, en excitant par des concours l'émulation de la jeunesse, pour avoir fait quelque bien aux élèves, ont été presque toujours nuisibles aux hommes faits. Le goût est invariable, il est indépendant de la mode. L'homme de génie ne gagne que ce que les siècles qui l'ont précédé ont laissé perdre; sa tête raïonnante s'élève et brille au-dessus des nuages qui défigurent les vérités premières; il marche seul au milieu des préjugés; je dis plus, semblable à l'aigle encourageant ses tendres nourrissons, il élève dans ses fortes serres les enfants timides qui n'osent approcher les cercles enflammés du soleil; il affronte ses impérieuses influences, et si son œil perçant pénètre les antres de la terre, ce n'est que pour faire revivre les

INTRODUCTION. 21

puissances de l'ame qu'il oppose à l'inertie qui sans cesse paralyse les efforts d'autrui. Mais vainement il délégueroit ses facultés pour briser les chaînes de l'âge de fer, vainement il voudroit faire renaître les beaux jours d'Astrée. Avant que l'on couronne un premier effort, avant qu'un succès triomphe de l'habitude et soit passé en loi, que d'entraves à écarter! que de lances à rompre!

L'instruction exclusive retarde tout; celui qui donne le ton perpétue ses idées; il n'y a de bien que ce qu'il avoue. Est-il éloquent? il persuade, il égare; rarement il exécute ce qu'il dit. Le génie est rétréci par des résultats épisodiques qui dénaturent le fond; il est entravé par des conventions respectives dictées par l'insuffisance, quelquefois même par le plaisir de nuire. Si le projet livré à la discussion est médiocre, il provoque l'indulgence, assure la protection : on exalte la médiocrité pour obtenir un degré au-dessus. Est-il bon? il révolte en secret l'amour-propre; il fait éclore de serviles détracteurs qui lui opposent la méthode et la rectitude, le sublime des sots.

Leur théorie est si exclusive qu'il semble qu'elle ne soit susceptible d'aucune modification, tandis que le secours que l'on peut offrir à l'esprit humain seroit de lui présenter des bases établies sur la pratique de tous ceux qui ont puisé la proportion dans la nature qui ne peut l'égarer.

Malheur à ceux dont les facultés sont comprimées dans ces langes d'une théorie pédantesque qui ne permet pas même d'éveiller le sentiment dans la crainte de réduire à rien les cahiers rebattus avec lesquels on engourdit les talents qui se déploient (1). Après cette première épreuve, la lumière confondue dans le vague de l'irrésolution, est reportée dans de nouvelles lampes pour éclairer les dépositaires de la publique splendeur des arts.

---

(1) Gluck ne peut donner l'opéra d'Iphigénie renvoyé à l'examen du directeur dont la prudence l'éloigne, pour ne pas perdre la nombreuse collection d'opéra qui l'ont précédé.

INTRODUCTION.

COMITÉS AUXQUELS ON RÉFÈRE

POUR

TOUTES LES CONSTRUCTIONS D'UTILITÉ PUBLIQUE.

Ce nouveau tribunal n'a aucune idée de la sublimité de l'art.

Avant de passer à la filière les projets les plus ordinaires, avant de leur faire traverser ces corps épais et nombreux en finance, qui ne veulent que ce qui rapporte, et excluent ce qui ne rend rien ou annonce la dépense, que de moyens il faut employer! La puissance abuse et masque l'oppression sous le prétexte de l'intérêt public. C'est alors que la connoissance de l'homme est plus nécessaire que celle de l'art; on est réduit à tout gazer. Eh ! pourquoi non ? Un voile léger irrite le desir; les femmes accordent tout en refusant tout. La gaze est donc un présent des dieux, puisqu'elle est la source du plaisir, l'aliment de la volupté, je dis plus, puisqu'elle est l'égide de l'art, et quelquefois le salut des empires.

La moitié des juges, circonscrits par l'autre moitié, ne voit que le moment; elle ne peut monter ses connoissances au degré qui la rendroit indépendante; elle n'envisage que des produits passagers, comme si l'économie d'une forme imposante, qui soustrait aux yeux la dépense présumée, valoit la couronne que décerne au génie le jugement impartial. Etabli sur des bases que l'instruction consolide, que l'expérience rend invariables, l'administrateur a un protocole qui soutient sa défaillante politique, et favorise publiquement ses vues ultérieures. Il sollicite tous les avis, il invite le grand nombre à concourir à ses vues, comme si l'on pouvoit ressouder des pièces à des fonds vicieux (1).

(1) Quand on a jugé la construction du bassin construit dans la méditerranée, il a bien fallu que l'administrateur s'abandonnât à des calculs inconnus jusqu'alors. Il s'est appuyé sur l'expérience de l'artiste, pour assurer l'exécution de l'homme de génie. Que d'exemples on pourroit citer qui constatent la perplexité de l'administrateur, et qui pourtant justifient son choix. Mon premier projet fut livré à la discussion des artistes; je ne l'aurois pas exécuté si on avoit suivi l'impulsion; le dernier..., le palais de justice à Aix, les prisons ont éprouvé le même sort.

INTRODUCTION.

Il obtient de sa circonspection les résultats qui attestent sa prudence. Qu'ils sont loin de contribuer au progrès de l'art! La plupart des hommes instruits ne jugent que lorsqu'ils comparent : compilateurs exacts, ils s'appuient sur tous les exemples qui servent de boussole ; ce qu'ils n'ont pas vu effarouche leur raison ; ce qu'ils ont vu embarrasse leur discernement. Qui pourra juger l'homme de génie, puisqu'il est toujours neuf? Est-ce un siècle enveloppé dans les ténèbres de l'erreur? Qui pourra faire renaître des cendres éteintes ou affaissées sous le poids de l'ignorance? est-ce le grand nombre? l'opinion? Cette idolâtre qui se prosterne aux pieds de la divinité du jour, a besoin du temps pour épurer son culte.

Jugera-t-on au nom de tous? Le despotisme d'une décision affermie par le prétexte de l'intérêt public cédera au sentiment particulier qui captive la bienveillance. Est-ce la multitude? Elle n'est pas instruite. Est-ce le petit nombre? Un seul, croyant plaire à tous, égarera son siècle sur la conscience de ses propres sensations.

Est-ce l'homme instruit? Souvent il cache sous des dehors modestes un langage dépréciateur, des préjugés dont il se fait un rempart pour repousser les productions ingénieuses qui sont au-delà de sa portée. Semblable à l'oiseau de proie qui inquiète l'air tranquille pour y chercher des victimes, quand il vous tient dans ses serres hypocrites, s'il vous laisse échapper, ce n'est qu'après vous avoir à moitié dévoré.

INTRODUCTION.

LES OUVRAGES IMPORTANTS,

CEUX QUI IMPOSENT A LA MULTITUDE,

NUISENT AU BONHEUR

ET A LA FORTUNE DES ARTISTES DISTINGUÉS.

L'artiste démontre son caractère dans ses ouvrages; les grands intérêts le développent; les évènements, suivant la manière dont il en est affecté, l'exaltent ou l'anéantissent.

Ce qui devroit parler en faveur de ceux qui se distinguent, ce qui devroit les rapprocher des affaires publiques, les en éloigne : les hommes en place, concentrés dans leur goût particulier, s'entourent d'adulateurs intéressés qui les approuvent ; leur force naît de leur inertie. On entretient leur impuissance par des lieux communs, des compilations accréditées qui intimident leur confiance et repoussent ceux qui dévient de la voie tracée.

Celui qui affiche la dépense sur des formes imposantes, blesse la pusillanimité; celui qui la déguise et compromet la matière, sous un aspect trivial, séduit un caractère parcimonieux, et offre à la multitude le prestige imposteur du bon marché.

L'homme en place est entouré de la populace des grands, de la populace des petits : l'embarras est inextricable; cependant ce qui exalte la pensée du spectateur, n'est pas toujours ce qui coûte le plus, c'est souvent ce qui coûte le moins.

Quoi qu'il en soit, on sait qu'il n'y a de bien que ce qui impose au grand nombre, et plaît aux yeux exercés dans les siècles de lumières. Il n'y a de véritable économie que dans la pensée, puisqu'elle ne coûte rien; de dépense réelle, que dans l'emploi ménagé des matériaux de tous genres auxquels on attache un prix. Il résulte du principe que le plus habile artiste est le moins dispendieux et le plus redouté. Cependant tel est le sort des premiers talents, on confie les intérêts les plus précieux à l'homme de métier. Il semble que

INTRODUCTION.

l'amour-propre, humilié de la transcendance, trouve dans le rapprochement de quoi justifier son choix. Quelle bizarrerie! quel contraste; on choisit pour la défense d'un procès de mille écus, le meilleur avocat, et on en confie cent mille au manœuvre qui sait à peine entasser le moëllon. Il y a plus, le public abusé par le mot, confie aveuglément ses intérêts à celui qui achète le droit de juger l'homme de génie, d'estimer le bronze de Phidias, le plafond qui partage avec le peintre la gloire des travaux d'Hercule (1). Le croira-t-on? il doit connoître le prix de la matière, la priser, la régler; il est le mouvement ostensible de la loi, cela suffit pour capter la confiance, adoucir les froissements et niveler les intérêts réciproques. Faudra-t-il que l'histoire médisante nous apprenne que cet esclave docile de l'impéritie brise le sens en soumettant la difficulté, ne doute de rien parce qu'il ignore tout?

Semblable à l'araignée importune qui file sans cesse par un besoin physique, et tend ses pièges fragiles sur toutes les surfaces abandonnées, ce n'est ni le goût ni le raisonnement qui guide sa course divergente, c'est un gluten que la nature lui a donné, et dont il faut qu'elle se débarrasse.

Nulle situation n'est féconde pour l'homme stérile.

En vain on m'alléguera que toutes les conceptions ne sont pas susceptibles du sentiment que le génie développe, que la plupart sont exclusivement enclavées dans la pratique commune. Quelle est votre erreur? Est-il quelque chose que l'artiste puisse dédaigner? les thermes de Plutus, le hangard du négociant, la grange du cultivateur doivent porter son empreinte. Le grand appartient essentiellement aux édifices de tout genre.

Si l'homme ordinaire rapetisse l'occasion, l'homme de génie sait l'agrandir. Cependant jettez les yeux sur tout ce qui vous entoure, vous verrez la prodigalité s'étendre en petit sur une façade de quatre-vingt toises, tandis que la retraite du sage qui sait diriger son choix et apprécier ses emplois, étale en grand la vraie richesse dans l'espace de six. D'où vient le vice? La première est divisée et présente des ornements de mode qui fatiguent les yeux et corrompent la pureté des lignes. L'autre est une, et n'offre aucun de ces hors-d'œuvre qui atténuent la pensée principale. Séparant l'exécution

---

(1) Lemoine fut réglé à la toise; il en mourut de douleur.

d'un monument, du motif qui l'a fait ériger, la renommée ne voit dans l'entrée du palais qu'elle préconise, que la somptuosité des moyens employés (1). Là, ce sont des colonnes exhaussées sur des murs méthodiquement troués ; on les accouple pour soulager celles qui ne le sont pas.

Ici, c'est une place creusée à la gloire d'un prince ; la conception n'offre rien de triomphal. On a prodigué les croisées d'habitation, on les a chargées de tous les rebuts du goût. Plus loin, c'est un temple élevé sur le mont Janus ; les entrecolonnements sont si distants que l'on croiroit qu'ils attendent un intermède. En examinant ces futiles détails, on croiroit que ces filigranes en pierres, qui soutiennent des cubes qui les écrasent, n'ont été ainsi placés que pour éprouver les matériaux du pays. Il semble qu'on n'ait compilé les restes somptueux et dégénérés de Zénobie, que pour disséminer chez nous les écarts d'une doctrine relâchée. Ne croiroit-on pas voir ces ruines dresser leurs fronts décharnés ; avares des ombres décidées qu'elles doivent porter, elles rampent avec la race des serpents, sur une terre inculte, dans l'oubli des proportions.

De tous temps, les souverains ont donné le ton.

Ils resserrent ou étendent les progrès du goût ; les particuliers suivent l'impulsion ; les principes qu'on leur donne contribuent aux progrès de l'art ou le maintiennent dans un sommeil léthargique. Voulez-vous leur donner l'extension dont ils sont susceptibles ? Présentez l'étude sous des formes libres qui n'entravent pas la pensée, et qu'un délassement instructif soit pour eux la récompense d'un travail plus sérieux.

La souveraineté de l'art protège tous ses sujets ; je dis plus, elle protège les gouvernements, puisqu'elle peut multiplier, étendre les valeurs que l'adulation comprime. La confiance, intéressée à maintenir ses droits, caresse les goûts des princes, les circonscrit dans le cercle étroit qu'elle trace pour encenser leur toute-puissance. Si l'artiste est victime de l'erreur, les princes le sont des préjugés. On leur répète sans cesse que les colonnes ne conviennent qu'aux

---

(1) C'est à tort que l'on considère l'or comme magnificence ; la vraie magnificence tient à la bonne proportion : on peut être somptueux sans l'appareil de la dorure et des ornements.

dieux du ciel et de la terre (1). Le ministre, le courtisan veulent plaire, les imitateurs serviles suivent le poncis.

L'artiste est tellement enclavé quand il soumet ses élans, qu'il craint d'exposer sa faveur et n'ose franchir les lignes données. Semblable au lierre qui s'attache aux murs dégradés, et ne peut négliger les joints qui servent à l'élever, il suit la trace dans l'espérance de s'échapper, et de reprendre au sommet la liberté de fuir.

Qui n'a pas éprouvé cent fois les effets de ces autorités précaires? de ces prétentions si nuisibles au succès de l'art? Qui n'a pas été victime de cette inertie forcée qui a tenu trop long-temps l'Architecture dans une obéissance humiliante. Cependant celui qui bâtit une grande maison et celui qui en construit une petite n'ont-ils pas un droit égal sur le talent de l'Architecte qu'ils choisissent? Oui sans doute, par-tout où on élève un plain (2), on peut arrondir une colonne, on peut employer des dimensions analogues.

Les édifices publics, les maisons particulières sont assujettis à des hauteurs données relatives aux largeurs; si on les voit de loin, la proportion nécessite des ordres d'un grand diamètre; si on les voit de près, elle exige que le diamètre soit plus ou moins fort.

Le goût ne supporte pas l'exclusif, il dicte ses loix à la ville, au village. Pourquoi séparer l'ordonnance que l'on obtient des belles formes? Pourquoi ravaler sa dignité en l'assujettissant dans le moule commun des constructions de campagne? C'est le moyen de rendre maniéré l'art de bâtir, qui ne doit pas l'être plus que celui de peindre. Cependant on a fixé des règles élémentaires; on nous rappelle la théorie basée sur les temples des anciens, sur l'application que les modernes ont faite des détails qu'ils en ont distraits pour les employer à nos usages. Nos yeux habitués aux décorations de convention, aux plans sans mouvement, empreints des souvenirs hétérogènes que le délire du jour accueille, n'exigent rien de ceux qui se soumettent à la pratique condescendante qui asservit l'art. Il semble que les productions

---

(1) Louis XV voyant de loin un péristyle de colonnes que j'ai érigé dans un édifice particulier, dit : elles ne font pas mal pourtant; approchant de plus près : elles font bien.

(2) Mot usité que l'on oppose au vuide.

soient alignées avec le cordeau de la stérile uniformité. La critique concentrée dans ses limites fait rentrer dans le rang ceux qui le dépassent ou s'en écartent, comme si les besoins successifs de l'ordre social n'appelloient pas assez la variété. Que diroit-on d'un monstre qui n'auroit ni bras ni jambes? C'est ce que deviendroit l'Architecture dont on supprime les seuls effets que l'on puisse tirer des corps; des saillies bien combinées, des ombres portées, cet isolement enfin qui offre en tout sens le contraste des masses? Que diroit-on de l'artiste qui étaleroit continuellement sur la place publique le même tableau? qui l'exposeroit tous les ans dans nos galeries conservatrices des chefs-d'œuvre de l'art qui décèleroient son impuissance? Si tous se laissoient aller à l'oisiveté que le génie réprouve, que deviendroient ces fabriques inépuisables qui identifient les ressources de la création avec la puissance de l'homme? Tous les arts sont fondés sur les mêmes bases. L'Architecte du monde n'a-t-il pas varié ses tableaux à l'infini?

Pourquoi l'artiste ne l'imiteroit-il pas? Le premier peintre fut amoureux de son modèle; Pygmalion s'enflamme à la vue de sa statue. Les générations marchent sur des échasses, et donnent la vie aux dieux. Que de variétés! Pourquoi l'Architecte ne suivroit-il pas l'impulsion? On me dira, sans doute, que le peintre a sa liberté; sa pensée n'est pas entravée, il peut couvrir sa toile comme il lui plaît; il a sous les yeux les plus beaux exemples, les dimensions préférées de tous temps; il a le beau idéal que le goût réserve pour ses favoris; son art est sublime, et ne supporte pas la médiocrité; sans cesse, il provoque la nature; toujours à côté d'elle, il la domine, et l'assujettit: son caractère est exclusif, l'élévation de son ame tient au sentiment intérieur de ses forces. L'Architecte est presque toujours gêné sur la pensée, la dimension, le point de vue; le cadre même est rarement à sa disposition. Je dis plus, souvent il faudroit qu'il eût le courage de déplaire pour ne pas charger ses monuments de complaisances nuisibles; mais ce sentiment délicieux qui divinise la beauté, ce beau idéal, enfin, ne l'a-t-il pas comme les autres? Ses idées filtrent à travers les passions heureuses et s'y teignent avec éclat. Quel vaste champ! Tous les déréglements viennent de l'abus des données essentielles. Si le peintre présente l'homme sous toutes les faces, l'Architecte n'a-t-il pas un pouvoir colossal? Il peut, dans la nature,

INTRODUCTION.

dont il est l'émule, former une autre nature; il n'est pas borné à cette partie de terrain trop étroite pour la grandeur de sa pensée; l'étendue des cieux, de la terre est son domaine; il assemble les merveilles immenses pour la couvrir; il crée, il perfectionne et met en mouvement; il peut assujettir le monde entier aux desirs de la nouveauté qui provoque les hazards sublimes de l'imagination. On seroit bien étonné alors de voir la symétrie, confondue avec l'inaction, dégénérer dans cette unité stérile, qui n'est autre chose que l'oubli des facultés, renaître de ses cendres. On seroit bien étonné de voir un édifice transposer le Temps sur une nouvelle terre, pour le rajeunir, prendre chez les Goths, les Chinois, ce que le génie refuse, séparer les discordances des siècles, les engloutir pour harmoniser le nôtre.

Chaque principe régénérateur prêteroit à toutes les surfaces les seuls agréments que l'on obtient des oppositions. D'où vient donc la gêne? De tous les moyens négligés ou méconnus. On emploie également les mêmes proportions, vues de près, vues de loin. Quelquefois les premières plaisent, toujours les secondes perdent, leurs valeurs s'atténuent et s'effilent: on peut douter si l'art a présidé au choix des lieux.

A une pensée qui appartient au sujet on est forcé d'amalgamer celle qui ne lui convient pas; je dis plus, celle qui nuit. C'est ici où le génie comprimé perd le tribut d'harmonie qu'il doit à l'univers. Ce qui auroit le plus contribué à l'effet est défiguré par l'assortiment bizarre d'idées contradictoires, par l'alliage monstrueux de complaisances destructives. Il est presqu'impossible que le scrupule puisse compter pour quelque chose ces additions mal-ensemble auxquelles il manque des parties pour composer un tout que l'on avoue.

A juger l'Architecte dans sa circonscription, ne croiroit-on pas que la nature négative ait tellement restreint ses facultés qu'il ne puisse les étendre? Ne croiroit-on pas qu'il ressemble à la mouche avide qui sollicite par-tout le suc des fleurs, et dont l'alvéole méthodique compose une maison hexagone, sans pouvoir aller plus loin.

Pour mettre à fin des ouvrages bien étudiés, il faudroit que l'éducation première fût plus répandue, que l'homme du monde individuellement attaché aux succès de l'art, déployât ses réserves, ses desirs sur tous les genres de perfection que l'on peut attendre de la liberté de concevoir. Il faudroit de la tenue dans les administrations pour lier l'accroissement des connoissances à l'utilité publique ; de la suite dans les idées des administrateurs, c'est ce que rarement on rencontre.

La présomption, ennemie du savoir, altère tout; dans ses métamorphoses elle ne change que du bien au mal. Tout ce que j'ai vu semble repousser la prévoyance, et rend inutile toute anticipation sur l'ascendant du moment.

L'homme répand sur la terre des sueurs impuissantes. Il semble qu'une profonde léthargie enveloppe toutes les branches du bonheur et engloutit ses semences, loin de les reproduire. Telles sont les théories les mieux concertées, les mieux imaginées pour embellir les surfaces du globe : on les prendroit pour des fictions comparables aux métaphores. La pratique absorbante use le caillou sur lequel on les a fait briller, et le monde refroidi les repousse pour jamais, souvent même les annulle. Ces villes dont la conception a excité l'enthousiasme d'une administration instruite; ces établissements conçus par l'économie politique ; ces lignes commerciales qui traversent le continent, ces canaux qui grossissent la plaine liquide; ces villages où la philosophie compose avec les dédains de la fortune; ces temples du culte qui avoient repris sur l'air la pureté que des hommes cupides avoient altérée; ces palais de Thémis où la balance fixoit avec égalité les droits respectifs; ces prisons dirigées par le respect dû à l'innocence et même au malheur; ces associations vertueuses qui assurent les mœurs publiques; ces produits recouvrés par l'industrie des campagnes, etc...: ils étoient, ils ne sont plus.

Ces constructions exaltées par l'imagination, élevées par enchantement, détruites pour servir les passions : elles étoient, elles ne sont plus.

Que reste-t-il de ces combinaisons dictées par la sagesse ? Des monuments travestis, d'autres mutilés, d'autres.... La postérité aura peine à croire que l'année qui les fit éclore les fit périr. La tradition qui survit aux incertitudes administratives attestera un jour ce qu'avec plus de tenue on auroit pu faire pour le progrès des arts. Elle déchirera le voile qui enveloppe les passions ; les échos publics se feront entendre; les flambeaux destructeurs ranimeront leurs feux mal éteints, pour éclairer des débris. Ainsi la création par qui l'homme devint dieu, s'unit à la puissance qui ranime les corps, et commande à la destruction de lui rendre les droits qu'elle a usurpés sur elle.

Tout étoit tranquille; déja l'astre du jour interposoit entre lui et le couchant les teintes qui alloient l'obscurcir; déja la scène se couvroit d'un voile sombre, les oiseaux voltigeoïent au gré de leurs inquiétudes, leurs chants étoient suspendus, lorsque je convoquai la troupe dorée de la misère (1), pour assister au réveil de l'opinion.

Mendiants des dieux! mendiants des souverains! les uns possèdent le quart des propriétés, occupent de modestes palais, de vastes parcs, cimetières des vivants (2). Les autres, à l'entrée de la capitale, font payer le droit de voir les édifices des grands, ne différant des petits que par la multiplicité des besoins. Voyez l'échelle qui indique la grandeur de ces derniers bâtiments. Voyez ce que la progression auroit donné à ceux à qui ils sont subordonnés (3).

Quoiqu'il soit difficile d'établir des bases inamovibles sur le sable glissant d'une vie croisée par l'intrigue; quoiqu'une politique approbative puisse éviter des dégoûts en flattant les erreurs qu'elle réprouve; quoique je sache que la fortune, les affections les plus chères ne se conservent que dans le sommeil de l'impuissance, je n'ai jamais craint de perdre la tranquillité que l'on acquiert dans une dépendance humiliante. Ferme dans mes principes, persuadé que les routes détournées ne conviennent qu'aux caractères peu soutenus, j'ai suivi celle que j'avois tracée; souvent j'ai combattu contre la prévention qui assure la victoire, souvent je l'ai remportée.

Tel est le fruit de la persévérance, on compte pour rien ce qui peut distraire ou rebuter; on met en opposition les disgraces qui fatiguent, le plaisir qui s'applaudit du bien; l'amertume pèse sur la lie qui tombe au fond du vase, les forces accrues par la contrariété pétillent gaiement, et la mousse légère s'élève au-dessus. Semblable aux fleuves grossis par les pluies abondantes de la saison d'hiver, ni les ponts, ni les remparts ne peuvent retarder la course rapide qui renverse les plus hautes digues et dévaste les champs dépositaires de la fortune publique.

Persuadé que l'on n'opère le bien des autres qu'aux dépens de celui que

---

(1) Les mendiants titrés.
(2) Plusieurs ont une valeur de six millions.
(3) Les Propylées de Paris.

INTRODUCTION.

l'on compromet, je n'ai pas craint de m'exposer d'avance à de nouvelles sollicitudes.

Après y avoir employé mes loisirs et les restes d'une fortune épuisée par la pression et l'ingratitude des temps, je me suis déterminé à mettre au jour la première partie de la collection la plus nombreuse que je connoisse ; je me proposois de laisser cet ouvrage volumineux à ceux qui me succéderont, et d'abandonner à la critique alors impartiale le droit qu'elle acquiert par la publicité. Ah! pourquoi redouter la critique, c'est refuser un rendez-vous délicieux au centre des bois, près d'un marécage, parce que l'on a peur de la piqûre éphémère des cousins. Mais l'avenir qui fouille dans les trésors de la pensée du jour, perd le fruit qu'il vouloit cueillir, s'il n'est pas étayé des motifs qui guident la pratique, et dégagé des entraves qui asservissent l'exécution. Quoique les édifices conçus et érigés par un seul homme, présentent moins d'intérêt que les collections de plusieurs, cependant si la variété satisfait le desir, si elle multiplie les jouissances, développe les idées, cet homme aura plus fait que le grand nombre qui offriroit les abus d'une méthode circonscrite par les préjugés.

L'ouvrage d'un artiste qui a soumis de grands évènements à des calculs précoces qui ont guidé son itinéraire, peut être considéré comme un poëme épique où les nations comptent pour rien l'unité des lieux. La curiosité le suit ; l'Europe est un vaste théâtre dont les coulisses sont éclairées par un météore brillant.

Les uns déprécient, les autres admirent, suivant le point de vue ; la gloire que les hommes dispensent n'est jamais en proportion avec le travail qui la procure, elle est comme l'ombre, toujours plus longue ou plus courte que l'objet.

Le succès qui suit la marche des réputations est en raison inverse des distances. Les plus éloignées l'emportent sur celles que l'on voit de près (1).

Quand le temps ôte l'espoir de transiger avec les évènements ; quand il ne

---

(1) Joseph II, Paul I"., viennent à Paris et voient cet ouvrage ; ils souscrivent douze ans d'avance. Le monument des invalides, souvent méconnu de ceux qui avoient intérêt à sa magnificence, est visité par ces souverains.

INTRODUCTION.

peut les maîtriser, on est bien forcé de composer avec lui, et de s'exposer aux chances douteuses qu'il ne peut arrêter. Il vient un moment où l'horizon de la vie ne laisse entrevoir que le vuide du passé; c'est alors qu'il faut s'entourer de souvenirs, c'est alors qu'il faut fixer le sablier du temps, retarder le comble de la mesure, et mettre à profit les années que l'on a soustraites au repos.

Au repos! Que dis-je? En est-il pour celui qui est impatient de faire murir les plantes qu'il a semées, qu'il a arrosées et qu'il voudroit cueillir. Invité par des étrangers qui desirent, à raison des difficultés et des intervalles immenses à parcourir pour connoître ce que la renommée porte dans leurs climats; invité par des artistes distingués, commandé par un travail assis sur l'expérience, par la certitude de contribuer au progrès de l'instruction, je n'ai pas cru devoir résister plus long-temps aux sollicitations qui me pressoient.

Contrarié toute ma vie, sous tous les rapports, je n'ai rien fait que j'eusse voulu faire; j'ai commencé beaucoup de bâtiments que l'inconstance ne m'a pas permis d'achever. Il semble qu'une jouissance attendue soit désespérée; le point de vue la rend au moins douteuse: il semble que cette nation ne soit pas susceptible d'une pensée durable, et qu'elle ne puisse atteindre au-delà du provisoire. Ce que j'ai conçu rapidement a été exécuté de même; ce que je n'ai pas exécuté promptement n'a pas été terminé. Ce qui auroit le plus contribué à faire valoir mon ouvrage n'a pas été achevé (1).

Des circonstances impérieuses ont coupé, avant mon automne, le fil de mes occupations (2). Dans le tourbillon qui les enveloppa, il est impossible qu'une partie de moi-même n'ait pas tout à desirer de l'autre.

Au surplus, la lumière des cieux n'éclairera peut-être jamais celui qui aura fait, ou commencé, ou même conçu cent monuments; elle n'éclairera

---

(1) La suspension du palais de justice, des prisons de la ville d'Aix a excité mes regrets.
Le Palais seul contenoit un arpent superficiel sans cour; l'exécution commencée, les études faites en grand, les modèles, tout pouvoit assurer la pureté et la recherche.

(2) Tout-à-coup des places obtenues par un long travail passèrent dans des mains sacrilèges: j'ai perdu le fruit de trente années de services honorables.

peut-être jamais celui qui pendant trente ans aura sacrifié sa fortune et ses loisirs pour instruire les races futures.

J'ai parlé de persévérance ; voyez ce qu'elle peut quand elle est étayée par l'espoir de faire le bien. Le principe qui m'a dirigé durera plus que les pyramides.

Les villes se détruisent, les nations changent la face de la terre, les déluges déplacent les mers, l'airain transige avec le temps, il soumet à son éternité tous les genres d'élans. Quelque profonde que soit la méditation, quelle vaste carrière elle découvre à ceux qui voudroient entrer dans la lice !

Si l'Architecture, par ses attractions est la souveraine du monde, les préjugés, enfants gâtés du despotisme, en sont les tyrans ; ils sont asservis aux anxiétés, aux vues rétrécies qui prennent leur source dans l'impuissance; ils ne font rien que l'art puisse avouer.

Que peut un artiste quand tous les sentiments se croisent ou se contredisent; voit-on que Dieu assembla les éléments discords quand il voulut former le monde ? Non sans doute. Quoi ! quand l'Etna semble sortir de ses flancs, quand son cratère enflammé fait trembler les peuples d'alentour, cet art qui se mêle à toutes les jouissances de la vie, craindroit d'éveiller la stupeur intéressée, il craindroit de débarrasser la terre des monstres qui s'opposent à la liberté de ses efforts! Avant de franchir les marais du Styx, j'aurai la satisfaction d'avoir brisé les chaînes qui l'entravent, de les avoir fait tomber.

Il restera beaucoup de choses à dire, mais ce que j'aurai oublié se trouvera dans l'expression isolée de la discussion qui ajoute à la pensée, dans la théorie fondée sur les différentes situations, dans la liberté de concevoir, dans l'abandon des réserves de l'école.

On le retrouvera dans le développement du cahos qui couvre les matières premières, dans le feu, sur les murs (1), sur les surfaces délaissées, dans tous les mélanges qui contiennent l'origine de tout, et dans les ressorts inépuisables de l'imagination, sans lesquels le génie ne produit rien.

Alors l'Architecte cessera d'être copiste, et si l'aigle n'est pas l'oiseau le

---

(1) Le Calabrois voyoit sur les vieux murs, les compositions de tout genre. Il fut justement récompensé par une commanderie et une forte pension.

INTRODUCTION. 35

plus commun des airs, aussi rare que lui, il développera sur la terre de nouvelles forces, anéantira la voûte qui couvre l'avenir; il disputera le terrain à la nature, il la rivalisera, il trouvera dans le champ qui n'offre que l'aridité, des récoltes qui enrichiront la terre. Au milieu des montagnes pierreuses, des rochers stériles, des ronces qui croissent au désert, il trouvera le moyen de la forcer à de nouveaux produits dont la maturité irrite d'avance la jalouse impuissance des nations rivales.

IDÉES GÉNÉRALES DES SALINES.

MOTIFS QUI ONT DÉTERMINÉ LE GOUVERNEMENT

A ARRÊTER LES PLANS

DE LA SALINE DE CHAUX ET LES AUTRES ETABLISSEMENTS (1).

La saline de Chaux (2) peut être considérée comme l'usine la plus importante que l'on connoisse en ce genre. Jusques-là il semble que les édifices n'aient été susceptibles que de constructions faites au hazard.

A mesure que les besoins nécessitoient des demandes, on les assembloit mesquinement sur des dimensions dispendieuses; on entassoit des matériaux hétérogènes les uns sur les autres, on calculoit la durée du bail, à la fin duquel on obtenoit pour résultat intéressé, des entretiens coûteux et multipliés; on peut en juger par la saline de Rozières (3) : la destruction a suivi de près l'existence. Vous philosophes! Vous législateurs, qui dictez les loix

---

(1) J'étois inspecteur-général des salines en 1771; la défaveur qui portoit sur la célébrité en 1793, n'empêcha pas d'acquitter la dette consolidée par 23 années de services rendus. Depuis, comme Aréthuse, j'ai voyagé sous terre. Quand, comment en sortirai-je?

(2) Ainsi nommée à cause de la forêt. Les honoraires de la construction de cette saline sont encore dus; on peut les estimer 200,000 liv.

(3) L'imprudent espoir du mieux perdit la source salée, pour avoir déscellé la pierre qui la couvroit au fond du puits.

du bonheur; vous souverains qui commandez! vous ministres des dieux, ministres de la terre qui faites exécuter, venez prendre ici une leçon.

La vérité est là, elle est au fond de ce souterrain excavé dans le roc. Allumez vos flambeaux, agitez-les sur ces margelles arrondies; descendez, lisez : *noli me tangere*. Plaise à Dieu que l'intérêt des peuples qui maintient l'imposant équilibre des religions, des gouvernements, consacre ce principe; plaise à Dieu qu'il élève des temples, qu'il les multiplie pour y placer, au centre des passions ambitieuses, cette inscription solemnelle.

Les salines de Moyenvic, de Château-Salins, de Lons-le-Saulnier, offrent des surfaces discordantes, un amas de matières insolides, abandonnées au caprice. Celle de Dieuze, aussi importante par son étendue qu'elle est profitable par l'abondance de ses sources, présente au premier aspect des bâtiments somptueux. Hélas! si on avoit prévu ces accroissements, si on les avoit assemblés sous des formes avouées, on auroit pu bâtir une ville considérable. L'expérience alliée au goût auroit légitimé des enfants déshonorés au berceau : que de millions compromis! que de regrets tardifs! quand la pensée première est au-dessous des besoins qui lui succèdent.

Qui pourra accuser l'artiste? Ceux qui connoissent le labyrinthe inextricable des décisions, savent que les administrateurs entravent souvent les projets les mieux concertés. La providence, toujours économe, ne leur donne pas toujours le nécessaire. Celui qui ne voit que le moment (et c'est le plus grand nombre), craint de porter d'avance le fardeau des dépenses que l'industrie provoque, que l'avenir prépare.

Cependant quel est le véritable économe? Est-ce celui qui surveille les entretiens de l'année? non, sans doute, c'est l'homme fertile en expédients, qui prévoit le réveil du temps; c'est l'homme qui étend son pouvoir, resserre sa valeur dans des emplois fructueux et durables. Souvent il risque de compromettre sa faveur en immortalisant sa mémoire; mais il fait le procès à son siècle pour l'avoir méconnu.

Jettez les yeux sur les sources des salins, vous verrez que leur antiquité (1)

---

(1) En 1040, Gaucher Ier., sire de Salins, les posséda; en 1075 Guillaume Tête hardie, en eut la possession : elle passèrent ensuite aux comtes de Bourgogne, aux rois d'Espagne.

INTRODUCTION.

se confond dans les teintes fabuleuses (1) qui associent le problême aux vérités constantes. Vous verrez des constructions qui portent l'empreinte de la caducité. Le terrain resserré entre deux montagnes (2) a circonscrit les dispositions : en effet, où bâtir ? sur la rive inquiétante de Forica (3) ?

La prudence faisoit redouter les effets de sa colère. On avoit à craindre les torrents qui roulent les rochers, les neiges conservées qui fondent inopinément dans son sein.

Comment obtenir de grandes superficies sans faire des dépenses inconsidérées ou nuire à l'intégrité des sources? Si le temps confirme les arrêts de la nature, les premiers dispensateurs de l'industrie fixent leurs retraites où le résultat du travail les appelle. Les établissements ont des progrès successifs à raison des produits qu'ils donnent. Ah! si les gouvernements savoient ce que vaut ce moteur universel des ames actives, pour donner aux empires la splendeur qu'ils sollicitent !

Bientôt la ville de Salins centralisée dans ses forces, s'accroît par l'indépendance que l'on obtient de son propre fond. Elle présente aujourd'hui l'aisance et les agréments de la société; les grands intérêts s'éveillent par les petits, le hazard les prépare, les succès inattendus les développent.

Depuis long-temps l'administration voyoit avec regret la déperdition de ses sources; elle conçoit le projet de mettre à profit les petites eaux (4). Déja les mémoires intéressés encombrent les cartons; les échos impuissants fatiguent les voûtes ministérielles; l'inertie, fille abrutie de l'obstacle, les neutralise. Il falloit un nouveau moteur pour guider la marche toujours lente des résolutions : un mouvement inespéré l'accélère. Le croira-t-on? Le rêve d'une nuit agitée met en mouvement le levier puissant de l'industrie qui alloit imprimer ses forces. Une scène épisodique, des milliers d'acteurs

---

(1) Les troupeaux attirés par le sel, rallentis dans leurs recherches des sucs nourriciers, arrêtés par l'aridité du sol découvrent les sources.

(2) Le mont Poupet et le fort S. André.

(3) La Furieuse qui traverse la ville.

(4) Celles qui sont à deux ou trois degrés de salure.

INTRODUCTION.

employés sur le grand théâtre des évènements (1), facilitèrent à l'artiste le moyen de lier les intérêts de l'art avec ceux du gouvernement. La ferme générale renoue les fils cassés et suit la nouvelle impulsion.

Que falloit-il faire pour assurer ses succès ? Il falloit étudier le principe, établir des bases fondées sur les produits, car on sait qu'avant tout il faut les assurer. Sans ce préalable, toute spéculation est nulle : il ne suffit pas de compiler des écrits qui délayent la partialité dans un langage trompeur.

Il ne suffit pas de resserrer ses tempes à l'aide du laiton élastique qui porte les verres d'Argus ; le sentiment sert mieux que les moyens substitués aux longues vues.

Examinons de près ; voyez les chênes, les sapins de la forêt, arriver en poste à Salins pour fonder ces hautes pyramides qui attendent pendant long-temps leur destruction, pour accélérer le degré profitable du sel (2).

Que de filtres j'apperçois à travers lesquels fuient les richesses. Voulez-vous les ramener au principe ? ils accumuleront vos ressources.

La distance moyenne étoit de quatre lieues ; il étoit plus facile de faire voyager l'eau que de voiturer une forêt en détail. Un premier effort évitoit ceux qui se renouvelloient sans cesse. Cependant l'exécution n'étoit pas sans difficulté ; il falloit creuser un aqueduc économique (3) dans l'espace de huit mille toises ; percer des rochers, traverser des fleuves rapides, etc. etc.... Sous ces différents aspects, ils paroissent impraticables. Impraticables ! Est-il quelque chose d'impossible ? Agathocle, de potier d'étain voulut être roi, il le fut.

Après avoir assuré la possibilité, on propose de construire une nouvelle saline auprès de la forêt de Chaux, en réunissant les capitaux des intérêts perdus. On assemble le conseil suprême, le projet est discuté ; on se fait rendre un compte exact des dépenses, des produits ; on pèse les avantages, on rédige ; on avoit fait la recherche des matières premières, elles étoient aussi abondantes que faciles à extraire.

(1) Le pavillon de Louvecienne.
(2) Les transports coûtoient 60,000 livres ; on pouvoit les considérer comme un fonds de 1,200,000 livres.
(3) Des sapins perforés et frétés.

INTRODUCTION.

Il n'en est pas ici comme du résumé fugitif de la vie, qui laisse des regrets ou des souvenirs que l'on va perdre ; ceux que j'ai acquis, ceux que j'ai conservés sont présents, sont permanents.

Ces constructions dispendieusement érigées par caprice, les unes détruites, les autres au point de l'être, ces matériaux sans valeur, sans attraction, ces entretiens ruineux, ces combinaisons mobiles qui n'attendent pas la durée d'un bail; la somptuosité de la saline de Dieuze, les souterrains conservés de Salins, la ville élevée par la fécondité des sources, voilà, voilà les motifs qui dictèrent le parti que l'on avoit à prendre. La dépense apperçue étoit considérable, mais les revenus annuels offroient des ressources incalculables.

Un nouvel établissement assuroit des produits fixes pour une dépense fixe. Les projets ultérieurs étoient fondés sur les résultats du temps : il est prudent de lui laisser ce que lui seul peut faire.

Dans un pays où l'exécution (quand on veut l'assurer) devroit précéder la pensée, il n'y avoit pas un moment à perdre; l'âge d'or de la monarchie offroit aux arts des monuments de bienfaisance et d'utilité publique. O! véritable âge d'or, lorsque la récompense étoit égale au bienfait, tu laissois au siècle où nous vivons l'espoir pour héritage.

J'étois en évidence, j'étois à l'apogée des faveurs; il falloit les mériter en prenant le parti que la postérité elle-même n'a pas le droit de réprouver. Quand on est inspiré par le dieu des arts, on ne transige pas avec la Renommée; attaché à ses ailes, le vol doit être rapide : on foule aux pieds les intérêts secondaires pour suivre la route qu'elle nous trace. La chance est-elle heureuse? elle confirme la résolution : on ne tarde pas à se convaincre que si les rais de la fortune peuvent se mouvoir par son impulsion, cette divinité chancelante ne mène pas toute seule au temple de mémoire. C'est à l'Architecte à applanir les degrés, c'est à lui de faire disparoître son effrayante attitude.

De tous temps la sagesse régularisa les conceptions exaltées. Idoménée consulte Minerve et communique à Mentor les plans de la ville de Salente et tous les édifices qu'il a conçus pour ses nouveaux états. On s'abuseroit si en alongeant la ligne tant qu'elle peut s'étendre, on négligeoit de la replier sur les loix de la possibilité.

INTRODUCTION.

Je présentai les projets d'une ville avec les accroissements dont elle étoit susceptible ; je l'avois prévu, j'excitai un mouvement convulsif : telle est la nature de l'homme, il est assommé par le poids qui surcharge ses facultés : il semble que l'administration d'un an lui présente le terme de sa vie. Comme si l'obscurité qui s'applaudit de ses forces pouvoit être mise en parallèle avec le génie créateur qui multiplie les sources du bien.

On ouvre les flacons spiritueux pour rappeller des sens égarés ; on consulte des artistes qui vieillissoient à la cour dans une pratique soumise au thermomètre du jour. Gonflés de la dignité qui décèle l'insuffisance, déja ils fondent leurs débats sur les délits de mon imagination. Au défaut de raisons convaincantes, ils tirent de leur arsenal les armes captieuses du ridicule. Les traitants, aiguillonnés par des rapsodies indigestes, appuient sur les chanterelles discordantes, et fatiguent les oreilles de sons impuissants ; les intérêts se croisent de toutes parts. Chacun se dit en riant : *des colonnes pour une usine, des temples, des bains publics, des marchés, des ponts, des maisons de commerce, de jeux*, etc. etc... *Quel amas d'idées incohérentes ;* puis haussant les épaules déja courbées par l'adulation, ils crient *à la folie.* Que de préjugés à vaincre!

Tout s'opposoit à ces vues anticipées qui prenoient sur le siècle vingt-cinq ans d'avance. L'impartialité résumoit dans sa tolérance, les avis divers, et disoit en caressant l'idole du jour : on ne peut en disconvenir, *ces vues sont grandes ;* mais pourquoi *tant de colonnes, elles ne conviennent qu'aux temples et aux palais des rois* (1). C'est ainsi que les Architectes, dispensateurs des réputations naissantes, harpies renouvellées, infectent de leur venin le sentier que la jeunesse se fraie au milieu des dangers de l'opinion, et aiguisent les griffes avec lesquelles on déchire son existence.

En vain je démontrois que les colonnes employées dans ces édifices ne se trouvoient ni dans les églises, ni dans les palais des rois, ni dans les habitations des particuliers. On n'avoit pas d'exemples à opposer, point de comparaisons à donner, les moyens de résistance étoient épuisés. On avoit employé auprès de moi les fausses couleurs de la complaisance ; ces fantômes qui n'effraient

---

(1) C'étoit un préjugé que l'on avoit inculqué à Louis XV.

INTRODUCTION.   41

que la pusillanimité, alloient disparoître, lorsque fatigué de tant de débats, à travers lesquels on avoit apperçu les longues oreilles du faux dieu qui préside au goût, le ministre demande le tableau de la dépense, en isolant la faveur accordée aux établissements qui sollicitoient un caractère public. On la compare aux bénèfices; elle étoit légère (1), les gains étoient considérables : on la triple pour être généreux (2).

Voilà ce que peut la foiblesse quand elle attaque une place forte. Si la raison l'emporte, si elle obtient un provisoire, l'art encouragé prend de nouvelles valeurs, et soumet à sa latitude tout ce qui pourroit déranger sa progression.

Déja l'aurore du desir s'étendoit sur le monde inspiré et préparoit l'espoir des plus douces jouissances. Le Roi arrête le plan général en 1774, nouveaux débats, nouvelles sollicitudes; et pourquoi? Ce qu'un ministre fait, ordinairement son successeur le défait. Il tient un registre indulgent qu'il consulte quand il lui faut des sacrifices pour étayer sa faveur. Les mêmes dangers poursuivent l'artiste : un succès rassemble autour de lui les passions de tous genres; il est assailli par les intérêts qui se heurtent. Semblable aux lampes exposées à tous les vents, un souffle égaré peut les éteindre. Où va-t-on chercher de furtives privations, quand la troupe des jouissances s'avance et nous assure des produits incalculables. Provocations insidieuses! Adulations intéressées! sortez de ma pensée; éloignez-vous : gardons-nous de compromettre des souvenirs heureux par le tableau des maux passés.

Egayons le présent, jettons des fleurs sur l'avenir. Déja un doux vent caressoit la terre encore souffrante; la forêt dépouillée se coloroit; les oiseaux cimentoient leurs demeures, lorsque le soleil quittant le signe du Bélier pour fertiliser les campagnes, la nature agitoit ses bras pour applaudir aux merveilles qu'elle va produire.

Au printemps de l'année, au printemps de mes jours, je vois des milliers d'hommes s'associer à mes plaisirs; je les vois élever des pierres immortelles; je

---

(1) Quarante mille livres.

(2) On la paie, on charge l'entrepreneur d'exécuter le tout à ses risques et périls; on lui permet néanmoins de faire les changements que l'économie bien entendue nécessiteroit.

sillonne l'enceinte d'une peuplade laborieuse, dans le plus beau lieu du monde (1).

C'est ainsi que les fondateurs de Rome sortirent du cahos cette ville célèbre qui dicta des loix à l'univers. Thémistocle bâtit les murs d'Athènes; ceux de Thèbes s'élèvent au son de la lyre d'Amphion; Sémiramis construit les murs épais de Babylone. J'étois bien loin de croire que réservé à de plus grands évènements, je nivèlerois un jour les boulevards de la plus fameuse cité du monde. J'étois bien loin de croire que des triomphateurs (2) apperçus à soixante pieds sur les Propylées de la Manche et des côtes de Cherbourg, se lieroient avec le ciel pour commander la terre; que tant d'autres monuments qui attestent à jamais la splendeur d'un grand peuple, rappelleroient des conceptions sorties de la baguette d'une fée conservatrice (3).

(1) M. Trudaine étoit administrateur des salines : susceptible du sentiment qui méprise l'intrigue du jour, pour s'occuper du bien que les siècles éclairés approuvent; philosophe vertueux, il s'étoit adonné de bonne heure aux sciences exactes, à l'économie politique, au commerce, à toutes les connoissances nécessaires à ceux qui sont appellés à occuper les grandes places; il lutta long-temps contre la puissance financière qui méconnoît les ressources importantes que l'amour des arts développe. Son extrême sensibilité le ravit prématurément à ses amis, et le fit regretter de tous ceux qui savoient l'apprécier.

(2) On devoit couronner les bâtiments que l'on voit sur la levée de Neuilly, par des chars de triomphe guidés par des triomphateurs.

(3) Les monuments qui forment la clôture de Paris, appréciés judiciairement et contradictoirement à la moitié du droit qu'on ne refuse à personne, 409,000 livres, sont dus.

Mais *attendu que ces monuments sont destinés à retracer les triomphes de la nation, il n'y a pas lieu à liquidation* (*).

De tout temps les Architectes ont contribué à la splendeur des nations. Rapprochons les époques pour juger des progrès de la civilisation. En 520, Théodoric, Roi des Ostrogoths, fit réparer les murs de Rome, et construire plusieurs autres édifices. Il écrivoit à ses Architectes, qu'*il les considéroit comme la plus belle image de la puissance des empires, qu'ils attestoient la grandeur et la gloire des royaumes.* . . . . Ces Architectes marchoient immédiatement avant lui dans les grandes cérémonies, le bâton d'or à la main (**). Ceux d'aujourd'hui n'ont que le bâton blanc!

(*) Passe pour la rime, mais la raison ! . . . .
(**) *Virga aurea* : Lettre de Cassiodore.

UN VOYAGEUR.

Je voyageois depuis deux ans pour m'instruire, lorsque j'appris, à Lyon, que le gouvernement avoit ouvert des travaux considérables dans une partie de la Franche-Comté.

Cette province offre une vaste carrière à l'histoire naturelle, au commerce, à l'industrie.

Elle offre des effets pittoresques, des montagnes qui portent l'orgueil jusques au ciel, et concentre des gouffres liquides qui nous rappellent les prodiges du Wileska, et tant d'autres merveilles de la nature. Animé par le sentiment des arts, je dirige mes pas vers Salins. A mon arrivée, je demande à voir ce que cette ville offroit d'intéressant. On me conduit à la saline ; le directeur guide ma curiosité.

On allume des torches résineuses qui jettoient plus de fumée que de flammes. Les rayons du soleil nous poursuivent, les portes des lieux sombres s'ouvrent, je descends dans des antres profonds, creusés aux antipodes du mont Poupet et du fort S. André.

Je découvre des voûtes d'une grande dimension qui se perdent dans l'immensité. Leurs joints sont desséchés; les larmes du temps coulent et filtrent de toutes parts. Là, au milieu des frottements aigus et multipliés de vastes roues que soulevent les eaux, les oreilles déchirées, le corps inondé par cent jets divergents, je cherche, je tâte le sillon incertain qui pourra me mettre à l'abri des agitations. Les chimères ailées de la nuit s'effarouchent, inquiètent mes pas, divisent la lumière en tout sens, et l'altèrent. Je traverse des ponts, des torrents dont le bruit intimide mon courage. Ainsi Tisiphone en courroux fait trembler la terre, et épouvante les humains. Je parvins enfin à ces dépôts précieux que la reconnoissance de l'habitant renferme sous de triples cadenats. Là, un habitué plein d'un religieux respect, embrasé de cette chaleur concentrique qui fait jaillir les élans, croyant expliquer ce qu'il méconnoît ou ne conçoit pas, déploye les battants conservateurs des reliques liquides qui distribuent l'abondance dans le pays, et ont fait sortir du chaos tous les genres d'établissements.

Dans son enthousiasme, sa petite taille se grandit, sa poitrine se gonfle, sa voix entrecoupée lui laisse à peine le moyen de respirer.

Ce n'est plus un mortel qui foule sous ses pieds le salpêtre qui préserve d'humidité les lieux sombres; ce n'est plus le confident des ressorts secrets qui soulèvent le rocher, pour laisser couler, depuis tant de siècles, des eaux qui remplissent des cuves intarissables; c'est un demi-dieu qui s'enveloppe d'un nuage qui le rend invisible, et transporte la majesté de sa charge dans la région supérieure. Il est dans son transport éloquent, dans sa puissance mensongère, ce qu'est Marsyas en musique. C'est ainsi que l'homme reçoit ses influences du sentiment qui le domine.

Tel est renfermé dans un labyrinthe inaccessible à la vue, qui, placé au sommet d'un promontoire, auroit répandu la lumière sur la vaste étendue de l'horizon.

En quittant l'insipide répétiteur, je franchis des marais fangeux pour me préserver du moderne Achéron qui inondoit ceux qui me précédoient. Les mèches bitumineuses s'éteignent; en vain on aiguise sur la pierre rétive, la flamme qui avoit abusé nos yeux, on ne peut la ranimer. Quoique l'on ne revienne point sur ses pas pour revoir la lumière des cieux, frappé par ses rayons bienfaisants, qui font à leur aurore revivre la terre, après tant d'anxiétudes, je retrouve enfin les soupiraux du monde.

Le soleil confondu dans des mélanges informes réfléchit son éclat et sourit à l'univers.

Dans ma joie extrême qui tenoit à l'agitation d'un rêve trompeur, j'embrasse le tourbillon qui m'enveloppoit.

On voit mal ce que l'on voit de trop près; le monde politique a un point de vue, c'est à l'homme de le bien choisir. Je remonte par une voie obscure remplie d'une épaisse fumée, je quitte cet abyme ténébreux où les vapeurs salines commençoient à développer leur contagion. Il est vrai que les sinuosités de ce Dédale n'offrent pas les malheurs du Tartare. Il est vrai qu'on ne rencontre pas le fatal guichet où la Parque arrête les remords en foule pour épurer les consciences. On n'y voit pas Tantale courir après l'eau qui fuit quand il approche. On y rencontre cette action renaissante qui propage la richesse du gouvernement. Par-tout on y voit les ressources actives qui multiplient sa puissance.

Après avoir traversé le pays des fantômes, je croyois n'en jamais sortir. Je quitte le manteau dans lequel j'étois enveloppé pour me préserver de la stalactite glacée, de la goute pénétrante qui menace sans cesse. Je quitte ces bords qui roulent entre deux rives de sapins, les eaux du fleuve qui surélèvent les sels. Je les suis dans les réservoirs, dans les chaudières où elles bouillonnent, dans les sillons où on les pétrit, dans les étuves où on consolide les amalgames.

Je sors, je rencontre à la porte cinquante voitures qui m'arrêtent au passage, cinquante qui sortent; des bras multipliés roulent des sacs d'argent, les chargent sur les épaules et remplissent les caisses; c'est le mouvement perpétuel qui fait circuler la richesse.

Dans ma retraite nocturne je pris les notes qui pouvoient conserver des souvenirs; je consultai la carte du pays pour me guider le lendemain dans la route que je devois tenir; j'avois quatre lieues à faire pour suivre l'industrieux travail qui devoit transporter les richesses excédantes de Salins, dans le vallon fameux qui précède la forêt de Chaux.

Le calme de la nuit annonçoit un beau jour; déja les chevaux d'Apollon, secouant leur mords, paroissoient à travers de légers nuages qui dissipent la fraîcheur incommode du matin.

Déja Thétis élevoit sa tête du milieu des eaux et pressoit ses longs cheveux que l'astre du jour essuyoit, déja des chênes altiers prolongeoient leurs ombres sur la route et protégeoient le voyageur contre les rayons scintillants qui le fatiguoient, lorsque je découvris des monts de sapins élevés les uns sur les autres; ils étoient perforés dans la longueur de six pieds, emboîtés et frétés des deux bouts; des milliers d'hommes assujettissoient des pentes, dirigeoient des canaux, les recouvroient de terre, construisoient des réservoirs, élevoient des ventouses; je suivis dans tous les détails, ces aqueducs économiques qui franchissoient les espaces à travers les monts, les rochers arides, les fleuves.

Que de difficultés vaincues! Que de difficultés à vaincre! Je n'étois pas éloigné de la Loüe, lorsqu'un atelier nombreux d'ouvriers troubla mes yeux incertains par des marches répétées qui se croisoient en tout sens. J'approche, je vois des bois équarris, amassés et jonchés çà et là; des bras aiguisés, noircis par une flamme qui s'élevoit dans les airs, et déroboit à la vue ceux qui les préservoient des atteintes de l'humidité. Les uns chargeoient des terres, et pressoient avec de longues lanières, les chevaux haletants, qu'un travail assidu et trop pénible avoit efflanqués; d'autres élevoient d'énormes contre-poids, frappoient à coups redoublés des troncs d'arbres descendus de la forêt voisine, pour consolider les fondations; d'autres, le niveau à la main, posoient et cimentoient des cubes énormes de pierres de roche; par-tout on voyoit des bras à demi-nuds, triturer des mortiers durables, et développer de pâles tourbillons qui blanchissoient la nue.

La rapidité de ces contrastes enivroit mes sens, lorsque je m'apperçus que la ligne sur laquelle on entassoit les constructions étoit de biais. Persuadé qu'il étoit plus simple de détourner la route pour construire un pont, que de détourner le pont pour isoler la route, je fis part de mes réflexions à un de ces régulateurs qui activent la journée de l'ouvrier, par une surveillance fatiguante.

Il me répondit, que tout ce que j'avois vu n'étoit qu'un travail provisoire qui devoit faciliter

DE C. N. LEDOUX. 45

l'apport des matériaux extraits des carrières voisines, pour la construction de la nouvelle saline, qu'ensuite on bâtiroit le pont, tel qu'il avoit été arrêté au conseil supérieur. Il me conduisit dans une petite maison de bois, dont les intervalles étoient ourdis de briques.

Là, je trouvai un jeune artiste qui me fit voir

LES
PLANS, COUPES, ÉLÉVATIONS

DU VERITABLE PONT. (Planche 3.)

Il entra avec moi dans quelques détails; le surplus étant indiqué par la nomenclature portée sur les dessins. L'élévation me présentoit trois ouvertures d'une large dimension, des voûtes rectilignes appuyées sur des piles solides, des éperons incisifs et préservatifs de l'effort immédiat des glaces, des parapets, des pentes destinées au service des guides, et aucune de ces moulures que l'habitude plutôt que le besoin a consacrées à ce genre d'édifice.

VUE PERSPECTIVE
DU PONT DE LA LOUE.

(Planche 4.)

La vue de plusieurs vaisseaux démâtés, des voiles déployées, des appuis élevés pour limiter un chemin sur l'éclat tremblant d'un fleuve agité, rappellent à mon souvenir des pensées premières sur lesquelles on peut établir la succession des idées et le progrès de la science. Je me crus élevé sur le mont Athos, et voir Xercès jetter ses ancres, assujettir ses plats-bords, les joindre, les attacher, les river pour accélérer le transport d'une nation guerrière. L'imagination qui se berce aisément sur les ailes d'un vol officieux, me retraçoit une armée d'hommes et d'éléphants qui alloient franchir l'Hellespont. Je demandai à l'inspecteur des travaux pourquoi des constructions qui devoient joindre la solidité apparente à la solidité réelle, n'offroient pas à l'œil inquiet les traits purs qui plaisent; ceux qui résistent aux fardeaux imprévus, et effacent les inquiétudes. Je lui citai les arcs de Rimini, de Véronne, les ponts de Florence et de Pise en marbre, les ponts de Palladio, celui de Xaintes, du S. Esprit, ceux de la Tamise, le pont de Ducerceau, dont le môle imposant (1) sépare le midi de Paris d'avec le septentrion.

---

(1) Les Architectes alors faisoient les ponts. Depuis, on sait que les ponts de Courseau en Languedoc, le premier de Moulins, celui de Saumur, se sont écroulés avant d'être ragréés. On ne peut prendre trop de précautions.

Je lui rappelai ces lignes mollement prolongées ; ces formes brisées à leur naissance , qui s'écrasent sous le poids du faux goût ; ces corniches qui rampent comme les reptiles du désert, et épousent tous les vices ; ces avortons sortis du flanc dédaigneux de la haute Architecture, qu'elle ne supporteroit pas même dans l'expression négligée qu'elle se permet pour les maisons particulières ; ces saillies qui n'ont rien de saillant pour l'art, sont d'autant plus inutiles qu'elles ont pour objet, en couronnant l'édifice, d'éloigner de la naissance des murs les eaux pluviales. Elles sont d'autant plus inutiles qu'on ne les voit jamais en passant, qu'elles sont trop petites, vues de loin, et qu'elles divisent la seule partie qui devroit être en relation avec des surfaces tranquilles , des forces subsidiaires qui affichent la sûreté. Je lui remis sous les yeux le danger de faire porter tous les efforts sur deux culées, au lieu de les rendre indépendantes des effets incalculables d'une irruption partielle en appuyant les arcs sur chaque pile , au lieu de les mettre à l'abri de la poussée qui laisse continuellement le contribuable dans l'affligeante expectative de nouvelles dépenses. Je lui citai des monuments de complaisance qui prouvent plutôt l'ascendant du constructeur sur les ordonnateurs, que la connoissance des formes qui seules résistent au temps.

Le jeune artiste plein d'enthousiasme soutenoit que ces arcs si vantés, ces pleins-ceintres sortis des eaux, étoient passés de mode ;

Que ceux qui étoient surbaissés et élevés sur des piles légères, faciliteroient la navigation ; que le trait que je voyois, ramenoit d'autant plus au principe qu'on l'avoit exécuté provisoirement en l'an du monde trois mille cinq cent dix-neuf, avant l'ère chrétienne.

Est-ce la première fois, me dit-il, que l'on a habitué la conception de l'homme à des proportions gigantesques ? Jadis, le vainqueur de l'Asie fonda sur un colosse la ville qui portoit son nom. Ses extrémités s'étendoient de l'orient au midi, du couchant au septentrion. Il portoit dans ses mains des temples à triples colonnes, et tous les monuments qu'un luxe asiatique se plût à décorer. Ignorez-vous que les siècles admirateurs ont rangé ces conceptions au nombre des merveilles du monde ?

On sait que souvent l'histoire se nourrit de substances exagérées. Les miracles en tout genre peuvent bien constater les délires du temps, mais ce que vous me citez ne les accrédite pas, et ne peut me convaincre. La vérité dans les arts est le bien de tous ; c'est un tribut libéral que l'on offre à la société ; chercher à la découvrir est un droit qui appartient à tout le monde. Ne savez-vous pas que tous les tours de force dégénèrent en corruption , qu'ils contribuent plus à la célébrité momentanée des artistes qu'à la solidité des constructions ? Il faut que des édifices, destinés à porter des poids excédants, présentent des formes excédantes et une ordonnance sévère qui exclue tout ce qui est hazardé. Il faut qu'un large cadre décrive d'un seul trait l'arc qui développe l'immense étendue du ciel, et poursuive l'horizon dans sa retraite obscure. Croyez-vous, me dit-il, que des figures rectilignes soient hazardées ? Peuvent-elles être mises en comparaison avec les formes dégénérées qui vous déplaisent ?

Après avoir employé tous les moyens qui pouvoient éclaircir mes doutes, il développa un grand plan , sur lequel étoit tracée la ligne de pente qui se prolongeoit jusques à la forêt. Alors cédant à l'impérieuse nécessité, il fut aisé de me convaincre que quand il n'est pas possible d'employer les ordonnances régulières, on peut y substituer celles qui sont d'accord avec la possibilité.

Cette partie de construction a été traitée avec succès par des Architectes célèbres ; peut-être ont-ils moins étudié les avantages de la navigation, l'économie des matières, que les constructeurs modernes. Au surplus, le goût est à l'abri des considérations qui paroissent retarder ses progrès ou les distraire.

Semblable aux torrents qui se précipitent des hautes montagnes, rien ne peut arrêter leurs flots écumeux. S'ils sont battus par les vents, s'ils veulent épouvanter par le déchirement de la nue, s'ils s'effrayent des chûtes improvisées qui désobstruent les marais stagnants et mal sains, ils n'en portent pas moins à la mer, qui engloutit tous les vices, le tribut involontaire de leurs ondes (1).

Comme la principale beauté d'un pont consiste dans la pureté du trait, on doit sentir que les détails avec lesquels on divise l'objet principal, les corniches rampantes atténuent la pensée.

Les idées enfantent les résolutions; les idées se succèdent, se détruisent : la succession est ouverte à tout le monde, et le lot préféré est celui qui réunit l'assentiment du sage, des caractères timides, et des bons esprits.

IDÉES GÉNÉRALES.

En voyant la seule balustrade du pont de Londres, balustrade à travers laquelle on n'apperçoit rien, à cause de la hauteur, on seroit tenté d'élever une galerie préservatrice des intempéries au niveau du parapet. On pourroit y employer des ordres grecs de quatre diamètres et demi, ou de petites arcades soutenues sur des piliers carrés (2).

Les divisions étant rapprochées produiroient de loin des ombres, des privations de lumière dont les combinaisons offriroient plus d'effet que les corniches quoique saillantes, qui sont toujours assujetties aux emprunts forcés d'un astre mobile.

Je ne parle pas de ces arcs appuyés sur des rochers, de ces fleuves qui voyagent à cent pieds de haut, à côté de l'homme. Il est facile de tirer un grand parti de ces heureuses dispositions qui laissent beaucoup de liberté au génie (3).

PLANS, COUPES, ÉLÉVATIONS

D'UNE GRANGE PARÉE.   (Planche 5.)

LE VOYAGEUR ET LE CONDUCTEUR DES TRAVAUX.

Quel est cet humble édifice qui présente au sommet, des piles espacées de deux diamètres, appelant dans leur isolement les souffles septentrionaux, et provoquant la salubrité. Les toits sont très-saillants, et portent sur les murs des ombres protectrices. La partie éclairée par l'astre

---

(1) En donnant l'idée d'un pont sur une petite rivière, on n'a pas prétendu offrir un exemple qui pût guider dans la construction de tous les ponts.

Le seul produit que l'on puisse tirer de cette pensée, c'est qu'il est peu de monuments qui soient susceptibles d'être plus variés, relativement aux pentes, aux situations, aux points de vue et de distance.

(2) En mettant le tout au quart de la hauteur totale, que l'on suppose être d'une grande dimension, on seroit à l'abri des divisions oiseuses que l'usage, plutôt que le besoin, a trop accréditées.

(3) M. Trudaine, qui avoit tous les talents que l'on peut exiger d'un bon administrateur, avoit pour principe de s'entourer de la considération qu'assurent les reflets du savoir.

Si on a suivi l'impulsion, que ne doit-on pas attendre?

brûlant des étés est si lumineuse, qu'il semble que l'on tireroit du feu des cailloux qui la composent.

La masse est carrée et en opposition avec les forts S. André et Poupet, ces monts qui percent la nue et se confondent avec elle. Le devant du tableau est chargé par des nuages suspendus qui inquiètent le voyageur; plus loin, les rayons du soleil frappent la colline d'une lumière piquante, et l'œil peut à peine saisir l'horizon à travers les vastes plaines qu'il parcourt. C'est l'habitation d'un artisan de Dôle, qui a placé les fruits réservés de quarante années de travail sur ce terrein exigu. Ainsi la terre va féconder l'industrie; et si son avarice enfouit de nouveaux germes, en les développant, elle sera prodigue et moins riche de ce qu'elle possède, qu'appauvrie de ce qu'elle auroit soustrait à sa puissance.

La situation, favorisée par la nature, ne devoit rien à l'art. Les pentes étoient données et mollement alongées, des arbres à fleurs bordoient le chemin, les intervalles offroient des scènes parées de tous les produits utiles. J'appercevois des légumiers abondants, chargés de l'arrosoir du matin; des vergers qui protégeoient, par leurs ombres accidentelles, des champs cultivés; l'air étoit pur, il étoit parfumé de toutes les exhalaisons qui portent à l'odorat un sentiment suave et délicieux.

Une petite rivière serpentoit au bas de la colline, elle étoit rapide; des roches, jettées au hazard, résistoient à son cours; irritée par les obstacles, elle écumoit de rage, et ne pouvoit contenir ses murmures.

Des gazons, des plantes aqueuses, des cailloux répandus sur les bords, corrigeoient l'uniformité des lignes, un chemin ferré se prétoit à toutes leurs souplesses. Là, un saule pleureur, dans son abandon, agite les eaux, avec sa chevelure légère, le sorbier ploye sous le poids de sa grappe colorée; là, des peupliers, des chênes verds, des platanes, des sicomores, élèvent leur tête au-dessus des arbustes et des scènes du premier plan. Plus loin, les yeux se reposent sur des champs dorés et se perdent dans les teintes accumulées de l'atmosphère.

Les attractions du cœur offrent à la sensibilité les lieux enchantés où l'amour forge ses soupirs, ses griefs, ses pardons. Les hommes nuls, au milieu de ces scènes délicieuses, craignent de laisser appercevoir leur existence; les indifférents sont en grand nombre, et demeurent étrangers à tout ce qui se fait; si les artistes aigris ou mécontents entrent dans les rangs, l'expression de leurs têtes n'est point équivoque, les idées filtrent à travers les passions qui les dominent; je dis plus, les idées s'y teignent.

Des Protées de la gaieté, à demi-nues, les cheveux noirs, le teint bruni par le soleil, les joues colorées par le plaisir, les yeux ardents, les jambes prononcées, réparoient les pertes du travail, et vuidoient des outres pleines d'une liqueur bachique. L'une provoque les forces d'un jeune athlète, le renverse, et appuie sur sa poitrine un pied triomphant. L'œil fixe, il lève la tête, et le carmin répandu sur ses joues, annonce l'émotion de son cœur. D'autres, au son du sifflet des Faunes, et des chants répétés, assemblent un cercle de danses naïves. Par-tout on reconnoît le bonheur que l'on obtient de la vie active.

Philosophes du jour! gens du monde! que les chagrins suivent en croupe, quand vous courez les plaisirs, venez ici prendre des leçons. J'arrive enfin au sommet d'une vaste colline, j'approche d'un petit édifice qui avoit piqué ma curiosité. Je vois des hangards profonds destinés à contenir des voitures, des charrues; je vois des abreuvoirs, des fontaines préservatrices des incendies, des magazins pour toutes les productions agricoles. J'entends des chevaux qui hennissent, les échos des voûtes qui répercutent leur gaieté. Des bœufs dressés sur leurs pieds fatiguent les génisses de caresses impuissantes. Des toisons suspendues offrent de toute part des trophées champêtres. Des vases d'argile remplis de lait; des fruits, conservés par les airs vivifiants, présentent à ma vue tout ce que la précaution peut assurer. Plus loin, on voit la crête d'un coq s'irriter, on la voit rougir. Il assemble autour de lui son sérail sur des pailles saturées, sels productifs et régénérateurs, sans cesse retournés par ces animaux immondes que l'on sacrifie à Cérès, en expiation des dégats qu'ils causent dans les campagnes. Un rival audacieux s'avance, rompt la mesure, il fond sur lui, le combat s'engage, les vaincus, le vainqueur sont enveloppés de mélanges fangeux; on les croiroit échappés du noir Cocyte. On voit la poule coquette attendre avec indifférence le héros qui remportera le prix de la victoire. Telles furent, dès le commencement des choses, les loix éternelles que la nature a irrévocablement fixées. Depuis que Deucalion a jetté sur la terre dépeuplée ses cailloux féconds, l'Amour développe ses fureurs. Eh! pourquoi celui qui l'a fait naître l'a-t-il fait sitôt mourir!

Des caves, des laiteries, le four, le bûcher, des dépôts de plantes, de graines occupent la première superficie; la seconde suffit aux pièces d'habitation. On voit au-dessus des chambres d'amis et de domestiques; quand on est difficile sur le choix, elles sont en petit nombre.

La fumée des pièces habitées aboutit à des réservoirs d'eau qui l'absorbent et garantissent de l'incendie toutes les parties susceptibles de s'enflammer.

Un particulier qui a rassemblé tout ce qui est nécessaire et qu'il croit agréable, goûte avec plaisir un éloge mérité; car si l'amour-propre se mêle à toutes les passions, s'il les dirige, il est le véhicule du sentiment intérieur qui décèle la présomption.

Après le compliment d'usage, je sollicite les aveux qui avoient motivé cette construction.

N'étant pas assez fortuné, me dit-il, pour isoler tous les détails d'une ferme et réunir ceux d'une habitation commode, je les ai accumulés dans ce petit édifice qui porte l'empreinte de mes facultés : tout ce que vous avez vu est motivé par la nécessité, et la raison a muri ces riants côteaux qui déploient un luxe champêtre. N'étant limité par aucune clôture de pierre, je me suis lié aux sites environnants à la faveur d'un fossé et d'une haie préservatrice; je jouis à la fois des produits de ma culture et de tous les terrains que la vue peut parcourir. Il appuya ses principes d'exemples qui pouvoient frapper sur les abus. Voyez-vous, me dit-il, ce magnifique château qui recèle les soucis enfantés par l'embarras des grandes possessions? Ces hautes murailles qui circonscrivent de nombreux troupeaux, des rejettons flétris par des dents meurtrières, des arbres précieux perdus pour la race présente; voyez-vous ces pins orgueilleux qui électrisent la nue, ces vastes branches qui paralysent les efforts d'une terre généreuse, ces troncs dépouillés, et dont l'écorce déchirée annonce la destruction? Voyez-vous ces arbres dont la cîme abandonnée s'élance majestueusement dans les airs? leur ruine est prochaine; elle est inévitable.

Souvent une vertu est le produit d'un crime; car si un homme n'étoit pas capable d'incendier un palais, on n'en trouveroit pas qui voulussent le sauver en se précipitant dans les flammes. Ici le crime outrage la nature, il est sans profit pour l'art, sans profit pour l'humanité capricieuse; le croiriez-vous? la hache ignorante et barbare va *pigmatiser* ces géants. Entrez, vous trouverez des animaux dévastateurs qui soulèvent les terres, les creusent et dévorent le principe de la vie.

Si vous êtes étonné de ces possessions illimitées que l'on confie à des agents cupides, par l'impossibilité de les surveiller soi-même, vous le serez bien davantage en les voyant bornées par la crainte exclusive qui concentre de fausses jouissances, et ne permet pas de se lier aux paysages voisins. Entrez dans ces laiteries héritières des restes de Paros; vous y verrez l'abondance presser un sein impuissant, et le lait appauvri jaillir dans des cuves du mont Pantélique : si on recueilloit les pertes, on pourroit alimenter les enfants sans nom que la marâtre confie aux hazards de la charité stérile; le pavé offre un échantillon de tous les marbres, de tous les émaux connus; il est jonché de vases étrusques, de soucoupes du Japon; les bronzes magnifiques soutiennent les réchauds où brûlent des extraits de la vanille et du cinamome. Un jour éteint par des acacias touffus, descend lentement et s'étale sur des surfaces tranquilles. Eh! laissez le soleil s'agiter quand il darde sur nous la lumière et répand ses bienfaits. Je vous le demande; le produit de cent ans payeroit-il la dépense?

Quel est l'effet de l'improbation? elle donne de l'esprit à ceux qui n'en ont pas; mais quand elle procède isolément, elle ne perfectionne rien, ne corrige personne. Voyez-vous ces potagers où l'on sème l'or pour recueillir le caillou traîné à bras d'hommes dans le marais que l'on dessèche: que de terrains perdus! Parcourez ces larges avenues où six coursiers luisants d'embonpoint, traînent l'indolence du matin et la pénible digestion du soir. On voit ces terres semées d'un sable aride qui brûle la vue, quand Borée agite ses ailes bruyantes; des jardins qui n'offrent aux yeux que la symétrie des lignes et la discordance des combinaisons. Prenez le sentier qui mène au temple de Priape, vous traverserez des ponts ruineux pour les entretiens; vous y verrez le régénérateur de la nature indécemment suspendu, tromper la crédulité par des proportions mensongères. Tout près de là vous voyez un puits creusé à cent pieds de profondeur, pour alimenter le simulacre d'une rivière; vous entendrez le croassement importun qui vous rappelle la vengeance de Latone.

A quoi bon toutes ces impostures? tous ces outrages de l'art absorbent les produits et ne laissent à la race future que des terres changées de face.

Ce que l'homme voit de bien chez les autres lui fait concevoir un mieux idéal: la bonne opinion de soi donne la mesure des moyens; dans son élan improbateur il dit: Mes revenus sont au-dessus de ma dépense; mes possessions confiées à la probité publique sont bornées; cependant mes jouissances sont infinies. Telles sont les teintes qui décèlent l'état primitif de l'homme; le marchand prend la couleur usuraire, le guerrier vit d'exactions, s'il est insensible à la gloire, l'artiste est modeste au centre des produits qui nourrissent sa fierté.

Satisfait des réflexions que la discussion avoit développées, je quitte mon petit économe pour reprendre la route qui menoit au canal de la graduation et au logement du charpentier chargé d'entretenir cet édifice, et dans le résumé qui sait taire tout ce qu'il n'est pas nécessaire de dire, je vis qu'il étoit plus aisé d'amasser avec peine, que de conserver, au milieu des plaisirs et des confiances déléguées, les biens accumulés de ses ayeux.

Je vis que la critique, rompant tous les rangs, ne ménage pas même ceux à qui elle doit son existence, ceux à qui l'art doit une partie de sa splendeur.

MAISON DESTINÉE AUX SURVEILLANTS

DE LA SOURCE DE LA LOUE.

PLANS, COUPES, ÉLÉVATIONS; VUE PERSPECTIVE.

(Planche 6.)

Déja j'entends les Architectes de portrait, oui, les Architectes de portrait, crier à l'extravagance; accoutumés à retracer servilement ce qu'ils voient, rarement ils s'occupent de la conception d'un vaste tableau. Prenant une partie pour le tout, ils ne dérangent pas la ligne que l'habitude a prolongée, ils suivent le tranquille ruisseau qui va porter le tribut de ses ondes dans l'immensité des mers, et si par hazard ils assujettissent sur la toile mobile ces montagnes aériennes que soulève la vague de l'océan, pour fuir dans l'horizon, ils soustraient à la pensée les secrets de l'abîme obscur, et les trésors qu'il recèle. Jamais, jamais ils ne percent ces profondeurs.

Sourds et muets, méprisés du dieu inspirateur des élans, froids copistes de la nature morte, ils n'ont aucun moyen de la faire revivre.

Passons sur la critique, car si l'esprit s'égare, souvent il éveille le sentiment, alors l'un et l'autre produisent tout ce que l'on peut en attendre. Ici les accords harmonieux commencent et attirent en foule les fantômes légers. Le fils de Saturne fait taire les vents qui sifflent sur les montagnes; Borée agite ses souffles bienfaisants; les fleuves abondants de l'Olympe franchissent l'espace pour tamiser leurs trésors productifs à travers des siphons nombreux; ils rompent les clôtures des rochers, renversent leur digue centenaire établie sur les hautes cimes, ils mugissent en tombant, et leurs cris bruyants se reproduisent par les chocs accumulés; les fleuves entassés sur les fleuves vont rafraîchir la demeure des immortels et réveiller les victimes du Temps.

Les époux, les mères, les vierges, les enfants, plongés dans les noirs rozeaux du Cocyte, paroissent; le monstre à trois têtes qui les garde oublie un moment sa fureur; la roue d'Ixion suspendue, s'arrête dans sa course; l'enfer, s'il est possible, va pardonner. Le crime est là, rien ne peut l'effacer; c'est un gouffre sans fond que la puissance des dieux ne peut combler; il n'est pas en leur pouvoir d'arrêter les remords ni de substituer un bienfait qui les fasse oublier. Les Euménides s'avancent précédées d'affreux serpents : ici mes pinceaux se rembrunissent; je les exprime pour les affiler; le sang coule; ces horribles sœurs épuisées par le travail que le ciel pour les punir a rendu infructueux, chargent leurs épaules desséchées du vuide fatal que les siècles accumulés n'ont pu remplir, et vont le confier à l'empire innocent des eaux qui le place au milieu du site pittoresque que vous voyez. Déja les déluges de la terre le remplissent; ses bienfaits inondent les campagnes altérées d'eau, et si elle contient dans sa prudente répartition les désastres du débordement, ce n'est que pour activer cent usines profitables. Les torrents de bienfaisance emportent tout ce qui s'oppose à leurs efforts multipliés; ils vont fertiliser les déserts arides : Neptune veille, et déja il construit pour ses enfants, sur ces roches humides, un palais de surveillance que l'art desséchera. Les champs pourront donc se passer des arrosoirs accidentels du matin; le sol inculte va produire constamment, abreuvé par des filtres impérieux qui provoquent l'industrie; on la verra croître sur la ronce répulsive. L'Architecte commande; le délégué de la nature va chercher ses éléments mobiles pour retracer à vos yeux les effets de cette puissance coalisée.

Miroir fidèle et transparent du créateur! puisse ma voix foible apprendre à chanter tes merveilles; c'est toi qui ranimes la vulgaire obscurité, qui verses les rayons du jour sur ces rochers, qui prolonges les effets combinés des ombres; c'est toi qui fais briller le sommet des montagnes et qui rappelles sur la feuille éblouissante du sicomore, du sapin, la joie du monde. C'est toi qui assujettis les formes, les embellis; c'est toi qui vivifies l'espèce laborieuse et mets sous ta dépendance les goûts des souverains. Est-il quelque chose d'impossible au génie que tu inspires? Ici un nouvel astre paroît; ses feux scintillants s'avancent avec tout ce qui suit son appareil pompeux. Son éclat illumine la terre et va embellir l'univers; c'est un enchaînement de puissances irrésistibles qui développera un systême universel de nouvelles conceptions, de nouveaux aspects; de nouveaux athlètes vont entrer en lice avec la nature.

Au sommet des rochers élancés dans les cieux, dans les cavités profondes, à la naissance des glaciers qui perdent leurs eaux conservées dans de vastes souterrains qui font mouvoir le travail, au milieu des pins qui rappellent au centre des hivers, la saison printanière; au milieu des édifices que la nécessité invente pour étendre les ressources de l'industrie, vous découvrirez des peintres émules du Guaspre, du Poussin, de Salvator Rose, du Bourdon; vous découvrirez des sculpteurs qui marcheront sur les pas de Polyclète. Dans les vallons fertiles où les pentes sont mollement prolongées, à l'aspect de ces cazins piquants que le caprice relégua dans les solitudes pierreuses, on verra des artistes stimulés par des effets inattendus, adapter aux matériaux du pays, les principes de cet Architecte aimable dont le génie embellit les bords de la Brinthe. Dans les lieux où le géant de l'Olympe accumule les terres pour modeler les montagnes, on verra naître les Stésicrate, les Charès; on verra le génie qu'il commande, couler le métal enflammé qui produit les colosses.

Par-tout les hommes, électrisés par des influences immuables, dérangeront la ligne commune pour tracer de nouvelles tendances au centre des lumières. Si la pensée s'empreint des teintes qui l'enveloppent, si la nuit rembrunit les facultés, si le jour les éclaircit et donne des idées sublimes, que ne doit-on pas attendre de cette succession d'images qui enchaîne l'art à l'économie politique?

Le moindre avantage sera la destruction des préjugés et de la manière, on concevra pour la place. On ne se permettra jamais ces poncis qui s'adaptent à toutes les situations. Et comme ceux qui donnent le ton sont écoutés, soit pour le bien, soit pour le mal, les impuissants caresseront l'idole qui préconise le mieux. Les arts leur préteront une main secourable pour substituer à la fantaisie, les seules formes qui triomphent des abus du temps.

Qui pourroit disconvenir que les idées entées sur la nature ne poussent des racines profondes? Elles sont d'autant plus fortes, qu'elles ne sont pas altérées par la routine que l'on professe dans les cités nombreuses, ces gouffres languissants où le pouvoir irrésistible de l'opinion entraîne la confiante multitude, qui perpétuent les vices que l'amour-propre rend invariables. Quoi! c'est dans ce cercle étroit que le pouvoir de l'art tourne sans cesse et se fatigue.

C'est-là où l'on voit ces savants de convention lutter contre les éléments qui impriment à nos sens les idées premières. Ah! donnez nous des modèles qui parlent aux yeux, ils frapperont plus que les préceptes, que les écrits multipliés qui chargent la pensée et l'embarrassent.

Puisse un jour un nouveau moteur éveiller, par ses frottements, les puissances assoupies qui gouvernent le royaume des idées, et dirigent le timon de l'ordre social! C'est alors que nous verrons de nouveaux Protées peupler la terre de géants ingénieux, et laisser aux races futures des monuments variés en tous genres, qui feront fleurir les arts jusques dans les déserts abandonnés.

LOGEMENT

DU CHARPENTIER DE LA GRADUATION;

SON ATELIER.

PLAN, COUPE, ÉLÉVATION.

(Planche 7.)

Je descends auprès de l'atelier de charpente, pour prendre quelques connoissances de détail.

Deux caves, deux chambres, deux greniers suffisoient aux besoins d'une famille entière. On n'est pas forcé de traverser des communs dévastateurs de la substance d'une province, de s'enrhumer dans le trajet d'une cour refroidie par les vents du Nord, pour assembler des mets à la glace. On n'est pas forcé de porter des digestions pressantes au bout d'une galerie dont l'œil peut à peine atteindre les dernières divisions. On trouve dans un petit espace tout ce que la nature donne à ceux qui ne la méconnoissent pas. L'amour, la piété filiale, figurent dans la même pièce. On n'a point à redouter les supplices de la jalousie que l'on éprouve dans l'isolement, que le faux goût perpétue par des cloisons séparatrices qu'il a portées à des distances calculées pour servir la corruption. Là, oui, là, on peut jouir de la sécurité contemplative qui assure le bonheur de deux ames enflammées par l'assortiment des vertus. Si cette distribution n'offre pas la stérile dignité d'un grand salon, elle n'exclut pas les plaisirs réels du boudoir.

Architectes prénommés! vous qui distribuez l'aisance des palais, venez prendre ici une leçon : vous verrez que cette divinité, dont on caresse les erreurs, doit ses agréments à la réunion. Vous verrez que plus la commodité est éloignée, plus elle est multipliée, moins elle est commode. Les premières émotions de l'homme s'identifient tellement aux connoissances qu'il acquiert, qu'il ne faut pas être étonné qu'une scène, même indifférente, attache au souvenir l'idée de la progression.

La curiosité, puissant moteur du savoir, sollicite tous les genres de développements ; compagne avide de l'enfance isolée de l'instruction, elle suit mes pas et m'environne de toutes parts ; et quoique sa contenance timide explique de secrets mouvements, elle ose à peine lever les yeux sur moi.

J'étois père depuis peu ; j'étois amoureux depuis long-temps. Le sentiment qui prévient dans les positions attractives, la familiarisa bientôt avec moi. Malheur à celui qui a le courage de déplaire : quand la vertu rend l'homme égal, la complaisance, loin d'être servile, est un droit indépendant des faveurs que la fortune dispense. Entouré de caresses, que l'innocence prodigue aux formes affectueuses, la mère, les enfants, suivent mes pas. Le père guide mon instruction. J'entre dans un nombreux atelier.

Si on greffe avec succès le noyer franc sur l'arbousier stérile, le châtaignier sur le platane, que de produits, entés les uns sur les autres le travail prépare à nos derniers neveux! Quel bruyant appareil !

D'un côté, j'apperçois des tuyaux (1) amoncelés et emboîtés les uns dans les autres. Des sapins étendent leurs corps effilés sur des plans réguliers qui assujettissent le niveau pour assurer le travail ; de l'autre, des hommes montés sur des hauts traiteaux appesantissent une dent incisive qui tranche et divise le chêne. Plus loin des groupes appuyés sur des axes d'acier qu'une main légère dirige et fait tourner, perforent des bois opiniâtres : par-tout l'activité imprime le mouvement qui satisfait le desir.

Ainsi que les catadoupes du Boristène, dans leur chute bruyante font perdre l'ouie aux habitants voisins, de même le roulement aigu de ce monde actif, les eaux tourmentées dans leur course précipitée déchirent les organes par la rapidité de leurs mouvements. Jettez les yeux sur les sites environnants, vous voyez des champs cultivés, dont la récolte fidelle suffit aux besoins journaliers.

Des fruits, des légumes, des plantes médicinales : vous verrez dans le cadre économique du tableau, la famille des coqs se précipiter et se presser à la vue du grain qu'on leur distribue, des genisses qui prodiguent à leurs enfants des mamelles abondantes. Là sont des torrents d'eau qui vivifient la prairie industrielle, une végétation reconnoissante, de riches vergers; là des travailleurs qui provoquent de toutes parts les ressources de la terre. On voit d'un côté l'horizon borné par des montagnes, de l'autre, les masses arrondies du noyer, le peuplier pyramidal, et des fonds assourdis qui préparent l'immensité; par-tout l'œil du voyageur est occupé, par-tout il est satisfait.

---

(1) On remarque que ces canaux avoient une durée commune de neuf années, à cause des parties salines qui conservent le dedans.

Puissant levier de l'industrie, ce sont-là tes bienfaits! Art ingénieux qui dois à Dédale sa première gloire (1), sans toi le chêne robuste, le sapin sourcilleux, seroient l'inutile parure de nos forêts! Tantôt courbés en vaisseau, ils affrontent la tempête et lient les deux mondes par les attractions commerciales; tantôt ceintrés en voûtes pour couvrir le palais des rois, ils domptent la rigueur des saisons; verse sur nous de nouvelles lumières; en éclairant les arts, tu découvriras la semence de tous les biens qu'une coupable inertie recèle depuis des siècles.

PLAN DES POMPES

DU CANAL·DE GRADUATION ET DES RESERVOIRS.

(Planche 8.)

Nous arrivons au canal destiné à faire mouvoir les roues qui surélèvent les eaux de Salins, sur le bâtiment destiné à les graduer.

Là cinq cents augets mobiles tournent par la force ascendante du poids qui les presse : ils se vuident; les produits qui fuient à travers les brisures jaillissent de toutes parts, inquiètent et inondent ceux qui oseroient se confier à leurs caresses perfides. Plus loin, de longues tringles de fer assemblées dans un grand espace, provoquent un mouvement continuel; les frottemens répétés fatiguent les airs de sons aigus : ces déchirants accords égratignent la fibre délicate de l'observateur frivole qui voudroit s'appesantir sur des questions oiseuses.

L'activité de l'imagination ne laisse aucun repos, elle agit même quand les facultés semblent l'abandonner. Les oppositions, les contrastes, les provocations qui nous entourent, éveillent le sentiment; plus on possède, plus on desire.

J'étois entouré d'eau, j'étois occupé de l'industrieux travail des pompes; une rivière prodigue, des canaux abondants agitoient mes pensées; cent rêveries amusoient mon isolement, lorsque tout-à-coup un des mondes de Fontenelle s'ouvre à mes yeux.

J'arrive aux portes d'une grande ville dont les murs, moins épais que ceux de Babylone, me parurent plus étendus; elle annonçoit encore la magnificence qui reçoit son lustre des beaux arts. Je ne sais si le sentiment intérieur que l'on porte aux femmes contribue à les embellir; celles que je rencontrois étoient toutes jolies, et leurs formes séduisantes se dessinoient exactement sous le lin qui les couvroit. Les vieillards n'y voyoient plus, les jeunes gens portoient des lunettes et n'avoient plus de cheveux; les vertèbres en avant, ils affichoient sur un dos voûté, le cercle des idées qui les occupoient; leurs habits étoient empreints de teintes lugubres et portoient le deuil des manufactures ensevelies sous des goûts mensongers. La représentation du riche étoit

---

(1) Voyez pour les détails, la charpente économique de Philibert de Lorme.

Voyez l'emploi des bois en Angleterre. Evitez le charpentier prodigue de la matière; l'expérience vous apprendra que la solidité étrangère aux vues cupides, doit ses avantages au scrupule, à la sujétion de son emploi, de ses coupes, de ses liaisons, de ses assemblages. Le progrès de cette connoissance généralement utile, est languissant.

L'industrie naît du besoin, mais quand elle s'isole, quand l'Architecte néglige ses faveurs, elle enrichit le fournisseur aux dépens de la masse souffrante, et ne produit rien pour le succès de l'art.

confondue dans des jouissances perdues qui ne laissoient que des regrets à l'homme instruit, et la satiété à l'ignorant cupide. Des jeux publics, des salles de vente déshonoroient les palais; chacun se pressoit de vivre; incertain sur l'existence du jour, on s'inquiétoit peu du lendemain : on vendoit l'air libre au prix de la propriété envahie, et l'eau à raison de son insuffisance.

Au moyen d'un droit à payer il étoit permis à tout le monde d'être savant, cependant il y en avoit peu. Les médecins, les artistes étoient en petit nombre : on voyoit par-tout des machines et peu de machinistes.

Comme la fortune du moment sembloit exclure l'éducation première, la véritable science étoit peu honorée; elle étoit concentrée.

Cependant on s'agitoit, on en parloit je ne sais pourquoi; la lueur qui la ranime sembloit être éteinte. La méfiance désunissoit les traités, et la religion dominante étoit fondée sur la précaution. Cet état de choses qui nuit aux développements et resserre les grands intérêts, s'étendoit sur tout. C'est dans les grandes oppositions que l'homme puise le principe du bien et fait tarir les sources des maux qui l'entourent. Tandis que le Gange roule l'opulence en riches pierreries, que l'Hermus charrie ses sables d'or, tandis que l'Océan s'approfondit sous le poids des flottes victorieuses, tous les fléaux de la société s'offrent ici à mes yeux. Les roses piquent comme les épines; voyez le chemin qui conduit au temple de Perfica (1), il est jonché de fleurs; ses compagnes groupées autour des colonnes du péristyle, agacent le desir. Si les battants de la porte s'entr'ouvrent, si l'encens fume sur les autels, prenez-y garde, souvent le sacrifice se paie en douleur.

Ici je m'arrête devant une maison de prêt. Une maison de prêt! Voilà donc un peuple hospitalier : j'avance; encore une maison de prêt. Ah! il est bien certain que c'est ici le séjour de la bienfaisance et de toutes les vertus. Les vertus, me dit un homme pâle, échevelé, à poitrine pantelante; vous parlez de vertus, c'est ici le séjour du crime et du désespoir; on y trafique de l'innocence, du patrimoine de la veuve, de l'orphelin; ici on vend le sang humain en attendant qu'on le boive. Ah! si je vous racontois ce qui arrive tous les jours dans ces maisons infernales, mais non..., mon histoire seule suffit. Il se mettoit en devoir de me la raconter lorsqu'une aigrette de feu électrique part, éclate, embrase ces maisons dissolues, et en précipite les habitants dans les enfers dont ils étoient sortis.

Une partie de la rivière est à sec pendant la canicule; le flot indigné abandonne le rivage : les bois souterrains qui conduisent l'eau ont le cœur rongé de pourriture. Déja l'aquilon sulphuré divise l'air, allume les torches célestes. Le palais du prince, près d'une promenade sentimentale, attire l'affluence : la poussière qui l'enveloppe est si épaisse que l'Amour, à la faveur des tourbillons, auroit pu tromper l'Hymen. Les femmes attirées par le serein rafraîchissant, prolongeoient la nuit, jusqu'au moment où le soleil sort de ses retraites humides. Le spectacle du soir est souvent interrompu par la toux bruyante qui naît de l'irritation. Les viscères aiguisés par la troupe des desirs, sont encore provoqués par les vapeurs méphitiques concentrées dans les galeries nombreuses. Je ne sais pourquoi la philosophie qui épure les mœurs, dans ce pays produit tout le contraire.

Plus on dit, moins on fait : l'éloquence dans sa rapidité met toujours l'exécution en défaut. Le foyer des principes brilloit à la tribune aux harangues. Cependant tout portoit l'empreinte de tous les vices : tout présentoit cette confusion d'idées qui suspendit les audacieux travaux de Babel. L'étoile fixée par la nature, auroit été déplacée par les puissances convulsives de l'imagination, si les malveillants avoient pu ébranler son orbite immuable.

Les temples de la divinité sont adossés à des maisons où la corruption tolérée entasse les vices sur huit étages : les palais des princes, des grands, tout est enchaîné à ces prestiges destructeurs de la saine morale. La personnalité souvent touche plus que le danger commun : celui qui ne

(1) Déesse infame révérée à Rome.

manque de rien descend difficilement jusqu'à ceux qui manquent de tout; mais le dieu qui surveille le monde souvent rétablit cet équilibre desirable, en donnant des leçons terribles à ceux qui méconnoissent la répartition des droits sociaux, qui fait dépendre le bonheur général des uns et des autres.

Les furies de la vengeance avoient depuis long-temps attisé leurs torches incendiaires; le feu prend au spectacle, déja le palais brûle, bientôt il est consumé: les flammes s'étendent de toutes parts. La rivière étoit desséchée, les pompes sans effet, les arts inconnus; le besoin, cet *ultimatum* forcé qui ramène l'homme aux calculs de la raison, change tout de face, dissipe les écarts, et rappelle en peu de jours les puissants moteurs qui vivifient les empires. Toute compression se dilate; la science, les talents du premier ordre sont accueillis, sont divinisés. On creuse un lit fécond à la rivière, on remonte l'eau des mers par des pentes artificielles: on appelle le commerce des quatre parties du monde.

Il arrive entouré de satellites puissants qui rallument leurs flambeaux: un nouveau météore descend du ciel en traînée de feu, pour ranimer la terre expirante. Le bonheur jaillit de toutes parts; les fontaines rafraîchissent les places publiques, abreuvent les chevaux d'Apollon qui viennent étancher leur soif aux portes de la ville. Chaque habitant recèle dans sa maison l'assurance contre l'incendie. Des canaux, des aqueducs à découvert, sont substitués aux moyens périssables d'un usage provisoire et d'un entretien dispendieux. L'air reprend sa pureté, les poumons s'épanouissent par-tout; on arrose; la toux cesse.

Tous les genres de contractions disparoissent; le génie déploie ses ailes et s'élève dans la région supérieure, avec les forces acquises par la réaction. Les Architectes, les peintres, les poètes qui ne tiroient aucun parti de la scène, se réveillent, s'associent à tout ce qui les entoure, se lient aux situations.

Celui que l'on n'auroit pas choisi pour élever en matériaux périssables des arcs à la Victoire, est appelé pour employer les bronzes, les marbres à de nouveaux palais, à de nouveaux temples, et comme la mode du bien est aussi puissante que celle qui fomente les maux, les grands, les petits suivent l'impulsion.

On isole les édifices; on craint la contagion: en décorant l'élévation principale, on ne fait pas l'injure aux trois autres de les oublier. La divinité est honorée et ne rend plus ses oracles dans un centre corrompu par son entourage impur.

Toutes les portes sont ouvertes; les administrations acquièrent de nouvelles forces: on n'assigne plus les jours, les heures où l'expression de la reconnoissance peut se faire entendre.

La souveraineté du peuple, gardée par son caractère auguste, reprend de nouvelles forces, en s'entourant de l'ouvrier industrieux, des chefs-d'œuvre de la mécanique; elle multiplie les puissances de l'enthousiasme qui centuple le bien qu'on lui fait: les arts, redevenus nécessaires, reçoivent un nouvel élan. Voyez ce que peut le danger d'un seul, quand il éveille la multitude qui abandonne ses intérêts et ne peut s'occuper de la régie de tous ses biens; voyez ce que peuvent les Architectes! le feu détruit les villes, l'étincelle du génie les reconstruit et sert mieux les éléments discords qu'ils ne se servent eux-mêmes.

J'approchois du bâtiment de graduation, il étoit temps que mes rêveries finissent; je priai mon conducteur de me placer au point de vue le plus avantageux pour juger le tableau général du...

BATIMENT DE GRADUATION.

(Planche 9.)

LE VOYAGEUR ET L'INSPECTEUR.

J'approche et vois une masse de bâtiment très-imposante. Son immensité occupe tout le tableau, et le ciel m'offre le vuide de l'éthérée; en vain la lorgnette d'Argus voudroit accumuler ses verres, en saisir l'ensemble, en mesurer les dimensions; l'œil ne peut atteindre ses dernières divisions : elle fuit la terre et s'isole du monde.

Semblable à une ville flottante lancée sur la plaine liquide, je crus voir l'arche conservatrice du genre humain en proie au déluge universel. Les nuages commençoient à s'amonceler et entouroient majestueusement le trône du midi; des rayons échappés offroient à ma vue une lumière dorée qui éclairoit des milliers de colonnes d'une dimension svelte, d'une proportion gothique.

Dans ma surprise extrême je crus voir une forêt élaguée de ses branches, travaillée à main d'hommes, et industrieusement transplantée. Ici, le sapin résineux dont l'aquilon a desséché l'écorce, le cœur percé par le trait qui le perfore, vomit des torrents de sel; là sont des chênes arrondis pour abriter une construction légère (1).

Montez sur ces planches que l'art du charpentier assembla, vous verrez les fleuves bondir, excéder le niveau de la rive, et dans leur débordement couvrir l'immense superficie que le nuage enveloppe. Vous verrez l'eau fuir de toute part, et dans le trajet usuraire qu'elle parcourt pour obtenir le degré le plus utile en salure, elle dépose les produits du jour, et tombe goutte à goutte dans un vaste réservoir (2), dont le flot contraint implore sans cesse le zéphyr.

C'est une mer doucement agitée, son écume est blanchie par la présence des sels; sa mousse exaltée appelle l'horizon qui se confond avec elle. Ainsi l'homme marche à pas comptés vers le cercueil commun qui anéantit ses jouissances et sépare les vertus qui lui survivent.

Au temps des merveilles, l'enthousiaste eut rangé ces travaux au nombre de ceux qui séparent Calpée et Abyla.

Les colosses antiques ou modernes avoient laissé dans ma pensée quelques traces. Celui-ci offre des dissemblances, des contradictions apparentes : si les parties sont d'accord avec l'esprit d'utilité qui les a dictées, le scrupule, en applaudissant au principe, voudroit plus d'analogie dans l'ensemble.

Interpellons la science du conducteur. Pourquoi les membres qui supportent cette gigantesque construction sont-ils atténués? Pourquoi leur grêle puissance s'étend-elle de l'est à l'ouest? Pourquoi la tête offre-t-elle une forme tronquée, quand la nature et l'art exigent un trait pur que les pentes des toits semblent indiquer?

---

(1) Des plates-formes arrondies ou entretoises qui assujettissent les poussées et portent des toits recouverts en écailles. Le centre est rempli de massifs d'épines qui s'empreignent de parties terreuses, pour épurer les eaux salées et les préserver de la pluie qui pourroit les altérer. Celles qui ont passé à travers les épines du premier étage sont reprises par des pistons multipliés qui les élèvent sur les seconds, ainsi de suite jusqu'à ce qu'elles aient acquis douze degrés de salure.

(2) Immense réservoir encadré en sapin.

L'économie des bois aussi nécessaire que les bienfaits de l'air, s'accorde ici pour multiplier les avantages journaliers; les masses incisives contribuent aux progrès des vents, et quand le produit en dérive, le fond doit l'emporter sur la forme.

Beau raisonnement! enclavé dans la commune pratique qui soumet les calculs de la vie à des combinaisons transmises, on ne voit rien au-delà : elle a tant d'empire sur les artistes que quand elle veut s'absenter un moment pour se plonger dans le vague des possibilités, les siècles, qui la tiennent par la main, la ramènent au point qu'elle a quitté. Cependant il est des vérités immuables; le trait qui décèle la pureté du style triomphe des lacunes du goût pour faire revivre le principe.

Convaincu que les préjugés de charpente avoient présidé à cette coupe vicieuse, que tout homme instruit réprouvera, j'occupai mes derniers moments à analyser des détails qui pouvoient intéresser l'instruction.

Il falloit monter les degrés qui distribuent la surveillance; il falloit parcourir de vastes galeries suspendues dans la vague humide qui approche le couchant, les cabinets conservateurs des eaux graduées, les indicateurs destinés à faire connoître les progrès d'accélération.

Je n'avois pas un instant à perdre; déjà le soleil commençoit à baisser; tantôt à moitié caché il coloroit les eaux de ses pâles rayons, puis montrant les restes d'un globe éteint, il lance encore un regard favorable et disparoît. Ainsi passe le jour, parcourant un cercle fugitif : les artistes qui l'ont perdu ne le retrouvent jamais.

Satisfait des soins empressés que l'on m'avoit donnés, on m'indique le chemin qui abrégeoit ma route. Quand on pense, le temps coule rapidement; si les médecins de l'esprit savoient en distribuer les doses, combien ils calmeroient d'ennuis! combien le savoir gagneroit! Jeunes artistes que l'inconstance naturelle des idées appelle à la variété, c'est à vous d'activer la pensée par vos pensées; c'est à vous d'égayer le désert et de faire disparoître les routes mélancoliques.

Des bœufs, des moutons réunis en troupeaux nombreux traînoient la fatigue du jour, et regagnoient à pas lents leurs étables; ils étoient enveloppés d'une épaisse poussière, et la sueur appliquée sur leurs membres énervés, offroit le désordre des teintes et les sables enlevés à la terre. Les pâtres, rougis par la réverbération des feux du midi, dirigeoient leur marche aux sons aigus de la cornemuse, tandis que des guides actifs, courant sans cesse de la tête à la queue, rassembloient les groupes dispersés. Peu de temps après le chemin se dégage; j'apperçois l'auberge, j'arrive : elle étoit tenue par un maître de poste qui faisoit valoir ses terres par lui-même.

PETITE HOTELLERIE.

(Planche 10.)

J'étois fort près de l'auberge, lorsqu'un char attelé de quatre pénibles coursiers, de couleurs discordantes, se présente à ma vue. Ils avoient la tête basse, le col dégarni, les pieds larges, et les boulets appésantis par l'argile accumulée au pourtour. Un lourdeau à triple gilet, les cheveux crépus, recouverts d'un bonnet de laine, d'un chapeau préservatif des coups imprévus du soleil, guidoit ce fastueux attelage, et fouloit les reins d'un Bucéphale qui sembloit être humilié de son emploi. Ses flancs, recreusés par un acier roulant, laissoient par-tout les traces ensanglantées de sa compatissante humanité. Chaque coup porté par de longues lanières tissues de nœuds, s'adaptoit si bien au corps de ces victimes, qu'elles s'empreignoient dans les chairs, et ne s'en détachoient que pour ouvrir de nouvelles blessures.

Semblable au serpent dévorateur des enfants du Laocoon, il torturoit alternativement ces dociles animaux, et les punissoit des services qu'ils rendent aux humains. La peine suit ordinairement le délit. Déjà les poumons ardents du cruel conducteur exhaloient au dehors la rage du dedans. Les rênes s'agitent et se croisent; le mors irrité par les saccades, fait mousser dans l'air indigné une sanglante écume, dont le flocon souille la terre. En vain il voudroit maîtriser les mouvements qui vont le précipiter; il vacille au gré de la résistance qu'on lui oppose, perd l'à-plomb, s'abandonne et tombe.

Le cheval glisse sur un caillou qui étincelle, et foule, du poids de son corps, celui dont il étoit accablé. La terre frémit; un nuage épais de poussière enveloppe le groupe et le dérobe aux yeux des mortels. L'armure préservatrice des jambes, jettée çà et là, éveille l'écho, qui répercute un bruit étouffé.

Le dieu qui protège les bons et punit les méchants, étoit vengé : il préparoit dans sa sagesse l'indulgence qu'il ne refuse pas à l'humanité repentante. Les nuages incertains favorisoient les chimères ailées de la nuit, lorsque des travailleurs, long-temps courbés vers la terre, animant la soirée de chants d'allégresse, rentrent dans leurs foyers. Effrayés par le désordre qui s'offre à leurs regards, ils rassemblent leurs esprits pour unir leurs forces, et enlever à la terre une masse léthargique qui mordoit la poussière.

Le danger développe des moyens inattendus dans un cas pressant : il eût fallu tout le génie d'Archimède.

Rien n'est étranger à l'homme qui voyage, il met tout à profit. Si le temps anéantit les tableaux, ceux qui sont présents à sa pensée, ceux qui s'offrent à sa vue, éveillent les souvenirs, rappellent les contrastes utiles. Sans ces heureux efforts de l'ame, l'absence du sentiment seroit une apathie prolongée.

Ce que j'avois vu chez des Insulaires, me fit faire des rapprochements. Des chevaux soignés jusqu'au scrupule, conduits avec un simple filet. Les frapper est un crime que le peuple réprouve. Un guide de la hauteur et du poids d'une botte française, vêtu d'un canevas, conservateur de tous les nuds, chaussé d'un léger brodequin, une baguette à la main, provoque un coursier; il est effacé par sa tête altière, dont il épouse tous les mouvements; et s'il fend l'air dans la plaine, le sillon lumineux qui frappe la nue, n'est pas plus rapide.

Cette pratique, généralement suivie chez les peuples appréciateurs de la nature, émane du sentiment qui lui est propre. Tel est le tableau du genre humain; l'un est lourd, et croit être léger, parce qu'il réfléchit moins; l'autre, dit-on, est pesant; il parle peu, pense beaucoup, parce qu'il suit plus constamment l'impulsion naturelle.

La vie est un tissu prolongé de tous les excès : l'homme est avare, s'il n'est pas prodigue; apathique, s'il n'est pas colère. Le plus ou le moins enfante les monstres. La sagesse n'en admet aucun.

O toi! dont l'ordre tout-puissant élève ou détruit la balance des maux, si tu n'as pas favorisé tous les hommes du pressentiment délicat qui produit le mieux en tout genre, jette un regard isolé sur nous, et fais descendre des cieux le feu sacré qui épure le discernement!

D'où viennent ces délits, ces outrages faits à l'humanité? Des Architectes.

Ils abandonnent au métier la recherche que mériteroient les constructions rurales; leur négligence fait naître tous les genres de désordres. Il semble que le cheval monté par la Victoire, soit plus utile que celui qui creuse le sillon productif, et porte les fruits de la terre. Qui pourroit disconvenir que la différence du traitement vient de la confusion du sens et de l'abus des pouvoirs?

L'artiste philosophe range tout ce qui est utile sur le même niveau.

Les nuages dispersés se rassembloient lentement, et se confondant ensemble, ils préparoient l'entière obscurité. Je profitai du reste du jour pour voir la disposition générale de l'hôtellerie.

Ce n'étoient pas ces magnifiques parvis isolés de tous les côtés (1), où l'affluence foulant à ses pieds le marbre encadré sous toutes les formes, sous toutes les couleurs, abrite et favorise tous les genres de service, sous cent portiques soutenus de colonnes surmontées d'arcs légers qui distribuent le jour; ce n'étoient pas ces galeries intérieures, ces escaliers d'une large dimension, placés aux extrémités, ces escaliers qui assurent à cinquante appartements de nuit, à de vastes communs, un service facile et rapproché : ce n'étoient pas ces couronnements qui lient un édifice avec la nue, que le besoin, d'accord avec l'art, élève pour avertir au loin ceux que la renommée des lieux appelle. On n'y voyoit pas ces salles enduites de stuc, dont la teinte uniforme tranquillise la vue; ces superbes voûtes soutenues par le luxe de Périclès, qui offrent l'isolement destiné à placer de nombreuses tables, et faciliter la concurrence. On n'y voyoit pas ces plafonds où Bachus et Cérés, entourés d'une troupe joyeuse, les Ris et les Jeux, se disputent les places, où le despotisme de la peinture assujettit les dieux à l'empire qui maîtrise nos sens. Ne croyez pas retrouver ici ces auberges somptueuses placées pour recevoir l'affluence de la Carthage moderne, où cent voitures attendent sous la clef la liberté de cent autres, qui viennent solliciter des retours; ces vastes dépôts où le commerce des nations afflue, où un luxe nocturne attache sur les murs de deux cents chambres les produits ingénieux d'une nation puissante, les tableaux de nos grands maîtres. On n'a pas à sa disposition des bains multipliés, des fleuves brûlants au milieu des glaces de l'hiver, où le voyageur tempère la rigueur du froid, et calme la fatigue d'un voyage échauffant. On n'a pas de théâtre pour occuper l'oisiveté du génie; point de concert pour charmer les longues soirées du Capricorne; n'allez pas croire que toutes les ressources de la vie y soient rassemblées, que toutes les épices de l'Inde soient renfermées dans ces douanes provisoires; n'allez pas croire que les cours de service soient très-éloignées et exemptes du bruit qui compromet le repos; qu'elles soient à l'abri des maléfices occasionnés par l'odeur des pailles saturées qui croupissent dans la mare verdâtre.

Il ne faut pas s'attendre à y rencontrer ces vastes abreuvoirs, où le cheval, suivant l'impulsion rapide de l'eau, fait disparoître le corps pour montrer la tête; ces viviers abondants où le rézeau appésanti ramène à lui vingt carpes du Léman. On n'y voit pas ces garennes artificielles où l'ordonnateur des communs assemble le produit de la chasse d'un souverain. Il ne faut pas s'attendre à y rencontrer des temples dédiés à la divinité des fleurs, au dieu de la médecine, et tous les accessoires que sollicite un grand établissement dont nous donnons ici l'esquisse imparfaite.

C'est tout au plus la provision du jour; c'est un lit que le besoin du sommeil améliore, des mets que l'appétit assaisonne; c'est enfin une distribution qui, quoique peu étendue, peut convenir à tous les genres de progression.

L'élévation principale étoit circonscrite dans l'espace de trois arcades soutenues par des piles carrées.

Un porche préservatif des intempéries abritoit la surface du second plan, et faisoit opposition aux fonds printanniers dont la verdure meubloit utilement les côtés; on y remarquoit beaucoup d'arbres à fruits.

Voyez ce que peut un ministre vertueux, quand il associe la multitude à la passion qu'il a de faire le bien.

Le peuple confiant applaudit, et le langage commun se charge de l'expression de la reconnoissance.

Le postillon qui m'avoit descendu dans la grande cour me dit que le gouvernement, voulant,

---

(1) Le but de la discussion est de rappeller aux Architectes les négligences condamnables qu'on peut leur reprocher dans l'exercice de leurs talents, pour les écuries de luxe et de campagne; de présenter à l'imagination des projets d'un grand établissement, comparés à une petite hôtellerie.

par la concurrence, assurer le bien-être du voyageur, avoit élevé plusieurs bâtiments de ce genre; je compris que les plans étoient les mêmes, et que les élévations étoient toutes différentes; qu'au surplus ce n'étoient que de simples couchées qui ne pouvoient être comparées à ces maisons accréditées qui reçoivent l'affluence; que la route étoit peu fréquentée attendu que les chemins de la forêt, quoique beaucoup plus courts pour arriver en Suisse, n'étoient pas encore terminés.

Il me fit voir des remises où les voitures chargées et attelées de plusieurs chevaux étoient à couvert; elles servoient de dégagement au logement des hôtes, aux chambres du premier, du second, aux galeries de communication qui facilitoient tous les services et les abritoient.

Déjà les ombres foncées s'accumulent autour de moi pour fermer la scène du monde. Je demandois la chambre que je devois occuper lorsqu'une beauté robuste, au teint vermeil et d'un embonpoint que les femmes de la ville dédaignent, le flambeau à la main, éclairoit mon empressement et alloit fixer ma retraite nocturne. Son regard agaçant rappelle à ma mémoire cette Jeanne fameuse à laquelle Chapelain dut sa honte et Voltaire une partie de sa gloire.

A peine avois-je eu le temps de m'asseoir que j'entends frapper doucement à ma porte.

L'imagination remuée pendant le jour par les secousses provocatrices d'une voiture, par les rayons du feu qui la pénétroit, m'offroit une lueur de gaieté que l'on n'est pas fâché de rencontrer quand on est seul. Cette douce erreur ne dura qu'un instant, et tout-à-coup ces fantômes aimables qui font oublier les scènes déplaisantes disparurent. Quand le cœur n'est pas de la partie, n'importe de quelle manière on amuse l'esprit.

C'étoit un homme qui réclamoit des secours; il vivoit, disoit-il, de privations, avoit fait un vœu de pauvreté et de continence. Quel effort! quelle bizarrerie! Il me présente une boîte d'un bois brun; une incision tracée dessus appelloit en détail l'écu du voyageur. La pénitence qu'il s'imposoit ne me paroissoit pas trop sévère : sa figure étoit rubiconde, les yeux allumés et recouverts de sourcils épais, la dent exercée; les cheveux d'ébène, ainsi que la barbe, étoient hérissés.

Je crus voir la tête d'Héliogabale sur le buste d'un Capucin; sa taille étoit courte, son ventre très-prononcé. L'habitude de tout analyser et de juger les hommes sur les formes extérieures m'égare, je me livre à mille réflexions : je lui demandai s'il n'avoit pas d'autres ressources.

Sans doute, me dit-il; et après des confidences qui excitoient le rire, il me dit très-sérieusement qu'après la mission pieuse dont il étoit chargé pour substanter la cénobie voisine, il avoit une collection choisie de très-bons ouvrages préparés pour toutes les classes de la société; qu'il vendoit ordinairement aux hommes faits les Contes de Lafontaine, la Reine de Navarre, Acajou, le Sopha; aux vieillards, Pétrone, Martial et Juvénal; aux jeunes gens, le Moyen de parvenir, l'Art d'aimer; aux jeunes filles, l'Art de plaire; aux enfants, la Belle au bois dormant; aux vieilles femmes, des chapelets; aux habitants des campagnes, les Secrets du grand Albert; et enfin, qu'il disoit la bonne aventure aux crédules et aux foibles. Cette longue énumération ouvre un vaste champ à mes idées philosophiques.

Quand le goût est corrompu par des vertus apparentes, on caresse les vices sous toutes les formes, et ils prennent la place des vertus.

Dans les calculs d'égalité que la perversion fait avec les rapprochements qui l'autorisent, il m'observe que les ouvriers de la saline, étant plus près de l'indigence que les négocians et les parlementaires de Besançon, lui donnoient du vin et de l'eau-de-vie. Que le compatissant directeur de la saline envoyoit aux cénobites des pains de salpêtre pour attirer sur eux la bénédiction des célestes colombes qui voltigeoient autour d'eux.

A quoi bon ces vertus personnelles? Ici je ne pus y tenir plus long-temps; la mystification me paroissoit à son comble. Le Capucin vouloit de l'argent et non des conseils.

En bonne politique, est-il possible qu'il existe des hommes assez insoucians, assez détachés de l'ordre social pour vivre d'emprunts sur la race laborieuse?

Est-il possible qu'ils abreuvent leur inertie des sueurs du genre humain? L'oisiveté n'est-elle pas le sommeil de la vertu? n'est-elle pas un mal réel qui nourrit tous les vices?

N'allez pas croire, me dit-il, que nous soyons inactifs; notre zèle pour le bien public est infatiguable; la cloche communale nous appelle souvent dans les incendies. Il y a quelques jours le feu de la cuisine éveilla le dortoir; il eût été embrâsé si nous n'avions pas épuisé le vivier, réparateur des jours d'abstinence. Au surplus, à quoi servent les biens que l'on régit ostensiblement, ils enrichissent l'état qui reçoit un impôt onéreux. Croyez-moi, l'épine est cachée sous l'enveloppe de toutes les jouissances.

La richesse a ses embarras : quand on est sage, on fuit la régie inquiétante des biens passagers. On voit le monde comme une vaste roue sur laquelle tournent les évènements, et la fortune qui l'agite, comme une divinité éphémère qui essaye ses tours d'adresse. Ignorez-vous que Polycrate fut malheureux pour avoir été comblé de ses faveurs? Quand on vit d'espérance, on n'a rien à redouter d'elle. Ignorez-vous que celui dont je sollicite la bienfaisance est plus heureux que moi? il jouit du sentiment honorable qu'il m'inspire, dans la prédilection; il cueille d'avance les fruits de ses épargnes, et les récolte en semant.

Grand Dieu, quel raisonnement! quelle incohérence d'idées! le fou s'appuie de mots vuides de sens, pour bâtir sur un sable mouvant, le rempart qui fortifie ses égarements; il s'appuie sur l'incurie et s'isole de tout.

Tel eût été un soldat valeureux, un général habile, qui languit dans l'inaction et dans la nullité qu'elle entraîne à sa suite, à la faveur d'un habit de convention et des préventions destructives de tous les élans puisés dans l'attraction sociale.

Que de réflexions! si on étend le principe à tous les genres d'inertie que la paresse du génie fait éclore. Que de sages, que de Dominicains, de Franciscains dans la république des arts, vivent d'emprunt!

La pusillanimité fait craindre les maux qui circonscrivent les possessions enviées; elle redoute l'embarras des biens que la nature donne; elle les cache dans l'obscurité qui assure le bonheur; la critique, qui fait fermenter l'émulation, l'effraie, et dans son isolement elle vit au milieu des richesses qu'elle ne peut réaliser. Osez et vous réussirez. Osez; l'exemple que vous donnerez fera éclore de nouveaux préceptes qui épureront les anciens.

Déja le monde assoupi se livroit au sommeil; déja il éloignoit les recherches oiseuses du jour. J'avois appris plus que je ne voulois savoir, et je n'étois pas plus avancé sur ce que je desirois connoître. Les sombres divinités de la nuit commençoient à invoquer le coucher : j'avois égayé le présent, il falloit définitivement mesurer le temps qui devoit précéder l'instruction du lendemain.

En pourvoyeur philosophe, je demandai à l'engageant quêteur s'il connoissoit le confident des pensées de l'Architecte; il me répondit que je ne pouvois mieux m'adresser, que cet inspecteur avoit une chambre au-dessus de celle que j'occupois, en attendant que la fraîcheur des constructions nouvelles fût exhalée et lui permît d'habiter l'appartement qui lui étoit destiné. Il m'assure que plusieurs voyageurs avoient eu à se louer de ses complaisances. Je monte, et après le premier compliment d'usage, il promit de me faire voir tous les établissements que l'économie politique élevoit pour l'instruction commune. Cherchant dans les rayons multipliés qui meublent sa demeure; feuilletant les cartons accumulés, les rouleaux dont il étoit entouré, il développe un premier plan de saline, des élévations, des coupes, un plan général sur lequel étoit tracée la masse des maisons particulières, dont la vue occupa les loisirs de l'après-souper, etc., etc., etc.

HOSPICE.

(Planche 11.)

Ici la bienfaisance entraîne ma volonté, et la sûreté publique élève ma pensée.

Dieu de l'harmonie affranchis ma voix de toute mesure! Le beau idéal est au-dessus de nos loix; le génie s'indigne des leçons et secoue les entraves de l'habitude. Eh! qu'a-t-on besoin d'élaguer les ronces et les épines qui défendent les bosquets d'Apollon, quand on peut s'ouvrir un sentier dans les cieux?

De cette élévation, j'ai laissé tomber mes regards sur la terre; j'ai vu tous les peuples qui l'habitent, et j'ai trouvé dans les climats de l'Inde, un édifice qui peut convenir à nos régions tempérées.

Quand l'art s'éloigne de la nature, ce n'est plus au cœur qu'il s'adresse : il travaille pour l'esprit; et on sait combien l'esprit tout seul s'égare. Que doit faire alors l'Architecte qui conserve au fond de son ame, une étincelle du feu sacré qui embrase les hommes prédestinés?

Il doit ramener tout au principe de l'unité : il doit imprimer à ses ouvrages le cachet immédiat de son caractère indépendant et bon.

Avez-vous observé quelquefois le cortège du riche Nabab de Golconde, quand il voyage? Précédé, suivi, entouré d'une foule d'esclaves empressés à prévenir et satisfaire tous ses desirs; voyez-le se balancer mollement dans un palanquin dont l'éclat efface celui du soleil.

Cet astre brûlant n'a plus de feux pour lui. Ce dieu de la terre les brave dans le sein de la volupté, et à l'ombre épaisse de ses bosquets parfumés.

Le palmier à larges feuilles, le cocotier frais et nourrissant, le tamarin géant du pays, le manguier verdoyant, le multipliant qui épuise ses forces productives, l'odoriférant oranger, se disputent l'honneur de l'abriter et de le rafraîchir.

Si la Volupté est la fille de la Richesse, l'Amour est le père du monde végétal. Tout reconnoît son empire; ses loix sont écrites sur ces écorces enrubantées, dans ces fleurs diversement émaillées, dans les ondulations de l'air, dans les agitations des feuilles; ses trophées sont suspendus à ces branches centenaires qui tous les ans reprennent une physionomie printanière, et des forces nouvelles; et les lacs d'amour grandissent avec les arbres sur lesquels ils sont tracés. Les armes éclatantes de Bellone fixent sur les troncs une gloire immortelle. C'est donc là, c'est sous ce délicieux ombrage que le puissant Adalmazone a fait construire un bazard symétriquement aligné, où l'art a su réunir tous les bienfaits de la nature, et où l'imagination s'est épuisée à réveiller les sens et le plaisir. C'est-là, c'est sous mille tentes isolées où l'on éloigne l'odeur importune des mets qui vont bientôt couvrir les tables pour aiguiser l'appétit.

A des jeux pleins de volupté, des nuits plus voluptueuses encore succèdent; après le mouvement, le repos. O toi! qui aimes à contempler les merveilles de la création, approche et considère l'étendue de ce domaine azuré, et l'immense assemblage des mondes.

Le calme favorise les célestes pensées; on quitte tout; on traverse l'onde épurative, pour offrir à la divinité l'encens du culte le plus pur.

Rien ne peut changer le pouvoir des dieux rémunérateurs; les adorations des Malabares sont les mêmes par-tout; par-tout où l'homme existe, la reconnoissance s'explique. On arrive en foule sous les parvis du temple; les marbres suent le frais; les vents soufflent et caressent les voûtes des portiques; le sanctuaire s'ouvre, et les élans du cœur s'identifient avec l'esprit fécondateur qui donne à l'univers, l'activité. A cette vue, plus magnifique que toutes les autres, quel est l'homme dont l'ame reste froide, insensible? Quel est l'ambitieux qui n'a pas senti calmer les accès rapides et destructeurs de la fièvre ardente qui le dévore, je dis plus, quel est l'amant qui n'a pas rêvé le bonheur? C'est alors que le génie s'élance et ose mesurer l'infini.

Quand le poète de Mantoue personnifia les songes, ce fut là qu'il fixa leur demeure; ce fut de là qu'il les fit descendre sur la terre. Ah! que la porte des heureux songes soit toujours ouverte pour l'honnête homme, et pour l'homme utile à son pays.

A quoi bon, demanderez-vous, ce pompeux étalage de tableaux divers, mélange de fictions et de réalités? A quoi bon nous rappeller ces caravenserails de l'Inde, où les grands du pays jouissent encore plus de leur vanité, que des bienfaits de la nature?

A quoi bon? le voici. La parité se retrouve dans le moteur qui régularise tout. Ici les étrangers qui traversent l'immense forêt qui donna son nom à la ville de Chaux, peuvent avoir lu, comme vous, l'histoire de l'Indostan, et ont, comme les Satrapes de ce pays, droit à la bienveillance de l'ame universelle qui veille au repos du monde. Entendez-vous l'orage qui gronde dans le lointain; voyez-vous l'éclair qui sillonne la nue? Il reste encore un long espace à parcourir, et cet espace est rempli d'animaux malfaisants, et de dangers que la crainte augmente; où le voyageur s'arrêtera-t-il? Ici.

La philantropie lui a préparé un abri contre l'orage, les animaux malfaisants et les dangers imaginaires. Ici les bons et les méchants sont également reçus pour la première nuit; mais dès le lendemain les bons continuent tranquillement leur voyage; les autres sont interrogés, devinés, condamnés à seconder nos travaux. Leur malin vouloir est enchaîné, et ils rendent à la société ce qu'ils ont voulu lui ravir. Le jour du repentir arrivera, car Dieu fit du repentir la vertu des coupables. Eh bien! ce jour-là le pardon, le pardon revient avec lui, sur l'aile brillante de l'espérance; celui que vos supplices ou vos loix criminelles alloient ravir pour toujours à la société, y rentrera sans flétrissure, avec la volonté de la servir. Tel massacre, dans l'ombre de la nuit, les habitans de l'air, qui voltigent au printems de fleur en fleur, et les condamne au soufre meurtrier, qui les entasse en ce moment sur la poussière, qui, en rendant la vie à ce peuple laborieux, êt ses cellules de cire, auroit économisé pendant le triste hiver, des substances que l'été revendique.

Le but de cet établissement est d'épurer l'ordre social, par l'attrait de la bienfaisance; de changer les inclinations vicieuses, par l'exemple du travail; et d'assujettir la licence aux loix de la subordination.

Qui peut douter que des vues d'humanité ne soient admirablement placées au centre des forêts, où le crime a trop souvent fondé l'espoir de son impunité?

Nota. Cet écart paroîtra peut-être s'éloigner du sujet principal; mais mon but a été d'intéresser la bienfaisance, en amusant l'imagination par le contraste de l'extrême opulence avec l'extrême misère. Au surplus, voyez la nomenclature des plans, vous y remarquerez les mœurs de l'Inde; la pagode présente le culte que tous les peuples rendent à la divinité; la forêt assure un abri contre la rigueur de l'hiver et la chaleur excessive des étés; les bains rafraîchissent les sens altérés; le bazard donne les besoins de la vie; les bayadères égayent les loisirs; les cuisines éloignées des habitations mettent à l'abri des inconvéniens de la proximité qui ne garantit pas de l'odeur des mets, de la flamme active, de la fumée, etc.

PREMIER PLAN

DE LA SALINE DE CHAUX NON EXÉCUTÉ.

(Planche 12.)

La première pensée d'un plan s'empreint des différentes modifications de l'ame, des sensations qui nous affectent; souvent elle tient à des attractions étrangères. C'est quelquefois un faux germe conçu dans la nature, entretenu dans le vuide de l'impuissance; quelquefois un délire que l'on prolonge dans l'agitation d'une nuit, un rêve fatiguant où la chimère se bat les flancs pour continuer un vol illusoire.

Quand le génie est circonscrit par la séduction, quand il est asservi par des considérations, c'est alors qu'on peut le comparer à l'aimant, qui attire, dirige ou arrête le métal; l'aiguille détournée par la circonstance, soustraite à la direction naturelle, l'abuse et l'égare. En vain il voudroit s'appuyer sur les entraves qui favorisent son inertie, les résultats du temps le pressent, le poursuivent, et démontrent que l'étude seule peut le perfectionner.

Le sentiment apprécié d'un plan est à l'abri de toute domination. Il émane du sujet, il doit s'adapter à la nature des lieux et des besoins.

On avoit conçu ce projet avant de connoître la carte du pays. Un prospectus dicté par des agents subalternes, qui préparent l'obscurité des décisions, avoit circonscrit le travail. Tel est le despotisme des délégués de Plutus, ils passent une partie du jour à tailler leurs plumes, l'autre à neutraliser l'encre qu'elles contiennent. Indigents au sein de la fortune qu'ils distribuent, insensibles au bien qu'ils font, ils oppriment ou favorisent. Ces moteurs universels de tous les élans, dirigent à cent lieues de distance, des besoins qui leur sont inconnus, qui leur sont étrangers. Ils commandent impérieusement à la raison qui réclame contre ces abus affligeants pour l'humanité.

Faut-il que l'intérêt personnel, qui parle au nom du grand nombre, ne puisse être écouté! Si on accueilloit sa supplique, les sources où l'on puise le bien seroient intarissables, on n'auroit rien à desirer sur les données partielles qui composent l'ensemble des grandes conceptions.

Déja les traitants s'applaudissoient des premières attractions qui initient leurs intérêts avec l'économie raisonnée. Déja les semences de deux printemps, les fruits hâtés de l'automne préparoient la maturité, sollicitoient les récoltes; les débats provoquoient des résolutions, pressoient l'exécution. La terre s'entr'ouvroit de toutes parts; la plaine s'approfondissoit et découvroit les marbres pour leur donner l'immortalité qu'ils acquièrent par les combinaisons précises de l'art.

Des roues plus sûres que celles du destin, moins fatiguantes que celles du roi des Lapithes, montoient des masses énormes que la précaution avoit dégrossies pour alléger leur poids.

Le roc épuisé vomissoit ces indigestes extractions; des bras musculeux les amonceloient et les rangeoient sous l'effort des leviers puissants. Le desir, qui précède tous les genres d'intérêts, pressoit la jouissance. Cette soif dévorante du sentiment, qui avilit ou immortalise ceux qu'elle altère, étoit à son comble, et touchoit au moment de voir consolider, par assises égales, les profits honorables de l'industrie. L'intérêt alloit accumuler les lustres qui resserrent les nœuds respectifs.

Déja le peloton avec lequel on se dirigeoit dans les sombres routes de ce dédale pierreux, laissoit échapper ses fils. Les voûtes approfondies aggrandissoient les espaces et s'elevoient sur les épaules de cent géants, pour soutenir des terres que l'avarice rurale vouloit conserver à la culture. Des torrents d'eau, arrêtés dans des cavités, conservés dans l'antre des siphons, tamisoient leur excédant à travers des joints inégaux, inondoient la superficie, et inquiétoient la confiance des travailleurs. Des ponts jettés çà et là franchissoient les distances, pour prévenir la peur, et faire disparoître les précipices. Le salpêtre comprimé faisoit explosion dans la plaine, à l'aide de longues torches de feu. Le rocher brûlant sembloit sortir de ses propres flancs : la caverne allumée offroit un tourbillon de flammes qui répandoit l'effroi.

Sans cesse le soufre arrachoit au sol des colosses dont la chute retentissoit au loin, et faisoit trembler la terre. Des bœufs, rangés sous un joug égal, marchoient d'un pas constant, et assuroient chaque jour les approvisionnements de l'année. Les sapins descendoient des forêts sur des chars longs et étroits. Un guide de vingt ans provoquoit les efforts de quatre pénibles chevaux attelés de file. Il avoit à côté de lui la beauté qu'il aime, consolant oubli des maux de la vie. Déja il allège le travail du jour, par les soins empressés du sentiment qui le pénètre et qu'il exprime gaiement. Amour, c'est toi qui accrois toutes les puissances! La femme, dans sa foiblesse, est plus forte que nous, puisqu'elle soumet à ses charmes la nature entière.

Les mortiers triturés de toutes parts enveloppent le tableau de nuages vaporeux qui se confondent avec la nue et fuient avec elle.

Tout étoit dans cet état; le ciel d'accord avec la terre, donnoit l'impulsion qui entretient l'aisance; il donnoit ce calme productif, cette paix tant desirée, dont le mouvement ressemble à l'activité de Bellone, lorsque le nuage politique se condense et couvre l'atmosphère de ses teintes incertaines.

Tout est sujet au changement, même dans les cieux; on y découvre de nouveaux astres, tandis que d'autres disparoissent. Un jour le soleil se dissoudra lui-même. L'univers est mortel comme l'homme qui l'habite

Un ordre arrive; on suspend les résolutions : on délibère. Dans une usine où l'emploi du temps est précieux, l'économie d'une heure par jour, sur mille têtes, accumule les produits du temps.

Paix! paix!... L'Architecte passe; des coursiers rapides enlèvent son char; on éveille les postes, l'ouvrier accourt et lui annonce la dissolution de l'atelier. Il demande le prix de la sueur du jour; propriétaire de sa personne, il réclame cette égalité disponible qui nivèle les profits de l'entreprise. A-t-il raison ?

L'Architecte, dans sa sagesse, commande; il gouverne le monde pittoresque, et dans son généreux abandon fait rouler des foudres d'esprit divin. On ne juge pas la question, on n'approfondit pas le mystère, mais le lendemain tout est bu, et l'atelier reprend, au prix de la veille, un nouvel éclat qui consolide les intérêts respectifs. On sait que la base de tout établissement utile est fondée sur l'économie sévère qui assujettit le détail minutieux à la faveur duquel on peut dépenser en grand.

La ligne diagonale inscrite dans un carré, sembloit réunir tous les avantages : elle accéléroit tous les services. Ici je vous arrête.

Un cercle inscrit dans un carré n'auroit-il pas produit les mêmes avantages? Sa forme plus rapprochée de la voûte céleste est pure et plaît aux yeux exercés. Elle n'a pas l'inconvénient des angles obtus qui morcèlent les développements, des formes acerbes qui blessent le goût, j'en conviens; mais la ligne droite n'est-elle pas la plus courte? Celle qui vous séduit est-elle sans inconvénients? Ignorez-vous que les portions circulaires mettent à contribution ceux qui en ont la fantaisie?

Mais revenons à notre plan.

Esprit de vie, tu vas donc imprimer le mouvement que le bien-être sollicite; sans ton regard les mondes seroient informes; tu composes les sources du bonheur avec le fluide qui le rend intarissable, qui l'assure. L'homme à couvert sous des galeries préservatrices, peut exporter les matières sans craindre les intempéries qui les atténuent; rien ne peut arrêter, rien ne peut ralentir son activité. Le commis surveillant, placé au centre des lignes de tendance, peut embrasser d'un seul coup-d'œil les détails qui lui sont confiés.

Rien n'échappe à la position dominante du directeur. Les ouvriers sont logés sainement, les employés commodément : tous possèdent des jardins légumiers qui les attachent au sol; tous peuvent occuper leurs loisirs à la culture qui assure chaque jour les premiers besoins de la vie. Les fourneaux destinés à cuire les sels, sont éloignés de l'imprévoyance commune; placés aux extrémités de l'édifice, ils appellent l'affluence des eaux qui coulent sous les galeries préservatrices.

Chacun s'applaudissoit des convenances particulières; la liaison des constructions parloit en faveur de leur durée; elle assuroit cette union matérielle que le temps immortalise.

L'illusion, le premier de tous les biens, ce fantôme capricieux à qui nous devons une partie de nos plaisirs, ce fantôme qui s'associe à l'espérance quand il veut nous abuser ou nous rendre heureux, ne tarda pas à disparoître. Des vues ultérieures, de nouvelles connoissances prises sur les lieux dérangent le prestige : l'étude épure les séductions, le choc des idées les étend; la connoissance des lieux les développe et fait éclore les scrupules. L'artiste ne tarde pas à sentir qu'un plan sur parole peut égarer; et quoi qu'il en coûte à la présomption qui s'applaudit en écartant les ombres qui retardent la lumière, il abandonne à la défaveur de tardives réflexions, les disconvenances qui ont échappé au principe.

En vain on voudroit se prémunir d'avance contre les dangers des projets inculqués; en vain on voudroit s'approprier un bien qui n'est autre chose que la possession d'autrui.

Ce que l'on acquiert mal est si passager, que l'on a peine à concevoir comment on met quelqu'importance à le conserver. Malheur à celui qui ne peut se dépouiller du sentiment qui l'attache à de pareilles conceptions. Si cet enfant unique pouvoit survivre à sa foible complexion, il laisseroient des souvenirs douloureux qui effrayeroient le flanc qui l'a porté, en perpétuant des erreurs que les siècles ne peuvent réparer.

Bientôt l'Architecte, dans ses métamorphoses, reprend de nouvelles formes. S'il épuise, malgré lui, la lampe pour des produits trompeurs; s'il étale ses contradictions sur des surfaces abusées; bientôt l'instruction, dans son indépendance, le ramène au but, et demande pardon au goût d'avoir osé profaner son sanctuaire.

L'homme de génie n'a pas besoin de solliciter la prodigalité de la nature, il n'est embarrassé que du choix. Renonce-t-il à une première idée, que la complaisance dans ses retranchements a été forcée de caresser, comptant pour rien le travail qui a séduit l'inexpérience abusée, dix autres plans affluent à sa pensée, dix autres succèdent. C'est la roche qui couvre le volcan, et veut arrêter la lave brûlante qui menace d'un écoulement. La résistance fait place aux efforts qui favorisent un avide retour, et avance les progrès de l'art par de nouvelles combinaisons.

C'est un météore inextinguible qui va dissiper les ténèbres par l'éclat de ses feux; il réchauffera les ames attiédies par la discussion infructueuse.

Tel est l'art dans son abandon généreux. Il paroît se couvrir des remparts qui étayent la foiblesse; mais docile aux ordres du père des dieux, s'il parcourt, d'un vol hardi, l'espace immense, s'il franchit la vaste étendue de l'horizon, il doit se précipiter et déposer son majestueux appareil pour complaire aux puissances de la raison. Semblable à la timide colombe, s'il rase un moment la terre, ce n'est que pour s'élever avec plus de rapidité, et s'ouvrir une route assurée dans l'azur de l'air.

La connoissance des lieux change les premières dispositions. L'artiste sentit qu'il devoit tout isoler; que les habitations communes et particulières, les fourneaux devoient être à l'abri de l'adhérence, toujours à craindre quand elle est enclavée par la multitude. Il sentit qu'il falloit composer avec les vents qui assurent la salubrité; qu'il falloit préserver les murs d'encagements de la ruineuse activité des feux de réverbère, qui pousse au vuide les masses les plus épaisses, et compromet les avantages du trésor public par les lacunes forcées qu'exigent des entretiens trop souvent répétés.

Il trace de nouvelles lignes pour éviter les reproches que l'on faisoit à celles dont je viens de faire la critique. Je crois qu'elles réuniront tous les avantages que l'on obtient par l'étude et la contradiction qui sollicite l'intérêt commun (1). Une discussion aussi étendue ne me laissoit rien à desirer sur les développements du plan. Je priai le conducteur de vouloir bien me dire ce qu'il pensoit des élévations.

ÉLÉVATION ET COUPE.

(Planche 13.)

Les élévations ont les mêmes défauts que le plan.

Une façade aussi étendue, aussi peu élevée devoit être isolée dans toutes ses parties. Elle pouvoit être liée par des plantations utiles qui rompent la monotonie des lignes. Elle pouvoit être variée par des arbres verds, pour corriger l'aridité de la saison qui n'offre que l'affligeante dépouille de la nature. Les bossages destinés à consolider les angles, présentent une solidité additionnelle, un cadre découpé par l'habitude.

Cette échelle de refends, que les artistes employent sans réserve, n'est pas celle du vrai goût. Il ne permet que ce qui est nécessaire.

Sans doute la décoration eût été plus pure sans cet accessoire que les ordonnateurs commandent, auquel le métier dans son aveuglement souscrit, et que l'art plus éclairé réprouve.

La coupe paroît être plus d'accord avec les grands principes. On peut surveiller le travail; on voit tout à la fois. C'est un mouvement qui se croise en tout sens, et laisse appercevoir, entre les entrecolonnements, les tableaux les plus variés. Là, c'est l'Amour qui provoque l'Hymen. Remarquez le dieu, il n'a pas ici les teintes arrondies dont il se charge dans le vuide de l'oisiveté; il engage un combat sympathique; le Desir le précède. La Timidité suspend la victoire, et la Pudeur, sous les yeux de la mère, la prépare. Là, c'est la piété filiale qui allège le poids du travail d'un vieillard. Là, c'est la fraîcheur de quinze ans qui languit dans son isolement: elle cherche par-tout son époux, l'apperçoit, et jette dans ses bras les nouveaux fruits de sa tendresse. Par-tout on entend les chants qui expriment la liberté de l'ame: chants inconnus dans le cercle vicieux des passions qui l'altèrent.

Jettez les yeux sur les différents plans; vous y verrez des masses pyramidales, des oppositions qui contribuent à les multiplier. Voyez ces arbres à hautes tiges qui percent la nue; d'autres qui se pelottent avec elle. L'horizon est couvert, d'un côté, par le rocher qui reçoit les brûlants adieux du soleil; de l'autre, l'œil compte cent fabriques harmonieuses qui enrichissent le vallon. Cet arbre isolé dont la masse étale sur le ciel ses rejettons centénaires; cet arbre, qui couvre une partie de la scène, vaut à lui seul le prix d'un édifice.

Quel imposant repoussoir! voyez ce que peut la nature; qu'elle est impérieuse! ce que vaut un mot, souvent il vaut un poëme tout entier.

---

(1) Voyez la planche 14. J'ai voulu m'appesantir sur les besoins et les convenances d'une usine productive, où l'emploi du temps offre la première économie.

Ce qui a trompé l'Architecte, sur les objets que je viens de mettre sous vos yeux, pourroit aussi vous tromper, si, avant de parcourir le travail qui excite votre curiosité, vous négligiez de connoître les sources de la Loüe (1), la carte du pays, les motifs qui ont déterminé le conseil suprême à arrêter les constructions que je me propose de vous faire voir.

CARTE GÉNÉRALE

DES ENVIRONS DE LA VILLE DE CHAUX.

Idées préliminaires qui ont dirigé le choix des lieux, l'isolement des maisons et des autres établissements.

(Planche 14.)

L'Auteur de la nature composa l'univers du concours des atômes ; le chaos se développa, et cédant au monde l'espace, leur donna l'impulsion attractive, organisa la voûte azurée, creusa la profondeur des mers ; aujourd'hui le concours des liquides trace un nouveau centre, et provoque l'industrie des habitants du globe. La fable nous dit qu'une goutte de lait échappée du sein de Junon produisit la voie lactée ; ici c'est une goutte d'eau suspendue en l'air qui acquiert en tombant une valeur progressive, et fonde la ville dont vous voyez le plan de masse, tracé sur la carte générale du pays.

On n'ignore pas que les premiers hommes qui ont vécu en société ont successivement développé leur industrie. L'ouvrier recueille le fruit de ses sueurs journalières ; l'artisan s'entoure de ses produits, les assure sur un sol reconnoissant ; le traitant étale ses convenances ; le riche, ses prodigalités ; le grand associe à ses dépenses cent familles qui vivent de son luxe.

L'homme s'agite en tout sens, porte sa demeure où la fortune l'appelle. L'un élève avec la terre une habitation fragile ; l'autre entasse les marbres, les tableaux, les bronzes dans des galeries somptueuses ; les gouvernements assemblent la multitude autour des intérêts nationaux, et transforment les villages en cités populeuses. Si les progressions particulières sont insensibles, celles qui sont stimulées par des vues ultérieures, qui s'associent à leur puissance, sont très-rapides.

Avant que l'art eût levé sa tête d'or, Rome sillonne ses murs avec le soc de l'agriculteur, les cimente avec les conquêtes. Bientôt elle accumule les trésors de l'Asie, les chefs-d'œuvre des arts ; bientôt elle érige des temples à la Valeur. La chaumière de Romulus disparoît ; elle est remplacée par des monuments fastueux qui, encore aujourd'hui, attestent les progrès de sa magnificence. Du néant à la splendeur, d'un projet utile à l'exécution, il n'y a qu'un pas : le temps franchit toutes les distances ; les villes naissent, les empires disparoissent : voulez-vous assurer leur durée ? il faut éclairer ceux qui sont intéressés à leur conservation.

Les premières loix sont celles de la nature, ce sont celles qui assurent la salubrité aux habitants qui fixent leur bien-être sur une terre préférée. Ces premières loix commandent aux vents, et donnent les moyens préservatifs contre leur malfaisance ; l'exécution en est confiée à tous les

(1) Voyez l'article de la maison des surveillants de la Loüe, planche 6.

surveillants de l'administration publique. Voici ce que l'expérience et les recherches nous ont appris : les vents qui soufflent directement sont plus nuisibles qu'on ne peut l'imaginer. Le froid blesse les organes délicats, l'humidité les détend, la chaleur les corrompt.

Jettez les yeux sur la ville de Mételin, dans l'île de Lesbos; eh bien! pour avoir été mal disposée, elle entretient tous les vices destructeurs. Les vents du midi engendrent la fièvre; ceux du couchant excitent la toux; le septentrion est insoutenable. Batavia, la ville la plus malsaine de l'Inde, est entourée de marais qui dévorent les habitants : les vents qui frappent obliquement sont à préférer. En effet, quelle est la nécessité de prolonger des rues parallèles, quand elles éternisent tous les maux qui naissent de leur position? Je n'en vois aucune.

Tel, sous la froide constellation de l'Ours, est tourmenté par les vents qui s'élancent du mont Riphée, qui se croit un être sensible, quand il se couvre des dépouilles des bêtes féroces, pour dévorer le genre humain qui se confie à ses soins.

Remontez au principe. Un vice accrédité produit tous les malheurs : consultez la nature; partout l'homme est isolé. La chaumière du pauvre, le toit qui couvre l'aisance, les lambris de l'opulence, les palais des grands, des souverains; je dirai plus, avant Auguste les maisons de Rome ne formoient-elles pas des îles séparées? Ce n'est que la cupidité, la corruption des temps qui les ont agglomérées. Si, depuis, les nombreuses cités ont accumulé les adhérences, si elles ont élevé des étages confidents de la nue, bâti des villes les unes sur les autres, ce n'est qu'aux dépens de la race insouciante qui a privé la moitié du monde de la bienfaisance journalière que le soleil prodigue à l'autre moitié. C'est ainsi que l'innocent se trouve enveloppé dans le supplice des coupables.

Décrivez un angle de quarante-cinq degrés, pour vous rendre compte de tous les désastres qui émanent de ces habitudes destructives.

Voyez les rues incisées dans des longueurs indéfinies; ne croiroit-on pas que les ombres qui les noircissent ont été préparées dans les urnes funéraires, pour peindre le deuil qui couvre le genre humain. La borne, protectrice de la demeure de l'artisan, éclate sous le poids d'une voiture indiscrette mal dirigée. Le mur opposé est si près qu'il comprime les poumons, restreint les facultés, et répercute les souffles contagieux qu'il renferme.

Parcourez celles qui offrent les plus grandes dimensions; entourées de fumiers croupis, d'amidonniers, de teinturiers, de vernis méphitiques, de tueries, vous êtes saisis d'horreur à la vue du sang congelé des victimes; leurs meuglements font frémir dans le jour, et préparent pour la nuit des songes douloureux. Qui peut en disconvenir? une plaie couverte d'un manteau de pourpre, effraye moins que celle qui laisse entrevoir des chairs corrompues entourées de haillons dégoûtants.

Jettez les yeux sur la place publique, vous y verrez l'oisiveté s'entasser autour du charlatan et remporter dans ses foyers une maladie réelle pour un mal imaginaire qu'elle croyoit guérir. Entrez dans les spectacles, vous y verrez tous les vices s'exhaler; l'homme épuisé par des sueurs acides, des têtes fumantes qui répandent par-tout une vapeur putride; entrez dans les dortoirs que l'humanité fonda pour recevoir les fruits désavoués d'un assortiment illégitime; parcourez ces dépôts réparateurs dès maux de tous genres qui affligent l'humanité, l'indigence; voyez ces voûtes ténébreuses qui recèlent la présomption du crime et soustrayent l'innocence au ressentiment d'un ennemi puissant; vous verrez tous les vices morbifiques se communiquer par l'attraction; par-tout où les yeux s'arrêtent, on rencontre l'homme abusé qui morcèle son existence; par-tout il accélère sa ruine et propage sa destruction. Est-ce ainsi que vivoient nos ayeux sous le règne heureux de Saturne? Jupiter n'avoit pas encore appesanti son joug sur les mortels. Faut-il se jouer ainsi du malheur des hommes et leur faire payer en douleurs l'air qu'ils respirent! faut-il leur vendre l'eau que le ciel prodigue à tous!

Le moindre des maux que lui prépare son inconsidération, c'est l'embrâsement d'un quartier dont les souterrains remplis de bitumes dévorent en un moment les fortunes mobiliaires, les titres conservateurs des propriétés, les chefs-d'œuvre des arts. Quelque chose que l'on fasse, le torrent des maux se précipite avec le plaisir. Avant que la trompette guerrière ait effrayé les humains de ses accents redoutables, avant que l'enclume ait gémi sous le marteau pesant qui forge les chaînes, l'ambition ne s'étoit pas concentrée dans ses intérêts; ce n'est qu'avec beaucoup de peine, sans doute, que la raison put éveiller les administrations sur les griefs de l'humanité désolée.

Sans doute on vous dira que les cités trop étendues perdent beaucoup de terrain; on vous dira que le sol oriental est prodigué, que les maisons de Pékin, de Batavia étant isolées, dérobent à la culture des terres qui seroient plus utilement employées; voilà comme on divague, dans le vuide d'une question oiseuse; c'est ainsi que l'on répond aux conséquences, quand on croit éloigner le principe.

Qui pourra justifier la nécessité d'accumuler la multitude, quand sa destruction est certaine; quand les ciseaux de la Parque, sans cesse suspendus sur elle, coupent avant le terme fatal la trame qui l'enchaîne à la vie? Quoi! la terre qui acquerroit le droit de prolonger les jours des humains, ne seroit pas aussi utilement employée que celle qui leur donne l'existence journalière! quelle erreur! Calculez l'égalité physique qui a conçu l'homme; quelque grand qu'il soit il n'a pas six pieds; calculez la superficie des grandes villes, vous verrez que si l'isolement étoit fixé par des loix répressives, elle suffiroit à la répartition.

Cependant qu'arrive-t-il? L'un possède dix arpents de terre, l'autre occupe, sur un sol brûlant, deux toises superficielles; l'habitude est si grande en toute chose, que personne n'est frappé de ces entraves bizarres. Le sentiment le plus doux de l'humanité est méconnu; l'instruction, qui attise son flambeau pour éclairer les siècles, est méprisée; la philosophie, qui surveille les écarts de l'ordre social, repoussée; la précaution qui assure la salubrité, les élans de l'art qui vivifient le commerce et augmentent la richesse des empires, font éclore mille détracteurs. Comment voulez-vous n'en pas trouver, si vous déviez de la voie commune? La patrie n'a qu'un maître: la loi naturelle maîtrise le monde, mais l'opinion, comprimée par l'intérêt, en a cent mille. Le soleil brûlant échauffe les têtes et les fait déraisonner au gré du caprice.

Ignorez-vous ce qu'il en coûte à ceux qui osent changer la masse des idées reçues? le croiriez-vous? On couvre de ridicule celui qui, le premier, décida la mère à allaiter son fils; cette loi gravée dans tous les cœurs, est reléguée dans les campagnes; et si on dérobe à la ville quelques moments aux plaisirs tumultueux, ce n'est que pour suivre le ton du jour, ce n'est que pour promener l'appareil imposant de la maternité entourée du respect public.

Rarement on est guidé par le sentiment impulsif qui honore l'humanité. On refuse les honneurs de la sépulture au plus beau génie du siècle, parce qu'il a dépouillé la morale des langes superstitieux qui l'enveloppent; on livre à la persécution celui qui a desséché les marais de la plus grande cité de la France (1). Il établit des pentes préservatrices de la putréfaction; il ouvre des communications commerciales, des promenades parées de tous les accessoires qui contribuent à égayer la vue et à augmenter les revenus publics. Quelle est sa récompense? On lui ravit sa fortune; ses affections les plus chères succombent sous le poids des injustices. Pour combler la mesure des maux, qu'obtient-il? la permission de vivre (2).

Le mal a ses habitudes comme le bien; l'artiste lutte sans cesse contre les passions qui circonscrivent l'ignorance. Opère-t-il le bien, ce n'est qu'à la faveur du temps qui déploie toujours des ailes tardives. Il arrive un moment où l'impartialité reprend ses droits : les vérités constantes qui associent les nations aux principes qui constituent leur splendeur, surnagent et triomphent du sentiment isolé, qui auroit pu les retarder.

(1) Voyez les Propylées de Paris.
(2) L'artiste a fait un travail infructueux : on a payé l'ouvrier. Belle leçon pour ceux qui courent les grands évènements. O postérité! me vengeras-tu?

DESCRIPTION DE LA VILLE.

Motifs qui peuvent fixer l'aisance des habitants, l'étendre, la consolider.

Entre deux rivières assez distantes pour que l'on ne soit pas atteint par les vapeurs humides que le ciel répand quand il les a élevées dans les régions supérieures (1); abritées au nord, au couchant équinoxial par la forêt de Chaux, on voit seize rues qui tendent à un centre commun.

L'hôtel-de-ville représente, et tient dans sa sagesse, la balance des intérêts individuels : c'est-là qu'on distribue les récompenses et qu'on punit le crime.

Les écoles publiques développent les premiers germes de la vertu et enseignent une saine morale; les cazernes offrent aux enfants de Mars le repos; l'humanité reconnoissante panse les blessures et fournit un azile à la valeur; des fontaines bienfaisantes jaillissent sans cesse pour épurer l'air et réprimer l'incendie; des fanaux placés à des distances calculées, éclairent la surveillance nocturne. Au levant, au midi la voie publique est bordée par des arbres qui protègent les toits et offrent des promenades à l'abri des chaleurs excessives; on y voit la maison du commis, les portiques du marchand; le péristyle du riche préserve le pauvre des intempéries de l'air; les fonds meublés de toutes les variétés qui composent un tableau pittoresque, communiquent leur fraîcheur au sein de la canicule, et rompent les vents impétueux du Bélier.

Plus loin, c'est un monument destiné aux récréations du peuple, aux exercices qui développent ses facultés. Voyez-vous ces bains où l'indigence cherche un remède aux maux qui l'affligent? C'est-là que l'homme du monde, énervé par le plaisir, vient consolider ses nerfs affoiblis par les veilles et les voluptés destructives. Voyez-vous ces promenoirs où les maladies de tous genres précipitent en tout sens les mouvements qu'elles ne peuvent déguiser, et tant d'autres édifices dont nous avons parlé dans l'introduction?

La ligne intersécante du grand diamètre traverse la Loüe, des plaines immenses, la ville, la forêt, le Doubs, le canal de Genève, les pâturages helvétiques; à gauche, la Meuze, la Mozelle, le Rhin, le port d'Anvers, les mers du Nord apportent jusques dans les déserts de la Sybérie, les fruits précoces et tant desirés de notre commerce et de nos arts. Source inépuisable de richesses, c'est toi qui es le produit de toutes les autres; c'est par toi que la reconnaissance naturelle des nations se vivifie, c'est par toi que les fortunes se régularisent, que les empires s'accroissent et montent à l'apogée de leur splendeur. Le petit diamètre aligne les rues d'Arc et de Sénans, les forges de Roche, des papeteries, des cireries : quel mouvement! Les uns polissent l'acier, cizèlent le cuivre, soufflent le cristal; les autres coulent le métal foudroyant qui maintient le droit des nations.

L'industrie, sous les voûtes du marché, attire l'abondance; le culte religieux placé au centre commun, appelle la piété; le Pacifère accumule les tables des loix et remplace le temple de la Concorde; le calendrier de l'honnête homme rassemble toutes les vertus.

Jettez les yeux plus loin, vous verrez les souplesses argentées de la Loüe développer ses sources; ce n'est pas ce fleuve tortueux qui craint de se rencontrer vers les pôles opposés où règne une nuit éternelle; c'est cette douce haleine des chevaux du Soleil qui souffle sur elle les vents

---

(1) La ville de Paris, sous Jules César, étoit placée au centre de deux rivières. L'île Notre-Dame.

productifs. Jamais elle n'offre les désastres qui punissent les peuples coupables; contenue dans les limites de la bienfaisance, elle arrose des bords fertiles, et quand elle se répand dans la plaine, ce n'est que pour favoriser les propriétés, ce n'est que pour les accroître : par-tout elle étend ses prodigalités ; si elle distrait une partie de son pouvoir auprès de Roche, pour l'étendre sur les longues lignes dont les contours vous séduisent, ce n'est que pour le signaler de nouveau en faisant mouvoir cent mille ressorts qui animent les produits de la graduation.

C'est être en léthargie que de ne pas sentir le mal quand la douleur agace nos sens; mais on est perclus de goût, si l'on est insensible aux positions privilégiées qui saisissent toutes nos facultés.

Etendez la vue sur ces pentes adoucies par la nature; quels charmes elles présentent aux yeux ! De tous temps le langage commun du pays, voulant expliquer son enthousiaste gratitude, les appella LE VALLON DE L'AMOUR.

Tels étoient les beaux lieux célébrés par les poëtes; tels étoient les climats heureux où la Volupté auroit élevé des palais à la mollesse des cours; tels étoient sans doute ces champs délicieux où les Ris et les Jeux fixoient leur retraite, où la déesse des amours auroit attiré le dieu des combats.

Si j'étends ma vue plus loin, par-tout je vois les faveurs du ciel répandues sur cette terre préférée. Mon imagination s'égare, elle s'élance sur les monuments fastueux qui transmettent à la postérité la puissance des empereurs, la grandeur de Charlemagne.

Rien ne peut contenir le torrent qui l'emporte; elle pénètre ces voûtes qui distribuent l'abondance, ces voûtes rivales de l'Éthérée, d'où naissent et coulent les fleuves qui fertilisent le monde, ces antres qui recéloient les trésors des Césars (1).

Elle s'agrandit par la trace de leurs conquêtes, par les arcs qui rappellent leurs victoires (2). Que de puissants moteurs pour stimuler les conceptions susceptibles de s'enflammer !

Qui pourroit disconvenir que les évènements qui ont élevé ou détruit ces colosses politiques, les scènes attérantes qui rapetissent l'homme, quand il est placé au point de distance, ne nous offrent une succession ouverte à tous les élans de l'esprit humain?

Suivez l'impulsion qui vous poursuit; parcourez le dédale impénétrable de la forêt; parcourez ces larges routes qui se rétrécissent et se perdent dans le vuide de l'immensité; ces sentiers où la lumière et l'ombre, dans leur lutte économique, ménagent la clarté propice au sentiment. Vous qui foulez aux pieds les siècles où régnent les préjugés et les vices; vous qui fondez vos jouissances sur l'espoir d'un avenir heureux; si vous êtes privés des arts consolateurs, c'est-là où vous trouverez le bonheur mêlé de tendresse et de douceurs domestiques; c'est-là enfin où vous trouverez les principes qui font aimer les mœurs sévères. Vous y verrez des familles cénobites multiplier leur existence sur les bases naturelles qui fixent les devoirs de l'homme; vous y verrez le travail dédaigner le tumulte des villes, abjurer la rouille du repos, et s'agiter en tout sens dans le silence des bois.

Un cercle immense s'ouvre, se développe à mes yeux; c'est un nouvel horizon qui brille de toutes les couleurs. L'astre puissant regarde audacieusement la nature, et fait baisser les yeux aux foibles humains. Tu ne crains pas, productive activité, de passer la ligne brûlante. Mère de toutes les ressources, rien ne peut exister sans toi, si ce n'est la misère; tu répands l'influence qui donne la vie; tu égayes les déserts arides et les forêts mélancoliques.

Voyez, voyez le mouvement qu'elle imprime; les uns frappent à coups redoublés ces corps robustes qui effrayent la pensée, quand l'aquilon fougueux vient les renverser; les autres déracinent leurs antiques fondations et les arrachent au sol qui les porta si long-temps; d'autres coupent les branches dont les ombres protectrices étaloient leurs bienfaits; d'autres les livrent aux braziers

---

(1) Les grottes d'Auxelles.
(2) L'arc de Besançon.

ardents qui éclairent la nuit, pour alimenter les fourneaux du chimiste et les cuisines dévastatrices des grands. D'autres scient, équarissent, refendent les masses effrayantes qui supportent les voûtes des portiques où s'assemble la multitude; d'autres veillent à la conservation des bois, des chemins, fabriquent les cercles, assemblent les foudres destinés à l'exportation des sels et des liqueurs bachiques; d'autres cultivent des champs fertiles, défrichent les pentes incultes, élèvent de nombreux troupeaux, et récoltent les résines intarissables du sapin.

C'est un monde isolé du monde; c'est un peuple laborieux qui développe et fait éclore tous les germes que la terre, dans son contrat tacite avec les humains, a promis de féconder. Semblable à l'abeille qui voltige de fleur en fleur pour saisir les sucs qu'elles contiennent, on voit la timide enfance apporter à la masse les richesses éparses des saisons, pour corriger la pénurie de l'hiver.

En sortant de la forêt et descendant sur les bords du Doubs, on découvre un port qui reçoit l'affluence de toutes les marchandises du globe; on y voit des entrepôts conservateurs de la confiance des nations; des portiques qui mettent à l'abri les huiles exposées à la fermentation.

Ici, le canal de Dôle se marie à l'Yonne; elle multiplie, et ses enfants roulant leurs eaux dans les mers du midi, favorisent des retours avantageux. Là, le Doubs sollicite la Meuze pour se joindre au Rhin. Le port d'Anvers s'ouvre et fait partager au laborieux Batave les fruits précieux du commerce. En suivant la route percée au centre de la forêt, vous voyez de tous côtés des champs cultivés qui offrent l'espoir de récoltes abondantes : la terre est ouverte de toutes parts, et ses flancs féconds produisent le charbon, le fer, le cuivre, des pyrites et tant d'autres richesses dédaignées par l'abondance: on durcit la fougère; le verre fait revivre les formes que l'antique pureté réclame.

O toi! cause éternelle, soutien des talents, ouvre moi ce grand livre de la nature; qu'il me soit permis d'y lire les hautes destinées que tu prépares. Depuis les limites éloignées de Saturne jusqu'à Mercure, dont le disque est à peine apperçu par ceux qui ont le secret du ciel, apprends nous le profit que l'on peut faire à toutes ces routes liquides que le commerce veut tenter.

Vois-tu le canal du Rhône, celui d'Iverdun qui conduit au lac de Bienne, les bois de la marine tirés de la Suisse, de la Savoie; la chaux maigre qui durcit dans l'eau et remplace la pouzzolane; vois-tu l'Arve, creusé dans un court espace, faciliter les transports du pays de Gex, du Bugey, de la Chatagne, du Chablais; vois-tu les sapins rouges de Vollay, ceux de Châlons, de Merlogne, les fers de Moret, du Grand Vaux, l'horlogerie, la quincaillerie, la verrerie de Chezery, affluer de toutes parts?

Si vous rendez à la culture des terres précieuses, des hommes ingrats qui la méconnoissent quoiqu'elle les ait comblés de ses prodigalités, que de leviers puissants pour déplacer l'inaction et faire mouvoir l'industrie; que d'issues ouvertes à l'économie! Tels furent sans doute les motifs contenus dans un rapport fait au conseil; tels furent les vues générales qui ont déterminé l'administration à arrêter sommairement la ville et tous les établissements dont je viens de vous faire la description.

J'avoue que j'avois besoin de cet exposé pour me convaincre qu'une goutte d'eau suspendue, pût, en retombant, soulever l'industrie et la porter jusques au bout du monde.

Je conviens que l'exaltation des idées peut, en échauffant les esprits, développer des vues dont la froide raison semble éloigner la maturité; je sais même qu'elle peut accueillir les délires que l'imagination suggère ou que la faveur accrédite.

Mais quand je rassemble toutes les connoissances acquises sur les salines de l'Europe, je ne vois rien qui justifie cet écart. Les arrivées sont avilies par les matières crasses qui les entourent; les murs, salis par les vapeurs qui les enveloppent; les toits qui se perdent dans la nue, exhalent à travers l'argile, une épaisse fumée qui fait disparoître les formes, et les confond avec les chimères de la nuit.

Vos réflexions m'affligent. Faut-il enterrer des millions sous les haillons de la misère? Faut-il suivre des traces nouvelles qui nous égarent, quand le flambeau du siècle éclaire la route qu'il convient de tenir?

Les développements appartiennent à celui qui les conçoit, et vous n'étiez pas obligé de les deviner. Vous pouviez bien savoir que c'est ordinairement la situation des lieux qui provoque l'art, mais vous n'auriez pas imaginé qu'ici c'est l'art qui développe les ressources des lieux, les étend; vous n'auriez pas imaginé que c'est lui qui prépare l'abondance des siècles à venir.

Je conviens que les productions, de quelque genre qu'elles soient, si elles sont enclavées ou circonscrites, perdent la plus grande partie de leur valeur; si le gouvernement néglige les retours utiles qu'il obtient par les communications qui accélèrent les transports; s'il néglige les échanges commerciaux qui facilitent le débit de la denrée journalière, eût-il dans ses mains tous les biens de la terre promise, il ne retireroit aucun profit de l'abondance qu'il concentre.

Je sais bien que ce qui détermine le choix de l'emplacement d'une ville, c'est l'affluence des moyens qui doivent l'approvisionner; mais à quoi bon cet assortiment somptueux de bâtiments, dont les besoins très-ordinaires semblent exclure toute dépense excédante?

Que dites-vous? le luxe des formes qui en impose au vulgaire, n'a rien de commun avec la dépense qu'elles occasionnent, que le choix de celui qui en dispose. Est-ce que les poumons de Démosthène à la tribune, font plus d'efforts que ceux du charlatan stupide qui aboie dans la place publique? Les constructions les plus simples prennent des formes monumentales quand l'utilité publique sollicite la durée des temps et la splendeur des arts.

Quoi! dans un pays où l'inconstance ne permet pas d'esquisser un village, vous voulez construire une ville?

Oui, sans doute. En concevant tout ce qu'il est possible d'exécuter, on éveille l'intérêt personnel, les valeurs s'accroissent chaque jour, et on calcule d'avance les résultats. La conviction, entourée de ses lumières, presse la mesure et réalise en un jour les vues abandonnées d'un siècle insouciant. Tout reprend la trace impérieuse de la nature; de nouvelles circonstances développent de nouveaux intérêts.

Quand le monde seroit bouleversé par des idées nullement attractives; quand la plus profonde ignorance fouleroit à ses pieds les débris de toutes les connoissances, la ligne de démarcation qui fixe la destinée des peuples, les ramène au point où leur intérêt les attend. C'est la roche escarpée qui descend des hautes montagnes et aboutit à un centre commun, guidée par un ravin impératif. C'est un torrent qui entraîne tout ce qu'il soulève par le mouvement irrésistible de ses eaux précipitées.

Les développements de détail que vous avez desirés contribueront beaucoup à accélérer vos connoissances. Je vais remettre sous vos yeux tous ceux qui sont confiés à mon inspection.

… L'ARCHITECTURE

VUE PERSPECTIVE

DE LA VILLE DE CHAUX.

(Planche 15.)

La nature ayant donné aux yeux un crédit plus étendu qu'aux oreilles, il nous a paru inutile d'entrer dans une discussion qui retraceroit imparfaitement ce que l'on a dit du plan général de la ville, de ses environs, de ses dépendances, des établissements prévus.

Une perspective (1) rassemble dans son cadre tous les points que l'œil peut parcourir; mais autant la nature est vaste, autant son imitation embrasse un cercle étroit. Si elle a donné à un de nos organes une portion d'étendue qui se fortifie par l'exercice, si elle l'a prolongée par le secours des oculaires qui franchissent les plus grandes distances, il n'en est pas de même de la liberté de concevoir; elle ne peut être bornée à la vue des terres qui se confondent avec l'horizon : ces champs qui nous paroissent immenses sont trop resserrés pour elle.

L'immensité des cieux n'est pas trop grande pour son domaine; si elle compare le vuide qui l'enveloppe, si elle conçoit le moyen de le remplir, si elle contemple la création, le sublime assemblage du monde, toutes ces merveilles, loin de restreindre sa puissance, ne servent qu'à l'augmenter. Elle n'est pas effrayée de cet être parfait qui mit la terre en mouvement et la perfectionna; si elle parcourt l'empire inextricable des idées, les fantômes obéissent à sa voix; ils paroissent, se changent, se divisent, s'évanouissent; arrive-t-elle à la perfection par des formes que l'imagination embellit, si elle est séduite par celles qui font naître l'admiration, elle ne dégénère point en idolâtrie, par l'influence d'un amalgame trompeur qui en impose et que l'on prend pour le génie.

Malheur à celui qui ne verroit matériellement que ce qu'on lui fait voir : de plans en plans, de scènes en scènes, traverse-t-il une épaisse forêt pour découvrir la retombée de la voûte éthérée qui la renferme; il aura sans doute été peu favorisé par cet astre bienfaisant qui féconde la lumière, s'il ne voit pas au-delà.

Enfermez l'homme de génie dans quatre murs, dans ses rideaux; il voit au milieu des ténèbres et mesure le monde; le sommeil n'est pas fait pour lui : entouré des plus séduisantes chimères, qu'il réalise à son réveil, il maîtrise le temps, le temps qui maîtrise la nature; et si, dans son isolement, il cède à l'harmonie du jour qui modifie le repos et l'accorde avec le travail, ce n'est

---

(1) Voyez les traités de perspective de Pozzi, Leclerc, trop compliqués, mais cependant qui donnent une méthode préférable.

Le principe est dans ce qui plaît. Le goût doit précéder toutes les opérations. Avec la sévérité des lignes et la sèche application des principes, rarement on fait ce qui est le plus agréable aux yeux.

Les procédés de la perspective scientifique sont longs, fatiguent : elle entraîne des dégoûts, mais elle est sûre. La perspective usuelle abuse, égare; rarement elle présente la vérité. Il y a des moyens de tout accorder, de simplifier le procédé.

Je suis étonné qu'on ne l'ait pas soumise à l'instruction ; cette connoissance est très-nécessaire aux peintres et aux Architectes. C'est un moyen, pour les derniers, de développer des masses et de se rendre compte d'avance des effets qu'elles doivent produire quand elles sont exécutées.

que pour rapprocher les découvertes qui se touchent dans l'esprit humain, et qui cependant sont séparées par des siècles.

Passons aux plans de détail qui peuvent amuser vos loisirs.

PLAN GÉNÉRAL DE LA SALINE,

TEL QU'IL EST EXÉCUTÉ.

(Planche 16.)

Un des grands mobiles qui lient les gouvernements aux résultats intéressés de tous les instants, c'est la disposition générale d'un plan qui rassemble à un centre éclairé toutes les parties qui le composent. L'œil surveille facilement la ligne la plus courte; le travail la parcourt d'un pas rapide; le fardeau du trajet s'allège par l'espoir d'un prompt retour. Tout obéit à cette combinaison qui perfectionne la loi du mouvement.

Rien n'est indifférent, des vérités on obtient la vérité; on obtient les notions essentielles des abstractions qui peuvent les retarder. Comme on fait jaillir la lumière en aiguisant le rocher, le monde intellectuel commence où l'action s'active par une puissance irrésistible.

Voyez ce que l'art perd s'il manque l'occasion de servir la chose publique; voyez ce que la chose publique perd quand elle érige des monuments utiles et qu'elle les abandonne à l'insouciance qui perpétue ses désastres; elle ne peut s'associer à l'instruction des siècles, et par la réaction inévitable perd le moment de les faire revivre. L'homme compromet ses facultés dans la léthargie des sens qui les absorbe. Semblable à ce tyran d'Héraclée, il dort d'un sommeil si profond que pour l'éveiller il faut lui enfoncer des aiguilles dans les chairs. Rien ne peut la garantir des vices que le temps accumule; la précaution, ce sentiment inquiet qui éveille la prudence, si elle est mal dirigée ne peut assurer l'avenir contre les dangers qui le menacent. Ici le présent transige avec les siècles : placé au centre des rayons, rien n'échappe à la surveillance, elle a cent yeux ouverts quand cent autres sommeillent, et ses ardentes prunelles éclairent sans relâche la nuit inquiète.

L'assentiment d'un administrateur, dans les arts, est de la même nature que ses autres affections; plus il est instruit, plus il est confiant, mais on ne peut exiger de lui les connoissances de détail; c'est à vous, dispensateurs des hautes destinées, que les bonnes vues préparent, de le diriger, c'est à vous de prévenir les écarts qui pourroient le compromettre; vous le devez par une juste gratitude qu'exige son noble abandon.

Mais revenons au plan. Convenez que celui-ci rassemble plus d'avantages que le premier, planches 12 et 13; la forme est pure comme celle que décrit le soleil dans sa course. Tout est à l'abri du sommeil de l'oubli. On n'a pas à redouter les adhérences contagieuses qui soumettent un incendie total à une indiscrétion partielle. Par-tout l'art réveille la sollicitude; il commande, on lui obéit; par-tout il assujettit les événements. Ce qui contribue le plus à éloigner les progrès des arts, c'est le sentiment ordinaire que l'artiste attache à sa propriété. En secret, il caresse une première idée qui, souvent, n'est appuyée que sur les regrets trop sensibles d'un travail sans succès. Malheur à celui qui ne pourroit se dépouiller des considérations qui paralysent ses moyens, et les circonscrivent dans des habitudes communes.

Déjà la discussion qui avoit amusé les loisirs du souper appelloit insensiblement le sommeil.

Il s'empare de nos sens fatigués, nos yeux s'appesantissent; nos phrases commencées et suspendues se confondent dans la fatigue du jour. Il falloit se séparer de l'inspecteur des ateliers, il falloit solliciter ses soins obligeants pour le lendemain.

Livré à mille réflexions que le recueillement amoncèle, je rassemble mes souvenirs, je rappelle à mon imagination ce que j'avois vu, ce que j'avois entendu; je compare, ma pensée s'éloigne et s'enveloppe dans les voiles de la nuit; mes facultés m'abandonnent; je réfléchis sans suite, je sommeille sans repos, et m'endors.

Où tendent vos efforts, desirs irrités d'accumuler des connoissances? Il ne faut qu'un moment pour tout perdre : qui peut assurer le réveil ?

Puissances nocturnes, qui nouez chaque jour le fil de la vie pour nous donner un nouvel être, faites que je me réveille avec la mesure de bonheur que l'étude des arts assure à ceux qui méprisent les fausses vanités.

MAISON D'UN EMPLOYÉ.

PLANS, COUPES, ÉLÉVATIONS.

(Planche 17.)

Déja les Zéphyrs sortoient de leurs retraites, et la fraîcheur du matin s'étendoit dans la plaine. Déja la musique des airs se faisoit entendre. L'oiseau précurseur du printemps éveilloit le voyageur, et propageoit des sons harmonieux.

Le travail commence. Tout favorisoit l'espoir d'un beau jour; tout sollicitoit l'inspecteur des travaux qui avoit promis de guider mes pas. Les plans généraux que j'avois vus étoient présents à ma pensée, lorsque la nuit, encore revêtue de son crêpe, me permet de deviner la vaste esplanade qui précédoit la porte d'entrée de la saline.

L'imagination est un contrat tacite entre celui qui conçoit et l'artiste qui donne à penser. Si le commun des hommes est oisif, si leur action est lente, voyez combien le pouvoir du sentiment ajoute aux jouissances, quand il devance la curiosité, il voit où les autres ne voient rien. Quatre rangs d'arbres à haute tige, des massifs épais accotent cet édifice, et prolongent des ombres, encore imparfaites, sur les gazons couverts de la pluie argentine du matin.

Le soleil, obscurci par des teintes encore indécises, grandit les surfaces, et offre à mes yeux prévenus la demeure d'un immortel. Je me crus transporté dans ces climats capricieux où la flatteuse illusion, bercée dans le trouble d'un songe, prépare un réveil qui se confond avec les charmes du délire. La scène change; Phébus apprête ses coursiers; déja les tresses d'or qui soutiennent leurs crinières flottent dans l'air tranquille; il ajuste à son char les orbes mobiles de ses roues, les rayons roulent sur le grand cercle qui nous éclaire.

Dans les premiers terrains, destinés à construire des maisons particulières, qu'apperçois-je? De petits édifices, dont la plupart ne présentent qu'une croisée sur chaque face. Quelle est leur destination? Le gouvernement, voulant donner des modèles à la portion des hommes la moins fortunée, avoit construit plusieurs maisons qui rassembloient tous les points d'utilité et de solidité, et n'avoit pas même négligé l'ordonnance relative. Afin de diriger l'impulsion ultérieure, occupé de la récompense qui stimule le travail et étend les facultés, il destinoit ces résultats ostensibles de sa gratitude à des commis qui jouissoient d'une pension méritée, mais très-modique.

La nature de nos erreurs est la même que celle qui stimule nos lumières. L'exemple qui soumet l'homme à son empire, plus qu'une loi qui le contraint, va déterminer les habitants voisins à fixer leurs retraites dans ces lieux de prédilection. Qui peut en douter ?

J'approche, je vois des porches préservatifs des intempéries de l'équinoxe. J'entre, je trouve des chambres à coucher, au midi; on y montoit par des escaliers doubles; les pentes moëlleusement alongées, couvroient la provision de bois; et le rez-de-chaussée étoit occupé par des pièces destinées au service journalier. De petites cours recéloient tous les besoins de la vie; et la poule soigneuse rassembloit autour d'elle sa famille. L'écurie exposée aux vents d'orient, le garde-manger au nord, offroient les grands principes réduits dans l'espace de quelques toises. On trouvoit dans les jardins les sucs nourriciers, des légumes, des plantes aromatiques, et tout ce que la nature prévoyante semble prodiguer dans nos climats favorables, pour le soulagement de l'homme. Des arbres à fruits ployoient sous la fatigue, et annonçoient déja le repos qui fait renaître l'abondance. La surface fleurie du noyer presse d'avance le débit des huiles. L'effet général, qui n'est que le produit du temps, sembloit l'avoir prévenu. Telle est la vertu dans son principe. Si le danger paroît, le courage l'affronte; s'il prévoit d'avance les menaces du destin, il peut sans s'agiter en attendre l'effort.

Des chênes verds, des pins orgueilleux perçoient la nue, interposant, entre le ciel et la terre, leur forme gigantesque, ils font fuir au loin tout ce qui les approche. Des sorbiers fatigués du poids de leurs grappes, l'acacia à la tête légère, tomboient par flocons, et lioient délicieusement ces habitations diverses. Le massif de lilas, la fleur du sureau s'élevoient à la hauteur des premiers planchers, et répandoient dans les pièces habitées, le charme odoriférant des plus doux mélanges. Par-tout l'utilité étoit accolée à l'art; par-tout elle prêtoit à la terre ses agréments, à un taux intéressé. Voyez jusqu'à quel point celle-ci pousse ses recherches et le rafinement de ses parfums. La jouissance, irritée par le desir qui s'accroît à mesure qu'on le satisfait, ne veut pas même être arrêtée par le fossé triangulaire qui cache un palis de troène, d'épines blanches, de jasmin jaune.

Si elle a l'air de céder au besoin de l'isolement, ce n'est que pour mieux tromper les yeux, embrasser tout à-la-fois, et surveiller des possessions indéfinies. Les scènes sont tellement multipliées, que les contrastes atteignent avec un nouveau plaisir, les plans qu'ils peuvent rassembler pour se perdre, avec eux, dans l'horizon, qui s'agite et renvoie une lumière flottante. Ici le rideau du monde n'est pas fermé pour toi. Tu n'as pas besoin de déchirer la toile qui sépare une nouvelle aurore, tu vois les merveilles que tu as créées.

Tout ce que ma muse transportée pourroit peindre, n'est rien à côté des effets que la lumière féconde. Inaccessible à l'œil des mortels, impénétrable à la vue perçante, tu verses avec profusion l'éclat intarissable des feux répandus dans l'immense firmament; tu fais sortir de leurs sphères les astres qui vivifient le monde. Tu fais sortir de la terre cent modestes demeures, revêtues d'un caractère particulier, quoique les besoins soient presque tous les mêmes. Que d'effets! Quelle variété, que d'idées successives elle fait naître au voyageur qui parcourt avec rapidité les lignes où les produits de l'art sont espacés!

L'imagination, qui grandit tout, et peut embellir, je dis plus, changer l'ordre immuable du monde, rappelle par-tout à sa vue, les objets les plus imposants. Ainsi, sur la voie Appienne, des temples, des trophées, des statues colossales, des colonnes millières, des sépulchres, annonçoient aux regards étonnés, les merveilles de la capitale du monde.

Voilà ce que peut l'art, s'il est enflammé par l'ambition d'atteindre aux plus hautes spéculations des jouissances humaines. Jusques-là, j'avois vu les descendants du premier homme circonscrire leurs besoins dans un espace très-exigu.

Eh quoi! le créateur de toutes choses n'a-t-il donc mis aucune différence entre l'espace nécessaire à l'usage de la vie, et celui que la mort nous laisse?

L'homme mastique, avec l'argile, des remparts mouvants, pour se préserver de la férocité des bêtes ; il assemble le caillou qu'il a sous la main ; on le voit s'abriter avec le chaume provocateur des flammes inconsidérées du ciel et de la terre. Et ce même homme à qui la nature a donné une tête altière, est obligé de se courber pour obtenir la paille délaissée. Le croiroit-on? tout est calqué sur ces poncis serviles, sur ces dispositions humiliantes accréditées par la barbarie et la destructive habitude.

O toi! qui fais mouvoir le monde, et qui assembles ses perfections! dis moi, qui pourroit enfler le voile qui couvre la lumière répandue dans le firmament? Dis moi par quelle fatalité le temps, qui nous transmet les connoissances, a-t-il retardé dans cette partie de l'art qui intéresse la masse dominante, la progressive agitation de ses ailes?

Le voici : Il semble que les hautes sciences dédaignent les hautes destinées qui les attendent, si elles font l'application d'un principe naturel qui les attache à des succès inapperçus ; il semble que la puissance méprise tout ce qui la constitue, pour éblouir, par de faux rayons, les vues foibles qui ne peuvent les soutenir.

L'antiquaire dirige le goût de son siècle sur des ruines amoncelées, sur des calques, souvent infidèles, qu'il transmet à la postérité qu'il abuse. L'astronome organise la voûte des cieux, calcule l'éclipse, et trace la route des orbites. Le géomètre mesure la terre; Chemmis la charge de colosses immortels, dont les assises soulevées jusques dans la nue, sont coulées avec la sueur humiliante de l'esclavage. Des souverains se mettent à la place du soleil, pour décrire le cercle que les arts doivent parcourir. Ils élèvent des palais somptueux sur les débris du malheur. Ils accumulent les trophées dans des galeries qui rappellent les outrages faits à des nations vaincues. Ils fondent des arcs sur les bases mouvantes de l'humiliation qui excite de nouvelles fureurs. Eh bien! que résulte-t-il de cette analyse pompeuse ? De quels côtés que j'étende mes regards, que vois-je? Par-tout l'homme est exaspéré, par-tout il est englué dans l'amorce trompeuse du merveilleux, et s'éloigne du sentier que lui indique la nature.

Au milieu de toutes les saccades qui n'ont pas même réveillé le genre humain de sa léthargie, est-il quelqu'un qui se soit occupé de construire une des cases qui auroit pu contribuer au bien des premiers habitants jettés sur la terre, et qui auroit amélioré le sort de la race future? Qu'a-t-on fait pour elle? Rien.

Si la chaumière de Romulus a disparu, je ne vous en sais aucun gré, passions dédaigneuses, c'étoit pour y bâtir le Capitole. Comment a-t-on pu oublier ce peuple laborieux, le véritable peuple? Est-ce que la maison du commis ne doit pas être solidement construite ? Est-ce qu'elle ne doit pas être préservée des atteintes destructives des éléments perturbateurs, des entretiens coûteux, des incendies inopinés ?

Oui, sans doute; car, si le travail fait un premier effort, le travail permet-il toujours de le renouveller? L'Architecte de la nature ne connoît ni les palais, ni les chaumières. Je dirai plus, le chaume est un vol à l'engrais des terres. La voûte commune couvre indistinctement l'infortune et l'opulence. Et si l'airain qui brille sur le palais des rois garantit des éclats du tonnerre, celui qui le dirige ne veut pas que des bois fragiles, recouverts de la tige desséchée du chanvre, provoquent son phosphore fougueux, et mettent en défaut l'insuffisance.

Je conviens de vos principes, mais dans les délires bienfaisants qui semblent subordonner les constructions de luxe à celles qui n'en sont pas susceptibles, l'application est impossible.

Dieux, vous l'entendez! le trésor public, les compagnies intéressées peuvent bien solliciter les soins d'un artiste à des distances éloignées, mais l'indigence entretiendra-t-elle des lampes dispendieuses pour illuminer un petit coin du monde que personne ne voit. Quel abandon de principes ! Je n'apperçois aucun profit pour elle, aucun même pour le gouvernement. En effet, que produiront ces ordonnances relatives aux habitants isolés des campagnes? que produiront ces cazins embellis par des conceptions élevées, peut-être exagérées? que produiront ces fabriques, que l'art caresse dans ses rêves délicieux?

Qu'importe à la masse souffrante, à celle qui s'appitoye sur le sort du genre humain, si l'amant de du Tobozo voit des palais où sont des chaumières; s'il livre des combats aux pygmées qu'il prend pour des géants? Qu'importe si un miroir convexe qui rassemble les rayons du soleil, les répercute sur un foyer divaguant qui éblouit les regards? C'est un éclair passager dont l'existence fuit et ne peut être durable.

Mais quelle est votre erreur? Pourquoi ne voyez-vous que l'éclair, quand la lumière est permanente, quand les agents du pouvoir veulent même l'entretenir? Vain espoir! La volonté est impuissante quand l'ignorance commande. L'ordonnateur instruit, celui qui tient tous les fils, et ne laisse rien échapper, va tout-à-l'heure être remplacé par celui que la faveur du moment étaye. Ce dernier ne sera plus occupé qu'à se débarrasser des filets dans lesquels on enlace son insuffisance. Qu'arrive-t-il? La barbarie succède à quelques étincelles de lumière. Les connoissances qui l'ont précédée disparoissent et se confondent dans les ténèbres de la présomption qui remplace le savoir. Mais à vous entendre, il n'y a donc que les gouvernements, ou les fortunes surabondantes, qui peuvent perpétuer les arts utiles. Voilà comme les préjugés s'accréditent. Les arts d'agrément, répandus sur la terre, doivent marcher d'un pas égal avec l'économie politique. Voulez-vous leur donner des valeurs extensives? Voulez-vous rendre leur accroissement nécessaire au grand nombre? Il faut éveiller les intérêts communs; alors tous les hommes sont portés à concourir à la progression.

Les situations, les villages, les bourgs, les villes, prennent de nouvelles formes qui excluent la froide monotonie, et réchauffent les conceptions. Ce que les administrateurs n'auroient pu faire, on le fera pour eux. Croyez moi, j'ai pour garant cette prunelle pénétrante qui veille sur tout. Elle commandera aux vents qui assurent la salubrité des lieux. La maison commune, celle du ministre du culte, celle de l'habitant, que le besoin de la voie publique abat et relève, occuperont la sollicitude administrative. On ne verra plus les maladies putrides désoler l'imprévoyance. On ne verra plus les pailles corrompues infecter la terre; le produit des digestions fermenter sur des toits brûlants. De nouvelles habitudes, dictées par l'exemple, maintenues par des surveillants, entretiendront le corps et l'esprit dans les usages journaliers qui constituent la force et assurent la santé.

Nota. Les planches 30, 42, 84 offrent à-peu-près les mêmes besoins, les mêmes principes.

Les détails portés sur les plans, coupes, élévations ne diffèrent que par les convenances respectives. Le but de cette discussion sur la demeure d'un commis, a été de prouver qu'un édifice peu intéressant par lui-même, peut accélérer le progrès de l'Architecture, s'il développe des idées puisées dans la nature, si on généralise le principe qui offre à l'imagination tout ce qui peut la remuer et la provoquer.

Voyez, pour votre instruction, Columelle, Xénophon et le *Prædium rusticum* du père Vannier. L'artiste qui voudroit s'étendre sur tous les détails dont la plus petite maison est susceptible, se perdroit dans le labyrinthe; ils sont aussi variés que les climats, les fortunes : c'est à l'économie à les rapprocher, à l'Architecte à les rassembler sur les formes avouées par l'épuration des temps.

MAISON DE CAMPAGNE.

PLANS, COUPES, ELEVATIONS.

VUE PERSPECTIVE.

(Planche 18.)

Le goût est indépendant des caprices du jour. On peut le puiser dans la théorie de la nature, et dans la pratique des seuls préceptes qui émanent de lui. Les premiers Architectes l'ont établi sur les besoins avoués par la succession des temps; ceux qui les ont suivis l'ont érigé en loix, l'ont imprimé sur la pierre mobile qui a produit la variété et a donné le mouvement universel. S'il étoit possible d'oublier les produits intermédiaires qui l'ont dénaturé; s'il étoit possible d'oublier les entraves qui ont enchaîné ses facultés, que de chefs-d'œuvre la liberté de concevoir nous eût transmis !

Habitants des campagnes, si vous compilez les ouvrages des meilleurs artistes, pour vous en approprier les convenances, ne vous séparez jamais des seules bases qui peuvent justifier vos dépenses : le goût se trouve par-tout où la pureté des lignes est présente; il se trouve par-tout où le peintre de la nature souffle l'esprit de vie, et se lie à sa puissance pour offrir le tribut d'harmonie qu'il lui doit. Celui qui n'admettroit qu'une manière de chanter le dieu des bergers, seroit un roquet qui jappe en poésie : celui qui réduiroit tout à sa manière de voir, nous offriroit le despotisme de l'homme borné qui n'admet que ce qu'il conçoit; c'est une huître dont le cœur aride croit qu'il ne peut y avoir, dans le monde, que le stérile rocher sur lequel elle est attachée, et sa coquille immobile.

La distribution de cet édifice a été dictée par un grand-maître des eaux et forêts, qui vouloit être à la portée de son service (1). L'imagination vous retracera l'étendue des jardins utiles, et ceux d'agréments; la vue perspective vous offrira la disposition des masses de bâtiments qui contrastent entre elles, et se lient au charme pittoresque qui réveille les sens assoupis.

(1) Voyez la nomenclature.

PLAN

D'UNE MAISON DE CAMPAGNE

DESTINÉE A UN MECANICIEN.

(Planche 19.)

    Je ne ferai pas aux hommes instruits l'injure de les oublier; je décrirai la demeure du savant qui consacre ses veilles au bonheur de la société. Ici le luxe des arts sera banni : une façade simple convient à la modestie de l'homme qui met toute sa gloire à être utile à ses semblables. Étranger au fracas du grand monde, concentré dans le cercle étroit de quelques amis, il ne lui faut que de petites pièces, sur les murs desquelles on retracera les souvenirs qui stimulent puissamment les produits du génie : la pièce principale, celle qui intéresse le plus l'artiste, c'est un cabinet retiré, loin du bruit inséparable des soins domestiques, à l'abri d'un caprice amoureux qui pourroit retarder, je dis plus, anéantir l'inspiration du moment. Il faut l'éclairer par le haut, afin que la pensée ne soit pas distraite par des objets extérieurs. Un arrière-cabinet est nécessaire pour le préserver des importuns ou des oisifs.

    Des livres, des instruments de physique et de mathématiques, des modèles de machines, voilà les meubles chéris du savant; on lui préparera de vastes rayons où l'œil puisse tout saisir à travers les miroirs transparents qui éloignent les atteintes humides et les vents impurs qui soufflent la poussière.

    L'imagination a besoin d'être nourrie, alimentée par des comparaisons; il faut donc qu'elle puisse errer sur tout ce qui l'environne. Que de découvertes heureuses sont dues au hazard du coup-d'œil qui tombe sur des objets qui paroissent sans analogie et totalement étrangers l'un à l'autre! La tête du savant n'est jamais plus fortement occupée que lorsqu'il paroît dans une inaction absolue; sa léthargie apparente, est le calme trompeur du Vésuve; elle prépare l'explosion du génie.

    Si l'Architecte, sacrifiant son amour-propre à la simplicité, à la commodité, a su procurer à la méditation du savant un azile impénétrable à la distraction, il aura bien mérité de la patrie, qui lui devra des découvertes utiles, soit aux progrès des lumières, soit à l'aliment du savoir.

    Quoique toutes les sciences se tiennent par une attraction insensible, que presque tous les besoins soient les mêmes, l'Architecte consultera cependant le savant pour lequel il doit bâtir.

    Le laboratoire du chimiste ne doit pas être disposé comme le cabinet du mathématicien ou de l'astronome. La maison du mécanicien doit réunir presque tout ce qui convient aux autres : bibliothèques, instruments, fourneaux, atelier de fondeur, de menuisier, de forgeron; rien n'est étranger à cet art précieux, que la futilité du siècle semble dédaigner.

    On court en foule applaudir aux éclats convulsifs d'un tragédien, aux tours de force, aux grâces d'un danseur; leurs noms sont répétés par-tout avec éloge, tandis que l'on ignore celui du mécanicien qui rivalise la nature, supplée au bras, à la jambe que les fureurs de Bellone ravissent. Toujours émerveillé de ce qui n'est que frivole, on admire le flûteur ou le canard de Vaucanson; on ne va pas voir le métier à filer la laine, le coton, le lin, la soie : on connoît à peine les machines ingénieuses qui transportèrent l'obélisque du Vatican, la pyramide de Sextius, le fronton du péristyle du Louvre; celle qui ravit aux marais de la Finlande le rocher de granit sur lequel repose la statue de Pierre-le-Grand. On dédaigne, à cause de sa simplicité, l'instrument qui réduit les métaux les plus durs en fils déliés et presqu'imperceptibles; personne ne connoît les métiers à l'aide desquels on fabrique les étoffes variées qui couvrent le pauvre dans sa cabane et tapissent le palais des grands.

C'est le mécanicien qui creuse les tubes de bronze, de fer ou de bois, qui portent, au gré de nos desirs, la terreur et la mort, ou des eaux vivifiantes qui broyent cette pâte incorruptible devenue le dépôt de la pensée des siècles anéantis, et le flambeau de ceux à venir. C'est encore lui qui transporte du sommet des rochers les plus escarpés, et qui place sur nos navires ces mâts d'ont l'œil n'atteint la hauteur qu'avec respect. Nous lui devons ces machines animées, dans lesquelles une légère vapeur produit de si puissants effets; les ponts hardis suspendus sur les fleuves les plus impétueux, ces écluses qui maîtrisent leurs pentes dangereuses, ces dômes qui semblent menacer le ciel, c'est encore au mécanicien que nous en sommes redevables, et cependant cet homme si précieux vit presque toujours ignoré.

Gloire lui soit rendue. Puisse parvenir jusqu'à nos derniers neveux, le nom des Archimèdes nouveaux qui savent lier si essentiellement le bonheur des humains aux grands intérêts des nations; puisse sur-tout l'Architecte se pénétrer du besoin de connoître les loix et les ressources de la mécanique, et ne pas dédaigner les principes d'un art qui peut le servir aussi utilement!

Les plans indiquent les besoins.

(Planche 20.)

Les élévations offrent le style que l'on croit convenable à l'habitation d'un savant.

Les coupes donnent les hauteurs des planchers.

Les jardins destinés aux légumes, aux plantes médicinales, au verger, sont bordés par des eaux douces, extraites de la Loüe. C'est-là, c'est dans ces lieux d'agrément où la tête du savant remue en tout sens, où nous avons placé les différents cabinets et ateliers de tous genres dont nous avons fait la description.

MAISON DE CAMPAGNE.

PLANS, COUPES, ÉLÉVATIONS.

VUE PERSPECTIVE.

(Planche 21.)

M***. veut bâtir une grande maison et multiplier les appartements; il est ami de la solitude, sa femme aime le grand monde; il est amoureux d'elle, flatte ses goûts; c'est un moyen de faire supporter les siens. On croit qu'un homme est heureux parce qu'il est riche, parce que l'objet de ses affections les plus vives traîne, dans un char brillant, les provocations qui allument tous les desirs; quelle erreur! Garder un trésor que tout le monde envie n'est pas chose facile : le bonheur et le repos ne marchent jamais du même pas; souvent ils rencontrent des amas d'épines où les serpents font leurs nids et piquent ceux qui les touchent.

Les tendres émotions sont ennemies de la léthargie de l'ame et du trouble de l'esprit. Comme la violette au bleu foncé se cache au milieu des humbles enfants de l'ombre pour déployer ses caprices innocents et parfumer au loin l'atmosphère, de même le plaisir gagne dans le secret des consciences, ce qu'il dissipe en vapeurs oiseuses quand il est agité par les souffles turbulents qui l'évaporent ou le dissipent.

Veiller sans cesse une beauté qui fait précéder par ses dédains les complaisances qu'on lui prodigue; être sans cesse repoussé par l'orgueil d'un sentiment auquel tout le monde applaudit, c'est un enfer dont la constance, en vain, veut faire un paradis. Il faut cependant en convenir, on ne peut aimer que ce qui est aimable : si l'homme aimable n'est pas sûr d'être aimé, celui qui ne l'est pas est bien sûr de déplaire.

La beauté est impérieuse; c'est une divinité qui gouverne le monde des sensations; si elle imprime le mouvement à l'univers, elle doit être au moins la maîtresse où le mari commande : c'est une chaine de diamants qui enlace délicieusement son esclave; si le monde s'altère sans cesse, il est bien juste qu'il soit gouverné par le moteur éternel qui le fait revivre. Mais ici l'amour brûle d'un feu sans espoir, qui le consume. Les facultés s'éteignent au lieu de s'accroître : c'est un mort qui n'a plus que l'apparence de la vie; c'est une ombre qui quitte les bandelettes conservatrices de l'existence, et ne peut quitter les liens qui favorisent ses illusions. Ah! que les maux sont dangereux alors qu'ils emportent avec eux l'idée du bien; ils tuent.

Ceux qui s'affectionnent à l'erreur ne se laissent jamais désabuser : en vain les songes poursuivent leur réveil, en vain les songes les assurent que leur imagination s'égare, ils voient de leurs yeux ce qu'ils ont rêvé; ils voient souvent plus, rien ne les corrige. Ah! qui voudroit braver le sort? qui voudroit céder à l'effort de ne plus estimer ce qu'il aime? Cependant il est contre nature, contre la raison, d'aimer ce qui répugne. On trouve des remèdes pour guérir ce qui afflige, mais pour ce qui plaît on craint la guérison. Un poireau sur le doigt de celle que l'on chérit, est une perfection.

C'est ainsi que l'on cède à ses penchants et qu'on laisse dans les cuisants revers, qui affectent le cœur, l'énergie du courage. C'est ainsi qu'un fébricitant désespéré voit arriver le terme où la fièvre qu'il supporte et qui le mine, va passer pour toujours dans ses veines incurables.

L'amour épuré est une vertu bien rare; comme cette perspective, il faut le montrer sur toutes les faces, pour le bien juger; il faut le voir au point de vue. Le vainqueur des Gaules, de la Thessalie, de l'Arménie, de l'Espagne, est vaincu par les attraits d'une coquette dans Alexandrie; il gouverne l'empire du monde; il est gouverné par un caprice. Annibal gagne la bataille de Pavie, de Trébia, du lac de Trasimène; il abat la splendeur de Rome, après la défaite de Cannes; et le prudent Annibal est enchaîné par une courtisane, dans une ville de la Pouille.

Qu'est-ce que tout cela prouve, sinon que la gloire est le superflu de l'honneur : souvent elle s'acquiert aux dépens du nécessaire; le sentiment naturel l'emporte sur les vertus factices.

Ici ce n'est pas l'Architecture qui forme l'Architecte, c'est l'Architecte qui puise, dans le grand livre des passions, la variété de ses sujets. Ne croiroit-on pas qu'elles se courbent devant lui pour lui découvrir le vaste horizon qui se confond avec les derniers cercles du monde? En effet, la disparité des caractères nécessite des distributions et des décorations dissemblables. Pourquoi faudroit-il un toit uniforme pour couvrir des dégoûts multiformes? Pourquoi assujettir des jouissances personnelles, et les renfermer dans des conventions dégénérées par l'habitude? La vertu est-elle incompatible avec la liberté d'habiter, la liberté d'agir? Non, sans doute; cette distribution prouve le contraire (1). Chacun peut être isolé, bien vivre, même avec des goûts opposés.

Consultez, observez leurs nuances, fondées sur les usages habituels, elles contribueront à faire valoir vos talents, aussi variés que les caractères; elle prêteront à l'inconstance de l'art des souvenirs ravissants qui développeront de nouvelles affections. En variant les plans, les élévations seront plus piquantes; elles produiront des effets multipliés, et feront disparoître les situations arides.

Voyez-vous l'azur des cieux s'enflammer, et verser une lumière brillante qui répand un nouvel éclat sur le devant du tableau? La fraîcheur de la rosée tombe, et les masses se retirent à l'ombre; les bandes du couchant, diversement colorées, dardent leur influence pour la faire valoir; et si la nuit descend de la voûte éthérée, ce n'est que pour prolonger ses effets tranquilles et mystérieux, et vous apprendre que les détails sont inutiles. Déja l'aurore s'empare du monde; la lune cède sa place à cet astre brillant qui la dévore; les arts se réveillent; un nouveau jour commence.

(1) Mad.***. habitoit un des pavillons; elle aimoit à converser avec un petit parent de province qui avoit beaucoup d'esprit.

PLAN

D'UNE MAISON DE CAMPAGNE.

(Planches 22 et 23.)

Le goût qu'on veut avoir gâte celui qu'on a.

La maison que vous appercevez, dans le massif à droite, est celle d'un ancien conseiller au parlement de Besançon, qui a ses terres aux environs. Son aspect ne présente aucun des accessoires que l'habitude a consacrés comme principe. Elle est couverte en tuiles creuses. La saillie du toit remplace l'ombre portée par la corniche. On voit des rampes douces, des terrasses, des bâtimens destinés à l'usage des cours de service, qui contribuent par leur mouvement à faire valoir l'objet principal. Deux porches défendent les nuds des murs opposés, des neiges pénétrantes du nord, et des ardeurs brûlantes du midi. Le ton de la pierre, qui ne le cède pas aux plus beaux marbres, suffit à la richesse des faces latérales. La décoration intérieure est sans doute dictée par le même esprit : *assez et rien de trop.*

Tout étoit ainsi conçu, lorsqu'un voyage à Paris dérangea ces sages dispositions. Le propriétaire aime les arts, il accueille la nouveauté, dépense une grande partie de son revenu à l'embellissement de ses appartemens et de son jardin. En entrant dans l'antichambre, nous voyons un amas incohérent de toutes les discordances; dans le sallon, des panneaux multipliés dont la plupart étoient lozanges, les fonds étoient bleus, rouges, gros-verd. Des thermes peints en porphyre, des marbres égyptiens, les bois sombres de l'Afrique encadroient de petites vues de l'escalier du Vatican, de la métropole de Paris, de la mosquée de Constantinople : le tout étoit entrelacé avec des rinceaux d'ornemens trempés dans le Cocyte, pour faire valoir des paquets de fruits, de fleurs, des thyrses, des pampres de vigne. Un plafond de forme ronde étoit inscrit dans un carré. A l'aide de la lorgnette, on appercevoit des camées échappés aux débris de Babylone, des myrthes reverdis par la rosée du matin. Des cuisses de biches, peintes en bronze, étoient recourbées sous le poids accablant des tables de granit rouge. Un lion mutilé soutenoit la pesanteur du marbre noir qui couvroit la cheminée. Vous savez que la chaste sculpture est moins scrupuleuse que la peinture; si elle montre tous les nuds, si ses mœurs sont plus sauvages, elle pense moins au présent qu'à l'avenir. Mais la peinture se prête à tout; elle peut dépouiller la nature du voile de la pudeur; elle a dans sa puissance une chaleur inextinguible : elle a le secret d'imprégner nos sens de tous les genres de voluptés.

Nous entrons dans la chambre à coucher, et pour être d'accord avec le principe, nous voyons des arabesques de tous genres; le bonnet ailé de Mercure, son caducée, les Vents cardinaux terminés en queue de poisson. Les rayons éclatans d'Apollon étoient opposés à de sombres serpens dévorateurs, qui entrelacent la tête de Méduse. Des colonnes de vingt diamètres, couronnées d'un chapiteau gothique, peint en bronze verd, limitoient le domaine de l'amour, quand il étend ses pouvoirs. Dans l'épaisseur, on voyoit de longs peupliers entourer la tombe resplendissante d'un philosophe modeste, des ailes de chauve-souris colorer le plafond, inquiéter le plaisir, et le trône du Sommeil.

La maîtresse de la maison comptoit dix lustres. Un oratoire obligé avoit pris la place des autels de Vénus. Que voit-on dans le boudoir travesti? Les Saturnales d'un côté, les Lupercales de l'autre. Les Grâces mutilées, et leurs cuisses couvertes d'écailles ; des nageoires chimériques ; des urnes funéraires; l'encens du trépas, pour parfumer le réveil de la vie. C'étoit la confusion de tous les délires concentrés, c'étoit un amalgame inconsidéré de toutes les disconvenances. Toi ! qui dans tes métamorphoses, dois rectifier les écarts de l'imagination, demande pardon au goût des friponneries que tu lui fais.

Nous parcourons le jardin : de longues feuilles d'eau baignent nos jambes et les embarrassent ; les orties les piquent, les tourmentent. Nous traversons un fossé couvert, que l'on avoit approfondi pour dessécher une montagne. Nous traversons un ruisseau alimenté par la citerne voisine; sa teinte verdâtre étoit confondue dans les pâles couleurs du saule pleureur : ses branches agitoient la surface. Nous traversons des massifs d'arbres verds, d'ébéniers à fleurs, etc. etc. Nous découvrons un temple au dieu de la médecine. Quelle contradiction ! Des fabriques moresques, tudesques; des ruines gothiques, la complication de toutes les scènes, les quatre parties du monde, renfermées dans l'unité d'un arpent et demi de terre environ. Nous prenons un petit sentier, il étoit inondé par les pentes indiscrettes qui le dominoient. Sans ces débordements, on l'eût pris pour le moderne Achéron. Nous appercevons de loin un toit couvert de joncs. Quelle incohérence ! nous approchons; notre surprise est extrême; après avoir vu tant de richesses qui annoncent la dépense, la Pauvreté, revêtue d'un habit d'anachorète, se présente à nos yeux. Elle présidoit aux jardins légumiers, ordonnoit aux arrosoirs du matin de réparer les torts de la veille. J'étois las de tout ce que j'avois vu; des chemins tourmentés, pour multiplier les surfaces, avoient fatigué ma tête autant que la vue des appartements avoit échauffé mes yeux. J'en savois assez pour me convaincre que les abus dérivent des meilleures loix. Tout étoit bien, séparément; tout étoit mal, ensemble.

On pourroit mettre en principe que le bien dépend de la manière de concevoir, de diriger ses idées, et de les appliquer. En effet, si les teintes des appartements étoient rembrunies, si le cerveau de l'artiste étoit obscur et discordant, s'il avoit négligé l'harmonie qui plaît, s'il avoit décélé un sentiment dominateur, qui attache à l'Architecture mobilière, qui assortit ses conceptions aux niveaux d'appui, l'enfant gâté de Thémis, accoutumé à juger le fond sur les pièces, pourroit bien être trompé : car, on ne peut en disconvenir, l'artiste avoit de l'esprit jusques au bout des doigts; sa touche étoit séduisante. Mais, dites moi par quelle fatalité les dessinateurs par excellence, depuis Michel-Ange, ont-ils perpétué leur fécondité pour accréditer les mauvaises formes (1), entassé tous les genres d'ornements ? Pourquoi dessinent-ils tous avec le crayon falsificateur qui affronte les regards sévères du discernement ? Pourquoi délayent-ils toutes leurs couleurs dans le même vase ? Le voici.

Le compilateur met la terre à contribution pour remplir ses porte-feuilles. Il repasse sans cesse, rappelle des souvenirs pénibles pour multiplier des emplois faciles; séduit par l'attrait d'une plume piquante, par le charme d'un pinceau qui abuse les yeux. Il enchaîne à ces impostures l'aridité de ses moyens. Il s'approprie les écarts qui favorisent son inertie. Toujours embarrassé dans le choix, son génie se paralyse et s'enveloppe dans la perplexité qui détruit tous ses ressorts. Semblable au fils de Céphise et de Lyriope, qui sans cesse répercute ses traits séduisants dans l'onde argentine, il est épris de lui-même, et sèche de langueur au milieu de ses jouissances.

Le défaut de génie est aussi dangereux que le délire qui enfante les erreurs. Si les connoissances acquises le développent, souvent la vue d'un édifice indiscrettement préconisé, des livres en réputation, de nombreuses gravures, le circonscrivent et l'entravent.

---

(1) Michel-Ange est ici regardé comme Architecte ; il a fait le dôme de St. Pierre.

Le savant qui laisse aux races futures des traits purs, l'analyse des grands principes, sans doute est utile; il peut développer des germes inattendus : mais ceux qui les copient, souvent expliquent mal ce que leur faculté obscurcit d'avance. Homère a-t-il besoin de compiler pour faire le meilleur poëme épique? L'imagination méconnoît ces éphémérides astronomiques, ces tables où on écrit la course du jour : elle grandit tout ce que l'impuissant rapetisse, et franchit les limites qui retardent les vérités premières. Pour n'avoir pas vu les colonnes qui séparent les montagnes de Calpée et d'Abyla, on n'est pas moins frappé de l'idée que le *nec plus ultrà* écrit dessus ne fixe pas l'horizon, encore moins les connoissances qu'on ne peut assujettir. Rien ne constate plus la pénurie du génie que le faux emploi des ornements dont les artistes tapissent nos murs intérieurs.

Ici je m'arrête. Un tel a la main paralysée; cet expéditionnaire en Architecture tremble, ne peut plus dessiner. La nouvelle est fâcheuse; que dis-je? elle est consolante. L'Architecture ne perd pas un Architecte. Quand on a la liberté du choix, qui peut empêcher de multiplier les modèles qui honorent les plus beaux siècles? Voulez-vous copier? Si vous n'avez pas les facultés de l'invention, la maison carrée, dont l'exécution assujettit toutes les conceptions aux calculs qui séduisent nos sens, vous offre un bon exemple. Au lieu de charger la terre des produits de l'ignorance de chaque pays, pourquoi n'érigeriez-vous pas, sur des bases avouées, d'autres monuments, qui multiplieroient les bons principes? L'imitation pourroit au moins assujettir le faux goût.

Au lieu de s'appuyer sur les produits épurés qui élèvent l'esprit public par des combinaisons qui lui en imposent; qu'arrive-t-il? On multiplie les dépenses sans profit pour l'instruction; on meuble nos cabinets de bambochades dispendieuses, quand on pourroit étaler les sublimes proportions. On compromet la dignité de l'art dans des scènes avilies par l'occupation dominante d'un choix dépréciateur. Quoi! si le pilote assujettit à son pouvoir la plaine orageuse, si l'aimant attractif dirige nos villes flottantes, l'Architecte qui marche à côté des couronnes qu'il immortalise, ne pourroit pas descendre un moment du rang où son génie l'a placé, pour élever à sa hauteur l'homme du monde qui le consulte. C'est toujours sa faute, quand les arts, qu'il commande, sont ravalés. Il peut perpétuer les Phidias, les Appolonius, les Appéle. Il étend son impulsion même sur les ouvriers imitateurs qui manufacturent les dieux. Les règles du goût ont des bazes sûres; elles sont indépendantes des exemples qui pourroient l'entraver. En littérature, peinture, sculpture, c'est l'économie, bien entendue, qui prépare la richesse. Les contrastes, les oppositions l'assurent. En Architecture, une porte bien profilée, une corniche dont les ombres se prolongent sur les nuds d'une seule teinte; des bronzes qui, malgré le fragile caprice du jour, échappent à la destruction; un mobilier simple et subordonné à l'usage; le radieux orient qui dissipe, dans le plafond, le nuage obscur; la robe éclatante de la nature qui revêtit l'innocence printannière; l'œil du monde qui assujettit délicieusement la vue sur des surfaces tranquilles; et tant d'autres pensées qui suffisent pour donner l'idée de l'homme qui s'entoure d'émotions successives.

Les ornements de détails fatiguent les yeux sans profit pour les mœurs; c'est une existence passagère qui souvent ne survit pas à celui qui l'a donnée. Quand cessera-t-on de les multiplier au-dedans? Quand cessera-t-on d'être avare au-dehors, de mépriser cet imposant appareil de tous les produits de l'art qui constituent la grandeur d'une nation?

Tout s'embellit par l'expression d'un sentiment exalté; il fait un Adonis de Vulcain; du bonnet de Phrygien le casque d'Achille; du plastron d'un athlète la cuirasse d'Agamemnon. Les Graces se rassemblent sous les pinceaux du Corrège.

L'histoire ne lie-t-elle pas assez l'instruction des siècles passés avec les rapprochements qui doivent illustrer le nôtre? Si l'artiste veut s'entourer des connoissances qui ont accompagné son éducation première, s'il veut remuer les ailes engourdies du temps, il évitera une décoration sans motif qui flétrit le fruit de ses études; il éveillera l'impardonnable indolence des hommes décidant une dépense énorme, avec l'abandon qui place dans le nombre collectif des bijoux le magot de l'Inde qui obstrue les miroirs où la beauté répercuteroit, au profit de l'inspiration, des charmes provocateurs des facultés de l'art.

Loin de vous ces bizarreries qui perpétuent l'ignorance, dégradent l'artiste, asservissent son exaltation. Croyez moi, suivez la nature des lieux, embellissez les situations; occupez vous des personnes; retracez les vertus, pour extirper les vices; que l'énergie de votre bras soutienne les guides laborieux qui dirigeront sûrement votre course. A travers les champs ingrats qui ne rendent pas même le germe qu'on leur confie, la persévérance vous découvrira une terre inépuisable, dont la récolte inattendue comblera votre espoir. Méfiez vous de ces fantômes qui font disparoître la proportion avec l'enthousiasme qui la fait naître; méfiez vous de ces imposteurs qui s'enveloppent de couleurs abusives. Des traits purs, sans ombres accessoires, éviteront des erreurs mensongères qui charment l'auteur, décèlent le compilateur, séduisent l'ignorant et usurpent la confiance.

Alors on verra l'homme de génie s'élever sur les lignes imprescriptibles du goût. Il débrouillera le chaos, il percera la nue qui cache le prestige; il s'élèvera sur des masses bien combinées, sur des ombres prévues et largement prolongées; elles produiront les effets qui seuls peuvent étonner; semblable à l'oiseau dominateur des airs, il planera sur la voûte inflammable; il dirigera les foibles, poursuivra, dans son vol rapide, les nombreux insectes qui la surchargent, et débarassera l'atmosphère de l'espèce rampante qui s'agriffe aux ailes des oiseaux du premier ordre, pour les sucer en détail.

Vous, qui tenez dans vos mains la destinée des beaux arts; vous, que l'on peut capter par des complaisances qui décèlent votre néant, vous répondrez de tous les délits du goût aux puissances qui étayent son empire. Déja la troupe livide des remords vous entoure, elle va vous punir d'avoir pressuré la gent laborieuse pour éterniser la foiblesse de votre dictature et le vuide de vos délibérations.

MAISON DE CAMPAGNE.

PLANS, COUPES, ÉLÉVATIONS.

VUE PERSPECTIVE.

(Planche 24.)

Le terme de la vie d'un Architecte est si court qu'il n'a pas un moment à perdre; il a tant de choses à faire; tout sollicite les puissances de son ame. Les agitations du dedans, les fatigues du dehors concourent à développer ses passions et à étendre ses facultés. Que faire au milieu de ces anxiétudes? Il faut qu'il rêve la nuit ce qu'il doit exécuter le jour : tout le monde sait que la pensée est fille du silence; elle se possède mieux lorsque les plaisirs attachés à la vue disparoissent, lorsque les orbes mobiles de la nuit se rassemblent pour éteindre les flambeaux d'un jour inquiétant, et que le ciel déploye ses voiles bruns, pour préparer l'obscurité. Le sommeil étant l'image de la mort, l'homme morcèle son existence si l'action cesse, il la prolonge s'il veille. Qui peut ignorer que c'est le temps propice à recueillir les sens troublés par la contradiction des heures? Les idées divaguent et se confondent dans l'espace immense des affections; l'éclat du jour offre moins d'avantages à la réflexion que le calme de la nuit.

Rassemblez tout ce que vous offre la tradition, c'est, il est vrai, le rendez-vous d'une infidelle qui peut tromper; elle obscurcit les fastes qui lient l'enfance du monde avec les siècles pervers ; elle confond les âges, les sexes, les rangs, les rois adorés, les tyrans haïs, les arts, les lettres, à l'apogée de la splendeur; tour-à-tour exilés, ou faisant d'infructueux efforts pour franchir le seuil fatal où ils sont arrêtés. Que vous apprend-elle enfin?

Démocrite se crève les yeux (1) pour méditer profondément et détourner la distraction; Homère, aveugle, concentre dans l'harmonie pompeuse du poëme épique, la force qui s'accroît par la privation d'un sens qui divertit les pensées, franchit les intervalles, soumet la distance pour s'entretenir avec les immortels; il peint les dieux tels qu'il les croit, les hommes tels qu'il les conçoit : il devient un poëte sublime.

En effet, les hommes pompent avec les yeux les vertus et les vices, les impressions du plaisir et des peines, les effets qui stimulent la conception dans les arts; ceux qui régularisent leurs sensations par la réflexion, préparent en tous genres les délicieux transports du cœur. On dit, par exemple, à celui qui ne voit rien (et c'est le plus grand nombre) : cet édifice est majestueux; on ne peut rien ajouter à la beauté de son ensemble, l'imagination embellit l'image. A l'aide des plus séduisantes fictions, c'est un délire, c'est un transport qui agite la veine paresseuse; c'est un dieu régénérateur qui imprime le mouvement des plus vives émotions. Si les yeux, au contraire s'affectent du mauvais goût que le prince, au nom de la nation, étale sur un palais, les yeux détruisent le prestige qui les avoit fascinés, les yeux vous égarent.

Cependant si la force, qui est le souverain, m'avoit lancé dans la carrière pénible de ceux qui gouvernent les autres, j'aurois accueilli, j'aurois caressé les aveugles, j'en aurois fait mes sublimes intendants; ils ne voient rien, ils croient les hommes tous bien constitués et propres à supporter tous les fardeaux : si j'avois gouverné les cœurs, j'aurois.... Au surplus personne n'ignore que les nations recueillies pensent plus fortement que celles qui sont douées d'un caractère léger et mobile. Voyez ces braves Insulaires, ils pensent, créent, inventent, et laissent à d'autres les détails minutieux de la perfection. Voyez ce que peut l'art quand ses influences provoquent jusqu'à la cécité, pour développer de nouvelles conceptions; voyez le parti que l'on peut tirer des surfaces que fécondent les chimères de la nuit; la troupe obéissante des facultés croit, se divise, et se plaçant au gré des esprits, provoque les résolutions; c'est ainsi que l'homme s'élève au sommet des idées pour caractériser le génie qui anime les marbres : c'est ainsi que l'art, par un nouveau défi avec le ciel, transmet aux siècles éclairés la progression de ses charmes, et donne un nouveau lustre à l'empire qu'il a sur les humains bien organisés.

Telle est la généreuse expérience, maîtresse avouée du temps, on peut la comparer à ces fleuves profonds qui ne retournent jamais à leur source; s'ils accumulent les eaux des hautes montagnes, ce n'est que pour laisser aux riverains intéressés, le moyen de puiser les richesses éternelles qui appartiennent à l'origine des mondes.

Que vous dit cette expérience? Tout détail dont on ne peut saisir l'ensemble est perdu; tout détail est inutile, je dis plus, nuisible, quand il divise les surfaces par des additions mesquines ou mensongères.

La privation de la lumière (2), combinée avec les rayons du soleil dont le jeu éblouissant jaillit

---

(1) Quand on s'est fait une idée des grâces et de la beauté, comment peut-on se priver d'un sens aussi délicieux? Il tourne au profit de l'ouvrage, il est au détriment de l'auteur.

(2) Les planches 36, 45, 54, 103 offrent l'application du principe , et ne diffèrent que par la variété des plans.

L'usage a perpétué dans les campagnes des planches assemblées, communément nommées volets, pour tranquilliser la nuit contre les incursions de ceux qui exercent un pernicieux talent que les loix punissent, et se préserver de la sur les surfaces pour les argenter, sollicite la puissance des ombres, et force l'interruption du jour à noircir les soupiraux bienfaisants de l'air, pour obtenir des effets avoués par la distance.

C'est ainsi que le dieu des arts, dans sa course périodique, darde ses influences que la succession des heures fixe dans la pensée.

PLAN GÉNÉRAL

DES PORTIQUES DESTINÉS AU SERVICE DES MAISONS DE COMMERCE.

ÉLÉVATION ET COUPE.

(Planche 25.)

Une ville placée au centre de deux rivières, à la proximité d'une forêt de quarante mille arpents, au centre du continent qui communique à la mer du midi, par le canal de Dôle, à celle du nord par le Rhin et le port d'Anvers, nécessitoit des habitations de commerce et des entrepôts de tous genres.

La fabrication des fers, des aciers polis, la cizelure des cuivres, les manufactures d'armes, de cristaux, de porcelaine, les forges où l'on souffle le métal qui nivèle les intérêts des nations, toutes les richesses arrachées à la terre, fixoient dans ces lieux les produits de la ville de Genève ; les arts de luxe de Birmingham, les gouffres enflammés de Pontouvre, du Mont-Cenis, l'horlogerie, cet art consolateur qui distribue la mesure de nos plaisirs et confond nos jouissances dans le cours périodique d'un sommeil passager, sollicitoient le travail et promettoient des résultats heureux. Les bois de construction, les matériaux du pays lioient essentiellement l'intérêt particulier à celui du gouvernement.

La puissance qui dirige les ouragans de la finance, dissipe les tempêtes politiques, soutient les empires ou prépare leur chute ; celle qui entretient l'industrie, artisan du bonheur qui répare les désastres de l'air, secourt les habitants des campagnes, veille ; pour elle rien n'est indifférent : elle sait qu'elle puise dans la secrette étendue de ses pouvoirs les ressources qui les assurent ; elle sait qu'en maîtrisant l'intempérie des saisons, elle cache des trésors sous la précaution qui multiplie ses ressorts. Elle ressemble à ces chênes qui éparpillent sur la fougère le gland reproductif que la saison d'hiver recouvre de feuilles mortes ; les germes reverdissent par la rosée végétale, et la nature s'enrichit de sa stérilité apparente.

contagion des saisons désastreuses. On a perpétué les jalousies pour se garantir d'un jour fatiguant. L'amour qui se mêle de tout a voulu l'éteindre au besoin : ne vaudroit-il pas mieux éviter ces entretiens coûteux et placer les jours sur le second plan ; non-seulement on seroit à l'abri de la malveillance du temps, mais on obtiendroit des effets décidés que les ombres d'un porche ou péristyle assurent.

En voyant cette élévation on pourra juger que les pilastres carrés font la fonction de mur-plain, et cependant offrent dans les interlignes des ombres qui les dessinent. On obtient le double avantage d'avoir de l'air, de l'effet aperçu des plus grandes distances ; on élague les entretiens, on évite l'emploi des bois qui s'altèrent et se détruisent en peu de temps.

On élève cent portiques sur les bords du canal de Roche. Déja la blonde Cérès couvre la terre d'une blanche poussière; l'ambroisie renfermée ouvre en assurance ses ventouses embaumées : l'Inde, splendidement transportée sur l'Océan, parfume ces voûtes; déja elles abritent les transports du Bengale, de l'Arabie heureuse, et les préservent de toute altération.

On offre à la circulation des communications qui favorisent l'accès de tous les services, préparent l'abondance et défient les ravages de la disette, fille imprudente des spéculations mal dirigées. Tel un nocher, voyant la mer en courroux, ploye ses voiles et trompe l'aquilon fougueux.

En effet, n'est-ce pas le rendre impuissant que de prévoir ses fureurs. On n'a plus à redouter les vapeurs humides qui tombent dans les nuits d'été; on n'a point à craindre les flocons qui fatiguent l'attention dans les soirées du Verseau, les glaces qui compromettent la sûreté de l'homme, et les miroirs glissants qui provoquent son imprudence; le sol est assuré, il est pavé de bois à compartiments, échauffé par les souffles du midi, raffraichi par les vents du septentrion; par-tout le soleil sent mourir ses rayons, et la température est à l'abri de tous les désastres.

Quand l'auteur de la nature composa l'homme, il concentra ses premières facultés dans l'exercice de ses bras : les descendants d'Archimède ont fait plus, ils ont multiplié sa puissance par son génie; dédaignant la loi commune qui l'assujettit aux heures d'un travail obligé, il met en mouvement des milliers de serviteurs industrieux; des bois économes, placés à des distances combinées, obéissent; on les voit soustraire dans le jour, tout ce qui pourroit être altéré par les caprices imprévus de la nuit.

Des arcs multipliés appellent de toutes parts la précaution. Qu'il seroit à desirer que ces essais timides de l'art pussent s'accréditer dans nos villes de commerce! Conçoit-on que la cité la plus populeuse, Paris, qui rassemble tous les arts de luxe, huit cent mille consommateurs intéressés au principe, n'ait pas encore étendu ses regards sur ces octomètres dont la nécessité est généralement reconnue.

D'où vient l'insouciance? Rarement les administrations passagères provoquent l'avenir; les hommes assemblés pour régir, sont fatigués par le poids du moment; circonscrits par l'apathie du grand nombre, par des intérêts isolés, des habitudes qui gênent les conceptions, on asservit leurs élans. C'est ainsi que l'intérêt commun languit sous la servitude inextinguible des difficultés.

On peut juger du plan général par le détail des besoins; l'élévation est simple, et la coupe indique la hauteur des planchers.

VUES PERSPECTIVES

DE MAISONS DESTINÉES A DES NÉGOCIANTS.

(Planche 26.)

PLANS, COUPES, ÉLÉVATIONS

DE MAISONS DESTINÉES A DES NÉGOCIANTS.

(Planche 27.)

Il est plus aisé de parcourir les vastes champs ouverts à l'imagination, que de resserrer ses conceptions dans un espace circonscrit par le terrain et la dépense; mais paroître grand, produire des effets piquants avec des plans tranquilles, dans une superficie de vingt-quatre pieds, dans œuvre, sur quarante, c'est dans ces points donnés, qui enchaînent le génie, qu'il est difficile d'arrêter les yeux et de présenter la variété.

On aura fait quelque chose pour le succès de l'art, si on prouve que rien n'est à négliger, si on agrandit les surfaces, si on offre des effets inattendus, dans les situations les plus communes, si on supprime les détails qui atténuent la pensée, si on a suivi les loix que la solidité exige. Il faut en convenir, un Architecte a peu d'occasions de laisser aux races futures des monuments qui fixent d'avance la place qu'il doit occuper dans le temple de mémoire; mais il en a beaucoup quand la nature et l'art président aux constructions ordinaires, quand il ne livre pas exclusivement au métier ce que l'orgueil du génie semble dédaigner.

Tout le monde sait que le logement d'un marchand, un dépôt d'épiceries, n'élèvent pas autant les idées que le palais que l'on destine à la Beauté qualifiée, à la maîtresse du souverain. Chaque sujet prend la couleur de celui qui le traite; il suit les degrés de l'inspiration; il est plus ou moins élevé et dépend du souffle instantané qui le fait éclore. Croyez moi, rien n'est indifférent: c'est presque toujours la faute de l'artiste, quand le siècle ne remue pas dans le sens qui lui plaît; il a dans sa main le miroir ardent qui échauffe l'univers; rien n'est au-dessus de lui que l'éclair qui brille sur sa tête. Il peut donner l'impulsion qui propage les loix du goût. On a beau faire, ses yeux percent à travers les obstacles; c'est un réverbère qui répercute ses rayons victorieux dans l'obscurité.

Ce qui nuit le plus au progrès de l'art, c'est le sentiment que le génie inprime dans l'ame de ceux qui n'en ont pas. La flamme qui rayonne sur sa tête éblouit, son éclat en impose sur la dépense présumée. On fuit la lumière pour concevoir dans les ténèbres ce qui s'accorde le plus avec les idées communes; et si on fixe la résolution, ce n'est que dans le rapprochement de l'ignorance consultée qui flatte ses écarts. Qu'arrive-t-il?

Un traitant charge la terre de masses coûteuses, il étale ses millions sur des lignes indéfinies ; il élève des toits azurés qui électrisent le nuage; il fatigue ses murs d'ornements, les couvre d'or ; il salit ses plafonds de complaisances coupables, de couleurs bizarres.

Ce dépréciateur du goût ruine sa race par une somptuosité mal entendue, qu'il puise dans la fantaisie ; et loin d'enrichir les fastes de l'art, il les appauvrit. Quelque chose qu'il fasse, partout on voit le néant des idées, par-tout on voit des perles fausses tapisser le séjour luisant de ce reptile stupide.

A quoi sert la richesse, si celui qui la possède n'a pas le moyen de la répartir. Autant le goût est économe, autant l'incapacité est prodigue. Si le premier élève, au sommet des glaciers, une retraite sentimentale, on y reconnoît l'expression qui attache le regard ; par-tout l'esprit du beau stimule délicieusement les organes susceptibles. Ici, sous les traits de Psyché, l'amant retrouve la beauté qu'il aime. Là, on voit les Heures retracer sur des tables reconnoissantes les évènements heureux de la vie. Là, le triomphe de l'Immortalité, et les Parques impuissantes enchaînées à son char. Par-tout on rencontre des marbres animés par les feux de Prométhée. Les plaisirs en foule se pressent et vous sollicitent ; la surprise, à chaque pas, suspend les sens. On est plein de souvenirs consolants, et on se livre à cette douce ivresse qui ravit, par la succession rapide des motifs qu'on y rencontre.

Tous les moyens de séductions appartiennent à l'Architecte ; lui seul peut les faire éclore.

Homère chanta les dieux, les héros; pourquoi l'Architecte, ce Titan de la terre, qui tient dans ses mains les échelles qui montent au suprême degré, dédaigneroit-il le conseil des dieux avec lesquels il peut communiquer, pour expliquer aux humains, un langage élevé qui leur convient ?

Pourquoi descendroit-il dans le cercle usé du répertoire de l'école ou dans les replis des sociétés intéressées à éteindre la lumière, pour la faire disparoître dans l'obscurité qu'elles entretiennent ? sociétés où l'art endormi semble tout exclure, pour mettre fastueusement en évidence le précepte empesé qui en impose et trompe la crédulité du vulgaire ?

La coupe indique la hauteur des planchers, la distribution, les galleries, qui dégagent tous les genres de services et les préservent des intempéries.

La maison parallèle est destinée à un libraire; on trouve dans les jardins, et sur les bords du canal, tous les genres d'établissement réunis ; la gravure des caractères, la fonderie, l'imprimerie, une papeterie, des magazins de papiers, les dépôts de livres en feuilles, les ateliers de brochage et de reliure, une bibliothèque, des magazins de vente, des sallons de gravures, de manière que l'œuvre de l'imprimerie est terminée dans la maison.

PLAN, COUPE, ÉLÉVATION

DE LA MAISON DE DEUX ÉBÉNISTES.

(Planche 28.)

Des hommes usurpateurs des droits communs oublient le bien général pour ne voir que celui qui leur est personnel, croyant trouver dans la médiocrité, qu'ils partagent avec le grand nombre, une espèce de dédommagement qui les distingue. Ils ont donné la liberté à une partie des arts pour asservir l'autre. Le croiroit-on? Ils veulent que les arts qu'ils qualifient de libéraux, considérés comme luxe, ne soient pas à la portée de tout le monde; que ceux qu'ils appellent mécaniques, généralement répandus, puisqu'ils alimentent la portion industrieuse des peuples, éprouvent une baisse qui satisfait leur amour-propre. J'ai peine à le concevoir. En effet, connoit-on quelques arts où l'usage des mains ne soit pas nécessaire? en connoit-on où il soit proscrit?

Qu'est-ce que l'art? C'est la perfection du métier. Le dessin n'appartient-il pas à toutes les classes? Celui qui prend la forme du pied, du corps, celui qui *élégantise* ou parfume la chevelure, celui qui cizèle les métaux, les fond, les dore, celui qui charge nos tables de l'appareil pompeux de ses vases, celui qui construit les palais, fait descendre les dieux pour les placer dans nos temples, celui qui retrace l'olympe sur les voûtes hardies qui étonnent nos sens; tout est ouvrier.

L'homme ordinaire est un artiste ouvrier, l'homme distingué est un ouvrier devenu artiste. Voilà deux classes bien distinctes confondues dans la seule qui existe. Le génie en est le produit commun. Comme il est peu ordinaire qu'il blesse une partie des hommes, il ne recueille les fruits de son isolement que quand la Parque a coupé le fil des illusions.

Celui qui sait le plus doit instruire celui qui sait le moins; c'est un devoir qu'il contracte avec l'humanité; c'est l'acquit de sa reconnoissance envers la nature qui l'a favorisé.

Vous pensez donc qu'il faut connoître les lettres avant d'assembler les mots? Oui; ce n'est pas tout; l'épuration dans le choix des maîtres assure les mœurs publiques; mais prenez-y garde, un centre d'instruction souvent favorise la manière; le crédit qu'il acquiert, par l'inaction des idées de ceux que l'on considère comme le *nec plus ultrà* de la perfection, arrête les regards de la multitude, l'asservit et fixe ses préjugés.

Eh! quoi, le soleil n'est-il pas plus lumineux que les astres qu'il reflète? Sans doute; mais la comparaison n'est point admissible. Ignorez-vous que les meilleures loix dégénèrent en abus? Les corporations fastueuses, soutenues par le trésor, resserrent leurs facultés dans le cercle étroit de l'appointement. Rarement elles vont au-delà de ce que l'on exige d'elles. C'est le foyer des talents de convention qui éclairent le monde; c'est-là où ils brillent sans contradiction; les uns scrutent les autres au gré de leurs foiblesses ou de leurs déférences mutuelles.

La plus grande partie vit de l'opinion tributaire; fantôme des réputations mal fondées, elle vit aux dépens de ceux qui se distinguent.

Assis sur le même banc, celui qui languit dans la légion se croit déjà un général habile, un savant, un artiste par excellence. Ce dernier est tellement identifié aux défauts du corps, qu'ayant besoin de faire des progrès, il n'en fait plus. Pourquoi? parce qu'il n'a rien à desirer. Son apathie rétrograde fuse dans le foyer absorbant qui détruit tous les germes. S'il s'isole, il est mal vu. Veut-il s'élever, penser, agir à part ou contradictoirement? ce n'est qu'aux dépens de sa tranquillité; la persécution le suit et s'étend jusqu'à ses derniers rejets.

Si les ouvriers de tous genres étoient associés aux recherches des hommes instruits, si les savants les appelloient à leurs discussions, voyez ce que la chose publique gagneroit! Cependant, si la dignité des corporations privilégiées s'y oppose, l'intérêt général l'exige. Il faut l'avouer, c'est l'exemple, c'est l'occasion qui développe les talents; c'est l'étude qui propage tous les degrés de l'instruction; et quoique les nuances ne soient pas apperçues de tout le monde, elles n'en sont pas moins sensibles aux yeux des hommes qui ne négligent rien pour les faire valoir.

Par-tout où il faut des connoissances motrices, le travail de la tête ne précède-t-il pas celui des mains? C'est le plus, c'est le moins qui élève l'artiste ou le rabaisse; mais quelque chose qu'il fasse, on connoît l'esprit qui l'anime. Découvre-t-il les ruines d'Herculanum, il trouve les ustensiles les plus communs soumis aux loix du goût. Il ne néglige rien de ce qui peut multiplier nos jouissances. Plus il fouille ces terres pour fomenter l'aisance par la culture des arts, plus il étend les branches commerciales. Il appelle l'histoire pour nous retracer les faits les plus piquants, la fable pour amuser l'enfance et l'associer de bonne heure aux traits héroïques et aux situations naturelles qu'on lui fait admirer. Il fait plus, il ne dédaigne pas l'argile périssable que l'on emploie dans nos cuisines, il surveille la pureté du trait; enfin de quelque côté que l'on se tourne, on voit le sentiment apprécié, qui n'est descendu dans la dernière classe que par l'inspiration de la première.

O vous! qui rassemblez les talents de tous genres, invitez à vos séances la multitude industrieuse; vos moyens généralisés se compliqueront d'abord, se simplifieront bientôt, et passeront dans toutes les mains. Croyez moi, le temple du goût doit être égal à celui des dieux; son diamètre est celui de l'univers, et sa voûte est celle de l'Éthérée; recevez sans distinction l'ouvrier de tous genres. Faites à toutes les heures du jour l'appel de l'atelier d'un pôle à l'autre; vous serez étonné d'apprendre de celui que la nature a favorisé, tout ce que vos profondes études vous auront refusé. Souvent, très-souvent ils dérangeront votre marche circonscrite par la règle, pour électriser vos pensées et faire éclore des produits inattendus (1). Vous joindrez à une pratique élevée qui vous devra une partie de ses succès, une savante théorie. Vous encouragerez par des récompenses publiques, par des exemples, vous opérerez le bien que sans doute vous voulez faire, et que l'on attend de vous. Je vous le demande, quel est l'ouvrier qui ne s'enflammera pas au récit des merveilles d'Archimède? Quel est le constructeur qui ne soit pas transporté si on lui parle d'un édifice de trois cents pieds, élevé au centre de la mer orageuse; quel est le peintre qui n'élève pas au fond de son ame des autels à Raphaël?

Je vais plus loin, les vertus et la valeur des autres développent chez nous des sensations qui produisent des élans. Est-il un soldat qui ne se sente élevé par l'impression que fait sur lui le caractère d'Achille? Il n'y en a pas qui ne soit animé par le courage d'Ajax, la valeur de Diomède. Il n'y en a pas qui, à l'aspect du tombeau de Maurice, ne soit tenté d'y aiguiser son sabre.

Jugez le principe par les résultats. Homère, le premier peintre de la nature, erre dans Salamine et chante les aventures d'Ulysse. Comme un troubadour, comme un chansonnier de nos jours, il trouve à peine de quoi subsister. Que d'ouvriers ont commencé comme lui; y a-t-il beaucoup d'artistes qui aient fini de même!

Les plans, coupes et élévations sont suffisamment détaillés pour juger de l'esprit de variété qui a dicté le principe. Voyez les portiques construits sur la rue, ils renferment les dépôts où

---

(1) En causant avec abandon avec l'ouvrier, j'en ai souvent tiré un grand parti.

l'affluence vient fixer son choix; les ateliers, les magazins occupent le fond du jardin et se dégagent sur la voie publique.

L'analyse de ce plan présente moins d'intérêt que celle qui éveille les administrations sur le moyen d'étendre les facultés de l'ouvrier et de les honorer.

En effet, comment peut-on concevoir que ceux qui travaillent la nuit aux jouissances du jour de l'homme opulent, soient tellement avilis qu'il semble que leurs habits soient l'uniforme de la servitude ou le secret dévoilé de leur misère. Ne conviendroit-il pas, pour l'honneur de l'humanité que les vêtements dictés par la nécessité du rôle de chacun, fussent resserrés dans les magazins du grand théâtre? L'homme, en les quittant, reprendroit dans l'ordre social, la tenue qui contribue à élever l'ame, et la dignité qui lui appartient.

MAISON DE CAMPAGNE.

PLANS, COUPES, ELEVATIONS.

VUE PERSPECTIVE.

(Planche 29.)

Un père de famille veut bâtir une grande maison sur cette terre préférée que l'art prit à partie pour la faire valoir. Il veut d'immenses jardins pour les plantes usuelles et médicinales, des pâturages où des troupeaux nombreux bondissent pour égayer la vue; il veut des eaux abondantes dont le murmure agréable puisse faire distraction aux peines de la vie.

La variété est aux yeux ce que la voûte étoilée est à la pensée. Elle amuse, elle transporte; c'est l'ame du monde, on l'aime : qui ne la chériroit pas? Pour corriger les hommes par l'exemple, il faut connoître leurs vices et leurs vertus; il faut caresser les uns, pour faire adorer les autres. Le père étoit avare; l'idée d'une grande maison l'effraye; le présumé de la dépense travaille ses esprits inquiets. Utile occasion, c'est donc toi qui vas détrôner l'erreur, en flattant une passion avilissante.

Il avoit trois enfants; l'un s'aimoit exclusivement; l'autre auroit semé la discorde dans le champ le plus aride, qu'il l'eût fertilisé. La fille n'avoit jamais connu l'amour; que je la plains! Elle n'avoit jamais connu l'amitié; qu'elle étoit malheureuse! Sans cesse irritée d'avoir perdu les douceurs qui lient délicieusement l'enfance à l'âge mûr, ses aigreurs reproduites à tous moments par les souvenirs tourmentants de sa bile, et les teintes de bistre répandues sur sa figure trahissoient le secret de son cœur. Que faire? L'Architecte embrasse les genoux de Minerve, fait sa prière; il est écouté; il est inspiré. Semblable à nos modernes Esculapes, il tâte la veine qui porte le sang du cœur aux extrémités, la consulte avant d'administrer le remède. Eh quoi! faut-il se séparer pour toujours, quand un innocent stratagème peut consolider des nœuds resserrés par la nature?

On propose quatre petites maisons, où l'on puisse communiquer par des galeries couvertes, se rassembler; le père accueille le projet, qui diminue la dépense journalière, et la fait supporter à chacun dans son isolement.

On propose la distribution, on discute; on l'adopte. A l'égard de la décoration, il invite les peintres d'histoire, les littérateurs célèbres, les descendants de Phidias, les chefs des manufactures de cette fameuse cité, rendez-vous productif des nations qui savent apprécier les grands talents.

L'Architecte avoit combiné les masses qui devoient étaler sur la terre de larges ombres. Déja les couronnements, devenus légers, se lioient avec le nuage transparent qui laissoit entrevoir l'immense azur de la voûte éthérée. Quel sera l'esprit de la décoration intérieure?

Les anti-chambres, considérées comme pièces destinées à recevoir l'affluence commune, offriront, en maroquin de Barbarie, des sièges sur lesquels glissent les dégoûts: l'intrigue, la bassesse, la platitude, la médiocrité reprocheront à quatre murs humiliés les fresques grimacières et hypocrites qui en fixent la durée.

La salle à manger retracera l'orgie du monde, tous les rôles de la société passeront en revue: on y trouvera des masques de tous genres, pour déguiser le scrupule, et éluder les loix que la police du cœur réprouveroit, si ses intimes espions pouvoient le pénétrer: mais telle est l'impuissance de l'art, autant ses innocentes leçons tournent au profit des vertus, autant elles sont inutiles quand elles n'offrent rien à l'amélioration du pacte social: c'est un razoir dangereux dans la main d'un enfant; il peut blesser.

Comment peindre le sallon qui rassemble tous les amis? Emploiera-t-on toutes les couleurs? Non. La franchise annonce une ame pure; jamais les fausses teintes ne se trouveront étalées sur la véridique palette d'un peintre; il copiera fidèlement les portraits que l'usage accrédite; on y verra la fausseté entourée de son nombreux cortège; les complaisances intéressées, l'adulation, la louange, poisons plus actifs que ceux de l'astucieuse Circé.

On n'est pas tenu d'exposer au grand jour, dans la place publique, le sentiment qui nous domine. Il faut le renfermer dans le secret de son ame. Le mal-aise a sa honte et sa noble exaltation: pourquoi l'humilier par des ornements somptueux qui l'offusquent et n'ajoutent rien à la pureté des lignes? L'or blesse les yeux de ceux qui ne le possèdent pas: pourquoi le prodiguer, quand l'art, d'accord avec les loix naturelles, réclame contre ces vanités oiseuses? Mais les sensations que les peintres d'histoire font éprouver, étudiées sur l'application respective qu'on en peut faire, sont un bien commun à tous; elles remuent les passions utiles, corrigent les mœurs, triomphent de la corruption du goût, et portent aux races futures l'expression conservée des plus précieux talents.

Les uns couchent dans des bois que l'on fait arriver à grands frais de l'Inde, pour les couvrir d'or et de bronze. Les passions déréglées courent et se pressent pour arriver au rendez-vous nocturne; elles entourent, elles agitent le trône du sommeil. D'autres reposent paisiblement sur un châlit vermiculé: quelle extravagante disparité! Quoi! parce que tout est excès, faut-il n'être pas jolie, dans la crainte de devenir laide? Faut-il n'être pas jeune, pour ne pas devenir vieille? Autant on met d'importance à préconiser des détails périssables, qui perpétuent la futilité des nations, autant on néglige l'utile véhicule qui les monte à l'apogée de leur splendeur.

Pour corriger un vice, les peintres valent mieux que les chanteurs des divins cantiques; il est des vices que la religion ne peut atteindre. Voyez ce qu'il en coûte à ceux qui s'aiment exclusivement. Belle leçon. Narcisse épris de lui-même est insensible à l'amour; il se regarde, ses charmes disparoissent; il sèche de langueur. Quelle punition!

Mais l'empire des arts est donc bien difficile à gouverner? Eh! oui, sans doute, il est plus difficile que celui des peuples; le premier soumet la science par la raison; c'est une étincelante aurore qui efface les réverbères de la nuit ignorante; le second commande à des aveugles, et ses arrêts varient à mesure que le mal augmente. Alors la nature, qui ne reçoit plus l'impression du mouvement, par les vertus qui le mettent en équilibre, est sans force et sans activité.

On peut considérer les arts comme les agents des corps, des plaisirs, puisqu'ils peuvent assujettir les loix divines et humaines. Tout ce qui est composé peut se dissoudre; tout ce qui a un commencement doit avoir une fin; le temps détruira les opinions les plus caressées, mais le temps confirme les jugements immuables des tribunaux d'Apollon.

La douce Sapho charmera, éveillera les sens léthargiques au centre des cabinets voluptueux. Celui que l'on destine à l'étude n'offrira qu'un siège à la liberté de s'asseoir, les autres, recouverts de livres, de papiers, ôteront aux importuns, et aux parasites, la faculté de faire perdre au temps les heures qu'il réclame.

Les pièces de service, destinées aux dames d'honneur qui accompagnent madame, n'offriront à l'hymen, pour toute lumière, que la discrétion des habitants de l'Olympe, et aucun de ces dégagements, de ces faux-fuyants, par lesquels la corruption s'accrédite pour usurper les droits de la vertu. Le boudoir n'aura d'autres témoins des vols faits à l'amour, que les soirées confidentes qui glissent sur le firmament; Morphée, le tranquille Morphée, malgré ses complaisances coupables, n'endormira pas la sentinelle soldée, chargée d'éveiller l'Hymen confiant.

Les pièces destinées à la propreté, aux usages de tous les instants, inviteront les marbres du pays à étaler leurs surfaces polies, pour amuser les yeux par la diversité des tons colorés; la mozaïque apprendra à nos derniers neveux, que ce qui est durable n'est pas trop coûteux.

Les Architectes de ce temps-là ne seront plus marchands de papiers; les vents destructeurs ne souffleront plus sur ces murs abandonnés au vandalisme, pour dévaster le luxe des vers à soie, et les chefs-d'œuvre des Gobelins. La peste des faubourgs de Péra, conservée sous la laine, leur aura développé les dangers des emplois exclusifs, que l'indigence obligée du Capucin nécessitera; nos peintres, cessant d'être condamnés à l'inaction, imprimeront le mouvement universel que leur énergie sollicite d'avance.

Nos statuaires (ah! je ne puis le taire; l'art en rougit, mais l'impérieux besoin commande) ne seront plus condamnés à faire des modèles de pendules qui retracent, je dis plus, qui hâtent les heures de la destruction des empires.

Mais pourquoi l'art accorde-t-il ses faveurs à tant d'écarts? L'art; ah! ah! il a des ministres pour faire rire la multitude, et faire pleurer la classe instruite. Mais l'espérance est le songe de l'homme éveillé; il abjurera la dangereuse facilité qui offre à la paresse cent mille rouleaux où le chiffon pétri éblouit l'ignorance, qui choisit une galerie somptueuse, la décoration d'un restaurant, un sallon magnifique et imposant, la tapisserie d'une guinguette, la parure de Thémis, et les sales grelots de la Folie. Que fit donc le conseil délibérant, qui veut que tout porte l'empreinte de l'analogie qui lui est propre? Il ordonna que le papier serviroit à la garde-robe (1); le reste fut motivé par le savoir.

C'est ainsi que l'on fait succéder les idées qui élèvent l'art, et peuvent étendre ses progrès, et qu'on les substitue à celles qui le dégradent; c'est ainsi que l'on creuse les tombes pour en faire sortir la troupe aigrie des reproches, et des siècles qui s'affligent du faux jour qui les blesse. Telle est la prééminence de l'art sur le pouvoir suprême; il fait librement et sans tyrannie, ce que l'autre ne feroit qu'avec de serviles esclaves.

---

(1) Jugez le ridicule des emplois exclusifs. Le papier est un présent des dieux, il faut en user et ne point en abuser.

MAISON D'UN EMPLOYÉ.

PLAN, COUPE, ÉLÉVATION.

(Planche 30.)

La distribution indique le besoin. Voyez la planche 17 : maison d'un commis.

PORTIQUES.

PLANS, COUPES, ÉLÉVATIONS GÉOMÉTRALES

ET PERSPECTIVES.

(Planche 31.)

Voyez la création nombreuse des animaux, les jeux effrayants du ciel, la grêle homicide, les bêtes fauves et carnacières, errant toute la nuit, fuyant l'orage; l'une cherche un champ de bled et se retire dans un lieu solitaire, l'autre fuit dans ses débordements la rive pierreuse qui la poursuit; ici on voit le cerf, plus léger que le vent, se confier à sa vitesse, percer le buisson, s'enfoncer dans le bois pour y chercher un abri; là c'est un loup qui s'élance dans sa retraite; plus loin un sanglier dont la hure effrayante présage la destruction. Le monarque des forêts marche lentement, et quoiqu'il semble dédaigner l'orage qui imprime l'horreur, il se cache sous la roche ténébreuse. Si la foudre le fait sortir de sa demeure escarpée, c'est pour franchir les ravins, affronter les torrents, les fleuves périlleux; il répand ses clameurs qui se perdent en échos dans les airs plaintifs. La nature toute entière fuit les désastres; rien ne peut résister aux influences qui fatiguent l'humanité, quand la tempête agite ses tourbillons.

Le berger s'assied sous le platane; la beauté cherche les bois mystérieux et les branches touffues pour abriter l'amour craintif. Tout présente à l'Architecte qui étudie la nature, les besoins de l'homme civilisé; ces portiques naturels qu'elle sollicite pour abri.

Je ne vous parlerai pas de ces édifices somptueux qui rassemblent l'affluence d'un grand peuple pour discuter les affaires publiques; je ne vous parlerai pas de ce luxe architectural qui appartient aux cités populeuses; ici c'est une ville naissante qui demande ce que la nécessité prescrit, et veut sur l'angle d'une rue opposer à la simplicité d'une maison (1) de modestes portiques où l'habitant, pressé par le nuage irrité, cherche le moyen de continuer des exercices salutaires. C'est sous ces voûtes fermées au centre, pour se garantir des chaleurs du midi, ouvertes au septentrion, pour raffraîchir l'air, que la foule qui se presse trouvera la salubrité et corroborera ses poumons; c'est sous ces voûtes, consacrées à la méditation, à la discussion des intérêts particuliers, à la science, à la collection des meilleurs livres (2), aux jeux qui occupent l'esprit, sans compromettre les mœurs, que l'on trouvera la réunion indépendante des caprices perturbateurs.

Qu'il seroit à desirer que cette idée germât dans l'esprit de ceux qui s'occupent essentiellement du bien public! elle est susceptible de la plus grande extension, et le principe peut s'appliquer à tous les genres de services. Que d'effets les Architectes pourroient tirer de ces arcs multipliés qui offrent à la combinaison, des contrastes, des oppositions.

Ici le temps déploie ses archives précoces; je vois de nouveaux produits de l'art fondés sur la nature; je vois nos villes et nos campagnes s'embellir; que de variétés! O toi qui coupes le fil des illusions; toi qui dispenses l'avenir, pourquoi ne peux-tu pas retarder le moment destructeur qui m'ôtera le plaisir de juger les progrès de ces utiles conceptions?

ATELIER DES SCIEURS DE BOIS.

(Planche 32.)

Le monde tourne sur un axe mobile; au bout de deux mille ans les hommes, les choses, pour maintenir l'équilibre, reprennent la même place.

Les Égyptiens tracent les ornements, les dessinent sur une teinte rembrunie qui les fait valoir. On découvre en Perse des monuments à qui le caprice du jour prête des valeurs; la pénurie du génie s'en applaudit, elle compile, copie, et la transposition suit le flot obéissant qui égare un siècle. Les Grecs sculptent ce que les autres ont tracé; l'art est porté au suprême degré et produit des chefs-d'œuvre en tous genres; l'ignorance les pervertit: chacun divague au gré de son insuffisance.

On a détruit les écuries d'Augias, où la fange amassée empoisonnoit de proche en proche les sites qui réclamoient les parfums que la nature prodigue a distribués dans le monde; et depuis la chaumière de Romulus, on élève encore des chaumières; le luxe les perpétue; le luxe les place dans les jardins somptueux; il semble se décharger du poids fatiguant de la fortune qui construit les palais.

Comment se fait-il que dans un siècle qui rassemble l'instruction de ceux qui l'ont précédé, on donne tant de faveur aux chaumières? Pourquoi ne pas effacer les traces de la pauvreté, pour la présenter sous l'apparence du bonheur, du merveilleux même?

La classe nombreuse par-tout est dédaignée; le tyran craint le peuple, le peuple craint le tyran, et pour l'abuser, ce conquérant des illusions désorganisatrices fait la guerre aux châteaux, aux palais, aux maisons de plaisance. Quelle fatalité! Pourquoi plaider avec soi, quand tout sollicite à ne pas déranger le monde, à le laisser comme la succession des idées heureuses a voulu qu'il fût.

---

(1) Voyez la planche.
(2) Lucullus bâtit des portiques et une bibliothèque. Voyez Plutarque.

J'aimerois autant qu'un gouvernement dît aux arts : guerre à la fortune publique qui vous alimente, qui fait votre splendeur; accès et faveur aux misères; l'herbe que l'on foule aux pieds n'offre pas toujours le poison à la main qui la cueille : les serpents se cachent, rampent et traînent en longs anneaux leurs replis tortueux, et le puissant dieu de l'air qui dissout en pluie abondante le ciel pour enrichir la terre, ne veut pas que l'excès de ses biens ravage le monde et porte sur une terre préférée les maléfices et les désastres.

Le corps a des poumons pour raffraîchir la pensée et régler les élans de l'imagination. Quand l'homme de génie respire, sa poitrine est vaste et ses souffles ne sont jamais étouffés par des conceptions qui le dégradent.

Sans doute que l'ordre social nous offre des degrés où l'on monte à la puissance : tous les hommes ne peuvent être pauvres, tous les hommes ne peuvent être riches; mais le point de mire, qui fait valoir le bien, appartient à tous, et le pouvoir a le plus grand intérêt de le faire appercevoir des vues courtes, puisqu'il est le premier soutien des empires. Un grand craint le génie qui sait dépenser pour le faire valoir; il fait arriver des arbres à grands frais des quatre parties du monde pour colorer les bois de son pays; il assemble les couleurs variées du prisme pour *luxurier* les vues arides; il appauvrit le terrain sur lequel il érige une chaumière. Quelle manie destructive de tout élan! il semble que les déplacements de toutes les idées ramènent l'homme au néant d'où elles ont pris naissance; il semble que le bonheur soit relégué sous les toits de paille; que l'azur et le cuivre doré soient le foyer commun des inquiétudes que les tourbillons de l'intrigue entretiennent. Que les trésors mal acquis tourmentent la conscience !

Cependant, il faut en convenir, qu'un peuple seroit grand s'il effaçoit sur la carte de son pays ces constructions insolides! Les gouvernements peuvent tout ce qu'ils veulent pour opérer le bien. Détruire les chaumières, c'est rendre à l'homme sa dignité, sa sûreté; c'est préserver les cités nombreuses des incendies destructifs, c'est les préserver des vents désastreux qui soufflent impitoyablement sous les toits fragiles; détruire les chaumières, c'est niveler l'apparente infortune avec l'aisance dont s'honore l'industrie.

On vante les conquérants qui ravagent le monde paisible, on ne dit rien de l'homme qui l'a créé et veut le conserver; on compte pour rien l'Architecte qui peut créer un nouveau monde sous cette voûte immense, où les idées se promènent et se succèdent pour concourir au bien de tous.

L'apathie est telle, qu'un grand, que le chef d'une cité nombreuse amasse la multitude pour applaudir à l'appareil pompeux d'un dessert qui répercute, dans des miroirs fidèles, des palais de paille, sucrés, conçus à grands frais par l'art du confiseur. Chacun se le partage. On a plus dépensé en un jour qu'il n'en coûteroit pour effacer la trace du malheur que la foudre indiscrette prépare. Quoi! faut-il que tout soit excès? faut-il toujours des palais somptueux? faut-il que les regards s'appîtoient sans cesse sur des mazures?

Il est temps de mettre la mesure qui convient pour réprimer ces délits politiques. Il n'existe pas un homme sur la terre qui ne soit susceptible d'être secouru par un Architecte; c'est à lui qu'il appartient de relever les misères. L'homme de génie fera avec le caillou, l'argile, cent demeures qui prêteront aux plaisirs de la variété. Voyez tout ce que vous lui devez; il amuse vos organes, distrait vos idées, les fixe sur tout ce qui contribue à les embellir. Il préserve l'humanité souffrante des maux qui l'assiègent. Rival du dieu qui créa la masse ronde, il aura plus fait que lui, il l'aura dégrossie; il aura comblé les montagnes qui effraient la timidité; il aura creusé les ravins pour faire couler librement les eaux limpides; il aura embelli les déserts. Élevant l'homme au-dessus de lui-même, il aura répandu les connoissances utiles, il aura puisé dans les trésors de la philosophie, enfouis sous le poids du siècle barbare, la véritable richesse qui fera briller le nôtre, en donnant au genre humain un nouvel éclat. En associant la chaumière au palais, l'ignorance au savoir, que de ressources tu nous prépares!

L'atelier des scieurs de bois est placé au centre de six allées de la forêt; les bois assemblés offrent le galbe des colonnes; le toit est couvert en tuiles creuses, et cet abri du travail n'offre rien qui puisse le ravaler. Suivez l'impulsion : indépendamment de la variété que le génie vous suggérera, vous éviterez le feu de paille au centre des bois.

LA MAISON DU PAUVRE.

(Planche 33.)

Voyez ces tourbillons qui se replient les uns sur les autres, se condensent et se développent pour assembler la magnificence du ciel avec les bienfaits de la terre. Le spectateur, troublé à la vue de l'immense Océan, dont les ondes flottent sous la ligne brillante qui entoure le soleil, effrayé du présent, sollicite l'avenir ; il interroge le destin, et lui demande quel est donc l'ame invisible qui a créé ces molécules, ces amalgames qui s'arrangent et se meuvent d'eux-mêmes pour nous offrir tant de merveilles, et pour qui ?

Eh ! bien, ce vaste univers qui vous étonne, c'est la maison du pauvre, c'est la maison du riche que l'on a dépouillé ; il a la voûte azurée pour dôme, et communique avec l'assemblée des dieux. Enfant du même père, il est héritier du même patrimoine ; l'Architecte du riche est le sien. C'est un présent commun de la divinité jetté sur la terre ; elle ne le retire qu'à ceux qu'elle maudit. Voyez tout ce que la nature a fait pour le pauvre. Les rois, les empereurs, les dieux eux-mêmes ont-ils des palais plus grands ?

Quoi ! l'Architecte de la terre qui l'a si bien traité, n'a donc rien laissé à faire aux Architectes qui lui ont succédé. L'abeille a une maison, la fourmi voûte elle-même sa demeure pour préserver sa tête de l'intempérie des saisons. Un homme jouit en propre d'une rue où la pierre, à grands frais, s'aligne et poursuit l'horizon pour se confondre avec lui dans ses profondeurs. Il élève maisons sur maisons pour défier insolemment la nue tranquille, et resserrer la liberté des poumons d'un peuple déja trop comprimé. D'autres épuisent les montagnes de granit, et ont à leurs gages des nations d'ouvriers pour bâtir des palais, que la Grèce moderne leur paie en humiliations ; et le pauvre, au dix-huitième siècle, n'a pas de quoi abriter sa tête. Il court les champs, et quand il est bien fatigué, il se repose sur un dé de pierre, à l'abri d'un sicomore et d'un saule pleureur, et les champs, si fertiles pour les autres, sont arides pour lui seul. Ne croiroit-on pas que son existence n'est enchaînée à tous ces prestiges que pour l'envelopper dans les filets d'une dépendance humiliante ? Hélas ! son sort n'est pas si malheureux : dans les temps d'injustice, il n'est pas, comme le riche, obligé, tenu de tout donner, de peur qu'on ne le lui ravisse.

Cependant le pauvre demande une maison. On a donné le terrain au modeste scieur de bois, à l'insolent financier. Sera-t-il le seul qui n'obtienne pas un azyle sur cette terre préférée que la philosophie veut cultiver ? Mais, dira-t-on, le pauvre ne possède rien, ne prétend à rien. Quelle erreur ! De qui parlez-vous ? est-ce du pauvre d'esprit ? Oh ! la marge seroit trop grande. Tout est relatif ; il n'y a pas d'homme qui n'ait quelque chose : s'il n'a pas une grande fortune, si les rigueurs du sort lui ont retiré celle qu'il possédoit, la nature ne lui a pas refusé l'industrie. On est pauvre de ce que l'on n'a pas, si on desire ; on est riche de ce que l'on épargne, si on aime à accumuler ; on est riche de ce que la terre produit : la répartition de ses faveurs est commune à tous ceux qui l'habitent. La mauvaise application que l'on fait des trésors qu'elle renferme, le défaut de génie, peuvent seuls falsifier l'idée que l'on se fait de la pauvreté, ou éloigner les moyens de propager la richesse. En effet, l'industrie n'éveille-t-elle pas les ressources de tous genres ? N'est-ce pas du caillou que l'on extrait le feu qui brille? n'est-ce pas dans l'activité de ses frottements que la richesse s'accroît?

C'est donc au génie de régulariser les fortunes; c'est à lui de relever la pauvreté, et de la faire disparoître par des surfaces qui en imposent: l'art voit tout d'un coup-d'œil égal, il foule à ses pieds la fantaisie des siècles, qui dégénère à mesure qu'on la satisfait; il retrouve dans le discernement la proportion; il trouve dans son indépendance de nouveaux produits de l'imagination; il sollicite de nouvelles jouissances.

L'esprit élevé appartient à tout le monde, puisqu'il constitue l'essence de l'Architecte, qui l'emploie indifféremment dans ses productions. Il ne coûte rien au pauvre, puisqu'il est le résultat de l'inspiration, puisqu'il est étranger à la matière, qu'il est inséparable de la dignité de l'homme, dans quelque position qu'il soit. En effet, si on pouvoit acheter à prix d'or la proportion, le goût qui triomphe de la corruption du temps, les riches pourroient seuls l'obtenir; mais le goût, dans ses combinaisons avec l'art, ne connoît ni le pauvre ni le riche; il applanit les irrégularités du sort par des subterfuges officieux qui préparent souvent, qui développent même une idée sublime, et dans sa sagesse, il reçoit le tribut de la reconnoissance publique et du sentiment qui honore une conception exempte de préjugés.

Si les riches et les dieux de la terre ont de fausses jouissances appuyées sur le faux goût, ont-ils plus que les autres celles qui constituent les habitudes de l'homme? Ces maîtres de la terre dorment-ils d'un sommeil plus doux? sont-ils exempts des misères qui affligent l'humanité? Les étoiles couronnent-elles exclusivement leurs têtes? les fleuves raffraîchissent-ils exclusivement l'air qu'ils respirent? Les moissons ne produisent-elles que pour eux? Non, sans doute; les inquiétudes, portées sur l'aile des plaisirs, s'agitent à raison des moyens que l'on a de les satisfaire; mais le sage qui se renferme dans l'exact besoin, n'a rien à redouter des écarts qui tourmentent les desirs tumultueux.

L'Architecte qui n'aura bâti que pour les pauvres, aura au moins acquis la sagesse dont la médiocrité se forme un rempart aux yeux du vulgaire crédule, pour préserver son impuissance des atteintes qui compromettent son amour-propre. Quand il aura régularisé l'opinion qu'on peut se faire du besoin, il sera à l'abri des modes et des distances que les hommes légers inventent pour autoriser des manies pompeuses qui retardent, pour des siècles, la pureté du goût.

Ici le pauvre amasse le caillou abandonné; ses orteils desséchés chancèlent et semblent rouler en douleur le terme fatal qui prépare la fin de ses maux; le travail ne l'effraie point; il sait que quand on emploie des matériaux durables, l'argile du temps les cimente pour tous; il sait (eh! qui peut mieux le savoir) que la constance assure des profits à ceux qui sollicitent les produits. Déjà les eaux, qui tombent avec fracas du rocher, arrosent le champ qu'il va cultiver; les syphons asservis travaillent pour leur liberté; les sables mélangés échappent à la terre qui les retient, épanchent leurs trésors cristallins et se répandent en murmures pour étourdir sa misère; ils vont égayer sa mélancolie et lui donner de nouvelles forces pour supporter le travail; il sait que les fleurs qu'il sème parfumeront sa demeure, que les plantes, signalées par le dieu de la santé, maintiendront ses ressorts dans l'équilibre qui les réconforte. En effet, si la fertilité rend la richesse stérile, si l'oisive abondance inquiette, si l'opulence rend l'homme inhumain, qui pourra disconvenir que la pauvreté ne soit la mère de la santé, que la modération ne soit le beaume conservateur des facultés? Qui pourra disconvenir qu'elle ne préserve de la corruption que les passions développent? Exempt des maux qui assiègent les hommes coupables, le pauvre va jouir tranquillement de la distribution qu'il a dictée lui-même, et la décoration, offrant des masses simples, n'aura rien à redouter des habitudes du jour.

La décoration n'admettra aucun des ornements que l'on emploie avec profusion dans le palais des Plutus modernes; les croisées seront petites pour obtenir sans frais la chaleur du printemps, quand les frimats glacés assiègent l'humanité dans ses retraites soumises aux rigueurs des vents discords; elle aura plus de fraîcheur, quand le soleil d'été sera au sommet de sa course brûlante;

économie nécessaire qu'un grand devroit associer à l'honneur de l'art; économie politique qu'il ne doit pas dédaigner.

Le plancher peu élevé suffira aux souffles vivifiants, et les airs en foule, ennemis du faux goût qui substitue aux plains solides de vastes miroirs à jour qui les percent de toutes parts, seront amis de la salubrité que les riches font rétrograder de leurs demeures, en calfeutrant les joints qui repousseroient les atteintes de la putridité. Tel est l'abus; l'air est tellement corrompu, que l'oiseau, dans le vague qu'il parcourt, si on lui donne la liberté, y trouve la mort.

On verra qu'ici le pauvre a ses besoins satisfaits comme le riche; on verra qu'il n'est pauvre que du superflu; que l'homme, tel qu'il soit, n'occupe qu'un petit espace; il a beau être grand, il ne remplit pas à la fois le vuide immense de l'univers. Dans quelque situation qu'il soit, ce n'est pas à lui de rivaliser la nature, c'est à l'art de soumettre ses besoins à ses possibilités; c'est à l'art de les soumettre à la proportion; c'est un bienfait qu'il rend commun à tous.

PLAN

DE LA PORTE D'ENTRÉE

DE LA SALINE DE CHAUX.

(PLANCHE 34.)

L'artiste, concentré dans la timidité qui resserre toutes ses facultés, se plaint de quiconque ose plus que lui. Que cet homme est heureux! il décore la place publique; il érige un temple au dieu de l'harmonie, un palais à la divinité du jour.

Ils ignorent, ces desireux pusillanimes, qu'une étincelle peut embrâser une ville et l'ensevelir dans l'accroissement de ses feux.

Un grand élève des autels au dieu qui soumet la nature; il immortalise les talents, il anime les marbres pour retracer les triomphes de Therpsicore. Les courtisannes mettent à contribution la crédulité en échange du sentiment. Pour orner leurs boudoirs elles accumulent les bronzes, les tableaux, et les somptueux portiques de leurs maisons de campagne sont remplis de marchands de nouveautés qui viennent provoquer le luxe. Qui n'a pas eu plus d'une fois l'occasion de dépenser cinquante mille livres? Il en faut moins pour ériger un monument qui en impose.

Ce plan, important par le motif qui a déterminé les intérêts respectifs, semble être étranger au caractère qu'imprime le génie; cependant il renferme des dépôts précieux : c'est le foyer commun qui contient la richesse du pays et la distribue. On y trouve la justice qui pèse les intérêts des nations étrangères, et contient les écarts particuliers, la réclusion qui intimide la fraude; des eaux préservatrices des incendies; des fours où la flamme entretenue assure la consommation du lendemain; des hommes qui surveillent au-dehors, au-dedans, tous les genres de services. Tout porte l'empreinte de la recherche où l'on a fixé l'aisance.

O vous! qui n'êtes atteints que des impressions inculquées, gardez vous de cet état de langueur qui engendre tous les vices de l'art et corrompt les germes productifs. L'indolence enchaîne les facultés, et l'occasion fuit parce qu'on ne la saisit pas, ou que l'artiste néglige ce qui pourroit la faire valoir.

VUE PERSPECTIVE

DE LA PORTE D'ENTRÉE DE LA SALINE DE CHAUX.

(Planche 35.)

Quoique l'on voie mal ce qui est éloigné de soi, cependant les étrangers sont plus justes appréciateurs de l'élan des nations voisines, que celles-ci ne le sont d'elles-mêmes. Ce qu'il y a de bien chez les uns conserve son essence, alors qu'elle se perd chez les autres.

L'expérience prouve que, dans le pays où l'on vit, tout s'oppose à faire valoir les hommes et les monuments qui dévient de la voie commune; tout s'oppose aux progrès de l'instruction. Les préjugés de ceux qui donnent le ton éloignent tout, et si on parvient à électriser la publique léthargie, ce n'est qu'en frappant des organes rétifs, ou blessant la foiblesse de ceux qui sont appauvris par l'inertie. En vain la lumière vivifie la nature, la terre est si vaste qu'elle paroit se confondre dans les clartés célestes. La timidité sommeille au centre des répartitions bienfaisantes, et la réfraction offusque les vues craintives, resserre toutes les facultés. Dans ce cas, le réveil est lent, semblable à l'inamovibilité de la nue que l'épais atmosphère suspend pour contenir un trésor liquide; il faut un accident du ciel pour la dissoudre et répandre sa richesse sur un champ préféré.

Quelles sont ces urnes renversées qui s'offrent à mes yeux? ces torrents d'eau qui se congèlent et étendent leurs vagues glacées pour prolonger des ombres que le soleil déplace au gré de l'art? Quel est cet antre sorti de la terre pour s'affilier avec la voûte céleste?

Les Géants ont détaché le rocher du sommet des montagnes pour l'entasser. Déjà les tourbillons se condensent. Borée, dans ses accords harmonieux, appelle les souffles humides, verdit les plantes aqueuses qui se grippent de toutes parts. Le lierre serpente, et dans ses replis négligés, éparpille sa longue chevelure. Les stalactites s'amoncèlent en gouttes attractives, et les rayons combinés font jaillir le rubis vacillant. Voyez ces colosses sortis du flanc des puissances salées, ils s'appuyent sur des surfaces profondément recreusées pour offrir un front orgueilleux et sévère. Les ombres, images imparfaites de ce monument achevé, réfléchissent leur transparence, et s'accordent avec l'astre du jour pour faire briller les corps opposés.

Le tableau est terminé par des colonnes qui éclairent l'obscurité de la nuit, et que l'aurore fait disparoître. Eh! bien, je vous l'avoue, mes yeux, accoutumés à comparer, à rapprocher ce qui les séduit, ne peuvent justifier ce genre d'exagération qui blesse nos usages.

Telle est la nature de l'homme; il assemble le commencement du monde avec le délire du jour; il fait mourir le temps, le fait revivre, et convoque la troupe abusive des fantômes qui lui obéissent pour sanctionner une nouveauté; et s'il se nourrit de substances réelles, ce n'est que pour remplir ses veines d'aliments provocateurs qui les gonflent d'une fausse gloire, pour anticiper sur l'avenir des succès que la proportion réprouve.

Quelle est votre erreur ? Quoi ! tout édifice ne doit-il pas être construit selon la place, le point de distance ? ne doit-il pas être empreint du caractère qui lui convient ? Ici le site est pittoresque, le point de vue illimité, tout nécessite des forces additionnelles qui soient à l'abri de la déperdition. Le caractère doit emprunter le principe de la destination. Ce sont des sources généreuses qui franchissent le rocher pour enrichir le réservoir commun. Le péristyle que vous voyez est dicté par la prévoyante intempérie. C'est-là où les hommes, les chars, attelés de coursiers laborieux, attendent les dispositions qui se lient à tous les genres d'intérêts et les facilitent.

Cette ordonnance peut-être la seule qui convienne à nos climats, présente des surfaces tranquilles, peu d'accessoires; elle ne perd rien à être vue de près, gagne même à être apperçue de loin. La proportion est ferme. On a prévu ce qui pouvoit plaire à l'œil le moins exercé; on a prévu le désastre des saisons. Ceux qui circonscrivent leur génie dans le *pentamètre* (1) de l'école s'abusent; la véritable harmonie consiste dans les moyens d'employer les notes avec lesquelles on peut l'obtenir. Le plus, le moins enfante les monstres ou produit les chefs-d'œuvre. Nous ne sommes point au temps où la savante Athène faisoit payer l'amende à ceux qui composoient en *mi*. Le moment où nous vivons a brisé l'entrave. Vous avez beau dire, je ne m'accoutume pas à ces masses qui effrayent la pensée; je crois qu'il n'y a de bonnes proportions que celles qui s'accordent avec la faveur du siècle.

J'en conviens si le siècle est éclairé. Voyez les colonnes de la place de Louis XV, par exemple (2), on les apperçoit du quai du nord, à plus de trois cents toises; elles sont si bien conçues qu'elles s'effacent aux yeux, pour laisser à la pensée le sublime idéal qui tient du prodige. C'est-là, c'est dans ce fastueux édifice que brille le sentiment inépuisable de l'Architecture française. Par-tout on voit cette abondance qui la caractérise : des médaillons ornés de guirlandes attachées avec des rubans qui voltigent au gré du caprice; des croisées splendidement couronnées par des draperies complaisantes qui épousent toutes les formes, des crossettes recourbées, des moulures découpées d'ornements, des tables recreusées, d'autres saillantes sur des nuds travaillés de refends; des niches, des trophées, des frontons qui ont abjuré leur antique proportion pour dominer tout ce qui les entoure; des pilastres que l'avarice architecturale ne fait excéder du fond que pour retracer l'image d'une colonne légère; des balustrades qui portent au suprême degré de l'air des détails imperceptibles pour essayer les facultés de l'œil : accord du ciel et de la terre, qui ont voulu protéger une invention moderne (3).

Convenez que ces édifices sont scellés avec l'empreinte du respect que l'on doit porter aux modèles les plus récents, aux modèles qui honorent le siècle, puisqu'ils sont calqués sur ceux de l'ancienne Palmyre, construits sous les Arsacides. C'est ainsi que l'on obscurcit la lumière, en accréditant sa lueur par de fastueuses transmissions; on ranime des flambeaux qui ont éclairé le passé, pour s'applaudir du présent, et on fait reculer l'avenir.

J'eus beau représenter au voyageur que l'édifice dont il est question ne portoit pas un caractère triomphal, que le genre étoit absolument différent, que les agrémens de convention qui le séduisoient seroient mal placés au centre d'une plaine immense qui dévore tout; qu'il falloit revenir au principe ; qu'il avoit pour objet le point de distance : il oppose à ma réserve quelques expressions insignifiantes puisées dans les lieux communs de la prévention. Persuadé que les préjugés qui s'accréditent par l'absence, par la distraction du raisonnement, ne s'effacent pas en un

---

(1) Cinq mesures, les cinq ordres.
(2) Elles ont dix diamètres, l'entrecolonnement près de quatre; l'entablement est entre le quart et le cinquième. Celles que vous voyez en ont cinq, l'écartement un; le couronnement est entre le tiers et le quart.
(3) Il eût été à desirer que la proportion de ces édifices fût soumise au point de distance.

jour, je me renfermai dans les motifs qui avoient déterminé l'artiste; et pour justifier son élan, je lui citai l'exemple de plusieurs monuments vus de loin : ceux de Pestum en Sicile, les Propylées d'Athènes, construits sous Périclès; et comme le temps épure les âges ensevelis sous les ruines du goût, je lui demandai un rendez-vous, à la même place, dans vingt-cinq ans.

COUPE DE LA PORTE D'ENTRÉE

DE LA SALINE.

COUPE DU BATIMENT DES OUVRIERS.

(Planche 36.)

Les monuments de l'antiquité, leurs fragments, quels qu'ils soient, portent un caractère qui commande nos respects. Ceux des Architectes modernes pourroient contribuer à fixer les bases de l'instruction, s'ils adaptoient ce qu'ils ont de bon à nos usages. En effet, comparez les productions de Ménésiclès, celles de Palladio; adaptez ces dernières à nos maisons de campagne, à nos châteaux, couverts depuis un siècle d'une charpente tourmentée, que la faveur du temps qualifia de mansardes. Écartez cette absence du vrai goût; appliquez les grands principes, les ordres qui exigent peu ou point de détails à nos manufactures; vous verrez que l'on auroit pu les généraliser en les employant aux édifices qui excluent la dépense, et ne permettent que les effets que l'on obtient avec la combinaison des masses.

Cependant, voyez ce qu'ont produit les bons exemples : Rien. D'où vient la stagnation? pourquoi avons-nous accrédité une tradition rétrograde ? ne serions-nous pas capables de ces efforts qui ont distingué les autres peuples ? Gardons-nous d'en avoir la pensée; elle entraveroit la progression, et nous ôteroit la force de l'étendre. Un Lapon, enfermé dans un cercle d'idées relatives à sa grossière société, n'est comptable à la divinité que du peu de facultés qu'il a reçues d'elle; mais l'Architecte, ce vaste génie qu'il a favorisé, qu'il est condamnable quand il méconnoît la main qui l'a comblé de ses bienfaits! qu'il est condamnable quand il néglige l'application du sentiment délicat dont il est doué!

Voyez la première coupe, elle indique un diamètre très-fort; l'entrecolonnement se resserre pour ajouter à sa puissance ce que la proportion commande. On sent qu'elle ne seroit pas effrayée si on la chargeoit de la pesanteur du monde. Le profil de la corniche est grand parce qu'il présente peu de divisions. Le rocher étonne le spectateur; les divisions des planchers établissent les niveaux; la charpente des toits offre même des ressources à la commodité qui n'en néglige aucune, et des liaisons faciles avec les bâtiments de côté. C'est dans ce centre de lumières, où l'œil infatigable de la vigilance suit les intérêts respectifs des heures et de ceux qui les emploient.

La coupe du bâtiment des ouvriers donne une idée générale du rapprochement intéressé qui rappelle l'homme à l'ordre social, pris dans la nature; c'est-là où la prodigue opulence demande pardon à l'Être suprême des délits que la plus condamnable profusion commet dans les forêts.

L'hôtel de la réunion, embrasé d'un feu qui ne refroidit jamais, échauffe la reconnoissance de ceux que le bienfait rassemble. Les galleries du premier étage, les sièges adhérents multiplient les faveurs du bien-être : c'est un mouvement économique qui ne laisse aucun relâche. C'est dans ces lieux charmants où tout est jouissance; c'est-là où l'amour a déposé sa constance, c'est-là où l'homme est encore paré de son innocence. Dans la saison morte de l'hiver, ici on paie au poids de l'or une orange, tandis que la cour de Portugal convoite une pomme de Normandie. Peuples ingrats! pourquoi allez-vous chercher le bonheur quand des mains pures vous l'offrent, quand on peut l'obtenir à si peu de frais (1)?

MAISON DE CAMPAGNE.

VUE PERSPECTIVE.

PLANS, COUPES, ELEVATIONS.

(Planche 37.)

L'uniformité des plans et des élévations est ennuyeuse : la ligne que vous parcourez offre une progression de toutes les couleurs, de tous les tons que l'art emploie pour faire aimer les jardins pittoresques. On ne voit pas ici ces rues immenses que l'on traverse sans être atteint d'aucune impression; cet amas de matières, développées sur des poncis accrédités, ne permet rien à la poésie de l'art; cependant l'ouvrage de l'homme de génie n'est jamais confondu dans la mêlée; il excite la curiosité de la multitude; il occupe les loisirs du voyageur qui cherche à s'instruire; il élève les pensées.

La variété est si utile, si nécessaire, que l'on peut la regarder en politique, comme un devoir public, un acquit envers la société, puisqu'elle contribue à propager les grands intérêts; on l'obtient plus facilement dans les campagnes en se rattachant aux sites différents qui produisent les contrastes.

Eloignez la méthode, elle engendre l'uniformité, perpétue la manière, la resserre dans le cercle étroit des conventions, et dans les lieux communs sur lesquels on base l'instruction.

Si la création est fille de la liberté, la jouissance est mère de la satiété : ce n'est qu'au milieu de ces deux écueils que l'on peut trouver le moyen de plaire.

On sait que dans un plan qui présente à peu près les mêmes distributions que celles de la maison voisine, il est difficile d'amuser les yeux par des décorations variées; cependant si l'Architecte peut donner à ses productions la physionomie qui prête aux desirs de l'inconstant, il aura avancé les progrès de l'art.

L'homme de lettres, dans les tableaux qu'il offre à l'imagination, est souvent équivoque; sa fureur ressemble au désespoir, son amour à la folie; mais l'Architecte est toujours prononcé; l'air, le feu, la terre, les pierres, les marbres obéissent à sa voix; il commande et fait disparoitre

---

(1) Ces ouvriers gagnent six sous par jour.

l'invention et les nuances pénibles d'un travail épuré, pour enlacer le spectateur dans la séduction du merveilleux, et prévenir les souhaits de l'esprit humain, toujours provoqués par le plaisir de la nouveauté.

La coupe indique la hauteur des planchers.

Cet édifice est destiné à un agent de change qui a dicté ses besoins. Ce que vous voyez dans le fond du jardin et sur les bords de la rivière qui serpente dans la prairie, est une manufacture de toiles peintes.

Cette plaine immense est destinée au blanchissage des toiles; la rosée du matin fait presque tous les frais. A côté on voit un laboratoire de chimie pour les couleurs, des cuves pour la teinture et le débouillage; le cabinet des dessins, les ateliers des graveurs, le cylindre pour la calendre, des magazins immenses, des ateliers pour la peinture.

On a tiré un grand parti de la rivière, puisqu'elle entretient toutes les machines nécessaires pour faciliter le travail.

PLAN

DES BATIMENTS DESTINÉS AUX OUVRIERS.

(Planche 38.)

Joseph II, empereur d'Allemagne, le grand duc des Russies, franchissent les climats rigoureux pour visiter les monuments qui distinguent le siècle de Louis XIV. L'intérêt qu'ils portent aux soldats les conduisent aux Invalides; ensuite ils visitent les artistes, les manufactures, etc. Eh! pourquoi ceux qui habitent notre pays ne prendroient-ils pas connoissance des lieux où l'art a préparé l'amélioration du sort de l'homme, l'économie du temps, du bois? La conservation des mœurs contre les atteintes de la corruption, et les délits de l'insurveillance, la culture des grains usuels, des plantes médicinales, des légumes, des fruits préservatifs des altérations du sang et des putréfactions, etc., les intérêts respectifs de l'ouvrier et du traitant; voilà les considérations qui ont fixé la disposition générale de ce plan.

L'art, dans son luxe économique, n'a pas dû perdre de vue les saillies qui produisent les effets, les contrastes qui les assurent. Chaque chambre est occupée par une famille; une gallerie aboutit à un foyer commun. Ce foyer offre tous les moyens de préparer et de surveiller les aliments; l'argile dans lequel ils bouillonnent couvre cent réchauds entretenus par une flamme continuelle.

Ces hommes, concentrés dans ces lieux de prédilection, accroissent et multiplient leur existence sous les loix naturelles; chaque ouvrier a le secret des dieux; entouré des plus douces illusions, il est avec sa femme, il est avec ses enfants pendant les heures destinées au repos; il est à l'abri de toutes les distractions coûteuses et des délires bachiques qui peuvent inquietter l'hymen, tenter ou surprendre l'oisiveté. Il trouve, dans cette réunion avec ses habitudes les plus chères, ses plaisirs, la consolation des peines, le rassemblement de ses besoins; rien ne l'oblige à exposer ses jours à l'inégalité du temps qui moissonne l'imprudence et l'indiscrétion. Il n'est pas forcé à passer de l'extrême chaleur qui dilate toutes les parties en contraction, aux climats resserrés qui interceptent les sueurs laborieuses. S'il quitte ces retraites chéries, c'est pour cultiver un champ productif qui remplit les intervalles du travail, amuse ses loisirs en lui assurant des distractions qui le mettent à l'abri des écarts et des desirs qui abrègent les jours de ceux qui vivent au milieu des tentations.

O toi! qui favorises les arts répandus sur la terre, jette un regard attentif sur ceux qui entretiennent le feu de tes autels. Puissent ces vues d'humanité s'étendre à tous les objets soumis à ton empire!

ÉLÉVATION DU BATIMENT DES OUVRIERS.

(Planche 39.)

Les artistes qui réunissent la solidité de la pensée, la justesse du raisonnement à la facilité de l'exécution, peuvent espérer des résultats heureux; il faut qu'ils se dépouillent de ces lieux communs qui les assujettissent à des décorations de convention : la difficulté n'est pas dans la multiplicité des formes qui assurent des ombres, des effets; elle est aussi dans l'emploi raisonné des matériaux les plus grossiers.

En ne tenant à rien, adoptant tout ce que la nature du climat et des lieux prescrit, l'artiste a sous sa main un magazin fécond où il puise toutes les ressources pratiques que la théorie, circonscrite dans ses régularités, semble interdire.

Cinq élévations de trente toises chacune décrivent, avec les intervalles plantés d'arbres utiles, un vaste cercle; si le spectateur se place au point de vue le plus avantageux, s'il précipite ses mouvements, il cache une partie de la voûte elliptique pour rassembler le point qui dispute au ciel l'immensité.

Voyez-vous ces tourbillons de fumée qui se mêlent avec la nue, se brisent? le soleil paroît et verse sur la terre l'éclat intarissable de ses rayons.

La moitié de ces édifices est couverte d'ombres transparentes. L'autre offre une lumière piquante, dont l'éclat pourroit le disputer aux yeux de la beauté qui fait les délices du monde. Les fonds sont empreints de couleurs languissantes : le mont S.-André qui termine l'horizon, offre les teintes rembrunies par la distance, et la colline brillante qui lui est opposée, laisse à l'imagination un champ immense. Quel tableau!

Après avoir vu, étudié cette disposition générale, je voulus m'instruire sur les objets de détail; l'homme a besoin d'être conduit, et si la dépendance est pénible, le vuide de l'ame que produit un sentiment d'instruction, peut être considéré comme un accident qui survient au corps, on court au remède : j'interroge, on me place au point de distance. Quand les surfaces, me dit-on, sont assez considérables pour en imposer à la pensée; quand le ton de la pierre ne le cède pas aux plus beaux marbres; quand l'œil du spectateur s'échauffe dans ces surfaces inanimées; quand le rayon combiné, dans son abandon accidentel, développe des effets inattendus, c'est alors que l'Architecte doit être avare; c'est alors que l'économie doit faire tous les frais de l'art qui ne permet que ce qui est absolument nécessaire.

Les édifices qui sont fondés sur les produits annuellement versés au trésor public, ne peuvent pas être altérés d'avance par le caprice étranger à la solidité; il diminueroit ou détruiroit les avantages réels. Il faut ménager les ressources, les puiser dans les moyens que l'homme insuffisant ou mal organisé n'apperçoit pas quand il est circonscrit dans une pratique usuelle. L'observateur, le peintre de la nature, qui rapproche tout, qui rassemble tout ce qu'il voit pour composer son tableau, ne néglige rien. Un point de vue, s'il est éloigné, donne la plus grande latitude à ses conceptions; un ou plusieurs arbres, des masses arrondies ou pyramidales, des feuilles plus ou moins légères, des branches abandonnées, des grappes à fleurs, des verts clairs, d'autres bruns produisent des plans, des tons variés, ouvrent des scènes à travers lesquelles on apperçoit des fabriques piquantes, fabriques que souvent on n'obtiendroit pas en construisant un édifice dispendieux.

Vous qui voulez devenir Architecte, commencez par être peintre : que de variétés vous trouverez répandues sur la surface inactive d'un mur, dont la pittoresque éloquence ne remue pas la multitude apathique; de hautes assises profondément refendues, des nuds dégrossis ou rustiqués, des cailloux apparents, des pierres amoncelées sans art, souvent suffisent pour offrir des effets prononcés.

Voilà, voilà ce que peut faire l'artiste quand la dépense est limitée; il s'entoure des trésors de la nature, et au milieu de la disette il offre l'abondance : rien ne peut être indifférent pour lui; tout ce qu'il conçoit porte l'empreinte du grand; tout ce qu'il touche rend des sons harmonieux. Il n'en est pas de même de l'homme de métier, il a beau s'exercer sur la matière, il ne conçoit rien par-delà; il ne produit rien sans dépense matérielle; on peut le comparer à la femme qui accumule à grands frais des ornements hétérogènes pour déguiser des formes communes, tandis que la beauté plaît à tous les yeux et ne fait aucuns frais pour plaire.

Je ne prétends point ici parler de cette stérilité pénible qui n'enfante qu'avec le cri de la douleur, c'est au contraire cette abondance distributive qui dispose, prépare, distribue la richesse. C'est cette abondance qui saisit ou rejette et fait des sacrifices qui ne lui coûtent rien. Elle triture ses couleurs, les délaye, étend ses teintes, ménage ses nuances, les fond, les éteint avec art pour porter l'attention sur l'objet qu'elle veut faire valoir.

PACIFÈRE (1).

PLANS, COUPES ET PERSPECTIVE.

(PLANCHE 40.)

Non mihi, si linguæ centum sint oraque centum,
Ferrea vox, omnes scelerum comprendere formas,
Omnia pœnarum percurrere nomina possim.
                                                VIRGILE.

J'élevois un temple au bonheur. Dans mon aveugle enthousiasme j'amoncelois des pierres les unes sur les autres, et je voulois en former un monument digne de la grande idée dont se repaissoit mon imagination; tout-à-coup je suis transporté dans un de ces antiques châteaux où les grands tenoient autrefois leur cour, et que la barbarie du temps avoit suspendu sur des voûtes lourdes et épaisses, où la clarté du jour ne pénétroit qu'à travers des portes et des fenêtres étroites garnies de barreaux et d'énormes verroux. Ce qui est remplacé aujourd'hui par de vastes palais, par un luxe mieux entendu, étoit devenu le lieu terrible où Thémis, le glaive à la main, rendoit la justice aux hommes.

(1) Pacifère ou le Conciliateur. On dit morbifère, sommifère, mortifère, on peut dire pacifère.

Dans ces salles tristes et sombres, s'élevoient des tribunaux où siégeoient des juges pâles et sévères, devant lesquels on faisoit passer tour-à-tour les coupables. Ici c'étoit une mère qui accusoit devant eux le lâche ravisseur de sa fille. Là, c'étoit une fille dont les mains étoient encore teintes du sang de son père; conseillée par un infame thoriscite, elle oublie les loix de la reconnoissance et franchit tous les degrés du crime. La voyez-vous dans cette sombre embrâsure méditer la destruction, arracher un cœur pour le dévorer? la voyez-vous attachée toute vivante au cadavre de celui qui lui donna la vie? Ses extrémités sont ensanglantées, ses flancs sont verdis par la putréfaction qui la suit; il n'y a plus de repos pour elle; les remords la pressent et la livrent aux vautours; voyez-vous sa race maudite? elle lui reproche les malheurs qu'elle a fait tomber sur elle. Ses enfants, renfermés dans des cazes de bois, lèvent la tête, sortent des bras congelés de sang; ils implorent le ciel, vivent dans la fange, appellent la mort; ils exhalent des regrets infructueux : empreints des crimes qui ont filé une existence aussi douloureuse, ils meurent à tous les instants du jour. Voilà les suites de l'intérêt et des passions dévorantes; voilà les crimes de l'immoralité et des cités perverties.

Après elle venoit un tuteur perfide qui s'étoit enrichi des dépouilles de son malheureux pupile; dépositaire infidèle, il nie à son ami le trésor qui lui avoit été confié. Enfin, tous les genres de crimes dont les mortels aient pu souiller l'innocence de la nature, étoient sous mes yeux. Je voyois derrière chaque coupable des licteurs farouches qui, la hache à la main, attendoient leurs victimes pour leur faire subir le genre de supplice auquel la rigueur de la loi alloit les condamner.

Ce spectacle, aussi effrayant que douloureux, étoit peu capable de me fournir les idées fraiches et agréables dont j'avois besoin pour ordonner le monument que je voulois élever au bonheur. Hélas! me disois-je, si tant de crimes habitent sur la terre; si la violence, la fraude, l'avidité y perpétuent une guerre aussi déshonorante que désastreuse pour l'humanité; si l'on parvient à noircir la colombe sans tache, et si l'on ose blanchir le noir pirate qui dévaste les airs, quels seront les mortels dignes de venir offrir un grain d'encens sur les autels du dieu auquel je veux élever mon temple? Non; que le marbre reste encore au fond de sa carrière, que le gazon qui couvre la terre sur laquelle mon édifice devoit reposer reverdisse et serve encore de pâture à la brebis innocente; je ne ferois qu'un monument inutile, auquel, loin de rendre des hommages, la malice des hommes viendroit peut-être insulter chaque jour; il ne leur faut que des pagodes grossières, où les Caraibes et les Cannibales vont offrir des sacrifices humains à des dieux affamés de chair et de sang. A ces mots, j'allois déchirer mes plans et briser mes crayons; mais je suis arrêté par une pensée philantropique qui fait succéder l'espoir aux idées désolantes dont mon imagination étoit remplie.

La ville naissante dont je veux motiver chaque édifice, ai-je dit, sera peut-être habitée par des hommes moins criminels, sur qui la raison et leur propre intérêt auront quelqu'empire. Avant de les mener au bonheur, rendons les dignes d'en jouir : sur la route qui conduira en son temple bâtissons un monument à la conciliation; là viendront point ceux qui, agités par des passions violentes, ne veulent les éteindre que dans les pleurs ou dans le sang de leurs semblables, mais ceux qui, égarés par quelques mouvements légers de jalousie ou d'intérêt, n'attendent pour rentrer dans les bornes du devoir, que les conseils d'un arbitre sage et conciliant qui leur prêche la paix et la concorde.

Je dis, et je reprends mes crayons. Bientôt à ma voix les pierres sortent du sein des roches; les masses se développent, et les efforts de mille ouvriers construisent l'édifice que mon imagination a conçu; il sera simple comme les loix qui doivent s'y prononcer. Sur ses parois ne seront pas gravés les articles sanglants du code des Dracon, mais les principales maximes des moralistes anciens et modernes; les noms des Socrate, des Platon, des Marc-Aurèle, seront inscrits en lettres d'or. Sur le tribunal sera assis un juge aimé des hommes. Là, d'une voix aimable et douce il accordera leurs intérêts réciproques, les forcera de s'embrasser devant lui, et leur recommandera l'amour de la justice et de la paix.

Voilà le résultat où me conduisit ce songe qui dans le fond n'en étoit pas un, puisqu'à mon réveil j'ai trouvé mon édifice élevé. Telles sont les variétés que présente l'Architecture : si les artistes vouloient suivre le système symbolique (1) qui caractérise chaque production, ils acquéreroient autant de gloire que les poëtes; ils éléveroient les idées de ceux qui les consultent, et il n'y auroit pas une pierre qui, dans leurs ouvrages, ne parlât aux yeux des passants. On pourroit vraiment dire de l'Architecture ce que Boileau dit de la poësie : chez elle tout prend un corps, une ame, un esprit, un visage.

PLAN

DES ATELIERS ET LOGEMENT DES MARÉCHAUX.

PLANS

DESTINÉS A LA FABRICATION DES SELS.

(Planche 41.) (2)

Chacun cherche à donner faveur aux choses qui lui plaisent. La multitude peu exercée fuit ce qui n'est pas d'accord avec ses penchants : elle confond tout; elle est exclusive, et ce n'est qu'en soulevant un voile trompeur, que l'Architecte peut découvrir ce qu'il cache.

Plût à Dieu que les excès cédant aux besoins de tous, fussent bannis! on verroit l'homme de génie puiser dans les sources du bonheur commun la perfection de l'art; il n'en est pas ici de même. Le scrupule est assis au milieu des édifices que l'on destine à l'usage et au logement de l'ouvrier; il observe, il veille sans cesse et ne pardonne pas l'oubli d'une jouissance journalière, d'une précaution contre les dangers qui morcèlent la vie; il sait qu'ils accumulent les dégoûts du mal-être.

Entendez-vous l'heure qui sonne? elle appelle le travail à un centre obligé; s'il pèse sur lui, c'est à raison des omissions de l'artiste; plus il sera distingué, moins il oubliera qu'il est homme. C'est ici que l'action commence et que les mouvements se développent : des charbons ardents, sans cesse attisés, sans cesse irrités par les soufflets de Vulcain, font rougir les tôles destinées à la fabrication des poëles; on les assemble sur un niveau consolidé pour les assujettir; les forgerons battent le fer enflammé et le soumettent à coups redoublés à toutes les formes. Les murs sont fatigués par les sons aigus qu'ils répercutent, et leur surface est altérée par les éclats du feu qui les frappe; c'est le sillon de l'éclair qui agite et fend la nue. Une vapeur subtile remplit l'atmosphère, pique l'œil sensible, excite les pleurs; c'est la foudre qui divague, c'est la nuit sulfu-

---

(1) La forme d'un cube est le symbole de la Justice, on la représente assise sur une pierre carrée, prescrivant des peines pour le vice et des récompenses pour la vertu.

(2) Voyez la nomenclature. L'élévation est la même que celle de la planche 39.

reuse qui inquiette tout ce qui approche. On voit la timide enfance arriver en tremblant; les bras paternels la pressent. En vain on essaye de calmer son effroi, elle fuit et sollicite, en criant, la tendresse maternelle qui rassure ses craintes. Les voûtes sont ouvertes au sommet et laissent aux poumons la liberté de respirer. C'est-là où les feux concentrés se dilatent, où le maléfice se dissipe. Les pièces de côté sont destinées à l'habitation ; on y voit les chimères enchanteresses de la nuit; l'hymen accorde le prix du travail, remonte et corrobore les forces du lendemain. Plus loin on voit des fers accumulés jusques aux combles, des tôles dessoudées, d'autres fatiguées attendre et solliciter de nouveaux emplois. Ces détails présentent peu d'intérêt, m'allez-vous dire ; j'en conviens.

Ce ne sont pas ces travailleurs occupés à limer la foudre de Jupiter dans le mont Etna ou dans les forges de Lemnos; ce n'est pas le noir séjour du dieu que les poëtes relèguent dans l'île de Lipari ; ces fabuleuses traditions peuvent monter la tête d'un artiste, mais le bien qu'il fait dans son isolement est-il différent de celui qu'il opère ostensiblement. Croyez moi, ne craignez pas d'enrichir la pratique du métier avec une théorie qui l'annoblit.

Il est plus difficile d'enchaîner de grandes facultés dans un cercle circonscrit, que de se livrer à la séductrice impulsion qui conçoit et caresse les excès. L'un peut avancer le progrès des connoissances usuelles, et l'autre ne laisse au réveil qu'une illusion mensongère.

MAISON D'UN COMMIS.

PLANS, COUPES, ELEVATIONS.

(Planche 42.)

Voyez l'article de la planche 17.

MAISON D'UNION.

PLANS, COUPES, ÉLÉVATION.

VUE PERSPECTIVE.

(Planche 43.)

Toute puissance est foible si elle n'est pas réunie, et quoique l'homme en société soit lié à tous les genres d'attractions qui concentrent les intérêts communs, cependant l'union est si nécessaire pour maintenir l'ordre, accélérer les élans de la vertu, que la nature elle-même, en nous offrant ses merveilles, nous a dicté des loix imprescriptibles.

En effet, voyez l'ingénieuse structure de l'homme, voyez le parfait assortiment des parties qui le constituent; tant que l'enchaînement est mutuel peut-on décomposer son ensemble? L'union est l'ame vivifiante des empires; la considération qui fixe sur une tête les yeux d'un peuple ébloui, n'est autre chose que les rayons qui se concentrent sur elle; ils sont à la fois la force et la gloire, et comme le centre est toujours relatif à la circonférence, point de centre si elle est divisée. L'union s'étend à tout, elle cimente les marbres immortels des monuments qui attestent la splendeur des siècles; c'est la forteresse impénétrable où les grands, les petits sont à couvert de toute violence; c'est la forteresse où l'homme vertueux, d'accord avec ses passions, où l'artiste plein de la haute profession qu'il fait des arts libéraux, ont de quoi repousser les malignes influences. Elle est plus forte que la cohésion; elle est plus forte que la parenté, puisqu'elle peut subsister sans elle. Quand l'auteur de l'harmonie composa les accords, il rassembla tout ce qu'il y avoit de divin pour enchaîner nos affections. Voyez combien ceux qui la méconnoissent s'égarent; entraînés par des prestiges séducteurs, entraînés par une vaine gloire, ils obéissent aux secrettes sujétions de leur cœur; ils recherchent la puissance, les honneurs, la volupté; mais sans cette harmonie à laquelle la nature a asservi l'homme pour le rendre heureux, existe-t-il quelqu'accord, est-il quelque chose d'indissoluble? Non; tout est périssable.

Ici la philosophie prépare les doses et ouvre une carrière indéfinie aux amis de l'humanité: l'art agite les ailes du génie, les dirige et va vous présenter une maison d'union.

Pourquoi une maison pour assembler des vertus morales; est-il quelque lieu où la bienfaisance soit inconnue? et Dieu qui veille sur les mondes ne remplit-il pas tous les espaces? J'en conviens, mais les principes n'ont de valeur qu'autant qu'on les met en pratique. Si l'exemple des vertus avance plus les progrès de tous les élans que le plus beau dialogue, les monuments qui les consacrent, frappent davantage la classe laborieuse qui n'a pas le temps de lire. Ces caractères de bronze, incrustés dans ces murs, occupent les idées les plus communes; là on lit: « l'union « produit tous les biens; » ici: « la probité détermine le choix; » là: « si la félicité s'achetoit à « prix d'or, pourroit-on l'obtenir sans l'union? »

O vous! maîtres de la terre, ralliez vous à mes principes; quand la terre seroit toute d'or, sans l'union, en seriez-vous plus heureux?

L'union est la source du bonheur; croyez moi, ne dédaignez pas cette institution honorable. La richesse ne prolonge pas la vie d'un seul jour, mais l'exercice des vertus que l'on rassemble ici, vous empêchera de mourir : vous vivrez entourés de la reconnoissance.

On apporte à la masse vingt mille francs, le gouvernement en donne autant, sur le sou pour pain de sel, cet impôt de bienfaisance est insensible; ce trésor bien dirigé prend des accroissements, et les vertus d'éclat un nouveau lustre; on les préconise, on recherche les talents naissants; on remue en tout sens l'émulation; on porte à ce domicile des encouragements; l'agriculture, le commerce, la littérature, les arts trouvent des salles de réunion, des galleries, des bibliothèques, des communs; de vastes promenoirs, des jardins médecinaux dans la plaine où serpentent les trésors qui découlent de la montagne et arrosent les produits du travail. Déja ce nouveau pacte social reflette par-tout son influence.

Voyez la nomenclature du plan. Les élévations offrent le faisceau qui entretient l'harmonie. Les galleries, communes à tous, abritent sous des portiques la discussion : les cabinets d'étude rappellent le souvenir des hommes distingués que ce foyer d'instruction a fait éclore.

ÉLÉVATION DU BATIMENT

DESTINÉ A LA FABRICATION DES SELS.

(Planche 44.)

Deux élévations égales occupent les côtés d'un cercle immense (1); les bâtiments qui offrent de grandes dimensions n'ont pas besoin d'ornements pour les faire valoir; les détails sont perdus si on les voit de loin; les voit-on de près, ils sont effacés par la masse dominante qui commande. Moins on divise les surfaces, plus elles paroissent grandes.

L'œil mesure les distances et compare la proportion de l'homme avec ce qu'il voit; l'imagination agit et sert plus utilement l'art que tous les corps qui fatiguent les nuds, les moulures qui les divisent ou d'autres applications autorisées par l'exemple ou dégénérées en habitude.

L'économie pratique a des ressources, des moyens simples puisés dans la nature, qu'une coûteuse et pénible recherche sollicite en vain. Une assise de pierres, saillante, une autre renfoncée, des joints, des parements négligés en apparence, souvent offrent l'idée de l'abandon; cependant quand elle produisent des mouvements accidentels, que l'on n'obtiendroit pas même avec le scrupule du compas, que peut-on desirer?

La multiplicité des besoins qu'il faut surveiller, les lignes prolongées par la nécessité des ateliers qui se succèdent, semblent exclure ces replis que la théorie dicte pour opposer des masses les unes aux autres. Ne croyez pas qu'elle permette davantage ces plans tourmentés, cet étalage pompeux de la manière servile ou scolastique qui dirige la plupart des conceptions.

Cependant quand on a présenté aux yeux les dimensions approuvées par le besoin, on n'a pas tout fait; il faut encore que le caractère de l'édifice ne soit point équivoque; il faut que le

---

(1) Voyez le plan général, planche 16.

spectateur le moins instruit puisse le juger; il faut que l'on puisse distinguer les vapeurs salées qui enveloppent les toits de l'usine, de la putride fumée qui s'exhale des autels où brûlent les victimes.

Le caractère étant fondé sur les besoins de tous genres, est d'autant plus varié qu'il s'adapte aussi aux convenances. Les vérités qui le constatent, frappent au premier coup-d'œil. On peut l'assimiler aux passions dominantes de l'homme : on voit sur le front le calme de la conscience, les vertus bienfaisantes, la générosité, la valeur, l'exaltation, la colère (1), l'abus des plaisirs.

Les vérités idéales ne sont pas moins constantes quoiqu'elles ne soient pas assez généralement senties; elles éprouvent des nuances infinies; l'imagination fait tous les frais. Ixion embrasse la nue sous la forme de Junon; ses sens, pleins d'une douce ivresse, savourent à longs traits le plaisir; le bonheur dont il jouit est au-dessus de la réalité : il est envié des dieux.

Apollon échauffe les facultés d'un enfant qu'il chérit; il produit dans le jour ce qu'une année prodigue ne pourroit faire éclore. Si les songes de la nuit l'agitent au milieu des restes somptueux de la ville Adrienne, ce n'est que pour accumuler des souvenirs qu'il réalise à son réveil.

L'homme qui n'est pas électrisé par le beau idéal, en vain sollicite l'étincelle qui allume le génie, il n'entend rien quand le tonnerre gronde ou qu'il éclate; il ne voit rien quand l'éclair brille; il ne voit pas le soleil quand il s'arrête au milieu de sa carrière; quelque chose qu'il fasse il ne montera jamais les degrés qui atteignent le centre du goût; la méthode, assise sous les premiers portiques de son temple, en défend l'entrée, et les portes du sanctuaire lui sont fermées pour toujours.

Les caractères plus ou moins fermes doivent leur expression au sentiment appréciateur qui ne varie jamais et conduit l'homme bien inspiré. L'Architecte les décrit par des ombres plus ou moins prononcées. Si la dimension est subordonnée au besoin, l'effet l'est au point de distance : les galleries, par exemple, qui abritent les transports liquides que les orages, les intempéries peuvent dénaturer dans le trajet, doivent être différentes de celles qu'exigent la magnificence ou la commodité d'un service public. Les premières ont des proportions déterminées par l'usage; il faut tout voir, tout entendre, ne rien dissimuler; il faut que l'ouvrier ne puisse se soustraire à la surveillance par la faveur d'un pillier carré ou rond, ou des massifs qui soutiendroient la retombée des arcs que la proportion multiplie. Les secondes portent des ombres partielles, atténuent, divisent les nuds sur lesquels elles se découpent.

Plus les bâtiments sont éloignés, plus ils nécessitent cette unité desirable qui satisfait les yeux, développe les besoins et assure la surveillance. La saillie du toit que vous voyez et qui soustrait dans son développement l'apparente solidité que l'on desire, doit paroître hazardée; mais si elle produit des masses d'ombres indivises, si elle prévient la cupidité qui ne peut rien déguiser, si elle stimule l'inertie et justifie l'emploi du temps, elle a rempli les points donnés. Au surplus, n'importe de quelle manière on obtienne de l'effet, pourvu que l'œil exigeant soit d'accord avec le principe et le besoin.

---

(1) Je construisois dans la ville d'Aix un temple à la Justice (voyez le tome quatrième), quand on m'invita à voir le cabinet de Tornatory, anatomiste distingué; il avoit recueilli les corps de plusieurs condamnés par le code criminel, et les avoit disséqués. On lui reprochoit de donner faveur aux systèmes qu'il caressoit ; on le regardoit comme un fou. Méritoit-il ce titre pour s'éloigner de la voie tracée? J'étois empressé de le connoître : on me présente chez lui; le pressentiment qu'il avoit de mon impartialité le dispose en ma faveur. Il me fait asseoir au milieu d'une collection choisie de têtes, les range par ordre. Vous qui êtes artiste, vous qui avez étudié la conformation humaine, ses adhérences au cerveau, à l'estomac, jugez quels ont été les caractères, les vices, les crimes de ces restes humiliants de la dignité de l'homme?

Après avoir réfléchi je rassemble mes combinaisons : le premier, le second ont été des assassins; le troisième est mort de colère; cela me suffit. Il se précipite sur un registre, le feuillette: ah! je ne suis donc pas fou. Ce médecin avoit de la célébrité; il est connu par différents ouvrages.

Quand on s'est entouré de tous les motifs qui constituent le grand, en élaguant les divisions nuisibles, il ne faut pas négliger ce qui peut plaire par les attractions insensibles; les oppositions déterminées, les vapeurs environnantes contribuent à lier l'ensemble, et à lui donner des valeurs attractives : voulez-vous prêter au tableau les charmes de la couleur? appelez l'épizode, faites-le concourir à l'enchaînement des puissances qui dominent; en profitant de tout, vous étendrez le despotisme de la recherche sur tout; vous mettrez à contribution ce qui vous entoure; vous vous approprierez les fruits de tous genres, entés sur les possessions étrangères; vos jouissances ne se perdront que dans l'horizon, quand il quitte le monde. Je vais plus loin et franchis les barrières du Tartare pour en faire sortir les tourbillons incidents; employez les sur la terre, et vous obtiendrez de leur inconstance des effets soutenus qui se condenseront avec la nue, cacheront alternativement l'aride rocher et les pentes fertiles, pour découvrir des fabriques négligées qui contribueront à faire valoir l'objet principal. En offrant la variété par-tout, par-tout vous séduirez par l'attrait des plus douces sensations; vous inspirerez l'observateur attaché à l'étude de la nature; vous éprouverez enfin qu'une décoration très-simple, très-économique peut emprunter une grande magnificence du concours des scènes qui se réunissent pour augmenter son lustre.

Éloignez sur-tout les complaisances captieuses, elles sont aussi nuisibles aux arts qu'à ceux qui les exigent. Qui mieux que vous composera le tableau que vous avez conçu! sera-ce celui qui ordonne? Ah! la lutte est inégale.

Voulez-vous être d'accord? prenez la raison pour arbitre, elle consolidera vos principes; elle provoquera le réveil de l'impuissance qui s'abuse, en imaginant que le droit de payer donne celui de faire rétrograder, ou même d'anéantir les progrès de l'art.

PLAN, COUPE, ÉLÉVATION

DU LOGEMENT DESTINÉ AU TAXEUR DES BOIS.

(Planche 45.)

Cette caze exigue précède la porte d'entrée de la saline; elle est occupée par la surveillance chargée de distribuer les bulletins, d'envoyer les bois à la distance la plus prochaine de leur emploi, afin d'éviter les manœuvres incertaines et les déplacements coûteux. Elle est isolée, et ne craint pas la planète qui peut la submerger par un choc inopiné; elle ne craint pas les violentes secousses qui agitent les tours du palais des rois; elle est à l'abri des chutes qui les précipitent dans des gouffres politiques. Dans cet azyle du bonheur, l'hymen tranquille n'a point à craindre l'abandon de ses autels. Le trône du sommeil n'est pas interdit aux plaisirs; jamais la satiété ne pourra les reléguer au bout de ces fastueuses galleries où l'on promène l'indifférence. On n'a point à redouter les indiscrets fourneaux de nos vastes cuisines qui incendient le palais, tandis que les ris, les jeux, la danse égayent le jour d'une fête bruyante, où chacun, sans se connoître, se prend, se serre la main et délire en cadence. La jalousie, que blesse l'inégalité, et qui ne permet pas à la nature d'occuper plus de place qu'elle n'en accorde après la mort, n'aura pas à reprocher au luxe une superficie perdue.

Faut-il être réduit à penser que l'on ne trouve la sûreté, le bonheur que dans l'isolement?

Socrate, dans le vuide du desir, voudroit remplir cette caze de vrais amis; il voudroit l'habiter avec les fidèles témoins de ses plaisirs. Vaine espérance! il passe sa jeunesse à modeler les Grâces; bientôt il les abandonne pour servir le dieu des combats. Il possédoit au plus haut degré la sagesse, mais ce présent inestimable du ciel n'est-il pas un défaut quand il nous force à chercher l'analogie d'une perfection si rare; car de toutes les qualités, celle qui plaît le moins au beau sexe, c'est l'imperturbabilité. L'Amour est un enfant timide qui chérit l'égalité. L'attraction sympathique qui n'humilie pas sa foiblesse, l'empêche d'essayer ses forces. Le sage veut-il lui plaire? qu'il caresse ses penchants; veut-il être aimé? qu'il soit aimable.

Ut ameris amabilis esto.
OVIDE.

Si les impressions du moment se peignent sur tous les ouvrages de l'Architecte, voyez combien il est intéressant pour lui, pour la chose publique, qu'il s'entoure de tout ce qui peut entretenir le charme de la vie. Malheur à celui dont le crayon se noircit par les passions qui le dégradent; son ame rembrunie préconisera la délirante férocité de Brutus; il attachera au temple de la chaste Diane les victimes que les thoriscites supendoient à ses voûtes. S'il construit un azyle aux vertus sociales, à l'amour, à l'amitié, il servira mal les dieux qu'on y révère. Toujours fatigué par le remords, toujours irrité par le mépris qui le signale, on verra sa morale livrée aux furies vengeresses qui le poursuivent. Si l'Architecte adoucit le malheur, s'il embellit la caze du pauvre, s'il améliore le sort des petits, multiplie les jouissances des grands; si toutes les surfaces qu'il décore sont les miroirs fidèles qui répercutent son ame, voyez ce que peut gagner l'humanité; voyez combien cet Architecte peut honorer l'art; mais eût-il tout le mérite du philosophe grec, s'il n'a pas cette gaîté naïve qui décèle la satisfaction intérieure des bons esprits, par-tout il étalera l'expression douloureuse du sentiment qui le domine. On n'aimera pas ses productions, parce qu'elles ne seront point aimables.

PLANS, COUPES, ÉLÉVATION

D'UNE MAISON DE CAMPAGNE.

(PLANCHE 46.) (1)

La disposition de ce plan est circonscrite dans les besoins dictés par un marchand de Besançon. Les élévations offrent des masses progressives, des contrastes; les jardins sont pittoresques, et le tableau rassemble des fabriques très-variées.

Vous voyez, par ce petit édifice, qu'il n'y a pas tant de différence qu'on se l'imagine, dans les convenances respectives. L'art préside au logement de la fourmi et de l'éléphant.

Si toutes les bêtes avoient de l'entendement, si elles pouvoient parler, elles attribueroient à leur

---

(1) Voyez la planche 24, le même esprit l'a dictée. Nous pensons, et l'expérience nous a même convaincus, que les effets qui tranchent sur les nuds du mur, sont les seuls que l'on emploie avec succès dans les grandes distances où la nature de l'édifice ne permet pas les péristyles en avant, ou un ordre colossal.

espèce toutes les jouissances qu'il est possible de rassembler; mais telle est la force de la nature, elle est si grande qu'elle donne à chacun ce qui lui convient.

Dans ce cas il n'y a pas un homme qui voulût être logé autrement qu'un autre, puisque le superflu est incommode.

FOURNEAUX DE LA SALINE.

COUPE.

(Planches 47 et 48.)

Il faut en convenir, les considérations personnelles sont souvent nuisibles à tous les genres de progression ; n'en soyons pas étonnés : ici c'est une affaire de finance.

La nature a donné aux Scytes des moyens que les Grecs n'ont pu atteindre avec les meilleurs préceptes; ces derniers aimoient l'argent autant que les autres le méprisoient. Faut-il que des surfaces dépouillées de rudesses qui pourroient assurer la pratique du bien, soient obligées de céder à des conventions qui perpétuent le mal?

C'est à l'Architecte à surveiller le principe; il peut activer les ressources de l'industrie, ménager les produits, éviter les entretiens coûteux; il peut augmenter le trésor par des combinaisons dont l'art est prodigue. A-t-il des fours importants à construire? il sentira la nécessité de ménager l'aliment, il sentira la nécessité de les isoler par des galleries qui recevront l'air refroidissant de l'extérieur, afin de préserver les murs d'encagement des dangers de l'adhérence. Comme ils sont construits en briques, leur épaisseur concentrera un brazier ardent; l'artiste économe le répartira sur les premières et secondes chaudières, sur les longues étuves destinées à sécher les solides; il arrêtera son action par un modérateur qui accumulera de nouvelles forces pour les distribuer dans les séchoirs supérieurs; il emploiera sans doute des formes moins dispendieuses qui favoriseront l'usage des charbons, et la terre prêtera sa main secourable au dieu des forêts (1). Mais pourra-t-on subjuguer l'habitude? Ne l'espérez pas; toujours rétive, elle croit justifier le présent par l'expérience du passé; elle décrit un cercle dont elle ne sort jamais. S'agite-t-elle dans son axe pénible? le mouvement qu'elle imprime se rallentit à raison de la difficulté et de l'intérêt particulier; son apathique sécurité a tous les vices qui font rétrograder la science; elle est avare parce qu'elle est stérile; insouciante, parce qu'elle est servilement intéressée. Faut-il descendre de la montagne voisine la forêt qui chauffe dispendieusement les cuves où bouillonne le sel? c'est l'esprit du traité. Et quoiqu'un engagement respectif favorise ce qui n'est pas toujours le plus avantageux pour le bien public, il cède aux calculs certains, ne voulant pas essayer ceux qui pourroient suspendre les profits ou les compromettre par des recherches qui paroissent douteuses.

---

(1) Il faudroit employer des briques qui conservassent le calorique. Telles sont les briques flottantes.

IDÉES GÉNÉRALES.

Les besoins de tous genres sont nés dès le commencement du monde. L'ordre successif en avança les progrès; la nature imprima les mouvements divers, les multiplia, et les soumit à ses loix. L'utilité provoqua le luxe, le perfectionna, mais plus souvent elle le falsifia.

L'artiste bien organisé, s'il n'est pas dérangé par des attractions étrangères, s'il suit l'impression qui le guide, marche à pas de géant; quand ses penchants se développent, il s'élance au-devant des préceptes; il les dépasse.

Presque toujours la méthode circonscrit ses efforts. On voit la tendre enfance concevoir tout, oser tout; elle surprend, elle étonne sans cesse l'observateur attentif; si on remplit les cazes de son cerveau d'idées communiquées, c'est alors qu'elle devient timide, n'ose plus rien, ne hazarde plus rien. Elle essaie des sons sur l'instrument que le hazard lui offre; elle appelle le dieu de l'harmonie. Un sentiment délicat, d'accord avec son oreille, guide ses doigts; il élève son ame au plus haut degré, il atteint la perfection; les premières productions caressent le fleuve d'où coule l'abondance; elles portent l'empreinte d'un sentiment pur et élevé. Pascal, gêné dans son goût, irrité par la résistance, devient plus ardent. Il vient à bout, par la seule force de son génie pénétrant, de deviner jusqu'à la trente-deuxième proposition d'Euclide. A seize ans, il publie un traité des sections coniques. A dix-neuf ans, il invente cette machine surprenante par laquelle on fait toutes sortes de calculs sans le secours de la plume et du jetton; et le premier il prouva que les effets que l'on attribuoit à l'horreur du vuide, sont causés par la pesanteur de l'air.

Arrive le fatal moment que l'usage a consacré aux maîtres. La ligne impulsive se dérange, la défiance de soi-même prend la place de l'audace. On voit tout sous un aspect différent, et les fruits de l'automne, cueillis prématurément au printemps, sont privés de la faculté de rien produire. Qu'arrive-t-il? l'homme n'est plus ce qu'il étoit, et ne devient pas ce qu'il devoit être. Les leçons qu'il reçoit étouffent des germes précieux qui produisent bientôt les enfantements les plus bizarres. Le père en regardant son fils, a peine à le reconnoître. La nature et l'art ont entre eux des rapports si exacts qu'ils trompent les hommes les plus instruits.

PLANS, COUPES, ÉLÉVATIONS

D'UN LAVOIR ET ABREUVOIR.

(Planche 49.)

Avant que l'art pût suppléer la nature, les fleuves, les lacs, les sources sans cesse renaissantes, les pentes adoucies, les eaux du ciel et de la terre fournissoient amplement à la multiplicité des lavoirs. Un des plus anciens, est celui où Jacob fit boire les troupeaux de Laban (1). Longtemps après lui, Salomon parle des siens avec une complaisance qui démontre combien, dans ces temps reculés, on faisoit cas de ces utiles établissements. Quelle étoit alors leur consistance? Ces produits du hazard étoient au niveau des prairies; le sable continuellement battu, et ramené sur les bords, se lioit avec les pentes variées qui se mêloient à la verdure. Ce n'étoient pas ces ondes salies par les torrents, dont le Verseau dans ses fureurs grossit le cours; c'étoit l'heureux tribut d'un ralliement fécond. La vague pure, étendue dans un état d'inamovibilité, trompoit l'œil, et s'unissoit avec les dernieres lignes de l'horizon; ils étoient entourés de mille voûtes verdies et coloriées par le printemps; les oiseaux s'y arrêtoient pour baigner leurs plumes et les dégager des perles du matin. Ils offroient, ils répercutoient à l'œil étonné le spectacle de l'univers; le ciel, le soleil, la lune et tous les flambeaux célestes, sont mis à contribution pour le faire valoir. Ici la terre assemble ses merveilles mobiles : ce lion rugissant sur les bords du bois, vient adoucir son humeur farouche. L'harmonie tient tout dans un équilibre parfait. Les échos répondent du fond des vallons à la musique des airs, et le zéphyr, au bruit de ses ailes, réunit toutes les voix. Tels furent sans doute les premiers jours du monde, dans son enfance : tout étoit développé par l'auteur de la nature; on y voyoit tous les biens où l'œil de l'expérience et de l'art ne peut encore les prévoir.

Dans ces temps heureux, que pouvoit-on desirer, que pouvoit-on exiger? Le ciel versoit, sans mesure, toute l'étendue de ses bienfaits. De quelque côté que l'on se retournât, tout inspiroit le genre d'intérêt que la nature imprime dans la variété de ses tableaux. Le crépuscule éveilloit la nymphe qui venoit au lavoir. Elle arrivoit, les épaules à demi-couvertes, alloit chercher l'ombre pour éviter les reflets brûlants des eaux du midi. On la voyoit exciter ses compagnes à la gaîté; leurs loisirs, occupés par des chants d'allégresse, des danses, des plaisirs, passoient rapidement; et si les chevaux du Soleil franchissoient leur barrière pour étancher leur soif, s'ils effarouchoient la troupe laborieuse, ce n'étoit que pour reproduire de nouveaux ris, de nouveaux jeux. Ces enfants fortunés ignoroient le tort et l'injustice, la raison, l'équité étoient la baze des loix qui les gouvernoient. Rien n'étoit négligé.

On avoit nivelé les profondeurs, pour corriger et raffraîchir la chaleur du sang de toute l'espèce animale. Le feuillage épais les couvroit pour les garantir de l'évaporation absorbante du jour. On voyoit des chars attelés de dix coursiers fatigués, traversant les eaux, et laissant en passant ces amas informes de terre qui défiguroient les contours de ces roues légères, et faisoient disparoître la fragilité de ces rais argentés par le rayon éblouissant du soleil.

---

(1) Le patriarche, par une ingénieuse adresse, les fit servir à la multiplication des brebis tachetées qui formèrent son partage.

Depuis que l'homme s'est éloigné des premiers besoins, il semble que les habitants des campagnes aient renoncé à ces lieux favorisés. En vain la nature prodigue lui présente toutes les recherches qu'elle a accumulées, il défigure les origines, et lui préfère toutes les tromperies de l'art.

C'est ainsi que les idées premières se cachent dans des profondeurs humides, et si elles surnagent aux influences, ce n'est que pour reproduire des impostures sur un sol desséché à qui on veut restituer ce qu'il a perdu.

On les place fastueusement ces lavoirs dans nos usines; on les entoure de colonnes, de piliers carrés ; on les charge de bossages. On les place dans nos fermes parées, dans nos écuries somptueuses, dans nos jardins, dans nos parcs, où l'illusion les remplace à grands frais.

Là on voit Thétis se presser les cheveux, pour en exprimer les eaux, et alimenter des sources amassées à force d'industrie. Ici c'est Neptune qui frappe de son avare trident, un réservoir d'où coulent, à l'aide d'une machine surélevée par des bras, quelques pouces d'eau, cubes. Ailleurs, les bains d'Apollon sont sous des voûtes qui affrontent la nue. Tout est imposture. Les chevaux descendent du haut des cieux, font le voyage du ciel pour tarir un ruisseau dont on apperçoit le sable. Là on bâtit des portiques hécatomètres; leur magnificence est sans égale; on les expose au midi pour corriger l'hiver; on appelle le frais au secours de la saison caniculaire. A quoi bon ces précautions superflues ? A quoi bon ? elles préparent la léthargie des sens, et provoquent au sommeil de la mort. Chacun étend ou resserre les usages, d'après ses vues et selon ses moyens. Que prouvent toutes ces variétés ? Elles nous démontrent que plus on s'écarte des origines, plus on rétrécit les conceptions. Si on avoit eu pour baze le beau idéal que les différentes situations nous inspirent, et qu'on voulût le suivre dans toutes ses conséquences, peut-on douter qu'il ne l'eût emporté sur toutes les provocations humaines ?

O nature ! vérité constante ! faudra-t-il que la seule barbarie soit la conservatrice des principes, et nous reproche sans cesse les écarts de l'opulence et du luxe ? Faudra-t-il que l'art s'éloigne tellement de la création, qu'il ne reçoive plus ses loix ? Faudra-t-il que l'enfant, foulant aux pieds tous les sentiments de reconnoissance, pousse l'ingratitude au point de méconnoître sa mère ?

Nota. Voyez les plans, élévations et coupes, ils sont peu importants par eux-mêmes ; voyez les lavoirs antiques de Nismes qui le sont davantage. Mon but est d'étendre l'imagination du lecteur, de lui offrir ce que l'art a de plus recherché, de développer ses ressources et de prouver que la nature qui amoncèle ses eaux, ses sources abondantes à un centre commun, l'emporte sur tous les efforts que le faste fait en vain sur un sol ingrat.

PLAN, COUPE, ÉLÉVATION,

VUE PERSPECTIVE D'UNE BOURSE.

(Planche 50.)

Qu'entend-on par une bourse? C'est dans les cités nombreuses un monument qui doit attester la pureté des mœurs; dans une ville que la philosophie fonda, c'est le rassemblement d'hommes choisis, qui traitent de bonne foi, soit en matières réelles, soit en échanges. C'est-là où l'on fixe les époques des paiements, où on les assure; c'est-là où l'on soumet aux élans du génie, aux calculs possibles, tous les objets qui sont du ressort de la navigation, du commerce intérieur; c'est-là où réside la force des états; c'est-là enfin où le corps politique puise celle qui le vivifie.

Quelle est la disposition générale de cet établissement? La voici. Il faut que, dégagé de tout embarras, il soit placé au centre de la ville. Il faut une vaste pièce pour assembler le grand nombre; des cabinets particuliers pour discuter les intérêts privés, asseoir les résolutions, diriger les expéditions; il faut des portiques couverts qui mettent la discussion à l'abri des caprices de l'air, des portiques ouverts où les ombres humides du Verseau, combinées avec les rayons bienfaisants du midi, puissent corriger les influences homicides de la saison caniculaire.

Si le règne d'Élizabeth a produit diverses compagnies de commerce, et particulièrement celles de Hambourg, de Russie, du Groënland, des Indes orientales, de Turquie, qui toutes durent encore; si le commerce étoit alors dans son enfance; si on doit ses progrès à la moralité soutenue qui captive les confiances, que ne doit-on pas attendre d'une association intéressée à multiplier ses produits pour stimuler l'abondance?

Je ne parle pas de ce riche égoïste qui s'isole pour engendrer l'iniquité; de cette abondance qui croît à raison des misères; celle-là est aussi dangereuse dans ses principes que ruineuse dans ses progrès. L'homme fécond en moyens ne s'occupe pas à compter les jours et les mois pour attendre d'un gain illégitime les désastres d'une famille.

Dans cette institution le sentier des vertus est facile, et l'emploi de l'argent honorable; on n'y vend pas la fausseté qui falsifie les intérêts publics, on n'échange pas l'or contre le malheur, et si sa puissance est corruptrice, elle occupe ici un emploi qui l'épure, et justifie son empire en activant le travail qui assure l'aisance.

Que de gens s'applaudissent de leurs forces en blâmant la foiblesse des autres. Ces usurpateurs de l'opinion se chargent de répandre une sotte crédulité qui persuade que l'on fait librement ce que la renommée commande. La véritable force n'est pas seulement consultative, elle veut le bien et le fait. Ce n'est pas une société qui fournit à la masse une somme modique pour en imposer par des listes publiques qui sollicitent un brevet de bienfaiteurs, c'est un corps dont le privilège est de négocier dans les quatre parties du monde la bienfaisance qu'il répand autour de lui. Tel le puissant dieu du jour, embrâsant les cieux, descend sur la terre et verse avec profusion ses bienfaits sur l'humanité.

N'allez pas croire que les gouvernements influencent, sous aucun rapport, cette éminente association; il faut être négociant de race, avoir fait son apprentissage dans les comptoirs renommés, il faut des mœurs irréprochables, et comme ils dictent eux-mêmes les loix qui les dirigent.

ils en deviennent esclaves; la considération publique les suit, les désigne aux places qu'ils doivent occuper. Semblables à l'auteur de la nature qui régit l'univers par des fils insensibles et soumet les élémens discords, de même ces dépositaires d'un pouvoir illimité, bravent les intempéries, ordonnent aux tempêtes de rendre à ce centre du commerce les productions des climats rebelles.

Cette assemblée couvre les mers de nombreux vaisseaux, lève les taxes, établit des tarifs, régularise les intérêts qui seroient tentés de se faire un jeu du vil monopole; elle entretient des ambassadeurs pour suggérer les goûts productifs, travailler et soumettre les habitudes des peuples barbares; et comme les consuls, les ministres, les interprètes, les officiers de tous genres ne peuvent lever de secrets impôts sur le succès d'une expédition bien conçue, cette association est à l'abri des désordres accidentels. Que de richesses tu nous prépares! c'est toi qui embrasses toutes les branches de l'industrie; rien ne peut être étranger à ta clairvoyance; rien ne peut échapper à tes recherches. Déja tu mets à contribution tout ce qui respire, et brises les intérêts mal entendus qui retardent l'affluence. Déja tu envoies au Monopotapa,..... nos tableaux, nos sculptures, nos étoffes de Lyon, chefs-d'œuvre des arts.

Quand on a confié la semence aux terres productives, si l'expectative éloigne les résultats, la constance les assure; méprisant les gains du moment, elle sait qu'il faut éveiller le sentiment pour faire éclore des germes productifs; elle sait qu'il faut éveiller le desir par des modèles qui frappent les yeux; elle ne néglige rien (1). Qu'arrivera-t-il? A quoi aboutiront ces savantes combinaisons? Ces hommes que vous croyez barbares, parce que vous ne leur donnez aucune idée de vos jouissances, deviendront aussi industrieux que vous, ils enrichiront votre territoire d'échanges multipliés qui le feront fructifier; l'Architecte y gagnera : les variétés qui sont dans sa dépendance afflueront de toutes parts, et ce trésor que les nations en masse méconnoissent, développera de nouvelles fabriques, et les nuages qui entretiennent les préjugés se dissiperont pour faire place au beau jour qui nous offre la lumière.

N'allez pas croire que la décoration intérieure de cet édifice emprunte son éclat de la faveur momentanée que la frivolité accorde aux chiffons apprêtés dans les manufactures qui affichent la désolation du goût par des teintes lugubres que l'harmonie désapprouve; il est construit en pierres durables; les assises sont alignées avec les loix de la solidité qui la dirigent; elles sont égales, parce que la marche de cet établissement est invariable. On n'y lit pas ces affiches que la corruption intéressée multiplie pour charmer les loisirs de l'oisiveté; on lit sur ces murs incorruptibles tout ce qui peut monter l'esprit public. Là, c'est un négociant qui construit un monument de bienfaisance avec les fruits inattendus d'un retour heureux; là, les arts mis dans la balance du commerce, l'emportent sur l'agriculture abandonnée; là, on voit la population s'accroître par la sage impulsion qui la multiplie. Voyez à quoi tient le bien, il ne faut pas l'affluence du grand nombre pour le faire; le grand nombre raisonne et n'exécute pas.

(1) Elle établit un foyer de bienfaits, de secours, qui distribue les fonds placés pour alimenter le sort des malheureux. Dans cette ville naissante l'activité met tout le monde à l'aise ; on prête sans intérêts, et l'intérêt de chacun retire le déboursé : il n'y a pas d'hospice, parce que chacun est connu et que chacun travaille.

PLANS

DU REZ-DE-CHAUSSÉE ET PREMIER ÉTAGE

DE LA

MAISON DES COMMIS CHARGÉS DE LA SURVEILLANCE.

(Planches 51 et 52.) (1)

Ces champs rendus à leur première splendeur, renaissent et vont briller dans les fastes glorieux des arts. Quoiqu'il soit difficile dans un espace circonscrit par les besoins de deux employés, de produire du mouvement dans les plans, cependant quand on a satisfait aux points donnés par la distribution, qu'on a subordonné les masses à tout ce qui peut faire valoir l'édifice qui commande par sa position, que reste-t-il à faire? Il faut solliciter les produits économiques, tirer parti de la nature, des matériaux, les mettre en valeur, et provoquer des effets relatifs à la situation des lieux.

Rien n'est indifférent pour l'artiste. Quand il conçoit un grand projet, tout ce qu'il rassemble contribue à élever ses pensées et à faciliter l'exécution; le détail qui frappe le moins l'homme ordinaire, empreint sur son ame un sentiment qui la caractérise. On voit dans le plan le moins susceptible de développements, tout ce que l'imagination stimulée peut créer; on le voit s'agrandir aux traits qu'il emprunte de tous les rayons qui l'environnent, pour couvrir d'un rézeau doré les besoins de la vie commune; et s'il déploie de puissantes ressources, c'est pour animer un peuple de géants qu'il a trayés au milieu des Lilliputiens.

Grandiaque effossis mirabitur ossa sepulchris.

(1) Voyez la nomenclature pour le détail.

ÉLÉVATION DE LA MAISON

DES

COMMIS EMPLOYÉS A LA SURVEILLANCE.

COUPE.

(Planches 53 et 54.)

Déja le roi des saisons réjouissoit l'univers; son trône décoroit majestueusement le cercle écliptique; les Heures sortoient de leurs retraites, et se tenant par la main, provoquoient, au son des instruments, la gaieté du matin. Les fleurs, les plantes aromatiques distribuoient leurs parfums, et le dieu bienfaisant régénéroit la terre. L'aurore vacillante déployoit un jour incertain sur le fond du tableau, lorsque j'apperçus un édifice qui, par son étendue, ne pouvoit prétendre à de grands effets; le point de vue étoit peu éloigné; cependant on avoit invité les ombres à noircir les surfaces qui en étoient susceptibles. On avoit approfondi un porche pour protéger les murs du second plan contre les souffles pénétrants du nord. On voyoit des bossages rustiques et additionnels aux forces ordinaires; des colonnes d'une proportion courte (1) faisoient oublier les pertes de l'écartement, et l'art s'enorgueillissoit de ces contours outrés (c'est toujours le voyageur qui parle). J'ignore le prestige qui fascinoit ma vue, mais ce genre de construction me plaisoit. La pierre, la brique m'offroient des tons variés, et la masse entière étoit en opposition avec des arbres verds, des arbres à fruits; la sérénité du jour me rappelloit les premiers moments de la vie; alors les plaisirs étoient purs, les peines légères; l'ame encore dans le sommeil de la candeur méprisoit les vanités; l'amour ignoroit les maux qui le suivent; l'hymen, les dégoûts qui le fatiguent. O! délires impuissants qui vous applaudissez de tout, parce que vous ignorez tout, prolongez les chimères consolatrices de l'école, ce n'est que là où l'imagination n'est point enchaînée.

La coupe indique la hauteur des planchers.

---

(1) Quand j'ai soutenu des arcs sur des colonnes, j'ai toujours ajouté à la force du diamètre ce qu'il devoit perdre par l'écartement.

VUE PERSPECTIVE
D'UNE MAISON DE CAMPAGNE.
PLAN, COUPE, ÉLÉVATION.

(Planche 55.)

Les plans, les élévations des maisons de ville et de campagne doivent être aussi variés que les figures; aucunes ne se ressemblent, cependant elles sont toutes composées de même : les distributions ne diffèrent que par le plus ou le moins; elles sont relatives à la fortune qui les dicte. La nomenclature les place suivant l'ordre des besoins : dans un art où les ordonnateurs n'ont d'autres droits que ceux que l'on acquiert en payant la matière, l'homme délicat doit guider l'Architecte; mais s'il entrave ses moyens, il dérobe à la postérité des productions qui auroient pu justifier sa dépense en éclairant son siècle.

Les décorations extérieures présentent de grandes et de petites dimensions. Nous n'entrerons pas dans les détails fastidieux qui pourroient faire languir la description; il suffit, pour être d'accord avec les loix naturelles, de prouver que la décoration appartient à tout le monde; en vain les préjugés l'ont exclusivement concentrée dans la classe de ceux qui occupent les grandes places, les dignités, les emplois publics.

Quiconque sollicite les soins d'un artiste habile, a un droit égal à un monument de goût.

Nota. Même esprit que la planche 14.

PLAN DES CAVES,

DU REZ-DE-CHAUSSÉE DE LA MAISON DU DIRECTEUR.

(Planches 56 et 57.)

Interrogez ces terres qui parlent avec tant d'éloquence à l'imagination. L'artiste instruit pourra méditer sur l'origine des arts, leurs progrès, leurs ruines, les hazards qui leur ont donné des valeurs; il pourra méditer sur les vanités qui les engloutissent. Interrogez le passé, jugez le présent, vous verrez les idées fermenter par les idées; vous verrez que l'enchaînement des choses qui remuent les conceptions s'est développé de tout temps par le même principe. Le Capitole prend son nom du mot latin *caput*, à cause de la tête d'un cheval qu'on trouva en creusant les fondations.

Ici, dans le champ aride que vous voyez, au milieu des ronces, des épines, des cailloux, nous foulons aux pieds les héros qui ont assuré, par l'effusion de leur sang, la splendeur et la durée du plus fameux empire. Peuples de la terre! artistes circonscrits dans les besoins communs! recevez, par cette nouvelle influence, le sentiment qui féconde la lumière.

Ici le valeureux César attache le joug de la victoire; il couvre ces terres de vaincus qui les ont disputées, de vainqueurs qui les partagent. Voyez-vous ces flancs ouverts? ils vomissent encore le trépas; les ossements percent à travers et tressaillissent à l'approche du fer qui les incise.

Pourquoi franchir les distances pour courir à la chimère? Il y a tant de réalités à mettre à l'appui des principes, que je ne conçois pas comment on peut donner faveur aux illusions accréditées. Qu'importe si Bellone a ravagé le monde, si elle a fatigué les humains de son fléau destructeur. Quelle relation trouvez-vous entre les plans que nous voyons et les passions qui ont fait mouvoir ces homicides intérêts? Qu'ont produit ces restes glorieux, ces fouilles teintes d'un sang illustré? Rien.

La superstition s'établit; elle usurpe les droits ostensiblement acquis par ces premières victimes. Par-tout elle élève des monuments fastueux et entretient dans ses temples des lampes coûteuses. Elle fait plus, elle enchâsse à grands frais, dans des matières précieuses, les os de ses défenseurs; elle extrait révérencieusement des catacombes, les corps que la piété sanctifie.

Que deviendront ces dieux du plus puissant des empires, qui ont donné des loix à l'univers? Ce qu'ils deviendront? Ils vont être amalgamés avec des mortiers ignorés qui lient les cailloux souterrains sur lesquels on élève les assises profanes de la maison d'un directeur de salines. Cet édifice sera placé au centre d'une cour destinée à recevoir les eaux salées qui prennent leur source dans le sommet du rocher que vous appercevez. Le premier plan sera occupé par les besoins individuels d'employés subalternes. C'est-là où l'on distribuera les cazes qui contiennent les liqueurs bachiques, le bois, le charbon, toutes les provisions qui exigent la fraîcheur des terres pour leur conservation.

On trouvera au plan du rez-de-chaussée les caisses publiques, la comptabilité, les salles où Thémis rend la justice, celles où s'assemblent les dispensateurs des intérêts nationaux: on y verra les fourneaux du chimiste, les plantes conservatrices de l'espèce humaine; les mortiers fatigués recevront les sucs bienfaisants, et les échos répercuteront leurs sons dans de vastes voûtes.

On y rencontrera la surveillance qui assure le repos, les réservoirs qui distribuent l'abondance, des eaux profusément réparties pour servir la précaution. Eh bien! quel profit l'art peut-il faire de cette fastueuse analyse? Le voici :

Il verra que l'on crie aux miracles dans tous les évènements qui se succèdent; que l'on s'entoure du merveilleux pour inspirer les hommes qui ne voyent dans un édifice isolé du grand théâtre, qu'une conception triviale qui ne doit pas marquer; il verra que de tous temps la nouveauté eut des charmes que l'esprit du moment accueille; que l'ascendant des attractions contribue à élever les pensées par la tradition, par les différents traits qui associent l'artiste aux évènements dont il profite pour autoriser ses élans.

Il verra enfin qu'elles passent un jour en point de doctrine pour étendre les progrès des connoissances et du savoir faire; il verra tout ce que l'art auroit pu gagner si les Architectes avoient stimulé le principe, depuis qu'il existe des conquérants, des hommes superstitieux, depuis que tant de têtes célèbres sont enfouies dans les terres.

Que de compagnies ont compromis des millions pour construire des usines, loger des commis! Que de germes, ensevelis par l'insouciance de ces coupables spéculateurs, se seroient développés! de combien de productions l'art timide auroit enrichi son répertoire!

PLANS

DES PREMIER ET SECOND ÉTAGES

DE LA

MAISON DU DIRECTEUR.

(Planches 58 et 59.)

Voulez-vous avoir des idées justes? pensez par vous même. Voulez-vous être grand dans tous les genres? affranchissez vous des entraves qui gênent l'expression du sentiment dans les arts. Brisez les chaines qui les asservissent; percez le nuage qui couvre les vérités premières, pour remonter au principe.

Toutes les nations s'accordent sur un seul point; toutes reconnoissent l'existence d'un Dieu rémunérateur qui remplit l'univers. Ici l'objet principal est le culte concentré, pour avoir à sa proximité tous les objets d'habitation. Comme les cultes ont pour but de célébrer la puissance, si le génie varie sur les moyens que la nature lui a donnés de reconnoître ses obligations, il contribue à élever l'ame du spectateur dans les circonstances qui en paroissent le moins susceptibles.

Ici trente marches, largement espacées et d'un usage facile, conduisent à un palier commun; trente gradins plus élevés occupent la largeur totale et montent au sanctuaire révéré où repose l'Être suprême; c'est-là que les fidèles, prosternés, invoquent le matin ses bienfaits; c'est-là où la fin du jour reçoit les tendres expressions de la plus vive reconnoissance. Les appartements d'habitation entourent ce centre religieux où les intérêts divers se dépouillent des accessoires qui entretiennent la crédulité des peuples, pour concevoir la haute idée qu'ils doivent se former d'un être invisible qui les comble de ses faveurs.

Deux escaliers isolent les communications des ouvriers, et séparent de l'objet principal les distributions relatives au service du directeur, des traitants, des commissaires. Le temple monte de fond et comprend le second étage habité; la tribune particulière est en face, les autres sont ouvertes sur les galleries qui dégagent, par deux escaliers, les logements des médecins, apothicaires, inspecteurs-généraux et particuliers.

L'artiste qui remplit les besoins du moment, qui prévoit ceux de l'avenir, effraie le pouvoir limité des administrateurs, intimide la cupidité des sociétés intéressées; quand il distribue, on conduit sa main, on resserre les branches de son compas. Quand on habite les édifices, on voudroit en vain les étendre, souvent la superficie est insuffisante aux besoins. La parcimonie précoce et mal entendue devient coûteuse; elle produit des imperfections et nécessairement des épisodes disparates qui défigurent les premières pensées. Quand la raison est comprimée, la force est le souverain, le temps le détrône et les obstacles l'enflamment par la résistance; c'est en vain que les célestes flambeaux du génie l'éclairent, semblable au volcan qui vomit sa fumée et concentre ses feux dans les amalgames sulfurés de la terre, l'explosion ne produit rien.

L'industrie qui conçoit un grand établissement veut semer pour recueillir; elle pousse en peu de temps des racines profondes et prend des accroissements rapides; l'espoir du gain les développe et les étend graduellement à l'infini.

L'artiste sans expérience est entraîné, il est séduit; il veut captiver les suffrages, assurer ses succès; il cède au génie dépréciateur qui met sa prévoyance en défaut. On ne tarde pas à lui reprocher les complaisances surprises à sa foiblesse, et comme celui qui commande ou qui paie est toujours le plus fort, il use impitoyablement de ce droit qui blesse toute transaction libre, pour s'applaudir des motifs mesquins qui dirigent ses vues rétrécies.

La discussion s'oublie ou s'ignore, le monument reste et on livre à la censure celui qui a été froissé entre ces volontés divergentes. Je sais ce qu'il en coûte à l'art pour ces complaisances coupables qui compromettent ses intérêts; je sais ce qu'il en coûte à l'homme pour se défendre des impérities couvertes du voile de la toute-puissance. Croyez moi, dans un édifice important, plutôt vingt pièces de plus qu'une de moins, telle est la marche la plus commune de ceux qui lient les traités particuliers avec la fortune publique. Ils dirigent l'opinion, ils la font tourner sur son pivot mobile au gré de leur intérêt; ils déprécient les opérations les mieux concertées de ceux qui les ont précédés; les successeurs appuient, consolident le principe, et dans la vague tortueuse de l'intrigue, jettent la balle à celui qui est assez adroit pour la recevoir, assez habile pour la renvoyer.

C'est ainsi que la médiocrité gouverne; c'est ainsi qu'elle triomphe des connoissances solides dirigées par des intentions pures, des connoissances exactes que l'expérience a muries.

VUE PERSPECTIVE

DE LA MAISON DU DIRECTEUR.

(Planche 60.)

Il n'en est pas des monuments que nous voyons comme des vertus héroïques que l'on admire; la tradition ne les sauve pas des incertitudes ou des délires du temps : la postérité les juge. On voit dans Tacite jusques aux moindres particularités qui caractérisent le génie des Romains; un mélange bizarre de fureurs, de sagesse, des passions ambitieuses qui produisent les mêmes effets que les vertus quand le succès les couronne. Ce qui nous reste du temple des géants n'est point équivoque; les colonnes ont cent pieds; l'histoire transmet leur diamètre aux siècles reculés. L'élévation qui se présente à vos yeux porte l'empreinte d'un caractère décidé (1). Si elle n'a pas les nuances qui disparoissent sous les charmes arrondis des grâces, elle a dans ses détails une expression que rien ne peut altérer.

Le point de vue appelle les tourbillons, et les vapeurs condensées s'assemblent autour de l'objet principal, pour assujettir à son imposante attitude, à sa domination, les bâtiments de côté.

Le couronnement, dans sa contenance altière, ordonne à tout ce qui l'approche, de baisser la tête. Les assises carrées et rondes des colonnes épouvantées par la distance, reculent et produisent des ombres tranchantes, des effets piquants; ces combinaisons de l'art changent les contrastes à mesure que le soleil s'étend dans sa course méthodique.

Tel est le fruit de l'indépendance; elle déploie les valeurs du site, les identifie aux calculs de la variété. Trop longtemps égarée, ici elle revient de son insouciance, et met en action un principe que le sol fait naître. C'est elle qui va accumuler vos plaisirs. Voyez ce que vous lui devez! Sans ses prodigalités, le printemps seroit dépouillé de ses ornements; l'été languiroit; l'automne, sans maturité, seroit infructueux, et le triste hyver sans gaieté. Sans elle enfin, l'Architecture, qui lui doit son lustre, nous priveroit de ses plus douces jouissances; mais..... craignez l'abus, il est l'enfant gâté du précepte; il peut engendrer la bizarrerie.

Ce qui convient à la décoration d'une usine, aux avant-piliers d'une ville (2), ne s'accorde pas toujours avec la sévérité qui accompagne la haute Architecture. La proportion d'une colonne, la pureté de ses contours, présentent tant d'intérêts divers, qu'il y a peu de circonstances où l'on puisse dénaturer ses agréments. Au surplus, comme tout est subordonné à la place, quand on est assujetti à des hauteurs données, quand le point de vue est trop éloigné, quand il exige un ordre colossal qu'on ne peut employer, quand les édifices particuliers dictent des mesures impératives, c'est alors qu'il faut resserrer le tableau dans le cadre qui lui convient, afin d'éviter les pertes, qui décomposent les appréciations les mieux senties, les mieux concertées (3).

(1) Le point de vue est à soixante toises.
(2) Les Propylées.
(3) Voyez la maison de Mad. Thélusson, tome troisième; les Jardins de Zéphyr et Flore, tome quatrième; on a employé ces moyens avec succès.

ÉLÉVATION

DE LA MAISON DU DIRECTEUR.

(Planche 61.)

Quand une pensée est conforme à la situation, si elle est bien appliquée au sujet, que la dépense soit plus ou moins étendue, elle n'en excite pas moins la surprise : elle comprime ou dilate les esprits; elle en impose, inspire le respect; elle étonne, remue nos sens, et ramène au sentiment appréciateur et délicat qui l'a dictée. Si elle s'éloigne des convenances, n'a pas pour baze le point de vue, elle nous égare.

L'édifice que vous voyez domine des bâtiments qui lui sont subordonnés par la hauteur et la simplicité. Le couronnement produit une masse qui contribue à le faire *pyramider*. Elle est aussi nécessaire dans les grands espaces, qu'elle l'est peu dans les situations limitées. Celle-ci est dévorée par l'immensité. Les fonds ne sont appuyés par aucun contraste, et le vallon, adouci par la nature, n'est terminé par aucun de ces effets gigantesques qui sont assez communs en Franche-Comté. Toute puissance est foible si elle n'est pas couronnée; qu'est-ce qu'un corps sans la tête?

Le point de vue est à soixante toises. On sait que tous les corps diminuent et s'effilent aux yeux à mesure que l'on s'éloigne; ils perdent leur proportion. Les ordres les plus courts ne sont pas à l'abri de cette décomposition; les plus élégants sont absorbés; les dimensions colossales ne peuvent guère être employées dans les habitations particulières, à cause des étages et des croisées multipliées. On peut encore moins les placer sur les seconds plans d'une grande conception, quand on les a déjà vus sur le premier (1); ce seroit une contradiction dans les effets. Que faire dans ce cas? Il faut composer avec la place, et obtenir d'elle le caractère qui lui appartient au sujet, à la position; toutes les formes que l'on décrit d'un seul trait de compas, sont avouées par le goût. Le cercle, le carré, voilà les lettres alphabétiques que les auteurs emploient dans la texture des meilleurs ouvrages. On en fait des poëmes épiques, des élégies; on chante les dieux, on célèbre les bergers; on élève des temples à la Valeur, à la Force, à la Volupté; on construit des maisons, et les édifices les plus ignorés de l'ordre social. Dans une usine, des piliers ronds et carrés, des colonnes construites avec ces assises combinées, semblent être plus convenables qu'aucun des ordres connus. Les saillies produisent des ombres piquantes; c'est un moyen de substituer des forces à la foiblesse produite par l'éloignement.

Je dis plus, l'orgueilleuse Architecture eût dédaigné la place : l'élégante auroit encore été moins convenable. Tel est le pouvoir des formes qui commandent aux distances. Si les notions pratiques ne peuvent le garantir des abstractions qui l'égarent, l'imagination s'entoure des puissances qui le maintiennent. J'entends le professeur, circonscrit dans les cinq ordres, crier après l'abus : il ouvre son perplexe rudiment, en retourne toutes les feuilles; il ne voit rien dans ces points donnés qui justifie l'écart. Les règles de la grammaire sont violées, tout est perdu; des colonnes angulaires; a-t-on jamais rien vu d'aussi ridicule? Le point de doctrine attaqué, défend ses remparts : il a beau afficher ses manifestes insignifiants; il tonne par-tout; les éclats de son tonnerre frappent les murs rétifs du Gymnase, et tombent sans les endommager.

(1) Voyez la porte d'entrée, planche 35.

Le régent épouvanté avoit bien quelque raison, c'étoient les premiers poids qui surchargeoient le sol élégant de la France. Les sens commandés par ces jolies palmettes, ces légères toiles d'araignées, ces contours ingénieusement tourmentés, ces petits ordres employés dans les temples, les palais des rois, des grands en étoient révoltés. De tels exemples n'étoient pas sans danger, nos aréopagistes en murmuroient; ces frêlons éparpillés fatiguoient de leurs bourdonnemens les administrations toujours alignées à la règle de la conviction; et pour niveler l'opinion, appuyer une résolution vacillante, vouloient impitoyablement mutiler les angles, arrondir les contours, et revenir aux formes cylindriques, auxquelles les yeux étoient accoutumés. On avoit beau citer à l'appui un temple d'Esculape, connu dans Rome antique; Inigo Jones, et d'autres Architectes qui ont employé de petits ordres à bossages, sans pourtant avoir les mêmes motifs, tous les efforts de la persuasion venoient se rompre sur l'ascendant irrésistible de l'habitude.

Telle est la lutte qui s'engage entre Marsyas et Apollon. Le premier parcourt un cercle usé; il pousse des sons langoureux qui fatiguent les échos de l'éclat prolongé de la finale, et le juge ne s'apperçoit pas que sa tête prend d'elle-même des formes additionnelles qui caractérisent son insuffisance. Au lieu de développer les penchans de la jeunesse, on l'entrave, on la décourage. On expose à ses yeux fascinés le Parthénon, l'Odéon, les temples découverts où brûloient les victimes, les vestiges mutilés de Babylone et de Memphis; on ne lui donne aucune idée des usines, des bâtimens d'exploitation, d'habitation de ces peuples. On ne lui indique pas même les moyens d'adapter leurs décorations à nos usages. Ces enfans, nourris par l'uniformité, ont la vue si longue qu'ils n'apperçoivent pas ce qui est à leur portée. Quand ils ont franchi les montagnes, faut-il les descendre? ils ne découvrent dans la plaine que de vastes déserts, et les aquilons fougueux fatiguent leur visière éblouie par une aride poussière qui la dessèche.

Ne vaudroit-il pas mieux greffer ces tendres rejettons sur les arbres hâtifs qui produisent des fruits utiles au grand nombre? Ne vaudroit-il pas mieux leur démontrer que l'on ne peut tirer parti des connoissances scientifiques des compilateurs, qu'autant que l'on remonte au principe, qu'on établit des nuances adaptées aux situations?

Si l'amour-propre est le fils imparfait du père qui perfectionne le mouvement, la force des convenances qui s'isole pour resserrer l'étendue de son domaine, recule pour des siècles les merveilles de la création inventive. Ne vaudroit-il pas mieux leur dire : Inventez pour les places, et comme elles sont toutes aussi dissemblables que les besoins, vous obtiendrez la variété, qui est le sceau du génie?

Vaines espérances! le merveilleux a ses poisons, et l'illusion presse la foule des intérêts divers. Pourquoi entretenir, à grands frais, des ressorts immobiles? déranger la ligne impulsive de la nature qui mène plus sûrement au but? Pourquoi la pusillanimité entoure-t-elle sans cesse la jeunesse de défiances, de respects, inconsidérément transmis pour quelques productions privilégiées? Le voici :

On voit des hommes qui vivent de reflets, s'entourer de leurs foiblesses, prêcher le ton du jour, l'asservir, et remplir leurs cahiers hebdomadaires de phrases rebattues pour déterminer le choix d'une mesure partielle ou disparate. On voit la minutieuse méthode extraire l'esprit d'une feuille, couper un œuf pour y voir un ove (1). Les années se passent en détails futiles; on oublie l'objet principal.

L'insouciant, qui craint de compromettre ses jouissances paisibles, encense fraternellement l'idole pour s'identifier avec la force d'inertie du grand nombre. Semblable au timide enfant quand il quitte la main qui dirige ses pas, il chancelle, s'appuie sur tout ce qu'il rencontre, s'effraie au moindre bruit, tombe, se relève, abandonne ses forces aux lizières; il n'ose de lui-même s'assurer une marche certaine. Quels sont les résultats de cet abusif itinéraire? L'adolescence

---

(1) Ornement d'Architecture.

DE C. N. LEDOUX.

disparoît, la jeunesse commence; les éléments de l'art se confondent, et cèdent au torrent impérieux des affaires. On n'étudie plus; les esprits s'émoussent sur les difficultés; on éprouve des regrets infructueux et tardifs; on étale aux yeux une pratique commune; le temps fuit et ne se replie pas sur un vol abandonné pour réparer les torts et les délits du goût.

Voilà ce qui enfante tous les monstres en Architecture, et les amphibies que nous voyons; les édifices qui s'effacent par les vapeurs accumulées de l'atmosphère, ne sont avortés que par la méthode trop resserrée des précepteurs modernes. En donnant des loix générales, ils ont laissé l'application vague aux élèves, et ont trop circonscrit les maîtres.

Telles sont les combinaisons de l'art; elles assemblent tout ce qu'il y a de divin; c'est un accord mutuel et indépendant qui saisit les affections de l'ame; c'est un penchant irrésistible vers le beau; il est si bien concerté que les dieux n'ont rien donné aux hommes de plus parfait.

Les Architectes étudient en Italie les différens monumens qui leur servent de guide; au lieu de remonter au principe de toutes choses dans l'exercice de leurs connoissances acquises, ils copient les défauts des ordres élevés les uns sur les autres; ils les emploient indistinctement dans toutes les positions.

A travers les nuages qui couvrent un beau jour, on voit des plans très-intéressans, des masses bien disposées; nous en connoissons qui gagneroient à être dépouillées de leur enveloppe, et qui honoreront à jamais les seizième et dix-septième siècles; cependant, il faut en convenir, que de réputations usurpées disparoîtront un jour! On peut en imposer par l'étendue des surfaces et les grandes lignes dictées par des besoins multipliés, mais le prestige disparoît quand le scrupule l'éclaire. Par exemple, on voit à Versailles, du côté des jardins, un plan largement conçu, des avant-corps qui portent des ombres très-prolongées sur les arrière-corps, des escaliers magnifiques dont l'œil a peine à mesurer la fière attitude. Cette disposition agrandit l'ame et transporte nos sens.

Eh bien! pour couvrir ces nuds savans, ces combinaisons qui honorent l'art, que voit-on? Des colonnes accouplées, de petits ordres les uns sur les autres qui se perdent dans l'espace de deux cents toises; de mauvais profils, des ornemens lourds et multipliés, des reliefs, des figures destructives de toute proportion, des balcons que nos petites maisons de campagne, que nos hôtelleries bien ordonnées dédaigneroient.

Le palais des Tuileries offre une partie de ces inconvéniens, mais l'exécution en est pure.

Nos temples, pour la plupart, présentent une collection de tous les ordres connus. Ces encyclopédiques productions atteignent la nue: par-tout on voudroit employer le bélier d'Archimède pour faire tomber sous ses coups la muraille opposée; vains efforts! La rue a trente pieds; c'est une loi du pays, on ne peut l'enfreindre : il faut fatiguer ses orteils, s'élever, torturer le cou, renverser le globe de l'œil pour mesurer au sommet le simulacre du culte que l'on rend au-dedans.

Ici la tortue se traîne à pas lents, le ciel change, l'aurore se cache et s'endort d'un triste et long sommeil; le roi du jour arrive, les brouillards suspendus tombent, et après douze heures de gloire perdues, il va dominer à son tour. Il en est de même de l'homme de métier, de l'Architecte habile; ils ne sont pas même encore sortis du niveau apparent des planchers. Le premier les retrace par des saillies répétées (1), l'autre par des soubassemens, des colonnes, puis des colonnes, des attiques, des couronnemens, des dômes, additions modernes et trop accréditées qui écrasent souvent l'objet principal.

Qui a perpétué tous ces vices? le croiroit-on? C'est l'érudition, cette souveraine empesée à qui l'homme de peine prodigue son encens. La connoissance de tout ce qui nous a précédé, sans

---

(1) On les connoît sous la dénomination de *plintes*.

doute est nécessaire; elle fixe nos résolutions, assure nos souvenirs, mais rarement elle nous conduit à l'heureux délire qui stimule et pique l'observateur avide de nouveautés. Les corps sont composés d'érudits dans la partie isolée qu'ils ont le plus étudiée; celui qui sait le plus, celui qui sait le moins, pèse ses succès dans une balance égale; l'équilibre se rompt et favorise l'homme facile: chacun mesure son savoir sur la dépense qu'il a faite pour entretenir ses lampes.

En flattant séparément les goûts, on les prend dans leurs propres filets, et comme ils ne sortent pas du cercle qu'ils ont tracé, on les enchaîne dans la dépendance où ils tiennent ceux qui sollicitent leurs lumières. On ne citeroit pas un seul ouvrage passé au tamis de ces censeurs désintéressés, amis par excellence du bien public, qui ait triomphé des passions ou de l'ignorance des temps; on pourroit en compter beaucoup qui ont devancé les préjugés, les ont subjugués, ont mérité l'estime de nos voisins, et qui n'auroient pas été approuvés par eux. Ce qui sort des rangs est d'autant plus rare, que l'amour-propre en secret révolté, ne permet pas d'isolement; la médiocrité s'en offense, elle soulève l'opinion, la suspend, et souvent la corrompt. Rien ne peut dédommager de cette lutte inégale, que la consolation des années qui se succèdent et dégagent la lumière de ce qui pourroit retarder son activité. Pradon obtient les applaudissements d'un jour, et Racine, sifflé, acquiert l'immortalité.

La multitude a beau faire, plus on met d'entraves au génie, plus on l'irrite; c'est un torrent impétueux qui renverse tout ce qui le gène; c'est un présent des dieux, jetté sur la terre, le saisit qui peut; tout ce qu'il conçoit prend des formes nouvelles et s'embellit sous son empire: il donne aux hommes des jouissances dont ils seroient privés sans lui; c'est le confident de la nature, la gaze de la prude tombe à son aspect; il franchit tous les espaces, et dans ses productions on reconnoît l'indépendance qui le décèle, soit pour la pensée, soit pour l'exécution.

C'étoit marcher à grands pas que d'accorder l'harmonie commune avec les sons discordants qui fatiguent les oreilles; mais on n'avoit pas tout fait: plus on obtient, plus on desire; la moitié de la pensée sollicitoit l'autre moitié. Il falloit des corps saillants, des colonnes isolées: le temps prépare ce qu'en vain la faveur du moment voudroit précipiter.

On fait des sacrifices; on marche entre les écueils et les succès; on transige. Ce n'est pas la première fois que la persévérance envahit la place de la raison et rendit les services que l'on pouvoit attendre d'elle (1). On étoit bien loin de croire alors qu'ayant allumé un flambeau trente ans d'avance, sa flamme conservée éclaireroit un jour les monuments fastueux (2) qui précèdent le palais des rois, annoncent sa magnificence; on étoit bien loin de croire qu'elle confirmeroit les principes dont nous venons de rendre compte.

---

(1) On obtient un péristyle. Voyez la perspective, planche 60. L'architrave de la corniche est d'un seul morceau, et les joints sont placés perpendiculairement à l'axe des colonnes, pour éviter l'emploi dangereux des fers.
(2) Les Propylées des côtes de la Manche.

ÉLÉVATION LATÉRALE

DE LA MAISON DU DIRECTEUR.

(Planche 62.)

Platon, dans son Timée, rapporte que Solon voyageant en Egypte, trouva une autre Athènes, trouva des monuments authentiques qui font remonter sa fondation à neuf mille ans avant le déluge universel. De tous temps on courut pour atteindre le merveilleux : les origines se confondent avec le temps et se falsifient.

Les artistes, peu satisfaits des moyens que la nature indique, cherchent hors d'elle un mérite illusoire pour déguiser leur foiblesse et flatter celle qu'ils veulent asservir. Ils suspendent arbitrairement les siècles, les connoissances qui ont fait valoir ceux qui les ont précédés; ils introduisent ce qui paroît convenir au temps où ils vivent, pour flatter les délires de la multitude qu'ils abusent; ils compilent les erreurs de l'antiquité, afin d'accréditer les autorités sur lesquelles ils s'appuient. Souvent ils ne sont pas plus avancés au bout de deux mille ans qu'on ne l'étoit auparavant; d'où il résulte que quand une partie de l'art prend quelque consistance, l'autre est si près de l'instant fatal qui la détruit, que l'on a peine à distinguer la décadence, du plus haut degré d'élévation.

Qu'arrive-t-il? Un Architecte a un monument à construire; veut-il s'éloigner de la manière usitée qui accumule les faveurs du moment; veut-il percer le nuage administratif qui enveloppe l'impuissance protégée? il est repoussé, souvent il est humilié. Si on l'écoute, accolé à la roue du hazard, elle tourne au gré d'une transaction inespérée ou d'un acte extorqué à l'insouciance ou soustrait à l'intrigue (1).

Entrons dans quelques détails. Qu'est-ce qu'un pilastre? C'est un pied-droit en tout sens, qui fait une fonction avouée par la nécessité.

Il ne faut pas de raisonnement pour prouver qu'une forme s'accorde avec les règles de l'art, quand elle est entière; il en faut encore moins pour démontrer qu'elle est solide, et qu'elle convient aux édifices exposés aux intempéries dévoratrices.

Dans le principe sa mâle contenance supportoit les fardeaux d'une plate-bande appuyée sur la colonne; il étoit isolé; on pouvoit l'examiner de tous côtés; il avoit la sévérité sourcilleuse des lignes décidées; depuis on a déguisé son origine : les anciens l'ont figuré aux angles de leurs édifices. Eh! pourquoi?

Des peuples modernes, avares des ombres qui produisent les effets décidés, ont fait sortir des murs la sixième partie de leur épaisseur. Quelques édifices construits sous le Bas-Empire, sont

---

(1) Cette élévation offre une ordonnance sévère, un avant-corps de pilastres carrés; des bossages additionnels aux nuds. L'entablement est ferme, la moulure est rare; le couronnement appelle le nuage pour se lier avec lui. On y voit des arcs soutenus par des colonnes qui multiplient leurs forces pour augmenter le diamètre et subvenir à la perte qu'elles éprouvent quand on les apperçoit au point de distance.

marqués de ce sceau réprobateur; on a suivi l'exemple. Le prestige disparut sous le compas des Architectes puristes; il reparut avec éclat sous l'ascendant des réputations éphémères. Ces surfaces dégénérées reprirent faveur dans les plaines de Palmyre : en fouillant les ruines qui les déroboient aux yeux depuis longtemps, on a corrompu le goût. Ainsi les terribles vents du nord et de l'orient s'elèvent du sommet des montagnes; les arbres des forêts sont ébranlés; les rameaux fléchissent, sont brisés, les troncs rompus, les racines extirpées; l'art enfin, contemporain du monde, sollicite un nouvel éclat.

Par-tout on les employa pour célébrer les dieux du second ordre. A Rome, à Paris, à Londres, on s'en servit pour célébrer des triomphes, décorer les maisons des ministres, des particuliers; on accoupla ces amphibies. Qu'ont-ils engendré? Des monstres.

Voilà comment l'erreur se perpétue de siècles en siècles, en prenant les fausses couleurs du jour. Louis XIV appelle fastueusement les conseils du Bernin, et la lumière dont il s'entoure, n'en préserve pas le Louvre.

L'exemple enchaîne toutes les puissances; les grands flattent les goûts du souverain, et les petits l'imitent. En vain l'Architecte créateur propose, celui qui veille aux portes du trésor dispose. La colonne blesse ses préjugés; il redoute son imposant appareil; c'est la beauté qu'il admire, elle le tient dans la dépendance du respect : il n'ose approcher. Telle est la foiblesse de l'homme qui ne se repait que de séductions qu'il applique servilement aux circonstances qui lui sont personnelles.

L'ambitieux court après les honneurs; l'avare amasse de l'or, et ses connoissances ne s'élèvent pas au-dessus du cliquetis argentin des métaux qu'il engloutit. L'amant court après la faveur idéale qui disparoît aussitôt qu'il l'a obtenue. Par-tout l'homme s'abuse; en vain l'Architecte veut l'enchaîner aux loix qui maintiennent les vérités premières; en vain il s'obstine à défendre le patrimoine du génie qui, depuis la succession ouverte du temps, laisse aux dieux de la terre, aux dieux de la mer la force préservative du carré pour limiter les possessions des empires; le principe est enveloppé sous le trait mutilé du compilateur qui le défigure.

Qu'arrive-t-il? L'Architecte puriste monte péniblement les marches qui conduisent au centre de lumière; affoiblie par le travail, sa frêle existence s'abat; fatigué par les passions dirigées contre son énergie, il expire sur les derniers degrés du temple de Mémoire, et ses efforts se brisent sur son impuissance. C'est ainsi que l'on fait reculer les siècles sous les coups redoublés du bélier lancé par l'habitude; c'est ainsi que tout cède à la force d'inertie; les hommes, les choses, le travail, tout n'est plus qu'illusion; la vie elle-même n'est-elle pas une illusion? n'est-elle pas l'image anticipée du néant, puisqu'après elle, il ne reste à la plupart des artistes que le regret de l'avoir mal employée? Quand on se plonge dans la profondeur de ces abimes qui confondent les provocations idéales avec les jouissances réelles, comment peut-on donner faveur à des surfaces imparfaites? comment peut-on négliger celles qui produisent des ombres caractéristiques? Rectitude sociale! la force de ta morale est là; elle s'explique aux yeux de la multitude qui compare, raisonne et s'empreint du caractère que les formes décidées suggèrent. Menésiclès (1), dans sa proportion, n'a rien à redouter de la distance; Alcide (2), prononcé dans ses muscles, inspire le courage; Homère, l'Atlas de la poésie, soulève l'expression; la trempe de l'ame dans ses affections, n'est jamais équivoque; si elle pouvoit l'être, le trait carré que vous voyez la rappelleroit à ses combinaisons impérieuses; il est si fort qu'il supporteroit le monde : pourquoi ceux qui le gouvernent ne l'auroient-ils pas?

(1) Voyez les Propylées.
(2) Vient d'αλκη, force.

COUPE

DE LA MAISON DU DIRECTEUR,

SUR LA LONGUEUR.

(Planche 63.)

L'artiste languit de bonne heure quand il n'a que des idées inculquées; il passe en point de doctrine ce qui s'éloigne le plus du vrai, et si par hazard son éducation le dégage de l'entrave qui le retient, ce n'est que pour l'entourer du merveilleux, plus dangereux encore pour l'avancement de l'art. Quand il est parvenu à la perfection, quand il pourroit l'étendre, c'est le moment où il touche à la corruption qui la défigure. Voulez-vous juger de la valeur des hommes, des choses? Voulez-vous juger un conquérant, un philosophe, un artiste, un bon ouvrage, une pensée sublime? transportez vous chez les nations voisines, elles sont dépouillées des passions, des intérêts mensongers, des habitudes. Ce que nous ne voyons pas peut nous en imposer par la tradition; cependant plus les faits s'éloignent, plus ils paroissent extraordinaires, mieux on les juge. On nous fait voir comme des géants les Spartiates, les Carthaginois, les Athéniens, les Romains; lorsqu'on les juge sans enthousiasme, qu'ils sont loin d'être ce qu'ils paroissent! Tel est l'effet des verres accumulés, ils grossissent ou diminuent l'objet : il n'y a qu'un point pour bien voir.

Ces idées, sans cesse rebattues, nous ont enivrés; leurs auteurs ont trompé les siècles. D'où vient la faute? Des écoles, des historiens, et sur-tout des rhéteurs.

Pensez-vous que les discours de Démosthènes, de Salluste, de Tite-Live, de Paterculus, de Diodore de Sicile, que l'on explique dans nos classes, soient contenus dans le cercle étroit qui retrace les faits? Pensez-vous qu'ils aient été prononcés par les peuples et les héros qu'ils vantent? Pensez-vous que Quint-Curce, adulateur dévoué au vainqueur de l'Asie, soit bien exact sur les traits que nous admirons? Il n'en est rien. Quand on connoît leurs vices on peut douter de leurs vertus.

Pour vous tromper, ces falsificateurs intéressés ont représenté les hommes tels qu'ils devoient être et non pas tels qu'ils étoient, tandis que la fragile humanité fut de tout temps ce qu'elle est. A Dieu ne plaise que je confonde les véritables sages avec les philosophes corrompus qui font la honte des siècles; l'art de faire valoir les choses les plus éloignées de la morale et de la religion, leur tient lieu de mérite, et propage des réputations qu'ils n'auroient jamais obtenues si leurs opinions erronées n'eussent flatté les passions.

L'habitude est si puissante en tout, qu'elle dérange même les aspects sous lesquels on doit appercevoir la divinité, comme si on pouvoit la représenter sans l'offenser. Rome a autant de dieux que d'habitants; devenue la maîtresse du monde, elle admet les religions de tous les pays, elle élève au même rang les vices et les affections de l'ame.

L'ARCHITECTURE

Les cultes varient à l'infini ; les temples des Goths sont remplis de figures grossières qui sollicitent nos hommages ; la sculpture, la dorure se disputent l'ornement des temples catholiques romains. L'Italie rassemble tous les genres de collections ; elle accumule les produits de la superstition dans la chapelle de Notre-Dame de Lorette et dans la basilique de S. Pierre. Ces décorations fastueuses, servilement répétées, corrompront-elles toujours les principes ? Quand cesseront ces représentations abusives et dégénérées, qui, pour la plupart rappellent nos salles de bal ? Il est temps que la cupidité restitue les droits qu'elle a envahis, et que le philosophe, l'artiste qui voient la divinité dans tout ce qui respire, se dépouillent des pensées bizarres qui adorent un dieu sous la forme d'un bloc de marbre ou de substances fragiles et coloriées. Consultez le grand livre qui retrace les siècles et les cultes, vous verrez le Persan, ce peuple instruit par les Mages, n'élever à la divinité ni temples, ni simulacres ; il appelloit la vaste étendue des cieux Jupiter ; vous verrez les Druides placer la divinité dans les bois épais ; un feuillage sombre, des ombres mystérieuses couvrent les assistants.

Ici les traits du dieu de la clarté disparoissent ; l'autel est au centre, le jour réservé est radieux ; le ministre est seul apperçu, seul éclairé ; on croiroit que la divinité elle-même descendue des cieux occupe la place dans toute sa majesté, dans tout son éclat. Voyez l'Ancien Testament, il nous retrace les Saints lieux sur les hautes montagnes ; voyez les Chinois, les Mahométans qui reconnoissent l'unité de Dieu. Les premiers n'ont jamais entrepris de représenter le *Tien*, et leurs images placées dans leurs pagodes, ne sont que l'expression de quelque sens, de quelqu'attribut ; et quant aux partisans de l'*islamisme*, ils sont encore plus réservés ; aucune figure, aucun ornement ne décorent leurs mosquées, elles ne contiennent que des sentences morales et pieuses, faites pour honorer le nom de Dieu, nom révéré qu'ils ne prononcent qu'avec respect (1).

D'après tout ce que vous venez d'entendre vous conviendrez que l'imagination doit faire tous les frais de la décoration de nos temples ; elle est au-dessus de toutes les réalités, c'est le seul moyen d'élever la pensée de l'Architecte au niveau du sujet qu'il a à traiter. Cette puissance consolatrice à qui nous devons tant de bienfaits, est la divinité même ; elle comprend l'espace immense ; la voûte de son temple est celle des cieux ; sa demeure ne peut être construite en matières périssables ; aucun temps ne la précède, aucun temps ne peut la détruire ; elle est co-éternelle avec sa toute-puissance ; c'est une nature intelligente dont la contemplation est toute lumière ; c'est-là enfin, où l'ame trouve la source de son immortalité. Malheur à l'artiste qui ne voit que les images qui frappent le vulgaire ; s'il suit la route tracée, il perpétuera les vices dont nous venons de parler.

Que faire ? Quand on est asservi à des habitudes qui n'autorisent que des productions manuelles ; quand on est lié par des économies négatives qui excluent tout ce qui est coûteux et ne produisent rien, il est bien difficile de développer aux yeux les principes que nous venons d'établir : quels moyens peut-on employer ?

Il faut, quand on a préparé les matériaux, les élever, les cimenter sur les vérités invariables. On sait que les produits des arts sont aussi coûteux que peu durables ; s'ils ne sont pas épurés par le feu du génie, ils ravallent les idées et les fixent sur des réalités de convention et mensongères, et comme les cultes, ils sont susceptibles de révolutions. Pour être indépendant de la mutabilité des évènements que l'inconstance élève ou renverse, il ne faut employer que des moyens émanés des situations, des circonstances absolument étrangères aux inventions bizarres qui décomposent le véritable esprit.

Pour mettre en évidence ces combinaisons, ces résultats qui provoquent les ressources de l'art, il falloit annoncer les soixante marches qui conduisent à l'autel, assourdir les surfaces des murs,

---

(1) Ce respect est porté au point qu'ils ramassent tous les papiers, dans la crainte que le mot de Dieu ne puisse être dégradé par des emplois avilissants.

détruire les lumières divergentes, les accessoires qui atténuent et divisent l'impression des grandes lignes, pour inviter les fidèles au recueillement. Il falloit que tout contribuât à faire valoir l'objet principal; que la lumière qui frappe sur le sacrificateur, fût l'image de la grandeur et de la majesté suprême, que la teinte mystérieuse qui l'enveloppe représentât le néant des nations; il falloit mettre en opposition la lumière la plus vive, les rayons éblouissants du midi pour frapper sa tête et la faire briller; il falloit élever les degrés qui rappellent les hauts cieux, les hautes montagnes, et mettre entre l'homme et la divinité cette distance incommensurable que l'imagination parcourt et ne peut atteindre. Cette disposition, quoique peu importante par elle-même, peut faire éclore par la discussion, des germes susceptibles de grandes conceptions, quand l'artiste est secouru par le trésor public.

Mais comme il faudroit être Démosthènes, ou Cicéron (1) pour bien traduire Démosthènes; comme il faudroit avoir son génie pour marcher sur les mêmes traces, le lecteur sentira que tout ce que nous avons dit est au-dessous de tout ce que l'on peut dire. Il faudroit être Dieu pour donner de Dieu l'idée précise que l'on doit en avoir.

COUPE SUR LA LARGEUR.

(Planche 64.)

Elle explique les mêmes dimensions que la précédente. Le sacrificateur reçoit la lumière du midi; il est seul éclairé : les marches occupent l'espace contenu entre les murs intérieurs.

(1) On sait que Cicéron avoit traduit les œuvres de Démosthènes, et que cet ouvrage précieux s'est perdu avec tant d'autres.

PLAN, COUPE, ÉLÉVATION,

VUE PERSPECTIVE

D'UNE COUR DE SERVICE.

(Planche 65.)

Voyez la nomenclature; la distribution a été dictée par un homme à qui sa fortune ne permettoit pas de bâtir une ferme : il desiroit quelques chambres pour lui, des logements de domestiques, et vouloit que le service se fît à couvert : on a observé des airs passant dans le rez-de-chaussée sur les quatre élévations, et de grands espaces dans le comble, qui attirent toutes les vapeurs.

PLAN

DES REMISES ET ÉCURIES DE LA DIRECTION.

ÉLÉVATION.

(Planches 66 et 67.)

Ce qui s'oppose le plus au progrès des arts et des sciences, c'est la différence que les hommes ont admise entre eux. La fortune commande, elle qui devroit obéir. Cependant la chaîne qui enlace la vie avec l'emploi de ses facultés, devroit laisser la liberté de développer les intérêts de tous. La volonté suprême d'un seul ne peut rien changer à la nature des choses; il n'est pas dans son essence que ce qui est mal obtienne les mêmes résultats que ce qui est bien.

Rarement la fortune marche avec le savoir; elle néglige tout ce qui s'éloigne de ses puissances personnelles. Insouciante au milieu des fadeurs qu'on lui prodigue, elle s'abandonne au plaisir de céder, plutôt que de s'exposer à la peine de résister. Elle confie à l'indolente habitude tous les genres d'intérêts, et si le mode n'a rien de piquant pour l'artiste que l'on consulte, il obéit à l'impulsion, et suit la route tracée. Qu'arrive-t-il? On construit les habitations de la gent animale avec autant de négligence que l'on en met à la plantation de nos parcs. Quelque chose que l'on fasse, on est sûr d'être à l'abri du reproche; le langage des premiers est muet, et ne peut se faire entendre; les autres en offrant aux yeux des fleurs, des fruits, du verd, des eaux, plaisent assez généralement; cependant consultez le grand livre de la nature; consultez les hommes instruits, vous verrez qu'ils n'ont pas dédaigné d'éclairer la portion négligée de la société, les habitants des campagnes : lisez Columelle, lisez Pline, ils descendent jusque dans les plus petits détails de l'instruction, passent leur vie à l'étude de ceux qui paroissent minutieux.

Croit-on, par exemple, que celui qui chante les bergers vaille moins que celui qui célèbre les dieux ? Les vérités utiles toujours placées au premier rang, ne dépendent pas de ces modifications que la flatterie fait valoir dans ses préludes, et que l'erreur intéressée du moment encense ; croyez moi, tout est susceptible d'intérêt, de recherches; tout s'embellit sous les traits du peintre appréciateur de la nature; sa couleur et ses teintes, telles qu'elles soient, ne peuvent jamais être communes.

Qui n'a pas fait construire des écuries, des remises, et ne les a pas livrées à l'ouvrier qui ne voit dans l'expectative de la dépense prévue que les produits qu'il attend pour exister? Les fautes s'accumulent sur l'imprudence qui méconnoît les dangers. Tel l'aveugle, guidé par un barbet qui convoitant la subsistance qu'il apperçoit sur le bord de la rive escarpée, appuie sur la chaîne qui l'attache à son maître, est entraîné vers l'abyme.

En effet, voyez les suites fatales d'une mauvaise ordonnance : on place des greniers au-dessus des écuries, on accumule les pailles, les foins, les graines, tous les genres de fermentation; les chevaux occupent un rez-de-chaussée humide; l'air est concentré, et ses maléfices se répercutent sur les parties les plus foibles de l'animal qui exigeroit de nous des soins à raison des services qu'il rend. Eh bien! si l'imprévoyance, qui toujours marche avant l'indiscrétion et ne se replie jamais sur les désastres qu'elle prépare, laissoit enflammer les matières qui entourent le cheval, que deviendroit-il ? aucune issue ne pourroit lui offrir des moyens de délivrance; effrayé par les flammes qui le menacent, rien ne pourroit le soustraire à leur voracité : il se hérisseroit, il périroit. On compte pour rien les dangers de l'adhérence (1). Sollicitude de tous les instants, vous dormez sur le volcan! Tremblez! quel sera votre réveil! En effet, les premiers points donnés de l'ordre naturel, ce sont ceux de la conservation individuelle; comment peut-on la negliger? Et quoique la mort pour tout ce qui existe soit une nuit profonde que l'on n'aime point à percer, forcé d'avancer vers elle, l'art au lieu de l'éloigner l'accélère; au lieu de chercher la lumière qui la garantit, il semble épaissir le voile qui la couvre : qu'il est condamnable! pourquoi négliger l'exposition? Ne sait-on pas qu'il faut éviter les vents du midi, de l'occident, que ceux d'orient sont à préférer.

Rarement ce préliminaire est celui des constructions de la ville, plus rarement celui des campagnes. Je suppose que l'on s'isole; croit-on que l'usage des jours (2), que la pureté de l'air puissent être négligés? que l'accumulation des fumiers, des pailles qui entretiennent la putridité, soit indifférente? Comment se soustraire à la dureté du pavé? Personne n'ignore que le bois placé de la même manière que le grès est à préférer; le premier a plus d'élasticité, le second nécessite des répercussions dangereuses.

---

(1) Dans les villes, les cheminées, tous les feux de la maison, séparés par une brique de deux pouces, susceptible de s'échauffer, sont rassemblés dans les greniers. Le propriétaire est si près de l'incendie, qu'on ne conçoit pas comment son intérêt, celui du public ainsi concentrés, peuvent être languissants et aussi confiants.

(2) Ils doivent toujours être opposés aux rateliers, afin que l'air passant n'agisse pas immédiatement sur l'animal sans cela il excite la toux. Les trappes d'évaporation, quoique très-nécessaires, sont oubliées, cependant elles renouvellent l'air, dissipent la chaleur concentrée, augmentent la force, l'action des nerfs : il faut beaucoup de précautions pour qu'elles ne soient pas nuisibles ; le choix de leur ouverture n'est pas indifférent; celui des cazes, leur espacement rassurent contre les gaietés de l'animal.

On sait que plus la force d'un coursier est active, plus on a à redouter ses écarts imprévus (1). Telle est l'incohérence de l'art : il est libre, dit-on; il doit affranchir de la servitude tout ce qu'il conçoit. Non content des fers qu'il forge, il étend à son gré ceux qui sont soumis à sa dépendance : il use de la loi du plus fort; le croiroit-on? lui qui doit penser, agir et développer le principe qui constitue l'agilité, qui maintient l'équilibre du ressort, il condamne pendant la nuit aux chaines le coursier secourable qui lui assure sa liberté pendant le jour, s'il est obligé de fuir la persécution.

Humanité peu reconnoissante! quand sentiras-tu tout ce que tu dois au monde animal?

Ce que j'ai dit sur les précautions générales à prendre de la part de l'Architecte, peut être considéré comme un éveil, plutôt qu'une instruction. La matière entamée feroit le sujet de plusieurs volumes. Consultez la nature; consultez ceux qui l'ont étudiée, le Parfait maréchal, l'Hippiatrique, les auteurs anglais qui ont traité ce sujet avec succès.

(Planche 68.)

Cette planche présente les coupes des remises, le plan et l'élévation d'un fanal destiné à éclairer la nuit. Le premier répand ses feux sur la place publique, l'hôtel-de-ville, les cazernes qui nécessitent des lumières permanentes; le second, sur le service des cours de la saline, et des ateliers que l'intérêt de tous les instants surveille; on y voit des réservoirs d'eau douce, des eaux jaillissantes, destinées à la précaution contre les incendies, à désaltérer les chevaux des passagers, et à salubrifier l'air salin. Les décorations portent l'empreinte du sentiment outré dans les formes, et de l'ordonnance que l'on a admise dans la conception générale.

---

(1) L'usage des lanières, qui assujettit sa fougue aux mangeoires, quand il n'est pas combiné avec les mouvements irréguliers est sujet à beaucoup d'inconvénients : si la longe est trop courte elle l'inquiette, le fatigue; si elle est trop longue, elle expose à des dangers incalculables; il faut les faire disparoitre au gré des caprices du cheval, dans des coulisses souterraines.

MAISON

D'UN HOMME DE LETTRES (1).

PLAN, COUPE, ÉLÉVATION, VUE PERSPECTIVE.

(Planche 69.)

Quand on a satisfait à la distribution dictée par le besoin de ceux qu'elle intéresse, il n'est pas nécessaire que l'ordonnance extérieure ait constamment le caractère architectural que la sévérité des ordres exige. On la trouve cette ordonnance dans l'analogie des plains avec les vuides; ce qui caractérise le beau est commun aux plus petites surfaces; de grands repos grandissent la pensée et consolident la construction. Loin de nous ces détails qui la divisent sans profits pour les effets apperçus de loin.

Si les murs de l'enfer sont d'airain et retentissent au bruit des enclumes, si les fers qu'on y rive ne peuvent enchaîner les puissances du génie, si la proportion n'admet d'autre père que le temps courbé sous le poids des années, jugez ce que peut l'Architecte quand il puise la poésie de son sujet dans les ouvrages qui contribuent le plus à la splendeur des nations. Pour faire respirer des murs, pour méditer de nouveaux effets, il n'a pas besoin de s'enfoncer, tous les neuf cents ans, dans le tombeau de Jupiter; ils sont là, oui là..... le génie commande, et la troupe obéissante des sensations va le servir.

Que fera-t-elle? D'abord, elle invitera les Gráces à se mettre à la tête du cortège (car il faut les voir par-tout, même où elles ne seroient pas). Ces divinités, filles du Goût et de la Beauté, s'identifieront à tous les genres de productions; elles provoqueront de nouveaux élans; et si par hazard elles éprouvent quelques contradictions, la nature les mettra d'accord en les rappellant à ses combinaisons impérieuses. Que de moyens elle offre à l'imagination! des grâces! des femmes! pourquoi toujours des femmes? Ah! ne négligez pas le bienfait inspirateur; elles font naître les agréments de tous genres: si l'on n'obtient pas, comme elles, l'assurance de se faire aimer, au moins elles vous communiquent le secret de plaire.

L'Architecte n'oubliera rien de ce qui peut stimuler le feu divin qui embrâse l'homme de lettres dont il décore l'appartement; comme le despotisme du beau gouverne le monde, il en profitera pour donner au sublime idéal de ses conceptions, le luxe que l'on emprunte des accessoires; si en apparence elles renferment des écarts inadmissibles qui s'éloignent des idées reçues, il les ramènera au but qu'il s'est proposé, par les métamorphoses ingénieuses où l'on reconnoîtra l'expression dévoilée du sentiment qui les a produites.

Voyez tout ce que les goûts divers, les attractions insensibles, les vertus inculquées peuvent suggérer. Voulez-vous faire bouillonner le cerveau du poète? retracez-lui la fougueuse éloquence

---

(1) M. l'abbé Delille étoit de la société de MM. de Trudaine, Malesherbes, Turgot : on crut que la maison de l'homme de lettres ne pouvoit pas être oubliée parmi les monuments de la ville. On déroule les plans, on discute; quoi! des croisées! la maison de l'abbé Delille doit être éclairée par le haut; c'est un temple de gloire.

d'Homère, la déchirante expression de Shakespear, l'ode pompeuse d'Horace, le charme épuré de l'Enéide. Voulez-vous concentrer les affections analogues qui sollicitent les puissances de l'ame, remettez lui sous les yeux Catulle et Properce, le savant Gallus et le tendre Tibulle; la douce muse de Sapho charmera ses sens; Philétas lui donnera le style élégiaque; la gaieté, qui prolonge la vieillesse d'Anacréon, égayera ses loisirs; Chapelle, Chaulieu (1), feront disparoître le regret des jouissances perdues : sur-tout soyez avare de ces scènes lascives de Pétrone; ne salissez jamais les degrés qui montent au Parnasse par les teintes qui favorisent l'obscurité des boudoirs de nos Laïs modernes. La pudeur s'en afflige; respectons cette vertu, elle donne du prix à toutes les autres, cette vertu sans laquelle les Grâces perdent leurs droits.

Ouvrez aux moralistes les dialogues de Cicéron sur la vieillesse, l'amitié, la nature des dieux; c'est ainsi que l'on appelle du faux pour y substituer le réel; c'est ainsi que l'on fait aimer la pratique de toutes les vertus. Ouvrez à l'agriculteur les trésors de Columelle, les ouvrages et les jours d'Hésiode, les géorgiques du poëte de Mantoue, francisées par notre Virgile; mais à quoi aboutiront tous ces efforts? A quoi! Ils vous familiariseront avec les littérateurs fameux, les divins esprits qui guident mon audace; et si parmi tant d'auteurs justement admirés, il est question de l'amour des arts, d'Architecture, vous ne m'oublierez pas. Quand vous aurez assemblé, sous les formes embellies par le goût, l'instruction des siècles, vous inviterez l'harmonie du monde à perfectionner vos sensations : qui peut ignorer que l'éternel équilibre qui maintient les vérités constantes, cet équilibre enchanteur qui plaît tant à l'œil exercé, vit d'emprunt, dès l'origine du monde? En effet, si les jardins d'Eden offrent la séduisante variété des plans, si les nuances de chaque bouton qui s'épanouit mêlent leurs couleurs aux plus brillants éclats de la nature; si dans sa bienveillance, cette mère odorante leur donne cet esprit inépuisable de vie qui répand l'abondance de ses parfums ravissants; si les efforts successifs des générations laissent encore quelque chose à desirer, l'art, sentinelle vigilante, aux portes des dieux du génie, assujettira la terre aux règles immuables qui dirigent l'homme de lettres; il amollira l'aspérité des pentes pour lui apprendre que les formes gracieuses sont inséparables du sentiment qui caractérise ses productions immortelles.

L'Architecte élèvera le ton des habitations les plus communes au niveau de sa dignité; il invitera les puissances du ciel à s'identifier aux conceptions que l'usage a consacrées aux besoins journaliers; il appellera le savoir, le forcera dans ses retraites, et si le génie qui lui commande ne trouvoit pas dans sa recherche des motifs plausibles pour exciter l'utile enthousiasme et payer le tribut d'harmonie qu'il s'est imposé, c'est alors qu'il fera descendre les habitants de l'Olympe; ils occuperont des temples dédiés aux divinités qui président à la naissance, au soleil régénérateur qui sollicite les trésors de la nature prodigue; il enchaînera à ses idées tous les prestiges séducteurs qui assurent aux favoris d'Apollon les plus hautes destinées. Vous repasserez d'anciens souvenirs; vous comparerez les traces qu'ils laissent avec les affections du moment; ils développeront de nouvelles combinaisons, d'heureuses transgressions, des effets inattendus, inespérés.

Après avoir assemblé la végétation des quatre parties du globe pour lui offrir ses variétés, ses merveilles, vous consulterez les naturalistes; nouveaux tyrans de la terre, ils forceront impérieusement dans ses lenteurs périodiques, ils ordonneront aux saisons, commanderont les souffles favorables et progressifs, et faisant disparoître les glaces de l'hiver pour faire épanouir les roses et précipiter les parfums de l'ananas provoqués par les feux du midi, ils appelleront les délices du monde pour assister au réveil du chantre de la nature.

Que de biens ils préparent à la race future, dans les développements successifs des idées que ces lieux enchantés font naître. En effet, à quoi servent les trésors cachés sous la terre indifférente à leur valeur, qui les méprise? A quoi servent les mines du triste Potose, si ceux qui doivent les arracher aux ténèbres négligent leur extraction?

---

(1) On l'appelloit l'Anacréon du temps.

Quand l'Être suprême imprima au monde le mouvement universel, il n'a pas dû penser qu'il s'altéreroit; le seul être qui puisse le conserver, l'étendre et jouir du bienfait c'est l'homme; on a tout fait pour lui; il a dans sa main toutes les provocations, par l'attrait des puissances motrices et de la prévoyance divine : il a doué le poëte d'un sentiment délicat, afin qu'il pût étudier sur toutes les faces qui se présentent à lui, le bonheur et les misères. Il faut que son génie s'élève dans la sphère des beautés aériennes; qu'il contemple la sérénité du jour, les ténèbres éloquentes de la nuit; qu'il préside à la tempête, rende la nature sensible, et l'anime dans ses ouvrages; il faut que les passions se peignent dans les espaces immenses que son imagination parcourt, et qu'il trouve dans le silence des bois le moyen de faire parler les êtres inanimés.

Le stérile rocher dont l'orgueil élancé dans le nuage détache sa masse qui roule avec fracas dans la plaine, les fleuves mugissants qui se précipitent, dans leur chute extravagante, dans les syphons sonores, réveillent son oreille abstraite et préparent la variété qui découlera de ses écrits inspirateurs; il développera les germes de la terre, les richesses du commerce pour les appliquer aux arts d'agrément; des eaux abondantes donneront la vie à cent figures qui respireront sous le cizeau de nos Phidias modernes. On y verra le dieu du jour poursuivre le serpent Python; on y verra la chaste Diane, l'infortuné Actéon; on y verra les Dryades qui président à la conservation du géant des bois; on y verra tous les Sylphes qui agiteront l'air, et dont les humides vapeurs raffraîchissent les sens enivrés ou trop échauffés par le brûlant enthousiasme. Ici on égaye la scène : le scrupule mutile les forces d'Hercule pour l'acquit d'une conscience dévote; là, pour complaire au délire, on substitue aux bronzes, aux marbres, de tous temps révérés, des terres fragiles, passion déhontée du moment; le bonheur toujours inconstant change de place, les bustes favorisés de Mars sont traînés de bosquets en bosquets sur le sable mouvant, pour y substituer les chancelantes divinités des idolâtres du jour; le bon goût se gardera bien d'y attacher les lauriers flétris de Néron qui fut aussi un héros; oui, mais un héros brigand.

Telle est la nature de l'homme, il renverse, bouleverse l'ordre des conventions respectives; il croit, quelle erreur! qu'en changeant tout de place, celle qu'il occupe est la plus solide et la meilleure.

Enfin l'Architecte, s'avançant dans l'avenir, ouvrira le grand livre des éléments qui font mouvoir les ames tièdes et échauffent celles qui sont susceptibles d'élans; il donnera lui-même l'exemple. Ses édifices prendront un caractère sublime; il élaguera ces chevilles oiseuses qui pourroient altérer la pureté du style; il marchera d'un pas égal à côté du poëte qui lui frayera la route du périlleux voyage des auteurs dans le monde des esprits.

Voulez-vous réussir? voulez-vous étendre le progrès de l'Architecture? Enlacez votre savoir avec celui des poëtes, secourez vous mutuellement (1); le mécanisme des vers est à l'Architecture ce que la pensée est à la froide assise qui élève méthodiquement un grand édifice. Quand le poëte décrira le palais d'Armide ou le temple du dieu des combats, il aura des idées plus justes; l'Architecte inspiré par lui en obtiendra de plus élevées.

Il est vrai (car il faut tout dire) que les poëtes ne construiront pas les édifices, mais les Architectes feront de la poésie, et l'attraction produira des effets inespérés; si les artistes connoissoient tout le profit que l'on peut faire de ces associations fécondes! le moindre avantage qu'ils en puissent recueillir, c'est d'apprendre à quitter les règles en quittant l'école; ils feront des loix théoriques pour leurs élèves, ils les élagueront pour eux-mêmes; ils substitueront aux entraves qui resserrent le génie, l'étude des lieux qui multiplie ses pouvoirs.

---

(1) La communication des artistes avec les gens de lettres a contribué à la splendeur du siècle de Louis XIV: Molière, Lafontaine, Despréaux, étoient amis de Lebrun, de Girardon, de Mansard, de Lenôtre. Le jardin d'Auteuil, appartenant à Boileau, fut planté par ce dernier.

Croyez moi, éloignez vous de la méthode qui rétrécit les premières facultés ; marchez sur les décombres où le passé conserve pour l'avenir des trésors inépuisables. Loin de vous cet assoupissant respect que le temps semble avoir accrédité sur les abus transmis pour les propager.

SECOND PLAN

DE LA MAISON DU DIRECTEUR.

(Planche 70.)

Ils sont à-peu-près les mêmes que ceux qui ont été détaillés, planches 58 et 59.

ÉLÉVATION ET COUPE

DE LA MAISON DU DIRECTEUR.

(Planche 71.)

Ce n'est pas dans le moment où l'on écrit que l'on peut corriger le genre humain ; ce n'est pas dans le moment où l'on écrit que l'on peut établir des principes opposés aux préjugés ; le temps élève avec lenteur le temple de la vérité sur les débris amoncelés des erreurs : lui seul peut les détruire. L'homme de génie, toujours au-dessus du rang que le vulgaire lui accorde, rejette ou accueille, méprise ou estime ; toujours isolé au milieu de la foule, il est indépendant du grand nombre ; le sentiment intérieur lui suffit ; il arrache toutes les enveloppes pour découvrir les nuds et mettre en évidence les seules vérités qui surnagent et triomphent de la barbarie des temps.

Le gouvernement avoit donné aux traitans la faculté de faire des économies et les changemens qu'ils croiroient nécessaires, soit pour la distribution, soit pour la décoration. Projets médités, combinaisons avouées par l'art, déja vous fuyez : que deviendrez-vous? Celui qui paie ne connoît de véritable bien que ce qu'il épargne ; il tronque, il mutile, il n'est rien de sacré pour ses mains sacrilèges.

Cet édifice, comme nous l'avons déja dit, dominoit toutes les constructions ; le couronnement étoit pyramidal ; il étoit nécessaire, je dis plus, indispensable. On ne sait par quel ascendant les compagnies puissantes déterminent toutes les impulsions ; on ne sait comment le prestige instigateur prépare les résolutions, mais l'administration confiante ou facile, a peine à se défendre des coups qu'on lui porte. Des économies apparentes, des considérans oiseux, des fleurs usées ou flétries, semées dans un aride rapport, font pencher la balance du côté où le faux poids l'emporte; sans cesse il faut composer avec un détail mercantile : on ne donne rien pour rien. Insensibles aux réclamations qui s'accumulent à raison des pertes que l'art éprouve, ils ne traitent que par échange ; l'intérêt qui les dirige éloigne tout ce qui leur résiste, et rend l'exécution la mieux concertée impossible; c'est un vaisseau lancé sur la plaine orageuse, il est en proie à tous les vents; sans cesse il est battu par la tempête; la mer se révolte et brise les résistances; si l'aquilon favorable le ramène au port, il est démâté, dégarni de ses voiles conductrices; il a perdu ses agrès; il ne reste qu'une masse informe qui compromet la science du pilote.

O vous qui jugez les artistes! soyez indulgents; ils ne peuvent écrire sur les murs qu'ils vous laissent, tout ce qu'ils ont à desirer, toutes les difficultés qu'ils éprouvent. Ne les traitez pas plus mal que les poètes à qui l'impitoyable censure retranche les plus beaux vers. Si quelques idées transigent avec l'ignorance et les intérêts partiels; si le peintre est le maître de son cadre, de sa toile; s'il commande aux dieux, aux héros dont il retrace l'image, rien ne peut préserver l'Architecte qui confie ses destinées aux hommes, des traits qui les déchirent ou des passions qui les assiègent. L'opinion vacillante qui maitrise tout, voudroit en vain assurer ses succès; ils sont comme ceux des conquérants, toujours incertains, puisqu'ils dépendent des co-opérateurs.

Il fallut renoncer (Dieu! vous savez quel effort) à cette masse imposante et progressive qui composoit le tableau. Quel fut le prix de ces complaisances forcées? On obtint un péristyle sous le prétexte de mettre à l'abri des intempéries l'excédant des ouvriers qui ne peuvent être contenus dans la chapelle. On obtint des corps isolés, des saillies prononcées, des ombres décidées; ce n'étoit pas tout perdre. Voyez l'effet de la planche 71, elle vous convaincra qu'à la distance de soixante toises on peut mettre en principe que l'entrecolonnement doit être d'un diamètre entre les saillies des bossages; cela suppose l'ordre colossal.

ÉLÉVATION PERSPECTIVE

DE L'ÉGLISE DE CHAUX.

(Planche 72.)

Déja le dieu du jour enlève aux humains la clarté; ses flambeaux s'éteignent de toutes parts; déja le soleil, au bout de sa carrière, noye sa flamme dans les eaux, et montrant une pâle étincelle, abandonne l'horizon à sa rivale. Le croissant se place au centre des nuages condensés, et les ombres amènent les chimères de la nuit; les chênes verds, les cyprès éloquents, ces arbres prophétiques à qui le ciel impose un silence pénible, sont dans l'inaction; les fleuves de la terre confondent leurs eaux, s'entrechoquent dans leur course vagabonde : ici l'homme veut mourir comme il a vécu, il appelle les autorisations célestes pour assurer le trajet qu'il va faire; son cœur ne craint pas d'assembler la multitude pour être témoin de ses derniers aveux : le respect entoure le dernier acte religieux de sa vie, et les fidèles prosternés, à la vue de l'image suprême, versent des larmes sur le pressentiment de la destruction.

Ne semble-t-il pas que les colonnes de ce temple se resserrent pour lui prêter la sévérité du style qui lui convient? Ne semble-t-il pas que ces voûtes obscurcies par des flambeaux oscillants contrastent avec les ombres décidées qui rembrunissent les plafonds pour préparer le noir du séjour où les passions ambitieuses se perdent dans l'abîme ténébreux qui les absorbe?

Là le spectateur se perfectionne par ses propres sensations; il voit de près un bas-relief qui entoure l'édifice; il est éclairé directement. Remarquez bien que l'art ne l'a pas confondu avec les teintes obligées d'un péristyle saillant qui détruit la pureté des traits; il retrace aux yeux l'histoire des hommes les plus distingués, et force la distraction à s'appesantir sur tout. En examinant ces détails, le père peut exalter la pensée de son fils, et lui dire :

Vois-tu; Alcippe fut un artiste habile, un philosophe impassible; son cizeau impérieux arrêta les progrès du vice. Vois-tu ce soldat valeureux qui affronte le salpêtre meurtrier pour couvrir le corps du capitaine qui guida la victoire; une immense superficie rappelle dans ses contours les faits honorables d'un peuple vertueux : c'étoit un traité de morale mise en action par le Phidias de nos jours. Plus loin, des torches ardentes, des branches de cyprès portées par cent femmes enveloppées d'un ample voile, précèdent les pleurs d'une famille désolée : la charité faisoit un dernier effort. La reconnoissance restituoit des cendres à la terre reproductive, et l'espoir de l'avenir faisoit porter devant lui un trésor pour pallier les malheurs du jour.

Si Pollux a pu racheter son frère de la mort, quel est celui qui n'épuiseroit pas ses facultés pour faire revivre le sentiment qui consolida l'amour d'une amie qui a accumulé tous les degrés d'estime qui accompagnent sa mémoire? La troupe des regrets suivoit, elle étoit nombreuse.

Les heures avoient accumulé les bienfaits, et si les ténèbres de la nuit alloient les faire disparoître, c'étoit pour en remplir l'étendue des cieux qui devenoit leur domaine. La presse fouloit le petit nombre des amis, et l'apparent attachement grimaçoit la douleur. Un grand espace s'offre à ma vue : quelle lacune! quel vuide interrompt le cours des abstractions qui composent le monde. Que vois-je? Ah! c'est la reconnoissance; elle est isolée; ne diroit-on pas que tout le monde la fuit? Voyez! quoique rare, elle est prodigue du sentiment que l'on ne refuse pas quand le dernier moment rappelle les obligations passées et ne permet plus d'essayer l'avenir. Elle déchire ses draperies; ses doigts se crispent douloureusement dans ses cheveux épars; le désespoir s'empreint même sur l'indifférence.

O toi qui donnes la vie! toi qui coupes le fil des réalités, pourquoi ne le renouerois-tu pas un moment, pour avoir un témoin chez les morts d'une vertu aussi peu commune chez les vivants? Le cortége des émotions s'avance, et l'imagination abstraite commande au monde intellectuel : la nature frémit, le trouble égare toutes les têtes; quatre soldats à demi-nuds développent des bras musculeux; les jambes articulées en avant soutiennent sur un vaste bouclier le héros couronné des lauriers de Mars. Une draperie légère cache à la curiosité l'effroi des blessures, pour ne point ensanglanter le regard, et ne laisse entrevoir que la gloire acquise aux champs d'honneur.

D'un côté la musique des airs s'attriste, celle de la terre frappe des instruments tortueux dont elle provoque des sons assourdis; des chanteurs gagés par la tristesse exhalent des sons lugubres; de l'autre, les foudres du dieu des combats roulent à pas lents la frayeur, et les chaînes qui les attachent au timon s'agitent, s'entrechoquent et frottent un acier sonore qui déchire les organes. Des gazes absorbantes assujettissent les bruits de guerre qui se font entendre avec éclat dans la mêlée. Ces coups frappés à des distances calculées, font revivre la douleur, et portent dans l'ame l'expression qui rappelle les outrages du trépas.

Que de gens paieroient bien cher la reconnoissance, les regrets, si on pouvoit y mettre un prix, pour assister à leur pompe funèbre; que de gens voudroient au moins, au compte rendu de la vie, en imposer sur le bien qu'ils n'ont pas fait; que d'artistes voudroient ce jour-là fatiguer leur tombe du poids qui justifie le fantôme des réputations par des valeurs réelles que le temps ne puisse détruire. Malheur à ceux qui ne sont pas émus par les scènes attractives qui montent les ressorts de l'esprit humain, pour mettre en évidence des productions qui l'améliorent.

Cent fois malheur à ceux qui ont contracté avec l'opinion des engagements qu'ils sont obligés de rompre! la postérité est impartiale, elle ne leur pardonnera pas d'avoir abusé le présent pour s'emparer de l'avenir.

PLAN

DES SOUTERRAINS DE L'ÉGLISE DE CHAUX (1).

(Planche 73.)

Le convoi disparoît sous des antres religieux (2); les crimes qui fatiguent les enfers n'ont rien qui étonne l'homme de bien; l'ame tranquille, la contenance assurée, entouré de ses vertus, il va descendre, il ne craint pas les écarts du fleuve qui presse la rive vengeresse, rompt ses digues pour engloutir le vice qui l'approche; il sait qu'après la vie la considération le suit; il sait qu'il triomphe des cruautés de la Parque; il sait que la mort elle-même n'est point une lacune pour l'honnête homme. On le place au centre des autels, on chante des hymnes; le ministre du culte invoque la divinité; il célèbre à la tribune aux harangues, sa valeur, ses talents, sa moralité; il préconise ses hauts faits.

Huit autels secondaires, dégagés par quatre pièces placées aux angles du sanctuaire et des galeries, sont destinés aux actes civils. Les flambeaux s'éteignent successivement, et le cortège suit un chemin ténébreux qui mène au séjour dernier.

Tout le monde sait que les dépôts doivent être éloignés des villes et de tous les lieux d'habitation; la fouille des pierres, qui avoient servi à la construction des différents monuments dont nous avons déjà parlé, avoit enlevé à la culture une superficie immense. L'économie rurale sollicitoit un remblai et des produits recouvrés : quand on épuise les carrières, il faut établir des piles pour soutenir des plafonds inquiétants, établir des pentes, des chemins; il faut déterminer le cours des eaux, arrêter les syphons abondants qui se dérobent aux yeux à travers les masses. Ce dédale, dans le détour de ses surfaces, amenoit par la réunion de ses dispositions, l'idée des catacombes; trop longtemps il avoit concentré dans ses murs épais la putréfaction, les vapeurs méphitiques qui corrompent la salubrité de l'air. Brûler les corps auprès d'une forêt, pour obtenir des cendres précieuses, des souvenirs consolants; pratiquer des voûtes conservatrices, les rendre salubres par l'extinction de la chaux : voilà les moyens offerts par la nature des lieux.

L'homme né sensible est attaché à ses devoirs; des affections durables le lient essentiellement au bien; il est bon père, bon ami, bon mari; il est indulgent, secourable; il est juste; toutes ses actions justifient ses penchants. Pourquoi ne rappelleroit-on pas à la pensée la douce reconnoissance qui survit au malheur? Pourquoi ne rassembleroit-on pas les débris de ces êtres chéris qui ont partagé nos plaisirs et nos peines? On réserve des portions isolées de l'homme; on les injecte, on les embaume; on entrelace des cheveux sous toutes les formes, on les porte au doigt, au cou, au bras, on les applique sur le cœur : si on conserve des parties, qui peut empêcher de conserver le tout? Sentir, connoître, agir, aimer, voilà les facultés libres de notre ame; pourquoi les resserrer dans des bornes étroites, quand on peut les étendre? Pourquoi limiter leur

---

(1) Les plans offrent des masses contrastées qui assurent des effets pour les élévations.
(2) Voyez la coupe, planche 74.

exercice quand elles nous procurent le plaisir d'envisager le bien sous toutes les formes? Ne vaudroit-il pas mieux parer nos appartements de ces vases précieux, de ces figures qui perpétuent des vertus attractives, que d'entasser des monstres informes, que l'on fait venir à grands frais de l'Inde, et dont l'expression négative du goût s'explique toutes les fois que leur tête se meut à l'aide d'un fil illusoire? La destruction totale est si humiliante, elle répugne si fort à tout ce qui respire, qu'on ne peut douter que ces idées qui sont ensevelies depuis longtemps dans le sommeil de la léthargie morale, ne se réveillent un jour; alors la génération présente développera une nouvelle création; elle aura sous les yeux les valeurs de ses ancêtres, et leurs derniers neveux en hériteront. C'est alors que l'homme, reprenant sa dignité, sera immortel. Que de moyens l'art vous offre! jeunes artistes, enfants chéris d'Apollon; voyez ce que peut une pensée, une heure, un jour de votre temps : il n'y a pas d'évènement qui puisse enchaîner le génie; la volonté même du Dieu suprême ne peut rien changer à la nature du bien qu'il peut faire, puisqu'il n'est pas de son essence que le vice obtienne des avantages sur la vertu. Travaillez, travaillez toute votre vie pour obtenir ce jour, cette heure.

PLAN SUPÉRIEUR.

Qui ne seroit pas révolté des contradictions que l'usage a perpétuées dans les cérémonies religieuses; les uns, appellés par la cloche commune, vont à des heures marquées offrir leur reconnoissance à l'Être suprême pour tous les biens dont il les comble. Ils assistent à des sacrifices journaliers qui rappellent des souvenirs révérés de tous les siècles; ils invoquent le dieu de l'espérance. Après le gain d'une bataille, ils attachent aux voûtes du temple les drapeaux de la victoire; d'autres portent aux autels de la naissance le sentiment sublime et délicieux de l'humanité régénérée; d'autres offrent des idées douces et riantes d'une association heureuse. Après avoir attisé les feux de l'hymen, les grâces de la jeunesse se présentent à ses autels en même temps que l'on dépose, dans les antres ténébreux, des tombes fastueuses ou des tombes couvertes du manteau de la misère.

Tous ces conflits se heurtent à la même porte; l'enfance, la jeunesse, le luxe qui insulte à la pauvreté, l'âge mûr entouré de ses vertus, la vieillesse de ses respects, la destruction suivie du désespoir.

Quel spectacle! que de sentiments divers il éveille! Si dans les villes du second ordre il n'est pas très-fréquent, dans les cités nombreuses il se renouvelle à toutes les heures du jour.

Eh quoi! ces flambeaux résineux dont la noire fumée enveloppe l'ame d'affections douloureuses; ces plantes aromatiques et préservatrices de la putréfaction, peuvent-ils être mis en opposition avec ces parures qui offrent les plus douces teintes, ces guirlandes qui entrelacent les cheveux de l'innocence printannière sur le point de monter les degrés qui conduisent au temple régénérateur? Le croiroit-on? la moitié d'une porte est fermée pour ces âges heureux, et les deux battants s'ouvrent tout entiers à la destruction.

Voyez-vous les larmes versées par la douleur qui assiége la porte? La troupe éplorée se mêle avec les ris de l'enfance, les plaisirs de la jeunesse. Sans doute le respect des morts entraîne l'estime pour les vivants; le plus noble devoir de l'humanité est d'honorer les cendres de ses pères; mais pourquoi confondre la fumée de l'encensoir commun qui répand ses parfums sur le dieu du jour, avec les sombres vapeurs qui enveloppent les cérémonies funèbres.

Entendez-vous ces chants lugubres, ces voix bruyantes qui étonnent les organes de l'enfance? entendez-vous le bruit de ces instruments tortueux qui provoquent les pleurs? Quand serons-nous convaincus que le plaisir qui donne la vie, ne doit pas être confondu avec la douleur qui la voit perdre.

Autant les cérémonies sont nécessaires pour accroître les élans religieux, autant elles sont déplacées quand la cupidité ne les perpétue que pour accréditer des erreurs ou augmenter des jouissances concentrées dans les intérêts isolés de la superstition.

Sans doute les mœurs publiques exigent des fêtes illusoires; il est bon qu'elles assujettisent les préjugés utiles, il est bon qu'elles les enchaînent à la crédulité des peuples; mais quel est le moyen de les employer utilement? C'est de faire servir les passions de tous genres à perfectionner la morale; c'est de les associer à la pratique des vertus; le projet est facile sans doute, mais que d'intérêts puissants s'y opposent. L'homme mécontent est disposé à la crainte qui resserre toute action. L'homme heureux peut être reconnoissant, mais il n'est pas toujours en son pouvoir de développer l'expression du sentiment qui le domine; les plaisirs attachent le voluptueux à la vie, il craint de la perdre et ne voit rien au-delà : chacun s'isole. L'égoïsme des gouvernements a défiguré les origines au point que celui qui devroit faire le bien du grand nombre, n'opère que son avantage particulier; assemble-t-il la multitude pour consolider son existence et la conduire avec les fils insensibles qui l'asservissent, ce n'est que pour entretenir à grands frais la pyrotechnie, cet art frivole dont le brillant éclat frappe l'oreille, éblouit les yeux, disparoît et ne dit rien au cœur.

Pourquoi ne pas adapter les fêtes publiques à toutes les branches intéressantes de la génération? Les naissances, les mariages, les sépultures même présentent tant d'intérêts réunis, que l'on ne conçoit pas comment on les concentre dans l'usage tacite d'un acte civil. Tandis que l'expression publique de tous les intérêts que ces époques réveillent peut être d'une utilité générale, qui pourroit donc éloigner tant d'avantages sentis par la masse vertueuse? Le voici :

La jeunesse, entraînée par la violence des passions, déploie avec force des penchants outrés; l'exagération s'empare de ses sens, et dans son égarement, elle croit élever ses pensées si elle les fixe sur la mort d'Achille, sur le courage impétueux d'Ajax; elle dédaigne les accords mélodieux qui consacrent un délire avoué par la nature; elle donne faveur à toutes les secousses violentes qui l'agitent, la fatiguent : quelle erreur!

Croyez-vous que le son enchanteur de la lyre d'Orphée ne vaille pas mieux que le cri aigu des cymbales qui précèdent la marche du dieu meurtrier des combats? Pourquoi la gaîté ne feroit-elle pas tous les frais de ces fêtes publiques? pourquoi n'accompagneroit-elle pas les naissances, les mariages au pied des autels (1)? Peut-on donner trop d'agrément, trop d'importance aux actes sur lesquels repose le bonheur des familles?

Si le bruit attriste les sensations, si l'ame se meut par la présence de tous les genres d'intérêts qui appellent l'homme à ses devoirs; si elle s'égaye par la réunion des principes qui constituent l'ordre social, qui pourroit empêcher les particuliers de célébrer solennellement les jours heureux qui lient les destinées de l'enfance à la satisfaction de ceux qui lui donnent le jour. Hélas! si vous vouliez laisser couler les fleuves qui font éclore la fertilité, bientôt ils se répandroient dans les campagnes, bientôt ils inonderoient la terre. Le cœur de l'homme monte facilement au bien ; il n'a pas besoin de préluder pour être d'accord avec lui, c'est à l'art sublime qui fait vibrer ses cordes flexibles, à imprimer le mouvement qui lui plaît. Croit-on, par exemple, que des sons doux qui flattent l'hymen entouré d'estime, quand on le fête, puissent être entendus sans une émotion salutaire? croit-on que, dans l'ivresse qui succède à l'enfantement douloureux, ils ne produisent rien ?

Ah! si vous employiez ces délicieux provocateurs de la sensibilité, bientôt les éclats de la

---

(1) Que de naissances, que de mariages on compte chaque jour! que de moyens d'obtenir la gaîté pure qui constitue l'homme vertueux, et d'effacer ses misères !

joie romproient les digues qui arrêtent la bienfaisance; bientôt les mères, consolées de ces douleurs inséparables de la compassion qui les suit, corrigeroient le malheur. Oh! que ne peuvent les affections de l'ame quand elles sont émues? Vous verriez des mères dans le même état, et qui n'ont pas la même aisance, faire entendre les cris du mal-aise. Les secours que les positions égales stimulent, afflueroient de toutes parts; je dis plus, les dissentions, les ressentiments conservés des familles, les vengeances promises, céderoient au bonheur du jour, et l'union répandroit des bienfaits incalculables.

Quel plaisir pour les gens vertueux! Tel le lys, symbole de la pureté, épanouit son récipient doré au lever de l'aurore, pour offrir à l'essaim laborieux qui obéit à des loix invariables, le trésor de l'ambroisie qu'il pétrit dans la sérénité d'un beau jour, de même on verroit couler ici de ces doux épanchements, les sucs nourriciers qui adoucissent les maux secrets de l'humanité, tribut généreux que l'on aime à payer à la nature.

Mais si on peut faire éclore séparément tant d'avantages en divisant les motifs, pourquoi les confondre dans un seul établissement? Pourquoi? Si les dépenses sont limitées, si les besoins sont circonscrits, si la population est resserrée, au lieu d'avoir un temple isolé pour le culte, d'autres destinés aux naissances, aux mariages, à l'honneur, à la vertu, à la sépulture, on est bien obligé de circonscrire ses prodigalités, on est bien obligé de les encadrer dans une superficie donnée.

Mais alors que faut-il faire? Il faudra tellement distinguer les objets de nos vœux, qu'ils ne puissent pas être confondus; l'homme naturellement enclin au vice a besoin d'exemples qui étayent les sentiers mouvants de la vertu; dans son délire il bouleverse les éléments; en vain il multiplie la demeure de l'Immortel pour reproduire des vertus intéressées, il faut en revenir au principe; s'il y en avoit deux, ils se disputeroient l'empire du ciel.

C'est dans l'unité qu'il faut trouver tout ce que la pratique isolée semble exclure; étant plus compliquée elle est plus dispendieuse.

Entrez dans le temple dont vous voyez le plan, vous n'y rencontrerez pas cet enthousiasme mystique qui assigne des places mobiles au fanatisme religieux, mais vous y verrez les actes importants de la vie, honorés et fêtés par l'assentiment public. En mettant le pied sur la première marche, elle vous conduira insensiblement au bonheur : sur le premier pallier vous trouverez l'autel des naissances; c'est-là où la création se developpe; c'est de là qu'elle peut appercevoir la hauteur de l'Être suprême; l'homme ne peut y atteindre qu'en montant tous les degrés qui conduisent à la perfection.

L'autel destiné à la reconnoissance, éclairé par les jours qui nous associent avec le ciel, est placé au centre pour être apperçu de toutes parts; les surfaces de côté sont éteintes pour fixer le recueillement et élever la pensée : là on voit les tables de la loi dans les mains du législateur; le poëte offre sa lyre, l'Architecte ses compas, le peintre ses pinceaux, la religion ses dogmes; chacun apporte : tous offrent un motif pour exciter l'élan qui saisit la gloire. Près de là on voit l'autel de la vertu; on y arrive par les degrés de l'honneur; c'est dans ce sanctuaire où la philosophie s'épure, où elle reçoit les hommages publics, où la probité récapitule les droits acquis pendant la vie; c'est dans ce sanctuaire où sa tête brille, au gré de la renommée, du diadême précieux qu'elle se donne elle-même.

Quand on a traversé ces lieux redoutables, on arrive aux autels épurés de l'hymen. Vous faites-vous bien l'idée d'un sentiment enté sur l'amour mis à l'épreuve par trente années d'assauts réciproques de vertus? N'allez pas croire que l'on reçoit cet homme corrompu qui divorce avec l'estime, au bout de quinze ans quitte ses enfants pour salir l'amour encore une fois et épouser l'intérêt; ce monstre ne peut approcher de ces lieux, il est repoussé par l'opinion qui le précipite dans la nuit sombre et dévorante du mépris.

Mais à vous entendre, quel est donc le mortel qui pourra franchir tous les obstacles? C'est celui qui déposera les brevets de la saine morale sur les trépieds que vous voyez; c'est celui qui resserrera les nœuds durables de l'amour, et les entretiendra par la confiance; c'est celui qui montera au faite de l'ordre social, pour brûler l'encens pur et satisfaisant, résultat de la bonne éducation. Heureux qui recevra le prix de ses efforts! cent fois plus heureux qui pourra s'identifier à la divinité qu'on y révère, il n'aura pas la crainte de descendre chez les morts; il n'aura rien à redouter du ciel. Je le suppose dans sa colère; en vain il présageroit la fin d'un père de famille entouré de respect, il n'a pas le pouvoir d'effacer des souvenirs honorables; il peut punir le méchant en le signalant de la honte qui le poursuit; il peut le forcer de vivre, mais l'homme de bien, celui qui aura monté tous les degrés du temple que nous venons de décrire, quand il le fera mourir, ce sera pour le récompenser.

COUPE

DE L'EGLISE DE CHAUX.

(Planche 74.)

La coupe indique les degrés qui descendent à l'église souterraine, et ceux qui montent au sanctuaire destiné au culte.

MAISON DE CAMPAGNE,

ou

TEMPLE DE MÉMOIRE.

PLAN, COUPE, ÉLÉVATION,

VUE PERSPECTIVE.

(Planche 75.)

    Ouvrez les annales du monde, l'ambition d'une trentaine d'hommes sur la terre, a fait plus couler de sang qu'il n'en circule dans les veines de ceux qui l'habitent aujourd'hui. Ces meurtres auxquels on attache quelque gloire, sont encore moins funestes à l'humanité que la misère, le découragement et la subversion des arts, qui en est la suite indispensable. Les conquérants sont sur la terre, dans l'ordre du destin, ce que sont les volcans et les tempêtes dans l'ordre physique; ils la renouvellent après l'avoir détruite, et une armée n'est souvent qu'un rassemblement de coupables, envoyé par les dieux vengeurs pour châtier les humains.

    Voilà l'histoire des quatre parties du globe; les sciences, les arts et tout ce qui fait la gloire du monde, circulent d'un peuple à l'autre; et quand la corruption est au comble, la barbarie les soumet à ses conquêtes, la barbarie les détruit. Ces fertiles contrées de l'Asie, aujourd'hui dans l'esclavage, ont lancé les premiers rayons de l'art; l'Afrique a eu ses beaux jours; Rome a brillé du plus grand éclat, nous a transmis ses arts; des débris de la misère humaine, elle a formé ses états. Le faste architectural nous retrace encore sa coupable magnificence. On élève des colonnes pour célébrer de nombreux assassinats. Quelle erreur! Quand appellera-t-on de ces abus?

    Depuis Nembrod jusqu'au temps où nous vivons, les hommes fondent sur les peuples amollis des monuments de convention; il semble que les habitudes barbares les ayent tellement consacrés, que l'on croiroit violer les loix du mouvement, si on les suspendoit par de sages réflexions.

    Cependant ces monuments, caractères ostensibles de la vraie splendeur, doivent offrir les sensations les plus chères à notre cœur; c'est à leur immutabilité que nous devons l'expression du sentiment qui fait mouvoir les passions utiles : pourquoi ne préconiseroit-on pas la création? pourquoi ne pas la préférer aux vices destructeurs qui éteignent le germe des générations? Les femmes renouvellent le monde; le guerrier le détruit. Il y a dans le caractère des femmes, dans leur esprit, dans leurs affections, une douce analogie qui nous attache à leur char, indépendamment de toute idée de volupté. C'est aux femmes que les peuples les plus barbares sont redevables de l'adoucissement de leurs mœurs;

les premiers humains, trop féroces pour en avoir de bon gré, sont adoucis par elles; elles interposent leur puissance entre les époux, les pères, et les empêchent de s'égorger. La religion elle-même ne leur a-t-elle pas donné comme aux hommes les couronnes du martyre? Après tant d'efforts communs aux deux sexes, comment disputer au plus aimable la souveraineté du genre humain?

Un des maux qui aient le plus retardé la vérité, c'est l'abandon des premiers moments de la vie : nous recevons de l'enfance un certain fonds d'idées que nous sommes obligés d'admettre sans pouvoir les examiner; les unes sont vraies, les autres fausses; c'est à la raison parvenue à son point, de retenir ce qu'elle approuve, et de l'appuyer de motifs victorieux. Elle est le guide le plus sûr des arts, des sciences; elle est bien éloquente car elle sait prouver. Nos pères, plus justes appréciateurs des valeurs relatives qui inspirent le respect public, ne connoissoient ni les satellites de Jupiter, ni l'anneau de Saturne, mais en existe-t-il qui aient méconnu la puissance des femmes? en existe-t-il qui aient méconnu leurs vertus, puisque c'est à elles que nous devons les nôtres.

On élève des temples à la sagesse, aux vertus publiques; ne dérivent-elles pas des vertus particulières? Si la justice n'admet qu'une balance, doit-elle avoir deux mesures? Eh! pourquoi n'associeroit-on pas les femmes au culte que l'on rend aux demi-dieux, quand l'histoire de tous les temps nous sollicite à les mettre au niveau de l'homme; n'est-ce pas consacrer une ame pour servir deux corps? Pourquoi n'éleveroit-on pas des colonnes triomphales pour retracer les faits principaux qui les distinguent? Que ne gagneroient pas les mœurs publiques? Que d'actions généreuses sont confondues dans le vuide qui les soustrait aux yeux de la renommée! Tel est l'ascendant du fort sur le foible, il ne connoît les grâces que pour les profaner; et souvent la calomnie, tigre apprivoisé par le plaisir de nuire, les dévore... Que dis-je; vains efforts, c'est la rose qui se cache dans l'ombre pour parfumer au loin l'atmosphère; a-t-elle à craindre les œillets orgueilleux de l'Inde qui infectent l'air, quand le soleil du midi couvre de ses diamants les plantes du parterre? Non, sans doute; la rose est la fleur dominante; celle qui n'exhale qu'un soufle impur ne pourroit rivaliser avec elle.

En plaçant cette maison au sommet du promontoire qui termine le point de vue du parc, le père pourra dire à son fils : les vertus de votre mère sont tracées sur ces hautes colonnes, par le cizeau du sculpteur philosophe qui saisit les traits honorables qui la caractérisent; elle étoit aussi belle que vertueuse, et quoiqu'elle fût née sous la planète de Vénus, sa pureté ne fut jamais altérée, sa vertu jamais équivoque, sa piété jamais pénible. Il pourra encore lui dire : si l'art pousse quelquefois des racines amères, il produit aussi des fruits délicieux. Examinez ces marbres qui provoquent la justice du ciel. Voyez la femme de ce tyran, plus tyran que tous ceux d'Agrigente; on exige qu'elle se promène toute nue, et parcoure les rues en cet état. Forcée de céder à des ordres inhumains, qu'arrive-t-il? le respect l'entoure, et personne n'ose se mettre aux fenêtres; tel est le pouvoir de l'opinion et des mœurs, même sur les peuples imparfaitement policés; comme Dieu, il n'est contenu dans aucun espace, et cependant il remplit l'univers : on n'a pas besoin d'employer cette effrayante attitude que la peur inventa pour *terroriser* les ames timides : c'est le mouvement spontané de la multitude qui semble arrêter le soleil pour lui commander l'obscurité. Plus loin, Porcia, pour ne pas survivre à son époux, avale des charbons ardents; elle interpelle la mort, et lui dit : tu vaux mieux que la vie. Héroïque courage! que tu es sublime à contempler, mais pourroit-on te comparer au plaisir d'avoir sauvé la vie à celui qui nous l'a donnée? La poésie du sculpteur va faire revivre la tendre énergie de Sombreuil, placée entre les bourreaux et son père; son corps forme une barrière entre le glaive et le meurtre; le sentiment qui la domine leur impose; on lui rend l'auteur chéri de ses jours.

Si la résistance fait les tyrans, si la mollesse détrône les souverains vertueux, vous le voyez, il n'y a rien de foible sous l'empire des Grâces.

Jettez les yeux sur cette autre colonne; la jeune Hachette, à la tête des femmes de Beauvais, soutient seule le siège contre les Bourguignons; la Victoire marche en avant; la Renommée enfle ses clairons. Y a-t-il beaucoup d'hommes qui aient la vertu de ces femmes? Honorer les femmes après la mort, c'est leur rendre ce qu'elles nous ont prêté pendant la vie; les ériger en divinités, à l'exemple d'Aristote, c'est rendre au soleil qui vivifie le monde, un culte reconnoissant. Les hommes placés sur le grand théâtre des évènements, distribuent les rôles au gré de leur foiblesse, et quand ils ont tout au plus le droit d'occuper le seuil de ce temple de mémoire, ils envahissent les premières places du sanctuaire; qu'ils sont loin d'être à la hauteur de leurs obligations!

En effet, nos plus hautes destinées ne dépendent-elles pas des femmes? placées à nos côtés, elles partagent nos travaux, nos plaisirs; elles sèment de fleurs le sentier pénible de la vie. Enfin, il est temps de donner l'essor à mon coursier sur l'Hélicon. Ame du monde, inspire moi les chants sublimes! Quelle est la nation, depuis les froides contrées de l'Ours jusqu'à la ligne brûlante qui calcine les poëles ardents du midi, qui ne se soumette pas au joug trop léger de vos charmes? Je vous suivrai par-tout dans vos exploits; je les chanterai à l'univers; je serai grand par vous : veuille le destin me rendre longtemps témoin de ces beaux jours! J'imiterai ceux qui ne pouvant atteindre les têtes des hautes statues de nos dieux, déposent les couronnes à leurs pieds. Ces douces idées prolongées dans les rêveries d'une nuit agitée, me rappellent du trépas; je ne vois plus les voûtes sombres de l'éternité ouvertes devant moi; tout s'efface dans le vaste horizon du plaisir. Je suspendrai à ces colonnes les nouveaux trophées de votre gloire; si je ne fais pas des vers comme le traducteur du poëte de Mantoue, mes pensées seront écrites en prose de feu sur ces marbres glacés par la rigueur des hivers; on y lira : Ledoux, au pied de ces autels, vous rend grace par ces inscriptions solemnelles; en pensant à vous il fut heureux.

C'est ainsi que l'Architecte doit chercher, dans le goût épuré des nations, la raison des suffrages qu'on lui accordera un jour, et méprisant les préjugés pour s'appuyer sur les principes, il peut former un corps nombreux de préceptes aimables, propre à faire connoître les différents caractères; par ces moyens il variera le sien. Qui peut mieux fournir l'idée de la variété, que les motifs qui étendent le progrès de l'art par l'épuration des mœurs et de la législation naturelle? Qui peut mieux l'élever au sublime de la poésie architecturale qui ne fait rien sans élan. Précieux don de la nature! Source inépuisable du génie, que de merveilles tu nous prépares! Telle est la différence entre celui qui se pénètre des principes que nous venons de détailler, et l'homme apathique que l'insouciance paralyse; le dirai-je? elle est la même que celle qui existe entre l'homme vivant et le cadavre. Cette idée m'emporte : hélas, que de cadavres!

Nota. On va chercher bien loin, chez les Perses, les Assyriens, le style que l'on fait revivre au bout de vingt siècles. Puisez dans les puissances de l'ame, c'est le seul moyen d'être indépendant des préjugés classiques; elles vous serviront mieux que la vieille tradition. Le caprice a imaginé des rapports de convention; la couleur noire plaît dans une contrée du monde et déplaît dans l'autre : tout varie au gré de l'inspiration; chez les peuples instruits on a souvent défiguré la nature croyant l'embellir. La nature, l'Architecture appuyées sur les mêmes bases, trouvent la beauté qui naît de la proportion; elle est dans la pureté du trait qu'elle offre, elle est de tous les pays, de tous les temps; elle est, pour l'Architecte, dans le choix savant et délicat des lignes qu'il trace.

Les masses des édifices, toujours incertaines par la distance qui les atténue, quand on les apperçoit de loin, perdent réellement ce que l'imagination qui divague voudroit en vain leur faire regagner, si les combinaisons-pratiques négligeoient de les renforcer.

L'ARCHITECTURE

PLAN DU MARCHÉ.

(Planche 76.)

L'administration desiroit avoir un point central aux frontières entre le nord et l'est de la France. Elle vouloit rassembler tous les objets de première nécessité. La réunion de toutes les parties offroit de grands avantages; la régie étoit moins coûteuse, la surveillance plus active; les produits de tous genres affluoient de toutes parts, l'exportation devenoit plus facile; les moyens de resserrer les liens de la cupidité, de la contenir dans les principes exacts de l'économie politique, étoient de n'admettre d'échanges qu'autant que les magazins seroient remplis et excéderoient le besoin.

Déja la communication des mers du nord étoit prévue; déja celle du midi, commencée, ouvroit un vaste champ à l'industrie. Une compagnie, liée aux intérêts du gouvernement, préparoit ses bienfaits, répandoit l'abondance. On la voyoit croître, et les consommations faites sur place engraissoient le territoire. On pouvoit assurer aux pauvres des aliments peu dispendieux, aux riches le débit de leurs denrées; on pouvoit éviter les situations inquiétantes qui prennent source dans l'ignorance, et s'accréditent par les manœuvres intéressées des agents secondaires. Tel on voit sortir de la nue et se déployer sur le ciel un cercle indéfini où les couleurs se reproduisent par l'éclat d'un sillon sulfuré, de même on voyoit le rézeau doré de l'industrie s'étendre; déja il couvroit les deux hémisphères.

En effet, l'agriculture, le commerce, les arts sont les richesses premières; elles sont la source de tous les biens de convention. Leur baze sont la probité et la confiance; ce sont elles qui donnent le crédit : sans crédit point de commerce (1). En attachant l'homme à ses avantages, il trouve l'aisance dans le travail, je dis plus, la fortune; mais il faut le diriger. Sans cela, la raison tourne en passion, et l'économie dégénère en abus : c'est alors que le bien que l'on veut imprimer ne peut être durable.

Tous les moyens de favoriser la population sont imparfaits, quand ils ne puisent pas leur force dans l'intérêt commun qui lie le propriétaire de fonds avec ceux qui peuvent le faire valoir. Celui qui possède trouve, dans les améliorations intéressées, le bien qu'il cherche; il trouve, dans la dépense qu'il répartit sur tous les objets de première nécessité, de quoi alimenter la circulation; il vivifie, par des produits rapides et successifs, toutes les branches commerciales. Semblable à la terre qui tire de son sein d'immenses trésors, sans épuiser sa fécondité, il assure aux compagnies dont les fortunes particulières sont établies sur l'opinion, un crédit immense; les productions de la nature, manipulées et transformées par la main des arts, par les besoins et les jouissances des hommes, forment les matériaux du commerce. Tout ce qui annonce une grande pensée dans les arts, tout ce qui amène la perfection du goût est utile à la prospérité publique toujours fondée sur l'aisance générale. Comment lier leurs intérêts avec les produits éloignés des nations?

Henri VII, roi d'Angleterre, avec ce moyen, fonde la puissance de son pays : il faut en convenir, les premiers élans peuvent trouver des détracteurs; mais les succès et le temps les justifient.

---

(1) Voyez les mœurs pures de la Hollande.

Les grandes vues blessent la multitude. Celui qui dépense pour recueillir effraie; cependant il enterre des racines profondes qui produisent la richesse, puisqu'il vivifie toutes les ramifications qui étendent les progrès des arts par l'attrait de la nouveauté. En vain on attribue l'affoiblissement des sources de l'abondance aux profusions apparentes. Celui qui dépense pour encourager l'industrie enrichit l'état. La mesure est dans la main de l'homme de génie qui tient le timon; il faut qu'il s'assure de l'avenir, et méprise les intrigues du jour.

Celui qui exporte son argent pour acquérir dans un climat étranger des marchandises qu'il revend dans son pays, présente un bien illusoire; celui qui répète les achats, les étend, les remet en circulation, n'est pas plus utile; mais celui qui possède les épices de l'Inde, les sucres, l'indigo, les plantes médicinales, le coton du Bengale, le giroflier d'Amboine, le cacao du Mexique, les riz de la Chine, les toiles peintes de la Perse, le café de l'Yémen; au lieu de sortir de l'argent de son pays, lui rapporte celui de toutes les parties du monde. Alors il trafique avec ses propres richesses; c'est le trésor du gouvernement qu'il met en action; c'est le trésor avec lequel il travaille et multiplie ses accroissements.

Voilà les principes avec lesquels on peut obtenir les profits d'un grand établissement, et mettre en action les eaux salées pour consolider, par les échanges, la fortune d'un grand pays. Voilà les principes avec lesquels on peut mettre à contribution les nations maritimes. C'est-là où se fusent les métaux dans le creuset des ressources industrielles. Minerve, Mercure, dieux du commerce, jettez sur nous un regard favorable; ceux-là sont heureux dont vous conduisez le fil et exaucez les vœux.

Nota. La disposition générale de ce plan, relative à la situation de Salins, de Dôle, de Besançon, aux bains publics, aux différents édifices et manufactures qui l'entourent, aux canaux, aux chemins publics, à un concours immense de travailleurs, pourra un jour éveiller le gouvernement sur les délais trop nuisibles de l'exécution.

FRAGMENTS DES PROPYLÉES DE PARIS.

(Planche 77.)

COUPE DU MARCHÉ.

(Planche 78.)

Cette planche indique le dépôt du centre, et donne les hauteurs des voûtes et des planchers.

VUE PERSPECTIVE DU MARCHÉ.

(Planche 79.)

Ici les déserts et les routes mélancoliques semblent s'égayer, le volume immense de la nature s'ouvre; on y va lire les recherches qu'elle développe à l'aide de l'art.

Je m'élève sur les ailes de l'imagination. Voyez-vous ce nuage chargé des vapeurs humides de la nuit? Il obscurcit le devant du tableau pour repousser les fabriques lumineuses qui se succèdent. Le soleil sort de son obscurité, il anime la végétation; l'azur des cieux se colore de nuages enflammés; la montagne, la forêt, le Doubs, la Loüe s'éclairent, et l'harmonie du monde commence.

Voyez-vous ce monument qui commande aux scènes voisines de se rallier à son attitude? La forme pyramidale étincelle au milieu des toits assourdis qui le font valoir; des masses offrent des effets constants; la lumière frappe le centre conservateur des subsistances, et l'Architecte a délayé ses ombres pour noircir la partie des murs qui doit faire briller l'autre. C'est-là où l'on voit la propriété et l'espoir des nations; c'est l'écueil où se vient briser la disette; c'est l'enfant chéri de la terre; c'est un sanctuaire impénétrable dont personne n'approche. Il est confié à la surveillance publique, encadré par les consommations auxiliaires; il est à l'abri des distractions qui ne sont pas dirigées pas l'esprit d'échange ou de répartition. Ce précieux dépôt reçoit les faveurs du levant qui le préservent des souffles corrupteurs de l'occident et du midi.

Quel est ce folâtre cortège qui occupe nos regards? C'est Bacchus suivi des vignerons qui viennent échanger les produits de l'automne contre les fruits de Cérès. Il frappe la terre de son thyrse, et fait jaillir des fontaines de vin. Le voyez-vous couler sous ces vastes hécatompiles? Les vents renfermés dans les soufflets du nord, se précipitent dans l'immensité pour les préserver des atteintes destructives de la chaleur et des odeurs nuisibles.

On n'a pas oublié les autels où l'on sacrifie à la bienfaisance du dieu qui planta la vigne. Il y en a quatre. C'est-là où l'on trouve le débit de la denrée, et où l'on voit autour des tables rondes le forgeron qui vient raffraichir son palais embrasé, et où la troupe fleurie des plaisirs égaye le travail du jour et fait oublier les chagrins de la vie.

Entendez-vous les hennissements d'un millier de jeunes chevaux? leurs nazeaux frémissent, le feu sort de leurs yeux; on a peine à contenir leur fougue; leurs pieds, agités par l'impatience, impriment la frayeur par leurs joyeux écarts; ils sont pleins de cette liberté dont ils jouissent dans l'herbage qu'ils viennent de quitter. C'est ici où l'homme ne perd pas de vue ce qu'il doit à cette espèce laborieuse: le besoin force la reconnoissance dans ses retranchements. Que d'hommes méconnoissent le principe! Au surplus, quand il est corrompu dans l'ordre social, parmi les gens d'esprit, on est bien aise de le voir reproduit par les bêtes.

Quel est ce nombreux cortège qui s'offre à ma vue? C'est la foule des subsistances qui se presse; c'est l'habitant des campagnes qui s'avance au son de la cornemuse; il va répandre les richesses de la terre et les produits du ciel. Quel mouvement! Des fermières, au teint bruni par le soleil, nonchalamment assises sur d'humbles coursiers, apportent dans des cages d'ozier, le miel, le lait, le beurre, les oiseaux domestiques qu'elles ont engraissés de leurs mains; elles sont entourées des astucieux profits de la chasse.

DE C. N. LEDOUX.

Réveille toi, mortel esclave du luxe, sors de ton lit de mollesse, et viens jouir, à l'aurore d'un beau jour, des trésors que le matin accumule pour tes jouissances. Vois-tu la troupe écaillée quitter le rivage; le mulet orgueilleux lève la tête et verse en abondance les mets variés et délicats que les filets du pêcheur arrachent à l'empire d'Amphitrite? Le taureau apporte à pas tardifs les provisions de l'hiver, sur des chars rustiques, et les dépouilles des forêts s'élèvent en pyramides pour remplir les vastes chantiers où l'habitant des villes vient se prémunir contre les rigueurs du froid. Ces dociles animaux traînent les arbres à fleurs, à fruits, les chênes verds, et balayent avec leurs cimes affilées les avenues qui précèdent cet édifice. Bientôt vous les verrez sur pied pour parer les enclos; l'art assemblera ses pinceaux pour nuancer les variétés de la nature.

Voyez-vous l'arrivée des saisons prodigues, et à leur suite une quantité innombrable de roues fragiles qui traînent les légumes, les plantes médicinales, les aromates? Les fleurs vont embaumer ces arcs multipliés qui reçoivent la raréfaction du nord pour les rafraîchir.

Quel est ce nuage de poussière qui enveloppe le point de vue et le fixe? C'est la brebis courbée sous le poids de son épaisse toison, qui se rassemble en troupeaux nombreux. Ces victimes, consacrées à l'existence du pays, affluent de toutes parts, et remplissent de vastes dépôts; ils sont salubrifiés par les vents septentrionaux et par l'onde active qui roule sans cesse dans les fossés. La précaution, qui féconde les ressources de l'art, nous offre des eaux abondantes, de profonds abreuvoirs, des aqueducs découverts, préservatifs de la putréfaction concentrée. La puissance des pentes s'étend même si loin, qu'elle entraîne avec rapidité les matières hétérogènes et le désordre putride qui suit la stagnation.

Peut-on être étonné des soins employés pour maintenir la salubrité de ces lieux qui recèlent l'abondance, quand on considère que le bonheur qu'on y distribue est le résultat du rêve de l'homme de bien? Passons aux plaisirs qui naissent du principe.

On sait que les Romains élevoient un azile au centre de leurs marchés aux herbes, des colonnes lactaires; ils vouloient donner à la génération abandonnée par l'indigence, à l'enfant flétri par l'opinion avant de naître, les secours que l'humanité attend; ils savoient que la sensible infortune se rapproche des lieux où les misères et les besoins journaliers la concentrent, autant qu'elle s'éloigne des palais qui ne sont entourés que d'illusions et de richesses. On exposoit les objets de la piété commune dans une baze; elle supportoit le colossal appareil d'une colonne, et sollicitoit au loin l'égalité morale qui exclut le malheur. Le gouvernement, persuadé que les mœurs publiques dépendent de l'impulsion qu'on leur donne, persuadé que les encouragements sont aussi nécessaires pour les progrès de la vertu, que la justice l'est pour la punition du crime, élève quatre monuments qui appellent l'intérêt national, et réveillent la charité fraternelle qui seroit tentée de s'assoupir.

Sur le premier on lit cette inscription : *A l'enfance abandonnée.*

Sur le second : *Pour l'éducation de la jeunesse délaissée.*

Sur le troisième : *Aux lacunes obligées du travail, et aux accidents imprévus qui neutralisent l'activité.*

Sur le quatrième enfin : *On assure le repos à l'âge mûr, la tranquillité à la vieillesse, qui sépare la scène fatiguante du monde, du néant qui lui succède.*

Voilà des moyens d'épurer les affections par l'attraction reconnoissante qui lie l'homme à ses devoirs. En effet, s'il est entouré des vertus qui lui font respecter ceux dont il sert utilement les intérêts; s'il applaudit en secret à l'équité qui sait reconnoître ses services; si les encouragements s'attachent à un travail qui reflue sur la masse intéressée au succès, que de biens on doit attendre de ces points de contact qui frappent la gratitude et la forcent dans les retranchements qu'elle pourroit avoir (1). Il ne suffit pas d'aller au-devant des sueurs pénibles, de les essuyer par

---

(1) Cette idée est un essai qui a eu pour objet d'abolir les misères et la mendicité, la honte d'un gouvernement. On a traité depuis cet article fort au long dans la Bibliothèque britannique. Voyez la page 137, tome II, Morale politique.

l'attrait incitateur de la récompense, il faut encore provoquer les valeurs particulières qui retardent les élans publics. Ce qui nuit le plus à l'extension de l'esprit humain, c'est l'éloignement des jouissances usuelles que l'on méconnoît dans les établissements où l'industrie se rassemble. Comment veut-on, par exemple, qu'un négociant s'appesantisse sur le moyen de déployer ses facultés, quand il est constamment inquiet, outragé par les déluges capricieux de l'équinoxe, quand la pluie, la neige, les rayons insoutenables du soleil pèsent sur sa tête, quand il est obligé de céder la place à la persécution qui le chasse? je dis plus; comment peut-on compromettre le plaisir de la multitude invitée à partager l'honneur d'un triomphe?

Nos marchés sont à découvert; on n'a rien fait pour la classe agissante. Les monuments que l'on destine aux spéculations utiles, n'offrent aucun abri, aucun promenoir; est-il possible que l'on néglige les communications commerciales qui activent les heures? Si vous n'y portez pas la scrupuleuse garantie des accidents qui moissonnent l'imprévoyance, bientôt vous les verrez diminuer ou se détruire.

Quel est donc le remède que l'on peut appliquer à ces délits qui affligent l'humanité? Le voici.

Vous connoissez les distiques, les tristiques, les tétrastiques, à la faveur desquels les anciens se réunissoient pour discuter; c'est-là qu'on agitoit les principes épuratifs des mœurs; c'est-là où l'on terminoit les négociations les plus importantes. Eh bien ! à quoi sert la tradition si elle ne nous éveille pas sur les afflictions du genre humain, si elle ne provoque pas les améliorations qui naissent de l'instruction? Vaines espérances! du principe à l'exécution la conséquence est nulle: non-seulement on ne s'est jamais occupé de construire des portiques qui précédent ou entourent les édifices publics, mais même il semble que l'on se soit interdit les superficies couvertes, les plantations qui abritent l'affluence. On a fait tout ce qui peut contrarier le vœu de la nature; on a considéré le nécessaire comme objet de luxe: comment peut-on croire que ce qui contribue à prolonger les jours de l'homme soit assujetti aux préjugés qui le détruisent?

Tel est l'acharnement inconsidéré des passions qui le dirigent; il enfouit des trésors qui accumulent ses pertes; il s'épuise en subsides pour appauvrir le continent. Au milieu du vaste océan qui ramène la richesse de l'Inde, il est altéré du sang de l'Europe.

Au lieu d'attacher aux voûtes du temple les drapeaux d'un triomphe ruineux, pourquoi ne feroit-on pas tourner les conquêtes au profit du commerce, il y auroit tout à gagner pour la classe industrieuse? Cent édifices qui assurent journellement l'aisance des peuples coûtent moins qu'un sanglant succès qui perpétue ses maux. Un ministre favorisé par la nature n'a pas besoin de faire beaucoup de frais pour plaire; il n'a pas besoin de caresser les goûts du public pour être aimé, quand il sépare l'ivraie du germe producteur qui assure le bien-être; mais le premier qui entourera la place publique, les spectacles, les jardins, les fêtes où l'amour assigne ses rendez-vous à la victoire, on lui dressera des autels, on brûlera pour lui l'encens des adorations.

O temps! c'est toi qui découvres les vérités constantes. A force de dire, souvent on fait éclore le faire; et l'exemple abjurant le mal pour préconiser le bien, prévaudra un jour sur l'éloquence oiseuse dont l'impression est aussi rapide que passagère.

PLAN

DES BAINS DE LA VILLE DE CHAUX.

(Planche 80.)

Le dieu qui enveloppe le firmament dans l'affreuse obscurité, celui qui commande aux saisons, dirige leurs mouvements, verse sur la terre des trésors sans nombre et fait jaillir les sources du bien, vient ici consoler le malheur et réparer les pertes de la nature affligée.

Une partie des eaux de Salins avoit franchi le rocher; déja elles alimentoient la portion industrieuse de la société ; déja l'abondance se faisoit sentir dans les campagnes; elle engraissoit la terre, elle rendoit avec prodigalité les semences que l'administration lui avoit confiées; les champs fertilisés par le concours de ces ressources, assuroient les avantages prévus, surpassoient les espérances. On vouloit trouver l'emploi des eaux inutiles à cause de leur insuffisance en salure; il falloit réunir les intérêts respectifs, les lier avec ceux du gouvernement.

Tout le monde sait que les maladies invétérées de la peau se guérissent par l'usage combiné des eaux de la mer; ceux qui en sont éloignés gémissent sans espoir, sous le fardeau trop pesant de leurs maux : la dépense d'un voyage impossible rend la guérison impraticable.

Pour appuyer les conceptions de tous genres, il faut les identifier à des résultats productifs qui éveillent l'industrie. Telle est la puissance du bien ; on la croiroit stérile ; il est rare qu'elle engendre seule. L'Architecte qui propose un monument utile n'est pas toujours couronné par le succès.

La confiance dans les moyens nourrit l'espoir ; les premières idées germent, prennent successivement racines et croissent. Qu'arrive-t-il ? Si l'automne tardive ne hâte pas la récolte, elle n'en est pas moins assurée en son temps. Le croiroit-on ? Les vues d'utilité que l'on devroit saisir, quand la possibilité est démontrée, quand le besoin poursuit l'économie politique, sont si éloignées du point où on devroit les appercevoir, qu'elles se perdent dans les espaces inactifs qui précèdent la discussion. L'insousiance qui n'approuve que ce que l'on soustrait à son apathie, est lente; l'intrigue et la cupidité ont des armes actives qui accélèrent les succès. Mais quand l'humanité affligée demande du soulagement, il n'en est pas de même. Si on la reçoit avec un masque compatissant, ce n'est que pour éloigner les résolutions qui s'étayent de considérations spécieuses ; de manière que ce qui devroit tout faire accepter, fait tout rejetter.

Il faut en convenir, les constructions qui abritent les misères offrent de grandes difficultés pour l'exécution. Pourquoi ? Les misères n'ont d'autre expression que le silence et le cri concentré de la douleur; difficilement ils se font entendre; l'imagination qui conçoit le plan est salie d'avance par les détails qu'elle présente à celui qui les examine; la raison qui devroit écouter la voix de la nature, est mal disposée à s'éclairer sur les moyens qui la soumettent.

En vain la constance irritée par le refus, sollicite; elle n'obtient rien. Conceptions prédominantes ! Vous qui êtes fondées sur le luxe, et qui avez pour appui le luxe, vous qui êtes secourues par la troupe sans cesse renaissante des plaisirs, jugez quels sont vos avantages. L'amour qui franchit tous les obstacles ordonne; les confidents d'Esculape distribuent leurs brevets; l'intérêt prépare les succès, l'affluence et la corruption les alimentent (1).

Vous voyez ici le plan du rez-de-chaussée; il présente un bain public placé au centre. Il est destiné à ceux dont l'infortune ne permet point de payer des soins particuliers. Une galerie circulaire, des chambres séparées, des dégagements, des chaudières, des buanderies, des lavoirs, des séchoirs, des bûchers, des logements de concierge, des promenoirs intérieurs, des promenades publiques : voilà la disposition générale.

(PLANCHE 81.)

Elle offre à-peu-près la même distribution.

COUPE.

Elle indique les galeries hautes et basses, la profondeur du bain commun, la hauteur des planchers. La voûte est ouverte au sommet pour dissiper les vapeurs nuisibles. L'usage de ces bains peut être considéré comme un des plus sûrs moyens de rétablir les altérations de la santé; c'est un présent que les dieux ont fait à la terre. L'expérience prouve qu'ils avancent la guérison des blessures plus que les applications communes dont le protocole chirurgical indique l'usage. Mais telle est la nature humaine! Peu empressée d'obtenir les jouissances faciles qui lui sont offertes, elle court après celles qu'elle ne peut atteindre ; elle cherche un fil au centre du monde et le perd un instant après l'avoir trouvé; elle traverse la France de l'orient au couchant, du midi au septentrion, pour puiser dans la plaine liquide une eau salutaire, et elle compte pour rien celle du pays, dont elle peut disposer.

Puissent un jour les administrateurs, les habitants d'un pays riverain de la frontière, profiter de ces biens inestimables!

---

(1) Les eaux de Spa.

Nota. Personne n'ignore que les bains d'eau salée conviennent à tous les âges, aux tempéraments ardents, bilieux, mélancoliques, nerveux, aux femmes sujettes au spasme, à celles qui éprouvent des suppressions ; ils sont utiles dans les maux de nerfs, les rhumatismes, les sciatiques, les maladies secrettes et cutanées; dans les vices dartreux, ceux qui se communiquent par l'attraction et désolent nos armées; les substances qui s'y rencontrent portent dans le tissu de la peau une action apéritive.

Ce seroit gêner l'artiste que de donner des détails sur la manière de construire les chaudières ; elle varie : il suffit de ne rien perdre de l'action du feu ou de la multiplier.

VUE PERSPECTIVE

DES BAINS DE CHAUX.

(Planche 82.)

Chacun dévoile ses intérêts dans l'exercice de ses goûts. L'un accumule des trophées ruineux, l'autre dans le calme de la paix sollicite les dangers de Bellone, traverse les mers pour chercher une gloire chimérique. Voulez-vous savoir pourquoi les gouvernements ont si peu de part à la splendeur des arts? c'est que rien n'est si nuisible à leur succès que les manies diverses des peuples, des souverains ou de ceux qui administrent à leur place. Au lieu d'encourager les talents, de les récompenser par des honneurs publics, ils protègent, et sont séduits par la complaisance. L'Architecte veut-il réussir? il faut prévoir ce qui plaît, et soustraire ce qui conviendroit.

Les grands donnent le ton, accréditent un luxe matériel, comme si, dans les arts, la proportion n'étoit pas la seule magnificence, ce qui caractérise les siècles de lumière. Qu'arrive-t-il? La faveur les tient dans ses chaînes; ils languissent, au lieu de trouver dans un concours mutuel ce qui pourroit les faire valoir. Malheur aux artistes qui sont enclavés dans les discussions oiseuses qui déguisent le fond! Malheur à ceux qui sont renvoyés à ces entrepôts de confiance qui le neutralisent. Trois fois malheur à celui qui est soumis aux grands qui le dénaturent, et s'éloigne des petits dont le naturel se rapproche davantage des idées premières!

Ici on présente la vue perspective des bains à construire, au bas d'une forêt et près d'un canal.

Comment! Point de croisées apparentes; aucun développement; aucune trace de la distribution intérieure? Que de contradictions! On n'a rien vu de pareil! Quelle extravagance! L'artiste en vain répète que la décoration d'un édifice destiné à la guérison des maladies contagieuses, doit être courbé sous l'humiliation d'un emploi avili par l'opinion, et s'effacer aux yeux dans la crainte d'être aperçu; que ce n'est pas ce colosse dont la tête orgueilleuse commande la magnificence, mais un pigmée qui cache sa misère sous les masses absorbantes des arbres à haute tige, et ne laisse entrevoir que l'antre qui recèle ses maux.

Mais à quoi servent les nuances que les pinceaux appréciateurs étendent, si la toile n'est pas susceptible d'attraction? L'Architecte a beau dire que la décoration d'un édifice doit émaner de l'inspiration du sujet, que l'effet dépend du choix des masses pyramidales, des plans, des contrastes qui produisent des ombres, que leur progression bien décidée suffit; il a beau dire qu'il faut élaguer les croisées coûteuses et oisives, les corniches sans motifs, les accessoires de mode, que tout ce qui n'est pas indispensable fatigue les yeux, nuit à la pensée et n'ajoute rien à l'ensemble; une partie de ces détails paroît scientifique, l'autre ne peut être jugée que sur l'exécution. Quelle perplexité! Les nuages amoncelés empêchent la persuasion. On entend mal les applications intellectuelles, quand l'ascendant du métier prévaut, et que la puissance peut asservir le génie à des vues inculquées. Qu'arrive-t-il? On s'écarte du principe qui fait naître la variété, on s'égare, on retarde les bons exemples.

Tel est l'empire de l'habitude, il dénature ce qui est essentiellement bien; c'est alors que l'on peut comparer ces juges de l'art, aux enfants dont on a mutilé les facultés en naissant. On charge les cazes de leur cerveau de mots insignifiants, d'idées transmises ou incohérentes. Que de pénibles efforts pour détruire ces impressions aussi fausses que puériles!

Comment remédier aux maux qui captivent l'imagination et restreignent les élans? Comment y remédier? Il faudroit que les ordonnateurs trouvassent dans un discernement exquis l'indépendance qu'ils acquièrent par la simple volonté; c'est de tous les hazards le plus difficile à rencontrer. Cette qualité n'est pas commune chez ceux qui sont circonscrits par les formes impérieuses; elle est d'autant plus rare que c'est le naturel qui la prépare, l'étude qui la consolide, que c'est enfin le commerce des hommes délicats, des artistes, des littérateurs instruits et désintéressés qui l'achève.

PLAN GÉNÉRAL

D'UN EDIFICE DESTINÉ AUX RÉCRÉATIONS.

PLAN, COUPE, ÉLÉVATION.

(Planche 83.)

Je m'éveille aux premières clartés du jour; l'air est pur, la terre, humectée d'une abondante rosée, paroit couverte des brillants du matin; le silence de la veille se joint au calme de la nature; l'artisan laborieux oublie dans un sommeil profond les fatigues du jour : tout dort excepté l'Amour.

Ô vous! qu'un orgueilleux préjugé sépare de la classe agissante du peuple, n'enviez pas aux grands de la terre, n'enviez pas aux savants ces chimériques jouissances dont ils sont si vains; si vous connoissiez ce qu'il leur en coûte pour acquérir et conserver, croyez moi, toute ambition s'éteindroit dans vos ames. Pour vous, enfants de la nature, le repos succède au travail, et la joie vient par intervalles, verser l'oubli des maux attachés à l'humanité. Des goûts simples font trouver le bonheur parmi des plaisirs uniformes; loin d'énerver les corps, ils augmentent votre adresse et conservent vos forces.

Je voulus observer comment les habitants de cette contrée passoient le temps destiné aux récréations; on m'indique le lieu du rassemblement, je m'y rends. Sur le bord d'un canal dont le flot paisible coule entre deux rangs de peupliers, au milieu de bosquets d'arbres divers, dont les masses et la couleur présentent la variété, on voit une riante pelouse, au milieu de laquelle s'élève un bâtiment dédié à la gaieté; sur le frontispice on lit ces mots :

« Ici le plaisir et la modération conduisent au bonheur. »

Avant d'entrer dans la maison je voulus voir tous les objets qui pouvoient frapper mes yeux à l'extérieur. Là, deux noirs charbonniers, étalant des dents d'émail, luttent à forces égales; l'un d'eux, nouvel Ulysse, triomphe de son adversaire, et lui donne le *croc-en-jambe*, le relève en riant, s'essuie le front, s'enlace dans ses bras; on les voit traverser la multitude pour boire la liqueur, doux prix de la victoire.

Deux ouvriers de la saline renouvellent le pancrace ; le combat s'échauffe : des poings à demi-fermés se croisent en tout sens ; les athlètes tombent, froissent le gazon et se relèvent. Peintres, venez prendre ici une leçon, vous verrez combien l'action et le simulacre se contredisent. Voyez les têtes, elles sont souffrantes, mais ne grimacent pas ; cependant la contraction vertébrale serpente depuis l'orteil jusqu'à la pointe des cheveux.

Un forgeron marche à pas comptés et lance un bâton qui siffle dans les airs ; il étoit à dix toises d'une oie suspendue par une patte, qui devoit faire les honneurs du souper, et donner la royauté du festin à celui qui l'auroit frappée du coup mortel. Ici la morale endormie se réveille ; la victime n'est qu'une oie, à la vérité, elle est en proie à une gaieté irréfléchie ; mais je n'aime pas la souveraineté acquise aux dépens d'un assassinat. Plus loin on voit une route elliptique tracée au milieu d'arbres à hautes tiges, bordée par le gazon, et limitée par des sapins, de distance en distance ; il faut la parcourir trois fois en dix minutes pour obtenir le prix de la course.

Si la perfection dans les arts est le produit de la difficulté vaincue, ce qui constitue la force et l'adresse n'en est pas moins le triomphe de la nature ; c'est un présent des dieux qui s'entretient par l'union de ses parties. Jettez les yeux sur ce vaste noyer, sur ces ombres religieuses qui forcent nos respects ; parcourez le royaume des idées : voyez ces vieillards abrités, un rayon accidentel les éclaire ; ils donnent une branche de myrthe au bruit des applaudissements des spectateurs. Quel pouvoir un front de neige, courbé sous soixante années de probité, a sur le sentiment ! Cinq concurrents se disputent le prix de la vélocité, une fille est du nombre ; son élan dévore l'espace, et quoiqu'elle ne fût qu'au second rang, cette nouvelle Athalante obtient le prix.

Sous un long berceau, formé par des ormes, des hêtres, des ébéniers à fleurs jaunes, des chèvrefeuilles qui coloroient l'écorce des troncs, des hommes paisibles poussent tranquillement, sur une terre dressée et bien battue, la boule, image triviale, mais trop fidèle de la vie. D'autres, plus actifs, abattent des quilles, et quand ils ont fait le coup de sept, ils se croient plus heureux qu'Alexandre lorsqu'il entre dans Babylone et devient le maître de l'Asie.

Au sommet d'un mât, un pigeon attaché voltige, une flèche bienfaisante coupe le cordon, l'oiseau s'envole aux bruyantes acclamations des spectateurs ; il ne tarde pas à sentir que la liberté, enfant du desir, n'est qu'un fantôme passager qui disparoît dans le nuage. Un archer plus adroit, perce de ses traits le messager de Vénus, lorsqu'il se croit en sûreté. Ainsi périt le confident d'une divinité suprême ; celui qui de l'avenir informe les humains, n'a pu prévoir son heure dernière.

Là on voit la fleur des champs sortir de ses retraites et parfumer le gazon ; la prairie, lacune des bois, offre une immense superficie ; la scène occupe tous les regards. Ce ne sont pas ces fantômes qui obéissent à la crédulité des peuples pour les tromper ; ce ne sont pas ces Bélides qui travaillent sans relâche pour remplir le vuide, c'est une muraille rembrunie sur laquelle un blanc tracé assure aux maladroits la sécurité, et aux bons tireurs la gloire inscrite dans un cercle étroit. Sous d'épais châtaigniers qui rappellent l'amour et ses délires, la bague excite, en tournant, les ris des jeunes femmes qui disputent le gage de la précision.

O vous ! qui faites naître l'admiration et le desir de posséder, éloignez ces balançoires qui se présentent à mes yeux, ces escarpolettes attachées à ces hautes tiges, ces stimulants qui favorisent les regards indiscrets ; éloignez ces provocations qui épuisent la sensibilité, ces souplesses inventées par la volupté pour nourrir l'espoir des amants et faire mourir de jalousie les maris.

Voyez-vous ces hommes qui se croisent en tout sens ; ces billards, ces galets, ces siams, abrités par un vaste toit, offrent des délassements de tous genres ; ils sont l'image des peines et des plaisirs qui se succèdent et passent rapidement ; ils rappellent des souvenirs qui font la consolation de la vieillesse. Plus loin, dans un vaste espace, la longue paume et le ballon exercent à la fois la justesse de l'œil, la force et l'agilité. A quelques pas de là, un groupe d'adolescents répétoient entre eux les exercices des hommes faits ; leurs mouvements étoient moins forts, mais plus souples, plus adroits.

Que ne peuvent les premières impressions de la nature! elles sont les premiers maîtres de l'homme; l'imitation a l'initiative sur les sensations; son pouvoir développe les vices et les vertus. Divinités de la terre, vous qui faites éclore tous les germes du bien, voyez quel vaste champ : quelles sont vos obligations!

Je fends la presse; j'approche : ah! c'est un combat de coqs; les uns avoient les yeux crevés, les autres la crête déchirée, le corps ensanglanté; affligé de ce plaisir destructeur, je détourne la tête et j'abandonne ces malheureuses victimes à l'oisive cruauté de ceux qui s'en amusoient.

Dans le lieu où le vallon serpente à travers une clarière qui favorise la gaieté, le dieu des eaux ordonne au nouvel Éden de sourir à l'amour. Un jeune homme plein d'ardeur s'avance, se deshabille, se jette dans le canal, fend l'onde, et s'ouvre un chemin à travers la vague obéissante. Ses tresses dorées s'élèvent sur l'eau, et ses flancs frappés par un rayon éblouissant répandent la clarté sur les spectateurs : la saison brûlante anime l'éclat de son teint. Que de sentiments divers les graces de son corps font mouvoir! J'étois à côté d'une jeune fille; elle avoit les yeux baissés : retenue par la pudeur inhérente à son sexe, les soupirs étouffés de son ame cachoient le trait qui l'avoit frappée. Vous, dragons de vertu, vieilles, devenues sévères, qu'auriez-vous fait?

Des deux côtés de la maison on voit des chênes, des platanes, des sicomores qui ombragent les tables; le bonheur, compagnon de la frugalité, est assis au milieu des convives; enfin tout étoit dans le point de vue que chacun desiroit et eût voulu choisir : tous les plaisirs étoient rassemblés dans ces lieux.

Je témoignai à mon conducteur l'étonnement où j'étois de rencontrer tout ce que la philosophie et l'imagination avoient inspiré pour former le corps sans blesser les mœurs. En faisant ces réflexions nous nous rapprochons de la maison, elle étoit remplie de tous ceux que la vue des différents jeux, des différents exercices occupoit depuis quelques heures. Je voulus tout voir.

Dans les cuisines, que l'air du nord raffraîchissoit, on échangeoit, pour très-peu d'argent, des mets simples, des viandes froides et rôties, pour la gaieté franche et la paix de l'ame. Nous nous arrêtâmes dans les salles du rez-de-chaussée, elles contenoient des tables diversement rangées. Leurs divisions, formées de légers barreaux élevés sur des cloisons d'appui, laissoient un libre cours à la vue et à l'air; précaution nécessaire dans un lieu continuellement rempli de la fumée des viandes et des vapeurs bachiques. Les uns chantoient et partageoient leurs affections entre Vénus et l'Amour; d'autres enfloient des sons et souffloient dans divers instruments; peu se disputoient, c'est ce qui me surprit; mais qui peut ignorer que l'ivresse des ames pures ne ressemble pas à celle du vice?

L'étage supérieur étoit ouvert au centre et dominoit les jardins; là des buveurs relégués dans des cabinets placés des deux côtés, laissoient à la danse un espace considérable; la gaieté planoit dans cette enceinte, et l'air agité par ses ailes éventoit, dans ses caresses, les robustes beautés qui la décoroient. Ici chacun se connoit; le scrupule guide les choix : on n'est point exposé, comme dans les cités nombreuses, à cajoler en cadence le fils de l'assassin de son père. Enfin sur les huit heures tout le monde se retire, les hommes s'entretiennent de leurs jeux, les jeunes personnes des deux sexes forment encore des rondes qu'elles animent par des chants; les mères portent dans leurs bras les petits enfants endormis, et traînent les autres par la main. Tout le monde, un peu fatigué, content de sa journée, se promet de nouveaux plaisirs pour la féerie prochaine.

Nota. On peut voir dans les plans, coupes et *élévations*, l'esprit qui a dicté cet établissement ; tout est isolé, tout est apperçu. Les mœurs publiques étant la base des gouvernements heureux et du bonheur des peuples, le gouvernement a senti combien il étoit utile d'établir un nouveau lycée des plaisirs champêtres à côté de la nouvelle ville. Là, après un cercle de travaux pénibles, on peut, en se délassant, s'exercer encore, le souvenir des plaisirs innocents suit l'habitant ; ailleurs il ne pourroit être plus heureux, et sa reconnoissance journalière s'explique sans cesse sur le bonheur qui le lie à l'administration de son pays. Le même principe a guidé le ministre qui a ordonné les Propylées de Paris.

Voyez plusieurs guinguettes très-importantes.

DE C. N. LEDOUX.

MAISON D'UN EMPLOYÉ.

PLAN, COUPE, ÉLÉVATION.

(Planche 84.)

Voyez planche 17 pour le détail.

MAISON DU CAISSIER

CHARGÉ DE PAYER LES ACQUISITIONS DES TERRAINS

DE LA VILLE DE CHAUX.

(Planches 85 et 86.)

Il faut une maison pour l'honnête comptable que l'administration veut honorer de sa confiance; il faut un commis, un estimateur des terrains, quelques arpenteurs; le reste de la distribution est commun à tous les édifices destinés à l'habitation. On demande une salle à manger, une chambre à coucher, des cabinets de travail, quelques chambres d'amis, des logements de domestiques, des écuries, des remises (1). Deux hommes se présentent à l'Architecte pour établir leurs convenances; l'un ose tout, joue avec le principe; l'autre ne hazarde rien, il est ami de l'ordre et de la justice. La pureté de l'administration n'étoit point équivoque; les intrigants, les agents destructeurs du crédit, les brouillons qui obscurcissent l'évidente clarté pour enrichir les cupides délégués de Plutus, ne pouvoient lui convenir; on vouloit un homme probe qui sût compter, régler, payer; la chose n'étoit pas aussi facile qu'on l'imagine. Les sinuosités du pouvoir défigurent

---

(1) Voyez la nomenclature du rez-de-chaussée ; les plans supérieurs renferment les besoins de détail ; les écuries, les remises, les cours de service sont isolées ; on n'a pas cru devoir entrer dans la recherche des distributions, qui sont les mêmes pour tous.

tellement les résolutions les plus simples, que l'on peut être probe et ne savoir pas compter, régler; on peut savoir compter, régler, et ne savoir pas payer.

Le premier, lancé sur la terre pour changer l'ordre de ses destinées, avoit avili les mines du Potose, ce brillant métal, chéri de tout le monde, et qui trouve en lui-même un ennemi, quand on y substitue des valeurs factices; mais plus on a, plus on veut avoir; les abus sont les enfants de la cupidité : ces bâtards ont engendré les loix modernes pour transmettre à la crédulité des titres illusoires et légitimer les usurpations.

Telle est l'essence de l'homme; il semble qu'il méprise les bienfaits de la nature pour chercher dans le vuide imaginaire les produits de l'industrie. Tel est même l'effet de la lumière, on la croit indépendante des vacillations du globe, cependant elle est assujettie à toutes les variantes; elle *projecte*, entre les corps solides, des ombres fugitives que le soleil, dans sa course périodique, place, déplace et fait disparoître au gré des accidents de la nue.

Ce nouvel alchimiste, dans son art mystérieux, entraîné par l'amour-propre, qui s'applaudit dans les recherches qu'il fait pour diriger sa foiblesse, trouve dans l'analyse du chiffon un nouveau mobile de richesse; belle découverte! ne sait-on pas que si le fils de Maya a des ailes aux talons pour voler, le dieu du commerce ne marche que la bourse à la main. Que fait ce nouvel alchimiste pour séduire l'ignorance? Il prend des formes épouvantables pour commander l'effroi; ce n'étoient pas les ombres de ces fantômes capricieux que les infects soupiraux de l'Averne vomissent pour effrayer les pusillanimes humains, c'étoit un météore intellectuel qui devoit ronger la masse ronde, et pour l'atteindre jusqu'au sommet il prit des formes gigantesques. Sa tête étoit couverte d'un linceul rougi du sang des peuples qu'il suçoit depuis longtemps; ses pieds, en froissant la terre, la flétrissoient et l'empreignoient de ses vices destructeurs; ses mains terminées par des griffes pointues et recourbées, embrassoient à la fois les rives escarpées de l'océan et des mers du nord; ses flancs convulsifs souffloient au loin l'épidémie; sa taille disparoissoit dans l'immensité; nouvel Ictocentaure, dans ses brutales expressions, il tient du cheval sauvage et du poisson sans arête pour la souplesse; les écailles de son dos, en rapport avec la dureté de son cœur, présentent les couleurs enflammées du prisme; il n'a pas à craindre le sillon sulphuré qui pulvérise tout ce qui l'approche; la foudre elle-même en est effrayée : quel tableau!

Si Eve fut tentée par un serpent, les femmes de nos jours ne le seront pas en voyant ce monstre. Ah! que je le plains, car ceux qu'elles n'aiment pas, les hommes les détestent : insensible au plaisir de l'amour qui le repoussa, insensible aux douceurs de l'hymen qui le maltraita, oubliant les loix de la justice, instigateur effréné de l'implacable terreur, il attend du dieu des morts le prix de ses perfides atrocités. Déja la nuit éternelle a fermé ses paupières; déja ce monstre est placé à côté de l'animal à trois têtes. Un Architecte est bien embarrassé quand il est obligé de construire le repaire d'une sangsue gonflée de substances humaines. Que faire quand le pouvoir commande? Déléguera-t-il la sublimité de l'art à l'aveugle complaisance qui emploie indistinctement et les marbres durables, et le bois qui périt? l'abandonnera-t-il aux ennemis du goût? Non, sans doute, il ne peut être indifférent aux délits-pratiques qui effacent en détail la splendeur des arts. Que faire enfin? L'Architecte a beau lire, relire les poètes pour se monter la verve; entouré des dégoûts qu'il partage avec le grand nombre, le génie est muet et sans action, il est circonscrit au milieu des fléaux communs qui l'étouffent. En effet, on a de l'aversion pour les vipères, on a de l'antipathie pour les araignées, on frissonne à la vue des tigres... Ces bêtes féroces dévorent les chairs pour appaiser la faim, mais ceux qui ne peuvent se rassasier du sang des peuples, ceux qui épuisent les réalités pour donner faveur à des substances de convention, ceux-là sont atroces, car ils font du mal sans profit pour eux, et au péril de la chose publique.

Comment peut-on concevoir? comment pourra-t-on exécuter une maison dont les données sont aussi difficiles à remplir?

Vous qui êtes complices des arrêts destructeurs que Machiavel, dans les accès de sa fausseté, dicta pour détrôner le crédit; vous qui pouvez punir les mortels violateurs des engagements sacrés, soyez témoins de mon embarras. Ainsi s'agite la pensée de l'Architecte, travaillée par des éléments discords... Elle n'a plus d'essor : la pureté inhérente à la culture des arts, est incompatible avec les passions cupides qui les avilissent. Quand le mépris affecte l'ame, il détruit d'avance le germe productif. Mais la vengeance des dieux veille; l'ignominie a ses accès, ses périodes; si elle couronne les actions monstrueuses, dans son secret elle note les monstres; bientôt la discorde s'en mêle, allume ses torches, les secoue sur les périphétes du jour (1); elle va les consumer.

Celui-ci n'étoit qu'un pigmée, mais il occupoit la place d'un géant; (il vouloit se *populariser* car il étoit question d'égalité) on sait que les serpents familiers lancent leurs dards et le font pénétrer d'une manière plus sûre, quand ils préparent la dose de venin ; il avoit choisi pour ses satellites les délégués du Verseau, qui portent l'eau en détail aux habitants voisins du ciel; en vain il appelle à son secours ces ruisseaux ascendants qu'il avoit associés à ses fallacieuses manœuvres, ceux qui l'avoient servi pour eux, l'abandonnent quand leur intérêt cesse, car les reproches contraints à se taire, rompent les digues du silence quand ils peuvent s'exhaler.

Le monstre est étouffé au centre des braziers qu'il avoit si longtemps attisés, et la fortune publique voltigeant au gré de la tourmente de l'air, s'enflamme, s'éparpille en feux légers pour éclairer dans la nuit des misères, les regrets, les soucis et les chagrins. Ainsi périt l'artisan de tant de ruines; le dieu du Tartare voulant faire, après le mal, ce qu'il auroit dû prévoir afin de l'empêcher, descendit son cadavre dans le séjour de l'éternelle anxiété : craignant d'empoisonner la vallée ténébreuse, on le couvre d'une ample draperie qui le déguise aux Furies vengeresses prêtes à le déchirer. En vain il cherche la récompense assignée aux vertus; arrivé aux portes du Tartare, la troupe inflexible s'en empare, le circonscrit dans un cercle menaçant, le resserre, et le vautour se ranime et va s'agriffer à ses entrailles encore fumantes. Les arrêts de Minos le condamnent à souffrir ce qu'il avoit lui-même fait souffrir à tant d'autres, car la peine du talion est une loi immuable : les vivants la portent jusque chez les morts. Belle leçon!

La dignité de l'Architecte est avilie quand il est obligé de descendre des degrés du temple de la gloire pour tracer la demeure des hommes qui ont fomenté les maux communs : c'est bien servir son pays que de les effacer de l'orgueilleux calendrier que la puissance du jour s'arroge; c'est bien servir sa conscience que de suivre l'impulsion qu'elle dicte. La libre inspiration s'isole de tous les genres de tyrannie; elle élève peu de monuments, il est vrai; elle ne multiplie pas le nombre des bons tableaux, des belles statues, des bons vers; ce que l'on gagne en puissance se perd en raison dans les siècles éclairés.

L'Architecte creuse l'avenir et veut se convaincre lui-même; il voit par-tout le bien dans l'épuration du système social; l'adapte aux édifices qu'il construit; il n'en est pas de même de l'homme de métier, il est l'automate du créateur; l'homme de génie est le créateur lui-même.

COUPE, ÉLÉVATION, VUE PERSPECTIVE.

Enfin on approuve les plans de l'édifice que vous voyez, et on choisit pour l'habiter l'honnête comptable qui savoit payer. Les hommes ne sont donc pas toujours injustes? On y voit des colonnes, on y voit des figures attributives; qu'y a-t-il d'extraordinaire? En 1770 (2) les petits, les grands, les uns par ignorance, les autres par jalousie, critiquoient les statues de huit connétables,

---

(1) Géants destructeurs.
(2) Voyez la maison de M. de Montmorency, tome II.

élevées sur le palais du prince de Montmorency. Vertus héroïques que le vandalisme a détruites! impressions profondes que le temps n'efface pas! Aujourd'hui on voit sur la maison d'un caissier, des vertus caractéristiques qui ont pour objet d'inspirer une confiance méritée; eh bien! qu'est-ce que tout cela prouve? sinon que tout, dans l'ordre social, est mesuré... Il n'y a rien d'égal, puisqu'un souffle inattendu peut faire pencher une balance au gré de la puissance de l'air; mais à quelque hauteur que le sort nous place, la vertu est égale à la vertu.

Des connétables, fondateurs d'une gloire immortelle, nous ont transmis des héros. Avant que le caissier du jour puisse nous offrir autant de faits puisés dans la bienfaisance, avant que ses descendants... Je m'arrête... Que d'événements imprévus! que de chances incertaines à courir! Si le vandalisme le maltraite aussi dans ses fureurs, il effacera les traces des figures que l'Architecte a fait ériger; on oubliera son nom; mais les Montmorency! C'est ainsi que l'art dissipe les fumées qui nous suffoquent, et replace tous les genres de valeurs. Sans doute l'égalité existe; qui pourroit en douter? Ce seroit éluder les secrets de l'Evangile que de nier l'urgente coopération de l'homme dans l'exercice des vertus.

Nota. Le but de ce chapitre est de puiser la variété dans les différents caractères. En opposant des monstres d'iniquité aux hommes probes, on paroît exagéré, j'en conviens ; mais quand l'imagination est active, souvent elle entraîne et s'affecte à raison de la sensibilité ; c'est alors que l'injustice peut être considérée comme une hydre à cent têtes : à mesure que la philosophie en abat une , l'humanité la reproduit.

FRAGMENTS

DES PROPYLÉES DE PARIS.

MONUMENT DE RÉCRÉATION.

(Planche 87.)

Tout meurt autour de nous, haines, jalousies, rancunes ; la raison survit, la vérité l'éclaire : ces deux sœurs marchent d'un pas égal. Quand les passions, les préjugés ne sont pas d'accord, la première les fait taire, la seconde offre à la conviction un aliment incorruptible.

Ici la Renommée s'impatiente, agite ses ailes, sonne ses trompettes; elle convoque les générations. M. de Calonne n'est plus ; la nature lui avoit donné un génie profond, élevé; dans ses expressions il étoit clair, exact, élégant : on l'auroit cru léger, parce que ses conceptions étoient faciles. Les détracteurs de ses talents administratifs, les petits qui ne pouvoient atteindre les grâces de son esprit, qui redoutoient l'étendue de ses connoissances, les grands qui sollicitoient ses faveurs, les intrigants qui convoitoient ses places, tous se rallieront au principe immuable que l'avenir a consacré en s'ôtant le droit d'être injuste.

Vous vous occupiez donc de la classe laborieuse que souvent on dédaigne en gouvernant en son nom? ressource inépuisable des doux arts de la civilisation! puissance de tous les instants.

pouvoir sans lacunes, c'est à cette classe précieuse à qui nous devons toutes nos jouissances. Ministre de cette nombreuse famille, rien n'échappe à votre surveillante activité; quand vous releviez les vertus du peuple par la seule idée des monuments que vous destiniez à ses plaisirs, que vous détruisiez ces vils repaires où l'humanité (1) s'avilit, où ses facultés sommeillent au centre des vapeurs bachiques; quand vous épuriez l'air des marchés publics (2); quand vous appeliez la végétation des quatre parties du monde, que vous réveilliez la sève engourdie (3) des hivers, pour étaler la scène coloriée du printemps, dans une promenade sans exemple pour l'étendue; quand vous mettiez à contribution le siècle de Périclès, pour offrir aux étrangers des modèles, aux arts des progrès (4); quand vous accroissiez les ressources du trésor par des spéculations dont les produits d'une année payoient la dépense prévue, etc... (5). Heureuse prodigalité de l'homme d'état, vous vouliez effacer, par le travail du jour, la nuit honteuse des misères!

Oubliera-t-on celui qui coupa le fil ourdi par la disette, pour offrir à l'abondance l'épi de la terre promise (6); celui qui excita l'encouragement par la récompense, qui soutint l'énergie de l'Université, en ajoutant de nouveaux fleurons à ses couronnes (7); celui qui caressa les sciences, les lettres, les arts, pénétra la profondeur de ces refuges gratuits de la maladie, où l'indigent repompe en sueurs morbifiques l'impôt qu'il paye d'avance (8)? Oubliera-t-on celui qui osa lutter contre ces corps robustes, ces géants familiers dont la force mise en mouvement renverse les puissances de la terre, et souvent même compromet les trônes du maître des dieux (9)? Oubliera-t-on celui qui versoit des larmes de joie pendant la réunion des Notables, par l'espoir qu'il avoit de mettre la dépense au niveau de la recette, et d'affranchir son maître de la dépendance du crédit public, en assurant la durée de l'empire (10)? Oubliera-t-on enfin celui qui n'ayant pu faire le bien qu'il se proposoit pendant son ministère, courut après celui qui n'étoit plus en sa puissance d'opérer, et épuisa son patrimoine, la fortune colossale de sa femme, pour servir des principes conservateurs des puissances paisibles de l'Europe?

Si sa vertu complaisante ne put se soutenir contre les efforts de la malveillance, au milieu de l'affectueuse barbarie des cours, son nom n'en sera pas moins buriné sur cette table d'airain qui rappelle sa mémoire. La Parque l'a fait descendre dans les tombeaux qui luttent d'éternité avec le bienfait qui l'assure. Leur silence ne prouve pas le néant de l'homme; l'ame dépouillée de tout ce qui l'attache à la matière, n'y reste pas enfermée.

Tu vas donc être heureux par elle! Elle franchit la nuit du trépas; un nouveau jour la blesse: que d'ingrats!... Ah! pardonne, ombre trop généreuse, toi qui ne connus jamais la vengeance! Tu vois un homme reconnoissant. Quoi! un ami quand le besoin n'offre plus d'espoir!... Tu vois les confidents de ta vie privée, ils pleurent, ils se désolent.

O Parque, toi qui dévoiles tous les secrets! toi qui n'as pas de motif pour les garder, dis moi pourquoi un ministre qui savoit passionner les cœurs, un ministre aimé généralement n'a pu l'être publiquement?

(1) La suppression des guinguettes, la construction de huit monuments destinés aux récréations du peuple.
(2) L'agrandissement de la halle, ses nouvelles issues, sous le ministère de M. le baron de Breteuil qui aimoit les arts.
(3) Les nouveaux boulevards.
(4) La découverte de l'amphithéâtre de Nîmes.
(5) Les Propylées de Paris.
(6) Il fit distribuer des grains aux fermiers.
(7) Il donna des pensions.
(8) Il secourut les hôpitaux.
(9) Il eut le courage d'attaquer les ordres pécunieux pour imposer également les biens, et décharger d'autant la classe industrieuse. Connoît-on beaucoup de ministres qui font le bien public avec la certitude de perdre leur place?
(10) Il écrivoit à une femme de qualité, de ses amies, le 16 août 1785, après avoir présenté son plan au Roi: *Je me fais pitié* (ce sont ses termes) *quand je pense aux résultats qui peuvent en arriver pour moi. Je crois que c'est le bien; j'ai du courage, je l'entreprendrai.*

PLAN, COUPE, ÉLÉVATION

DE L'ATELIER DES CERCLES.

(Planche 88.)

Toutes les formes sont dans la nature; celles qui sont entières assurent des effets décidés, les autres sont les produits déréglés de la fantaisie. Les siècles barbares ont enfanté des monstres; dans les siècles plus éclairés, les erreurs accréditées par la mode ont entraîné la multitude; on a souvent pris le change sur la forme, en dénaturant le fond. Les faux esprits ont cru trouver la variété des motifs dans les détails qui caractérisent les tours de force. Les uns ont employé les faisceaux de colonnes qui portent les voûtes aigues de nos temples; d'autres nous ont transmis les palais filigranes des Indes orientales; d'autres ont retracé les lignes corrompues et dégénérées qui ont amené les écarts du génie : confondant le principe avec ses conséquences illusoires, ils nous ont abusés.

Sur quelles bazes voulez-vous donc asseoir l'inconstance des desirs? Je l'asseoirai sur le trône affermi de la convenance; je l'asseoirai sur le pivot constant sur lequel tourne la voûte elliptique. Que de sensations! que de situations!...

L'artiste imprime à ses ouvrages le sentiment qui le guide, en voyant la nature embellir ses grandes lignes; il sentira que l'expression dépend du sujet qu'il traite, qu'elle ne doit pas être équivoque. En effet, le goût est impartial s'il est épuré.

La diversité des besoins travaillera les plans, multipliera les contrastes; les accessoires contenus dans le cadre du tableau, étendront les scènes, et interposeront, entre l'astre du jour et la terre, des ombres qui le feront valoir. Quel charme pour les yeux, quels progrès pour l'instruction, si les maisons de ville, de campagne abjuroient cette ennuyeuse uniformité qui endort les sens du voyageur toujours avide de nouveautés; on verroit disparoître ces surfaces oiseuses qui ne produisent d'effet sur le papier que par des teintes de convention; on verroit disparoître l'insuffisance qui rejette ses torts sur les points donnés qui l'entravent : appuyée sur des subterfuges fantastiques, elle ne nous diroit plus qu'elle construit dans le désert et sur des roches sauvages; que les situations arides n'offrent rien à l'imagination; elle ne nous diroit plus que l'art est déplacé à côté de la nature gigantesque qui la supplée et souvent l'écrase. Si elle persistoit dans ces retranchements qui peignent le vuide des idées, ce seroit nous avouer qu'il fait nuit dans sa tête; qu'elle voit les ténèbres au centre de la lumière; ce seroit vouloir nous prouver que la stérilité, stimulée par l'ivresse du talent, ne peut pas même développer les profusions de la fécondité.

Il faut l'avouer cependant, une maison qui présente une surface carrée, des croisées, un entablement, est plus d'accord avec nos habitudes, que celle qui, sans le poncis reçu, rempliroit les mêmes besoins. Tout ce qui s'éloigne des idées ordinaires ne peut se garantir de la crainte qui resserre l'élan de l'occasion; je dis plus, on l'expose, souvent on le perd. Eh! pourquoi? L'administration habituée à des réparations d'usage, à des modèles renfermés dans ses cartons quotidiens, se dirige par l'assentiment commun; elle se récrie sur la singularité; pour se préserver du cri populacier, elle couvre ses incertitudes par des remparts mobiles ; la circonscription s'effraie ; tout ce qui lui en impose lui paroît dispendieux ; on ajourne l'incertain, on veut le fixer sur des comparaisons qui rassurent : des comparaisons! quand les verra-t-on, si on les proscrit et si on éteint les rayons purs qui scintillent à l'aurore du génie ? C'est ainsi que les arts rétrogradent quand ils sont assujettis à des principes exclusifs qui neutralisent les conceptions alignées au cordeau de la servitude.

Quoi qu'il en soit, la construction de cet édifice est facile et peu dispendieuse. Les ateliers placés au rez-de-chaussée, au premier, surveillent les vastes routes de la forêt. Les chambres d'habitation sont éloignées des terres pour obtenir la salubrité desirable ; les vuides combinés, placés au centre, aux extrémités, laissent appercevoir des pins, dont les masses corrigent l'hiver, des chênes, des sicomores, des acacias qui se renouvellent tous les printemps et produisent des oppositions qui tranquillisent les surfaces de la pierre ; des refends tracés et non approfondis étendent les lignes indéfinies des cercles, et les lient avec la voûte azurée dont ils épousent la forme et les merveilles. Quoiqu'il paroisse indifférent qu'un atelier de sept à huit toises, situé dans une forêt peu fréquentée, produise plus ou moins d'effet ; cependant, suivez le principe ; est-il quelque chose qui ne soit susceptible d'offrir aux yeux l'attrait d'une progression utile ? Est-il quelque chose que le souffle instigateur de l'art ne puisse électriser ? Non, sans doute. Que diroit-on de celui qui ne voudroit pas faire le bien par l'impossibilité de le proclamer au son des clairons ? Que diroit-on ? on lui reprocheroit un faste trómpeur, une ame vuide, un isolement condamnable. Ne savez-vous pas que souvent une idée peu importante par elle-même, une idée, fût-elle bizarre, contient le germe d'une excellente conception ; qu'un changement heureux, une addition, une soustraction peut en faire un modèle ?

Eh bien, si cet essai peut réveiller l'apathique sommeil du sentiment ; s'il développe des sensations auxquelles on n'auroit jamais dû s'attendre sans ce préalable, soutenu par la hardiesse de la pensée et de l'exécution, voyez ce que l'art aura gagné.

La coupe indique la hauteur des planchers.

Nota. Un édifice qui s'empreint de l'émanation du sujet qui l'autorise, seroit souvent déplacé dans une autre situation.

VUE PERSPECTIVE

DE LA CÉNOBIE.

(Planche 89.)

Le peintre voit des batailles sur des murs salis par la poussière; d'autres fixent leurs regards sur des charbons ardents, et découvrent les foyers de Lemnos, le palais de Pluton; l'amant voit sur les feuilles d'une rose les traits enchanteurs de la beauté qui le séduit. L'imagination livrée à ses accès, a une tendance qui la dirige vers le grand; elle sert mieux que les écrits multipliés. Si elle trouve des réalités dans le vuide, à quoi ne doit-on pas s'attendre si elle rassemble des situations qui peuvent la diriger ou l'étendre.

Jettez les yeux sur ce monument; il vous offre l'azyle du bonheur, de la félicité, en perspective. Voyez ces bois, ces roches qui provoquent le sillon phosphorique et l'explosion du tonnerre; voyez ces fonds parés des richesses de la nature, ces tableaux variés du printemps, de l'été, de l'automne; figurez vous les neiges accumulées qui couvrent le travail des saisons productives. Que de merveilles! quelle succession d'effets! que de variétés!

Jeunes artistes, ouvrez ce grand livre pour étudier les contrastes, vous éprouverez dans la solitude, des sensations qui s'empreindront de teintes sombres; c'est-là que vous méditerez sur les grands événements de la vie. Ne vous y trompez pas; ils sont liés plus qu'on ne croit aux produits de l'art: les premiers développements vous paroîtront fort simples, ils se compliqueront à raison de vos facultés; mais ce que vous aurez peine à concevoir, c'est que le monde a beau s'altérer, il est gouverné par une intelligence immuable qui l'éternise et accroît vos forces. Je le suppose détruit, il est possible qu'il se reproduise par elles; mais la Cénobie que vous voyez, une Cénobie qui imprime le mouvement des vertus sociales, l'attrait séducteur du rassemblement qui fait aimer les premières loix de la nature, si elle n'étoit pas éternelle, elle trouveroit beaucoup d'Architectes qui releveroient ses ruines honorables.

PLAN

DU REZ-DE-CHAUSSÉE ET PREMIER ÉTAGE

D'UNE CÉNOBIE.

(Planche 90.)

Seize familles vivoient ensemble dans le calme des bois; elles avoient chacune un appartement complet; tous les besoins de la vie isolée : des jardins légumiers, d'autres destinés aux plantes usuelles et médicinales; des vergers, des prés, des champs cultivés, d'autres réservés aux pâturages; des vignes, des pressoirs; les communs, le sallon de rassemblement, la salle à manger; tous les accessoires qui assurent l'aisance et la commodité étoient réunis. Les chefs de famille gouvernoient par la confiance; la piété sentimentale, le bon exemple, plutôt que les écoles de morale, propageoient les leçons de la sagesse. La religion les attachoit aux loix du pays; ils trouvoient dans son exercice consolant, la vie douce et tranquille, l'espérance du bien et les alarmes du vice. Le culte étoit celui que la raison laisse à nos propres lumières; ils exprimoient leur reconnoissance au Créateur, et vivoient dans l'accomplissement des devoirs imposés par la Divinité : entourés de toutes les vertus, ils n'avoient aucune idée du mal.

Un philosophe moderne, un économiste paroît : le bonheur fuit, l'inquiétude commence, chacun s'agite; la lecture d'un nouveau système social occupe les esprits : les idées se croisent, se multiplient à raison des conceptions différentes, et comme les hommes qui ne sont pas encore atteints par la corruption, sont faciles à égarer quand on leur présente le mieux sous des apparences spécieuses, ils prennent l'art de raisonner pour la raison elle-même.

La jeunesse plus exaltée, croyant trouver dans l'appât de la séduction un bonheur qu'elle ne conçoit pas, se rassemble en petit nombre, pour rompre le pacte de famille. Nos jeunes cénobites, sans délibérer, s'arrachent au sentiment qui les attache à des loix libres, pour connoître celles qui gouvernent les autres peuples de la terre.

Il est naturel à l'homme de souhaiter d'être heureux; difficilement il trouve le bien qu'il cherche; inquiet sur ce qu'il n'a pas, rarement il est satisfait de ce qu'il possède : le solitaire regrette de n'avoir pas un état agité; le courtisan soupire après le repos; celui qui possède à la ville le modeste toit de ses ancêtres, le détruit pour bâtir un palais fastueux, d'où ses créanciers le chassent avant qu'il soit couvert.

Le bien et le mal se trouvent par-tout; le vrai bonheur n'est donc nulle part.

Avant de parcourir les nouveaux gouvernements, voyons ce qu'étoient les anciens : tous les gouvernements sont bons quand les peuples sont heureux.

L'oligarchie d'Athènes prépare la tyrannie de Pisistrate; Rome marche entre deux écueils; la puissance du peuple est croisée sans cesse par celle du sénat, le contrepoids de ce bizarre assemblage rompt la mesure, élève un dictateur.

Jettez un coup-d'œil rapide sur toutes les loix qui assujettissent les hommes et les attachent par des liens respectifs, vous verrez que ce qu'il y a de bien est commun à tous; elles prohibent le vol et l'assassinat; la tardive récompense couronne quelquefois la vertu, les talents. Ce qu'il y a de mal est un abus de pouvoir qui écarte plus ou moins du but honorable de leur institution. Repassez les gouvernements antiques, vous verrez qu'il n'y en a aucun qui n'ait été plus mauvais que les modernes. Sparte tolère l'esclavage et s'en fait un moyen d'existence, de manière que la liberté n'est pour le peuple industrieux qu'une tyrannie modifiée. On voit en Pologne une république anarchique; cent mille nobles qui oppriment dix millions de serfs. Ce n'est qu'en reprenant leurs droits politiques qu'ils peuvent espérer un jour d'être une nation.

La Russie n'offre qu'une hiérarchie de servitudes; les boyards sont esclaves des souverains, et le peuple languit dans les fers des boyards.

En Dannemarck, une tyrannie à-peu-près semblable, entraîne un peuple sans lumières, à chercher un refuge dans les bras du souverain; il demande volontairement le despotisme.

La Suède n'a pas encore de stabilité; accablée du pouvoir de Charles XII, elle a été depuis livrée à des combinaisons destructives; les grands, les prêtres constituent des ordres particuliers dans l'état; Gustave III fait tourner cette corruption à son profit; et le duc de Sudermanie rapproche de la liberté une nation digne d'en connoître le prix.

L'Allemagne, confédération informe de princes, de prêtres, de nobles, de villes libres, présente à l'étranger une organisation pénible, des éléments hétérogènes; tous les degrés de servitude mêlés avec ceux de la liberté.

En Hollande, le riche seul est républicain.

Aux États d'Amérique, l'esprit de fédéralisme affoiblit la puissance commune.

Sur les bords de la Tamise, le bonheur paroît assis auprès du trône; le siége est glissant, il est dangereux. Un prince possède en propre une souveraineté étrangère; il dispose de trente-cinq millions par an, des places, des emplois; que de moyens pour séduire et enchaîner les volontés! Les pairs opinent en leurs noms; quand les peuples ne votent que par des représentations dont rien ne garantit la fidélité, la représentation est si inégale, que dix mille hommes, dans une nombreuse population, nomment les délégués du peuple. On voit des douanes aux frontières, des barrières sur les chemins, des droits d'assise qui ne laissent pas aux particuliers le droit de fermer leurs portes. Telle est la liberté de ces braves Insulaires, dont la moitié du corps est chargée de fers; cependant cette nation est riche et puissante; elle est fière, puisqu'elle la possède en partie; elle peut penser et écrire, cultiver, travailler comme il lui plaît.

En Espagne, en Portugal, en Sardaigne, en Lombardie, en Toscane, gouvernements féodaux et municipaux dégénérés; la cuirasse et la toge sont enveloppées dans les rets du despotisme ministériel, qui est encore plus dur, plus superstitieux au Mexique, au Pérou, aux Philippines. On trouve à Gênes, à Venise, une aristocratie bourgeoise, dédaigneuse et inquisitoriale. Dans les états du Pape, tout esprit d'amélioration est étouffé par les préjugés sacerdotaux. En Turquie, au Pérou, au Mogol, au Japon, au Monomotapa, chez les Malais, la féodalité militaire, le despotisme religieux se disputent le plaisir d'opprimer les peuples.

A Maroc, ils sont baignés dans le sang; en Egypte, dans les Régences de la côte de Barbarie, on voit l'anarchie soldatesque et la servitude nationale.

En Tartarie, chez les Arabes errants, au midi de l'Amérique, l'ignorance et la pauvreté de l'état purement sauvage : voilà, voilà les quatre-vingts dix-huitièmes de la terre.

Reste la Chine où la monarchie est tempérée par les rits et les mœurs; la Suisse où le mot de liberté élève les ames et arrête le mauvais effet des vices du gouvernement (1).

En France........

---

(1) C'est l'économiste qui récapitule; la liberté étoit alors l'idole du jour, aux prises avec le passé.

Après avoir voyagé plusieurs années, nos modernes Anacharsis revinrent au principe, à ce moteur puissant qui tient le pivot mobile de toutes les destinées.

C'est toi, auguste et saine Philosophie, qui surnages au centre de tous les maux qui affligent l'humanité corrompue; c'est toi, principe éternel de la sagesse, à qui j'en appelle; le pays que tu habites est celui des talents, du courage, de toutes les vertus qui décorent la nature entière. Tu as brisé les fers qui paralisent les progrès des arts et du commerce; tu prépares des jouissances à une population éclairée; par toi elle deviendra de jour en jour plus heureuse par l'épuration de ses mœurs. Les méchants ont souvent souillé les avenues de ton sanctuaire; mais il s'élève, en dépit de l'ignorance, et sera digne d'être l'azyle du genre humain.

Fatigués d'un voyage aussi pénible que peu satisfaisant, nos cénobites cherchent en vain dans la forêt de Chaux les premiers lieux habités par leur enfance; tout avoit disparu, il ne restoit que de vastes ruines : ils reconnurent alors que le mieux, après lequel on court, ne vaut pas le bien que l'on possède, qu'il est en nous-mêmes; qu'indépendant des vacillations du globe, il est presque toujours l'ennemi du bonheur qui est à notre disposition.

PLAN DU SECOND ÉTAGE.

ÉLÉVATION ET COUPE.

(Planche 91.)

Le plan indique les besoins de chaque famille.

On sait que l'ordonnance d'un bâtiment situé au centre d'une forêt, doit être simple et dépourvue des accessoires qui atténuent les surfaces : c'est la projection des masses, la saillie du corps qui donnent le caractère décidé. La forme pyramidale qui couronne l'édifice est d'autant plus nécessaire qu'elle est appuyée par des fabriques qui se groupent avec elle; elle commande les arbres, et les rochers se rapprochent pour composer le tableau.

La coupe indique la hauteur des planchers.

On peut juger, par les ombres portées sur les nuds des murs, ce que le jeu des masses peut offrir; c'est le seul effet que l'on puisse tirer d'un plan qui a pour baze la stricte économie.

PANARÉTÉON.

PLAN, COUPE, ÉLÉVATION,

VUE PERSPECTIVE.

(Planche 92.)

Les premiers peuples adorèrent le Soleil; les Grecs élevèrent des temples aux talents; les Romains multiplièrent les dieux; les Goths les placèrent sous des masses informes, dans des niches entourées de filigranes; pourquoi ne pas généraliser ce que les uns et les autres ont particularisé? Toutes les vertus tirent leur origine de la vérité, et procèdent les unes des autres. Qu'est-ce que la vertu? C'est la résistance au vice; c'est un commerce de bienfaisance avec les humains.

Quand on bâtit une ville; quand on élève des monuments durables, le principe qui dirige l'artiste ne peut être indifférent; s'il est instruit, il appelle l'épuration des mœurs par des exemples qui frappent la multitude; il s'entoure de tous les moyens pour donner aux différents établissements qu'il conçoit, le caractère d'utilité qui honore le présent et perfectionne l'avenir.

Ici, vous voyez une école de morale où l'on enseigne les devoirs de l'homme. Les Platon, les Socrate, Lactence et Augustin ont tous travaillé à ce vaste édifice. L'enthousiasme de chacun dépend du moment où ils ont vécu; tous ont marché par des sentiers différents pour arriver au même but.

Ils ont formé l'esprit public pour les besoins du jour; le bel emploi pour l'Architecte appelé à leur succéder! que de biens il peut développer en frappant la curiosité, en éveillant l'apathie par les élans intentionnels! Que de gens ne savent pas lire, qui trouveront en se promenant autour de cet édifice, tout ce qui peut les préserver des écarts qui les dégradent! Que de gens dépouillés de l'esprit de superstition qui obscurcit les idées premières, trouveront dans ce grand livre d'éléments, la perfection desirable! L'enfance y lira ses destinées; le conquérant, ses hauts faits; le philosophe s'applaudira des leçons qu'il aura reçues ou données.

En effet, qui pourroit prétendre au nom de sage sans donner aux autres le précepte du devoir? N'allez pas croire que je veuille parler de ces modernes stoïciens qui délayent l'initiative du bien dans le mélange falsifié de l'intérêt personnel, et comptent pour rien l'impulsion qu'a produite sa fausse dialectique; elle a perverti l'homme; elle a enveloppé, dans des opinions exagérées, des principes que la nature réprouve. Ceux-là ne tireront aucun parti du sublime tableau que l'on va leur mettre sous les yeux. Convenez avec moi que la modeste sculpture, qui offre des proportions sévères pour faire respecter les vertus qu'elle retrace sur ces murs tranquilles, vaut bien l'orgueilleuse harmonie des mots que l'on assemble pour égarer l'imagination, souvent disposée à divaguer; mais l'art qui frappe, étonne vos sens par des modèles calqués sur la nature; celui qui met en action la saine morale pour vous apprendre à repousser les passions désastreuses, à vous garantir des voluptés corruptrices; cet art est si puissant qu'il ravit nos substances intellectuelles et les transporte dans l'empire affermi du beau idéal. Semblable à l'astre bienfaisant des étés, qui confond ses rayons colorés et noie sa puissance dans la vague profonde qu'un nuage soustrait aux yeux des humains qui regrettent sa lumière; cet astre sublime, pour avoir perdu la couleur, n'a rien perdu de son éclat; sorti de l'abyme des préjugés rétrogrades pour triompher de l'erreur, il va reprendre le lustre qui l'a fait briller.

Que vois-je? Des portiques multipliés qui se perdent dans l'horizon; le tourbillon menaçant rassemble la multitude craintive; l'enfance joue à couvert, l'adolescence gaiement les parcourt: la jeunesse s'agite et franchit tous les degrés; les uns dessinent; d'autres analysent les inscriptions; l'âge mur médite; le vieillard vertueux s'applaudit, il repasse tous les âges de la vie; le souvenir du bien qu'il a fait le rend à sa jeunesse; il voit, avant le temps qui dissipe les illusions, couronner ses talents. Consolantes images! vous êtes les derniers plaisirs de l'homme! vous êtes ses dernières jouissances! l'égoïste se désespère; il est abandonné; toujours seul, s'il promène ses ennuis, s'il se regarde dans les miroirs liquides qu'il rencontre, il se voit hideux.

Après avoir monté plusieurs rampes adoucies par l'art pour cacher à l'œil des souterrains qui dans leur élévation auroient pu nuire à l'objet principal, j'arrive; il en est ainsi des degrés de la perfection, ils sont insensibles. Je m'arrête à la porte d'un monument inconnu jusqu'alors (1); les premières figures qui se présentent à mes yeux sont les Grâces. Ah! pourquoi les Grâces dans une école de morale?

Existe-t-il une production qui ne soit susceptible du charme qu'elle répandent? aimeroit-on la vertu sans les Grâces? Qui ne rendroit pas hommage à la nature embellie par le choix épuré de l'artiste?

J'avance; j'examine; je vois les heures qui font oublier les jours; je vois les jours qui font oublier les heures. Eh! pourquoi oublier ce qui constitue le charme de l'existence? Pourquoi? c'est qu'elles fixent le bonheur sur l'échelon trop mobile de la vie, et que le bonheur n'existe réellement que dans les puissances qui maîtrisent l'ame et neutralisent les efforts du crime. Vous le retrouverez dans la courte analyse que je vais faire.

Voyez d'abord la proportion des figures; elles sont distantes entre elles d'un diamètre et demi (2); proportion délicieuse, avouée par l'exigeante Architecture, puisée dans les loix de l'harmonie; ni trop grandes, ni trop petites, ni trop légères, ni trop fortes; le trait est pur et ne cache rien des nuds: la pose est tranquille; l'œil appréciateur se complaît à parcourir les beautés de détail. Ne croit-on pas qu'elles se tiennent toutes par la main? Accord admirable dont le lien invisible semble réunir tous les êtres, quand voudras-tu consolider ta souveraineté?

Quelle est cette figure représentée sous les traits de la Minerve de Sosiclés? c'est la Sagesse; qu'elle est imposante: ne diroit-on pas qu'elle commande à tout ce qui respire? A côté on voit la règle de Polyclète qui offre le modèle de la raison. Les vertus sociales sont au premier rang et font éclore les vertus particulières qui suivent. La Justice pèse les droits dans sa balance; là, elle récompense, plus loin elle punit. La Tempérance est à côté, c'est elle qui abat les passions tumultueuses; elle donne la main à la Modération. On voit ensuite la Continence, cette vertu rare qui honore plus la jeunesse de Scipion que ses exploits guerriers. La Générosité, compagne prudente de la Prodigalité, distribue ses faveurs. La magnanimité, la force d'ame bravent le malheur; la

---

(1) La forme d'un cube est le symbole de l'immutabilité; on asseoit les dieux, les héros sur un cube; c'est ainsi que l'on représente Neptune; les bornes de la mer sont censées immuables; les anciennes tours, les coeffures des anciennes villes sont carrées; voilà ce qui a déterminé la masse de cette élévation; la morale doit compter dans ses fastes un monument immuable: les Grecs appelloient un homme carré celui que l'on ne pouvoit jamais détourner de la vertu ou de ses devoirs.

(2) La proportion résulte de la largeur et de l'écartement. Voyez un Hercule ayant six têtes de hauteur, espacé d'une fois et demie sa largeur. La proportion est forte et convient aux grandes distances.

Voyez une femme de la même hauteur, ayant huit têtes de haut, ce qui détermine la largeur: elle est svelte et ne peut supporter l'éloignement.

Prudence calcule la félicité. La piété, ce sentiment consolateur, que l'homme retrouve à chaque pas dans le sentier épineux de la vie, contraste avec l'amour impérieux qui soumet la nature entière et étend les facultés. Pourquoi l'amour, ce sentiment qui divinise l'homme, est-il en opposition avec une vertu aussi pure ? L'amour n'est-il pas aussi une vertu, quand il tempère et régularise ses excès? Toutes les autres vertus sont progressives; voyez comme le sculpteur les a nuancées, elles sont à perte de vue; celles qui sont aux extrémités perdent tant de leur consistance qu'on les croiroit négatives; il est vrai, chaque vertu a son point de distance; en les approchant vous verrez que l'artiste n'a rien négligé, et que toutes portent le sentiment qu'elles impriment; au surplus, comme les intervalles sont remplis d'inscriptions, d'apologues indiens, orientaux, remarquables par un sens juste et profond, leur empreinte est tellement caractéristique, que l'homme le plus mal organisé pourra se faire lire ce que leurs attributs ne pourroient lui faire connoître.

Administrateurs de nos jours, voulez-vous compter parmi vous des produits qui honorent l'art et épurent l'esprit public? offrez aux enfants prédestinés d'Apollon les moyens de mettre en évidence leurs talents. Si vous les arrêtez dans leur course ; si vous leur ôtez l'occasion de vous éterniser par la tradition mémorable qui doit vous signaler, voyez ce que vous dérobez aux siècles à venir.

Toi qui vois tout, toi qui peux tout changer sans changer toi-même, source de vie! principe de tout! serois-tu étranger à ton ouvrage, après l'avoir tiré du néant? non, sans doute, tu veilles à la conservation des arts; tu veux leur gloire : tu embellis la nature entière.

Nota. Ce que l'on dit s'oublie ou s'ignore ; ce que l'on voit offre des comparaisons, fixe les résolutions : les rayons du ciel d'accord avec les surfaces de la terre, combinent les effets, les ombres ; ces combinaisons sont sans réplique.

Michel-Ange, sculpteur, conçoit le grand de l'Architecture. La colonne de Trajan, la porte qui retrace les triomphes de Louis XIV, doivent tous leurs avantages à la sculpture ; l'Architecture, dans ce dernier monument, ne joue pas le premier rôle ; les socles qui portent les pyramides ornées de trophées, sont trop élevés et détruisent l'objet principal. Les corniches qui terminent ces socles sont sans motif et ne se rallient pas : l'élévation de côté est trop étroite ; elle devroit offrir une masse plus imposante.

Voyez les Propylées de la Meuse ; ce monument présente un plan carré ; l'ouverture des portes a 42 pieds ; il a été détruit par le vandalisme ; le croira-t-on? par des Architectes! Que ces hommes sont condamnables ; ils ôtent à la splendeur de l'art tout son éclat, ils ôtent à la postérité des modèles, des comparaisons.

FRAGMENTS

DES PROPYLÉES DE PARIS.

(Planche 93.)

MAISON D'UNE MARCHANDE DE MODES.

COUPE, ÉLÉVATION.

(Planche 94.)

Voyez le plan de la planche 95.

La mode est un impôt que l'Amour et l'Hymen paient au Caprice ; cette idole a cent têtes ; en abat-on cinquante, cinquante se reproduisent ; entourée de prestiges séducteurs, enchaînée avec des guirlandes de fleurs, couverte d'or, de diamants, de perles ; esclave du luxe, si elle est le désespoir des maris, elle est presque toujours l'espérance des amants. La mode, qui commande aux nations, est si répandue sur le continent français, qu'elle fait presque tous les frais des délibérations de ce peuple aimable : cet art paroît futile, cependant il rassemble autour de lui ceux qui gouvernent et dictent des loix d'un pôle à l'autre.

Le besoin d'aimer (qui ne l'éprouve pas ?) maitrise le desir de plaire ; il envoie aux Indes, en Perse, à la Chine, les toiles, les lampas ; il assujettit ces dociles climats à la couleur préférée du nôtre. Il envoie dans les cours du Nord, au fond de la Sibérie, des ambassadeurs, mannequins fidèles de toutes les expressions flatteuses qui sortent des miroirs, pour faire des traités qui lient l'intérêt commercial des nations.

La politique des cours, les évènements qui élèvent ou détruisent les gouvernements les mieux fondés, ont des ramifications bien moins étendues que ces puissances discrètes qui tiennent le fil de l'univers, et enchaînent ses facultés.

C'est à vous, divinités de la terre !... Toujours la même expression ; oui, puisque c'est la seule qui convienne au sujet ; à vous qui attisez le feu qui produit les prodiges, de jetter les yeux sur l'art qui vous doit ses agréments ; c'est à vous d'embellir la nature délaissée : sans vous, tout est aride, tout languit. Le genre humain est sous votre tutelle ; dans le premier âge de la vie nous vous devons le germe producteur de nos connoissances, de nos affections ; nous vous devons nos plaisirs dans l'âge printannier ; l'amitié, des conseils dans l'âge mur, des soins dans la vieillesse. N'est-ce pas assez pour vous rendre chères à nos cœurs ? N'est-ce pas assez pour exciter notre reconnoissance? Ce qui nous séduit est fait sur votre image; la proportion élégante de nos colonnes est calquée sur celles à qui les ames sensibles prodiguent leur encens dans le temple de Vénus. Les arts empruntent de vous tout leur éclat : si la galerie d'Apollon plaît tant à tous les yeux exercés, c'est qu'on y voit par-tout l'amour que vous inspirez; on y voit les Grâces sous toutes les formes; vous tenez dans vos mains un sceptre révéré, le seul qui soit à l'abri des révolutions; il commande à la terre et va organiser, pour les arts, un nouveau monde qui vous devra toute sa splendeur. Après avoir régénéré par vos documents les tendres rejettons confiés à vos soins, après avoir fait entrer dans leur éducation première les connoissances qui les mettront à même de diriger leur choix, accoutumées à voir les grâces se répercuter dans vos miroirs, vous prendrez nécessairement les idées du beau, du parfait; vous les communiquerez, vous les généraliserez, en les liant au système qui marchera d'un pas égal avec l'utilité publique. Quelques colonnes, une fois dépensées, viendront à l'appui du principe; elles remplaceront ces moyens fragiles qui préservent vos lys des atteintes du soleil. Les gazes journalièrement coûteuses qui voilent la beauté, peuvent-elles être comparées aux ornements solides qui l'immortalisent? et comme l'accessoire doit le céder au principal, les pièces que vous décorerez seront d'autant plus simples, qu'elles n'exigeront pour ravir nos sens, d'autre éclat que celui que vous leur prêtez. En sollicitant, sexe enchanteur, votre secours, pour propager le goût des arts, je soumettrai à votre sensibilité la maison du pauvre, et tant d'autres édifices négligés par la dédaigneuse Architecture.

Il faut en convenir, tout ce qui n'est pas à la portée de la multitude n'a de valeur pour elle qu'autant qu'elle peut l'appliquer à ce qui l'intéresse : il faut que celui qui a deux pièces à construire, un champ à planter, à l'aide de modèles variés qui fixent ses résolutions, puisse sur un sol préféré, établir les convenances; il faut qu'il puisse forcer ses voisins, par la conviction, à se lier aux effets généraux qui séduisent les organes les moins exercés. Vous encouragerez l'artiste qu'une théorie timide effraie quand elle n'est pas soutenue par la pratique qui étaie sa hardiesse. Comme vos sensations sont délicates, vous le placerez aux points de vue les plus avantageux; une masse d'arbres lui fournira économiquement des premiers plans qui feront valoir avec prodigalité les derniers. Des eaux abondantes qui blanchissent dans leur course précipitée, pour rajeunir la plaine; un humble toit vu de côté, un mont orgueilleux de l'autre, vous fourniront des contrastes pour terminer le tableau contenu dans la largeur du cadre que vous aurez choisi.

Quand vous aurez assemblé tout ce que la nature a soumis à votre pouvoir, vous aurez plus fait que Prométhée lorsqu'il voulut animer la terre; vous aurez plus avancé le progrès des arts que les souverains qui voudroient les diriger, que les savants qui les enseignent, que la méthode qui les circonscrit dans des mesures aussi fastidieuses que rétrécies. Que de bienfaits vous préparez à la race future! On oublie aujourd'hui quelle fut la parure de la superbe reine de Babylone (1), mais les monuments qu'elle fit construire honorent encore un siècle avide de gloire.

(1) Sémiramis vivoit douze cent cinquante ans avant l'ère chrétienne.

Nota. Le besoin d'aimer inventa le desir de plaire; de tout temps il fut la base de la législation naturelle; de tout temps il fut le véhicule du bien, mais la mode a ses écarts, qui peut en disconvenir? en Architecture, en morale même elle reverse les principes les mieux fondés; mais quand tout est corrompu, quand tout cède à l'impulsion d'un jour, comment l'Architecture prétend-elle conserver sa pureté ? la mode est l'enfant gâté du savoir; c'est le rempart à la faveur duquel l'homme médiocre couvre sa nullité. Voyez ce que peut la mode en morale! elle compromet l'existence d'un Être suprême; sa puissance détrône la raison pour imprimer ses caractères sur le frontispice de nos temples. Ici on reconnoît un Être suprême.... Au dix-huitième siècle, quel effort ! Dans un pays où l'on fait des loix de mode, pour réprimer des vices de mode; dans un pays où la mode a rayé de son calendrier les pères de l'église, des sages depuis tant de siècles révérés. Combien on peut s'égarer!

C'est à vous, sœurs chéries d'Apollon, d'épurer les principes; vous tenez dans vos mains le moteur universel des passions utiles, des passions généreuses, Ah! je le prévois; votre génie va développer un nouveau système qui sera lié à la splendeur du gouvernement; que de moyens il vous offrira pour en assurer la succession brillante.

PLAN, ÉLÉVATION

D'UNE MAISON DESTINÉE A DEUX ARTISTES.

(Planche 95.)

Ici la philosophie offre un azyle à ceux qui sont mécontents. On donne le terrain pour bâtir; la ville s'élève, la population sera nombreuse : les dégoûts arrivent, affluent de toutes parts et s'assemblent autour de l'amour-propre; les uns viennent de la défiance de soi-même; les autres de la trop bonne opinion; ceux-ci s'entourent du mépris qu'ils portent au genre humain, pour élever dans leur isolement fâcheux, des autels à la présomptueuse vanité. La république des arts a ses vices et ses vertus; ses modifications sont infinies.

Deux Architectes s'associent pour faire un projet de théâtre; pourquoi s'associer pour concevoir? le fait est exact, le motif s'explique; ils pouvoient à deux faire ce qu'un seul fait ordinairement. Ils présentent leur plan; il étoit dans le système progressif (1), car l'égalité sociale, la solidité convenable rougiront un jour d'avoir accrédité des hauteurs perpendiculaires, où l'art, dans sa pénurie, se répète généreusement six fois pour effrayer pendant deux heures le spectateur inquiet du fardeau qu'il porte sur sa tête. Ils avoient supprimé les colonnes que l'habitude place à l'avant-scène; c'étoit beaucoup hazarder. La faveur du jour qui envahit la liberté de l'art, les encensoit sur le grand théâtre de Versailles. On examine, on critique; les Architectes sont désolés qu'un travail réfléchi fasse assaut avec la frivolité. Que deviendront vos efforts? A quoi vont aboutir vos études sérieuses?

La confidente des plaisirs de Monseigneur (c'étoit un ministre par excellence), après avoir essayé tous les miroirs de la pièce où l'on attendoit, jette un coup-d'œil sur les plans. Le système des artistes révolte son amour-propre : l'égalité qui fait disparoître les rangs et donne la prééminence à la masse d'une assemblée nombreuse, en graduant la parure, ne lui plaisoit pas. Avant d'être Cardinal (2) on est homme; l'amour dans ses souvenirs inquiets, l'avoit éclairé de toutes parts; les sucs d'Esculape gonfloient ses jambes, desséchoient sa tête, ossifioient ses bras; au faîte des grandeurs on trouve toujours quelqu'un qui panse nos blessures. On ignore quel démon intéressé avoit fasciné les yeux étincelants de son Éminence; tout ce que l'on sait, c'est que la dame initiée aux secrets, obligeoit les décisions de se prosterner devant elle, et pour donner un échantillon de son goût, elle préfère les élévations au plan : elle dit; le décret est lancé d'avance. On ouvre les deux battants, le prélat arrive, il ne manque plus que la sanction des bureaux, et en pareil cas on n'attend pas.

C'est ainsi que l'art se perd dans les replis tortueux de l'intrigue que la confiante candeur ne permet pas d'alimenter.

(1) Voyez l'article du théâtre de Besançon.
(2) Détracteur des principes qui lient la succession des empires, il n'aimoit pas les prêtres; eh! pourquoi? nous leur devons l'éducation première et la pureté des mœurs.

Les jeunes artistes, le dépit dans le cœur, roulent leurs dessins, les emportent, viennent construire cette maison qui satisfait les desirs du sage; ils ajoutent au corps principal, des galeries de tableaux, des cabinets d'histoire naturelle, de chimie, de botanique, de modèles : chaque établissement porte le caractère qui lui est propre, et varie les scènes intéressantes d'un jardin où les eaux serpentent pour enrichir la plaine; tous les choix sont délicieux; les plantes étrangères, les arbres de tous les pays sont cultivés avec succès. Cet échantillon du goût amène chez eux toutes les provinces voisines (1); on les venge en peu de temps de la mauvaise réception qu'ils avoient éprouvée au centre administratif où aboutissent toutes les lumières; ce n'est pas la première fois qu'elles sortent de l'impuissante apparence du caillou; l'étincelle du génie scintille partout: ce n'est pas le dernier prodige que le dégoût opérera.

Si les vrais talents sont susceptibles de s'irriter, leur fierté même tourne au profit de l'art : on n'en peut pas douter, il existe des hommes ensevelis dans leur retraite, livrés au charme de l'étude profonde; leur modeste contenance recèle des moyens que l'on étouffe en naissant et que la postérité regrettera; il en est d'autres à qui la nature, dans son avarice, a refusé, pour les faire valoir, jusques au nécessaire; ceux-là sont toujours écrasés par l'essaim croissant des envieux qui remuent la vase pour entretenir des souffles corrupteurs, et qui osent tout parce qu'ils ne doutent de rien. C'est à vous, ministres circonscrits par la complaisance, à les faire sortir de la presse. Que dis-je; si des conceptions élevées passent à votre signature, c'est presque toujours l'effet du hazard; rarement vous prévoyez; rarement vous souscrivez à l'idée qui étonne; souvent la mesure que vous y mettez ne s'élève pas au-dessus du poids de l'or que vous distribuez; semblables aux squelettes mobiles que l'on suspend tout habillés aux sombres voûtes du temple desservi par les adroits compagnons de Mercure, on emploie sur vous le ressort qui extrait l'or qu'ils recèlent, sans altérer votre immobilité.

Quelle perte pour les vrais talents! quelle perte pour la splendeur de l'empire, quand le faux goût s'appuie sur une puissance abusée, pour compromettre des intérêts qui font pencher la balance des produits à l'avantage des nations voisines!

---

(1) Les Architectes, les jurisconsultes, les médecins célèbres souvent ont fait la fortune du pays qu'ils habitoient; ils appellent l'abondance: il est de l'enthousiasme qu'ils excitent comme des beaux yeux de celle que l'on préfère; on les trouve moins beaux; on les trouve quelquefois laids, lorsqu'on ne les aime plus.

VUE PERSPECTIVE

DES MAISONS DÉSIGNÉES SOUS LES N°. 94 ET 95.

(Planche 96.)

LOGEMENT

DESTINÉ AUX GARDES DE LA FORÊT DE CHAUX.

PLAN, COUPE, ÉLÉVATION.

(Planche 97.)

On dit que les grands crimes portent avec eux le caractère d'énergie que les actions sublimes inspirent, que les peintres les retracent sur des toiles exagérées, que le poëte en fait de sanglantes tragédies. Que feront les Architectes quand on les chargera de lier l'art puissant qu'ils maîtrisent aux besoins impératifs de la maison d'un garde; quand on exigera d'eux la sévère économie, qu'il faudra servilement calculer la dépense et exclure toute élévation dans la pensée? J'ignore ce qu'ils feront, mais voici ce que l'on a fait.

L'édifice que vous voyez devoit être placé au centre de huit allées pour surveiller la forêt; il falloit tout voir, rien ne pouvoit arrêter l'œil; les objets de première nécessité devoient être arrazés au niveau des terres; tout obstacle eût été contraire au principe. La solidité exigeoit des matériaux durables; on vouloit réunir tous les auxiliaires de la vie champêtre; les aliments devoient être à la portée de tous les services; c'étoit, pour ainsi dire, une cage ouverte de toutes parts, consolidée par des points d'appui pour assurer les toitures. Il falloit mettre les pièces d'habitation à l'abri des vapeurs humides, les surélever et les rafraîchir par des airs passants; le feu qui fait bouillonner les aliments étoit commun à tous; les cazes consacrées au repos étoient au niveau; on pouvoit à tout instant, par des ouvertures dans les voûtes, surveiller les coursiers destinés à préserver les distances les plus éloignées, contre les délits de la cupidité : on pouvoit à tout instant les provoquer au réveil.

Comment lier les convenances avec le caractère qu'exige un édifice vu de loin, le voici : on élève des piles carrées, on remplit les entre-pilastres avec des bois jointifs; on y trace des assises de pierre, on appelle les saisons, on les consulte pour ouvrir le tout ou partie. Tel étoit l'homme dans sa simplicité, avant de céder à la puissance que le luxe usurpa sur lui.

Les anciens ont rarement employé les pilastres carrés ; l'exemple le plus récent que nous connoissions est celui du temple de Trévi ; ceux qui se sont multipliés se voient aux angles de leurs édifices, pour les fortifier et soutenir les efforts et la poussée des frontons ; ce que l'on a fait pour donner de la force, on peut le faire encore, quand la proportion resserrée nous rappelle le grand des ordres colossaux que nous regardons comme la baze de la pureté architecturale.

Au surplus, a-t-on besoin d'autorités quand la nature des lieux commande ? Elle ne se nourrit pas de ces substances digérées par les conventions humaines ; si elle fouille les terres qui recèlent la lumière des siècles, ce n'est que pour y retrouver ce qu'elle a consigné dans ses fastes immortels. Ce genre de décoration est ferme, il ajoute au centre d'une forêt, à la déperdition des grandes distances, ce que les colonnes d'un pareil diamètre perdroient. Devant tout son effet à la projection des masses et du trait, il n'est pas susceptible des détails que l'habitude cache sous l'ombre des toits ; on peut l'employer dans toutes les situations, dans toutes les circonstances où les colonnes n'offriroient pas assez d'énergie (1).

A l'égard du couronnement, nous avons souvent dit combien il étoit indispensable dans les espaces apperçus de loin, pour composer le tableau et le lier avec le ciel ; il est si nécessaire qu'on peut considérer sa puissance pyramidale comme la tête de l'homme est au corps.

Eh bien ! d'après l'analyse succincte qu'on vient de remettre sous vos yeux, croyez-vous que les grandes secousses soient toujours nécessaires pour remuer le sentiment ? Quand un principe se détruit, un autre se reproduit, c'est la loi du mouvement ; il naît et ne meurt point. L'impression est le premier moteur, elle transige avec toutes les difficultés, et ne perd jamais sa force ni son activité.

La coupe donne la hauteur des planchers.

MAISON DE CAMPAGNE.

PLAN, COUPE, ÉLÉVATION, VUE PERSPECTIVE.

(Planche 98.)

Voyez la planche 24, elle est dans le même principe pour la décoration extérieure.... La nomenclature indique les besoins.

---

(1) Ce principe est constaté dans l'exécution de plusieurs monuments. Voyez les Propylées de Paris, apperçues de distances éloignées.

PLAN DU CIMETIÈRE.

(Planche 99.)

La terre s'entrouvre pour découvrir les antres de la mort; tant que nous sommes, elle n'est pas encore, quand elle est, nous ne sommes plus; les maux en foule se pressent, tombent dans ses profondeurs; l'homme s'élance après avoir traversé les périlleux déserts de la vie. Deux escaliers que l'art a découpés dans ce massif impérissable, descendent aux antipodes du monde.

Sur un pallier commun on épure les morts pour exciter les vivants à la vertu; l'un des côtés conduit aux champs du bonheur, au séjour de la tranquillité; c'est-là où les ames pures jouissent paisiblement du bien qu'elles ont fait pendant la vie: toutes les nations s'accordent sur la félicité de ces lieux enchantés, et depuis l'existence du monde on n'a vu aucun détracteur de ce principe incontesté. On y rencontre tout ce qui peut contribuer à élever l'ame, encourager les vertus, les talents; les murs sont couverts d'inscriptions qui doivent les éterniser. L'autre côté mène aux supplices éternels: tous les degrés suintent le crime et sont occupés par les remords, les peines, la crainte, le désespoir; les fleuves de feu roulent sous ces voûtes plaintives : on entend des cris aigus; on est entouré de larmes, de sanglots, de regrets, de calamités, de reproches : ombres hideuses! On voyage dans le vuide de la terreur, on n'arrive jamais.

Jeunes artistes qui courez après le bonheur, vous prendrez ici une leçon; vous le trouverez, ce bonheur, sur le pallier épuratoire.

Les ailes fugitives de la Renommée ne se replient pas pour revenir sur les torts qu'elle donne; elle est aussi impitoyable que la Parque qui vous attend sur le dernier degré. Il ne lui suffit pas de lui présenter l'analyse des talents que l'on acquiert au prix des tourments de la conscience; elle compte pour rien ces tablettes fastueuses que la corruption des siècles approuve.

L'Architecte doit être pur comme les productions qui lui valent une place honorable dans le temple des scrupules; il faut que ses vertus le décorent.

COUPE DU CIMETIÈRE.

Le choix d'un cimetière n'est pas indifférent; il faut reléguer ses maléfices dans les plus hautes solitudes de l'air; c'est-là où l'on sépare les fausses jouissances, que l'on confond avec les tourbillons mensongers de la terre. Il faut préserver ses habitants de l'aquilon désolateur qui souffle la corruption et les maux qui la suivent.

Si l'Architecte rencontre des gouffres ténébreux dont la profondeur, au-dessous de l'empire des morts, égale l'espace immense qui sépare la terre de la voûte azurée; s'ils sont déja soutenus par la précaution, c'est-là où l'économie politique, qui accélère tous les succès, fixera ses résolutions.

Entrez dans ce dédale obscur, un lac affreux s'offre à vos regards; les soupiraux de l'empire fétide s'ouvrent de toutes parts; les vapeurs du sein de l'abyme se condensent, et déploient leur contagion dans la vaste étendue de l'air. Voyez-vous ces colombes qui traversent, tirent de l'aile et viennent s'abattre sur le gazon; ces aigles, ces tyrans de l'éthérée, qui étonnent par leur chute, ces voûtes tranquilles où sommeillent la haine et la vengeance.

Qu'il est affreux de penser que rien n'échappe à la destruction; que cette marâtre de la nature assemble ses sinistres hoyaux pour creuser son néant. Suivez les sentiers pratiqués dans ces roches, vous verrez les cérémonies religieuses occuper le centre de l'édifice, le ciel les éclaire, et son regard éblouissant poursuit les ombres et les attache sur la moitié du globe pour annoncer le noir séjour où finit la grandeur.

Suivez les chimères qui sont renfermées sous ces antres partiels, vous voyez le même linceul envelopper indistinctement la bienfaisance et le crime; vous voyez l'ignorance honorablement étendue dans des cazes de marbre, les mains jointes; ne diroit-on pas qu'elle demande pardon aux dieux, niveleurs des marais du Styx, de la place qu'elle occupe? Elle est à côté des grands talents; à côté des grands talents? Oui, c'est-là où l'on retrouve l'égalité. Avancez, vous allez voir ce vaniteux fantôme se dissiper; vous trouverez des chapelles ardentes, des brasiers dévorateurs de la matière.

C'est ici où le mérite va renaître de ses cendres; déja les flammes du génie s'élancent; les voyez-vous électriser la nue, la diviser et se mêler aux clartés célestes? Mes pensées s'agrandissent, je n'ai donc pas besoin de cette chaîne indéfinie dont le crampon audacieux se visse au sommet de l'Olympe, pour essayer les hautes destinées de celui qui descend dans la profondeur de ces terres. Je puis donc, et je respire encore, m'identifier à ces substances immortelles.

Tout le monde sait que les rois d'Égypte, pour occuper les loisirs de l'esclavage et tenir dans leurs serres les fils qui avoient ourdi la victoire, ont fondé à grands frais les pyramides. Le faste qui n'avoit pour but qu'une sépulture dédaigneuse de l'humanité, les acheva; l'idée de la flamme qui s'effile (1) par la pression de l'air, en détermina la forme.

Croyez-vous que l'idée de la terre lui cède en grandeur? cette machine ronde n'est-elle pas sublime? Eh bien! à quoi serviront ces élans de l'art s'ils viennent se briser aux pieds de l'indifférence, qui voit d'un œil apathique les afflictions, quand elles ne peuvent l'atteindre dans son isolement. A quoi ils serviront? le voici; à préserver la cité la plus nombreuse des accidents qui l'affligent. Si vous élevez sur le mont de Mars cet édifice qui retracera nos triomphes, n'oubliez pas les motifs consolants qui lient la *sanité* publique à la splendeur des empires; souvenez vous que l'admiration qui s'extasie, sur les bords du Nil, à la vue des porphyres entassés par l'orgueil, est illusoire, et qu'il n'y a de monuments avoués par les nations qui luttent d'éternité avec le temps, que ceux qui épurent et multiplient les éléments du bonheur commun.

(1) Σπιφα.

VUE PERSPECTIVE DU CIMETIÈRE.

(Planche 100.)

Toi qui te fais un épouvantail de ton ignorance pour effrayer tes facultés actives, ouvre les yeux! vois cette harmonie sublime qui compose les parties de ce vaste tableau; les six époques appellées jours, préparent la munificence du ciel et les développements divers opérés dans le sein de la nature; ces masses mobiles se rangent d'elles-mêmes dans l'ordre imposant que l'Éternel leur a prescrit.

Atômes insensibles! rendez grace à l'Ame universelle qui a disposé cet ordre immense avec tant de sagesse? voyez ces feux scintillants qui éclairent l'obscurité; Vénus, Mars, Mercure, Jupiter, Saturne entourés de brillants satellites; voyez l'astre au front d'argent, dont le temps calcule le cours et échancre le disque lumineux, une quantité de mondes roulant dans l'espace et faisant partie de l'univers; eh bien! Dieu imprima sur le front de ces étoiles la gratitude de l'homme que la nuit des temps enferme encore dans ses voiles. La création déploie ses largesses. Le monde intellectuel pour lequel celui-ci a été fait vous offre une échelle graduée qui reçoit l'affluence des êtres électrisés par la flamme céleste; il vous offre ces divins génies qui s'élèvent au sommet de la voûte éthérée : l'Architecte est là, entouré de tourbillons, de nuages qui disputent avec lui la prééminence des cieux; il voit sous ses pieds des ombres qui obscurcissent la terre et la chargent du deuil des saisons. Les forêts sont dépouillées; les lacs, naguères remplis de richesses aquatiques, sont desséchés. Les souffles destructeurs vomissent l'épidémie, la faim, les malheurs qui détruisent les empires : l'invariable destin semble avoir décrété leur fin. La terre s'isole; l'homme épouvanté recule à la vue de cette voûte redoutée qui va couvrir les décombres de l'humanité (1) : la hideuse politique se familiarise avec le crime, amoncèle les poisons, les poignards; les vengeances, les injustices, les passions ambitieuses, l'ordre immuable s'agitent, les vices entassés sur les vices étouffent les vertus; les puissances motrices pèsent sur les deux pôles; les secousses meurtrières remuent la fange qui déploie sa contagion. Tout ici se confond, la nature est ébranlée; l'homme moral n'est plus.

Un nouveau monde commence; le chaos se développe. Avant que la mer, la terre enveloppassent les mondes, la nature n'avoit qu'une seule forme par tout l'univers : c'étoit une masse grossière qui contenoit l'origine de tout.

Quel est le mortel qui ne sent pas tout ce que le Créateur a fait pour lui? Il veille et sépare les éléments; il répand l'eau pour enchaîner les solides. Bientôt les lacunes liquides vont préserver la terre des projets ambitieux qui la morcèlent; ce dieu de paix veut que les efforts des méchants se brisent sur ces montagnes roulantes, sur ces colosses éternels qui effraient l'audace; il veut qu'elles garantissent les intérêts respectifs des nations et maintiennent l'équilibre tant désiré du bien-être; dans la succession des dieux, il veut que Neptune hérite du trident des mers pour

---

(1) L'artiste sentira qu'ayant couvert d'une voûte immense l'étendue des terres excavées par l'extraction de la pierre, et voulant obtenir au sommet l'évaporation des odeurs méphitiques d'un cimetière, l'image du néant ne pouvoit offrir aux yeux ni bois, ni prés, ni vallons, ni fleuves, encore moins les bienfaits du soleil qui vivifie la nature.

assurer les sceptres de la terre; il veut enfin planter la colonne de démarcation entre le déluge des maux et la conservation de l'homme; car tel est son acharnement; il a une si puissante tendance à sa destruction, qu'en se couvrant du masque commun qui trompe l'avenir, il sacrifieroit la race présente, la race future, pour assouvir la passion des conquêtes.

J'étois bien loin de croire, quand j'ai conçu ce projet, quand le conseil d'un dieu de la terre l'adopta (1), qu'ayant sillonné l'enceinte d'une ville innocente, pour déposer des cendres pures, ces terres tranquilles offriroient un jour les catacombes du genre humain, et la corruption de tous les principes. J'étois bien loin de croire qu'ayant érigé cent monuments de gloire pour entourer la plus grande cité de l'Europe, je présenterois aujourd'hui aux nations intéressées la clôture préservative des incursions meurtrières, et que le dieu du ciel lui-même confirmeroit les limites qui circonscrivent la plaine salée. Quels magnifiques boulevards! quelle immensité! Ici l'art en deuil vient réclamer un mort; il appelle la philantropie pour enrichir, de nouveaux monuments, l'horizon doré qui colore le monde intellectuel. Le rayon perce à travers le nuage, et éclaire le tableau en-dessous.

Rejettons favorisés du dieu des élans, je vous appelle à ma succession, ne dédaignez pas ces débris déchirés par la race dévorante; on place, on déplace les couronnes, celle que je vous offre est dans vos mains, vous pouvez vous la donner, vos talents vous la préparent; je dis plus, vos talents vous l'assurent; vous ne fatiguerez pas ces terres vierges des arcs fastueux que l'adulation multiplia chez les Romains, pour déifier les assassinats des ambitieux: ces monuments aussi vuides que le profond océan qui soulève ses flots révoltés, retracent la destruction et maintiennent dans les temps pacifiques ces langes mortuaires avec lesquels on couvre les débris de notre existence. On peut les comparer à ces colosses restreints dans le métal cuivré, que l'on élève à grands frais sur nos ports pour éclairer la nuit obscure ou guider le nautonier qui s'égare ou cherche un azyle au milieu des tempêtes; frappez, frappez sur leur poitrine! sollicitez l'expression de leurs facultés! qu'en sort-il? des sons aigus qui fatiguent les échos complaisants et crispent la nue attractive. Croyez moi, les monuments de bienfaisance qui honorent les siècles passés sont préférables à ceux qui affligent le nôtre; bâtissez des temples aux vertus sociales; appuyez vos motifs sur les bazes du pacte universel qui fait concourir les vertus de tout genre au bien-être de tous. Vous y placerez le dieu Mars, car la sûreté publique ne peut oublier ce qu'elle lui doit; vous l'entourerez des trophées de la victoire; vous placerez à côté de lui des divins esprits que la tradition immortalisera. Souvenez vous que rien ne peut effacer leur gloire, elle durera autant que les planètes (2). Souvenez vous qu'on ne connoîtroit pas Achille sans Homère, et que la plus grande partie des dieux seroit oubliée, sans les marbres allégoriques accumulés par les Architectes.

Quand vous aurez embelli les bords de cette mer pacifique de mille et mille édifices qui multiplieront le bonheur du siècle, vous appellerez pour égayer la vue la végétation de tous les climats; vous varierez les couleurs, vous nuancerez les tons pour enrichir la vaste étendue de l'horizon: vous rappellerez les jardins de l'heureux Eden; les éléments feront la loi, et les plantations diverses seront soumises aux expositions; on y verra des bosquets de citronelles, et le figuier formera un éternel bocage. Le cèdre toujours verd vacillera sur la tête, et les souffles du zéphyr le raffraîchiront; le palmier élevera ses ombres gracieuses; la pesante grenade fera plier des branches fragiles; par-tout l'arbuste touffu répandra l'ambroisie; le mérite modeste se cachera à

---

(1) En 1773.

(2) Confidents des secrets du ciel, Copernic, Képler, Tycobrahé, Descartes, Newton, Herschel, etc., artistes, poètes qui chantez la victoire; heureux de la terre qui la provoquez; génies de tout genre (car ici le génie est égal au génie), vous pouvez vous passer de cette voûte périssable qui couvre les épitaphes fastueuses; votre gloire durera plus qu'elles: les planètes que vous voyez, fussent-elles en plus grand nombre, ne pourroient contenir vos tombes; laissez à la vanité du riche l'espérance illusoire de les bâtir autour de ce centre révéré.

l'abri des lauriers vivaces; et si la scène change pour amuser la pensée et suspendre l'imagination, ce sera pour appercevoir les champs cultivés de la blonde Cérès et des prairies sans bornes. L'œil errant, sans cesse attiré et jamais fixe, se confondra dans un océan de verdure émaillé de fleurs qui s'épanouiront le matin pour embaumer le soir. Flore, d'une main généreuse, versera le printemps; les Grâces, le cortège de Vénus par-tout fixeront leurs demeures; car sans ce merveilleux assemblage, tout est désert. La nature pour nous ne seroit qu'un vaste cimetière; par-tout elle sera embellie par ce sexe enchanteur, source féconde de la vie, délices du sentiment; par-tout on verra cette majestueuse nature occuper le génie et le faire sortir de ses retraites augustes; il élevera des palais à la méditation; il s'entourera de souffles extatiques pour dévouer ses élans à tous les sujets qui peuvent servir l'humanité. L'âge du bonheur renaîtra; l'âge des arts, du commerce, de l'industrie prendra une croissante vigueur; on sera juste, on récompensera; c'est alors qu'on obtiendra la liberté indéfinie de la presse, et comme on aura du bien à dire, on pourra penser et écrire. Oh le beau temps! le beau pays! on pourra donc librement faire le bien; non, jamais les mines du Potose ne valurent à l'homme généreux qui sait placer sa dépense, le plaisir que j'éprouve dans l'expectative que mon imagination parcourt; non jamais les puissances de la volupté ne valurent à mon ame satisfaite un moment plus délicieux.

Vous, qui faites naître l'heureuse inspiration, prolongez la mienne; accordez moi encore quelques années pour embellir ce monde intellectuel.

PLAN ET COUPE

DE L'ATELIER DES BUCHERONS, GARDES DE LA FORÊT.

(Planche 101.)

VUE PERSPECTIVE.

(Planche 102.)

Au centre de plusieurs routes dont les voûtes ombrées s'étendent jusqu'à l'horizon, l'économie, baze certaine de tous les produits, plaça le travail et la surveillance; c'est-là que l'exercice régularise les passions, qu'il développe les facultés du corps; c'est-là que l'amour, ce sentiment impérieux, soumet la nature aux calculs consolants de la félicité.

Voyez le mouvement que les mœurs actives impriment pour braver les misères; on voit autour d'un grand cercle l'argile se multiplier; les sucs nourriciers de la journée frémissent et bouillonnent sans relâche; la flamme commune s'élève et échauffe de loin l'intervalle des heures consacrées au repos; les mets sont assaisonnés par l'appétit, compagnon inséparable du dieu de la santé.

Sortez de ces retraites économiques, entrez dans les ateliers; que de tableaux variés s'offrent à votre vue! ici des bras musculeux étendent sur la terre les tyrans des forêts, pour garantir de l'oppression leurs rejettons timides, et assujettir leur orgueil aux formes que les besoins d'un grand peuple exigent; là on refend les cloisons de ces magazins légers qui exportent nos trésors liquides, pour des valeurs respectives, et quand la nuit se précipite de la voûte azurée pour exhaler sa fraîcheur bienfaisante, c'est alors que l'on voit de toutes parts la fatigue du jour provoquer le sommeil qui appelle les songes et agite la troupe délicieuse des plaisirs : ces chimères disparoissent et les bienfaits du jour recommencent.

Telle est la vie de l'homme occupé; innocent et tranquille, en ouvrant les yeux il semble vous dire : voyez, ils sont les miroirs de mon ame. Ici l'industrie activée par le temps développe ses ressources; un atelier de bucherons ramène aux idées premières. On fait descendre les chênes de la forêt; on les serre les uns contre les autres, on les attache sur des bois jointifs; on les assure par des forces subsidiaires pour soutenir des toits, dont la saillie prolongée offre des effets décidés. Ce n'est pas la première fois que l'Architecture a figuré avec des bûches ; il faut des ombres au tableau, n'importe de quelle manière on les obtient, tous les corps en produisent; l'homme d'esprit, le sot, éclairés par l'astre du jour, interceptent également la lumière. Tout est assujetti au calcul officieux qui offre des contrastes mobiles. L'artiste ne peut pas toujours offrir aux yeux ces proportions gigantesques qui en imposent; mais s'il est véritablement Architecte, il ne cessera pas de l'être, en construisant la maison du bucheron; on y retrouvera le trait qui annonce le sentiment de l'art, et son imagination agrandie par les accessoires, ajoutera aux surfaces ce qu'elles n'ont pu obtenir par l'étendue.

OIKEMA.

FRAGMENTS D'UN MONUMENT GREC.

VUE PERSPECTIVE.

(Planche 103.)

PLAN, COUPE.

(Planche 104.)

L'Hymen et l'Amour vont conclure un traité qui doit épurer les mœurs publiques et rendre l'homme plus heureux; l'Hymen descend du haut de l'Olympe entouré des puissances célestes; il s'avance, le flambeau à la main, il est couronné de roses, paré des plus belles couleurs; tout rit autour de lui, tout éclate de joie. Apollon, précédé de la déesse de la jeunesse, de l'amante du Zéphyr, la lyre à la main, anime les airs et dispose les esprits. O vous! pour qui les dieux ont des soins empressés, vous qui possédez les grâces, l'esprit, les talents, seuls soutiens de l'amour, montrez nous le chemin qui conduit à la constance, montrez nous le chemin que l'honnête homme doit parcourir, et dont il peut s'applaudir dans la course périlleuse de l'âge inexpérimenté; la nature a proclamé votre pouvoir, l'a gravé dans les cœurs : c'est à vous de diriger les passions, de les régulariser; c'est à vous de rappeler l'homme à ses obligations premières, par l'intérêt qui l'attache à votre gloire. Sans doute vous ne confondrez pas l'épilepsie du sang qui amortit les facultés, avec l'économie du plaisir qui les accroît; vous ne confondrez pas la fragile existence qui, pour justifier un sentiment honorable, laisse amasser sur elle les lustres qui le détruisent. En effet, quand le cœur est agité par la tempête, il obeit à la vague dominante; est-il tranquille? il dégénère.

Lisez l'histoire de tous les temps, vous verrez les vices et les vertus se perpétuer par les sensations; c'est un cartel obligé que l'œil engage avec l'imagination : tous les coups portent; retournez le feuillet, confident des provocations, que voyez-vous? Sous la zone torride l'exaspération bouillonne, les glaces de la Sibérie la concentrent. Les climats tempérés marchent entre deux écueils, mais tous se rallient au principe qui vivifie le monde; tous aiment les femmes; qui ne les aimeroit pas? Eh quoi! la félicité qui associe le charme de la vie à l'épuration des mœurs, à l'impulsion vers un sexe sous lequel le genre humain est en tutelle dans son enfance, cette félicité si desirable ne se trouve donc jamais où elle doit être; eh! pourquoi? C'est qu'elle est souvent en opposition avec elle-même.

Les foiblesses des grands hommes donnent le ton et marchent à côté des vertus qui les rachètent; la flatterie souffle la domination et fomente la licence; tout égare la multitude séduite par l'exemple: comment assujettir la contagion qui se meut par tant de contrastes? Le voici : ce qu'un gouvernement n'ose faire, l'Architecte l'affronte; celui qui s'est fait un jeu d'animer des surfaces pierreuses; celui qui a appelé toutes les formes pour les contraster; celui qui a hazardé son usufruit placé sur l'art, peut bien engager aussi le fonds. Il fixera les imaginations vagabondes sur un monument qui éveille le pressentiment de la pudeur, et dans ses combinaisons il détruira les abus consentis. Semblable à l'astre du jour, quand il s'est baigné dans les flots de l'océan, pour purifier ses rayons brûlants, il transige avec la profondeur des mers pour reprendre en sortant un nouvel éclat.

En effet, pourquoi les idées qui semblent le plus s'éloigner du but où l'on veut arriver, ne font-elles pas plus de progrès? Pourquoi? C'est que la timidité les enchaîne; l'artiste s'endort sur le cratère, et s'il s'éveille, il suit la route tracée et devient l'esclave du bienfait. Il n'en est pas ainsi de ceux qui rêvent le bien, ils le voient par-tout, ils dorment tout éveillés : livrés à l'amélioration du pacte social, ils ont une politique plutôt qu'une législation; ils gouvernent par les mœurs, et la baze de leur code est la pureté.

Ici le bien commande, il va neutraliser les passions de la tête pour préparer les délicieux accès du cœur, et s'il caresse l'apparente corruption, ce n'est que pour s'identifier au principe qui maintient les grands intérêts de la succession des générations. Que fera-t-il? car on a tout fait, tout pensé. Voudroit-il centraliser l'amour? voudroit-il lui fixer une demeure? Vains efforts; doux élans de nos ames, sources inépuisables des vertus qui nous honorent, n'est-il pas par-tout où vous êtes? n'est-il pas par-tout où l'homme respire? Je vais plus loin; les assauts que nous livre la mauvaise fortune, les rigueurs du destin, n'est-ce pas vous qui les faites disparoître dans le souvenir qu'assaisonne l'ivresse du plaisir?

Dieu de l'inspiration, tu m'égares! Revenons au monument; retraçons cet antique séjour de l'imagination que le favori des Grâces a peint avec tant de succès.

In principio erat.... oui, sans doute, c'étoit le créateur. Eh! quand l'homme veut consacrer la reconnoissance pour l'acquit de tant de biens reçus, peut-il mieux faire que d'appliquer le sentiment qui l'inspire à celui qui imprime le mouvement, à celui qui dans l'univers met en jeu toute la nature, à celui à qui tout obéit.

EMPLACEMENT.

Nous l'avons déja dit, le vallon qui supporte cet édifice est entouré de prestiges séducteurs; un vent doux caresse l'atmosphère; les variétés odoriférantes de la forêt, le thym, l'iris, la violette, la menthe soufflent leurs parfums sur ces murs; le feuillage qui les abrite répand le frais et s'agite en murmures. L'onde amoureuse tressaillit sur la rive qui la resserre; ses frottements aiguisent l'air, et l'écho éclate en sons délicieux.

O fibre trop mobile! tu t'irrites; l'artère accélère ses mouvements et rompt le fil qui soutient le principe de la vie. Où suis-je? l'éclair du plaisir s'élance, et l'empire de la volupté asservit ces lieux pleins de charmes à l'aurore du desir qui étend ses rayons sur une terre préférée.

Oh! je n'en doute plus, c'est-là où les plaisirs promis par Mahomet ont fixé leur séjour.

Mahomet a donc un Paradis?... Non.... Si cela étoit cependant.... des baisers de mille ans!... c'est l'éternité bienheureuse.... je me tuerois ce soir.... Oh ô!.... Je me tuerois pour obtenir demain la vie éternelle.

DISTRIBUTION.

Est-il un homme qui refuse de reconnoître la puissance qui l'a créé? En est-il qui oublie tout ce qu'on lui doit? Faudra-t-il toujours que cette puissance adorée paie en douleurs les plaisirs qu'elle nous donne. Dieux de la terre! vous disparoissez; un siècle abandonné du ciel peut compter dans ses annales humiliantes, des maîtres, opprobre du temps, mais celui que vous allez reconnoître, maîtrise le monde, et le monde s'en applaudit.

Voyez-vous la troupe sémillante des attraits descendre de la forêt? elle avance à pas accélérés, elle arrive; déja les Ris et les Jeux s'emparent des cellules destinées au mystère; dédaignant la lumière du jour, dans leurs secrettes libations, ils font descendre de la nue les feux dévorants de Prométhée, et les initiés se familiarisent avec eux. Si la lubricité, dans son domaine ostensible, entretient sur la côte de Coromandel, des agents pour bercer l'hymen assoupi et lui préparer un délicieux réveil, elle peut bien ici confier aux Hiérophantes les cérémonies qu'elle concentre dans un sanctuaire commun. C'est-là où les plaisirs s'assemblent et folâtrent autour de la froide raison pour la soumettre; c'est de là que l'enfant malin vous entraîne et va s'applaudir, à l'écart, des traits qu'il a lancés.

Aux grandes douleurs succède le calme; pour être *infatigué* on n'est point infatigable; au surplus si la soif du desir altère, n'est-il pas bien juste qu'un démon en tourmente un autre?

SOUTERRAINS,
BAINS, LAVOIRS, SÈCHOIRS, COMMUNS.

Ici l'Architecte est plus puissant que l'amour. Plus puissant que l'amour? Il ordonne aux vents du nord de souffler dans ces arcs multipliés, sous ces voûtes confortatrices, pour consolider la fibre relâchée, et ranimer les forces disparues. Les bains, les douches, les eaux ferrugineuses les maintiennent dans une imposante attitude. Tel est le pouvoir des impressions sur la nature de l'homme qui reprend son équilibre; l'imagination ne connoît pas cette fatalité d'espérances qui offre le vuide qu'on ne peut combler; tout se meut par elle, tout se meut ici dans le sens qui accroit, je dis plus, qui régénère les facultés : en effet, si les plaisirs attachés à la vue sont moins vifs, lorsque la terre a perdu ses couleurs, la fraicheur du serein n'en ranime pas moins les esprits.

Voyez-vous ces esclaves à demi-nues, les pieds, les jambes baignés dans l'eau? Que de charmes le miroir liquide répercute! Des bras courbés sur le lin, battent en harmonie cent masses qu'ils compriment; les eaux jaillissantes divertissent les idées et éveillent la distraction; les uns attachent sur de longs fils, de portiques en portiques, des schalls de Cachemire qui retombent en festons; les autres pressent la trame du tisserand, la tordent, et l'expression jaillit en perles d'argent sur des globes durcis par l'embonpoint.

Voyez ces communs nombreux, ces tables couvertes de mets succulents, jus instigateurs qui font revivre la veine mourante, eh bien, c'est le tribut que l'appétit prépare et qu'il paie à la dépravation; le croira-t-on? O temps! tout se ranime par toi, tout s'éteint au milieu du deuil moral que tu fais porter à la nature. Dieux tutélaires qui veillez sans cesse à la conservation des foibles humains, que de moyens vous avez pour détrôner l'erreur! vous le voulez.... Les goûts passent aussi rapidement que le char de la fortune, on ne les fixe pas; la satiété avertit si le regret se tait.

ÉLÉVATION.

Ces murs tranquilles cachent les agitations du dedans; c'est-là où l'on s'abandonne au torrent d'une fausse joie qui entraîne la destruction. Les cercles de l'atmosphère accumulent leurs teintes sur mon passage, et je traverse un peuple d'illusions.... Que vois-je? le pavé du péristyle est compartimenté (1) en aimant; sa vertu attractive rassemble les égarés des deux pôles; au centre on remarque un trépied trouvé dans les ruines du temple de Vénus; sa flamme s'élève en pyramide.

Les nuages se repliant les uns sur les autres, s'épaississent pour effacer les lignes sévères de l'ordre dorique et lier l'ensemble des plafonds par des effets transparents.

Le peintre de la nature n'oublie rien; il souffle l'esprit de vie dans les allusions que la savante sculpture offre à l'œil exercé. On y voit les chimères ailées de la nuit voler en razant les plates-bandes et s'agriffer aux ornements recreusés des sophites (2); on y voit l'Architecte de l'air y attacher sa fragile demeure aux bas-reliefs qui représentent les compagnes lascives de Perfica ou de Pertunda (3); on y voit le gémissant tourtereau se tapir sous le fronton, et ses plumes frissonner de desir; des enfants (sans doute mal intentionnés) raviver des torches incendiaires sur les fûts multipliés des colonnes d'albâtre qui soutiennent l'édifice. Les idées se succèdent si puissamment qu'il semble que les profondes narines des taureaux de Colchos lancent par-tout leurs feux; tout inspire, tout embrâse: si le peintre de la nature n'oublie rien, l'Architecte est dans sa confidence, il sait qu'il faut réconforter les puissances diamétrales pour subvenir à la déperdition des distances. Que fait l'art? il resserre les espaces pour leur prêter la force centripète et la pureté du style qui convient à la proportion. Ni trop, ni trop peu (4).

C'est ainsi que l'Architecte accueille l'épisode, et que ses pensées s'étendent, même au centre des passions désavouées. O divin amour de l'art! ta volupté est pure, ta volupté approche de celle qu'on nous peint dans le monde des esprits; c'est elle qui inspire les mouvements affectueux de l'ame, c'est elle qui soutient la dignité de l'homme; chagrin, dégoût, tout cède à ton empire. Croyez moi, ayez cette passion, elle vous guérira de toutes les autres.

Tout finit, au milieu des écueils, quand la réflexion se brise sur le cahot des dangers; je vois, je sens et ne me connois plus; mon imagination entraînée par le torrent des âges, apperçoit son égarement. La vapeur condensée hâtoit les heures du jour, et, roulant ses teintes obscures, déroboit à la honte, des murs encore témoins des écarts de mon cerveau, lorsqu'un jeune homme s'offre à ma vue troublée, il détourne la tête, un sage le reconnoît (5). Quel sage!

Plutôt s'abstenir que d'enfreindre un principe. Que la pratique de la sagesse est difficile! La sagesse est une idée sublime dont la réalité ne se trouve que dans l'Être suprême.

Déja la nuit commence à baisser ses immenses voiles, et les portiques se remplissent d'oisifs habitués que les fades tourbillons de la soirée apportent; le desir s'agite, gonfle ses puissances,

---

(1) Terme d'art.
(2) Terme d'art.
(3) *Perfica*, déesse révérée chez les Romains; *Pertunda*, déesse de la volupté.
(4) J'ai souvent employé l'ordre dorique quand il n'est pas très-éloigné; à huit diamètres et demi, et deux pour l'écartement.
(5) Horace raconte que l'austère Platon appercevant un jeune homme de sa connoissance sous ces portiques, s'avance vers lui, et dit, en l'embrassant : bon jeune homme, vous n'êtes donc pas le corrupteur des femmes de vos amis. Dans un temps où les mœurs domestiques sont perdues, quelle leçon! un jeune homme se cache pour aller voir des courtisanes.

fend la presse et l'impatience sollicite; la séduction étoit là et gardoit les portes. Précédée des sons langoureux de l'harmonica et d'un instrument imitateur du chant de l'Orphée des bois, elle ouvre ses battants et conduit les victimes qui se présentent, au centre des mystères, sous l'escorte soporative des essences de vanille et d'héliotrope. C'est ainsi que l'astucieuse Circé prépare la dose de ses poisons; c'est ainsi qu'elle profane les voûtes du ciel pour en faire un atelier de tortures. Quoi! c'est sous ce rideau politique que le dieu de la santé cache sa puissance et mesure les forces humaines! c'est-là où la jeunesse s'égare, où le goût du travail, de l'étude se perdent, où tous les élans se confondent! Oui, c'est-là où l'on emprunte à fonds perdu la vie qui honore l'âge mûr, et perpétue l'utile activité que donne l'expérience.

Rien de solide où la vertu manque; attachement, plaisirs, tout porte à faux sans elle; quelle fatalité! faut-il que l'homme soit tellement ennemi de lui-même qu'au printemps de ses jours son avenir soit mutilé par les caprices du sort, et qu'il n'ose plus se compromettre avec le sublime idéal qui centuple ses valeurs et les remonte au sommet de lui-même. Quoi, la mer courbe ses eaux sous le poids des villes flottantes, on soumit la race impie des géants, et l'homme jetté sur la terre pour diriger le bien, ne pourroit y réussir! Connois donc, mortel calqué sur l'image de Dieu, connois donc toute l'étendue de ton pouvoir.

Autant l'amour qui suit l'hymen a d'appas pour la douce paternité, autant il méprise les abus qui se parent des fausses couleurs qui la dégradent.

Convenez au moins que les cités nombreuses entraînent des maux inévitables (oui, mais ici c'est une ville naissante); convenez que la surveillance philosophique les entretient pour les connoître, elle les favorise même pour les détruire. Convenez que les torts que vous blâmez produisent un bien; ils fomentent les desirs et développent les puissances de la population. De la population? Quelle est votre erreur; gardez vous de le penser: en vain ils sont modérés par la surveillance des gouvernements, l'oisiveté a creusé ces gouffres pour enterrer la morale dans ses décombres.

Descendez, déchirez ces voûtes calcinées par les feux du Tartare; qu'y voyez-vous? une chaîne dont les derniers anneaux sont trempés dans les eaux bourbeuses de l'Acheron, tous les maux y sont suspendus.

Résumons. Mais quand on chérit la vertu, quand on veut la faire aimer, comment animer les ressorts qui la font mouvoir? Comment? Il faut étudier l'humanité; il faut mettre l'utile pudeur en mouvement; ne sait-on pas qu'elle s'intimide par la présence des corps qui l'affectent? Ne sait-on pas que si la contrainte l'irrite, ce qu'on lui permet se lie au secret des dieux? jalouse de la prédilection qu'elle obtient sur sa rivale déhontée, elle ne veut point afficher des goûts qui l'humilient. Qu'exige-t-elle enfin? Le voici; elle exige que les noms de ceux qui fréquentent ces repaires tolérés, soient inscrits en lettres ineffaçables sur ces surfaces que l'art, dans le secret de ses opérations, a pris plaisir à épurer. Qui voudroit y voir son nom? Oh! je vous entends; oh! je le prévois; déja la porte est fermée: c'en est fait, la victoire est complette.

L'hymen, le vertueux hymen reprend ses droits; le carreau vengeur éclate, les cellules du temple sont renversées, les galeries débarrassées de tout ce qui peut nuire à l'affluence. On lit sur la frise du frontispice:

« Ici on fixe les grâces mobiles pour éterniser la vertu. »

Que vois-je? Quel tableau s'offre à ma vue? Les couleurs sont détrempées dans les marais du Styx.... C'est la Corruption.... Le désespoir la rend hideuse; elle a l'œil cave et les chairs verdâtres. Quoi! plus de cheveux: la carie de ses dents trahit le secret de ses poumons; sa bouche infecte l'air, et ses flancs halètent de la putréfaction. Étendue sur le lit des misères, déchirée par la troupe des remords, elle sollicite un pardon pour un repentir. Las d'un séjour impur, déja les habitants du cœur rompent leur clôture, s'échappent et couvrent son corps d'une lèpre vermiculaire qui la dévore; déja les ombres de la mort couvrent de leurs rets funèbres ses paupières viciées; la foiblesse l'accable; le souffle fuit et se dérobe aux cuisants reproches pour expirer. L'hymen est donc victorieux, mais je serai vengée, un sort trop doux n'est pas de durée; elle dit et pousse un dernier soupir.

Telle est la nature de l'homme, il meurt comme il a vécu; malheur à celui qui ne sent pas le prix d'une association sentimentale!

PLAN

D'UNE MAISON D'ÉDUCATION.

(Planche 105.)

Lorsque l'ame est tranquille, toutes les parties qui constituent l'homme sont dans un état de repos; il en est de même de l'expression de chaque édifice. Veut-on représenter la tranquillité du dedans? l'extérieur doit annoncer le calme et la douce harmonie qui entretient l'union. Les surfaces offrent un tableau vivant où les différents services, mis en mouvement, sont rendus avec autant d'aptitude que d'expression.

Qu'entendez-vous par l'expression? Ce que j'entends; c'est un sentiment analytique qui se confond avec les images, qui stimule nos plus secrettes sensations et semble devancer la pensée de l'Architecte, qui décèle sa volonté pour forcer le spectateur bien organisé à l'admiration. Les caractères s'imprègnent de la teinte que l'artiste prépare sur son éloquente palette : l'art du chimiste ne donne pas la couleur, c'est un présent des dieux inspirateurs.

L'artiste qui conçoit un monument d'éducation vous offrira des formes simples, des dehors tranquilles; il placera au centre le culte, présent inestimable du dieu de la santé, frein nécessaire des desirs concentrés, des passions naissantes; il favorisera des lignes non interrompues, la surveillance qui assure les mœurs; il rapprochera tous les genres d'études, d'exercices, de communications. Inspiré par l'innocence de l'âge printanier, il offrira par la précaution le calque fidèle de la pureté de son ame; il forcera le cœur par l'attrait insensible qui l'inscrit dans le cercle du bien; et comme la salubrité constitue les forces physiques et morales, elle invitera tour-à-tour les airs passants à rafraîchir les sens que le soleil, dans la profusion de ses bienfaits, auroit trop échauffés.

Si le peintre présente sur sa toile le beau idéal, l'Architecte réalisera la munificence de son art en semant sur la terre les germes productifs qui fertiliseront les vertus de tous genres.

Chacun a sa manière d'appercevoir; quand on parle principe on est toujours d'accord avec lui, si on le prend pour baze. Veut-on produire des effets indépendants de ces motifs de convention qui rapetissent le vaste de la nature? dérangez la lice gênante qui ferme la carrière de l'imagination, vous verrez que le seul moyen permis par l'économie de l'art vous mènera au sublime. Établissez de belles masses, préparez d'heureux contrastes, abandonnez ces affections trop chéries par l'habitude craintive, ces moulures multipliées, ces enfants nés de pères aveugles qui n'ont jamais savouré le plaisir de la lumière. Moins vous chargerez la proportion, cet ensemble enchanté qui séduit le commun des hommes, moins vous diviserez la pensée, plus elle acquerra de majesté. Croyez moi, soyez avare de ces accessoires que la mode commande, que la faveur du prince multiplie. Quand on veut les bien servir, il faut penser pour eux, il faut penser comme eux, éveiller l'intérêt public et ne pas descendre dans ces détails où la médiocrité étale avec pompe son insuffisance.

Que de combinaisons, par exemple, les heures du jour et de la nuit nous offrent! Quand le soleil d'orient étale ses ombres sur la terre, que ses rayons, au milieu de sa course, dardent ses influences éblouissantes, que de variétés! Quand la lune trace sur l'édifice des labyrinthes de lumière, qu'elle perce à travers les intervalles des nuages, que d'effets vacillants enrichissent la surface de ces murs! Tantôt la lumière s'étend et s'accroît jusqu'à ce que le génie bienfaisant de la nuit les embellisse par de nouveaux rayons; tantôt la lumière s'affoiblit, et permettant aux étoiles de se montrer avec plus de lustre, leur donne un nouvel éclat. On ne sait pourquoi l'ame est agitée des plus douces rêveries. En examinant ces surfaces qui répercutent la lumière, ne croiroit-on pas que l'on ait arraché à la nature son secret pour les empreindre de l'éclat accidentel qui les fait briller?

Savez-vous combien vous devez à celui qui veille sans relâche à vos plaisirs, à celui qui vous en prépare de nouveaux?

Ici la nuit abaisse ses sombres voiles et enveloppe la terre de son obscurité; l'ordre de la nature est suspendu, l'aimable variété n'est plus qu'un déluge qui confond l'espace et couvre la terre; eh bien! que fait alors l'Architecte pour provoquer des effets soutenus? Il entoure son édifice de pâles fantômes; la flamme d'un volcan s'élève, éclaire les masses et fait oublier les détails. C'est-là où l'étude résume et renonce à tout ce qui peut fatiguer la vue par des recherches oiseuses. Voilà pourtant ce que peut offrir le recueillement; quelle magie! que de merveilles! il semble que la nuit rivalise avec le pouvoir de l'Architecte, pour faire ressusciter le jour. Quand le monde assoupi repose, lui seul veille, seul il agite les songes délicieux, voulant perpétuer son empire. Malheur à l'artiste qui ne sent pas tout ce qui se présente à la pensée; celui qui n'apprécie pas ce que vaut la pureté d'une ligne mise en mouvement, est bien près de la corrompre.

Déjà j'entends la critique généreuse se lier, sans faire aucun frais, à la gloire de l'ouvrage qu'elle déprime, pour en imposer à la classe nombreuse. L'enthousiasme, disent-ils, a fixé sur ces murs les produits de l'imagination; on nous fait voir des étoiles quand le midi nous éclaire. La critique passe sur les difficultés vaincues, sur les préjugés abattus : les travailleurs labourent les champs arides; ceux qui viennent après et suivent l'impulsion, glanent et vivent de regain. Étrangère aux fruits du labeur, elle est dispensée de produire, elle juge; la rédaction de ses arrêts lui coûte peu; elle recueille les élans, et dans son indépendance ou sa partialité, elle assigne à l'Architecte le rang qu'il doit occuper. Si elle n'est pas instruite, elle associe à ses bienfaits la calomnie, les jaloux ou les mécréants : ceci, dit-on, est mauvais; cela n'est pas neuf; comme si Dieu qui a conçu le monde avoit ajouté depuis une nouveauté.

Au moyen de quelques sentences que l'on appuie par l'opinion des partis ou des sots, le bon goût est maintenu et le genre humain est bien éclairé.

Nota. Les écoles publiques seront isolées et indépendantes de toute adhérence qui puisse occasionner un incendie. Les enfants ne doivent jamais être en trop grand nombre : l'air sera sec, sain et sans cesse renouvellé pour rafraichir les poumons; celui dans lequel les enfants sont élevés ne peut leur être impunément retranché, à moins que leurs organes aient acquis assez de force pour n'avoir point à craindre l'impression du nouvel élément auquel on veut les soumettre, encore ne sont-ils pas toujours à l'abri de ces violents effets que l'insouciance prépare. Qui peut ignorer le tribut que paient les inconsidérés qui changent de climat? La santé s'altère; souvent ces nouveaux habitants y perdent la vie.

COUPE, ÉLÉVATION

DE LA MAISON D'ÉDUCATION.

(Planche 106.)

VUE PERSPECTIVE

DE LA MAISON D'ÉDUCATION.

(Planche 107.)

MAISON

DE DEUX ARTISTES, MARCHANDS DE NOUVEAUTÉS.

PLAN, COUPE, ÉLÉVATION.

(Planche 108.)

Ceux qui ne peuvent atteindre au premier degré de l'art, restent sur les premières lignes de l'arène; c'est-là où se distribuent les rôles que chacun joue sur le grand théâtre des nations.

Si la bienfaisance du Créateur s'est déployée avec éclat dans le monde matériel, quelle richesse n'a-t-elle pas versée sur le monde intellectuel? Elle a voulu que l'invention fût au premier rang : elle commande et range autour d'elle les connoissances du second ordre; le danger la suit, souvent la précède : elle est plus avare à raison des périls auxquels elle s'expose; comme Icare, elle a des ailes mal attachées qui fondent à l'approche du soleil; rarement elle conduit à la fortune. L'intérêt particulier l'entrave en caressant les goûts divers.

Celui qui craint de s'exposer aux maux qui suivent une nouvelle doctrine, croit qu'il vaut mieux irriter le desir par l'attrait du merveilleux, inséparable des distances que l'imagination franchit; il compulse ce qu'un artiste inventeur a fait; un singe imitateur le copie, le dénature.

Celui qui a moins de ressorts trouve tout ce qui convient à sa défaillance; car moins il fronde les opinions reçues, plus il capte les confiances timides. La médiocrité lui assure l'aisance, le repos ; que faut-il de plus ? Le génie seul vit de sa propre force ; il inonde tout ce qui l'environne, de ses effusions génératrices ; telle est la division des substances en corps et esprits, quoique la première soit nombreuse par sa modification, on connoît mieux l'esprit par la pensée que le corps par les formes.

L'homme qui s'élance dans la carrière des arts avec tous les avantages qu'Apollon accorde à ses favoris, multiplie ses connoissances ; sa facilité l'empêche de faire les études profondes dont l'Architecte ne peut se dispenser, quand il veut associer ses talents à la nature et partager sa domination ; il obtient des prix d'encouragement, et comme le lierre, il s'accroche en rampant au trompeur itinéraire qui va l'égarer. Il débute dans le monde sans succès : la critique toujours prodigue, fatigue son ame mobile ; que fait-il ? S'il n'invente pas, il dessine facilement, propage des idées dont le type ne lui appartient pas ; car quel est l'artiste qui ne se livre pas à ce doux abandon qui éloigne de son ame la fatigue et les maux. Il assemble dans ses portefeuilles le luxe de l'Asie, les caprices gigantesques des Goths orientaux ; il établit un magazin de goût au centre d'une ville naissante. Autrefois l'or étoit pour la classe populeuse la dernière convoitise ; aujourd'hui l'amour de la dépense l'emporte sur la prévoyance du besoin, le beau triomphe ! où s'arrêtera-t-il ? Déja ses relations provoquent l'industrie des quatre parties du monde, et l'espoir de l'accroissement fonde sa distribution. Ses jardins sont délicieux ; on voit de toutes parts des galeries somptueuses ; elles reçoivent l'inspiration et la lumière des cieux : le jour n'est pas trop élevé ; les yeux sont préservés de l'éblouissant rayon qui compromet leur sensibilité. On y voit des bronzes, des vazes précieux, de jolis meubles et tous les objets d'imitation qui peuvent intéresser la curiosité et provoquer le desir. L'homme du jour moins animé que le meuble qu'il considère, s'arrête et se pâme d'admiration. C'est le délire du moment ; chacun afflue dans les portiques qui précèdent ce temple dédié à l'insouciante frivolité ; chacun veut avoir un lit dessiné par ce nouveau Prothée, et comme la manie du style qui défigure sa pureté, remplace le savoir qui sait l'apprécier, on trouve dans les formes aigues d'un sarcophage, dans la masse effrayante d'un colysée, le nocturne tombeau d'un enfant ou les pièges tendus à l'hymen impétueux que pour la première fois on fête. N'allez pas croire que ce soit cet officieux rézeau qui couvrit l'infidélité de Vénus pour préparer la honte de Vulcain ; ce qui peut arriver de plus heureux à celui qui en approche, c'est de n'être pas boiteux comme lui. Les arêtes sont tellement avivées, qu'elles effraient toute prévoyance.

Nous passons dans une pièce où l'ébène et l'acajou étoient somptueusement entassés ; un millier de grêles colonnes étoit jonché sur la terre ; je crus que la marine y avoit déposé ses mâts. Le restaurateur de l'appétit, celui qui parfume la tête d'antiques essences, la courtisane ignorante frayent le sentier commun ; le palais du prince, témoin du faux goût, confirme l'égarement, car tout est égal dans la mêlée, quand le cri du désordre se fait entendre et qu'il étouffe le sentiment du beau. Ici un sot commence sa fortune sur les débris du malheur ; enflammé du desir de posséder, il achète un mobilier envahi dans le conflit inégal des passions honteuses ; ses meubles sont de laine, ils n'ont pour ennemis que les insectes dévorants ; mais ce vampire engraissé des misères humaines, il est rongé par le ver solitaire.

Que vois-je ? ah ! c'est le dieu du goût, il n'est pas toujours celui de la nouveauté ; il est assis sur un socle de gypse oriental, la foiblesse de la matière éclate sous le poids. Le salon est mal éclairé, et ses murs paroissent empreints des teintes douloureuses qui annoncent la dépravation. Il semble que le luxe, né des misères, irrite les organes sensibles : l'expression de sa tête est farouche, inquiète ; on eût dit qu'il préparoit splendidement l'ignorance des siècles : il s'entoure du merveilleux ; il appelle l'illusion qui lui présente de nouvelles erreurs, pour étendre son empire.

L'histoire du jour avoit condamné la haute et sublime littérature à rayer les feuillets du passé, pour accueillir les appas corrupteurs du roman ; les journaux même faisant abstraction du genre d'esprit qui captive les confiances, remplissoient leurs feuilles, je ne sais pourquoi, de fastes obligés et mensongers ; telles sont les loix qui amènent la confusion ou la multiplient ; l'amalgame falsificateur les neutralise; tous les genres d'intérêt cessent, un procureur devient ministre, un ministre devient le portier de la maison qu'il habitoit.

Quelle est notre surprise? Nous entrons dans une pièce aussi étroite, aussi longue que le Muséum qui renferme toutes les richesses italiques; elle avoit pour objet de remonter par d'ingénieux stimulants l'imprimerie, cet art merveilleux à qui nous devons nos jouissances. On y voit tant de dossiers azurés, sur les murs, sous les voûtes, que la nuit, parsemée de ses mondes brillants, offre un émail moins pur; on y voit le parfait cuisinier, la civilité puérile et honnête; besoin pressant de la classe fortunée.

Comment peut-on s'occuper de ce que l'on rougit de savoir et qu'il faut effacer de sa mémoire? Heureusement tout s'altère, la nouveauté, ses excès périssent avec les chimères qui les entretiennent. L'amour, ce sentiment délicieux que l'on voudroit conserver toute la vie, lui-même est inconstant. Croyez-vous que les rets de la fortune soient plus solides?

L'associé aimoit le jeu, les femmes; il provoque la chance incertaine, perd une somme exorbitante qui détruit dans l'année la splendeur de son établissement : le bonheur disparoit.

En vain la précaution s'oppose aux torrents impétueux qui se précipitent du haut du rocher pour l'entraîner dans ses désastres. Du seuil où l'artiste intimidé débute, jusqu'aux degrés qui le conduisent au sanctuaire épurateur du vrai mérite, les marbres sans cesse aiguisés, sont glissants; les digues que l'on oppose pour soutenir le choc peuvent bien retarder les efforts, mais l'opinion, le temps, plus forts qu'Atlas, renversent ces barrières impuissantes. Tel est l'homme dont les premières conceptions offrent le faux brillant; on peut le comparer à ces pierres d'un ordre inférieur qui ne réfléchissent qu'une lumière presque éteinte; veut-on les tailler, les polir; veut-on raviver leur éclat? on les atténue; ce n'est qu'à l'aide du microscope que l'on peut le voir au point où il paroissoit dans son origine.

Voyez ce que cet artiste a perdu faute de tenue? Il a puisé le goût de la dépense dans la facilité du gain; ses jouissances enveloppées dans le tourbillon passager, ont émoussé l'énergie de son cerveau. Pendant cette lacune, pendant cet enthousiasme que les talents du premier ordre dédaignent, qu'est devenu l'artiste inventeur? Il a trouvé dans l'étude, dans la passion de l'art, un travail consolateur qui lui assure l'aisance, et une place au temple de la gloire.

La coupe indique la hauteur des planchers.

Nota. Cette maison a été conçue pour deux artistes dont l'un n'a pas eu la force de le devenir.

LOGEMENT
ET ATELIERS DES CHARBONNIERS.

PLAN, COUPE, ÉLÉVATION.

(Planche 109.)

Ici l'homme apprend à se supporter; triste au milieu de ses semblables, il habite les forêts, il passe dans l'obscurité, des jours inaccessibles au mal-aise de l'ambition. Le charbonnier se rapproche du charbonnier; il développe son activité sous cet arc obéissant que l'on a courbé dans la forêt pour préserver son azyle de l'intempérie de l'air et des incursions des bêtes fauves. L'ordonnance est simple; l'art n'a pas encore traversé ces déserts, et le luxe qui a l'initiative sur les passions destructives des mœurs austères, ne les a pas encore atteints; c'est dans cette habitation que le travail et le plaisir se concentrent, pour nous faire connoître les douceurs des associations sentimentales.

La description des besoins que l'on assemble à ce centre commun pour assurer la surveillance des routes, seroit peu importante, mais occupé du bien public qui est essentiellement aux vues qui ont dirigé cet ouvrage, on n'a pas cru devoir passer sous silence ce qui peut intéresser la conservation de l'homme, ce qui est regardé comme le premier devoir de l'Architecte.

La maison du charbonnier amène la discussion sur le charbon. Il est bon de connoître ses effets pernicieux et les dangers auxquels l'ignorance s'expose par l'emploi inconsidéré de cette matière généralement répandue.

Nous n'entrerons pas dans les détails qui constituent son premier état ou sa perfection, ils seroient étrangers au but que l'on se propose; nous nous bornerons à des idées générales que nous retracerons à ceux qui n'ont pas le temps de compulser les recherches du chimiste (1).

---

(1) Cet observateur de la nature leur dira que les charbons ne diffèrent entre eux que par la combustibilité; que plus ils contiennent de principes salins, plus ils sont susceptibles de s'enflammer; que ceux qui sont faits avec des plantes ou des bois dont les cendres sont alkalines, brûlent d'eux-mêmes; que ceux où il entre quelques parties animales ne sont presque pas combustibles; il leur rappellera que tous les phlogistiques du charbon ne sont pas brûlés pendant sa combustion à l'air libre, que lorsqu'elle est lente il y a une partie qui s'exhale sans devenir feu libre, que cette portion de matière inflammable qui se répand dans l'air contribue aux accidents fâcheux qu'éprouvent les asphyxiés qui s'évanouissent et meurent aussitôt, s'ils ne sont promptement secourus, en restant dans le même air.

Après une courte analyse des maux qu'il cause, il vous donnera des secours efficaces qui sont à la portée de tout le monde; il vous dira qu'il faut transporter l'asphyxié en plein air, jetter sur lui de l'eau froide, du vinaigre, de l'alkali volatil; quelques compressions et beaucoup de persévérance suffisent pour l'arracher à la mort. Il vous dira que c'est une erreur de croire que la combustion du charbon soit la seule qui accompagne le gaz méphitique et meurtrier; celle de tous les corps produit le même effet, et seroit aussi dangereuse si leur usage étoit aussi commun; que c'est encore une erreur de penser que le charbon ne produit de mauvais effets que quand il n'est pas parfaitement allumé et

Quand le savant aura tout dit l'Architecte, appliquera ses connoissances à tous les genres de constructions; il s'appuiera sur l'exemple pour éveiller la stupeur publique; il prouvera que si les voûtes, qui couvrent les mortels braziers de nos cuisines, sont trop basses; si les trapes évaporatoires sont négligées; si les habitations, trop resserrées, recèlent la contagion; si on a oublié les airs passants; si on a couvert les cités les plus nombreuses du voile désastreux de l'imprévoyance, on aura sacrifié plus de têtes que n'en coûta la guerre interminable du Péloponèse.

Il ne suffit pas d'élever des monuments qui annoncent la splendeur des arts, d'entasser dans nos salles publiques tous les moyens de corruption; il ne suffit pas de cacher ces négligences sous les enveloppes mensongères de la somptuosité, celui qui n'aura pas dédaigné la maison du pauvre, celui qui l'aura garantie des maux qui propagent la destruction, s'il n'a pas la confiance des dieux de la terre qui dispensent les faveurs, il sera l'Architecte de l'humanité.

Vous qui cherchez des titres illusoires et affichez le savoir sur des couleurs privilégiées que le soleil dans son midi fait pâlir et que le temps efface; vous qui vous enorgueillissez des souplesses et des tours de passe que l'on ne permettroit pas à la nation des singes, pour amuser l'oisiveté de l'antichambre des palais, reconnoissez le vuide de ces faveurs éphémères. On peut comparer les têtes qui en sont enivrés à ces édifices qui accumulent tous les étages pour affronter la nue; le plus haut de ces étages est ordinairement le plus mal meublé. Accourez à ma voix, vous verrez que si l'amour-propre est le secret véhicule et le puissant moteur qui conduit à l'apogée de l'art; quand il se mêle à la passion du bien, il peut seul imprimer le mouvement à la moralité dont il dirige les ressorts.

---

consumé; on leur dira que tout air dans lequel un corps combustible, de quelque nature qu'il puisse être, a brûlé en certaine quantité, et pendant un certain temps, sans être renouvellé, est mortel.

Lorsque je bâtis Louveciennes, les fourneaux étoient parvenus à un tel point d'activité, que malgré les précautions prises quatre cuisiniers étendus sur la terre restèrent longtemps entre la vie et la mort. Les souterrains étant trop bas pour ces réchauffoirs importants; Louis XV, né sensible, ordonna aussitôt la construction de vastes cuisines; sa mort les arrêta.

Voyez dans le troisième volume les plans tels qu'ils devoient être.

VUE PERSPECTIVE
D'UN RETOUR DE CHASSE.

(Planche 110.)

PLAN, COUPE, ÉLÉVATION
D'UN RETOUR DE CHASSE.

(Planche 111.)

Il semble que les sciences et les arts, comme la lumière du soleil, n'éclairent une contrée qu'en retirant les rayons d'une autre. Alors une grande partie de la terre est toujours dans l'obscurité. La Chaldée, l'Orient, l'Egypte, ont été le berceau des arts; aujourd'hui ils sont dans les ténèbres. La Grèce languit dans l'esclavage; l'Italie décline; l'Architecture assise sur les débris de matériaux incohérents, voudroit reprendre un nouvel éclat. Que l'attitude est fragile! Les préjugés, la mode altèrent les principes : la complaisance coupable les défigure; et la versatilité s'attache sur les ailes de l'intrigue, pour accélérer ses succès. Si le génie de l'invention est sublime, que le génie des convenances est rare! Les arts, portés à leur perfection, disparoissent sous les ruines de la fortune publique; c'est le thermomètre qu'il faut consulter.

En effet, quand on peut moins, on présume davantage. Qu'arrive-t-il alors ? En vain on voudroit rallumer les lampes éteintes qui éclairent le monde délicat; la sordide domination souffle ses poisons, assujettit tout à ses calculs rétrécis. Que devient la science? que devient l'esprit humain ? Il s'exerce sans profits, il s'égare avec perte.

EXPOSITION.

Un homme de qualité, oui, un homme de qualité, le prince de Baufremont, veut bâtir un retour de chasse. Sans doute il choisira la terre préférée, que la haute futaye de Chaux tempère par sa masse interposée. Il veut, pour célébrer la mémoire d'un sage, que l'on appelle Hubert, rassembler, une fois l'an, la noblesse de Franche-Comté.

Il veut un salon, des galeries, des communs, des écuries, un chenil; et comme chacun doit regagner ses foyers, le soir, l'habitation sera peu considérable (1).

M. de Baufremont avoit un magnifique château (2). On y voyoit des tours crénelées, des armoiries contournées au gré du caprice, produits chéris de l'art héraldique, dont l'usage a conservé la trace même chez les nobles de nouvelle date.

Quelle erreur! tel assemble, en payant, les preuves de ses quartiers, qui, dans un siècle corrompu, ne prouveroit pas la vertu de sa mère. Quoi qu'il en soit, tout le monde sait que la splendeur des nations se compose des vertus qui les décorent. Qu'importe, si l'Architecte quitte la route tracée pour prendre celle que les combinaisons pittoresques lui présentent. Qu'importe, si le monument qu'il élève honore les hommes recommandables par leurs vertus, et ramène au vrai sens l'application des principes, s'ils s'égarent.

Quand je parle de la noblesse, je veux retracer cette valeur imprescriptible que la race des Césars a transmise aux héros de ce pays, valeur que la main du temps ne peut effacer.

En effet, les délires honteux des peuples désunis peuvent se cacher sous la lave destructive des volcans, mais les faits restent, et la tradition les retrace. En vain les révolutions roulent les mondes sur le pivot trop mobile des ambitieux; ce que l'on fait de bien, ce que l'on fait de mal, échappe au déluge des passions défigurées; l'intérêt de chacun s'épure, et les vérités surnagent. Il est vrai que de tout temps l'ascendant des forts sur les foibles, déployant la tyrannie, a mis les bassesses à contribution, pour remonter le cran, déjà trop descendu, de l'humanité. César est le dieu des dieux; Auguste aussi veut être un dieu, et rougit d'être un homme. Qu'est-ce que cela prouve? Quand on veut diriger l'esprit public, et étendre ses valeurs, les vérités qui commandent à la terre sont au-dessus des titres; elles sont au-dessus du pouvoir qui les a créés; la jalousie qui tourmente les succès, est enchaînée aux prestiges de l'art, et la multitude approuve ce qui est essentiellement bon.

Ici l'Architecte hâte l'impulsion, la chasse commence. Déjà les chevaux impatients hennissent et piaffent leur allégresse; les narines fument, et leur bouche blanchit le gazon, d'une mousse transparente. Le bruit des cors se mêle aux clameurs des battues, pour effrayer les habitants du desert. Déjà l'impétueux chasseur le traverse, lance un sanglier, et poursuit, avec la rapidité de l'air, le monarque des forêts, qui franchit les fleuves rapides : les meurtres s'accumulent, et la barbarie soumet à ses conquêtes les victimes d'un loisir destructif; le sang coule de toutes parts; on suit le sillon ensanglanté jusques aux lieux préparés pour une fête. Quel misérable triomphe que celui que l'on remporte sur un animal timide! L'homme, tyran de la création, se repose sur les bassesses de l'impunité, par l'insolent abus qu'il fait de ses forces : il se joue de la cruauté; il cherche ses délices; où ? dans le sang. Vous en conviendrez, ces plaisirs barbares ne furent jamais connus de la paisible philosophie, encore moins du savant qui ménage le sablier du temps.

Tout-à-coup la scène change, le soleil dételle ses coursiers brûlants; le jour baisse et fait place aux ombres qui protègent l'arrivée d'un cortège majestueux. Jeunesse abusée! voyez ce sexe aimable qui s'avance à pas ravissants; sentez-vous tout ce qu'il inspire? Ce sexe aimable, l'orgueil de nos sens vous laisse une plus noble chasse à poursuivre à travers les bosquets enchantés de l'amour. Il est vrai que les belles s'y cachent, mais au moins leur défaite est honorable, et ranime le sentiment du bonheur.

J'entends l'airain bruyant des cymbales; les clairons tourmentent la musique des airs; les Grâces, les Ris, présent du ciel, réunis précédent les plaisirs en troupe, et leurs chants se mêlent aux flûtes harmonieuses du dieu des accords.

---

(1) Voyez la nomenclature.
(2) Scsusonc.

Tel est le pouvoir des sensations! cent braves, montés sur de superbes coursiers, s'avancent; ils sont vêtus d'un canevas conservateur de la pureté des contours; leurs têtes altières, leur mâle contenance exaltent la pensée, et soufflent dans l'ame des favoris de Pallas, le courage des ancêtres.

Quels sont ces tourbillons tumultueux qui s'offrent à ma vue? L'œil atteint à peine les premières divisions; l'azur des cieux s'enflamme, et la lumière verse ses torrents dans la plaine; elle joue avec éclat sur les fleuves qui étincellent dans le lointain; les monts accumulés sur les monts, s'accordent avec la nue pour composer le tableau. Peintres, Architectes, accourez, prosternez vous devant ces émanations divines. O sommeil! peux-tu perdre la moitié de la vie dans l'oubli mortel de tant de jouissances!

Les effets se rapprochent; que vois-je? C'est un héros qui s'élance sur un char précédé des trophées qu'il a remportés dans les combats : les roues d'argent rivalisent les diamants du soleil; le panache de son casque efface le fastueux mélange des couleurs du paon, et l'auréole qui l'entoure éblouit les nations ailées du ciel. Quand la marche est lente, quand elle offre de grands intervalles, les idées se grandissent, et si l'imagination divague, c'est toujours au profit de l'impatience qui presse les résolutions : la multitude s'agite; bientôt la victoire, patrimoine du courage, traverse les rangs, et tempère l'ardeur populaire; le héros triomphant aux champs d'Arlier presse le pas, arrive et dépose ses armes autour de l'édifice que vous voyez. Bientôt l'art qui sait tout embellir, les groupe et les attache sur ces murs, à côté des cuirasses resplendissantes. On y remarque les dards de Germanicus, ceux d'Arioviste (1), de Dommaria, de Diviciacus; les pointes émoussées des Romains, la loyauté du Scyte, tracée sur un bouclier damasquiné en or, les corselets des sires de Salins, des Baufremont, liés avec les écharpes des vainqueurs et de tant d'autres guerriers qui ont illustré ces contrées fameuses. L'autel des scrupules étoit là; on proclame un serment solennel que les échos confirment (on n'y manquoit pas alors).

Que fait l'Architecte? Quand Louis XI brûle les titres (2), semblable à l'astre du jour qui disparoît sur le sommet des montagnes, pour éclairer un autre hémisphère, il arrache à la terre qui recèle la gloire de tant de héros, les antiques débris de Bellone, et ces témoins de la valeur viennent se placer d'eux-mêmes sur ces masses contemporaines des plus hauts faits. C'est-là où la vertu, qui méconnoît les lacunes et les tempêtes politiques, verra le candidat du jour pressé par le véhicule de la gloire; elle y verra ses titres scellés du cachet de l'impartialité. C'est-là où le scrutateur du temps, assis sur l'urne épuratoire, et se faisant un jeu du choc accidentel des planètes, réalisera l'ordre immuable des destinées. Il appellera la progression du bien, et la postérité lui répondra. C'est ainsi qu'un principe confié à la direction des siècles, fit place à l'usage des tours, au faste trop commun, trop moderne des armoiries, qui n'ont qu'un prix d'opinion, et qu'on y substitua le contrat social, contrat universel, contrat antique, auquel tous obéissent, et que personne n'a le droit de déchirer. C'est ainsi que l'art se modifiant, asservit à sa puissance, les habitudes gênantes, et étend ses effets chez tous les peuples. Imagination, raisonnement, tout est soumis à sa volonté; c'est elle qui est la partie active, et l'art n'ayant pas d'existence locale, il est où sont ses affections.

Le reste de la journée fut employé à dilater la joie d'un banquet qui devoit resserrer les nœuds trop souvent relâchés par la servitude des convenances. On y voyoit des poëtes, des savants, des artistes célèbres. (Car si Mars brille par sa vaillance homicide, les autres gouvernent le genre humain par l'attraction du bonheur.) La franche gaieté étoit répandue sur ces nombreux paliers.

---

(1) Voyez les Commentaires de César.
(2) En 1479.

ÉLÉVATION.

Sur ces terrasses disposées en amphithéâtre, pour multiplier le charme des sensations, quels mouvements! que de variétés! Tout parloit en faveur de l'artiste qui avoit préparé la fête. Les bastions menaçants, qui retraçent l'effroi d'un siége, étoient remplacés par des formes pyramidales qui appellent la voûte éthérée pour se lier avec elle; par ces masses combinées qui se prêtent à l'inconstance des goûts, plaisirs toujours renaissants dont la volupté s'accroît par le génie qui les accumule. Il est vrai qu'on n'y voyoit pas ces moulures qu'un froid et crédule copiste multiplie pour étayer la saillie d'un toit. On n'y voyoit pas ces applications illusoires confiées au papier pour séduire l'ignorance, ces applications fragiles, désapprouvées par l'immensité de l'air qui dévore tout ce que la proportion néglige; on y remarquoit du mouvement dans les plans, produits certains des élévations piquantes.

Déja les jeux et les ris répandus dans le parc, faisant oublier les ténèbres de la nuit, sollicitoient le jour; l'humanité ensevelie sommeilloit, lorsque l'aurore, enveloppée de son manteau doré, ouvre ses paupières. Les chars légers s'avancent et chacun regagne ses foyers.

O vous, qui voudriez donner à Jupiter de nouveaux satellites! ne soyez pas plus barbares que le temps. Est-il en votre puissance de soustraire au calendrier de l'univers des noms illustres, des caractères coulés en bronze, des reliefs caressés par les doux arts de la civilisation? assortiment précieux de tant de vertus. En vain la léthargie de vos sens vous maintiendroit dans le sommeil de l'implacable terreur, assis dans le conseil des dieux, aujourd'hui vous ne direz plus que les hommes sont égaux; vous avez beau dire, vous ne parviendrez jamais à nous prouver qu'un géant soit au niveau d'un nain, fût-il dressé sur ses orteils.

Ces murs, ces surfaces que vous voyez, sont empreints de la flamme vivifiante qui assujettit le monde aux idées premières. Voilà pourtant, voilà ce que peut l'Architecte quand il épure un principe, quand il le régularise. Enfants prédestinés du dieu de la persuasion! on vous a choisis pour élever le cœur des humains; on vous a lancés sur la terre pour éterniser des vertus indépendantes de ses vacillations. Oh! je n'en doute plus, vous donnerez à vos productions le sublime idéal qui caractérise le génie. Quel est celui de vous qui ne desire pas voir son nom scellé par l'immortalité, à côté de ceux à qui vous la donnez? Quel est celui de vous qui ne desire pas voir son nom consigné dans les dépôts littéraires de toutes les nations? Monuments de rectitude sociale, alignés par le coup-d'œil des siècles clairvoyants, monuments propagateurs de l'esprit public qui se rallie aux vérités constantes, c'est à vous à qui j'en appelle, vous conserverez les noms des ministres qui ont érigé les monuments, ceux qui les ont détruits, vous savez... Ici je m'arrête; ce n'est plus un mystère... Si le temple d'Éphése n'eût pas été brûlé, peut-être auroit-on oublié le motif auquel il fut consacré.

Croyez moi, plus vous rendrez grands ceux qui vous confient leurs destinées, plus vous le serez vous-mêmes : souvenez vous qu'il ne suffit pas d'avoir les complaisances qui décèlent l'homme du jour, il faut avoir des pensées et réaliser des conceptions qui soient l'honneur du temps. Souvenez vous bien que l'artiste enclavé dans le métier, n'aura rien fait pour l'art, rien fait pour la raison, s'il n'est d'accord avec elle.

MAISON DE JEUX.

PLAN, COUPE, ÉLÉVATION.

(Planche 112.)

Une maison de jeux? Oui, une maison de jeux : quand une ville n'est pas assez étendue pour soutenir les frais d'un spectacle, il faut battre les sentiers de l'oisiveté pour préserver les habitants des vices qui l'accompagnent. Dans les cités nombreuses, les jeux qui reçoivent l'affluence de tous les genres de corruption que la police surveille, pourroient épurer les mœurs publiques; on pourroit faire un établissement où la corruption verseroit ses ordures pour soulager la misère. L'Architecte est souvent obligé de suivre l'impulsion qu'on lui donne; c'est à sa sagesse à diriger les idées erronées, à les fixer et à les ramener au principe.

On demande un bâtiment d'une petite proportion, situé au milieu d'un vaste champ, où l'art puisse réunir les agréments d'une situation champêtre, des vergers productifs, des prairies sur les bords de la Loue; on demande un terrain vague, destiné au jeu de paume, des salles de danse, des jeux d'échecs, de trictrac, de cartes; des restaurateurs, des cafés, etc., des orchestres. Le jeu, dans les provinces, a tant d'empire sur les humains, qu'il occupe la société dépourvue d'idées, la plus grande partie du jour : une maison de jeux est peut-être plus nécessaire qu'un hospice. Le jeu étourdit l'homme sur les désordres de l'ordre social, tandis qu'il n'existe pas un malheureux quand on peut retrouver dans le travail passé les fruits réservés par la prévoyance. Il n'en est pas des grandes cités qui recèlent tous les genres de corruption, comme d'une ville naissante. Dans la première, tous les maux sont confondus; dans la seconde, les hommes se connoissent et s'entr'aident.

Un azyle spécial du malheur est si humiliant pour l'égalité morale, que je ne conçois pas comment elle le supporte (1). La discussion sur les jeux s'entame; l'artiste examine et combat les dangers qui les suivent.

La paume, dit-on, est un exercice salutaire, elle remplace la sphéristique des anciens; l'agilité qu'on y déploie, l'adresse de la main, la force du corps semblent réunir plusieurs avantages séparés dans la gymnastique. Quoi! est-ce se divertir que de s'exténuer? Ce jeu a des accès précipités qui suspendent l'intelligence. Vous me direz sans doute qu'Auguste passoit, des amusements de la campagne, à ce jeu pénible; qu'est-ce que cela prouve? ne sait-on pas que chacun a ses qualités et ses foiblesses? Mais la danse n'a-t-elle pas de nombreux partisans? C'est de l'harmonie du ciel que cet art divin composa ses perfections; elle prit naissance de l'amour; elle est le symbole de la paix. Ignorez-vous que Socrate, le plus sage des hommes, voulut l'apprendre dans sa vieillesse. Tout cela est vrai; mais elle avoit un but moral, c'étoit de nous convaincre que l'on corrigeoit plutôt les mœurs

---

(1) Si on ne rougit pas du malheur, on rougit de l'inertie. Au premier coup-d'œil les hôpitaux offrent un grand bien; l'Angleterre les a multipliés; la France les a trop concentrés. Il y a peu d'hommes que l'on ne puisse employer à des choses utiles pour lui ou le gouvernement. Si on veut suivre ce principe on verra qu'il y aura moins de malheureux.

par la gaieté naïve qui séduit tout le monde, que par des préceptes sévères qui ennuient. Je ne parle pas de ces orgies qui se passent dans le temple de Bacchus, je condamne tous les excès, mais convenez au moins que ces exercices avoués de tous temps, doivent l'emporter sur les jeux de hazard qui sont dommageables et bruyants. Mutius-Scévola, après avoir vaqué aux affaires, jouoit bien aux échecs; si on croit Pline, un singe y jouoit aussi. Est-il possible que l'homme, imitateur d'un vil quadrumane, se tourmente comme si le salut de sa famille étoit en danger? Mais le jeu de trictrac occupe les savants. Eh! je vous le demande; n'est-il pas ridicule de jetter à grand bruit, sur une table retentissante, des osselets? Voilà un glorieux emploi du temps; ne vaudroit-il pas mieux occuper l'esprit sur la partie d'instruction pour laquelle il a le plus d'aptitude?

Passons en revue les jeux de hazard. Quel bien résulte-t-il de leur inconstance? Aucun; le gain qu'ils procurent n'a pas plus de stabilité que la forme mobile qui en est l'objet; il ne donne rien à ses familiers, il dépouille la confiante inexpérience. Est-il une passion où le vice se manifeste davantage? Non, sans doute. Tel marche courageusement au combat, qui tremble en attendant un coup favorable; celui-là est déjà misérable quand il croit être heureux.

Que rencontre-t-on dans ces gouffres que rien ne peut remplir? Les immondices du crime, le blasphême qui offense la divinité, et la haine qui se noircit du deuil de vingt familles éplorées.

Telles sont les considérations qui ont changé les données des différentes pièces que vous voyez. Ce n'est pas la dernière fois que l'excès du vice développa des vertus et les fit aimer : que résulte-t-il de cette analyse? On substitue de nouveaux titres aux premiers, sans détruire la masse générale du plan. La danse l'emporta sur le raisonnement; considérée comme exercice et délassement, surveillée par un système d'épuration, elle obtint une superficie considérable; on la plaça au centre pour être à la portée des jardins; la paume resta pour la classe des hommes forts mais peu instruits; le trictrac, les échecs pour les vieillards. Oh! pour les jeux de cartes, de hazard, on les proscrivit à jamais. Qu'avez-vous fait des salons, des galeries? La jeunesse les occupa pour encourager ses talents naissants; on lui donna des concerts; l'émulation excitée par le concours, ne tarda pas à produire des élans; le goût de l'harmonie se généralisa. Un des salons fut consacré à une société d'agriculture, d'autres au dessin, d'autres aux belles lettres, à la poésie, à l'éloquence; on y trouvoit tous les bons livres : on donna des prix d'encouragement, des fêtes où la prééminence étoit attachée à une branche de myrthe; on assemble la multitude, elle accourt de toutes parts; on exerce l'esprit, la mémoire, on éveille le sentiment, on applaudit ces puissances légitimes du cœur : la gloire anime les prétendants.

Tel qui auroit emprunté l'exemple des jeux olympiques ou des bois dédiés à Jupiter, pour élever aux dieux de la fable des statues, retrace dans ces jardins des vertus civiles et héroïques qui honorent le siècle. O vous, que la foule des plaisirs assemble en ces lieux! venez, et faites revivre des souvenirs honorables; que votre ame attendrie par les traits qui peignent la bienfaisance et la sensibilité, rappelle cette antique foi de l'âge d'or que nous regrettons; que ces formes incorruptibles, ces marbres, ces bronzes nous offrent l'apothéose de la celeste amitié, du mépris des vanités; qu'ils distinguent l'homme modeste environné de ses talents et de la publique estime.

Voilà, voilà ce que peut un Architecte quand il sait tirer parti des passions désastreuses pour les faire tourner au profit des mœurs publiques : il fait aimer la vertu et abhorer le crime.

COUP-D'OEIL

DU THÉATRE DE BESANÇON.

(Planche 113.)

On inscrit dans un carré, dans un ovale, dans un cercle le portrait de la femme que l'on aime. On ne s'éloigne pas du principe en adoptant les formes que la nature commande. Le premier cadre fut sans doute celui que vous voyez; il reçoit les divines influences qui embrasent nos sens, et répercute les mondes qui nous environnent. C'est lui qui compose tous les êtres, embellit notre existence, la soutient et exerce son empire sur tout ce qui existe; sans ce rayon vivifiant tout seroit dans l'obscurité pénible et languissante. Que de plaisirs! que de délices il nous prépare! Miroir transparent de la nature, tu vas donc nous développer des vérités constantes? tu vas dévoiler des passions, exprimer des caractères, et ton éloquent langage sera plus instructif que la tradition méthodique qui nous égare. En effet, quand l'histoire retrace les commencements du monde et ses merveilles, elle nous laisse des doutes; les copistes ont défiguré les auteurs, falsifié les faits, mais celui qui a conçu la pureté de ce trait vous trompa-t-il jamais? S'il vous offre les graces, les contours d'une beauté printanière, il l'embellit encore par le présent qu'il vous fit de l'imagination. Rien n'échappe à sa puissance; s'il attache à la rose le prix que l'on met au bouton, c'est pour suspendre l'admiration jusqu'au moment de l'épanouissement; il veut que la vertu se développe. Il défend à la séduction d'activer la fleur qu'on ne peut regarder sans la flétrir. S'il vous offre les charmes touchants de la pudeur, de la modestie, il veut que ces vertus ne soient pas stériles. Pour enflammer un cœur et l'attacher, il faut captiver les affections par des graces naïves; l'embarras a beau rougir, il invite au regard et ne redoute pas l'immorale impudeur. Vous présente-t-il l'amour, la profusion des sens, à l'âge où tout se fond dans le cœur par un sentiment pur, il vous fait voir de tendres pleurs qui coulent goutte à goutte sans grimace. Il vous offre la félicité que l'on confond dans des sanglots déchirants, des visions oppressives, le cheveu d'un être adoré que l'apparente perfidie grossit. Eh quoi! vous n'envèryez donc jamais le contentement? Qu'il est rare! ne croiroit-on pas qu'il est le produit de l'inertie des sens? En effet, un plaisir toujours prêt lasse l'imagination; il faut donc être apathique pour être heureux sans relâche; oui, on souffre tout sans se plaindre : les feux constants brûlent et ne s'éteignent jamais; semblables aux flambeaux que l'on trempe dans l'onde stagnante, ils se consument sans explosion.

Si je voulois élever un trône à l'amour-propre, je vous ferois voir dans ce cadre les effets de la jalousie; vous la verriez dans sa rage écumante, agiter l'air de lugubres cris, arracher ses guirlandes, déchirer ses vêtements; vous la verriez lancer d'horribles regards, et ses cheveux confus se tourmenter au gré du hazard. Ici le dépit paroit et fait briller des feux presqu'éteints; la fausseté maîtrise les facultés et décèle l'artifice qu'elle cache.

Que vois-je? C'est l'avarice, cruel ennemi du genre humain; en vain la terre, pour appaiser sa soif, fait germer l'or sous ses pas; elle brûle d'un feu sans remède. Puissante harmonie de nos sens, tu m'égares; ramène moi dans cette douce ivresse que le sage aime à prolonger; tranquille amitié, félicité parfaite, seul mouvement de l'ame où l'excès soit permis; compagne séduisante et fidèle de toutes les heures, c'est donc par toi que je vais multiplier mon être et revivre dans autrui ; c'est dans tes nœuds que tout est jouissance, tu serois l'immortelle volupté si en te prêtant de l'or on n'altéroit pas ta constance. Suivez la rapidité de ce cristal mobile où se peignent les plus secrets sentiments, son activité échappe à mes pensées.

Pour être un bon Architecte il ne suffit pas d'analyser les yeux, il faut lire dans le cercle immense des affections humaines; il faut développer les motifs d'application, les étendre. Le coup-d'œil de l'Architecte est plus nécessaire qu'on ne l'imagine, pour constater les effets que la postérité n'a pas droit de réprouver. Un souverain qui n'a pas le coup-d'œil juste compromet la durée de l'empire; un héros perd le fruit de ses conquêtes. Les victimes enfermées sous les terres ne laissent aucune trace de l'erreur qui a creusé les tombes; la faute se confond avec le temps : mais l'Architecte qui salit un monument que la fortune publique élève au dieu du goût, celui dont les profils ne sont pas aussi purs que l'œil, celui dont les colonnes se disputent entre elles l'honneur de la proportion relative aux distances, celui qui s'effraie d'un diamètre gigantesque, quand il est dévoré par l'immensité, celui-là éprouvera les reproches des siècles clairvoyants. Tout s'efface, excepté le mépris pour les ingrats; on le porte avec soi dans les sombres lieux; mais l'instruction fait revivre les torts échappés à l'indulgente tradition : ceux de l'Architecte sont éternels, et plus on a de respect pour sa mémoire, moins on lui pardonne d'avoir abusé les races confiantes.

THÉATRE DE BESANÇON (1).

IDÉES GÉNÉRALES.

A quoi servent les connoissances si elles ne rendent pas les hommes meilleurs? Elles font ordinairement des septiques qui répandent le doute et l'incertitude. Il est aisé de savoir ce qui est nécessaire à l'homme pour vivre heureux, le surplus est inutile, et peut être considéré comme la source des maux. On ne peut en disconvenir, les vices le sollicitent et la séduction l'assaillit sans cesse. Que de gens trouvent le bonheur dans l'appareil religieux qui en impose aux imaginations sensibles ! Eh pourquoi ? Parce qu'ils se transportent au temps où régnoient les préjugés et les illusions : si ces traditions mystiques subsistoient encore sur nos théâtres, les sages les mépriseroient. Eh bien, les mêmes hommes entretiennent les abus qui engourdissent l'ignorance et la perpétuent. Au surplus, ne sait-on pas que de tous temps ils ont été les hochets de la multitude. D'autres sont exclusifs : ces hommes enveloppés du manteau de l'intolérance, sont tout à leur siècle; ils ne trouvent de bien que ce qu'ils font, que ce qu'ils ont vu; que je les plains, ils ignorent les tendres regrets du passé, et ne jouiront jamais du consolant espoir de l'avenir. Mais pourquoi voulons-nous apprendre ce qu'il importe peu de savoir? ce que l'on est souvent obligé d'oublier? A quoi aboutissent les efforts de l'Architecte qui s'obstine à changer l'ordre habituel des rassemblements destructeurs de l'espèce humaine? En vain il écarte les abus consentis qui corrompent les mœurs; en vain il rapproche l'instruction du sentiment dominateur qui le lie à l'étude de la nature et de sa conservation, rien ne peut distraire la tenace pratique contractée

(1) Arrêté au conseil en 1775.

dans l'inertie ; elle est si impérieuse, que ne pouvant atteindre le précepte qui triomphe des écarts, elle aime mieux s'abandonner à sa nullité. Entrons dans quelques détails.

La forme des théâtres ressemble aux lieux destinés à lancer la balle d'un paumier ; c'est une ornière à pic où les passions de tous genres remuent leur vaze, où le souffle du spectateur exhale la corruption, et répercute sans cesse les poisons qu'il avale. La cupidité tient une partie du public debout pendant deux heures dans un parc moutonnier, que l'on appelle parterre je ne sais pourquoi. C'est-là, oui là, où nos semblables, où l'espèce la moins favorisée de la fortune, est tellement saccadée, comprimée, qu'elle sue le sang ; elle répand autour d'elle une vapeur homicide. Le public rangé par assises égales, est entassé dans des commodes bombées, meubles consacrés à la médiocrité qui habite sous les toits où la dignité d'un Architecte inspiré ne monta jamais.

Ces représentations mesquines sont ornées de guirlandes au premier étage, de guirlandes au second, de guirlandes au dernier, pour amuser la vue par la variété, et si l'abondance distrait ses bienfaits, ce n'est que pour y substituer des canaux extraits des tombes funéraires, ou autres ornements de remplissage, applications discordantes avec le sentiment qu'elles devroient inspirer. Quel effort d'imagination!

Dieu du goût ! c'est ainsi que tu laisses profaner ton sanctuaire. Quoi ! tu n'arracheras pas la foudre des mains de Jupiter pour consumer le travail de ces grêles araignées, de ces chenilles rampantes qui promènent leur venin et te dégradent ? Où s'attachent donc tes scrupules ? Semblable à la tendre mère dont le soin écarte l'insecte qui fatigue le sommeil dans lequel les sens de son fils sont plongés, crois-tu avoir beaucoup fait si tu ne proscris ces inquiétantes salissures ? Vois tout ce qui te reste à détruire!

Les spectateurs en saillie sur une fragile bâtisse de sapin magnifiquement suspendue, effraient la timidité qu'ils menacent, inquiètent la prévoyance qu'ils mettent en défaut.

Si les intervalles sont très-décorés, ils nuisent au spectateur, s'ils ne le sont pas assez, ils nuisent au spectacle. Voyez l'agitation et le mouvement convulsif qui règnent dans toutes les places. Une partie des spectateurs s'élance sur la pointe du pied pour subvenir à l'insuffisance de sa taille ; une autre partie, ayant une demi-tête de plus que celle-ci, lui cache la scène toute entière. Ceux qui occupent les côtés de la salle, placés sur les premiers rangs, peuvent à peine appercevoir l'acteur à l'aide d'une contraction vertébrale ; les seconds, troisièmes, quatrièmes, stimulés par l'action théâtrale qui leur échappe sans cesse, se dressent en vain sur les pieds, vacillent, perdent l'a-plomb, fatiguent les épaules impatientes, inquiètent la parure dans sa préoccupation, pour gagner en saillie ce que la proportion des sièges ou l'inaptitude des lignes refuse. Est-il un supplice plus cruel que celui d'être pendant deux heures sur ses orteils, sans le secours des ailes qui allègent le travail du messager des dieux?

Les salles corrigées sur celles que nous venons de décrire, présentent une forme elliptique dont une partie se rétrécit pour obtenir une ouverture tronquée, à la faveur de laquelle on apperçoit une avenue assujettie à des décorations uniformes. Quel vaste champ pour le génie du décorateur!

Toi qui souffles les vents du sud avec violence ; toi qui fends le sein de la plaine liquide ; toi qui assembles la nue, disperses l'orage ; quand déplaceras-tu l'air qu'on respire sur nos théâtres ? quand feras-tu reculer ces fragiles murailles qui resserrent l'élan du génie ? quand les feras-tu tomber ?

Les salles augmentées n'offrent pas de plan décidé. Il seroit difficile que le compas, dans la franchise de ses contours, y retrouvât le trait qu'il auroit voulu tracer ; elles sont si disproportionnées dans la répartition inégale des places, que leur bizarre assortiment détruit tout ce qui l'environne. Les spectateurs, étagés d'à-plomb les uns sur les autres, voient assez bien la scène jusqu'au centre ; ceux qui lui sont opposés, à mesure qu'elle se rétrécit, ne voient rien ; sur les seconds, troisièmes et quatrièmes rangs, des cages de bois, tissues de doubles mailles, cachent la plus grande partie des spectateurs, inquiètent la pudeur, les bonnes mœurs, nuisent à la voix et à l'effet général.

On fait un crime à la Grèce d'avoir élevé des monuments à la lubricité, sur les débris d'un assassinat fait dans le temple de Vénus, tandis que l'on voit ici des autels sur lesquels les prêtresses de la corruption brûlent, à la faveur d'une gaze, le fade encens de l'impureté. Les sacrifices sont concentrés dans des espaces mystérieux, et les portes de la licence ne s'ouvrent qu'à la voix des initiés.

Divinités infernales, vengeresses des infractions qui détruisent l'équilibre honorable de l'espèce humaine, effacez jusqu'aux témoins de notre honte! soyez les garants de nouveaux traités. Si les peines de la vie sont les enfants gâtés du plaisir, faites au moins que les maux obscurs ne soient pas le secret foyer des souvenirs que l'on paie en douleurs.

Les salles plus modernes sont décorées par des hommes qui ont épuisé le chiffon broyé pour accumuler les monstres que le délire du mauvais goût inventa. La vue est salie; l'imagination est dégradée, la demeure des immortels en frémit; Apollon va les châtier : déjà il souffle la vengeance sur ces fragiles emplois qui appellent sur eux l'incendie. D'autres ont multiplié les colonnes et les ont élevées hors d'à-plomb, les unes derrière les autres; ces moyens onéreux à la recette; perdent des places sans profit pour l'œil. Tel est l'ascendant des formes arrondies par les graces architecturales; le prestige est si puissant qu'il nous séduit, même dans son inconsidération; il entraîne, il asservit nos sens : il est à nos yeux ce qu'est la femme, ce présent du ciel, jetté sur la terre pour agrandir la pensée des humains : quelque part où elle soit, elle fait plaisir.

Les marbres gèlent les épaules des beautés sectatrices des modes de l'ancienne Grèce, et tandis que le flot, par le souffle impétueux de l'ouest, se presse entre les bords de la Seine, que les glaces se brisent avec fracas sur la rive escarpée, couvre les dunes d'une blanche écume, mon ame sensible est affectée de voir tant de jolis bras purpurés par ces corps polis qui les maltraitent.

L'entrecolonnement offre six étages de petites niches carrées; les corps placés sur le premier rang cachent ceux des second, troisième et quatrième. L'effet, ce point essentiel que l'Architecte ne peut jamais effacer sans mériter la colère des dieux qui ont assemblé tant de merveilles pour nous plaire; ce point essentiel est tellement découpé, qu'il soustrait les trois quarts de la pompe qui suit la magnificence des lignes non interrompues. Semblable à ces vastes volières où les puissances de la terre perchent sur de hauts bâtons le luxe coloré des habitants de l'air, on place en première ligne l'étalage doré du paon qui dérobe aux yeux la diversité des espèces; ainsi la variété fécondatrice des idées disparoît par l'absence des seules formes qui pourroient l'étendre. Que reste-t-il à l'avidité du desir qui se promène dans la vaste étendue de son empire? Ce qui lui reste? Le regret impuissant de voir la bienséance se perdre dans des gouffres profonds, dans des soupiraux où les parfums d'Esculape exhalent tous les maléfices.

L'orchestre est placé dans la salle : quelle incohérence de conceptions! Six rangs d'instruments, les uns aigus, les autres bruyants, abusés sur les loix de la mélodie qu'ils dominent, fatiguent les organes sensibles, interceptent les voix du théâtre, entretiennent le mauvais goût qui applaudit aux éclats des trompettes et au roulement des timbales. Ces *orchestriers* évoquent les divinités infernales pour détruire la lyre d'Apollon qui captive les oreilles délicates par des sons enchanteurs, pour y substituer la chanterelle glapissante, et le boyau qui mugit sous les doigts forcenés qui l'appuient.

Ceux qui sont près de l'orchestre, assourdis de musique, sortent du spectacle, les oreilles pleines de vibrations déchirantes et consécutives, et quoique l'action cesse, les nerfs sont tellement agités qu'ils éprouvent jusqu'au lendemain la crise pénible qui les avoit douloureusement agacés; souvent elle a des suites facheuses.

Ici je suis interrompu par la scène qui se passe dans la rue et par le son d'un instrument qui aigrit l'air; je lève le voile qui préserve l'entrée de ma galerie des fureurs du midi; que vois-je? La multitude afflue, elle presse une foule de comédiens poudreux qui arrive des côtes brûlantes de l'Afrique. Je vous arrête : des comédiens? choix épuré par le dieu du goût qui exige de la figure, des graces, de l'esprit, un sentiment fin et délicat... Continuez... Chacun y court, chacun est idolâtre, tant on considère le vrai goût des beaux arts.

Passons sur les détails. La musique qui animoit ces spectres hideux, étoit-elle dans votre appartement? Non, sans doute. Quand cet épisodique assemblage auroit pu se désunir, il eût souillé le culte que je rends au vrai mérite. Belle leçon; on cherche bien loin un précepte, il est affiché dans la rue.

C'est ainsi que les principes renaissent de la similitude. La barbarie, longtemps arrêtée sur le seuil des illusions, remonte inopinément les degrés; on la voit presser la foule pour rentrer dans le sanctuaire des vérités constantes, et la prendre à témoin de l'abjuration de ses erreurs séculaires. Nous voilà donc arrivés à l'avant-scène.

Qu'entendez-vous par une avant-scène? C'est l'embrasure de la croisée, l'épaisseur intermédiaire habitée qui sépare l'action du dehors; c'est un corps lisse; c'est un repos que l'œil se prépare pour augmenter le plaisir de l'ame, en opposant la variété des situations de tous genres à la simplicité du cadre. Je ne vois en aucun lieu ce que vous énoncez; ce que l'on appelle avant-scène, accrédité par l'usage, n'est autre chose que la ligne continue de la salle jusqu'au théâtre. L'ouvrier descend les sièges de quelques pouces, l'artiste intercale ingénieusement des colonnes disparates pour soutenir le poids d'une savante coupe connue sous le nom de plate-bande. Cette platitude de l'art, considérée comme effort du métier, tient vraiment du prodige; l'exécution, impossible dans toute son étendue, la range aux yeux de la multitude, au nombre des merveilles qu'elle admire : la toile qui permet tout, s'en indigneroit. Semblable à ces vastes alcoves que la magnificence moderne qualifie de chambre de parade, où l'on voit sommeiller dignement la léthargie des siècles, on y voit l'ignorance applaudie pour s'être enveloppée du linceul qui couvre les écarts de l'esprit humain. En vain on voudroit rallumer les lampes éteintes qui devroient éclairer le premier plan du tableau, les talents tour à tour exilés semblent être tombés dans la nuit épaisse des préjugés; ce n'est pas tout, la voix se perd dans les angles, et pour mieux la conserver on suspend magiquement avec des fils de fer, des attributs fantastiques, de hideuses chimères qui se tourmentent, se tordent le corps pour contraindre la queue d'un poisson à se lier avec la tête d'une femme. C'est ainsi que l'art avilit la nature et contraint le discernement à se plier sous des loix amphibies. Le croiroit-on? Il creuse les mers, il épuise leurs produits pour meubler les célestes plafonds de nos théâtres; le bon goût s'en offense, et pour être d'accord avec le principe, il pygmatise le héros sur lequel l'attention est fixée : on étale sur le premier plan le gypse en figures colossales. Ces divinités infernales que l'on extrait du calendrier fabuleux sont seules au milieu des réalités charmantes qui fixent les regards. Les uns les renferment dans des niches recreusées pour sanctifier les idoles du jour et reproduire des souvenirs capricieux; les autres les isolent, les élèvent sur des piédestaux pour écraser plus sûrement tous ceux qui les approchent; d'autres plus savants dans leurs recherches, extraient, je ne sais de quels magazins, de longues tables qu'ils attachent avec quatre clous dorés; d'autres enfin, plus économes de parures, les renfoncent dans les murs. On voit des bas-reliefs, dessus, dessous, des guirlandes, des candelabres; que sais-je enfin, tous les gardes-boutique de nos sculpteurs marchands; on voit tous les genres d'assauts livrés à la raison, ses égarements placés entre le spectateur et l'acteur, et l'apparente richesse du génie s'appauvrir par l'abus qu'on en fait. Quand ces discordantes oppositions, ces mélanges assaisonnés par la confusion cesseront-ils de dégrader la dignité du théâtre et la majesté des décorations? Tel à la fin des saisons productives, emmagazine les fruits de Cérès et les accumule avec des matières hétérogènes sous des voûtes impures, et laisse aux vents destructeurs la confiance de ces trésors de la terre, qui voit ses précautions se confondre et se perdre avec la disette, résultat certain de l'abondance mal dirigée.

On croit avoir beaucoup hazardé si on a anticipé quelque chose sur la donnée que l'usage a sanctionnée, en assujettissant l'extension de l'avant-scène. A quoi n'est-on pas exposé si on enchérit sur la dernière latitude? déja j'entends la critique épuisée renouveler l'air de ses poumons, tonner pour nous prouver qu'une grande ouverture atténue la proportion de l'acteur; elle auroit raison si la forme étoit destructive, mais si elle rassemble le point de vue, si elle propage les sons, si elle met l'acteur en relation avec tout ce qui l'environne; que peut-on desirer de plus?

Quand vous ouvrez la croisée de votre appartement craignez-vous que les objets que vous appercevez ne soient trop petits? Le tableau plus large que le cadre ne vous offre-t-il pas des lignes divergentes qui se prolongent à raison du point de distance? Ne vous offre-t-il pas des scènes variées, des champs illimités? Tout est en rapport avec l'œil, et les teintes qui chargent l'atmosphère sont tellement fondues, qu'elles s'amalgament avec le nuage qui obscurcit les dernières lignes de l'horizon. Ici c'est le contraire : nos théâtres plus étroits que l'avant-scène, sont encore resserrés par des chassis directeurs opposés à l'effet des rayons visuels. Telle jadis la mer Erithrée, divisée par la verge de Moïse, parut aux Israélites offrir sur ses flancs deux murailles liquides, et sur l'arène desséchée, on vit le cruel crocodile et l'hippopotame farouche traverser cette terre nouvelle et s'enfuir à l'aspect des chars de Pharaon; ainsi l'aire de nos théâtres incisée dans le vaste espace, n'offre à l'œil desireux, qu'une rainure dont les parois mobiles rétrécissent le vague de l'imagination et restreignent la puissance de l'œil.

Est-ce pour imiter la nature qu'on assujettit les plans sur des bâtis dont la place est immuable? Est-ce pour circonscrire l'élan du décorateur? L'habitude est si impérieuse qu'elle regarde comme licence la transgression de ses loix; elle s'étonne de la disparution d'un chassis qui grandit l'espace et rompt la mesure. Que feroit-elle si on les élaguoit tous; si on anticipoit sur les limites obligées, l'extension du terrain qu'elle refuse? Comment peut-on ôter à la variété les ressources qu'elle offre? Comment peut-on entraver les moyens qu'elle emploie pour plaire? Cette espèce de carrefour se rétrécit jusqu'à ce qu'il obtienne la liberté de s'étendre sur une surface bornée que l'on appelle toile de fond. C'est-là où l'artiste reprenant un peu de liberté, s'apperçoit qu'il est en-deçà de son sujet, et cherche à s'élancer au-delà. Vain espoir! le génie fatigué de tant d'efforts infructueux reprend haleine, il développe en petit une grande idée, tant qu'elle peut s'étendre sur une surface immobile. C'est où l'homme instruit regrette la superficie dont l'Architecte auroit dû être moins avare. Je ne parle pas ici du service journalier; les vices tirent leur origine de la conception première. Tel est l'ascendant de l'artisan routinier sur l'homme qui déploie son génie et qui devroit être indépendant de toutes considérations; il accrédite une méthode vicieuse par des complaisances condamnables, et s'applaudit de l'inaction de ses facultés, tandis que celui qui applanit les montagnes, dirige le trident des mers, redresse les torts de l'Architecte du monde, est souvent obligé de s'assujettir aux serviles données qui ravalent sa grandeur.

Tels sont pourtant les liens illusoires qui garottent l'art et le tiennent constamment enchaîné; on voit, on compare, on compile les bons exemples, on appuie sa manière de voir sur des citations qui prolongent l'erreur, sur des dispositions mesquines passées en principe, sur les résolutions successives des nations fastueuses qui méprisent les moyens simples, et quand on s'est appuyé sur ces bazes que l'on croit solides, les siècles inconsidérés les chargent, elles s'affaissent sous le poids irrésistible des préjugés qui passent en loi.

Nos théâtres, sous ces rapports, sont encore dans l'enfance de l'art et laissent beaucoup à desirer; la pureté des mœurs, la solidité, la salubrité, la commodité et l'effet général. Ce dernier article est fort négligé, cependant tout le monde sait qu'un des plus grands avantages du spectacle est de voir par-tout et d'être bien vu: pour arriver au but que faut-il faire? Il faut puiser dans la nature et dans ses provocations les principes qui peuvent nous diriger; elle a une marche réglée qui s'entretient par les vicissitudes du monde et l'union de ses parties. Les choses qu'elle fait sont meilleures que celles de l'art; cette puissance, toujours appuyée sur la raison, amène des résolutions à l'abri des fausses conséquences qui nous égarent; ce qu'elle présente est si simple, que l'on ne conçoit pas comment l'homme rappellé aux idées premières, a pu les oublier pour créer des fantômes que la réflexion auroit dû faire disparoître. Suivons la route qu'elle nous indique, à la faveur des clartés célestes dont elle s'environne; séparons les mélanges et retraçons aux yeux des situations qui les décillent.

La vue d'un spectacle donné gratis au peuple, stimule mon imagination et grandit mes pensées; je vais vous développer tous les trésors du genre humain : peuples de la terre accourez à ma voix; obéissez à la loi générale. Tout est cercle dans la nature; la pierre qui tombe dans l'eau propage des cercles indéfinis; la force centripète est sans cesse combattue par un mouvement de rotation; l'air, la mer se meuvent sur des cercles permanents; l'aimant a ses tourbillons, la terre a ses poles, le zodiaque présente successivement au soleil ses signes célestes, les satellites de Saturne et de Jupiter tournent autour d'eux, les planètes enfin parcourent leur immense orbite.

Source inépuisable des grands effets qui intéressent nos yeux, rien ne peut exister sans ton appareil pompeux; c'est-là, oui, là où l'homme rendu à son état primitif retrouve l'égalité qu'il n'auroit jamais dû perdre. C'est sur ce vaste théâtre, balancé dans les nues, de cercles en cercles, qu'il se mêle au secret des dieux. C'est-là où la femme déploie le pouvoir de l'attraction et en fait aimer le systéme; c'est le triomphe des sensations, c'est le rendez-vous des sexes et des âges, c'est un peuple formé de cent peuples divers, c'est le point de réunion des droits respectifs des humains. Le voyez-vous arriver en foule, se placer dans l'affluence, se presser l'un contre l'autre? Les femmes sont assises au premier rang; les hommes, debout au second, troisième, quatrième, montent sur les bancs et gagnent, en étendant les bras, la saillie des loges supérieures. Chaque individu couvre de son corps les surfaces, cache les vices de construction; les appuis, les devants des loges disparoissent; ils sont tellement effacés que les accessoires deviennent inutiles, tous les efforts contribuent à multiplier la superficie, pour obtenir ce qui lui manque. On voit indistinctement tous les genres de parures plus ou moins recherchées; les femmes embellissent les premières lignes, avec les graces inhérentes à leur sexe; les plus forts protègent les foibles; les enfants se grippent au corps de leurs pères; d'autres, assis sur les genoux de leurs mères, étagent l'effet progressif. Tous les tons sont variés; tout est pyramidal. Que cette pompe est sublime! Ici l'art abandonne ses sens assoupis et va se livrer au sommeil des abstractions. Fatigué d'avoir rencontré ce qu'il ne cherchoit pas, de n'avoir pas trouvé ce qu'il cherchoit, il a épuisé ses forces, ses ressources; il sollicitera à son réveil de nouvelles provocations, et va s'empreindre d'idées premières généralement senties.

Traversez la place publique, que voyez-vous? Un charlatan qui attire la curiosité des passants, et les appelle au son des clairons; il s'agite, il crie, sa voix éclate dans les airs. Ainsi le salpêtre enflammé détonne, et dans sa force excentrique écarte tout ce qui s'oppose à son explosion. Ses bruyants accords amassent la multitude qui se pelotte en foule autour de lui. On l'entoure de rayons égaux; le plus fort l'approche de plus près, le plus foible est plus éloigné. Toutes les places sont bonnes; toutes tendent à un seul point.

Appuyé sur ces bazes incontestables, sur ces scènes qui sont à la portée de tout le monde, sur ces scènes qui se renouvellent à chaque instant, qui pourra douter que la forme de nos théâtres ne doive être progressive; puisqu'on obtient par elle les seuls effets qui naissent du concours des merveilles de la nature, sans accessoires étrangers? Qui pourra douter qu'elle ne doive être amphithéâtrale, puisque c'est le seul parti qui puisse détruire les inquiétudes qui naissent de l'insolidité des plans magiquement suspendus?

Qu'arrivera-t-il si on donne faveur à ce précepte? Les plans s'accroîtront d'étages en étages, jusques à ce qu'ils aient acquis la force du demi-cercle, seule forme qui laisse la possibilité de découvrir toutes les scènes du théâtre. C'est à l'artiste à disposer le cadre du tableau, de manière qu'il ne puisse nuire à la vue ni à l'effet. Alors le système moral, se trouvant réuni à la force politique, rétablira les degrés naturels. Celui qui payera le plus sera le plus près; celui qui payera le moins sera le plus éloigné; mais tous, en payant, auront acquis le droit d'être assis commodément, sûrement; ils auront acquis le droit de voir dans un rayon égal, et d'être bien vus.

Je vous le demande, quel est l'homme qui ne puisse compter au nombre des sensations les plus délicieuses, les biens inestimables de cette réunion? Quel est celui qui ne sera pas agité par les intérêts puissants qui occupent les délices du jour et le poursuivent jusques dans ses souvenirs nocturnes? Laissons savourer à longs traits l'ambroisie d'une théorie fondée sur la nature. Ecoutez un moment les secrets d'une pratique épurative. Que vous apprendra-t-elle? Elle vous apprendra que dans l'exécution il faut ajouter à la baze du cercle un tiers ou un quart de sa largeur, pour éviter la déperdition inévitable des lignes courbes qui s'applatissent et s'atténuent à l'œil.

Pourquoi n'a-t-on pas levé plutôt le voile imposteur qui couvroit les vices de nos théâtres? Pourquoi a-t-on donné tant de faveur aux coupes abâtardies dont ils se composent? Par-tout on voit des carrés longs, des formes rondes ou ovales; les unes et les autres privent les spectateurs des plaisirs que le demi-cercle assure, quand la largeur de l'avant-scène est égale au développement.

Quoi! des amphithéâtres? Le charme qui centralise toutes les jouissances, le magnifique appareil qui rit à l'imagination la plus froide, la réchauffe, n'auront enfanté que des détracteurs centrifuges. Quoi! des loges amphithéâtrales, connues en 1776, des cercles progressifs que nous applaudissons chez les anciens; cette égalité qui confond les rangs, assigne au plus fort, au plus foible, cette pompe sociale que la philosophie sollicite, n'ont produit aucun changement. En vérité, cet oubli des principes est bien condamnable. Je suis bien loin de penser qu'il n'y ait qu'une manière de faire un théâtre; je suis même convaincu qu'elle peut être variée à l'infini. Pourquoi l'exemple n'a-t-il rien prescrit? Sans doute il éveillera la stupeur. Ne l'espérez pas : la vie de l'artiste qui préconise le bien, est semée de détours obscurs; c'est le tribut qu'elle paye à la partialité.

Le pouvoir de la prévention favorise tous les genres de dissolutions, et la détraction est dans les arts, ce qu'elle est en amour. L'un couvre Apollon de guirlandes honteuses, l'autre fait tourner les fuseaux dans la main d'Alcide. La vérité s'égare dans les sinuosités; son isolement endort la raison; et, comme Circé, l'homicide apathie a aussi ses poisons. Tel est le cri infructueux des filles de l'air qui percent la nue en fuyant les glaces hyperborées; elles s'envolent avec fracas vers les rives du Strimon, portent la mort à la race des pygmées. Lorsqu'au retour du printemps elles reviennent dans ces doux climats troubler les habitants de l'air, qu'ont-elles fait en traversant les zónes?.... Beaucoup de bruit.

APPLICATION DES PRINCIPES.

(Planche 114.)

Le plan du rez-de-chaussée représente la disposition générale de la place. Un péristyle où les chaises à porteurs arrivent à couvert, par des pentes douces; un vestibule, deux grands escaliers qui dégagent les premières places, et dans lesquels aboutit l'affluence des secondes et troisièmes : des vestibules sur les rues latérales, des escaliers destinés au service des quatrièmes, cinquièmes, sixièmes places. Les loges du gouverneur, celle de l'intendant de la province (1), l'orchestre, l'indication de la salle, le théâtre, les trois scènes que l'on peut étendre, resserrer ou élaguer au besoin.

(1) L'artiste a été forcé d'y mettre ces loges qui nuisent à l'effet.

(Planche 115.)

Offre le plan des premières et secondes loges, des grands escaliers qui conduisent aux foyers, aux loges des acteurs; de petits escaliers qui dégagent le théâtre; les foyers montant de fond.

(Planche 116.)

Plan des troisièmes et quatrièmes.

ÉLÉVATION PERSPECTIVE

DU THÉATRE ET DES MAISONS QUI L'ENTOURENT.

(Planche 117.)

La vue générale offre un péristyle de six colonnes ioniques de vingt-huit pieds de haut. Le point de distance limité à trente pieds, fait disparoître la plus grande partie des toits par la saillie combinée de l'avant-corps et par une gallerie entourée d'une balustrade qui soustrait aux yeux, des hauteurs destructives de l'ordre. Dans un pays où les neiges sont abondantes, la nécessité dicte des loix impératives, qui ne sont pas toujours d'accord avec le goût et la proportion. Les pentes, commandées par le ciel, souvent détruisent les combinaisons de la terre. Dans ce cas que faut-il faire? Il faut atténuer les accessoires pour faire valoir l'objet principal.

COUPE SUR LA LONGUEUR.

(Planche 118.)

On voit la hauteur du vestibule; les dégagements pratiqués sous les amphithéâtres; les portes d'entrée; des gradins; la surélévation qui les fait disparoître, la moitié du vuide occupée par la progression des places; l'autre moitié par la salle.

La première place est adossée à la seconde, la seconde à la troisième, ainsi de suite; l'appui le plus apparent est décoré d'une légère balustrade; les autres occupent peu les yeux, et sont effacés par les spectateurs. L'imposte, sur lequel s'appuie la retombée du grand arc de l'avant-scène, sert d'appui aux quatrièmes places, et représente des sujets relatifs à la tragédie, la comédie, la danse, etc. C'est la seule marche architecturale qui nous ait paru nécessaire pour rappeler l'intérêt des grandes lignes qu'on ne peut interrompre. Le surplus, jusques au dernier cercle, sur lequel est tracée la colonnade, est effacé par la hauteur des bustes. La corniche est régulière; elle est ornée de triglifs, de mœtopes, qui contiennent différents attributs des arts.

Dans une circonstance où l'économie sévère auroit dicté l'emploi des places, cette loi impérative eût exigé des loges dans la hauteur de l'ordre, elle en eût exigé même dans l'espace des mœtopes; car telle est la cupidité de l'homme, il méconnoît la mesure; plus il obtient, plus il desire; il assemble la multitude, il accumule les souffles destructeurs pour morceler son existence; le ciel dans sa fureur inventa cette épidémie morale pour punir les crimes de la terre et enrichir dans un jour l'insatiable Achéron. Ici la salle est terminée; on découvre au-delà des entrecolonnements, des gradins très-élevés qui tendent au point de vue. Voulant associer à l'instruction publique ceux à qui la fortune ne permet pas d'obtenir les places; voulant former les mœurs par le choix épuré des représentations, on a senti qu'il n'étoit pas convenable de cercler la multitude dans l'usage dangereux des scènes dépravées qui la dégradent et avilissent le goût.

C'est ainsi que les plantes parasites qui se grippent aux joints vicieux des monuments décrépis par le temps, s'altèrent faute de substances attractives, tandis que celles qui sont fécondées par les terres fortes, conservant leur vigueur, triomphent de l'aride saison d'hiver.

COUPE SUR LA LARGEUR.

(Planche 119.)

La coupe sur la largeur présente la hauteur des planchers, des foyers, vestibules, amphithéâtres, les loges d'acteurs pratiquées dessous, les dégagements. Le cadre de l'avant-scène est large pour faire valoir le tableau ; il est dépourvu de tous les ornements de détails qui pourroient nuire aux décorations du théâtre. Les angles offrent des chars de triomphe, des trophées rehaussés d'or sur des fonds d'airain ; les fonds sont de marbre de Sienne, les accessoires dorés, sculptés, rehaussés.

COUPE DU VESTIBULE.

(Planche 120.)

COUPE EN FACE DU THÉATRE.

(Planche 121.)

PLAFOND.

(Planche 122.)

Le plafond représente une banne attachée avec des cordes dorées ; les glands se groupent pour tomber à-plomb des colonnes. Ce parti nous a paru le seul que l'on puisse admettre ; il n'exclut pas le grand genre, il est dicté par la raison ; il n'y a de bien que ce qu'elle avoue et rend vraisemblable. En effet le plafond, composé de tous les ornements exigés dans l'emploi de la pierre, des marbres, des bronzes, des figures en relief, est peut-être trop sérieux dans un lieu où l'on appelle les ris et les jeux. Si on emploie les grandes ressources des peintres d'histoire, qui nécessitent l'assemblée des puissances du ciel, est-il bien raisonnable d'occuper une pièce ouverte au sommet, dans la saison rigoureuse, quand les neiges blanchissent la cime des montagnes, quand les pluies de l'équinoxe inquiètent les spectateurs, quand les orages d'été, les éclats du tonnerre effraient la timidité? Il y a sans doute beaucoup de moyens d'atteindre le même but.

Qu'importe si mon œil est satisfait par un chef-d'œuvre imité aux Gobelins, où l'art raisonné soumet nos sens à ses calculs, ou par le tableau qui lui a servi de modèle? C'est à l'artiste de choisir ce que le discernement justifie; si les formes sévères sont inhérentes au goût, il pourra les égayer par des tons harmonieux, par une expression épurée que l'on aime à retrouver dans les lieux où les plaisirs s'assemblent pour solliciter les puissances actives de l'ame : il y a des règles pour l'art, mais il n'y en a pas pour le sentiment qui le dirige.

Avez-vous vu le magnifique appareil de l'Olympe? tous les dieux n'ont pas le même visage; les uns sont beaux, les autres laids, d'autres sont boiteux : ici on ne connoît pas les dieux parmi les dieux, la beauté domine, tout inspire, tout ravit les sens enivrés; les génies enflammés s'élèvent au sommet de la voûte et se disputent la prééminence des cieux. Quel vaste horizon pour le décorateur! Si l'astre du jour éteint ses flambeaux, ce n'est que pour les allumer au feu qui électrise les ames tièdes. La troupe des délices a fait oublier la soirée, et la nuit impatiente provoque un nouveau réveil.

Ici Apollon préside l'assemblée des arts : placé au centre des rayons, il offre la pompeuse analyse des biens qu'il va répandre; les perfections se tiennent par la main pour enchaîner à leurs prestiges tout ce qui les entoure. Des tableaux coloriés retracent des attributs caractéristiques; les encadrements, les accessoires sont rehaussés d'or; la douce habitude de l'œil qui s'applaudit de la couleur transparente des cieux, se plaît à retrouver ici des fonds bleu-tendre scintillés en argent, pour payer le tribut d'harmonie qu'elle doit au monde sensuel. Qu'il seroit à desirer que les conceptions qui ont perfectionné l'art des plafonds, les eussent rendus susceptibles de durée! Si on les peint à l'huile, le mauvais air, la fumée des lampes les noircit; il est vrai qu'il est un moyen préservatif de toutes les destructions, c'est de renouveler l'atmosphère par des puits superficiels qui reçoivent sans cesse l'air extérieur, soufflent les vents (1) du sud-est au nord; si on les peint à fresque, on évite le luisant des huiles qui fatigue l'œil, mais la fraicheur ne tarde pas à disparoitre; elle s'efface par les vapeurs concentrées qui la détruisent. Leur exécution étant soumise au temps qui ne permet pas le desséchement des enduits, souvent il presse la mesure et ôte le choix des moyens.

Voyez quelle est l'injustice de l'homme! il veut que les ouvrages de la main qui favorisent l'inconstance industrielle, transigent d'éternité avec le sentiment que je voudrois prolonger jusqu'à mon vingtième lustre; vain espoir! Je promettois hier à Chloé, aujourd'hui j'engage ma liberté; demain un imprudent billet suspend mon illusion, un billet fatal m'apprend bientôt que rien n'est éternel, et que les douceurs d'une association sentimentale durent moins qu'un plafond en détrempe. Faut-il que la corruption soit arrivée au point de rechercher complaisamment le faux goût pour plaire? Des figures en stuc, des ornements attributifs, des fonds assourdis par une teinte intellectuelle suffiroient pour enrichir des voûtes où l'on peut déployer tous les secrets du dieu de l'inspiration; ils suffiroient pour opposer à la tranquille sublimité d'une pensée, la tumultueuse magnificence d'une assemblée bigarrée de couleurs discordantes. Faut-il que le mauvais goût soit porté au point d'accréditer par l'usage des contradictions, des invraisemblances que la raison désapprouve? Peut-on oublier l'ascendant de la proportion, beauté dominante, pour y substituer l'or; la défigurer par des guirlandes, des chimères, des arabesques et tant d'autres accessoires hétérogènes? Eh! pourquoi? pour faire valoir des femmes? faire valoir des femmes? elles qui embellissent la nature, elles qui effacent tout ce qui n'est pas empreint du beau idéal; elles, dont

---

(1) Ventilateur d'été par le moyen du feu qui agite et renouvelle l'air. En hiver le renouvellement de l'air se fait par toutes les issues de la salle, ainsi que par tous les courants qu'occasionnent les foyers allumés.

le pouvoir offre à nos yeux éblouis un miroir enchanté, où le spectateur, ravi de trouver son empreinte, ne se voit pas toujours tel qu'il est, mais bien tel qu'il voudroit être.

L'avant-scène a une épaisseur relative à sa hauteur; la proportion du tiers nous a paru la plus convenable pour lui donner un caractère ferme et prononcé; cet espace suffit à la séparation de la salle et aux besoins qui font partie de la scène. La voûte est ornée de larges caissons, pour ne pas diviser l'attention et propager en tous sens les sons qu'elle reçoit.

L'orchestre, considéré comme instrument identifié à la voix, ne doit pas être apparent (1);

(1) On n'a pas encore fait les expériences nécessaires pour déterminer à quel degré l'orchestre, traité dans toute son étendue comme instrument, donneroit par la forme et la grandeur de ses dimensions, un son plus grave que le ton le plus bas d'une contre-basse. Ce nouveau genre d'expérience, assujetti au calcul, pourra devenir une mine féconde en effets de musique et d'acoustique. On pourroit suppléer à ces dispositions par des vazes de terre, d'airain ou de laiton, qui, formant entre eux une échelle harmonique, répondroient fidellement au son de la voix des chanteurs, et seroient autant d'échos artificiels : ainsi la fractuosité des montagnes, l'épaisse obscurité des forêts répètent au loin les sons qu'elles reçoivent. L'expérience nous a démontré que cette disposition est très-sonore; il est facile d'obtenir le point désirable en étudiant l'exécution.

Nous observons que les musiciens ainsi concentrés, sont opposés au principe qui les soustrait aux yeux du public; le motif est fondé sur l'habitude et sur l'intérêt personnel, moteurs puissants qui éloignent de la perfection. Celui qui est accoutumé à valoir isolément, aux dépens de l'objet principal, ne veut pas être confondu avec l'action générale du théâtre; obligé au recueillement, masqué dans l'exercice de ses fonctions, il ne veut pas perdre l'agrément de voir et d'être vu.

C'est ainsi que l'isolement, dans ses jouissances opiniâtres, commande au monde instruit qui concentre son apathie dans l'abandon du principe. Les considérations retardent la progression, les efforts de l'étude, l'ascendant de l'expérience; elles méconnoissent le pouvoir de l'identité, source bienfaisante où l'on puise l'union.

Le bien que l'on découvre dans un genre développe des idées successives qui émanent de la première conviction. Tout le monde sait que la partie sentimentale du théâtre est la plus difficile; souvent la voix est effacée par les sons de l'orchestre qui montent de fond; l'acteur le plus consommé, le plus favorisé de la nature perd ses moyens avec le temps; la nature l'abandonne, le trahit, mais son ame parle au défaut de sa voix; c'est la vie qui lutte contre la destruction. Que faire pour ne pas priver la société de l'expression fidelle de la pensée? On sait qu'un organe qui a toute sa fraîcheur est plus aisé à remplacer que l'acteur expérimenté qui soumet aux calculs de sa vie les ressources du génie, et les adapte à l'action théâtrale. On sait que la voix peut s'identifier à la scène, en la plaçant dans l'orchestre, à-plomb de l'acteur. Que d'avantages on pourroit obtenir dans la pratique de cette théorie avouée de tous temps! Ce qui a retardé le succès, c'est l'inertie entretenue par l'usage qui approuve ce qu'il voit tous les jours, et qui n'a pas le courage de s'élever au-dessus des obstacles.

Roscius, un des acteurs le plus estimés de l'antiquité, a fait un traité sur les mouvements et l'expression; le Kain a écrit sur le même sujet; la Rive a aussi donné des idées sur son art, qui offent des apperçus neufs; Garrick auroit pu nous donner de bonnes leçons : il est malheureux que la tradition n'ait pas jeté sur le moyen d'étendre nos jouissances, les lumières qu'on pouvoit en attendre; il est malheureux que l'expérience d'un grand acteur, soit tellement attachée au mode de son organe, qu'elle ait borné le terme où ses avantages dominants font moins de sectateurs.

L'usage, pour les musiciens exécutants, a souvent retardé la progression de l'art. On verra, au tome III, deux tribunes dans la salle à manger de Louveciennes; le but étoit d'obtenir de la mélodie. Le Roi fut assourdi de musique par le cortège instrumental qui ne voulut pas se servir de ces tribunes, et croyoit avoir le privilège de le fatiguer, parce qu'il avoit acquis celui de l'amuser. Il fallut tout le pouvoir des gentilshommes de la chambre pour déterminer les musiciens à y placer des symphonies concertantes de cors, dirigées par un homme distingué, qui tira un parti délicieux des accords correspondants.

Dans les dispositions mécaniques qui doivent concourir aux divers phénomènes dont je viens de parler, il ne faudra pas oublier que les rayons sonores, de même que les rayons lumineux, se propagent en raison inverse du carré de la distance du foyer dont ils sont émanés, et que cette manière de se propager découle des propriétés de la sphère. Il ne faudra pas oublier que cette belle raison, source des plus exactes et des plus pures harmonies du mouvement, peut s'altérer et faire place à d'autres raisons, suivant que l'action du corps sonore se compose et se décompose dans un sens plus ou moins différent de celui de la simple et parfaite action sphérique; il ne faudra pas oublier que si l'harmonie universelle du monde se compose principalement d'une certaine proportion et de certains rapports d'actions sphériques et d'actions rectilignes, il faut chercher à imiter cette proportion et ces rapports, tant pour les effets de la lumière et des couleurs, que pour ceux des sons, dans les théâtres, de manière que la réunion, la distance, le rapprochement, l'opposition, la confusion, les formes curvilignes, rectilignes, angulaires, ne viennent pas altérer, briser, décomposer et confondre les effets.

son action, loin d'être destructive, sera subordonnée aux organes qu'il accompagne. Où le placer? Dans la salle, devant le théâtre? La corde vibrante monte de fond, nuit par la divergence immédiate, à la propagation des sons; c'est une barrière altérante, une digue insurmontable que la voix ne peut franchir. A côté? Il ne peut embrasser l'ensemble, cet accord parfait qui lie le tout. Derrière l'acteur? L'harmonie cesse quand elle ne peut donner le ton et modifier ses influences. Sur le plancher mobile des illusions? Les sons s'altèrent et se confondent dans l'immensité du vuide. Où donc fixer ses combinaisons? La superficie la plus convenable est celle qui sous le théâtre sert de ligne de démarcation à la salle; la forme de l'instrument, disposée en demi-cercle, voûtée en tout sens, construite en léger sapin, nervée, collée par derrière, répercutera les sons qui lui sont confiés: la partie du cercle adossée au théâtre sera occupée par la symphonie qui recevra l'impulsion de celle qui est placée en face pour observer l'action théâtrale. La rampe qui appartient essentiellement à la scène, précédera le foyer obéissant aux loix de l'harmonie; l'activité de ses feux assourdira la lueur obligée qui languit dans l'espace; ses rayons enflammés confondront les enfants du Soleil, franchiront la ligne pour piquer le brillant orteil de Terpsichore, et relevant les cercles qui décrivent le regard audacieux d'Agamemnon, ils étendront leur divergence sur les corps mobiles qui se lient aux accords d'Euterpe. Dans ces cavités sonores le lion viendra se mêler au concert de la nature; son cœur adouci sera forcé de joindre le tribut de sa joie rugissante aux sons qui ramènent l'équilibre mélodieux des combinaisons. La flûte, en soupirant, éveillera l'amour; les vents favoriseront le murmure des feuilles et le roulis argentin des ruisseaux; les chênes agiteront leur cîme en cadence, le chardon s'émoussera, l'ortie piquante sera veloutée; tout ploiera sous l'archet dominateur qui assujettit les éléments discords; les cimbales s'adouciront, et les passions soumises à la raison, abjureront l'expression outrée pour s'empreindre de la teinte d'un sentiment délicieux.

Tel fut le bonheur du monde dans sa naissance, les hommes goûtoient le nectar de la vie, et nous en épuisons la lie par tous les excès auxquels nous donnons faveur. Divine harmonie! tes chants prolongent les délices de la vie et retardent les horreurs de la mort: tout reconnoît ta loi, tout s'anime par toi, à tes ordres éternels la nature est asservie; l'homme, les fleurs, les bois, l'onde, les fruits, par ton souffle fécond, tout se reproduit; tout reparoît sous des formes nouvelles; tu guides les saisons; tu fais sortir le jour de la nuit du trépas; tu prépares les siècles brillants (1)...... Présent des dieux, n'est-il pas surprenant que l'on ait si longtemps négligé les ressources que tu prépares pour enchaîner à ton prestige tous les êtres susceptibles d'attraction? Quand cessera-t-on de compromettre des accents si précieux? Il n'y a rien de perdu dans la nature; le phénix renaît de ses cendres brûlantes; l'homme revit par la métempsychose, les sons renaissent de leur répercution. Voyez ce qu'ils peuvent sur la multitude! voyez combien ils servent à la politique des cours pour l'enchaîner au timon des illusions! On la rassemble en pelotons nombreux : la voyez-vous courir et s'agiter au son des trompettes; Ile fend la presse, l'un s'en va, l'autre revient; la gaieté se répand sur les visages, et le corps exprime les vibrations de l'ame; cent fois plus mobile que la nue, quand le fils de Saturne a fait taire les vents qui courbent le sapin orgueilleux sur le sommet des montagnes, elle assujettit à sa puissance jusques aux antres ténébreux. Entendez-vous le déchirement de ces portes d'airain qui roulent avec effort sur leurs pivots aigus, et dont les accords cadencés se rallient avec les sifflements des fougueux aquilons? Là sont des brasiers entretenus par les Cyclopes. Leurs têtes rougies par la réverbération enflammée, s'harmonisent pour échauffer les tons qui brûlent la palette du peintre. Auteurs circonscrits dans la froide méthode, venez prendre ici une leçon: que vous êtes pâles! Ils frappent des solides, brisent des angles rétifs, mollifient le fer, et remplissent l'univers du retentissement martelé qui l'étonne. Montez sur la

---

(1) Je suis interrompu... La hache nationale étoit levée, on appelle Ledoux, ce n'est pas moi; ma conscience, mon heureuse étoile me le dictoient: c'étoit un docteur de Sorbonne du même nom. Malheureuse victime!..... Je continue :

terre, vous entendez le tumulte des armes, les cris des combattants, le joyeux délire de la victoire ; l'harmonie dans ses métamorphoses impérieuses, trouve au sein de la guerre le germe de la paix, au milieu des meurtres le germe de la vie. Parcourez ces vastes dunes, ces remparts liquides qui préservent les peuples tranquilles de la contagion des ambitieux, vous entendez le mugissement des mers, les fureurs de Borée, la foudre dont les éclats redoublés déchirent la nue : tout est harmonie. Les éléments discords se brisent sur le chaos des passions, les font mouvoir ; et cette ame universelle souffle l'esprit de vie dans tous les ressorts de la nature. Franchissez les sommets de l'Olympe, et pour essayer son magique pouvoir sur la terre, attachez à son trône une chaîne attractive, vous y verrez tous les êtres suspendus.

A travers ces grands effets qui remuent violemment les organes robustes, elle fait aussi résonner le flageolet et la douce muzette, avec lesquels le gémissant amour fait frissonner de plaisir celle qu'il aime. Que ne peut-elle sur les humains ? Echo! discrete compagne de cette divinité sublime, toi qui par elle règnes sur le monde ; toi qui répètes les accents les plus chers à mon cœur, que ne peux-tu chasser le regret impuissant d'une jouissance oubliée, pour rappeler à ma pensée le premier moment où je ressentis les feux qui ont allumé la verve inconstante qui soumet la variété aux délices du sentiment ; pourquoi ta puissance qui centuple le bonheur des heures, ne peut-elle pas aussi centupler les forces régénératives du plaisir qui donne la vie? Je m'égare!... Ainsi les plaisirs disparoissent, et se couvrent d'un voile obscur. Le rideau tombe. Ainsi fuient les jours ; (après tout, à quoi sert la fumée qui les enveloppe) souvent elle trouble les jouissances du lendemain : biens passés! affections perdues! regrets superflus! tout ici est pour la réalité ; il ne reste rien à l'espérance.

La salle étant à la scène, ce que la pièce habitée est au vuide que l'on découvre au-dehors, le théâtre doit être plus large, plus vaste que l'espace qui contient les spectateurs. C'est la véritable place des illusions magiques de la scène (1).

(1) Ce théâtre a 67 pieds de large sur 48 de long. Un grand théâtre devroit avoir 150 pieds de large et 140 de profondeur ; la largeur est d'autant plus nécessaire que tous les rayons du cercle sont intéressés à la projection.

Dans un établissement conçu par une ville du troisième ordre, la dépense étant assujettie à la recette, l'économie dicte la dimension ; il n'en est pas de même dans les cités nombreuses, où l'opéra affichant la splendeur, peut déployer tout le luxe dont il est susceptible. Mais, dans tous les cas, indépendamment de ce qui est nécessaire pour l'aisance du service, la largeur doit être plus considérable que la profondeur. J'ai souvent entendu dire qu'un grand théâtre ne pouvoit suffire à sa dépense ; quelle erreur ! Ce ne sont ni les talents, dans un siècle de lumières, ni les acteurs, ni les moyens qui sont insuffisants ; c'est celui qui commande, c'est celui qui resserre l'industrie au lieu de l'étendre ; c'est celui qui n'appelle pas toutes les classes de la société pour étayer ses hautes destinées ; c'est celui qui ne sait pas profiter des foiblesses d'un grand peuple pour les faire tourner à l'avantage du trésor public, qui ne voit dans la vaste conception qui désigne l'homme d'état, que l'encens prodigué à la flatterie du moment ; c'est celui enfin qui ne sait pas profiter des goûts de la multitude pour les rassembler sous le prestige qui porte tous ses élans vers le bien. Parcourez la ville dans ses détails, que vous offre-t-elle ? l'oisiveté dans les idées, l'activité dans la recherche qu'on en fait. L'oisiveté baille l'ennui au milieu de dix mille femmes qu'elle regarde avec indifférence ; elle la concentre avec celle qui est obligée de le partager. Jettez les regards sur le monde entier, vous verrez l'homme dompté par sa dépendance, depuis l'Arabie heureuse jusqu'au pays habité par les Gelons ; l'ennui a ses climats, il a sa patrie ; les grandes villes le recèlent, et s'il se déguise pour habiter les campagnes, ce n'est que pour divaguer et entretenir les maladies chroniques qui atténuent les organes les mieux constitués. Pourquoi cette épidémie des nations fait-elle tant de ravages? d'où vient le mal? De l'inactivité des idées, je dis plus, de leur disette ; il est donc temps de donner la vie à ceux qui vont la perdre ; il est donc temps de donner des idées à ceux qui n'en ont point. Que de ressources pour l'aliment d'un grand théâtre ! Que de moyens pour activer la recette ! Quoi ! la fécalité d'une grande ville vaut cent mille écus, et la caisse du plaisir éprouve un déficit ? Quel temps ! quels hommes ! Ce qui s'oppose le plus à l'édification de ce vaste monument, ce sont les places à demeure fixe, considérées comme bénéfices à vie. Les facultés naissantes sont dominées par l'erreur qui endort la progression ; et si elle se réveille, ce n'est que pour assister révérencieusement à l'heure dernière de celui qui la maîtrise.

Pourquoi ne pas consulter l'intérêt qui rallie au même centre les disciples d'Apollon? La gloire, fût-elle esseulée, les maintiendroit tous dans un imposant équilibre. L'intérêt personnel, plus actif que les loix du législateur, ou la faveur de l'adulation qui traverse le flaire embaumé d'une fraîche garde-robe, pour arriver aux cabinets protecteurs,

Déja vous voyez les chassis se placer d'eux-mêmes sur des lignes divergentes ; ils sont variés dans leurs plans, dans leurs formes; déja vous voyez le rapport exact entre l'acteur et les objets qui l'entourent ; vous ne verrez plus la proportion s'atténuer par des vuides destructifs, elle sera en relation avec les plans qui se succèdent. Un des plus grands vices de nos théâtres, est la manière d'assujettir les chassis : elle est absolument opposée à ce que la nature et la raison indiquent.

AVANTAGE DE CETTE DISPOSITION.

RÉCAPITULATION.

Elle présente l'économie du terrein et de la dépense. La distribution relative à tous les genres de service, placée sous les amphithéâtres, est plus économe que les planchers montants de fond, pour subvenir aux mêmes besoins. La superficie de la salle est de deux cent soixante-quatre toises, c'est-à-dire, le tiers de celle qu'on emploie dans nos théâtres ; elle contient deux mille spectateurs ; elle en contiendroit davantage, si on vouloit pratiquer des loges dans les hauteurs qui en sont susceptibles (1).

Nos plus grands théâtres n'offrent guère plus de ressources. Ici les dimensions générales sont plus grandes. L'avant-scène a quarante-quatre pieds ; le théâtre est spacieux ; la profondeur, la largeur ont été assujetties à des mesures données ; une plus grande extension auroit ruiné les facultés du pays.

La salle n'admet aucune décoration que celle des spectateurs. On a détruit les angles saillants et rentrants, les planchers encorbellés qui nuisent à la propagation de la voix et recèlent le mauvais air.

Quand cessera-t-on d'oublier que la baze de toutes les résolutions doit être fondée sur la conservation de l'homme ? On a détruit les corps étrangers qui occupoient des places au détriment de la recette ; on voit bien par-tout, on est bien vu, ce qui contribue à l'agrément du spectacle et maintient la décence.

On ne doit pas perdre de vue que les spectacles, chez les anciens, faisoient partie de la religion. C'est-là où l'on méritoit la faveur des dieux, c'est-là que l'on appaisoit leur colère. Si nos théâtres ne font pas partie du culte, il est au moins à desirer que leur distribution assure la pureté des mœurs ; il est plus facile de corriger l'homme par l'attrait du plaisir que par des cérémonies religieuses, des usages accrédités par la superstition. On entend bien par-tout, parce que les sons de l'orchestre ne peuvent nuire à la voix de l'acteur, qui n'a pas besoin de

---

est le levier le plus puissant pour faire mouvoir et ressortir toutes les valeurs. Les vertus morales qui relèvent la dignité de l'homme, sont tellement enchaînées au prestige, que l'art doit se suffire. C'est à lui de faire valoir les peuples ; il est au-dessus d'eux, puisqu'ils y sont assujettis, puisque le bonheur, le plaisir sont les ministres qui gouvernent en son nom. Il n'appartient qu'à la classe rampante de se traîner en souplesse et se ranger sous l'humiliante dépendance ; le vrai mérite l'abjure. Jeunes artistes, ne vous arrêtez pas à ces prééminences idéales qui falsifient le principe ; ne perdez jamais de vue qu'il est au-dessus de tout.

(1) On pourroit avoir des loges derrière celles qui sont apparentes, si les bonnes mœurs n'étoient en contradiction avec la recette.

forcer la nature, pour traverser un nombreux spectacle. Identifié à l'action du théâtre, il est moins bruyant, il est plus mélodieux. On entend bien par-tout, parce que la moitié du vuide disparoît sous les places. Les décorations du théâtre, en relation extensive avec la salle, sont variées par les rayons visuels, au lieu de n'offrir que d'arides coulisses à ceux qui sont placés de côté.

EFFET GÉNÉRAL.

Figurez vous la progression des plus grandes lignes. Trente-six rangs de spectateurs, placés les uns devant les autres. La parure du premier banc est en opposition graduelle avec le dernier. Que de variétés! quelle richesse de tons! Ce spectacle, paré des plus belles couleurs, peut-il être mis en parallèle avec trente-six rangs d'hommes, élevés les uns sur les autres, alternativement séparés par des vuides remplis de papiers vrais ou peints, de représentations mesquines, incohérentes ou disparates? Peut-il être mis en comparaison avec le faux goût que l'on applique sur la menuiserie salie de chimères hideuses, improprement appellées ornements, caprices déshonorés que l'on met sous les yeux des conceptions naissantes; caprices qui compromettent l'unité pompeuse de l'assemblée d'un peuple qui applaudit avec enthousiasme à l'excellence des premiers talents.

RÉPONSE AUX OBSERVATIONS.

Sans doute on dira, car existe-t-il quelque chose sur laquelle on n'ait rien à dire? que les dernières places ne sont pas aussi bonnes que les premières; quand cela seroit prouvé, ce seroit dans l'ordre naturel; que l'on n'y jouit pas du magnifique appareil qui séduit le spectateur placé auprès de l'avant-scène, puisqu'il rassemble d'un seul coup-d'œil la variété des figures, de la parure. J'en conviens; mais pourquoi Dieu, l'Architecte du monde, qui n'a rien laissé à desirer dans la création, n'a-t-il pas fait à l'homme, des yeux derrière la tête? Ne sait-on pas que dans un cercle, où tous les rayons sont égaux, il n'y a rien à perdre? ne sait-on pas qu'il y a tout à perdre, dans ces cazes fermées qui soustraient aux yeux la moitié du plaisir? En effet, voyez les salles ordinaires, celles qui sont elliptiques par exemple; tout ce qui est opposé au centre n'apperçoit qu'une partie de la scène, les mauvaises places commencent au point où elle se rétrécit, et les privations se prolongent jusques à la terminaison du cercle.

Les loges étant élevées les unes sur les autres, les places du rez-de-chaussée ne sont pas meilleures que celle des étages supérieurs; les seconds, troisièmes, quatrièmes rangs ne voient qu'à la faveur d'une contraction fatiguante. En admettant toutes les bazes fondées sur la raison, le bon goût, il y a beaucoup de moyens de tendre au même but.

La variété est une dépendance du génie, et dans ses élans, il ne fera pas un théâtre d'opéra, comme celui de Besançon. Quel que soit le parti que l'artiste prenne, il y en a peu qui présentent autant d'économie, dans l'emploi du terrain et des constructions, plus d'unité dans l'effet, et plus de développements dans les lignes.

RÉSUMÉ.

Les différentes études projettées ou adoptées par le scrupule de l'expérience, prouvent que l'on peut appliquer le principe aux plus grandes circonstances ; les préjugés, la timidité, l'habitude l'avoient circonscrit et trop asservi ; c'est à l'art de développer toutes les ressources qui sont en son pouvoir. Ce seroit lui mettre de nouvelles entraves, que de le resserrer inclusivement dans des bornes qu'il doit franchir pour accélérer le progrès des connoissances.

MAISON DE CAMPAGNE.

PLAN, COUPE, ELEVATION.

(Planche 123.)

Cette maison fait partie de celles approuvées en 1773. Voyez l'introduction. On sentira que 150 maisons toutes variées, toutes isolées, destinées à embellir le cercle et les rues tendantes au centre du plan de la ville, ne pouvoient être contenues dans le premier volume. On les retrouvera même ailleurs. Des traits... des copies... des ressemblances... Autrefois Malte faisoit la guerre aux infidèles ; aujourd'hui nous vivons dans l'âge d'or ; tous les biens sont communs.

PLAN, COUPE, ELEVATION

D'UNE FORGE A CANONS.

(Planche 124.)

L'esprit ne fait pas un grand effort dans la recherche de la vérité, quand il suit la règle de la raison, et la rectitude qui la dirige.

Toi qui imprimes le mouvement universel, toi qui composes les êtres, les échauffes et tempères les rayons brûlants du savoir, vois-tu les maux renfermés dans cet édifice? Ici Thétis occupe d'immenses souterrains, cent rouages appellent les fleuves de l'industrie; les fléaux de l'humanité bondissent hors des rives, nous inondent de toutes parts; ils vont affliger le monde.

Le dieu des arts ajuste ses soufflets; vingt forges mises en activité reçoivent les métaux dans leur sein. Les vents impétueux soufflent l'airain brut; l'or, l'argent, l'étain coulent à gros bouillons. Déja les tubes recreusés par la déesse se remplissent d'une projection expansive. Déja la détonation fait retentir les montagnes ignivomes, porte l'effroi dans le cœur des mortels à des distances incalculables, sur des ailes mille fois plus rapides que celles du vent. Les temples de la Divinité sont ruinés, les palais des rois transpercés, l'empire du dieu Pan fracassé, et la seule compression de l'air renverse, tue ce qui s'oppose à elle.

Là, le salpêtre comprimé dans un globe, s'explose, brise, déchire, détruit tout ce qui l'environne. La mort à pas rapides suit le phénomène meurtrier. Plus loin la science du dieu tourne les foudres des combats, les perfore, et trace le sillon enflammé des conquêtes; l'acier en piques s'aglomère, l'airain étincellant brille de toutes parts, le cliquetis argentin des armes frémit; les casques s'amoncèlent, les panaches ondoyants viennent se placer d'eux-mêmes sur d'antiques trophées; l'art les groupe avec les cuirasses resplendissantes. On y remarque les traits émoussés des vaincus, mêlés aux écharpes dorées des vainqueurs. Arbitre de la vie et de la mort, jusques à quand souffriras-tu cette accumulation de tous les ressorts que fait mouvoir la barbarie pour accélérer la destruction? Jusques à quand souffriras-tu que les passions ambitieuses traversent un peuple de fantômes pour reproduire les divinités du brûlant séjour et trouver dans les combats qui dépeuplent la terre le prétexte de l'amélioration du sort des empires et des humains?

Quand cessera-t-on enfin d'entretenir à grands frais ces ulcères machiavéliques qui rongent l'enfance des états; ces loupes qui dévorent leur substance, les maigrissent et pervertissent l'âge mûr de ceux qui sont anciennement fondés? Ne l'espérez pas; si la soif du sang se désaltère par le présent, elle ne s'étanche jamais par l'expérience du passé.

Vous voyez au centre de l'édifice, la victoire élevée sur un socle de bronze; elle trace sur l'immense égide qui couvre les deux pôles, les travaux de nos guerriers; elle commande.

Mille chars, plus actifs que l'aquilon, traînent après eux les nations soumises, et viennent s'attacher à ces murs avec des anneaux d'or. Puissent-ils ralentir la passion des triomphes! De superbes coursiers, qui dans les jeux de l'Elide auroient cueilli la palme victorieuse, frappent la terre de leurs pieds impatients, rongent leurs mords, enfoncent avec fracas les portes de fer qui ferment les trésors de la fertilité; le besoin aiguillon du travail presse; les arts et le commerce applaudissent; les fleuves courbent leurs ondes complaisantes, sous le poids de cent vaisseaux, liens assurés des deux hémisphères, leurs proues dorées, aussi brillantes que le soleil, au milieu des feux du Midi, échauffent les organes, dilatent la raison glacée des peuples asservis aux préjugés.

Ici, le ciel s'endort d'un triste et long sommeil; il abandonne le roi du jour, et s'enveloppe de son rézeau funèbre.

Songes trompeurs, espions dangereux de la nuit, vous voulez donc à votre tour vous mêler à quatorze cents ans de gloire! La philosophie divague; elle va combattre les puissances de l'ame; elle endort la sentinelle à trois têtes, soulève le conseil de Minos, et remue les eaux bourbeuses du Tartare. L'Europe voit tout; elle appelle les froides contrées de l'ours, pour retarder ses destinées imaginaires. Minerve, divinité formidable devant qui tombent les plus hautes murailles, la conduit par la main. Déja le dieu de l'harmonie applaudit à ses succès, provoque les chants qui stimulent la valeur au milieu des combats, et atténue les cris des vaincus. On efface ces glorieuses légendes que le souvenir dans son égarement méprise, pour y substituer les droits conquis par l'humanité qu'on abuse.

Que d'avantages! La race future ne sera plus atteinte par ces traits empoisonnés du délire, qui foule aux pieds le respect et la pudeur. Elle effacera ces impressions destructives que la fourberie a puisées dans le rudiment des ambitieux, pour professer le crime, et donner des leçons d'assassinat. On ne verra plus la souveraineté vaciller au gré de l'arbitraire, et le bonheur de l'homme asservi au pouvoir qui soumet la justice à la volonté impérieuse. Consolant espoir! enfant trop chéri de l'imagination, mesure, si tu peux, l'étendue de ton domaine; assemble les merveilles que tu mets en mouvement et que tu veux perfectionner. Tu as l'initiative sur la réalité, tu franchis les obstacles, et tu assures dans ton intimité ce que l'exécution rend impossible.

En effet, il n'en est pas de l'organisation sociale comme du mécanisme du monde. La première dépend du souffle libéral du ciel, de la foiblesse des forts, de la force des foibles. La machine ronde, au contraire, a pris depuis longtemps à-plomb; elle est invariable; ses révolutions sont fixes.

Ici, le torrent des maux s'amoncèle sur les cimes les plus élevées; le désastre s'accroît par la résistance. Dans sa course vagabonde, il entraîne tout ce qui l'approche.

Jettez les yeux sur la politique; voyez les serpents dévorateurs qui l'entourent; les dards qu'elle aiguise. Cent fois plus désastreuse que les foudres forgées dans ces lieux pour alimenter le meurtre, cette science fatale usurpe les droits ostensibles, détruit tout ce qu'elle accueille dans ses caresses perfides; ses armes discrettes ne s'émoussent jamais, et si elle les engage, ce n'est que pour les essayer.

L'empire de Pluton a ses limites; la profondeur de celui-ci est incommensurable : il est d'autant plus à craindre, qu'en possédant le monde, elle le gouverne. Voyez les soupiraux infects, qui du sein de l'abyme ténébreux répandent leur contagion; voyez les leviers puissants qui soulèvent et remuent les trônes, les laissent retomber, pour les tenir dans la dépendance. Semblables au soleil qui domine en tyran, la végétation cachée sous la terre, et darde ses brûlantes influences; s'il fait épanouir la fleur confiante, ce n'est que pour la livrer aux hazards des souffles corrompus qui la fanent bientôt.

Les premiers hommes, guidés par la nature, font des conventions, des traités; voilà leurs loix; voilà leur code. Il ne s'agit alors que de convaincre, en activant les ressorts de la loyauté, une nation qui veut être heureuse. On n'a pas besoin de ces négociateurs adroits qui travestissent leur influence pour séduire un conseil inexpérimenté. On n'a pas besoin de la dissimulation qui épuise la forme de tous les masques pour se reprocréer.

Ici Rome disparoît sous les débris de sa splendeur. Le long sommeil de l'ignorance prépare les succès; il divise les gouvernements gothiques en petits états, engourdit les facultés. Qu'arrive-t-il alors? La politique concentrée du Vatican fonde sa monarchie universelle sur la religion. Ce moteur consolant des ames sensibles a tant de force! Il tient dans ses claviers dévotieux la clef des cabinets; il entre dans tous les traités, c'est un motif, c'est un moyen pour lancer son bullaire effrayant. La barbarie du temps obscurcit l'éclat du jour qui lui succède, soumet les nations croyantes. Mars est paralysé; ses armes impuissantes enchaînées au prestige viennent se briser sur la superstition. Qu'a produit cette astucieuse politique? Ce qu'elle a produit? Elle a soufflé la domination; oui, le crime s'est reproduit par le crime : elle a frappé de nullité la vertu qui a refusé de la servir, elle a frappé de mort le crime qui l'a servie. Quel effrayant contraste! Le peuple la redoute, elle redoute le peuple; elle sème les germes de la frayeur, elle enfante les Caligula, les Héliogabale, les Denys, les Phalaris, opprobres de l'humanité. Au surplus, le despotisme ne donne qu'un maître; Athènes, mère des loix, en eut trente; Rome en compte des milliers; le philosophisme, en arrachant le voile superstitieux, en compte bien davantage. Maître de l'univers, il se trouve encore trop resserré. Il veut s'étendre; où s'arrêtera-t-il? Autant il fait de bien, quand il est dominé, autant il fait de mal, quand il domine et abuse de ses forces. J'en conviens, mais ce qui est violent n'est pas durable. En administrant mal, il n'a qu'un ennemi, au lieu qu'il a pour ennemi le monde entier qui redoute son influence tyrannique et va le corriger. Plût à Dieu qu'il n'eût jamais été violé par les excès qui le défigurent! Mais plus on obtient, plus on veut obtenir. La philosophie, propriétaire indivise de la tolérance, échauffe le cerveau, conçoit, mais il lui manque la puissance exécutive; elle instruit et ne peut jamais avoir la volonté de nuire.

Tel est l'effet de ces voûtes sulfurées qui concentrent dans le tumulte vitriolique de la terre, des feux qui s'entrechoquent par la résistance. Sans cesse ils vomissent la fumée qui se condense avec le nuage éthéré, mais rarement ils répercutent la flamme qui intervertit les destinations périodiques du ciel. Cependant voyez ce qu'elle peut faire, quand elle est le prétexte du crime. Parcourez ces arcs multipliés que la vapeur métallique a noircis ; par-tout vous rencontrez l'affliction sous l'emblême intellectuelle du crime et l'expression torturée du Laocoon. Voyez ces immenses degrés couverts de mannequins orgueilleux de leurs guenilles; des fils d'or les agitent en tous sens et commandent les résolutions; ne les croiroit-on pas suspendus sur les réchauds du Tartare? Leurs crânes s'ouvrent au bruit des clameurs qui se croisent, et explosent une fumée mortifère. Les têtes éclairées en-dessous, rougies par la réverbération des braziers, grimacent la contraction du malheur; la saillie de leurs narines lance le soufre et prolonge des ombres sur le front, qui semblent les marquer du sceau de la réprobation : passons rapidement, tout retard seroit dangereux.

Quelle est cette figure que j'apperçois sous les décombres accumulées qui la cachent; sa robe est damasquinée en or ou sur des fonds argentés; c'est un monument de magnificence et de goût? Paix, paix! c'est Plutus, le dieu de la richesse : gardez vous de prononcer son nom! Quelle est celle qui lui est opposée? C'est Papirius. Est-ce ce dictateur qui triompha des Samnites? Est-ce celui qui fit accroire à sa mère que le sénat romain délibéroit pour donner deux maris aux femmes ? Non c'eût été les venger des hommes qui s'en permettent deux. C'est un colosse, extrait d'une carrière fantastique; il craint l'eau comme le feu; tous les éléments lui ont déclaré la guerre. Voyez-vous l'ouragan qui le porte sur ses ailes dévoratrices?

Quelle est cette momie entortillée de bandelettes bigarrées? elle est couverte du linceul de la mort, et s'appuie sur l'épouvantable frayeur? C'est le Crédit, sur lequel repose la splendeur des nations. Quoi! lui, qui disputoit d'embonpoint avec Silène? qu'il est décharné! il a l'air plus vieux que le Temps. L'Emprunt le sollicite; épuisé, fatigué du poids fallacieux qui le surcharge, il est violemment soulevé par l'exigence qui prend tout ce qu'elle ne peut obtenir.

Pénétré d'effroi, j'entre dans une pièce ténébreuse. Après avoir marché longtemps entre deux écueils, j'examine, que vois-je? c'est l'Impôt. Un décret d'urgence atteint les sots. Voyez tout ce qu'il va produire; ses mains sont armées de pointes d'aiguilles. Les grands abusés par les petits qui souvent penchent pour eux, agissent contre eux, le craignent, veulent que le fardeau trop pesant qui fait ployer les épaules d'Hercule, soit porté par la race impuissante des Pygmées. La machine d'Elpénor est lancée sous les auspices de Pallas; ses roues d'acier affrontent la nuit tranquille; la terreur éveille, on donne le signal; l'embrâsement commence. La stupide adulation se prosterne devant la puissance qu'elle vient de créer, la travestit, pour favoriser la séduisante nouveauté.

C'est ainsi que le grand nombre caresse ses écarts, méconnoît la justice qui maintient l'imposant équilibre, et prévient la dissolution des empires. Dans son délire organisé, elle lève les bras au ciel et semble lui demander pardon d'avoir rougi la terre du sang des victimes, et les resserre comme si elle se croyoit obligée de donner des preuves de reconnoissance pour le culte qu'on lui extorque. Tel Nabis, au nom sacré de l'hymen, exprime la sueur industrielle d'un peuple qu'il oppresse et qu'il suce jusques au sang, quand il se refuse à l'enthousiasme intéressé de l'idole.

Que vois-je dans cet antre obscur, que le rayon bienfaisant du soleil n'osa jamais éclairer? c'est la Pensée; elle est enveloppée d'une épaisse draperie qui déguise la pureté des nuds; c'est elle pourtant qui devoit dans sa sagesse rectifier les mœurs et détruire l'erreur. Pour la rendre accomplie, la multitude raisonne, et chacun veut lui donner une perfection sous une forme nouvelle. Vains efforts! esprit humain, tu t'égares! C'est ainsi que l'indiscret Epiméthée ouvre la boîte qui contient tous les maux, la vide, et laisse au fond l'espérance.

J'avance dans les ténèbres, et je découvre, à l'aide d'un rayon accidentel, la pierre énorme qui y ferme le gouffre sanguinaire de Pandémon. En vain le génie d'Archimède voudroit la déplacer, rien ne peut ébranler le rocher qui bouche ce repaire antropophage. Il méprise la colère des dieux, parce qu'il se croit au-dessus d'eux, dans sa puissance criminelle. La crainte n'est pas pour lui un motif d'épargner l'innocence convaincue de talent, de probité : son sort dépend de sa seule volonté; il dit, et la précipite dans la nuit horrible des supplices; la beauté printanière, la vieillesse radieuse de soixante ans de gloire, les riches, les pauvres, les sages, disparoissent. La calomnie punit celui qu'elle désigne, et la récompense donne la palme à l'homicide.

Quoi! la brute dans son antre épargne la brute, le sanglier se rencontre avec le sanglier, sans haine; le tigre supporte le tigre; l'ours vit en paix avec l'ours affamé; et l'homme surpasse la rage de la bête féroce!

Ici le malheur enfante des héros de tous genres, et les forfaits se confondent avec les vertus. Les urnes gémissent, les cendres des tombeaux s'éparpillent et retrouvent des sons pour exprimer leur douleur. On entend les cris des mourants, les regrets des vivants; le désespoir arrache ses enveloppes sanglantes, il les jette au milieu de la foule des harpies voraces, qui se les disputent. C'est de là que la tyrannie s'échappe et s'élance pour atteindre l'horreur. De tous temps, l'excès enfanta les monstres; de tous temps, il amassa les excréments de l'humanité pour préparer splendidement le voile honteux qui doit couvrir ses misères. Jettez les yeux sur ce tableau, les couleurs sont tellement rembrunies qu'on les croiroit détrempées dans le Cocyte. Le père est méconnu, le fils déchire les entrailles de sa mère; la mère les ouvre pour y cacher son fils; les héritages sont envahis; les héritiers proscrits. Furies désolatrices des climats infectés par votre haleine, redoutez le pouvoir des dieux qui vengent l'oppression.

Que vois-je! c'est la Discorde qui va embrâser l'univers : sa tête est hérissée de serpents qui traînent leurs replis tortueux dont l'éclat bronzé se confond avec la lumière réfléchie par l'astre de la nuit. Ses yeux jettent des flammes; les pores de sa peau exhalent le feu en tourbillons; elle agite des torches incendiaires; ses poumons haletant la haine, enflent et poussent au-dehors les fureurs du dedans. Affamée de sang, elle porte avec elle un globe rempli de bitume expansif, dont l'immense diamètre efface le cercle éclyptique. Gonflé de poisons combinés, ce globe vomit dans son déchirement horrible l'épidémie destructive, hideuse vengeance corrompant les germes nutritifs, il organise la faim, détruit les productions, infecte les sources limpides de la sanité publique; et par un déluge de sauterelles, pluie de l'air qu'il empeste, il couvre la terre et la fait disparoître.

L'Opinion montoit la garde aux portes du temple des illusions, pour provoquer le réveil : sans cesse tourmentée, attachée avec des couleuvres sur la roue mobile du destin, elle décrit dans sa course forcée des courbes indéfinies, sonde les fleuves, s'élève et se confie alternativement à l'agilité des vents qui dissout la nue en pluie de feu. En vain la troupe croassante des marais fangeux veut la fixer; sans cesse détournée par des intérêts égoïstes, elle s'égare, fuit les ombres du trépas, ou tourne au gré des vacillations mensongères. Telle que ces météores, avant-coureurs des tempêtes qui se précipitent du ciel dans l'affreuse obscurité, pour former de longues traînées de lumière, avant l'explosion, elle mûrit dans son imagination le tribut qu'elle doit au monde enchaîné, et va le payer.

Ici l'acier repoussé par l'enclume homicide veut se faire absoudre du mal qu'il a fait, le pourra-t-il? Jamais. Un stilet à trois-quarts va tracer de nouveaux principes, et déchirer la trame ourdie par tant de maux.

Les sciences exactes occupent un angle de ce vaste monument. Tranquilles au milieu des perturbations, elles décrivent en tremblant des lignes invariables. Honorable rectitude de l'esprit humain, que de biens tu nous promets! Initie la multitude à ton savant langage; dis lui, pour la consoler, que le mouvement de rotation ramène au centre de gravité : dis lui que le système du monde est fondé sur l'unité.

Telle fut la fin de la journée la plus fatigante. Livré à cent mille réflexions, je pus me convaincre que les foudres que l'on forgeoit dans cet édifice étoient moins dangereuses que la mauvaise foi des hommes qui les dirigeoient. Je pus me convaincre que quand on a placé des lions au suprême degré de l'air, que l'on a doré le métal cuivré de leur cage, il vaut mieux reconnoître la puissance du bienfait, que de s'unir à celle qui voudroit la défaire. Je pus me convaincre que si les dieux pardonnent tout, si le mépris est l'arme pacifique dont ils se servent; si l'impunité transige avec le crime, ils ne peuvent l'affranchir du remords. Eh! n'est-ce pas assez punir ? Pour être indépendant des sectaires homicides, des tourments du ciel, des convulsions de la terre, ralliez vous au faisceau consenti qui resserre les intérêts respectifs des nations. Morale, religion active, base éternelle du pacte de la grande famille; sciences, lettres, arts, consolations de tous les instants; affections épurées du sentiment, puissances discrettes du bonheur, c'est à vous de faire oublier la fatigue des souvenirs douloureux; c'est à vous d'effacer jusques aux traces du malheur; c'est à vous de préparer les célestes béatitudes.

VUE PERSPECTIVE
D'UNE FORGE A CANONS.

(Planche 125.)

La vue perspective de cet édifice parle aux yeux plus qu'une description très-étendue. Le cadre du tableau, limité par la forêt, et les différents monuments qu'il contient, annoncent un espace immense, et des situations variées. Le caractère de l'usine est prononcé. On sait que dans les grandes dimensions, dans les grandes distances, la sculpture, l'Architecture doivent offrir aux yeux la pureté du trait, que les détails l'atténuent et ne s'accréditent que par l'inexpérience. En effet, il est aisé de se persuader que des masses de vingt toises en tout sens, des hauteurs égales à la base, n'ont pas besoin d'accessoires pour en imposer.

Qui ne connoît pas l'aventure de Phydias et d'Alcamène, décrite dans les Chiliades. Les Athéniens voulant élever deux statues colossales, en chargèrent deux artistes. L'un outra la proportion, l'autre multiplia les détails et les caressa; le premier obtint les applaudissements du peuple, et vit encore. Alcamène, placé au point de vue, ne présenta plus qu'une masse informe, et vit mourir sa réputation. Ainsi périt la race d'un géant laissant au précepte une intarissable succession. En a-t-on bien usé? Que de sculpteurs perdent à être vus de près! que d'Architectes s'effacent au point de distance!

Nota. Quand on a conçu le projet de cet édifice, on étoit bien loin de croire aux maux qu'il renferme. Le prospectus fut conçu, fut dicté par un ministre pur qui vouloit faire respecter les étendards de son pays. Il faut du canon pour soumettre la raison. Les habitants de Chaux assuroient aux armées de l'est, par la jonction des fleuves qui versent l'abondance, les moyens de lier leurs intérêts avec ceux du Gouvernement; le grand intérêt de l'art est de concevoir une belle masse, de rapprocher tous les genres de services, d'assurer la surveillance et de faciliter l'exportation. L'intérêt de détail est de placer le logement du directeur au centre, celui des employés aux extrémités.

On croit inutile de répéter ce que la nomenclature du plan désigne, et comme elle n'est pas invariable, c'est à l'artiste de la circonscrire dans les tables approuvées du jour, et de la préserver de l'improbation du temps.

FIN DU TOME PREMIER.

TABLE GÉNÉRALE DES PLANCHES

*1. Titre gravé de l'édition de 1804.
2. Frontispice gravé par C.N. Varin.
**222. Titre gravé du second volume de l'édition de 1847.

SALINE DE CHAUX[1]

3. Pont de la Loue. Plan des fondations, parapets, coupe et élévation.
4. Pont de la Loue. Vue perspective.
*5. Plans, coupes, élévations d'une grange parée.
6. Maison destinée aux surveillants de la source de la Loue.
*7. Logement du charpentier de la graduation.
8. Bâtiment de graduation, plan.
9. Bâtiment de graduation, vue perspective.
*10. Petite hôtellerie.
11. Hospice.
12. Premier plan de la Saline de Chaux non exécuté.
13. Élévation et coupe de l'entrée de la Saline de Chaux, 1er projet.
14. Carte des environs de la Saline de Chaux.
15. Vue perspective de la ville de Chaux.
16. Plan général de la Saline, tel qu'il est exécuté.
*17. Maison d'un employé.
*18. Maison de campagne.
*19. Plan d'une maison de campagne destinée à un mécanicien.
*20. Maison de campagne.
*21. Maison de campagne.
*22 et *23. Plans, élévation et coupe d'une maison de campagne.
*24. Maison de campagne.
*25. Plan des portiques destinés au service des maisons de commerce.
*26 et *27. Vues perspectives, plans, coupes, élévations de maisons destinées à des négociants.
*28. Maison de deux ébénistes.
*29. Maison de campagne.
*30. Maison d'un commis.
*31. Portiques.
*32. Atelier des scieurs de bois.
33. L'abri du pauvre[2].
34. Plan de la porte d'entrée de la Saline.
35. Vue perspective de la porte d'entrée de la Saline.
***35 bis. Autre élévation perspective de la même et plan des combles[3].
***35 ter. Élévation de la même porte.
36. Coupe de la même et coupe du bâtiment des ouvriers.
*37. Maison de campagne.
38. Plans des bâtiments destinés aux ouvriers.
39. Élévation d'un des bâtiments destinés aux ouvriers.
*40. Pacifère[3].
41. Plan des ateliers et logement des maréchaux. — Plans du bâtiment de fabrication des sels.
*42. Maison d'un commis.
*43. Maison d'Union.
44/45. Bâtiment destiné à la fabrication des sels. — Plan, élévation et coupe du logement du taxeur des bois.
*46. Maison de campagne.

47/48. Élévation du magasin des sels. — Coupe du bâtiment destiné à la fabrication des sels.
49. Abreuvoir et lavoir.
50. Bourse.
51/52. Plans de la maison des commis chargés de la surveillance.
53/54. Élévation et coupe de la même.
***54 bis. Variante des planches 53 et 54.
*55. Maison de campagne.
56/57. Plans des caves et du rez-de-chaussée de la maison du directeur.
58/59. Plans des premier et second étages de la maison du directeur.
60. Vue perspective de la maison du directeur.
61. Élévation de la même, côté de la grande cour.
62. Élévation latérale de la même.
63. Coupe sur la longueur, de la même.
64. Coupe sur la largeur, de la même.
*65. Cour de service.
66/67. Élévation et plan des remises du directeur.
68. Élévation sur le côté et coupe des remises. — Fontaine de la grande cour.
*69. Maison d'un homme de lettres[4].
*70. Second plan de la maison du directeur.
*71. Coupe et élévation de la même.
72. Vue perspective de l'église de Chaux.
73. Plans de l'église de Chaux.
74. Coupe de la même.
*75. Maison de campagne, ou Temple de mémoire.
76. Plan du marché de la ville de Chaux.
78. Coupe du marché.
79. Vue perspective du marché.
80. Plan des bains de la ville de Chaux.
81. Plan d'entresol, et coupe des bains.
82. Vue perspective des bains publics.
83. Monument destiné aux récréations.
*84. Maison d'un employé.
*85/*86. Maison du caissier chargé de payer les acquisitions des terrains de la ville de Chaux. — Vue perspective, plan et élévation.
88. Atelier des cercles.
89. Cénobie : vue perspective.
90. Plans de la Cénobie.
91. Plan, élévation et coupe de la Cénobie.
92. Panarethéon.
*94. Maison d'une marchande de modes.
*95. Maison destinée à deux artistes.
*96. Vues perspectives de la précédente.
*97. Logement destiné aux gardes de la forêt de Chaux.
*98. Maison de campagne.
99. Coupe et plan du cimetière de la ville de Chaux.
100. Vue perspective du cimetière.
*101 et *102. Plans, coupe et vues perspectives de l'atelier des bûcherons, gardes de la forêt.
103 et 104. Oikema. Fragments d'un monument grec. Vue perspective, plans, élévations, coupes.
105, 106 et 107. Maison d'éducation : plans, élévation, coupe et vue perspective.
*108. Maison de campagne.
*109. Logement et ateliers des charbonniers.
110 et 111. Vue perspective, plans, coupe et élévation d'un retour de chasse (pour le prince de Bauffremont).

112. Maison de jeux.
*123. Maison de campagne.
124 et 125. Plan, coupe, élévation et vue perspective d'une forge à canons.
**304 et **305. Monument de popularité : plans, coupe et élévation.
**306 et **307. Maison de plaisir : plans, coupe et élévation.

THÉÂTRE DE BESANÇON

113. Coup d'œil du théâtre de Besançon.
114. Plan du rez-de-chaussée.
115. Plan des premières et secondes loges.
116. Plan des troisièmes et quatrièmes loges.
117. Vue perspective de la salle de spectacle de Besançon.
***117 bis. Élévation.
118. Coupe prise sur la longueur.
119. Coupe prise sur la largeur.
120. Coupe du vestibule.
121. Coupe en face du théâtre.
122. Plafond.

PROPYLÉES DE PARIS (projets et réalisations)

77. Fragment des Propylées de Paris (allégorie).
87. Fragment des Propylées de Paris : Monument de récréation².
*93. Fragment des Propylées de Paris (allégorie).
**126 et **127. Propylées de Paris situés en face de la rue de Chartres ; plans, élévations, coupe.
**128 et **129. Propylées de Paris situés dans la plaine Monceau ; plans, élévation et coupe.
**130. Propylées de Paris, chemin de Saint-Denis.
**131 et **132. Propylées de Paris situés à Belleville ; plans, coupe et élévations.
**133. Propylées de Paris situés sur le chemin des Trois-Couronnes.
**134. Propylées de Paris situés sur le chemin ou ruelle de Saint-André.
**135 et **136. Propylées de Paris situés en face de la rue de Picpus ; plans, élévation et coupe.
**137 et **138. Propylées de Paris situés sur le chemin de Reuilly ; plans, coupe et élévation.
**139. Propylées de Paris : Patache de la Rapée.
**140 et **141. Propylées de Paris situés sur le chemin d'Ivry; vue perspective, plans, coupe et élévation.
**142 et **143. Propylées de Paris situés sur le chemin de la Glacière ; plans, coupe et élévations.
**144 et **145. Propylées de Paris situés sur le chemin de Saint-Hippolyte ; vues perspectives, plans, élévations, coupe.
**146. Propylées de Paris situés sur le chemin de la Santé.
**147. Propylées de Paris situés sur le chemin de Vaugirard.
**148. Propylées de Paris situés sur le chemin en face de l'École militaire.
**149 et *¨150. Propylées de Paris situés sur le chemin de Chaillot ; plans, coupe et élévation.
**151 et **152. Propylées de Paris situés sur le chemin des Carrières ; plan, vue perspective, coupe et élévation.

**153 et **154. Propylées de Paris : 1ᵉʳ projet (plans, vue perspective, coupe et élévation).
**155 et **156. Propylées de Paris : 2ᵉ projet (plans, vue perspective, coupe et élévation).
**157. Propylées de Paris : 3ᵉ projet.
**158. Propylées de Paris : 4ᵉ projet.
**159. Propylées de Paris : 5ᵉ projet, et allégories.
**160. Propylées de Paris : 6ᵉ projet, et allégories.
**161. Propylées de Paris : guérite.
**203a et **204a. Fragments des Propylées de Paris (allégories).
**284a. Fragments des Propylées de Paris (allégories).
**297. Fragment des Propylées de Paris : Monument de récréation, 1ᵉʳ projet².
**298. Fragment des Propylées de Paris : Monument de récréation, 2ᵉ projet².
**299. Fragment des Propylées de Paris : Monument de récréation, 3ᵉ projet².
**300. Fragment des Propylées de Paris : Monument de récréation, 4ᵉ projet².
**301. Fragment des Propylées de Paris : Monument de récréation, 5ᵉ projet².
[Le 6ᵉ projet a paru dans l'édition de 1804 : voir planche 87, ci-dessus.]
**302. Fragment des Propylées de Paris : Monument de récréation, 7ᵉ projet².
**303. Fragment des Propylées de Paris : Monument de récréation, 8ᵉ projet².
**357a. Fragment des Propylées de Paris (allégories).

HOTEL DE VILLE DE NEUCHATEL

**162. Plans de l'Hôtel de Ville.
**163. Suite des plans.
**164. Coupe et élévation de l'Hôtel de Ville.
**165. Vue perspective de l'Hôtel de Ville.

MONUMENTS D'AIX-EN-PROVENCE

**166 et **167. Plans du Palais du gouverneur.
**168. Coupe et élévation du Palais du gouverneur.
**169. Plan général du Palais de justice et prisons.
**170 à **177. Plans des divers étages du Palais de Justice (des souterrains aux combles).
**178. Élévation principale du Palais de Justice.
**179. Élévation latérale du Palais de Justice.
**180 à **184. Coupes diverses du bâtiment (Palais de Justice).
**185, **186 et **187. Plans de la Prison d'Aix.
**188. Élévation et coupe de la Prison d'Aix.
**189. Vues perspectives du Palais du Gouverneur et de la Prison.

PALAIS ÉPISCOPAL DE SISTERON

**190 et **191. Plans divers du Palais.
**192. Élévation et coupe.
**193. Vue perspective.

CHAPELLES

**194. Chapelle succursale de Mousseaux.
**195. Chapelle succursale de Clichy.

THÉÂTRE DE MARSEILLE

**196 à **200. Divers plans, des fondations aux sixièmes loges du théâtre.
**201. Élévation et coupe du théâtre.
**202. Vue perspective.

BIBLIOTHÈQUE DE HESSE-CASSEL

**203b. Plan de la bibliothèque (rez-de-chaussée).
**204b. Plan du premier étage de la bibliothèque.
**205. Élévation.
***206. Élévation et plan de l'Arc de Triomphe de Cassel.
**207a. Coupe de la Bibliothèque¹.
***207b. Coupes de l'Arc de triomphe¹.
**208a. Vue perspective.

HÔTEL DES FERMES

**209 à **213. Plans des divers étages de l'Hôtel des fermes.
**214. Coupe et élévation de la Ferme générale.

CAISSE D'ESCOMPTE

**215. Plans.
**216. Coupe et élévation perspective.
**217. Coupe, élévation et plan.
**218. Plans de l'entresol et du souterrain.
**219. Vue perspective.

GRENIER A. SEL DE COMPIÈGNE

**220. Plans.
**221. Coupe et élévation.

HÔTEL D'UZÈS

**223. Porte de l'Hôtel d'Uzès.
**224. Plans.
**225. Élévation perspective.
**226. Coupe et élévation.
**277a. Plans et coupe de la porte.
**279a. Vue perspective sur le jardin.

HÔTEL D'HALLWYL

**227. Plans.
**228. Coupe sur la ligne A B.
**229. Élévation et coupe sur la ligne C D.

HÔTEL DE MONTMORENCY

**230. Plans*, coupe et élévation.

HÔTEL THÉLUSSON

**231. Plan des fondations.
**232. Plan du rez-de-chaussée.
**233. Plan du premier et du second entresols.
**234. Plan du premier étage.
**235. Plan de l'attique.
****236. Paysage, avec le portique de l'Hôtel.
**237. Vue perspective de l'entrée de la maison.
**238. Coupe sur la longueur.
**239. Petite maison attenant à l'Hôtel ; coupe et élévation.

MAISON DE LA COMTESSE DU BARRY, RUE D'ARTOIS, ET ÉCURIES A VERSAILLES

**240. Plan des souterrains.
**241. Plan du rez-de-chaussée.
**242. Plan des entresols.
**243. Coupe sur la ligne A B et élévation du côté de l'entrée.
**244. Élévation sur la face latérale et coupe sur la longueur.
**245. Plan des écuries à Versailles, et coupe.
**246. Élévation des mêmes, sur cour et sur avenue.
***247. Variante de la planche précédente.

MAISON DE MADEMOISELLE GUIMARD

**248. Plans et coupe.
**249. Élévation.
***250. Variante de la planche précédente.
**251. Plans et coupe du bâtiment renfermant les remises et le théâtre.

MAISONS DE M. HOSTEN

**252. Plan général de quinze maisons appartenant à M. Hosten.
**253 et **254. Plans et élévations de la maison rue Saint-Georges n° 15.
**255. Maison n° 9.
**256. Maison : n°⁸ 8, 9, 10.
**257. Maison : n°⁸ 11, 12, 13, 14.
**258. Plan de deux maisons n° 5.
**259. Maison n° 6.
**260. Élévation n° 6 et élévation n°⁸ 4 et 5.
**261. Détail d'une maison de M. Hosten.
**262. Élévation n° 14 et élévation n°⁸ 1, 2, 3.

MAISONS DE M. DE SAISEVAL

**263. Plan des maisons.
**264. Coupe et plans des étages d'une maison.

**265. Coupe et plans d'une autre maison.
**266. Vue perspective des maisons.

MAISON DE M. DE WITT

**267. Plans des fondations et du rez-de-chaussée.
**268. Autres plans d'étages.
**269. Élévation.
***270. Variante des planches 269 et 271, datée de 1781 et gravée à l'aquatinte par Duruisseau.
**271. Coupe.

MAISON DU PRÉSIDENT HOCQUART

**272. Plans.
**273. Coupe, élévation et plan général.
**274a. Vue perspective.

MAISON DE M. TABARY

**275. Plans et coupe.
**276a. Élévation.

MAISON DE M. LE COMTE D'ATILLY

**277b. Plans.
**278. Élévation, autre plan et coupe.

MAISON DE M. DE JARNAC

**279b. Vue perspective.

MAISON DE M. LE COMTE D'ESPINCHAL

**280. Plans.
**281. Coupe et élévation.

MAISON DE M. D'ÉVRY

**282. Plans.
**283. Coupe et élévation.

MAISON DE MADEMOISELLE SAINT-GERMAIN

**276b. Vue perspective.
**284b. Plans.
**285. Élévation et coupe.

MAISON RUE NEUVE DE BERRY

**286 et **287. Plans.
**288. Élévation.
**289. Coupe.

MAISONS RUE POISSONNIÈRE

**274b. Vue perspective d'une maison située rue Poissonnière (correspondant aux plans et élévation de la planche 292).
**290 et **291. Plans, coupe et élévation d'une maison rue Poissonnière.
**292. Plans, coupe et élévation d'une autre maison (voir planche 274b).

MAISON DE COMMERCE RUE SAINT-DENIS

**293 et **294. Plans.
**295a. Élévation principale'.
**295b. Coupe'.
**296. Vue perspective.

CHÂTEAU DE BÉNOUVILLE

**208b. Vue perspective du château.
**308, **309 et **310. Plans.
**311. Élévation.
**312. Coupes.

CHÂTEAU DE MEAUPERTUIS

**313. Plan.
**314. Coupe et élévation.
**315. Faisanderie.
**316. Maison des gardes agricoles.

CHÂTEAU D'ÉGUIÈRE

**317. Plans.
**318a. Plan du 2ᵉ étage et des combles'.
**318b. Plan du 1ᵉʳ étage'.
**318c. Coupe'.
**319. Vue perspective.

CHÂTEAU DE SAINT-VRAIN

**320 et **321. Plans.
**322. Élévation du côté de la cour.
**323. Élévation du côté parterre.
**324. Coupe et élévation de côté.

CHÂTEAU DE M. LE COMTE DE BARAIL

**325 et **326. Plans.
**327. Élévation principale et coupe.

LOUVECIENNES

**328 et **329. Plans du château royal.
**330. Élévations du même.
**331. Plan et élévation du Pavillon.
**332. Plan du souterrain et coupes du Pavillon.
**333. Élévation du Pavillon du côté de la rivière.
**334 et **335. Maison de campagne de Madame la princesse de Conti : plans.
**336. Élévation latérale et coupe de la même.
**337. Élévations de la même.
**338. Vue perspective.

EAUBONNE

**339. Vue perspective et plans de la maison de M. de Saint-Lambert.
****340. Plans de la maison de M. de Mézières à Eaubonne.
**341. Coupe et élévation de la précédente.

MAISON DE M. LE CHEVALIER DE MANNERY A SALINS

**342. Plans.
**343. Coupe et élévation.

MAISON DE CAMPAGNE DE M. SCHEMITT

**344. Plans.
**345. Coupe et élévations.

MAISON DE M. DE LAUZON A CHAUVIGNY EN POITOU

**346. Plans, coupe et élévation.

MAISON DE CAMPAGNE SITUÉE DANS LE PARC DE BELLEVUE

**347. Vue perspective, plans, élévation, coupe.

CONSTRUCTIONS RURALES DE MEILLIAND

**348. Vue perspective de l'abreuvoir et de l'école de Meilliand.
**349. Élévation et coupe du lavoir. — Plans de l'école.
**350. Autre plan et coupe de l'école.
**351. Élévations de l'école.

BOURNEVILLE

**352. Plan du rez-de-chaussée de la porte du parc.
**353. Plan du premier étage de la même.
**354. Élévation de la porte du parc.
**355. Deux coupes de la même.
**356. Chapelle de Bourneville et Temple du jardin de Zéphire et de Flore.

LA ROCHE-BERNARD

**357. Plan de la bergerie.
**358. Porte d'entrée de la bergerie ; plans, élévation et coupe.
**359. Maison des bergers ; plans, élévation et coupe.
**360. Coupe, plan général et élévation de la ferme.
****361. Vue perspective de la bergerie.

---

1. Nous avons rangé sous ce chapitre un certain nombre de projets de Ledoux qui, en apparence, n'ont pas de rapport avec la Saline. Connaissant le tempérament de notre architecte, il paraît normal que son imagination ait débordé des limites de la ville de Chaux. Nous avons donc cru logique d'insérer dans cette partie de son œuvre des projets de maisons de campagne, de monuments (Hospice, Bourse, Pacifère, Maison d'Union, etc.), ainsi que des maisons d'artistes, d'artisans ou d'ouvriers.
Tout cela, dans son esprit, prenait certainement place dans l'espace proche ou lointain de la cité de Chaux, sise dans la vallée de la Loue. Son texte le prouve abondamment : ici, il parle de « la ville à construire », utilise là les rives ou les eaux de la Loue, attribue ailleurs une maison de campagne à un ancien conseiller du Parlement de Besançon, choisit pour un *Retour de chasse* (pl. 110 et 111) « la terre préférée, que la haute futaye de Chaux tempere par sa masse interposee », et enfin, lie les habitants de Chaux à la conception d'une forge à canons.

2. Considérations philosophiques et générales sur la maison du pauvre ; on dirait aujourd'hui : parallèle entre l'habitation du prolétaire et la demeure du capitaliste !

3. Temple consacré au bonheur en remplacement de celui de la Justice ; Ledoux imagine une société parfaite sans délinquants, donc sans justice à rendre.

4. L'abbé Delille, ami de Ledoux.

5. Il avait été envisagé de supprimer les guinguettes aux barrières de Paris et de les remplacer par la construction de huit édifices ou monuments destinés aux récréations du peuple. — Voir également les planches 297 à 303.

6. Ces mêmes plans se trouvent gravés à plus grande échelle dans l'exemplaire André Carlhian.

7. Pour des nécessités de mise en page, et seulement dans trois cas, des cuivres tirés sur feuilles séparées ont été réunis sur une même planche, sans qu'ils soient pour cela réduits.

NOTA : Un * indique que cette planche n'a été publiée que dans l'édition de 1804.
Deux ** indiquent que cette planche n'a été publiée que dans l'édition de 1847.
Trois *** : planche provenant du recueil de M. André Carlhian.
Quatre **** : planche se trouvant seulement dans le recueil de la Bibliothèque d'art et d'archéologie, Université de Paris.
L'absence d'astérisque signifie donc : planches parues dans les deux éditions de l'œuvre de Ledoux.
L'édition de 1804 ne comporte pas de faux-titre, nous n'en avons donc pas mis devant le titre du premier volume.

LA PRÉSENTE ÉDITION DES ŒUVRES DE
L'ARCHITECTE CLAUDE-NICOLAS LEDOUX, LA
PREMIÈRE RÉUNISSANT SON ŒUVRE INTÉ-
GRALE, A ÉTÉ ÉTABLIE PAR LES SOINS ET SOUS
LA DIRECTION DE FERNAND DE NOBELE,
LIBRAIRE ; LE TEXTE A ÉTÉ REPRODUIT EN
OFFSET D'APRÈS L'ORIGINAL PAR JOSEPH
FLOCH, IMPRIMEUR A MAYENNE, ET LES
PLANCHES TIRÉES EN PHOTOTYPIE DANS LES
ATELIERS DE JEAN BRUNISSEN A PARIS.
RELIURE DE BONNET-MADIN.
TIRAGE UNIQUE A 300 EXEMPLAIRES SUR
PAPIER OFFSET CLEFCY DES
PAPETERIES PRIOUX.

EXEMPLAIRE NUMÉRO

PRINTED IN FRANCE

L'ARCHITECTURE

CONSIDÉRÉE SOUS LE RAPPORT DE L'ART

PLANCHES

L'ARCHITECTURE

DE C. N. LE DOUX.

PREMIER VOLUME,

CONTENANT DES PLANS, ELEVATIONS, COUPES,

VUES PERSPECTIVES

de Villes, Usines, Greniers à sel, Bâtiments de graduation, Bains publics, Marchés, Eglises, Cimetières, Théâtres, Ponts, Hôtelleries, Maisons de Ville et de Campagne de tout genre, Maisons de Commerce, de Négociants, d'Employés, d'Edifices destinés aux récréations publiques, &c. &c.

Construits ou commencés depuis 1768 jusques en 1789.

Collection qui rassemble tous les Genres de Bâtiments Employés dans l'ordre social.

A PARIS

chez l'Auteur, Rue Neuve d'Orléans, N° 16, près la Porte St Martin

Pont de la Loire

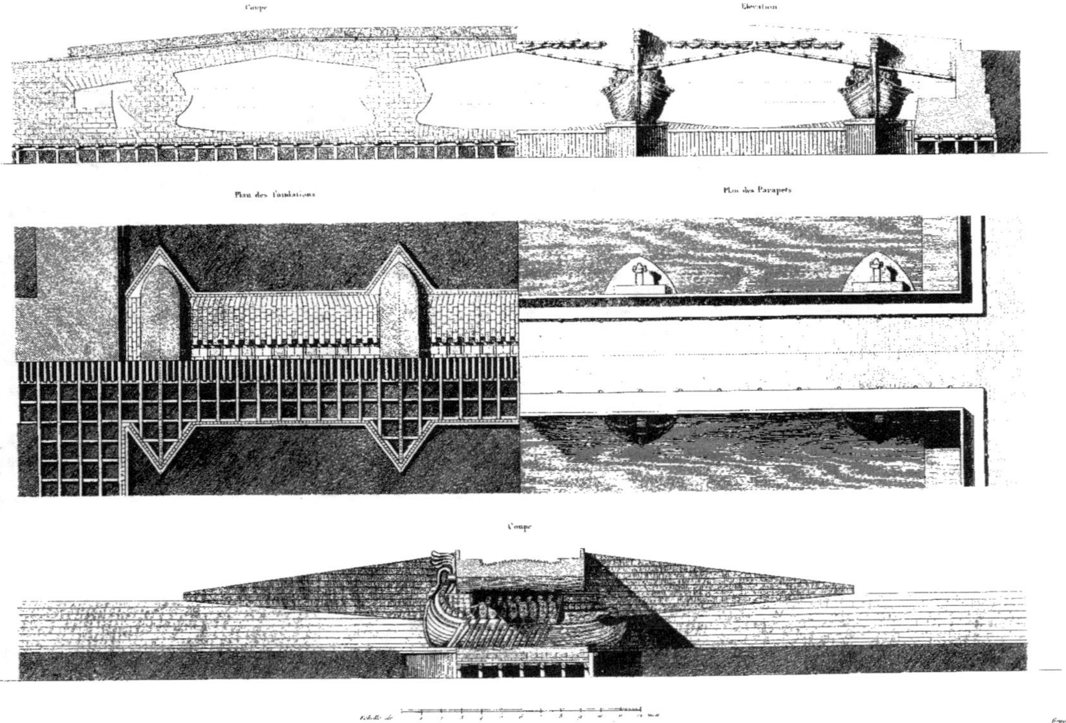

Coupe

Élévation

Plan des Parapets

Plan des Fondations

Coupe

VUE PERSPECTIVE DU PONT DE LA LOUE.

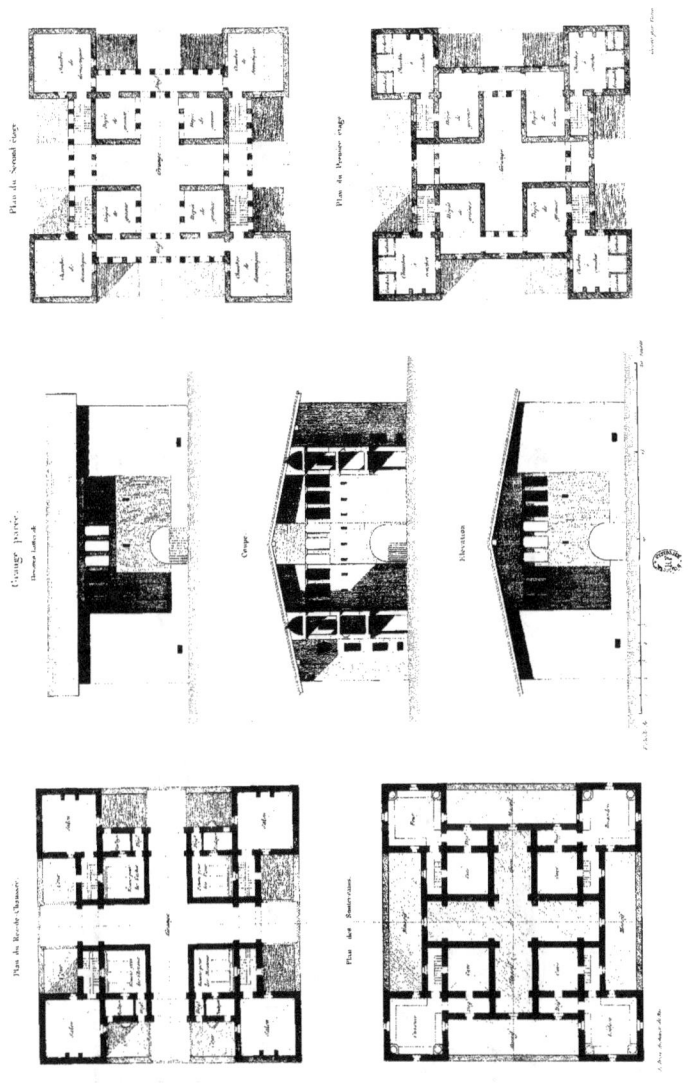

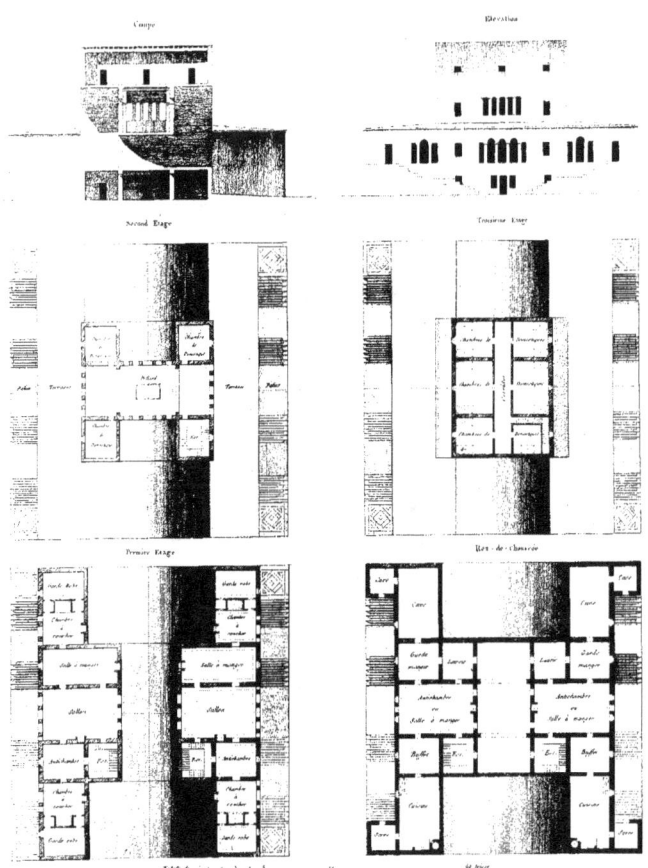

Coupe.

Atelier et logement du charpentier de la graduation

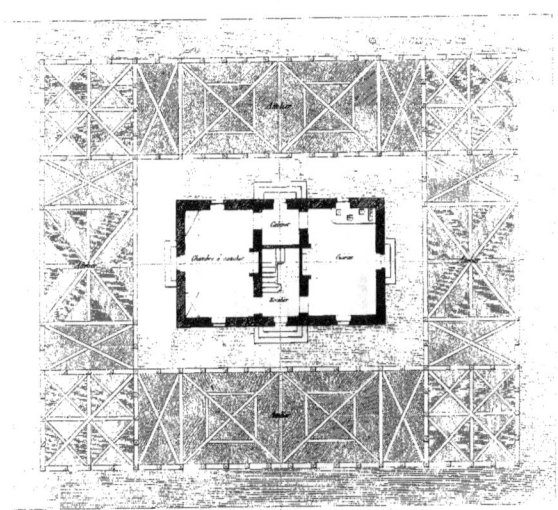

Élévation

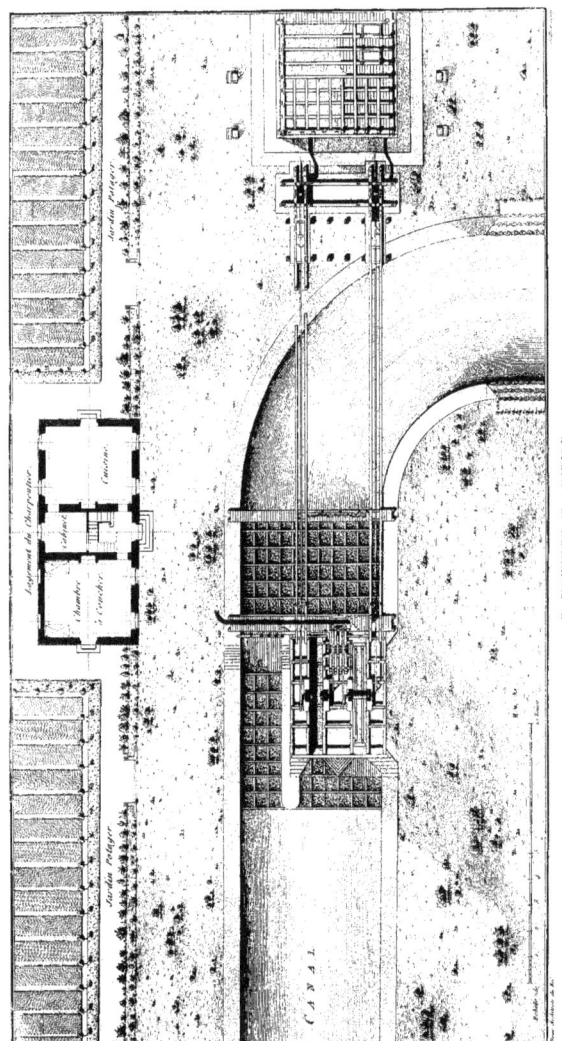

Vue Perspective du Bâtiment de graduation de la Saline de Chaux.

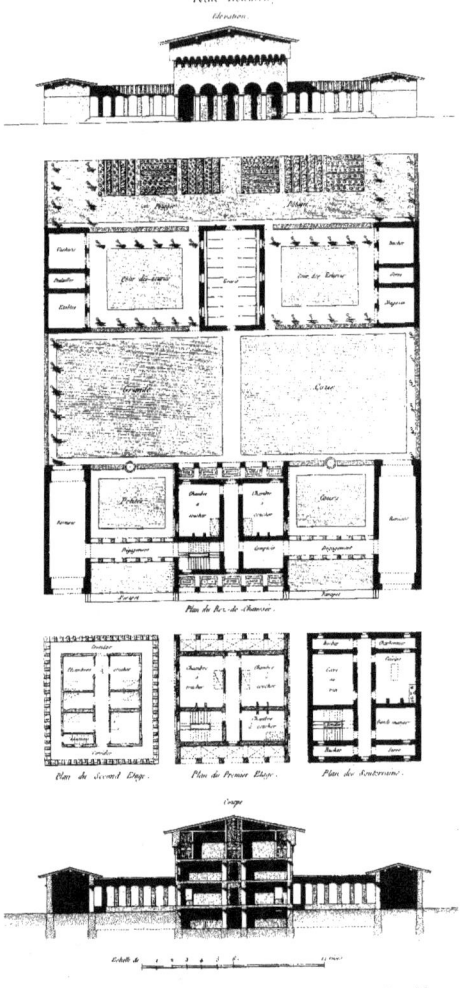

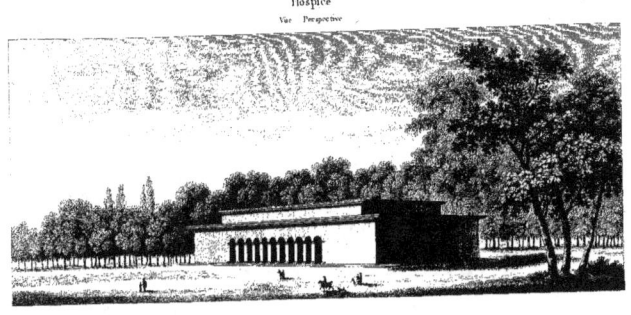

Hospice
Vue Perspective

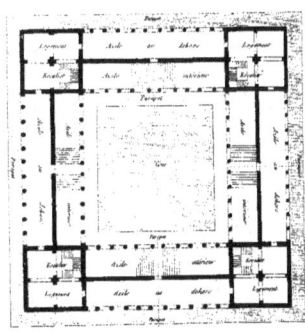
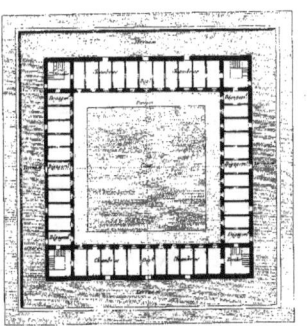

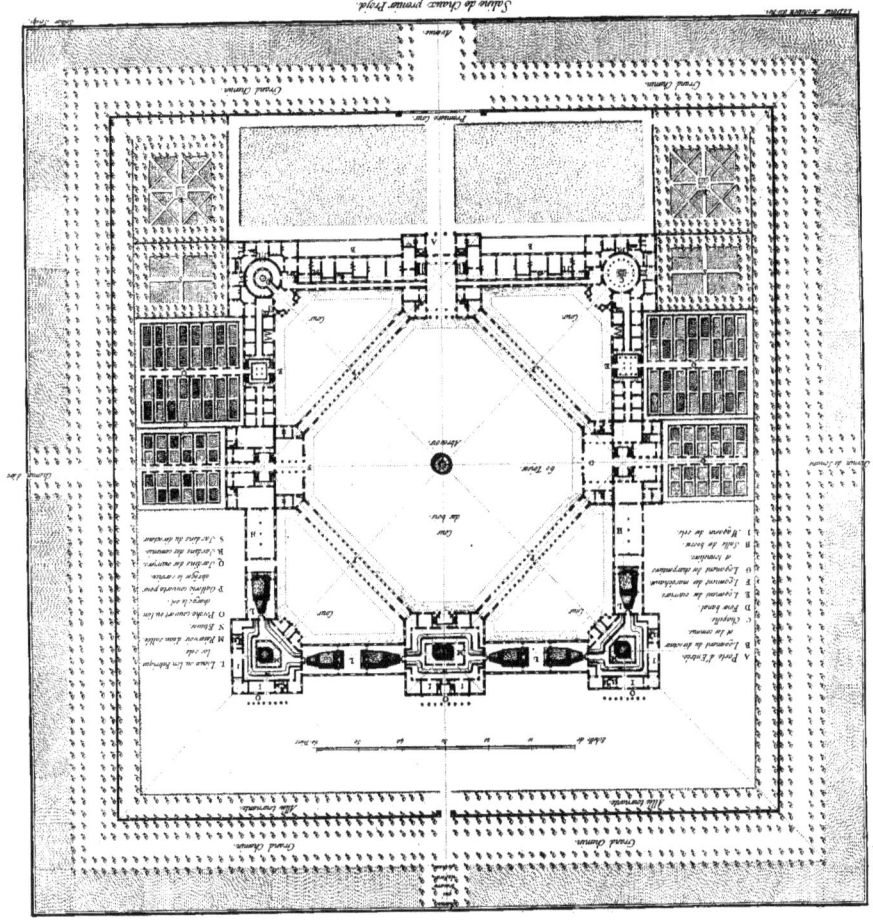

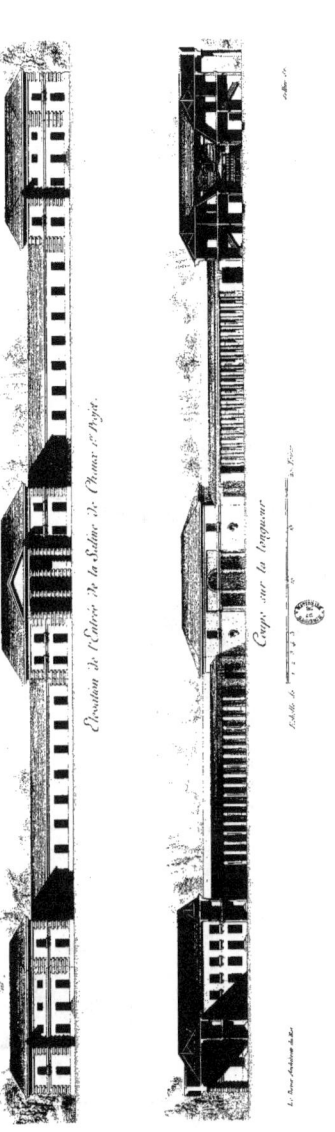

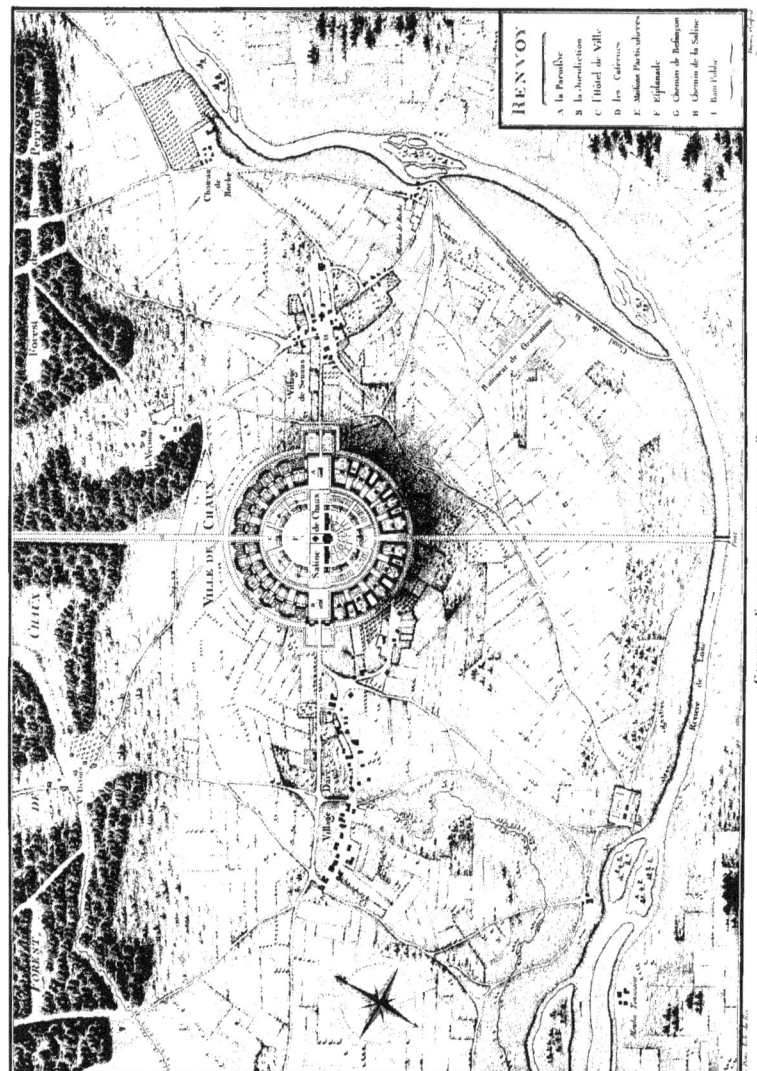

Vue perspective de la Ville de Chaux

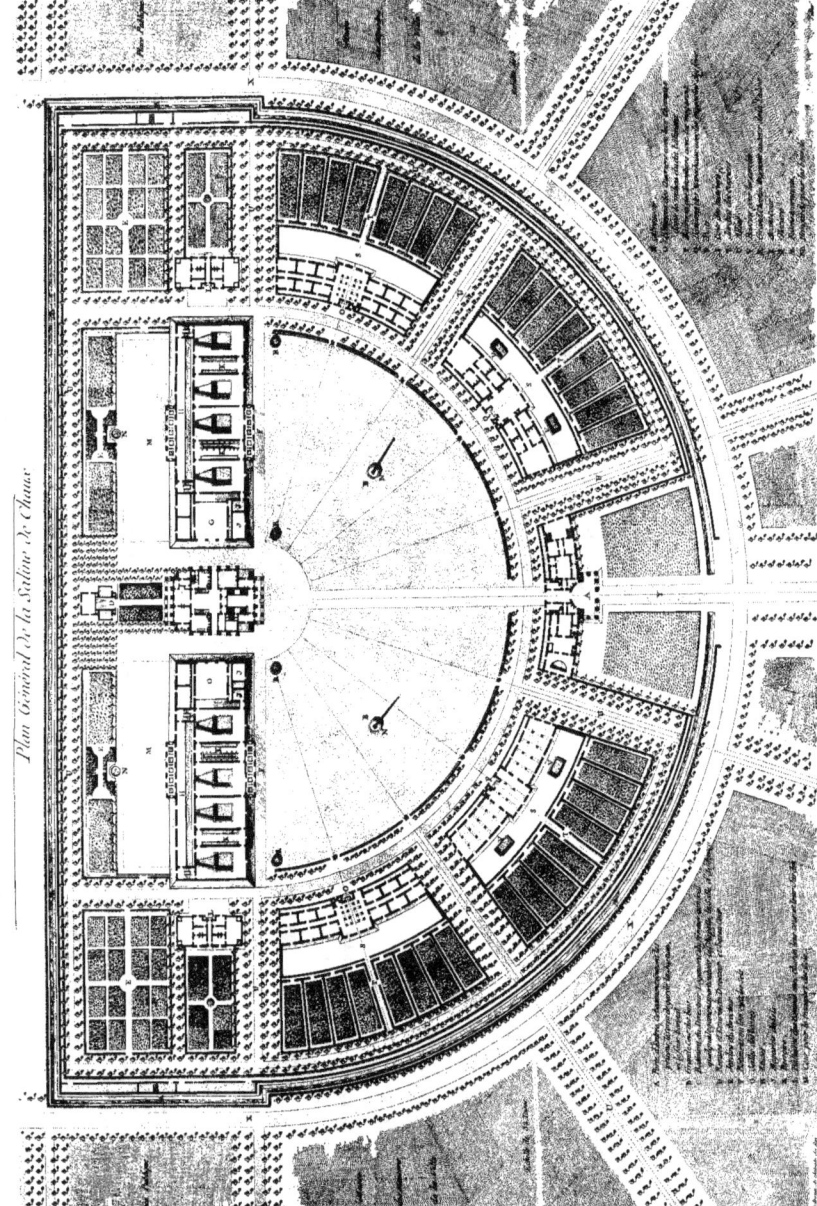

Plan Général de la Saline de Chaux

Maison d'un employé.

Coupe

Plan du Rez de Chaussée *Plan du Premier Étage*

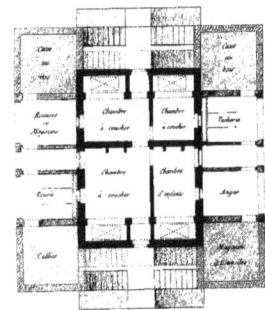 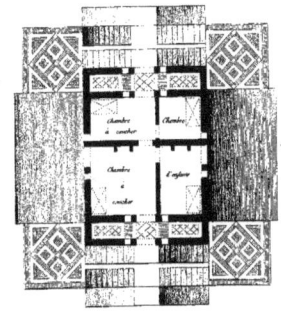

Elevation

Maison de Campagne

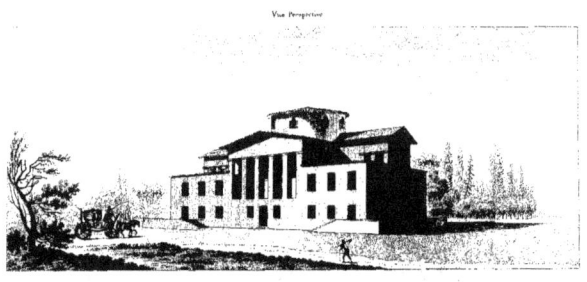

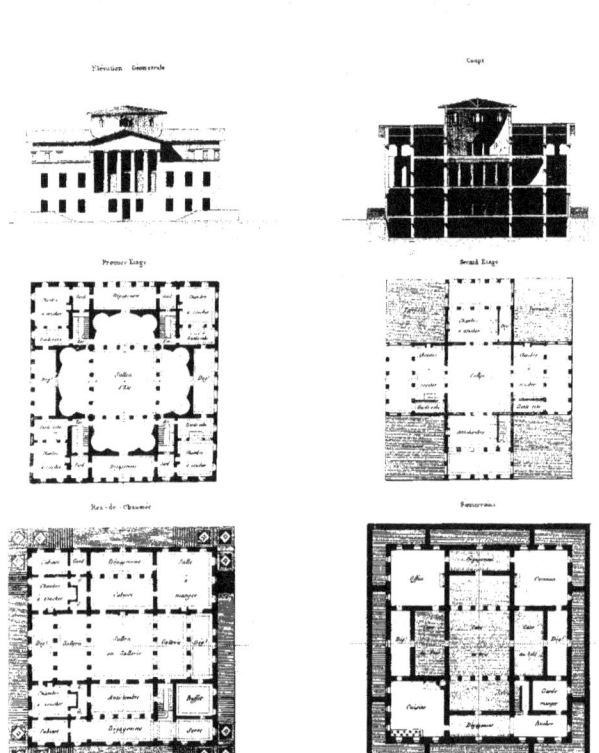

Plan d'une Maison de Campagne.

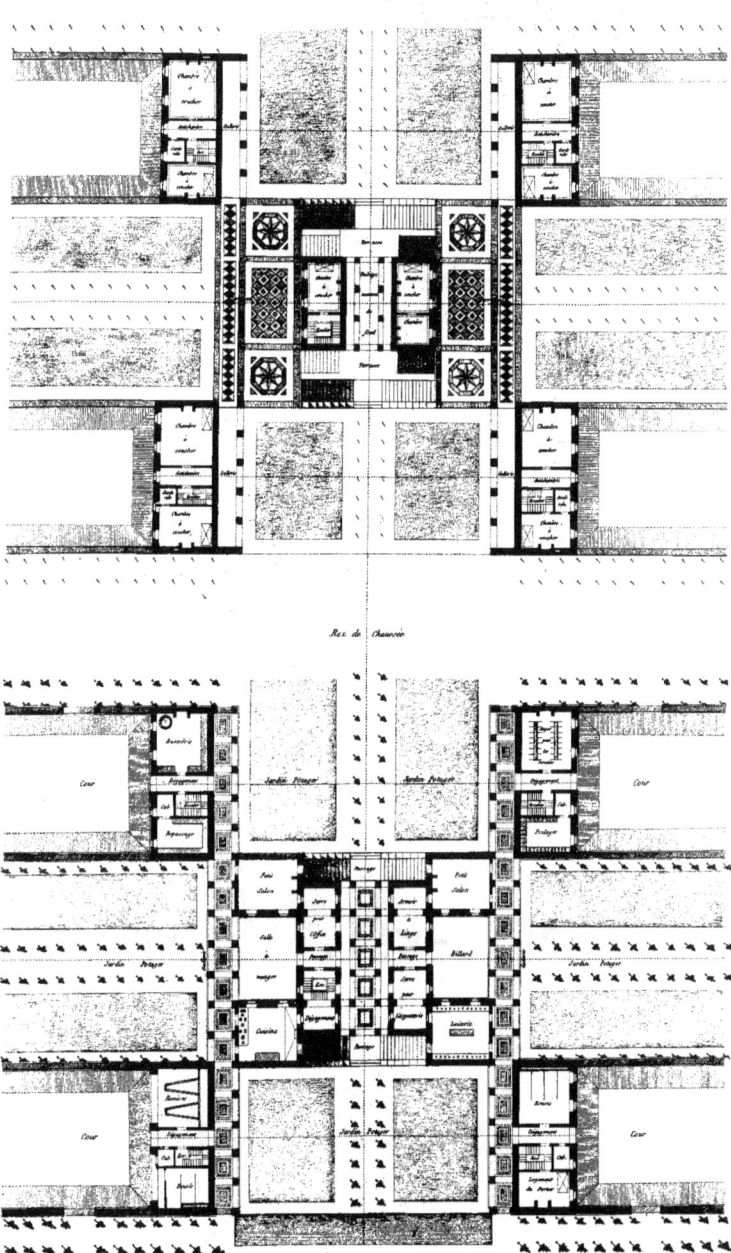

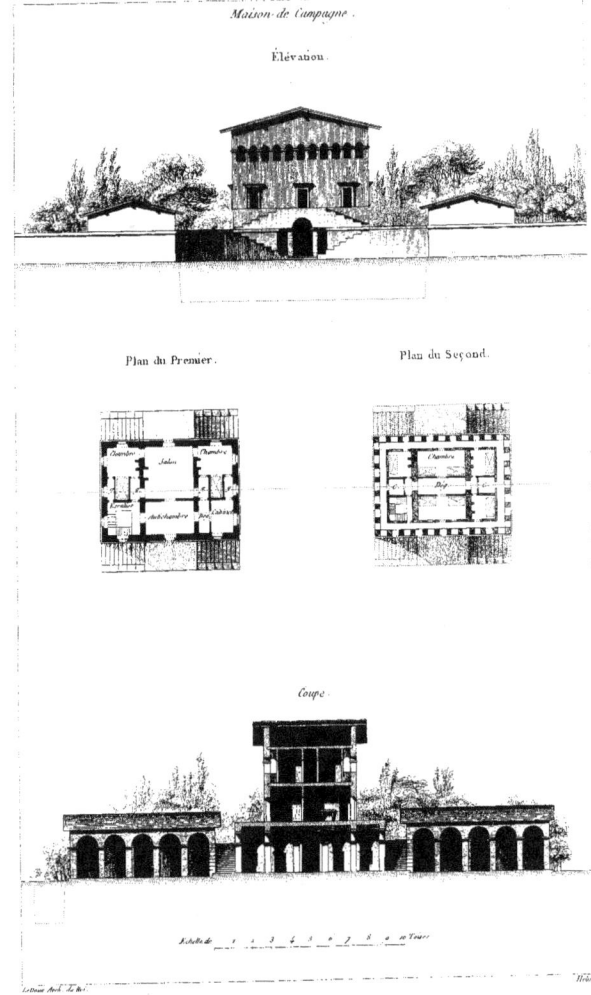

21

Maison de Campagne

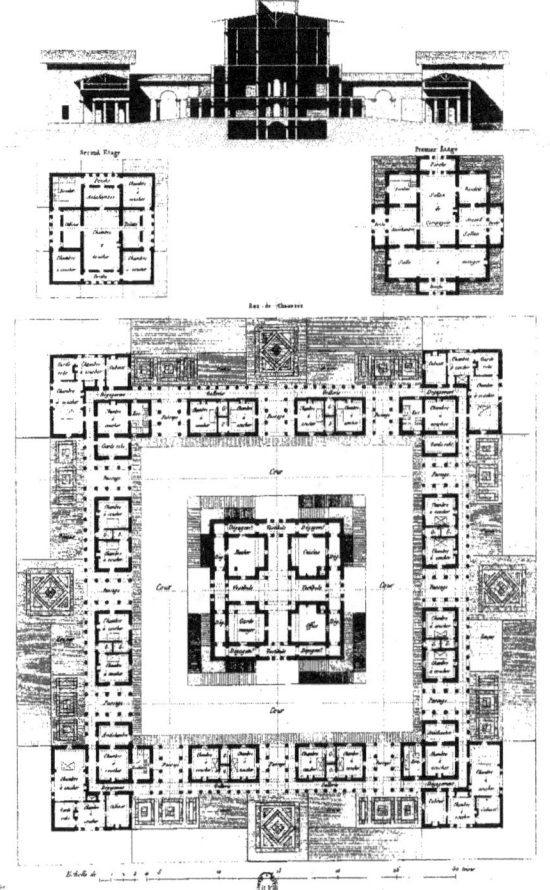

Maison de Campagne.

Plan du Premier Étage.

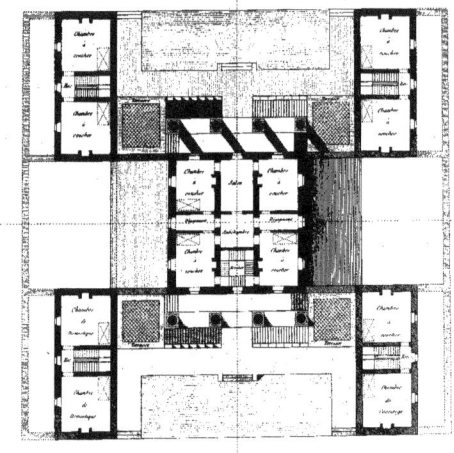

Plan du Rez-de-Chaussée.

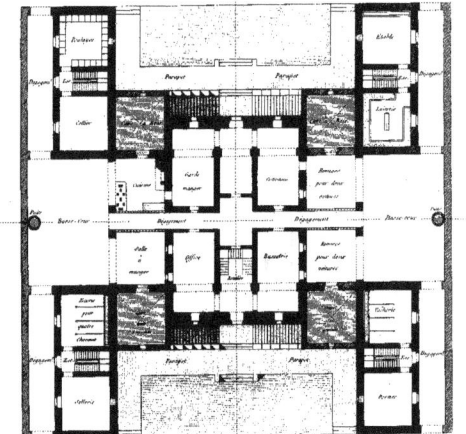

Maison de Campagne
Élévation

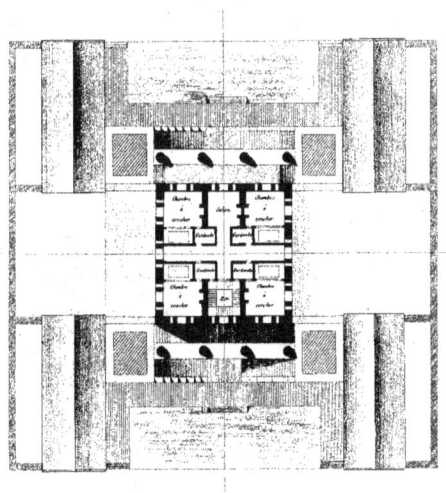

Plan du Second étage

Coupe

Maison de Campagne.

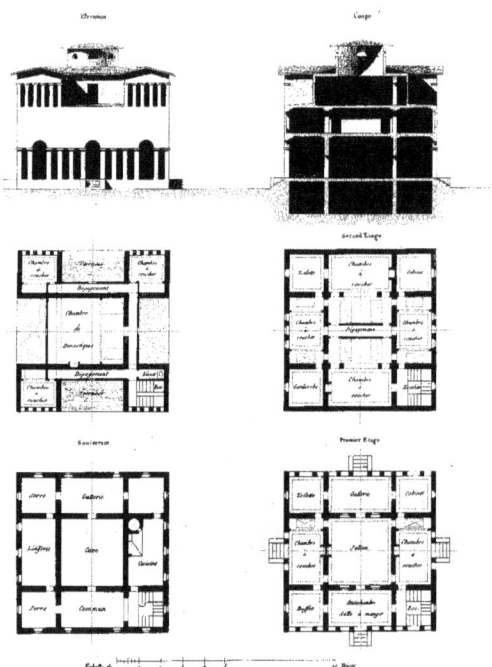

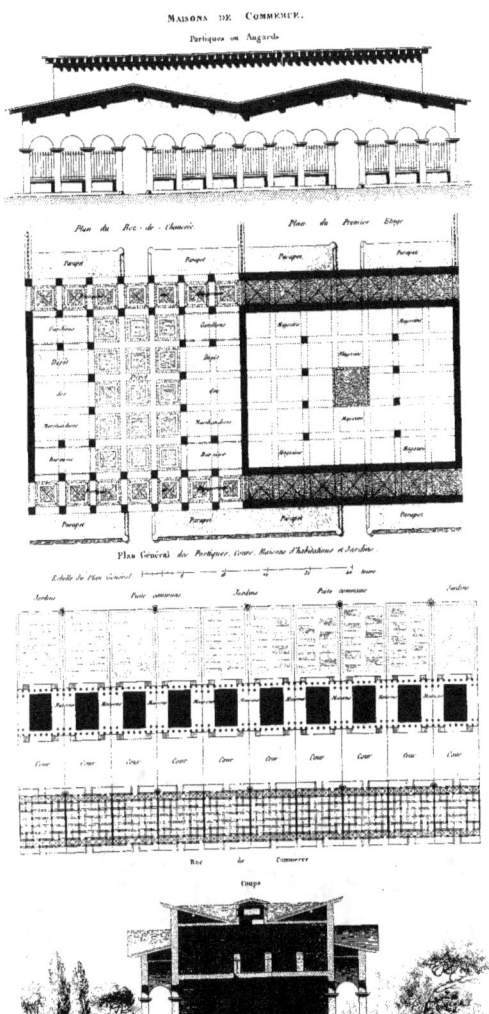

Vues perspectives.

Deux Maisons de Négociants.

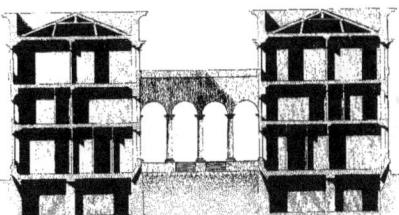

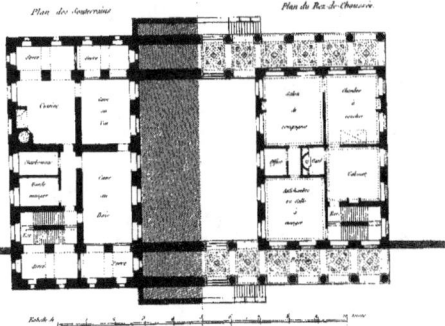

Maison de deux Ébénistes

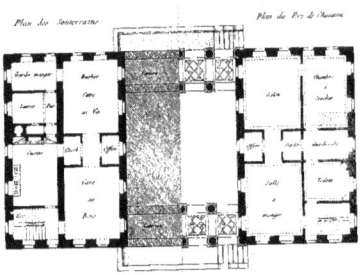

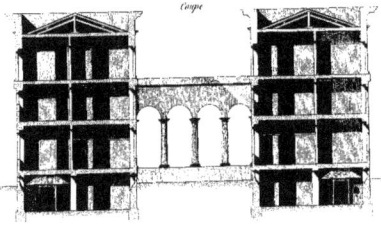

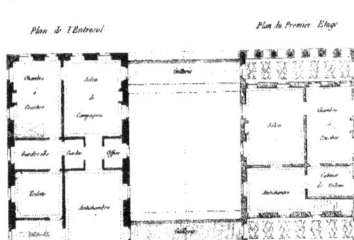

Maison de Campagne
Vue Perspective

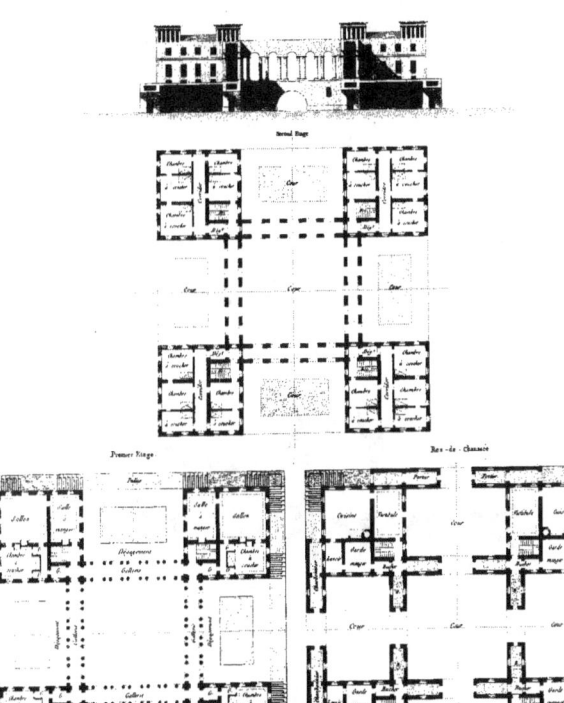

Maison d'un Commis.

Élévation

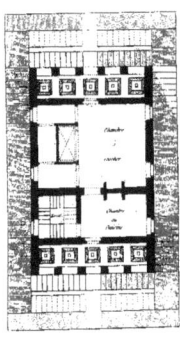
Plan du Premier Étage

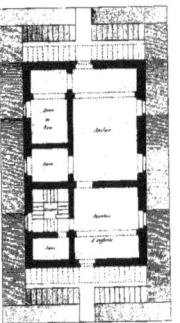
Plan du Rez de Chaussée

Coupe

Portiques

Vue Perspective

Élévation

Coupe

Rez de chaussée

Premier étage

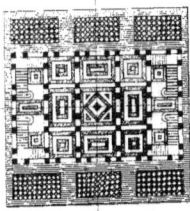

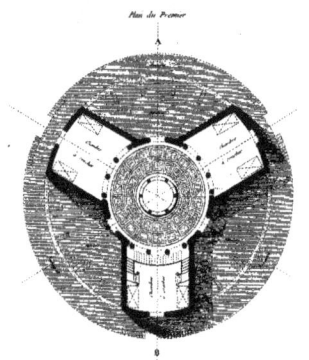

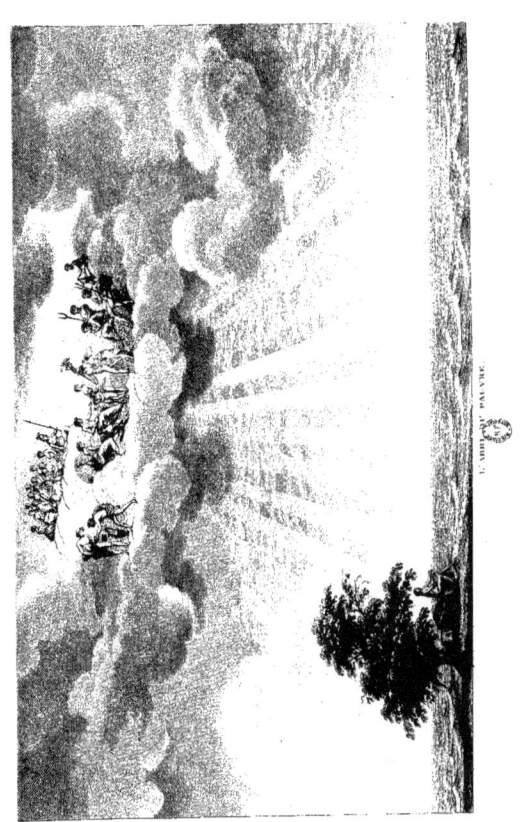

L'ABBÉ ET PAUVRE.

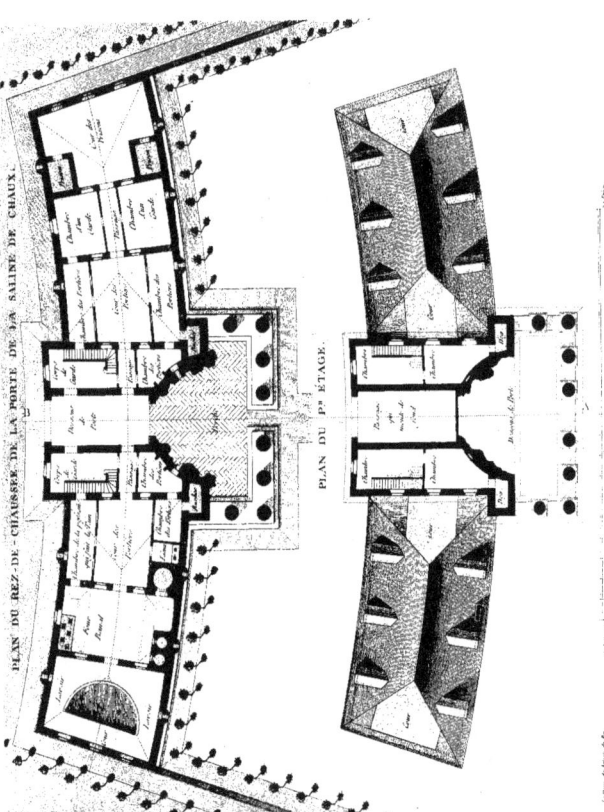

PORTE DE LA SALINE DE CHAUX.

35 bis

Porte d'entrée de la Saline de Chaux.

PLAN DES COMBLES.   PLAN DES COMBLES.

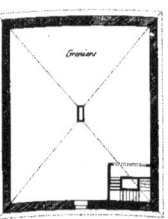
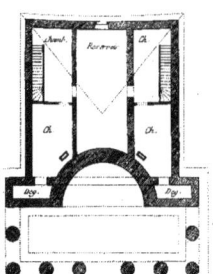

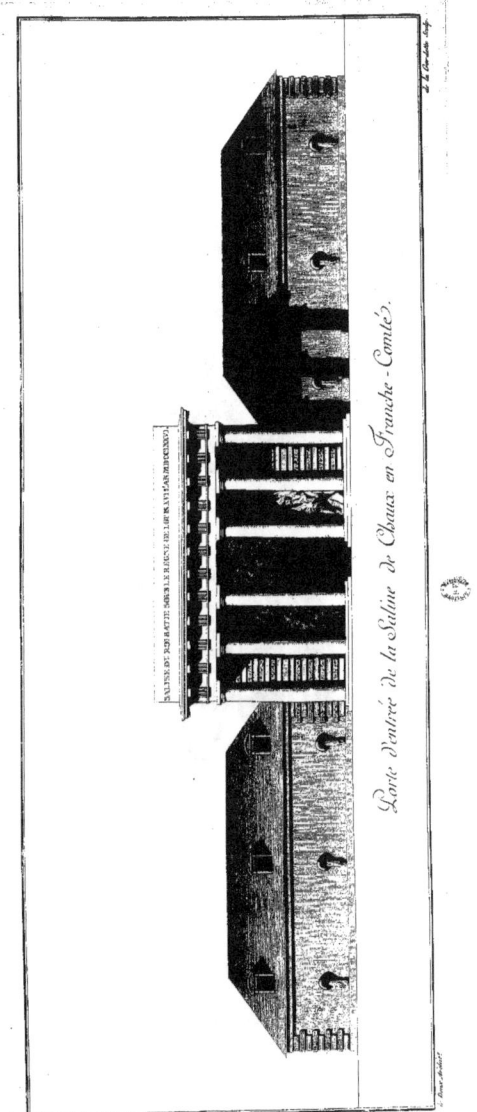

Porte d'entrée de la Saline de Chaux en Franche-Comté.

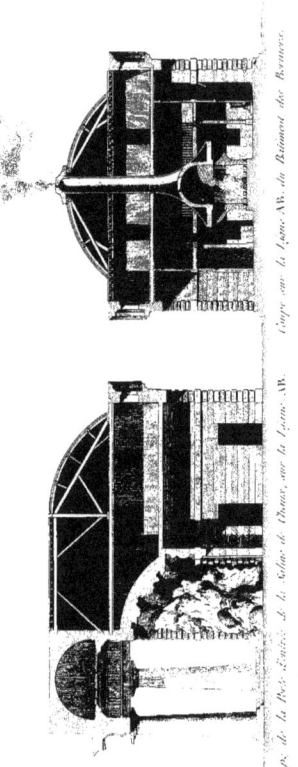

Maison de Campagne.

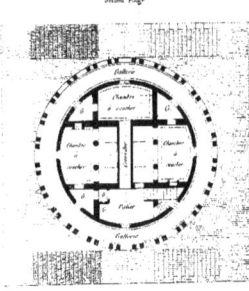
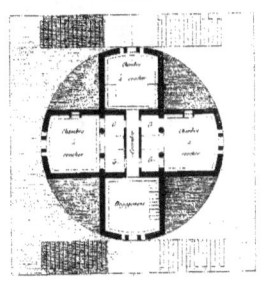
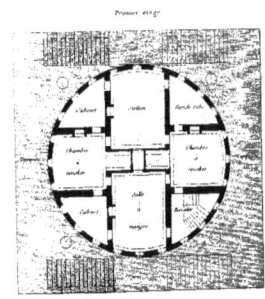
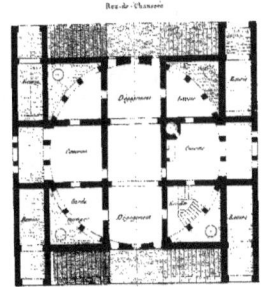

PLAN D'UN BATIMENT DESTINÉ A LOGER LES BERNIERS.

PLAN DU 1ᵉʳ ÉTAGE.

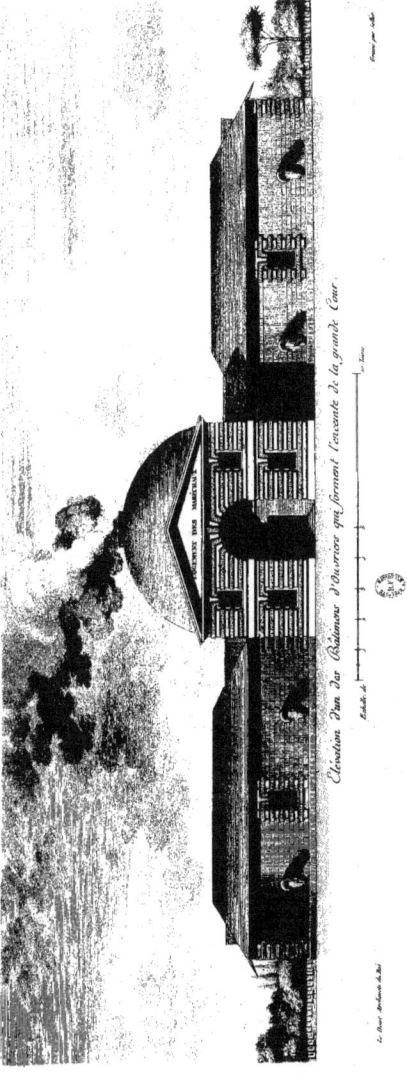

Élévation d'un des Bâtimens d'Ouvriers qui forment l'enceinte de la grande Cour.

Pacifere

Coupe

Plan du Rez de Chaussée   Premier étage

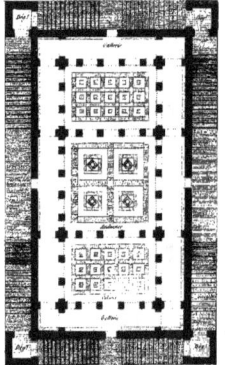
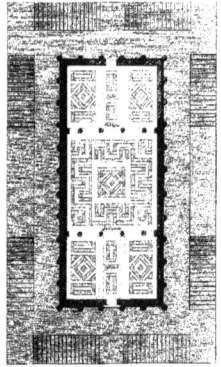

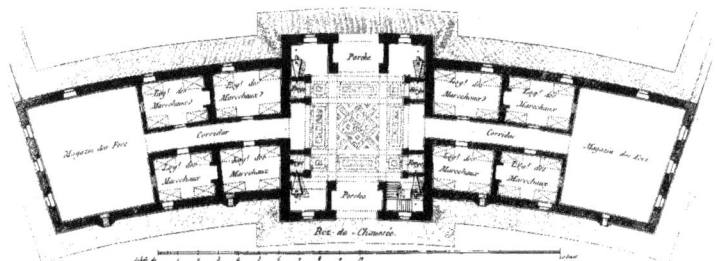

Batiment des Marechaux.

Rez-de-Chaussée.

Premier Étage.

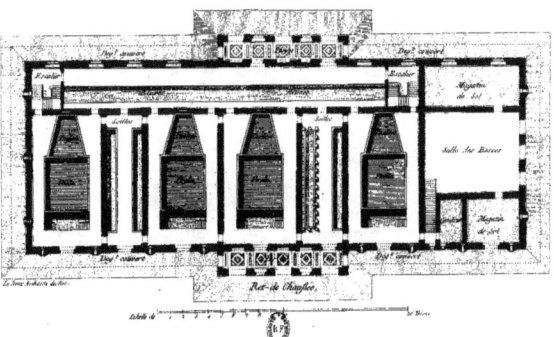

Plan détaillé du Bâtiment destiné à la fabrication des Sels.

Rez-de-Chaussée.

Maison d'un Commis.

Élévation

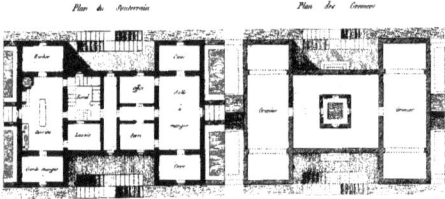

Plan du Souterrain   *Plan des Communs*

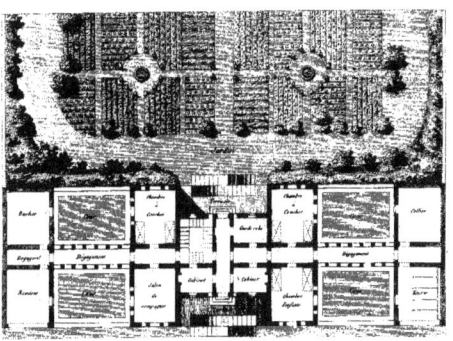

Plan du Premier Étage

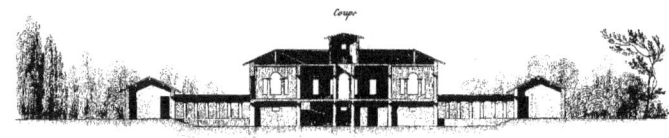

Coupe

Maison d'Union

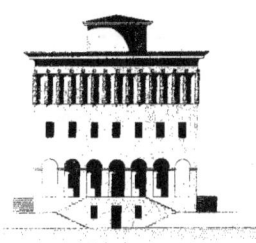

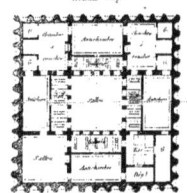

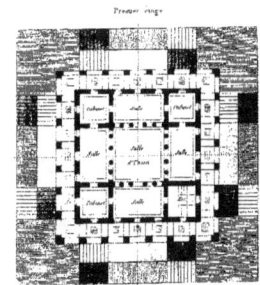
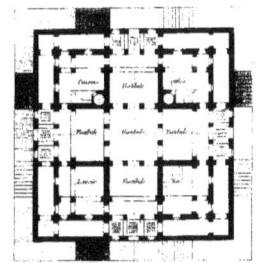

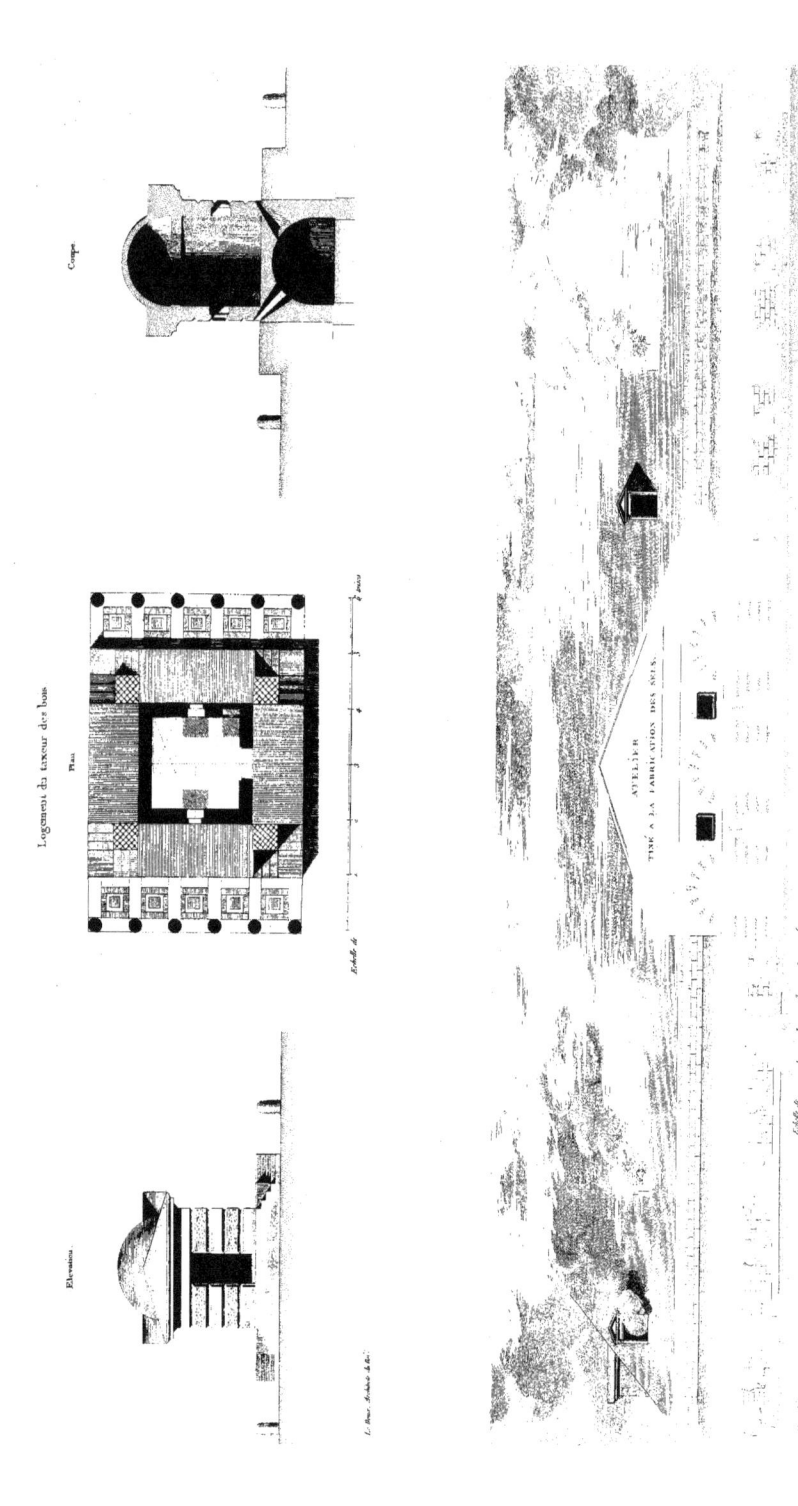

46

Maison de Campagne.
Vue Perspective.

Second étage.   Coupe.   Couronnement.

   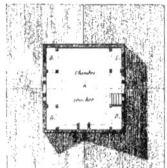

Premier étage.   Rez-de-Chaussée.

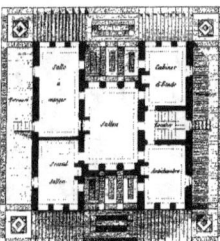 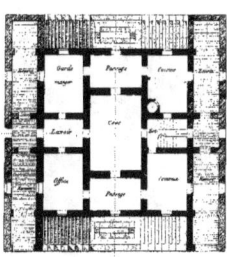

47

Élévation du Magasin des Sels appellé Communément (Salle des Bosses)

48

Coupe d'Élévation en Section de ce Batiment avec Sels

ABREUVOIR ET LAVOIR.

Élévation

Plan

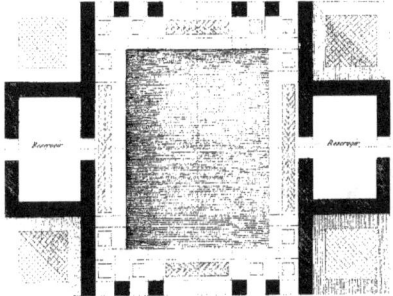

Coupe

Bourse
Vue Perspective

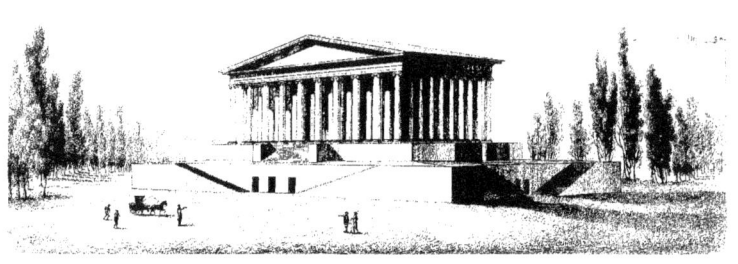

Élévation

Coupe

Premier Étage

Rez de chaussée

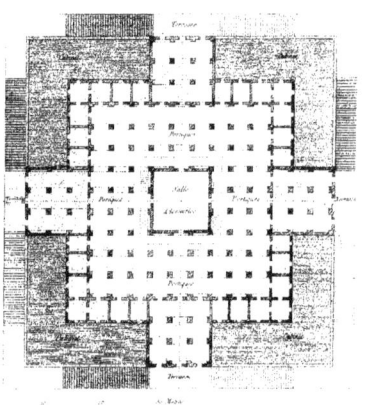

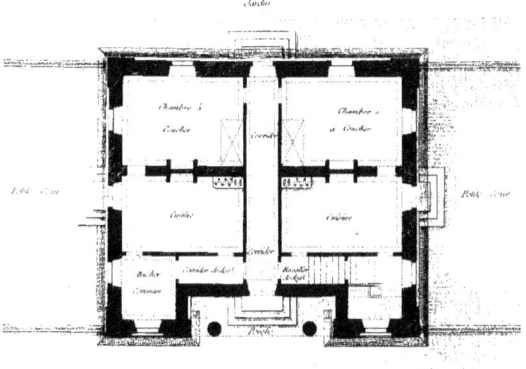

Elévation du Bâtiment des Communs.

Coupe du Bâtiment des Communs sur la largeur.

Coupe du Bâtiment des Communs sur la largeur.

Maison de Campagne
Vue perspective

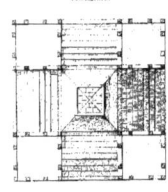

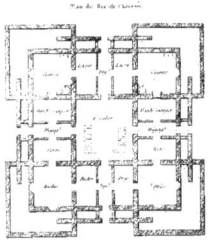

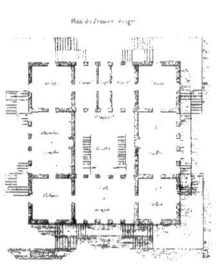

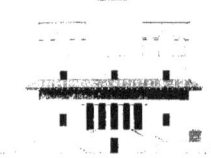

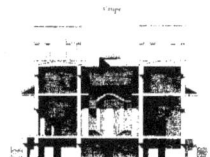

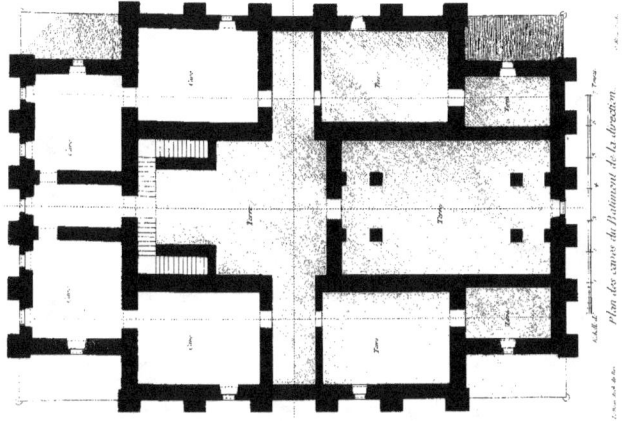

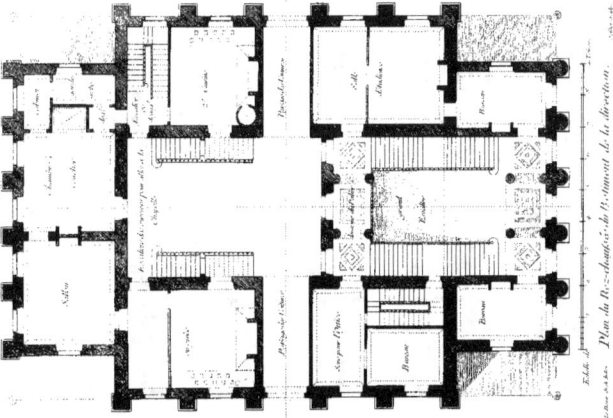

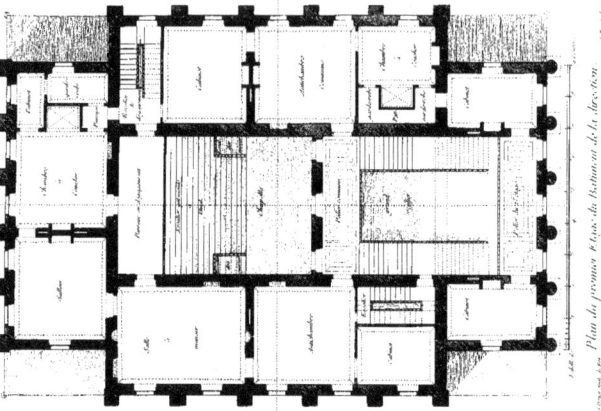

VUE PERSPECTIVE DE LA MAISON DE DIRECTEUR

61

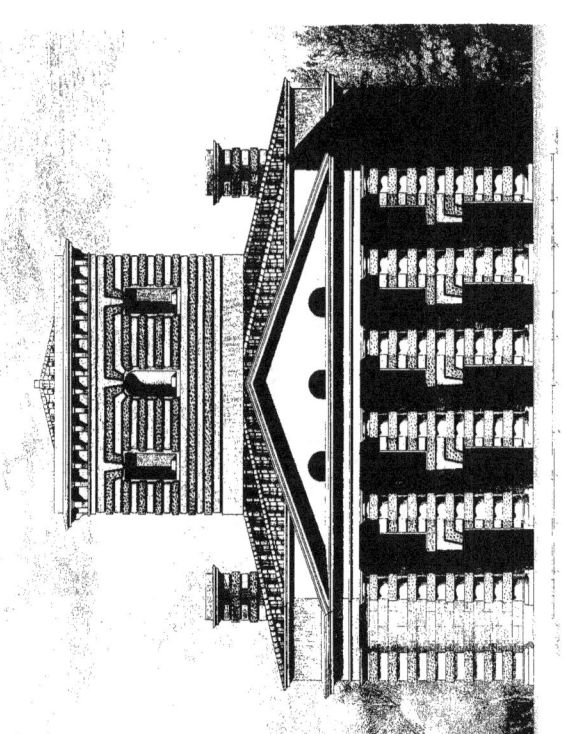

L'Eveuuc du Bauren de la direction sur le Côté.

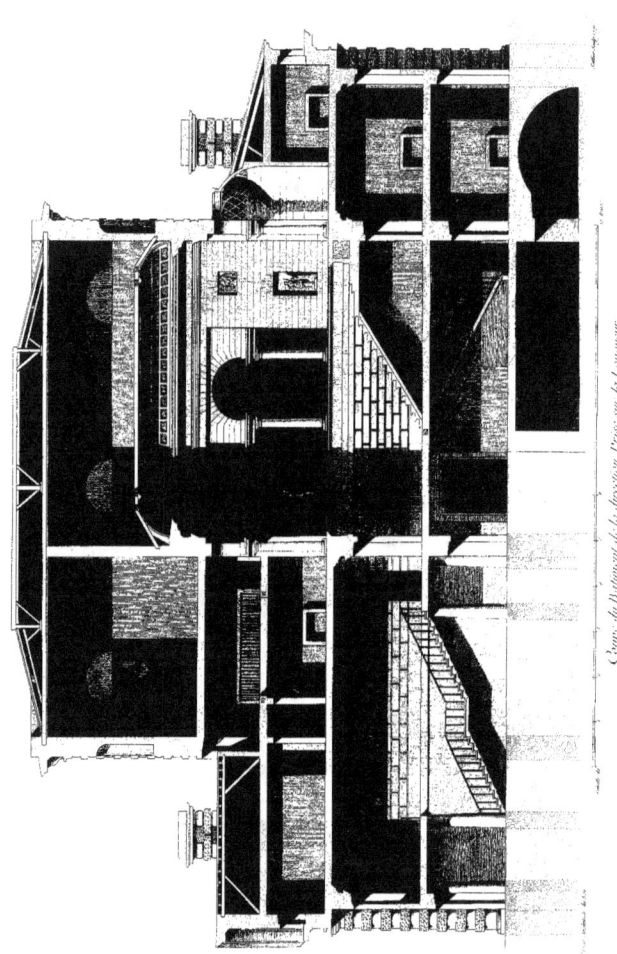

Coupe du Bâtiment et Elevation Prise sur la Longueur

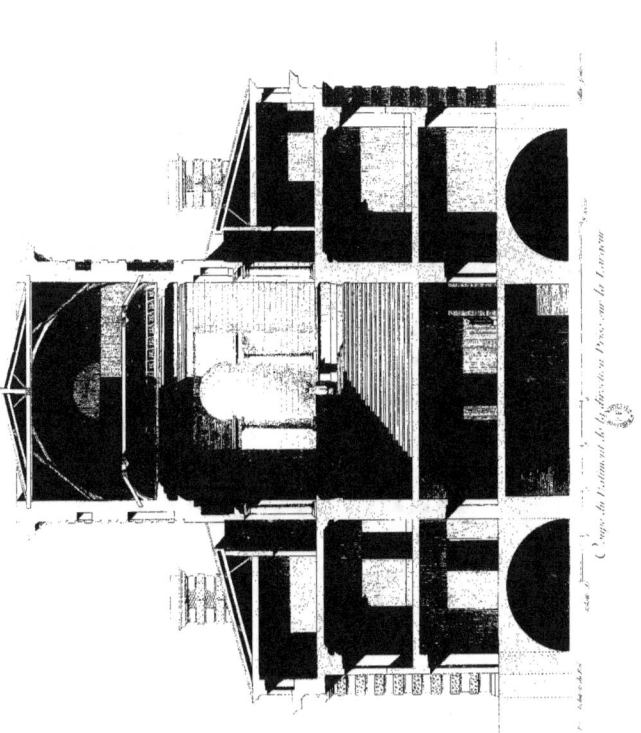

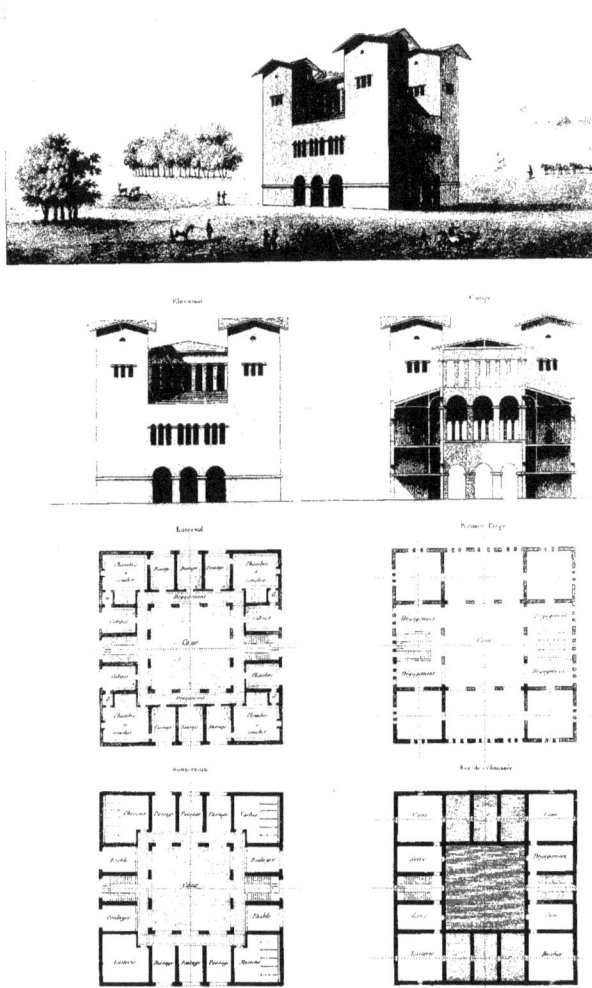

Elévation des remises du Directeur.

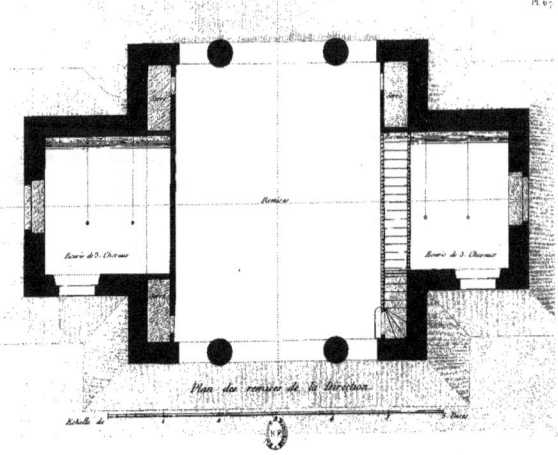

Plan des remises du Directeur.

Coupe des remises de la Direction.

Fontaine de la grande cour.

Élévation sur le Côté.

Plan de la Fontaine.

Maison de Campagne

Vue Perspective.

Coupe

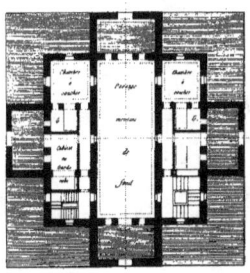

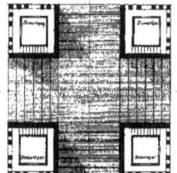

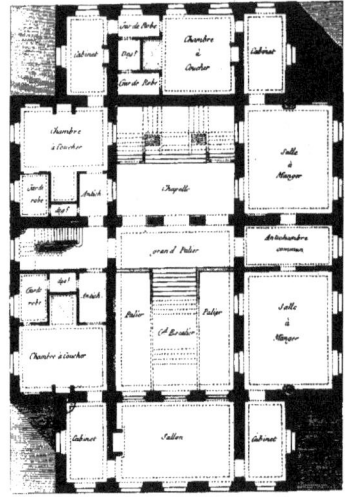

Plan du Premier étage.

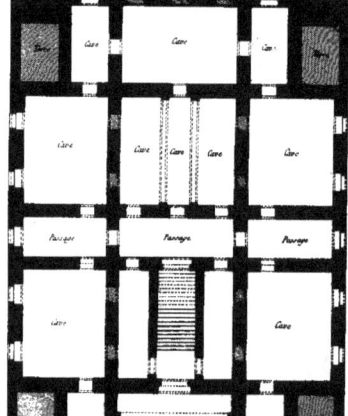

Plan des Caves de la direction.

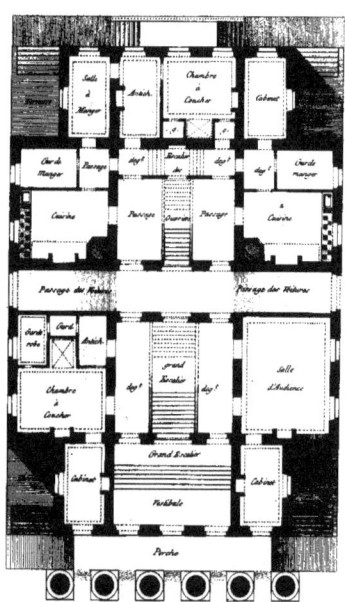

Plan du Second étage de la Direction.

Plan du Rez-de-Chaussé de la direction.

Coupe sur la Longueur

Élévation de la Maison du Directeur

VUE PERSPECTIVE DE L'ÉGLISE DE CHAUX

Plan de l'Eglise de chaux

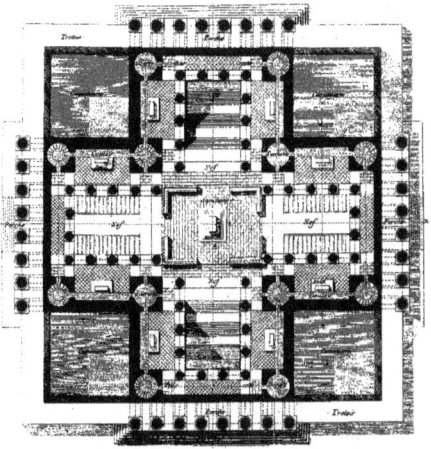

Plan Soutairain de l'Eglise de chaux

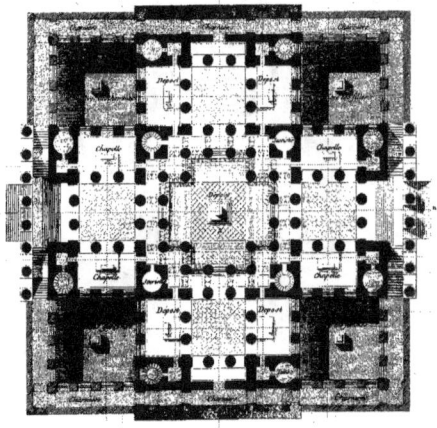

Coupe sur la Ligne C D & Coupe sur la Ligne A B

EGLISE DE CHAUX

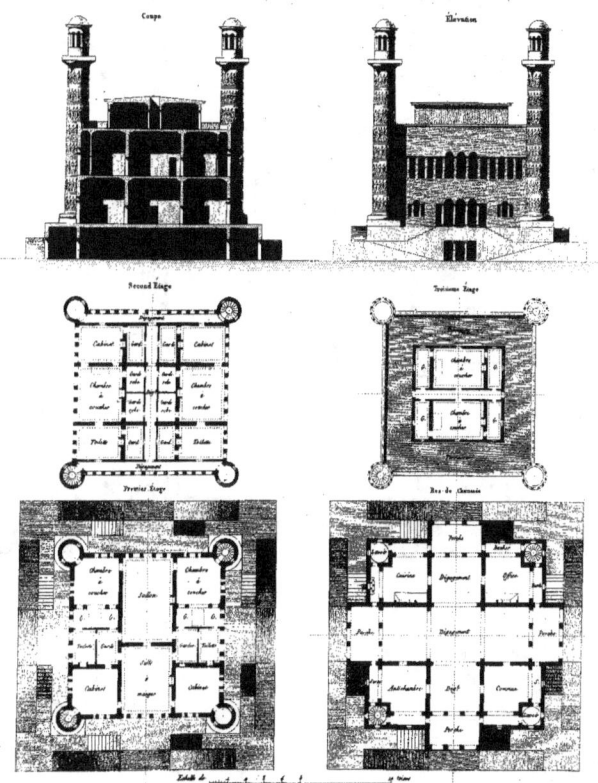

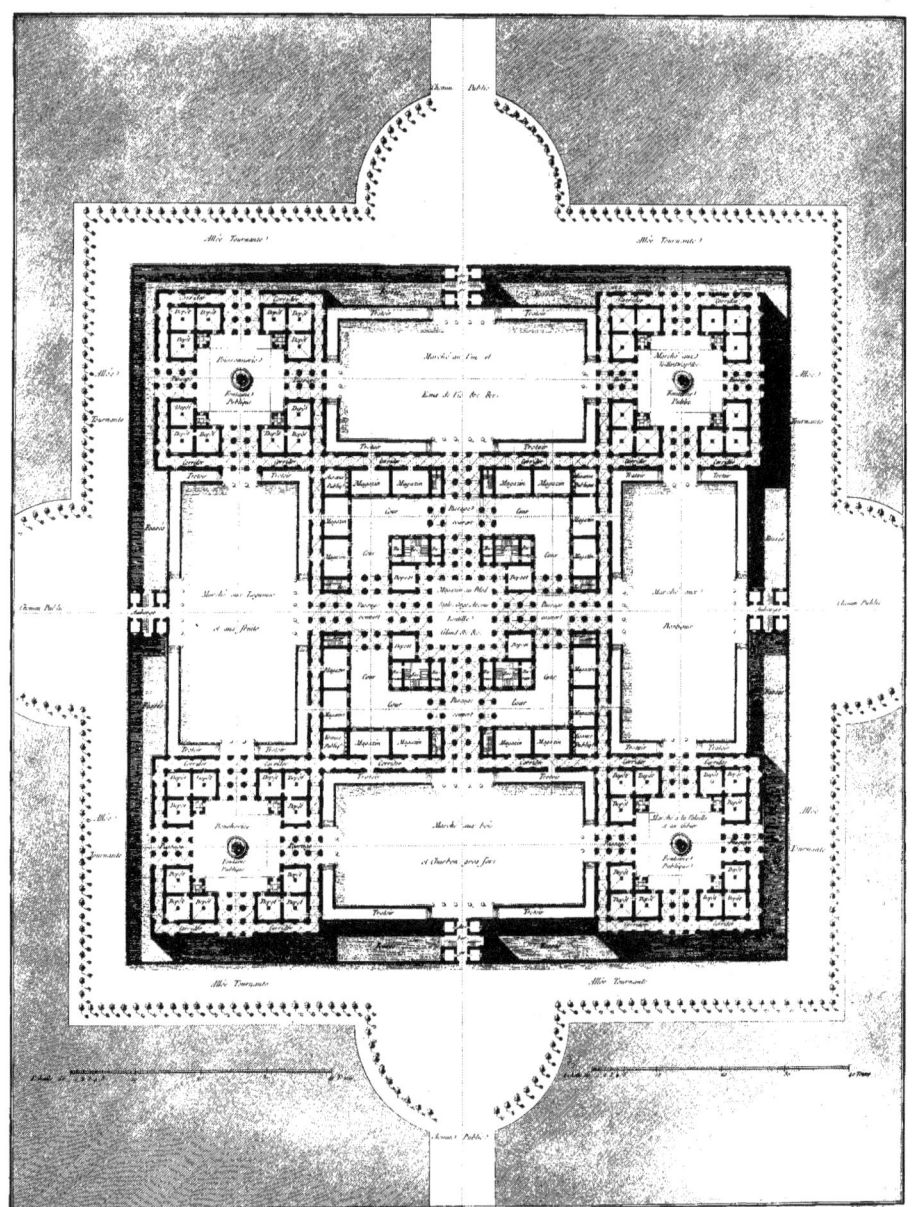

PLAN DU MARCHÉ DE LA VILLE DE CHAUX.

FRAGMENT DES PROPYLÉES DE PARIS.

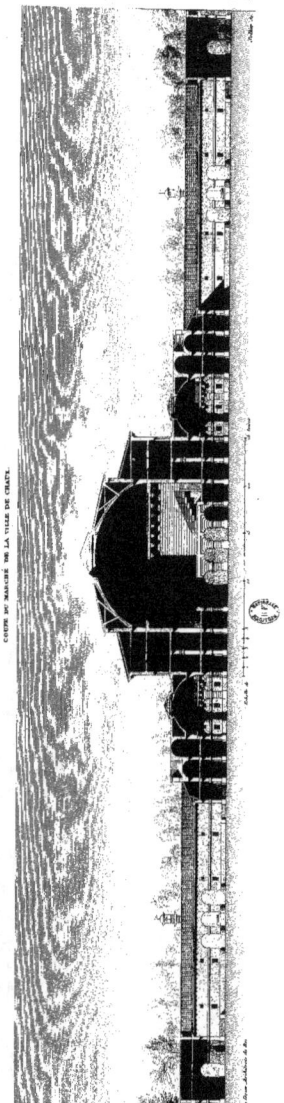

COUPE DU MARCHÉ DE LA VILLE DE CHATS.

VUE PERSPECTIVE DU MARCHÉ.

Plan Général de masse des Bains publics de la Ville de Chaux.

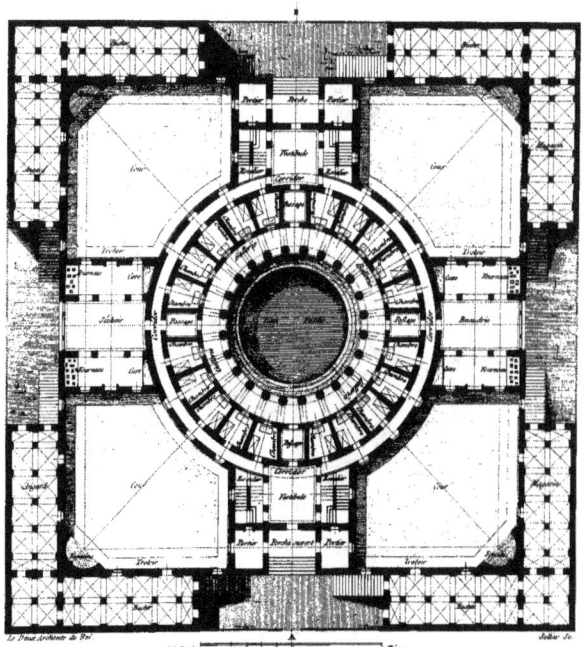

Plan du Rez de Chaussée des Bains publics de la Ville de Chaux.

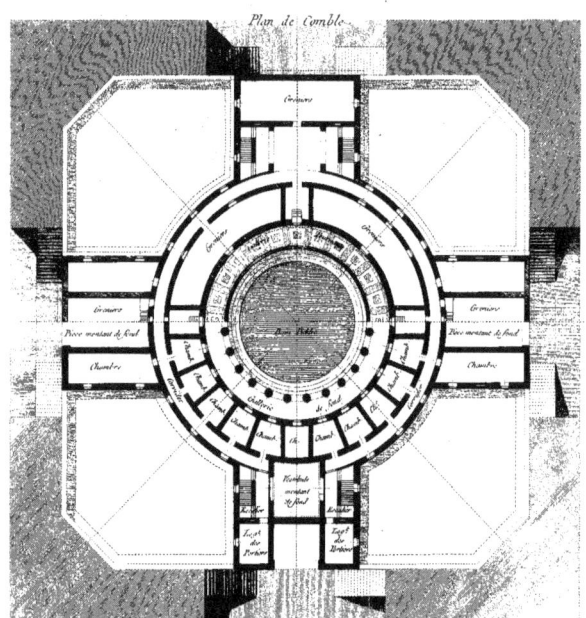

Plan d'entre-sol

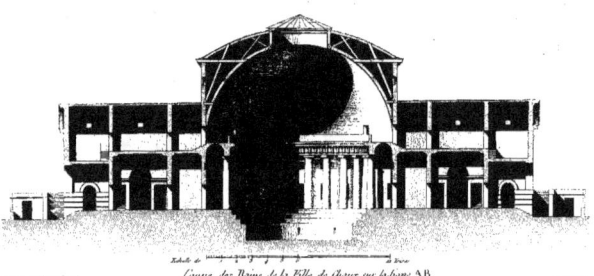

Coupe des Bains de la Ville de Chaux, sur la ligne AB.

Vue perspective des Bains publics de la Ville de Chaux.

Monument destiné aux récréations.

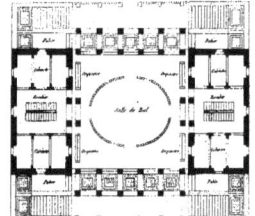

Élévation.

Plan du Premier Étage.

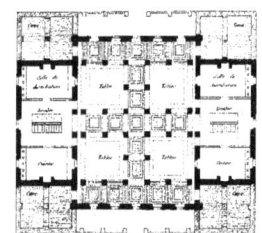

Coupe.

Plan Général.

Maison d'un employé.

Coupe.

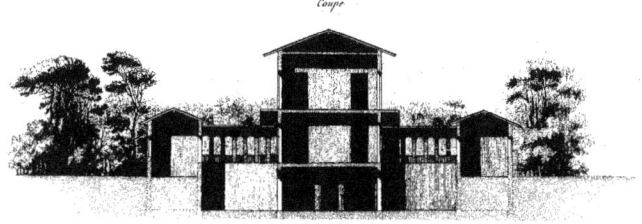

Plan des Souterrains. Plan du Rez-de-chaussée. Plan du Premier Étage.

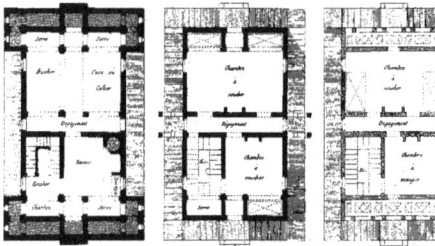

Élévation.

85

Maison d'un Caissier.
Vue Perspective.

Plan du Rez de Chaussée

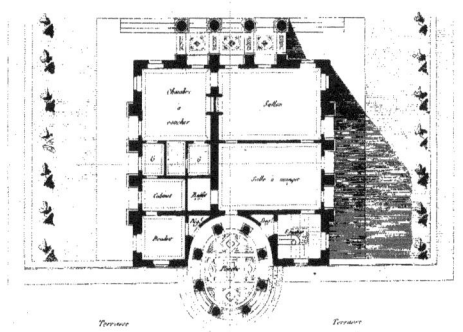

86

Elevation

Fragments des Propylées de Paris.

Plan

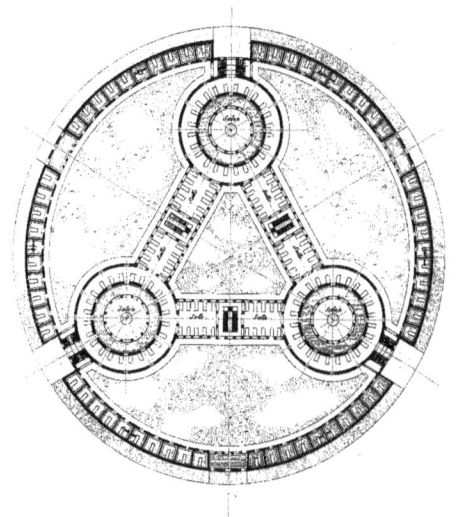

Coupe

Attelier des ouvriers destinés à la fabrication
des Cercles, placé au centre de quatre Routes.

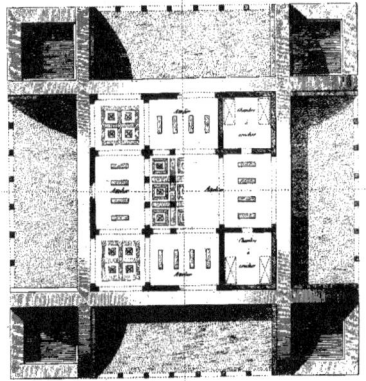

Plan du Rez-de-Chaussée.   Plan du Premier.

Coupe.

Vue perspective de la Cénobie

Cénobie.

Plan du Rez-de-Chaussée

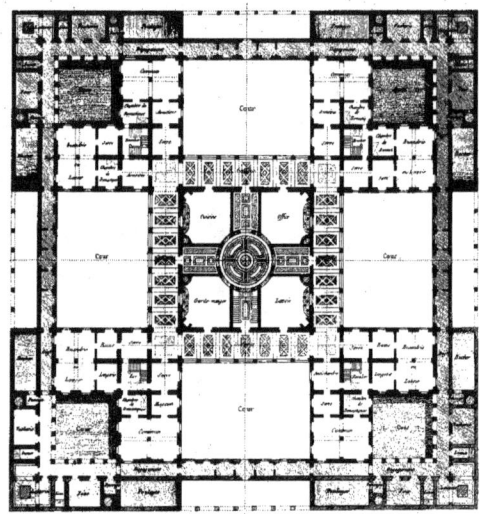

Plan du Premier Étage

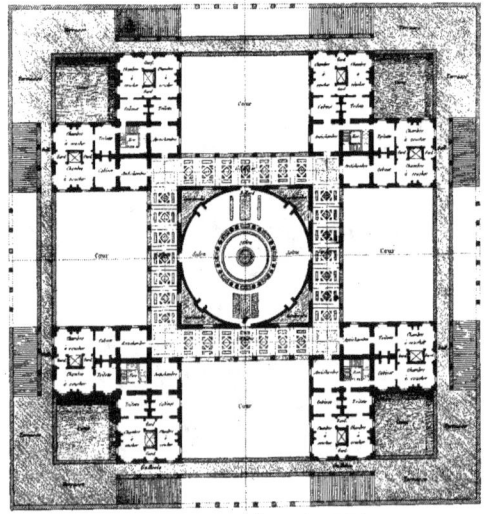

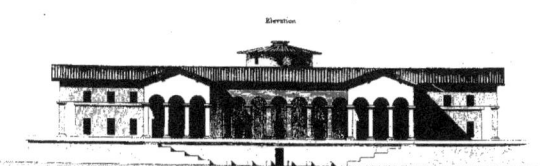

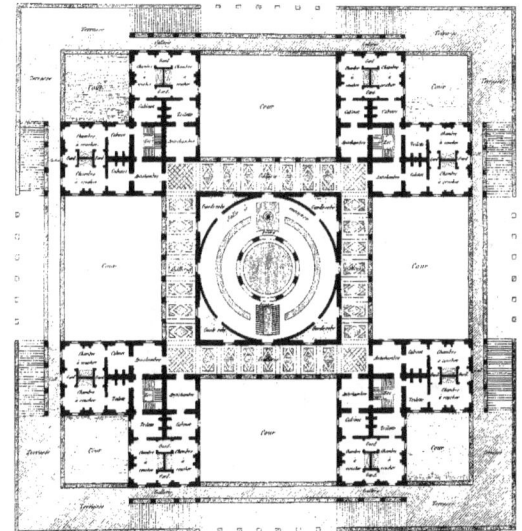

Panarèthéeon.

Vue Perspective

Rez-de-Chaussée

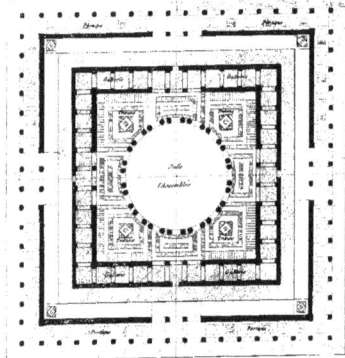

Premier Étage

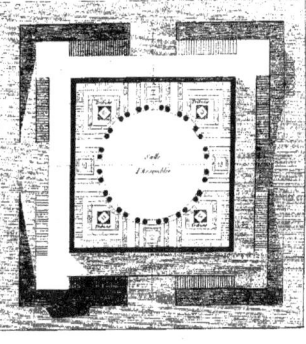

Coupe

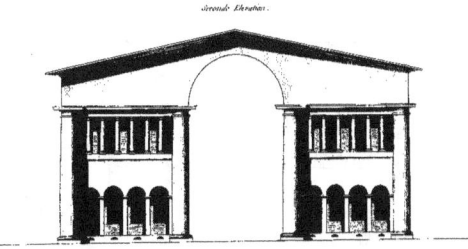

Maison d'une M.de de Modes.

Seconde Élévation.

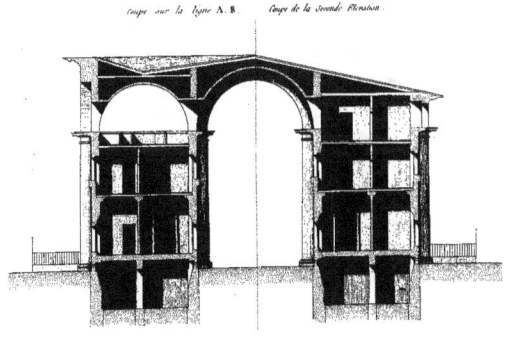

Coupe sur la ligne A.B. Coupe de la Seconde Élévation.

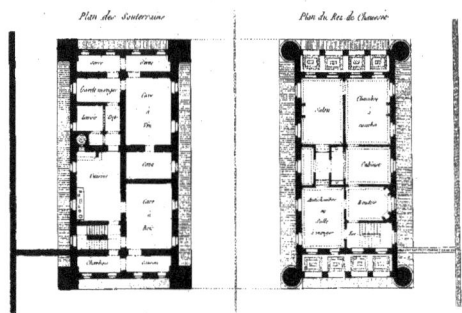

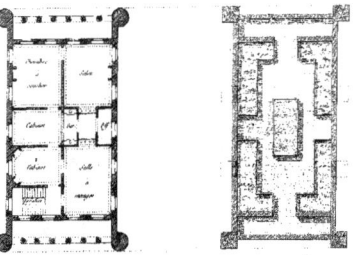

Vues Perspectives

Le Doux Architecte du Roi Gravé par Van Maele

Batiment destiné aux Gardes de la forêt.

Plan du Premier Etage

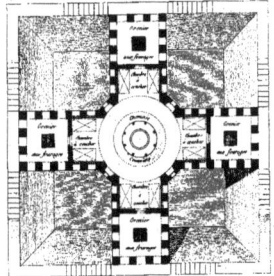

Coupe

Elevation

Plan du Rez-de-Chaussée

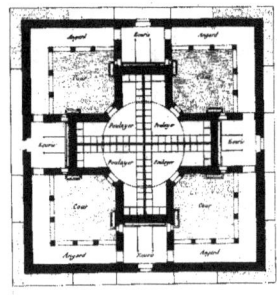

Maison de Campagne.
Vue Perspective.

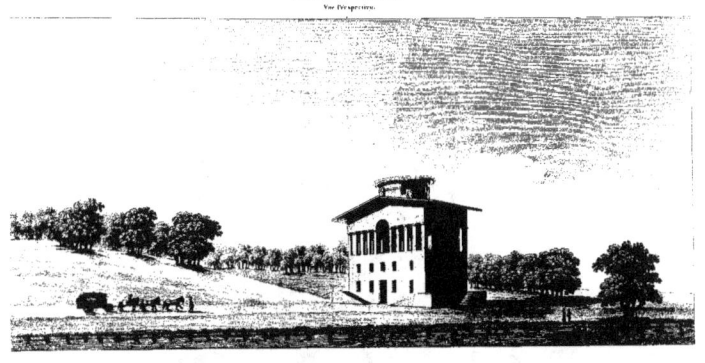

Elevation   Coupe

Troisième Etage   Second Etage

 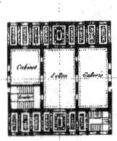

Entresol   Rez-de-Chaussée

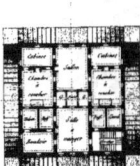 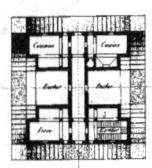

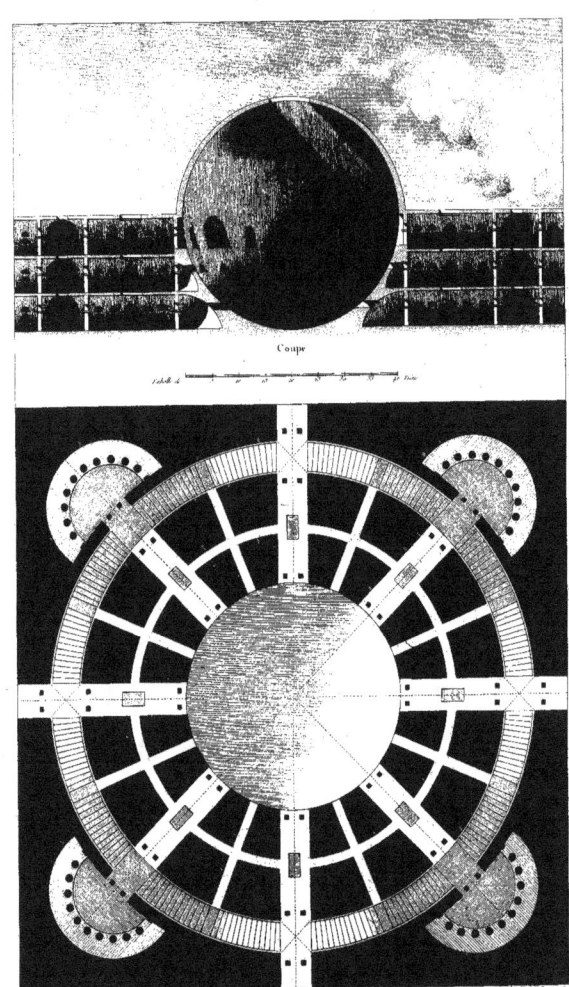

Plan du Cimetière de la Ville de Chaux

ÉLÉVATION DU CIMETIÈRE DE LA VILLE DE CHAUX.

Maison des Bucherons gardes de la Forest

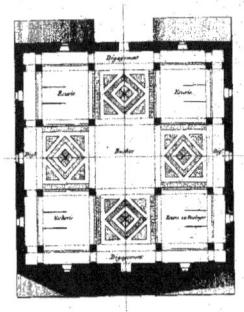

Souterrain

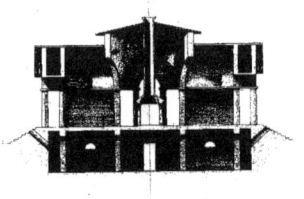

Coupe

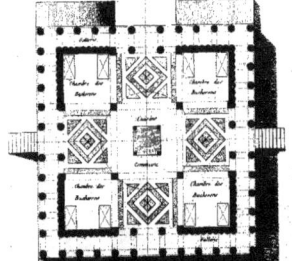

Rez-de-Chaussée

Vues Perspectives de la Maison des Bucherons.

VUE PERSPECTIVE.

OIKÈMA.
Fragment d'un Monument Grec.

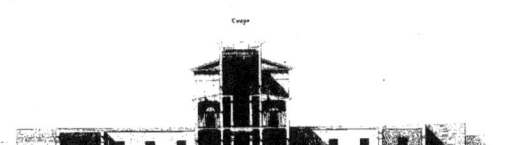

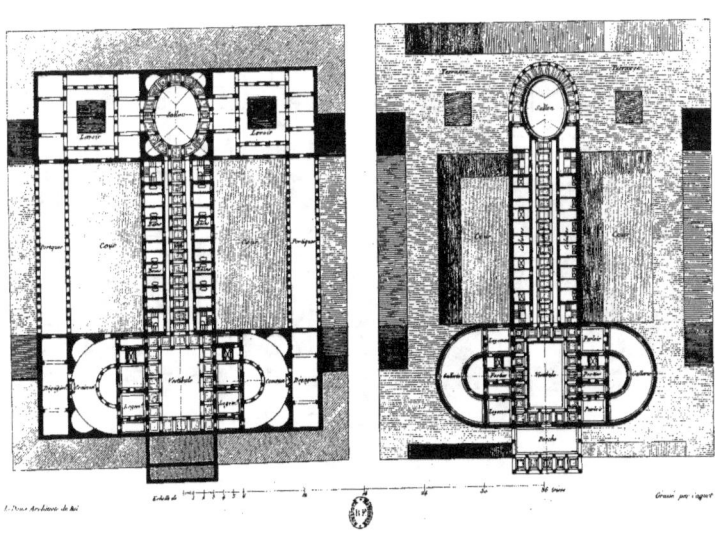

Maison d'Éducation

Entresol

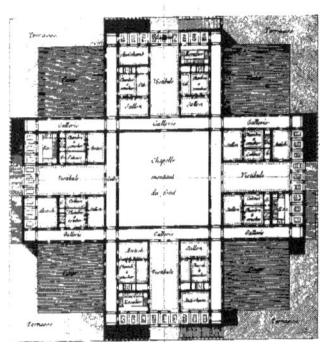

Second étage

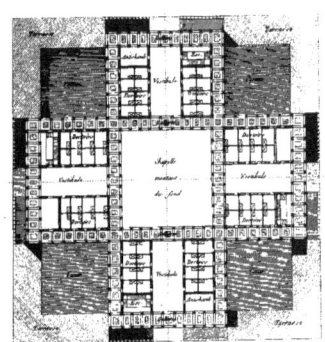

Premier étage

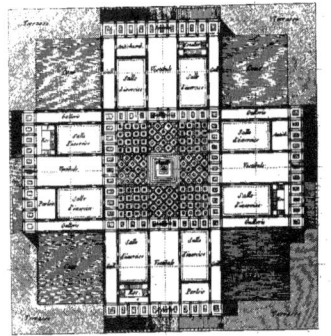

Rez-de-Chaussée

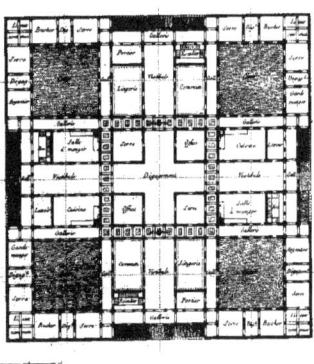

Maison d'Education.

Elévation.

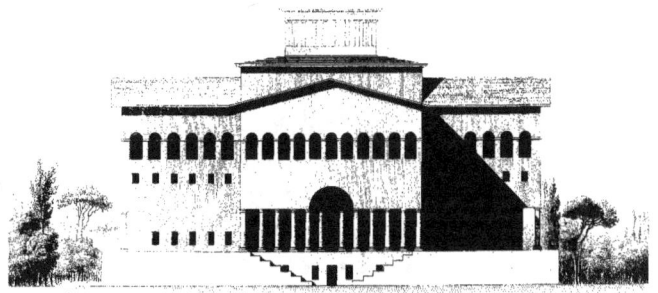

Coupe.

Vue Perspective

Maison de Campagne.

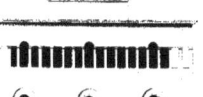

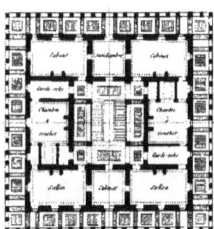

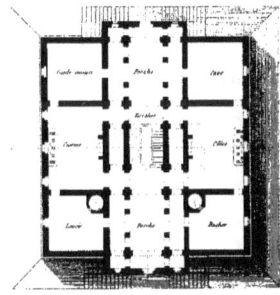
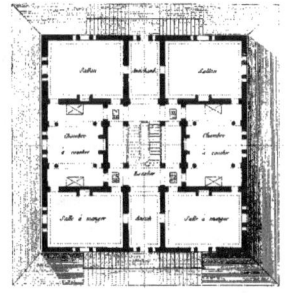

Attelier des Charbonniers,
placé au centre de quatre Routes.
Elevation.

Premier Etage.

Coupe.

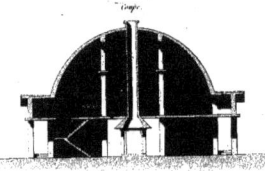

Plan du Rez-de-Chaussée.

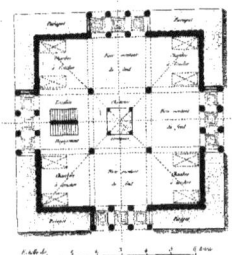

Retour de chasse.

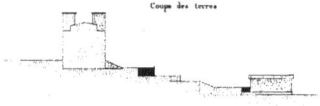

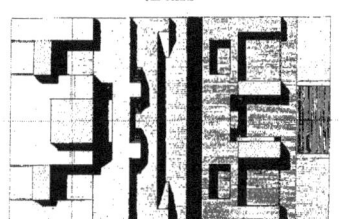

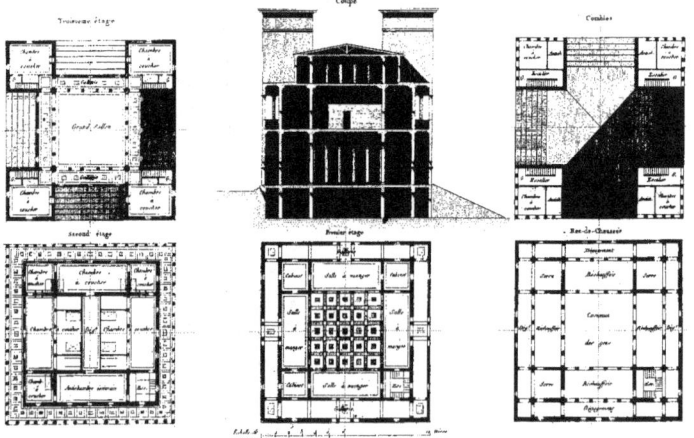

Maison de Jeux.

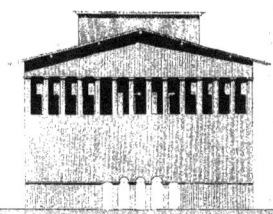
Élévation.

Coupe.

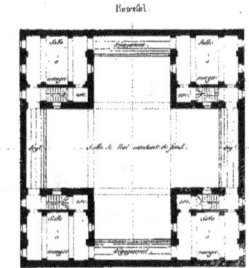
Entresol.

Premier Étage.

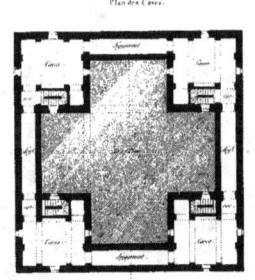
Plan des Caves.

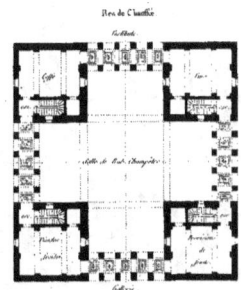
Rez de Chaussée.

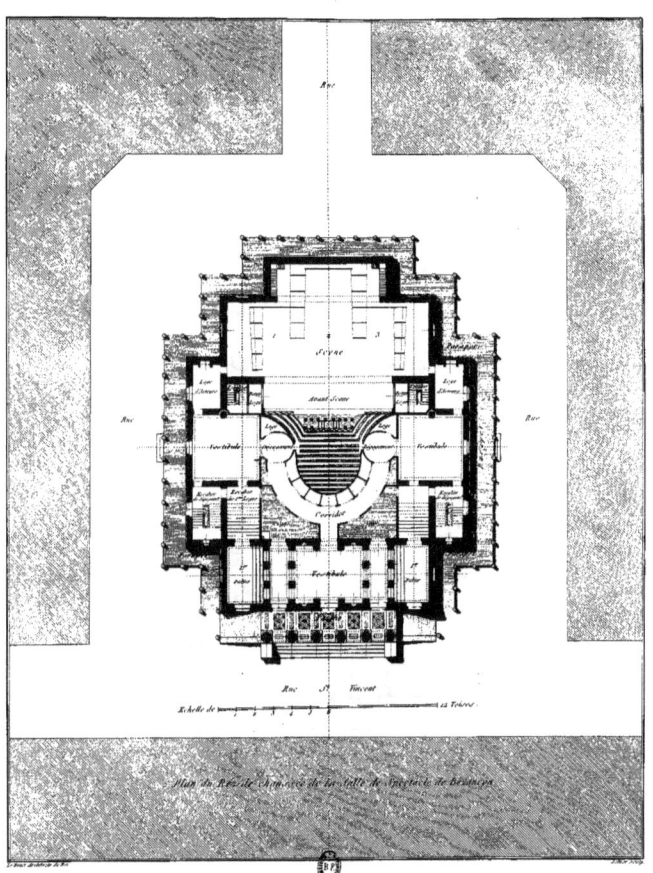

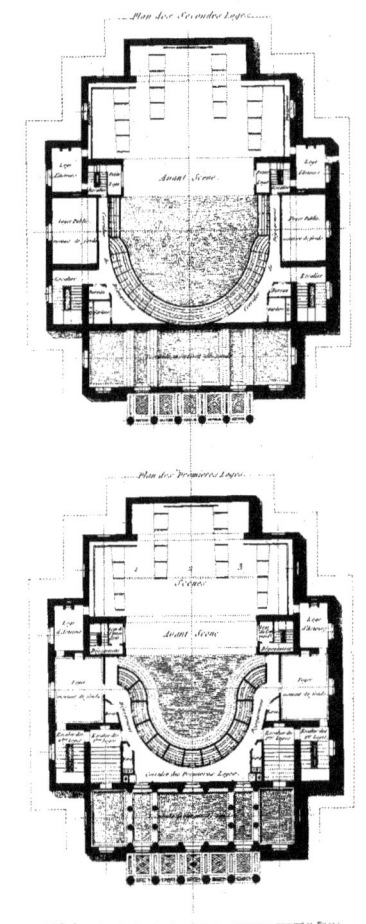

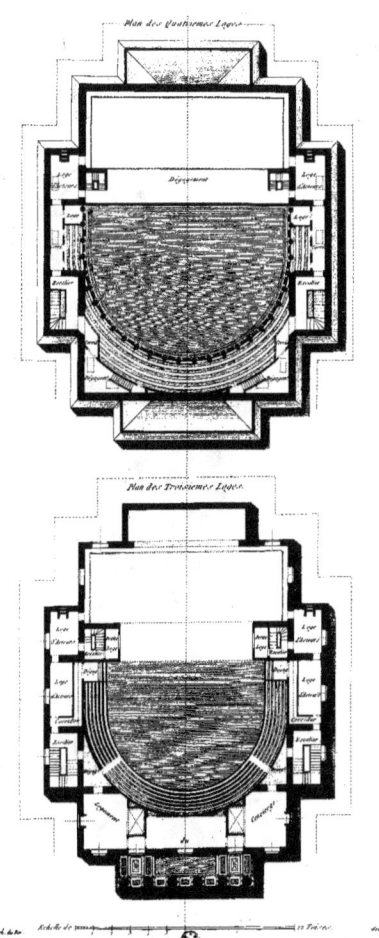

VUE PERSPECTIVE DE LA SALLE DE SPECTACLE DE BESANÇON

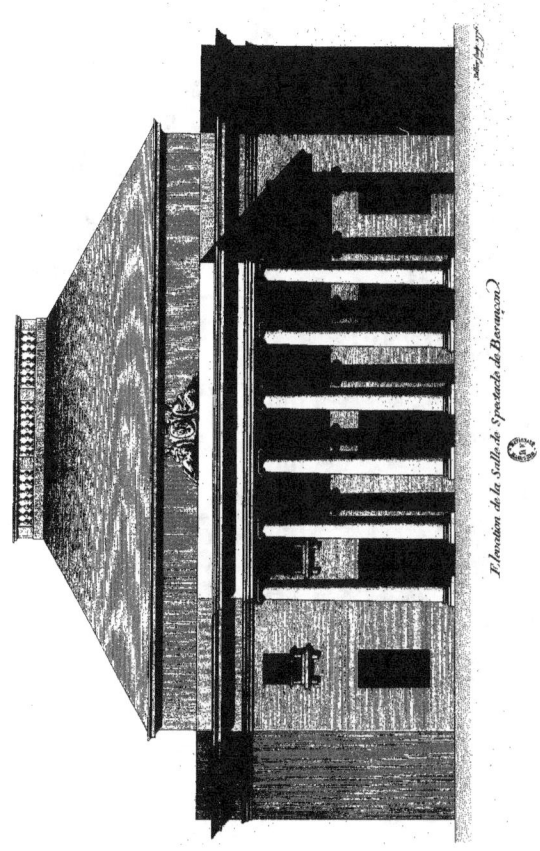

Elevation de la Salle de Spectacle de Besançon.

Coupe de la Salle de Spectacle de Besançon, prise sur la Ligne A.B.

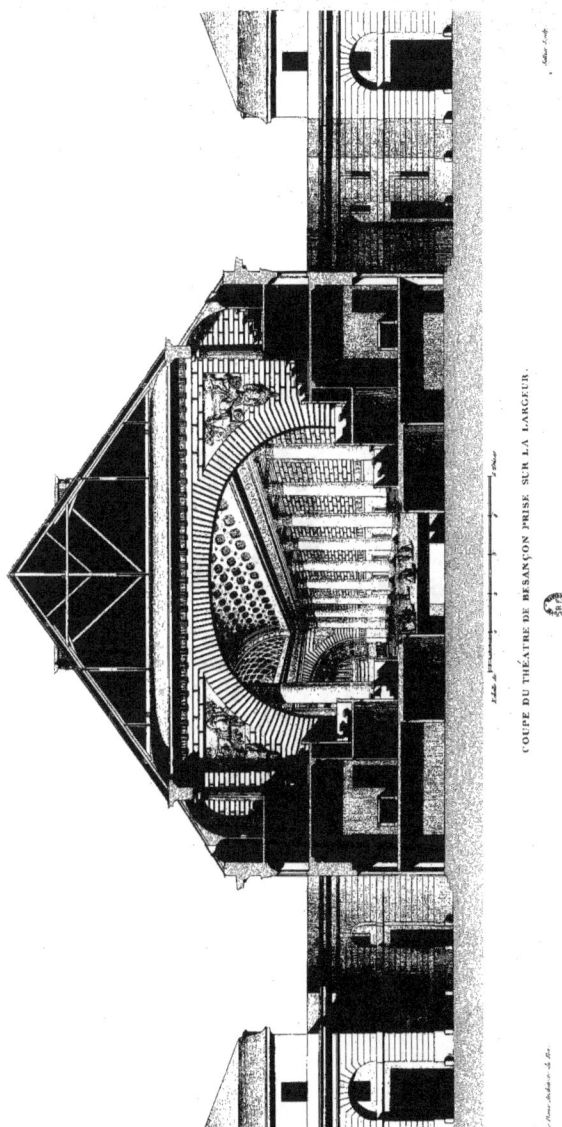

COUPE DU THÉATRE DE BESANÇON PRISE SUR LA LARGEUR.

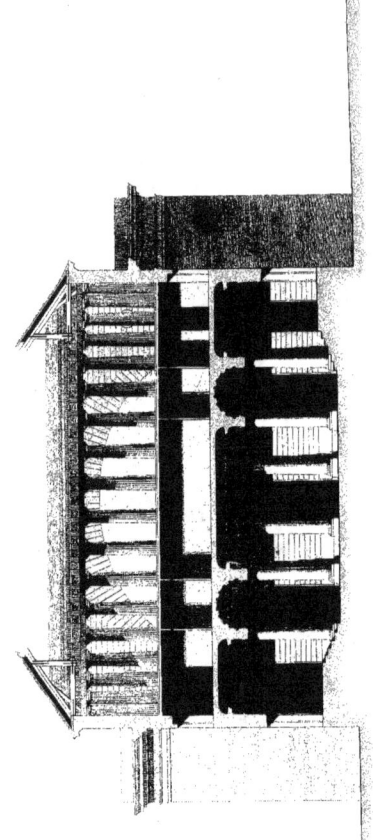

COUPE DU VESTIBULE.

Coupe en face du Théâtre

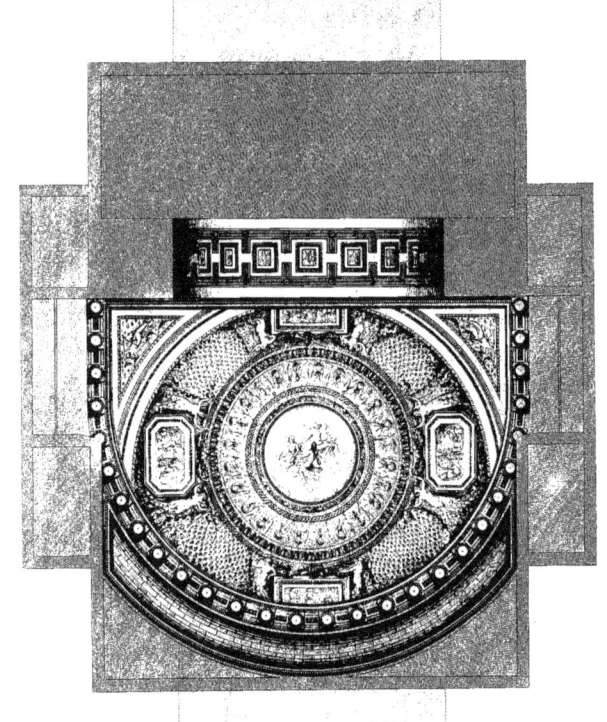

Plafond du Théatre de Besançon.

Maison de Campagne.

Élévation

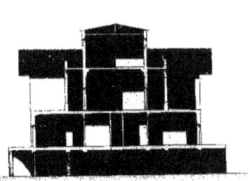
Coupe

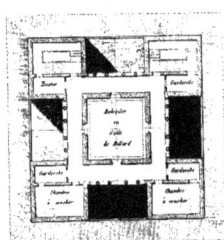
Plan du Second

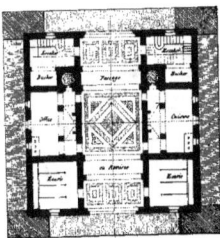
Plan du Rez de Chaussée

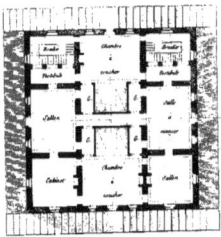
Plan du Premier Étage

Plan Général d'une Forge à Canons

Coupe

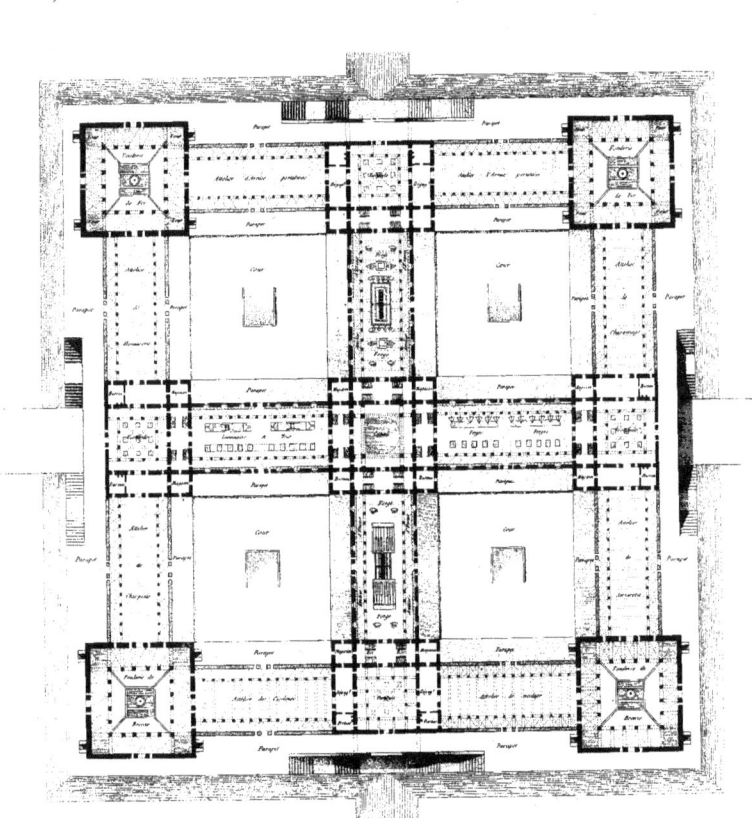

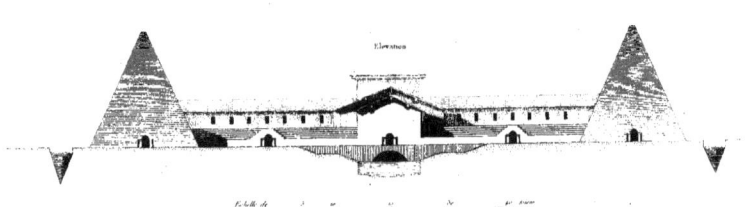

Elevation

VUE PERSPECTIVE DE LA FORGE.

Propylées de Paris situées en face de la rue de Chartres.

Plan du premier étage.

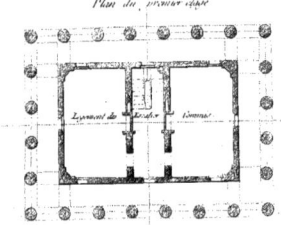

Plan du Rez-de-chaussée.

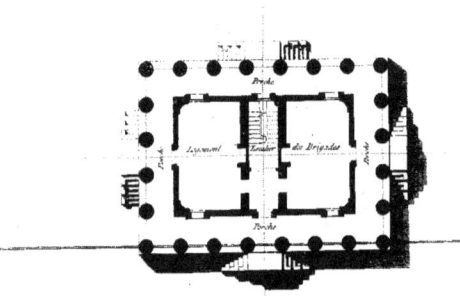

Plan des Caves.

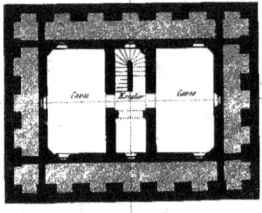

Propylées de Paris situées en face de la rue de Chartres.

Elevation de face.

Coupe.

Elévation Laterale.

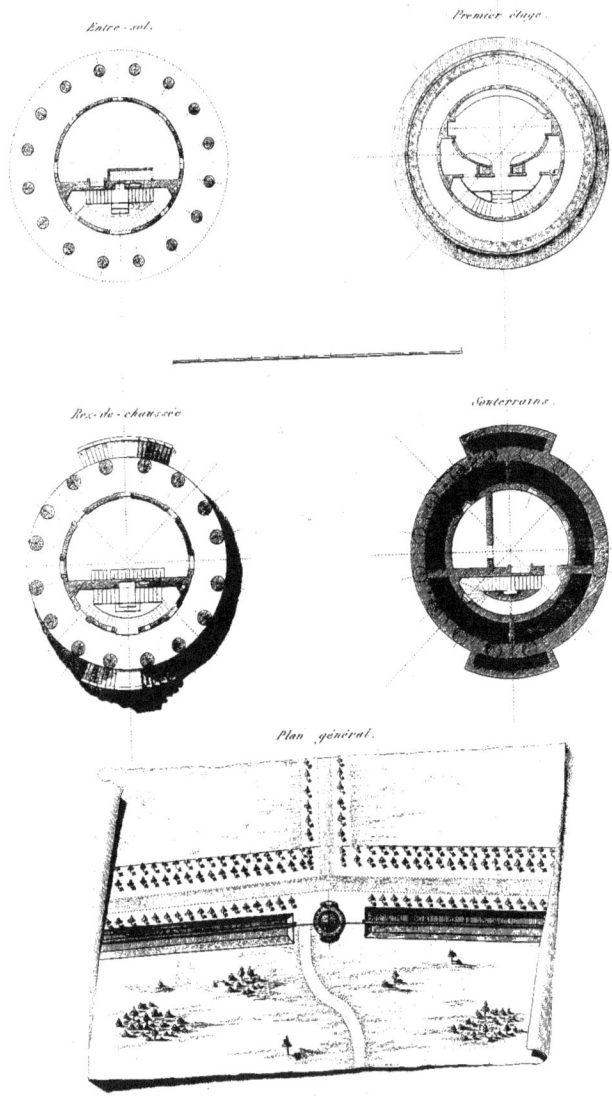

Propylées de Paris, situé dans la plaine de Monceaux

Elevation

Echelle de

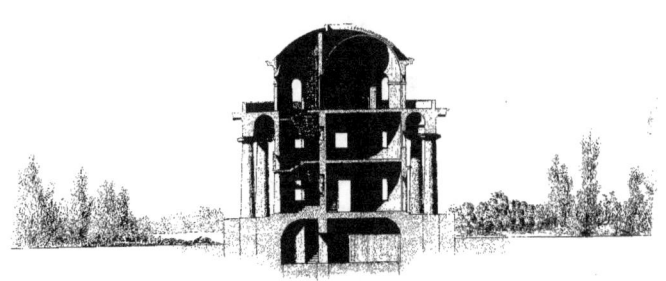

Coupe

Fragments des Propylées de Paris, chemin de St. Denis.
Premier Projet.

Élévations Latérales.

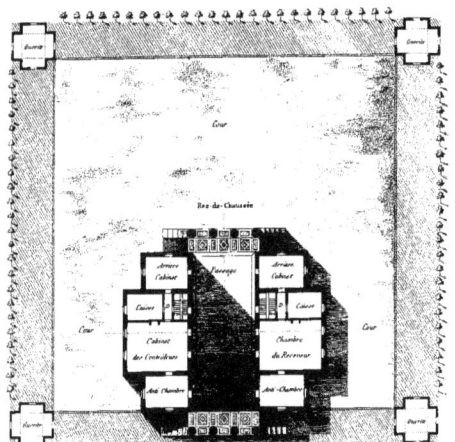

Élévation principale.

Propylées de Paris située entre la rue Dubuisson St Louis et le Chemin de St Laurent à Belleville.

Plan de Lattique.

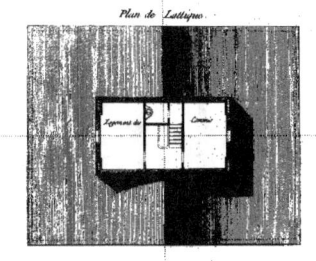

Plan du 1.er Etage.

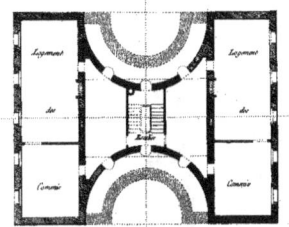

Plan du Rez-de-Chaussée.

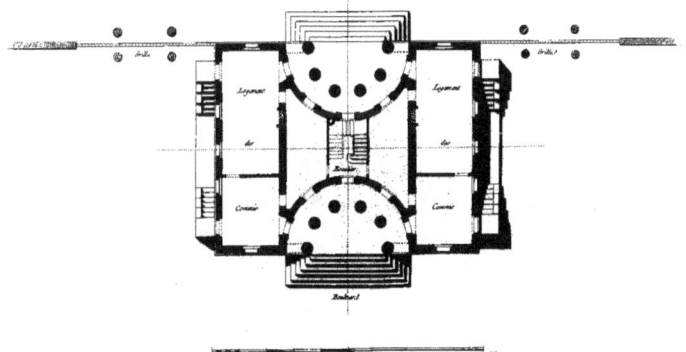

Propylées de Paris située Entre la rue Dubuasson s.t Louis et le chemin de S.t Laurent à Belleville.

Coupe.

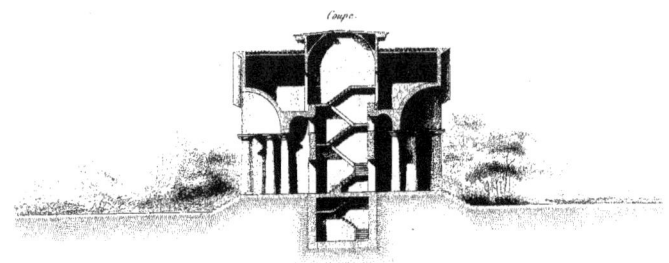

Elevation principale

Elevation Laterale

Propylées de Paris situées sur le Chemin des trois Couronnes

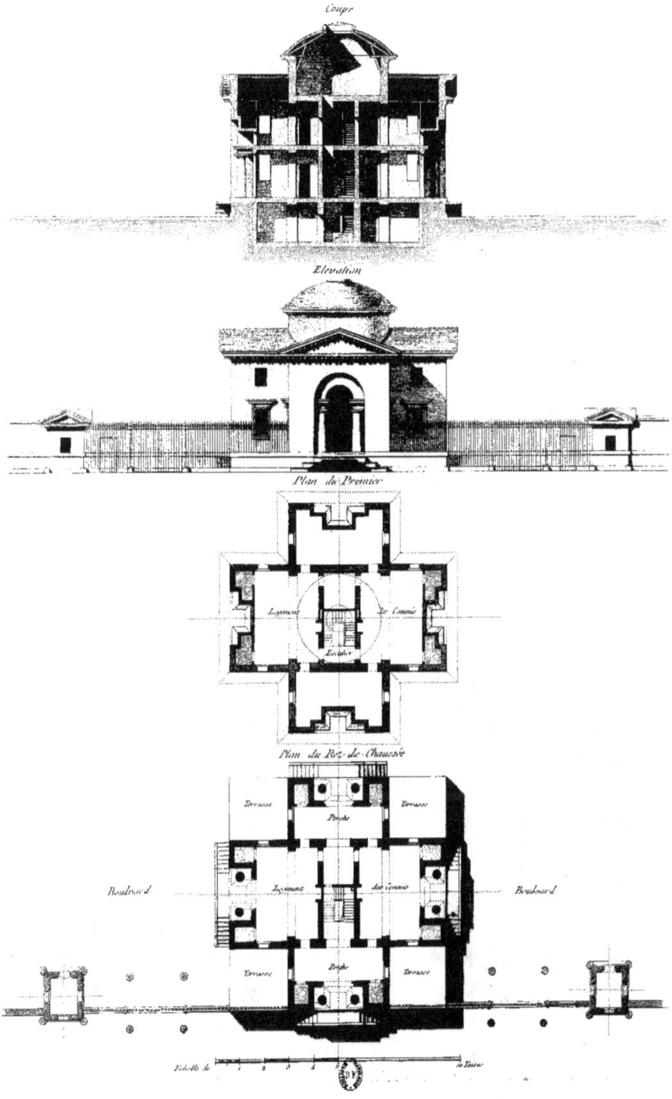

Coupe

Elévation

Plan du Premier

Plan du Rez-de-Chaussée

134

Propylées de la Ville de Paris
Situées sur le Chemin de Ronde de S.t André ou la Rue aux Ours

Elevation Laterale

Coupe   Elevation

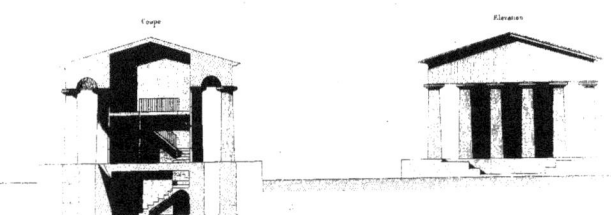

Plan du Premier Etage

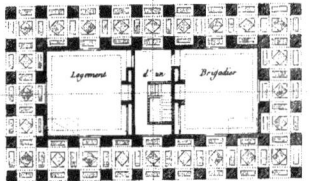

Plan des Souterrains   Plan du Rez-de-Chaussée

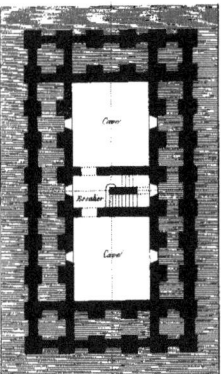 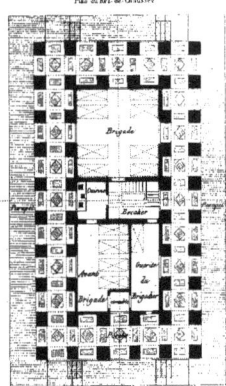

Echelle de

Le Doux Architecte du Roi   Gravé par Van Maëlle

Propylées de Paris situé en face de la rue de Picpus.

Plan du Rez-de-chaussée.

Plan du premier étage.

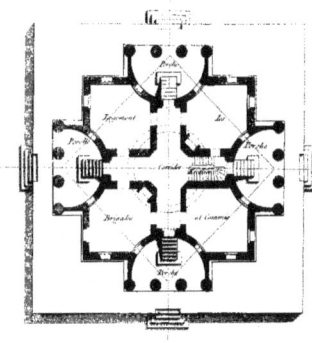
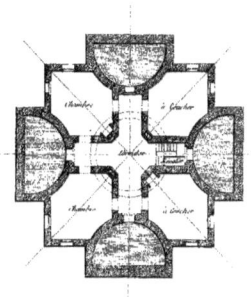

Plan du Souterrain.

Plan des Combles.

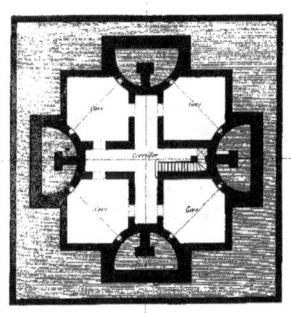
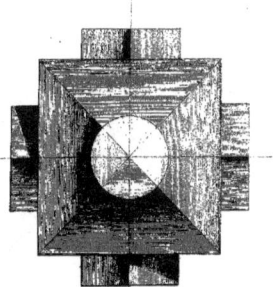

Propylées de Paris situé en face de la rue Picpus.

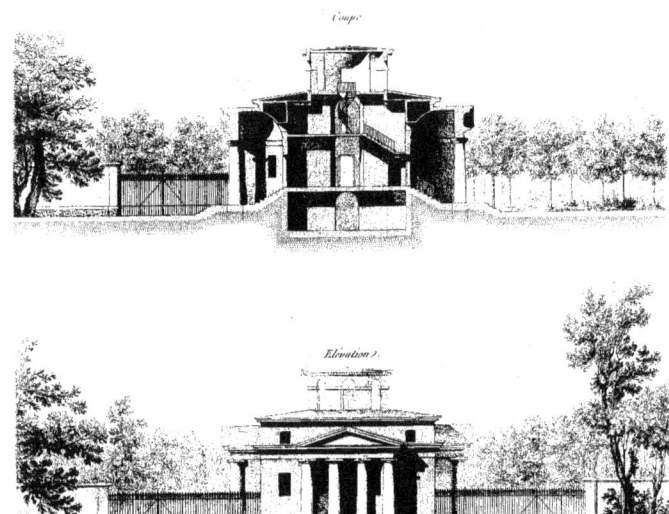

Coupe.

Élévation.

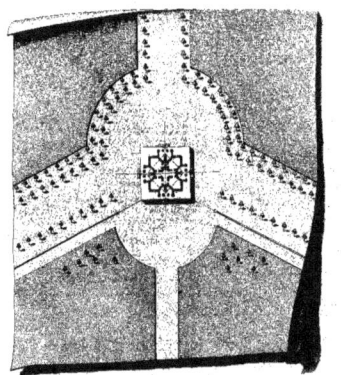

Plan Général.

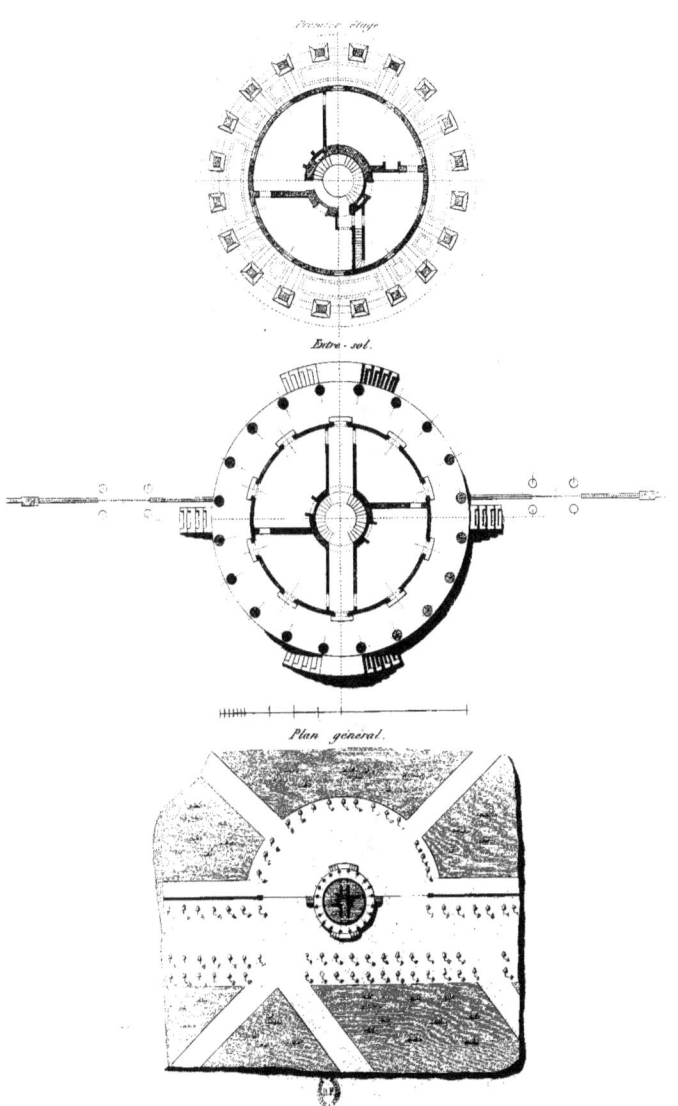

Propylées de paris situées sur le chemin de Reuilly.

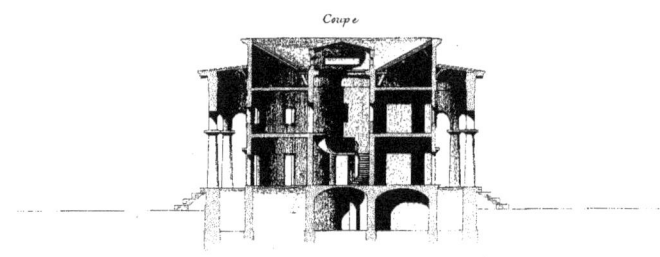

Coupe

Elevation

Fragments des Propylées.
Patache de la Rapée.
Vue Perspective

Élévation

Coupe

Élévation Latérale

Plan

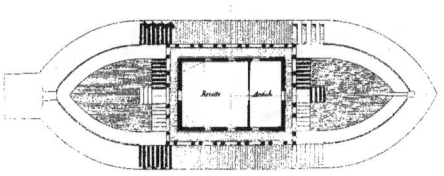

140

Propylées de Paris, situées sur le Chemin d'Ivry.
Vue Perspective.

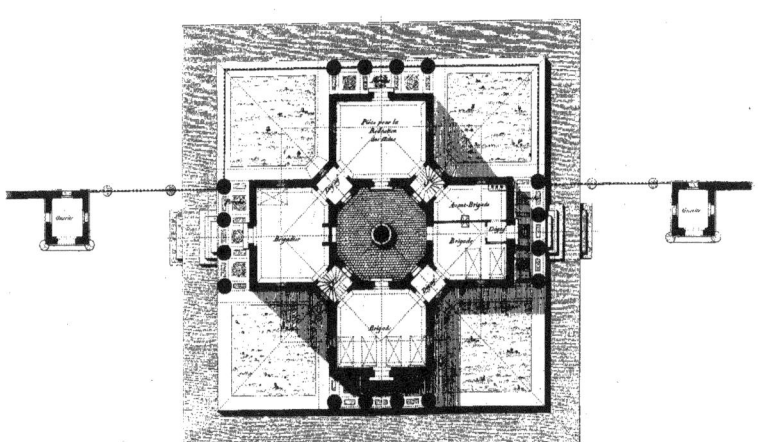

Plan du Réz-de-Chaussée.

Propylées de la Ville de Paris.
Situées sur le chemin d'Ivry.

Coupe.

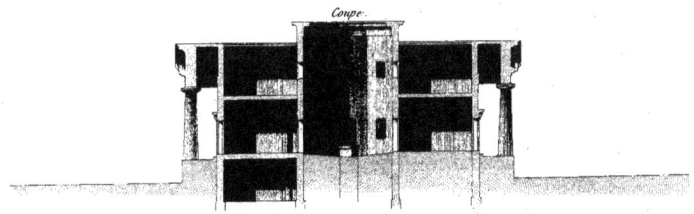

Elevation.

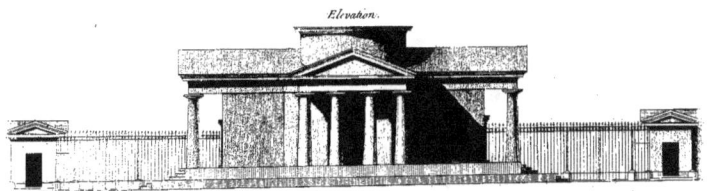

Plan general.

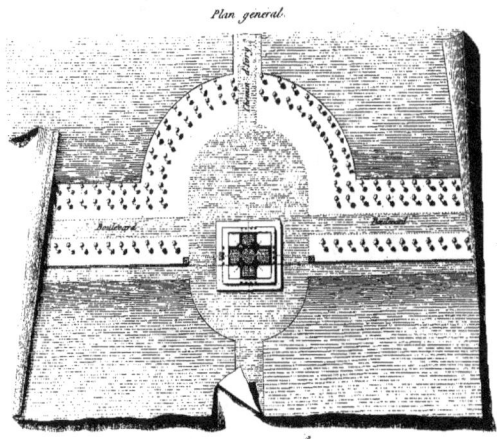

Propylées de Paris, situé sur le Chemin de la Glacière.

Plan du 1.er Etage.

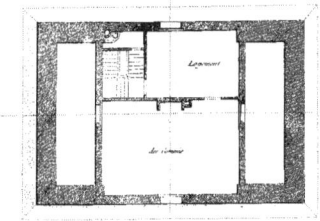

Plan du Rez-de-chaussé.

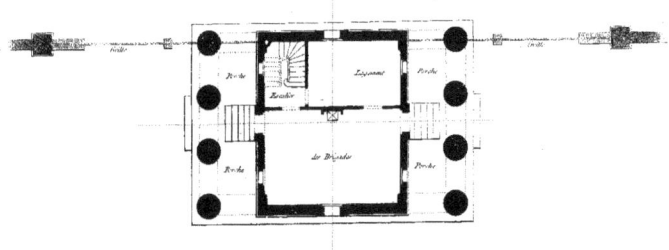

Plan des Caves.

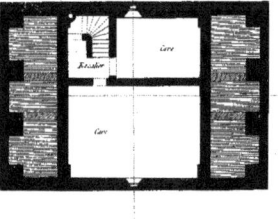

Propylées de Paris situé sur le chemin de la Glacière.

Coupe.

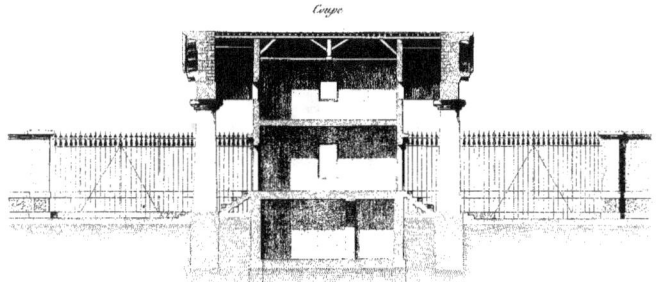

Elévation de face.

Elévation latérale.

Fragments des Propylées de Paris, situés sur le chemin de Ste Hypolite
Vue Perspective.

Plan Général

Lahure Architecte du Roi.

Propylées de Paris, situées sur le chemin de S.t Hypolite ou des Groseillers.

Elévation

Plan du Rez de Chaussée

Coupe

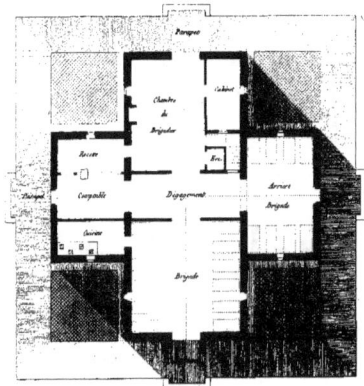

Propylées de Paris, situés sur le Chemin de la Santé.

Élévation

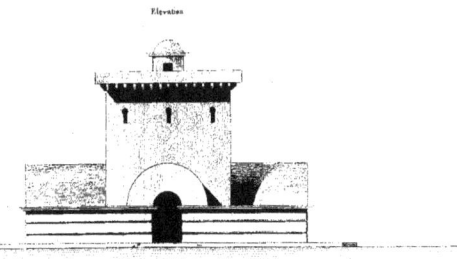

Rez-de-Chaussée

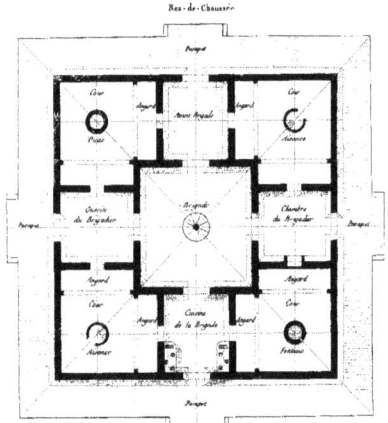

Coupe

Fragments des Propylées de Paris, situés sur le chemin de Vaugirard
Vue Perspective

Plan Général

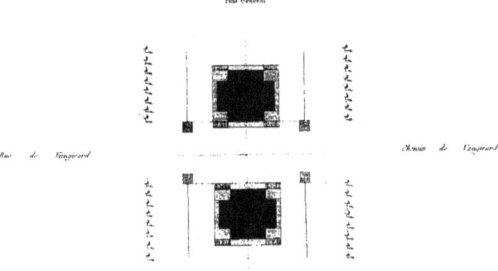

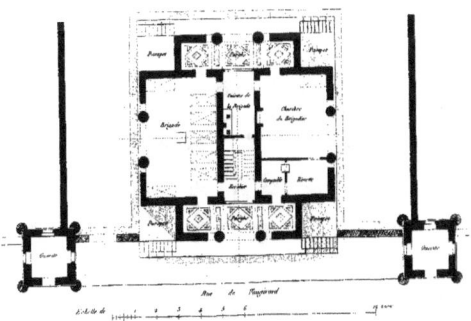

Fragments des Propylées
Situés sur le chemin en face de l'École Militaire

Vue Perspective

Plan du Rez-de-Chaussée

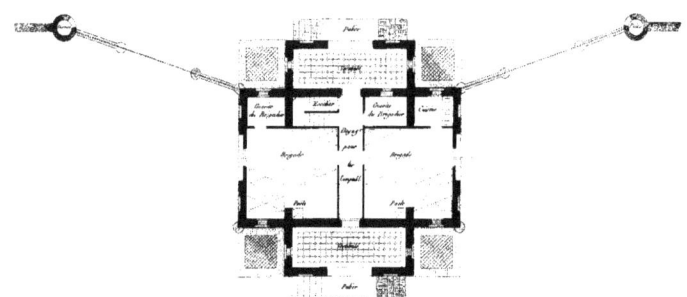

Élévation

Propylées de Paris situés sur le Chemin de Chaillot vis-à-vis le réservoir.

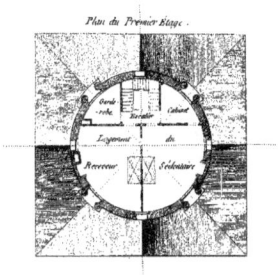

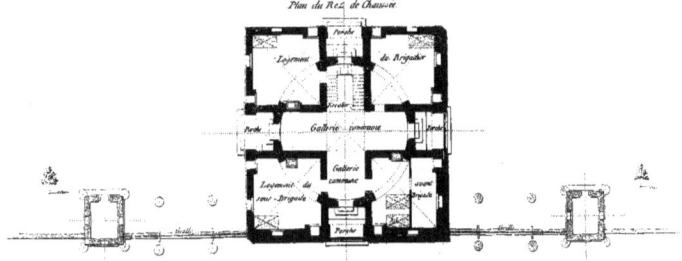

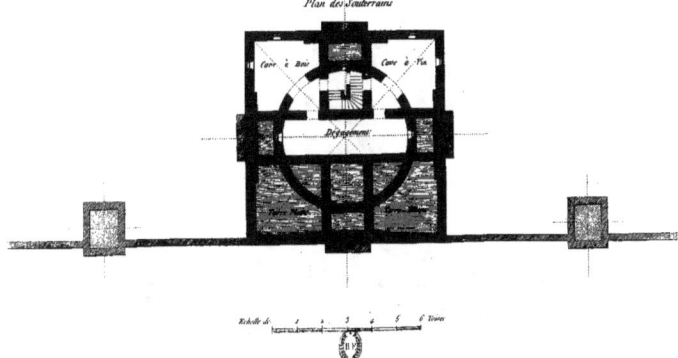

Propylées de Paris situés sur le Chemin de Chaillot vis-à-vis le réservoir.

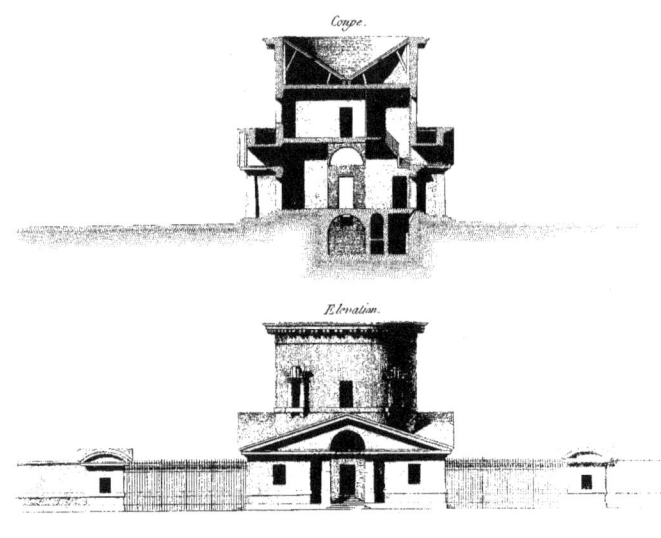

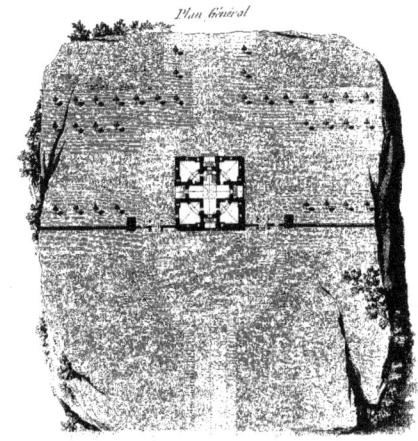

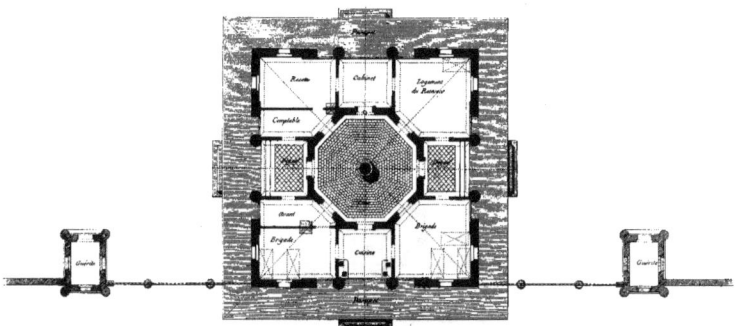

Propylées de Paris
Situés sur le chemin des Carrières

Plan du Rez-de-Chaussée

Vue Perspective

Propylées de Paris
situés sur le Chemin des Carrières

Coupe

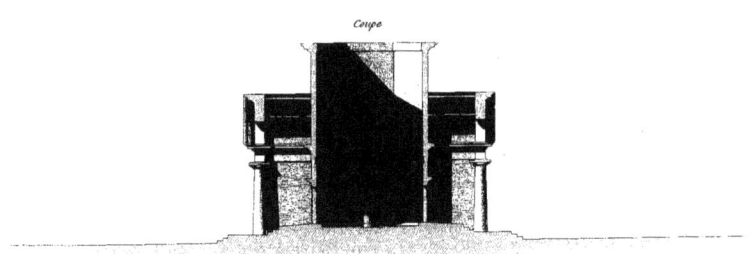

Echelle de

Elévation

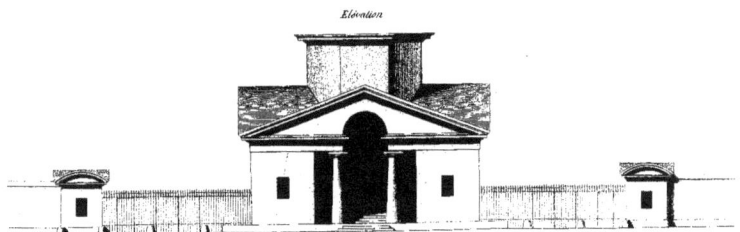

153

Plan du Second Étage.

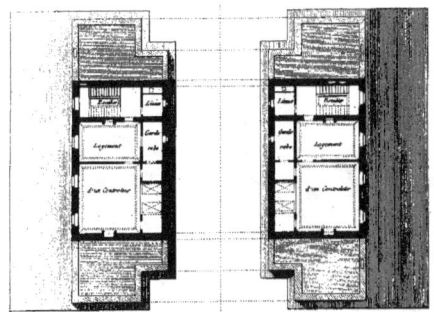
Plan du Premier Étage.

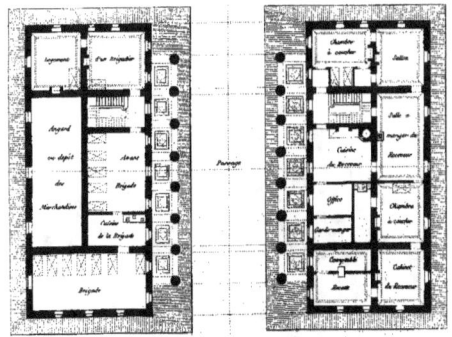
Plan du Rez-de-Chaussée.

Fragments des Propylées.
Vue Perspective.

Coupe.

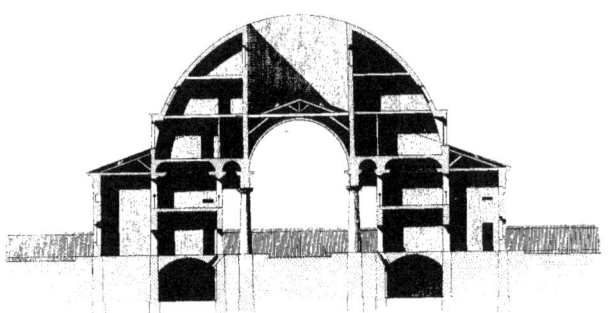

Élévation.

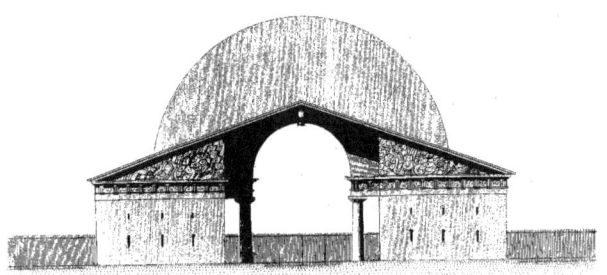

Fragments des Propylées de Paris.

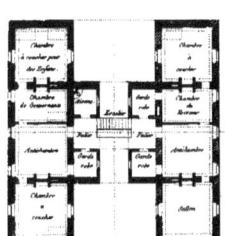

Entresol.

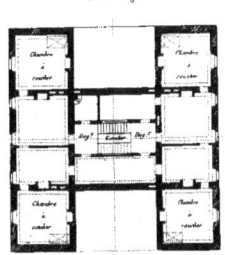

Premier Étage.

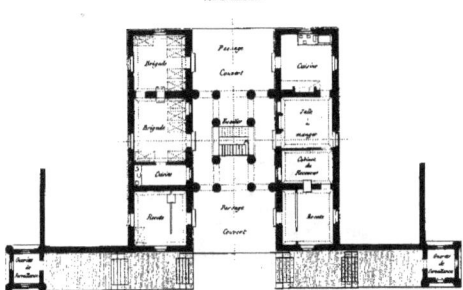

Rez-de-Chaussée.

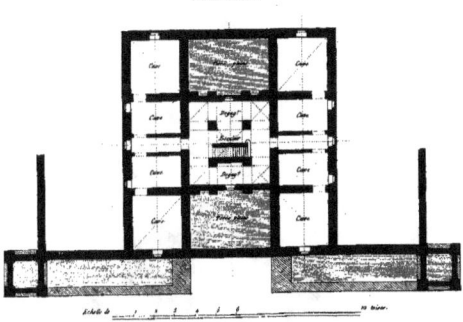

Plan des Souterrains.

Propylées de Paris.

Élévation.

Coupe.

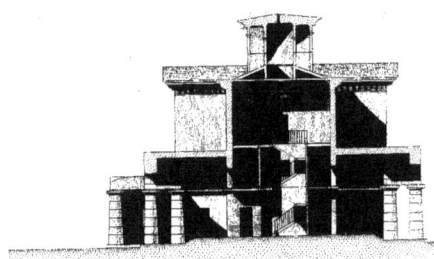

Vue Perspective.

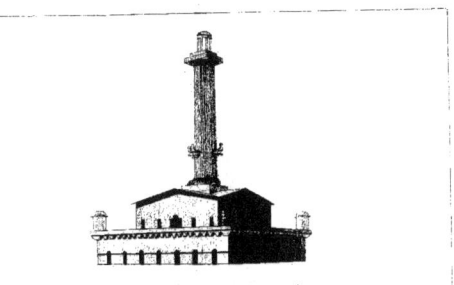

Propylées de Paris.
Vue Perspective

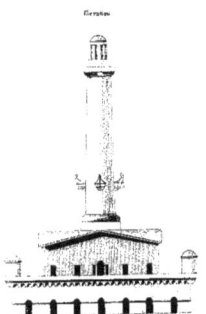

Elevation

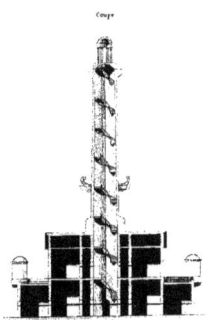

Coupe

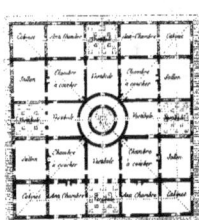

Rez-de-Chaussée

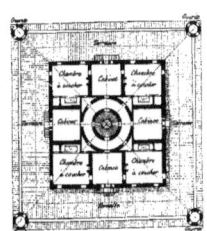

Premier Etage

Fragments des Propylées de Paris.

Élévation principale.

Plan du Rez de Chaussée.

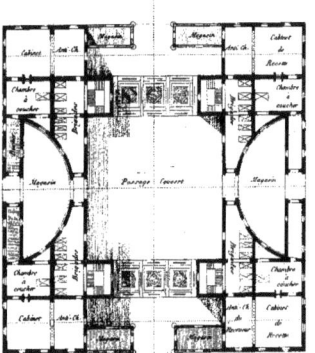

Élévation Latérale.

Fragments des Propylées de Paris.

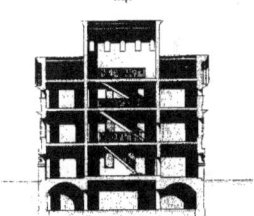
Coupe.

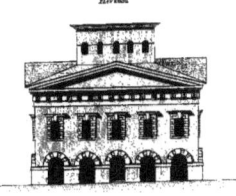
Élévation.

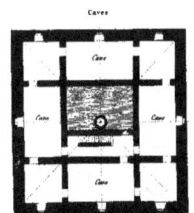
Caves.

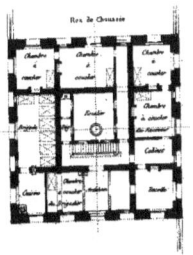
Rez de Chaussée.

Fragments des Propylées de Paris

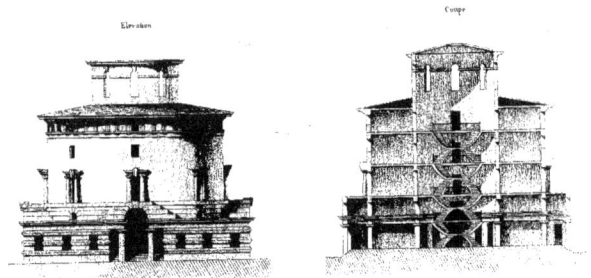

Élévation   Coupe

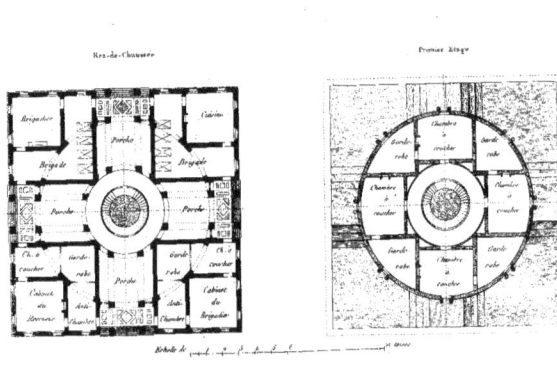

Rez-de-Chaussée   Premier Étage

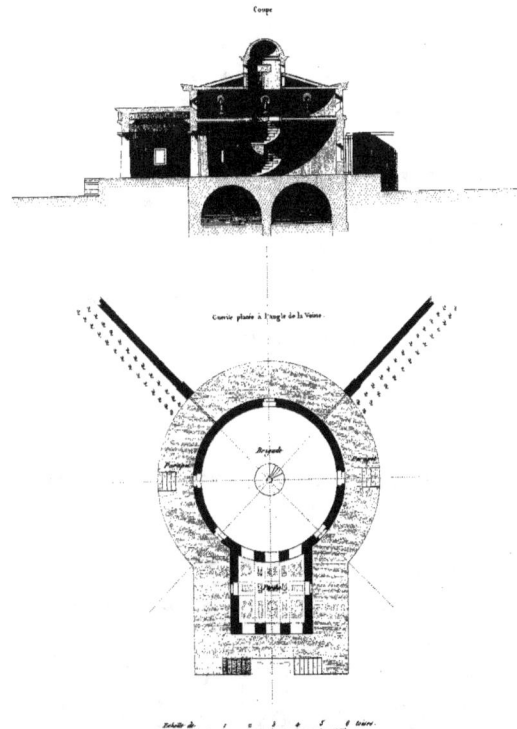

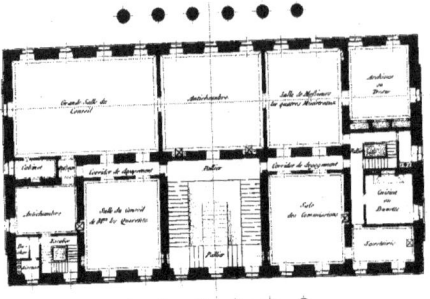

Plan du Premier Etage de l'Hotel de Ville de Neuchatel.

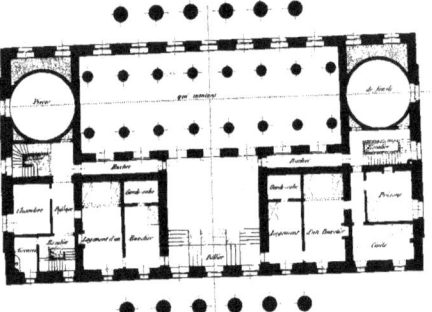

Plan du Premier Entre-sol, côté de l'entrée.

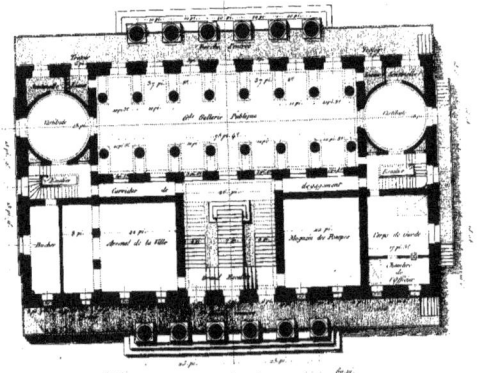

Plan du Rez-de-Chaussée de l'Hotel de Ville de Neuchatel.

PLAN DES COMBLES, COTÉ DU COUCHANT.

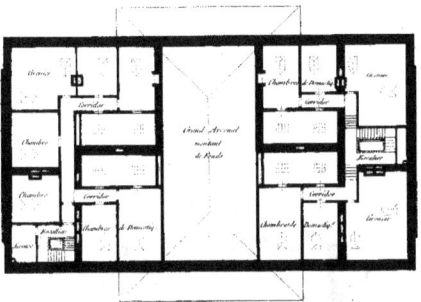

PLAN DU DEUXIÈME ÉTAGE, DE L'HOTEL DE VILLE DE NEUCHATEL,
Coté du Couchant.

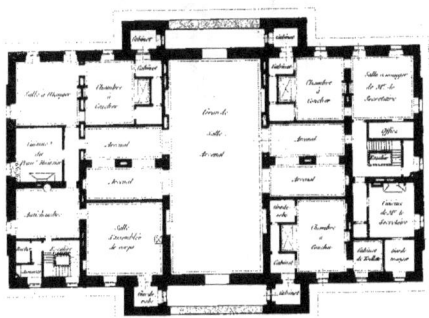

PLAN DU DEUXIÈME ENTRE-SOL, COTÉ DU COUCHANT.

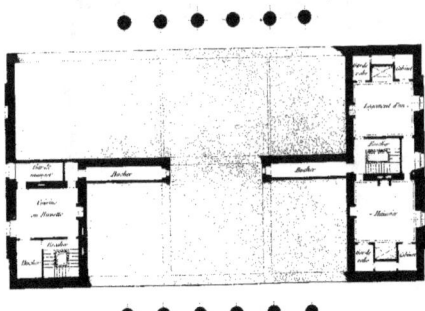

Hôtel de Ville de Neufchatel

Coupe

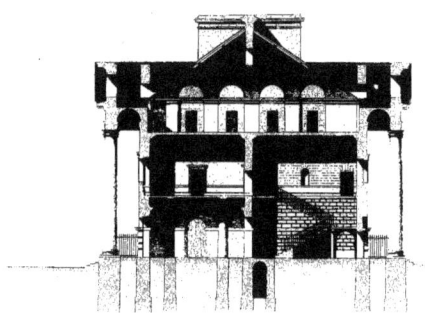

Elevation Latérale

VUE PERSPECTIVE DE L'HÔTEL DE VILLE DE NEUFCHATEL.

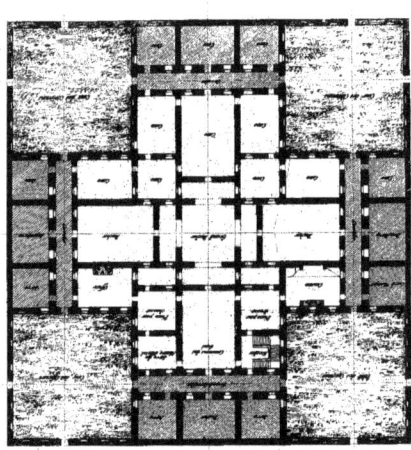

Plan des souterrains.

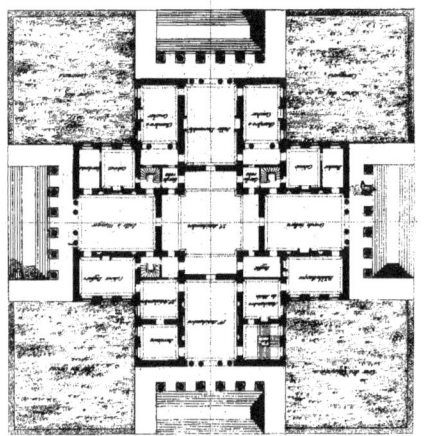

Plan du Rez-de-chaussée.

Palais du Gouverneur de la Ville d'Aix.

Palais du Gouverneur de la Ville d'Aix

Plan du Premier Étage

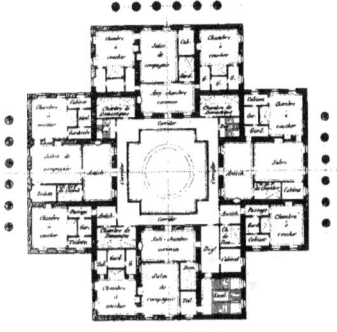

Plan Général

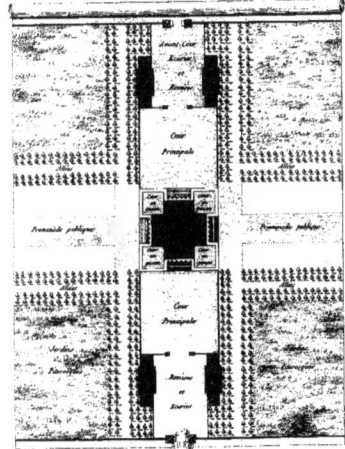

PALAIS DU GOUVERNEUR DE LA VILLE D'AIX.

Coupe

Élévation

Plan Général du Palais de Justice et Prisons de la Ville d'Aix

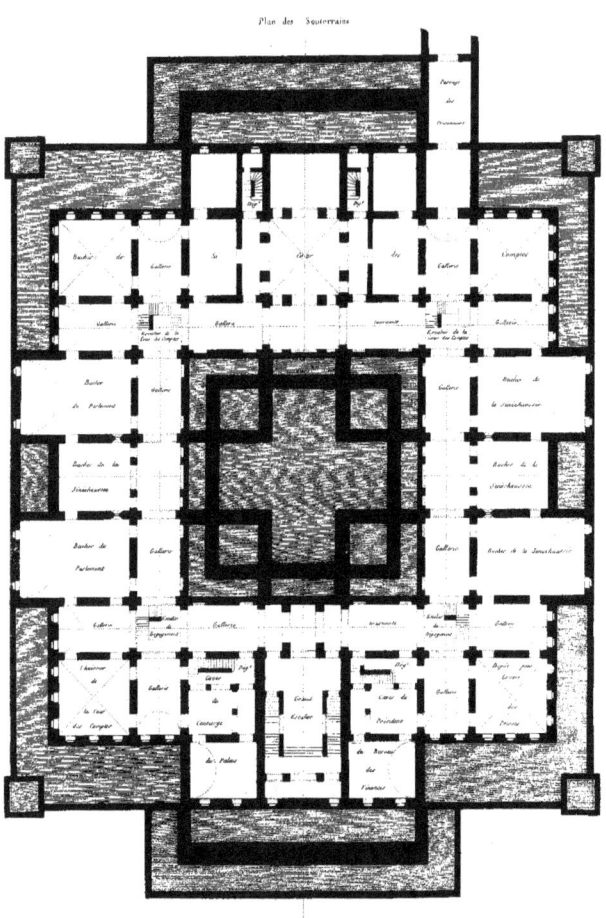

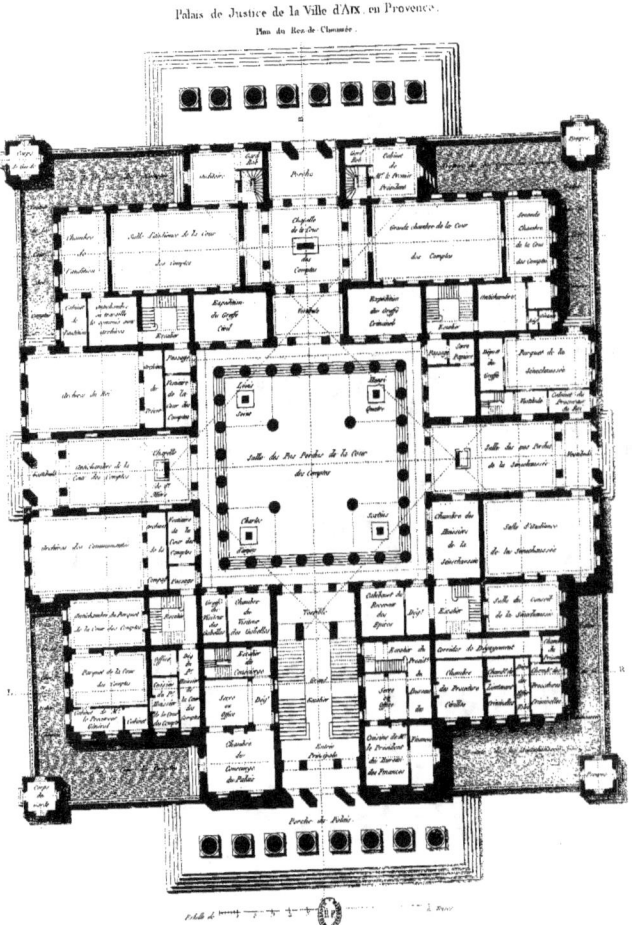

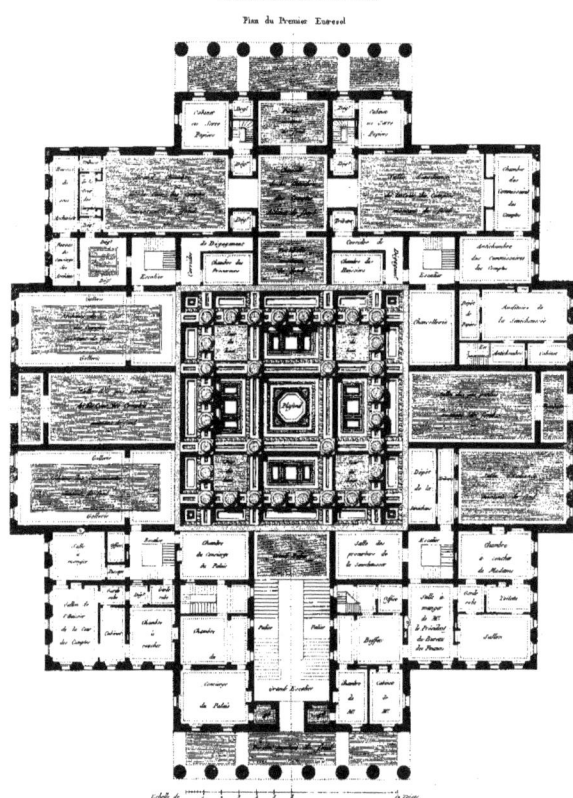

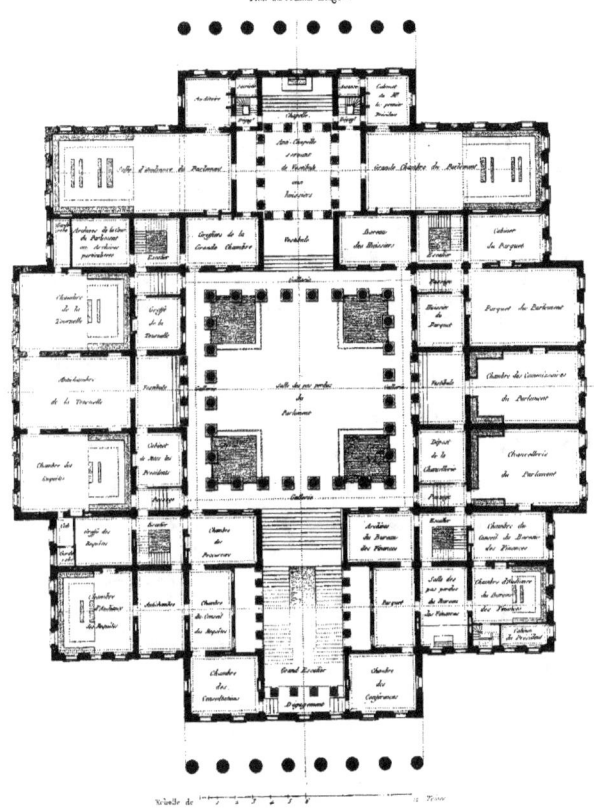

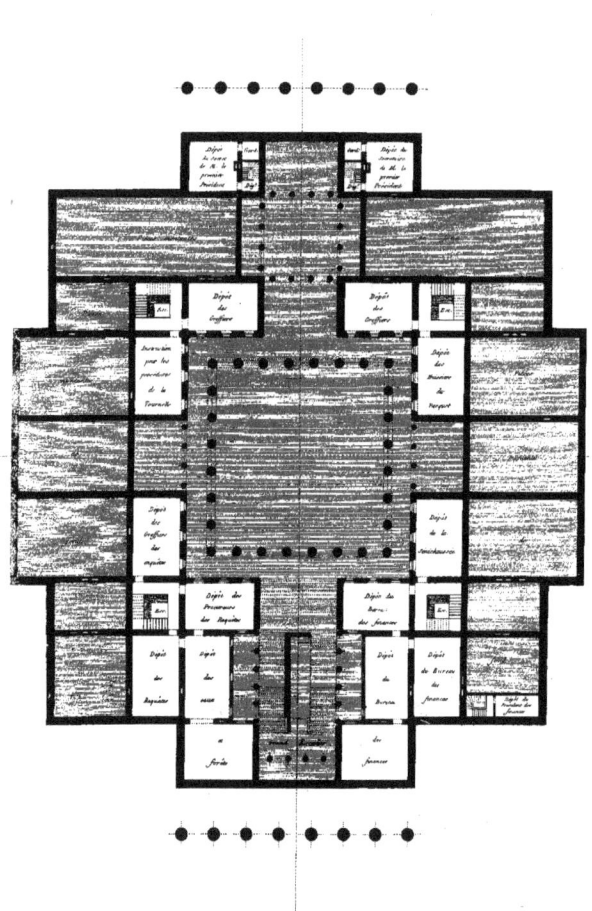

175

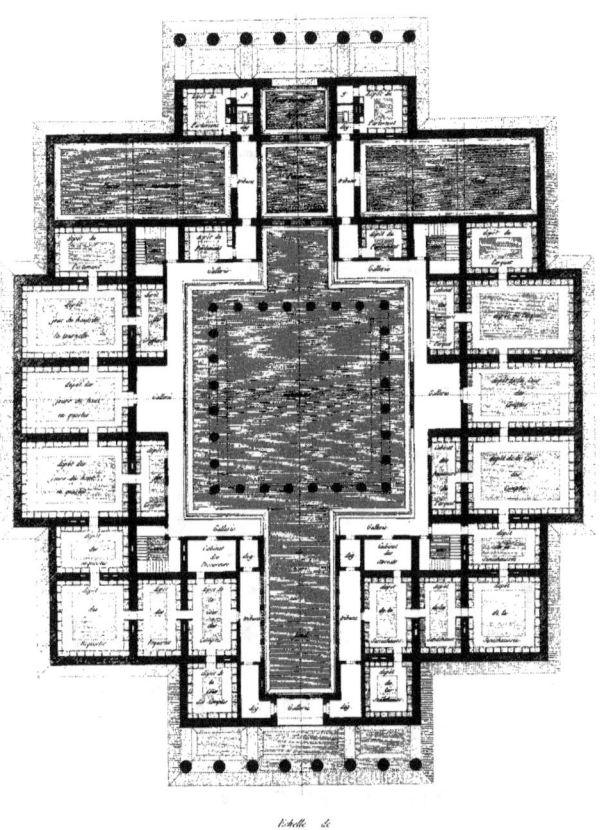

Plan du second Etage du Palais de Justice de la Ville Dais

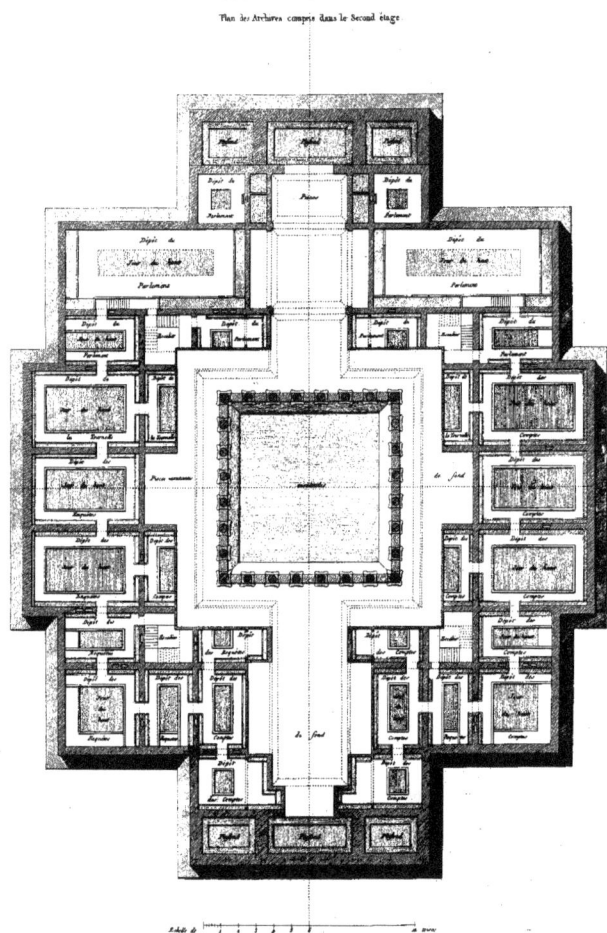

Palais de Justice de la Ville d'Aix.

Plan des Combles.

Palais de justice de la Ville d'Aix

Élévation principale

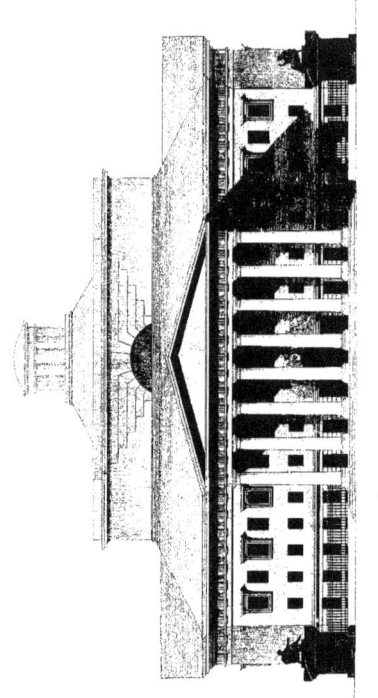

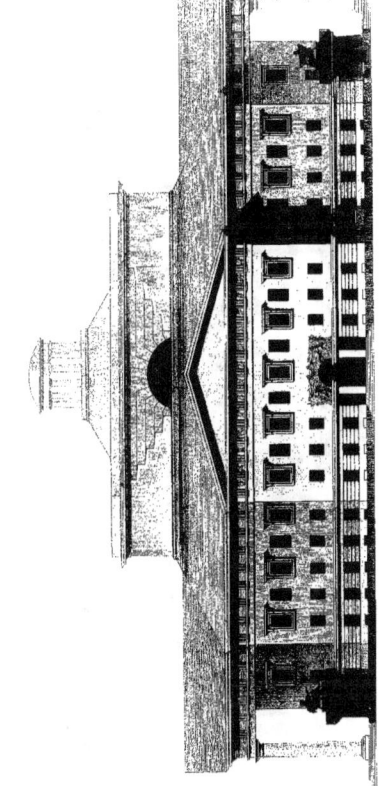

Palais de Justice de la Ville d'Aix.

Elevation Laterale

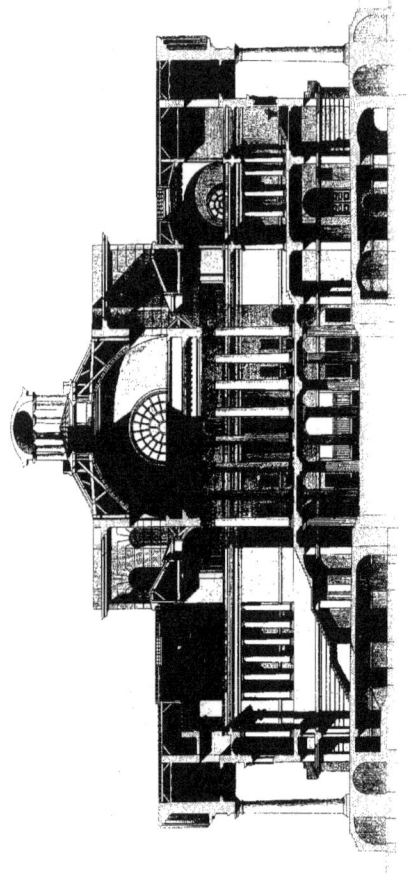

Palais de Justice de la Ville d'Aix

Coupe sur la ligne K.F.

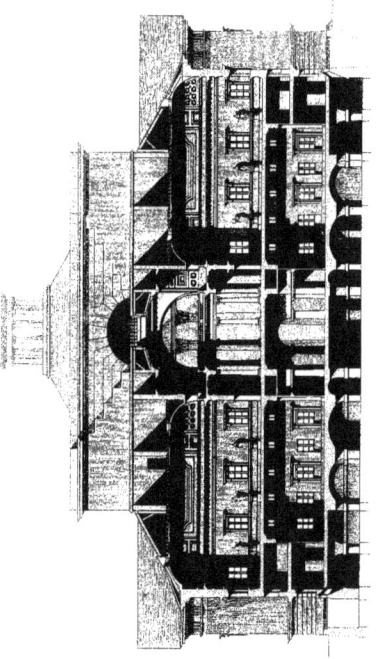

Palais de Justice de la Ville d'Aix
Coupe sur la Ligne G-H

Palais de Justice de la Ville d'Aix

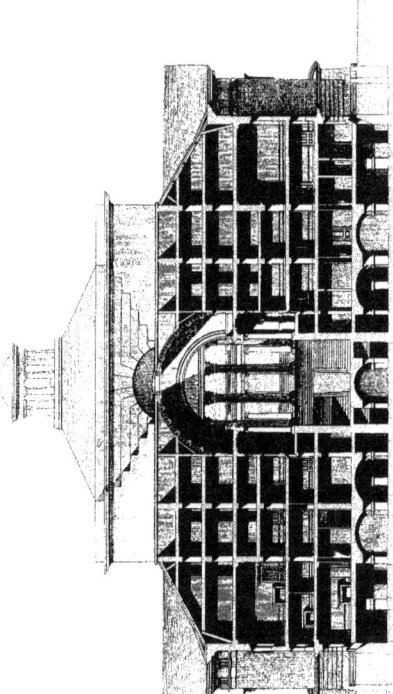

Palais de Justice de la Ville d'Aix
Coupe sur la ligne A B

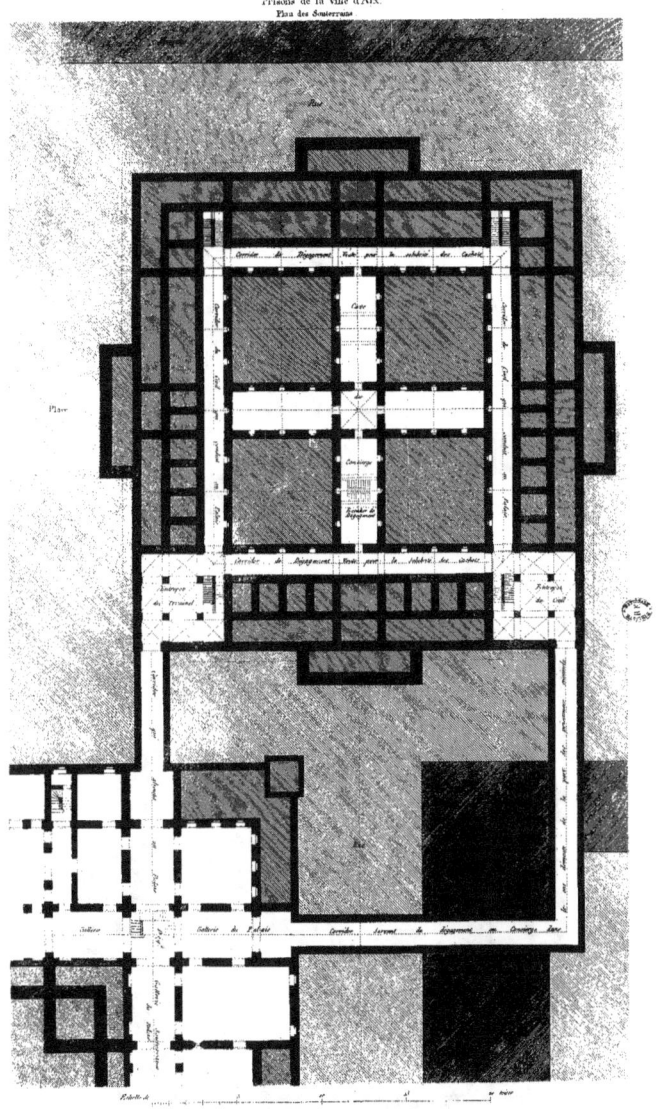

Prisons de la Ville d'Aix.
Plan des Souterrains

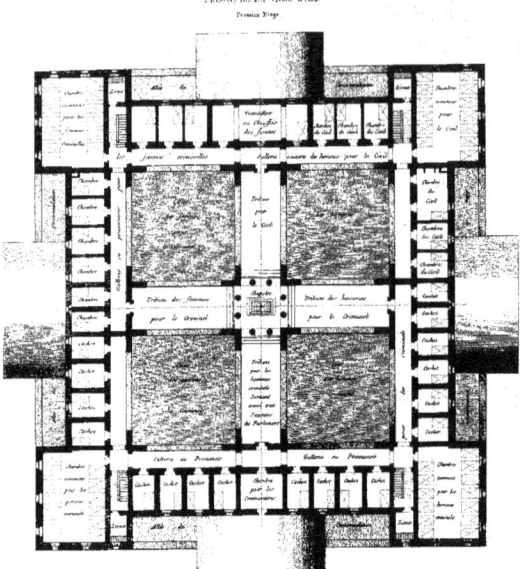

187

Prisons de la Ville d'Aix.

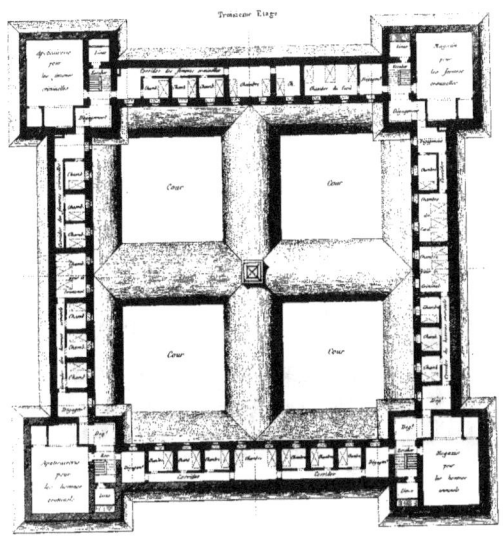

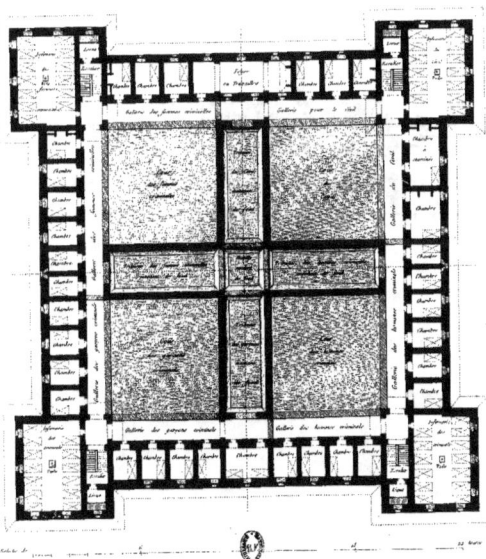

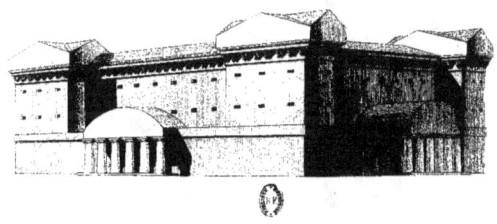

190

Palais Episcopal de Sisteron.

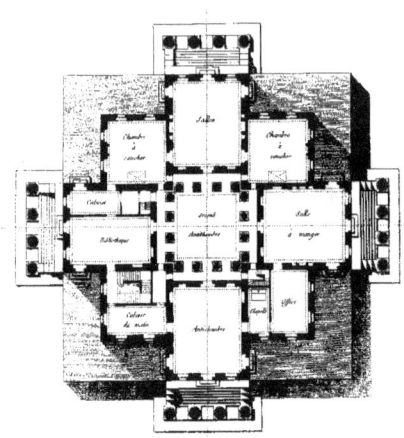

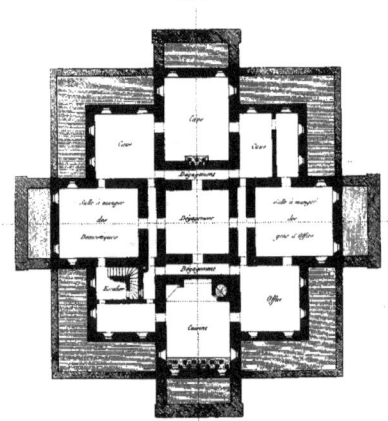

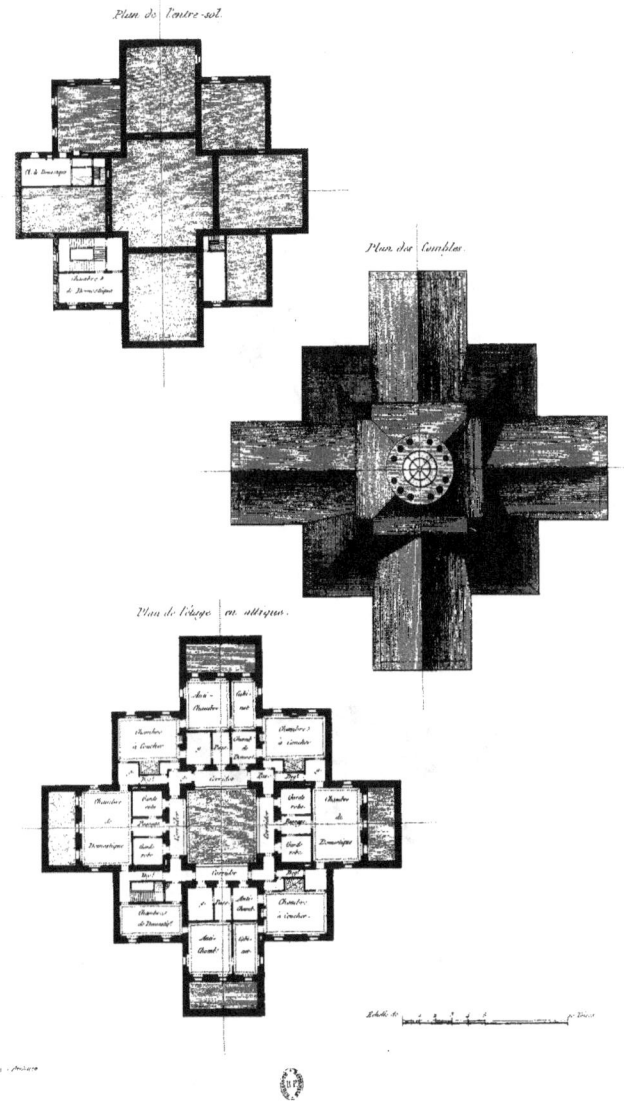

Palais Episcopal de Sisteron.

Elevation.

Coupe.

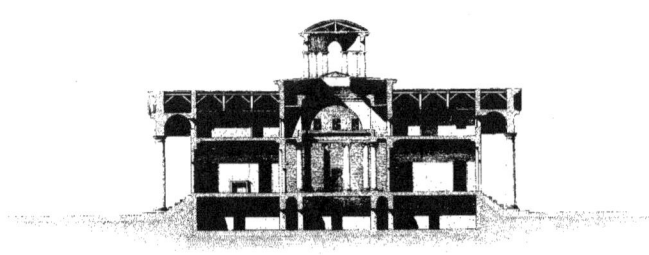

VUE PERSPECTIVE,
du Palais Épiscopal de Sisteron.

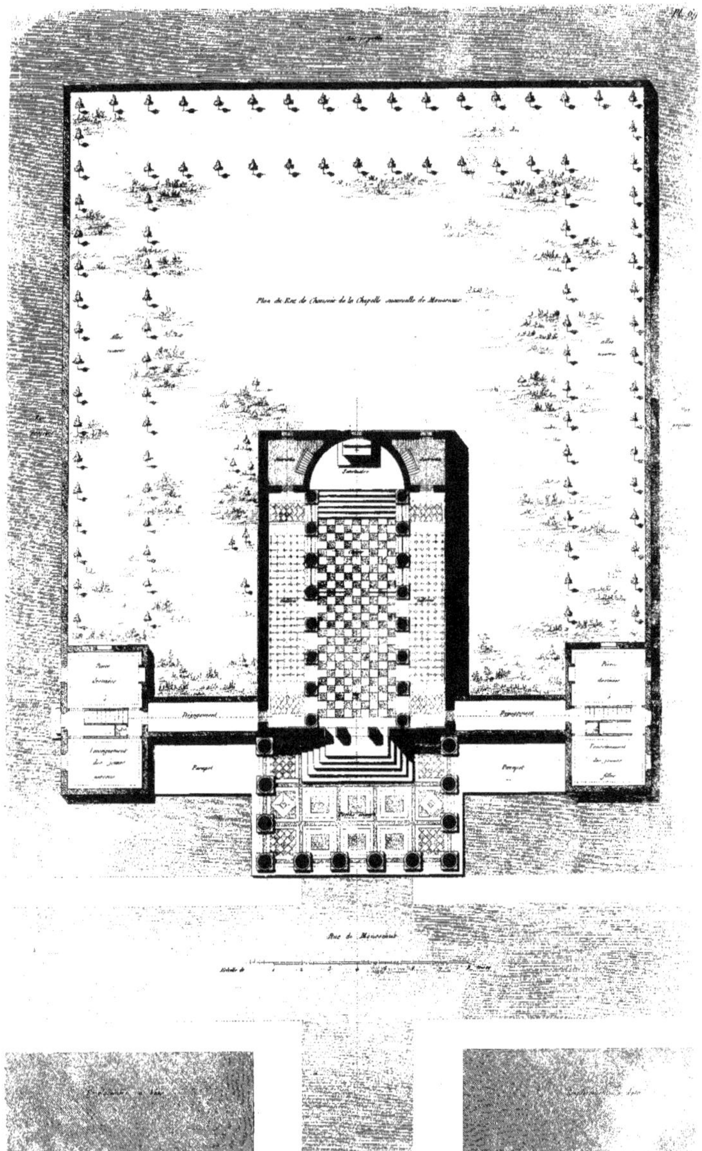
Dégagement
Parquet
Dégagement
Parquet
Echelle de

Chapelle Succursale
de Clichy

Coupe

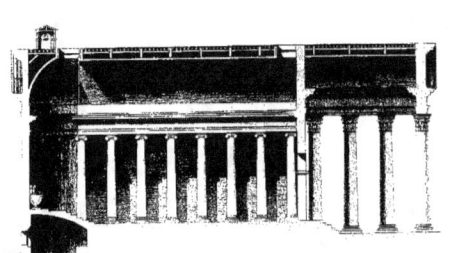

Élévation

196

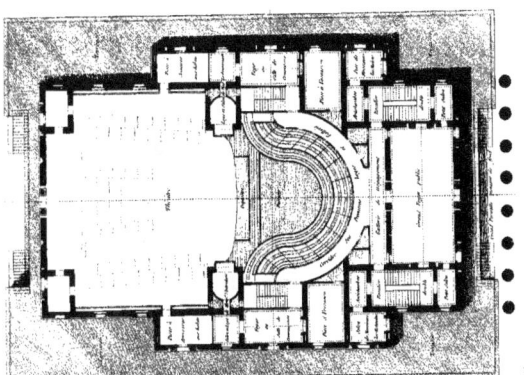

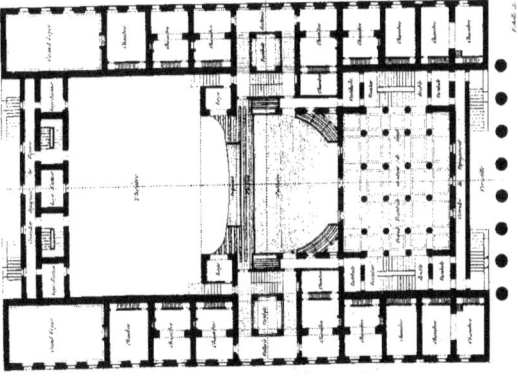

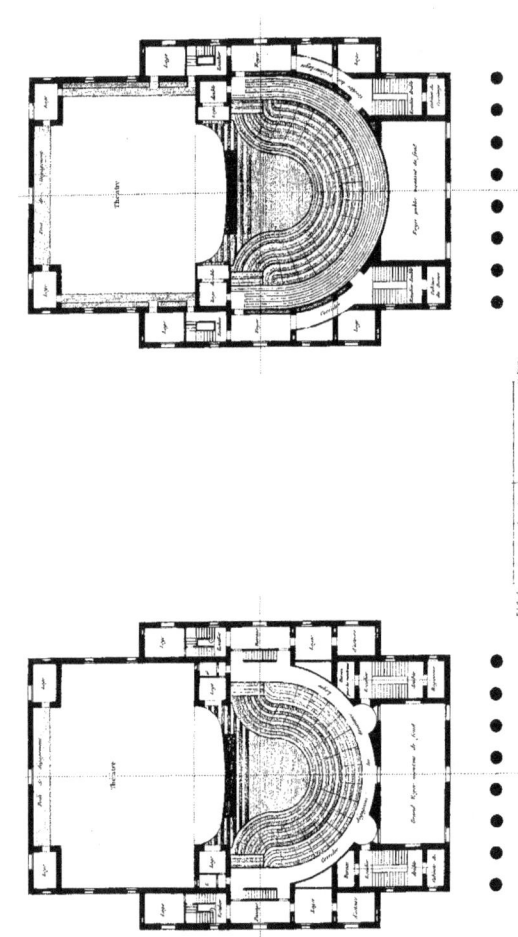

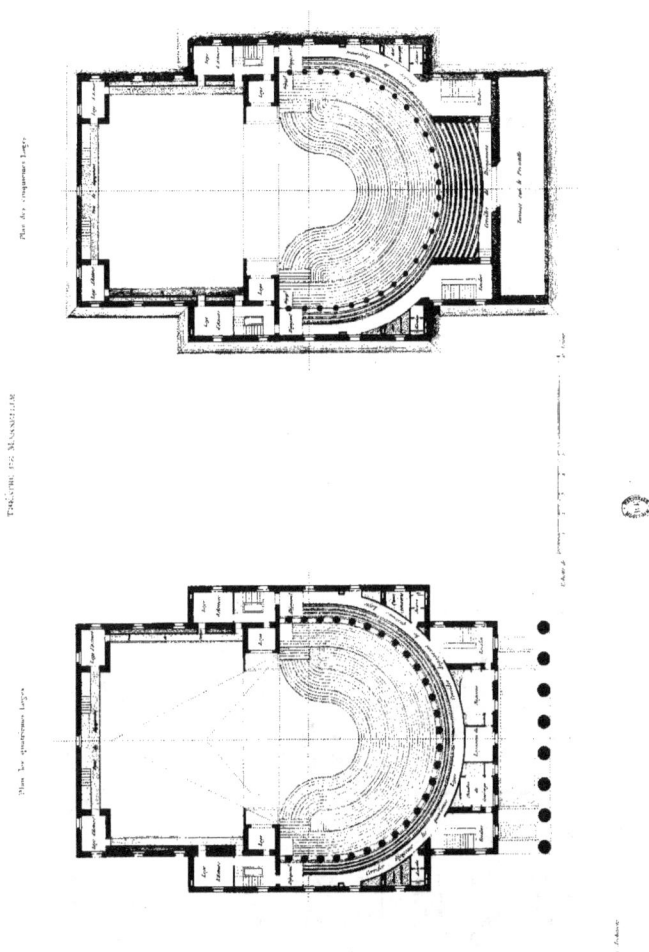

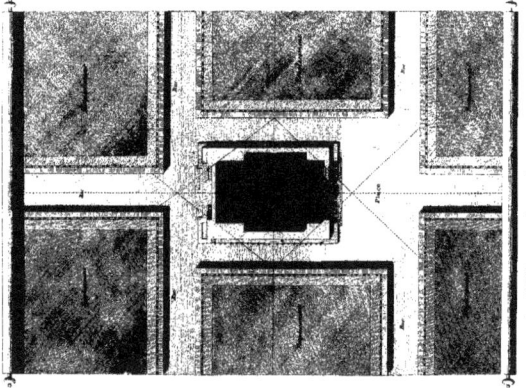

THEATRE DE MARSEILLE

Élévation Principale

Coupe sur la Longueur

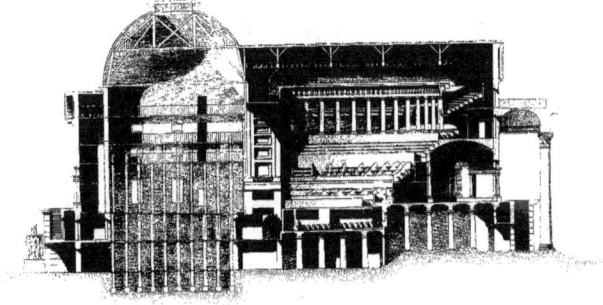

Échelle de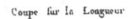

Le Doux Arch. inv.   J. Perin sculp.

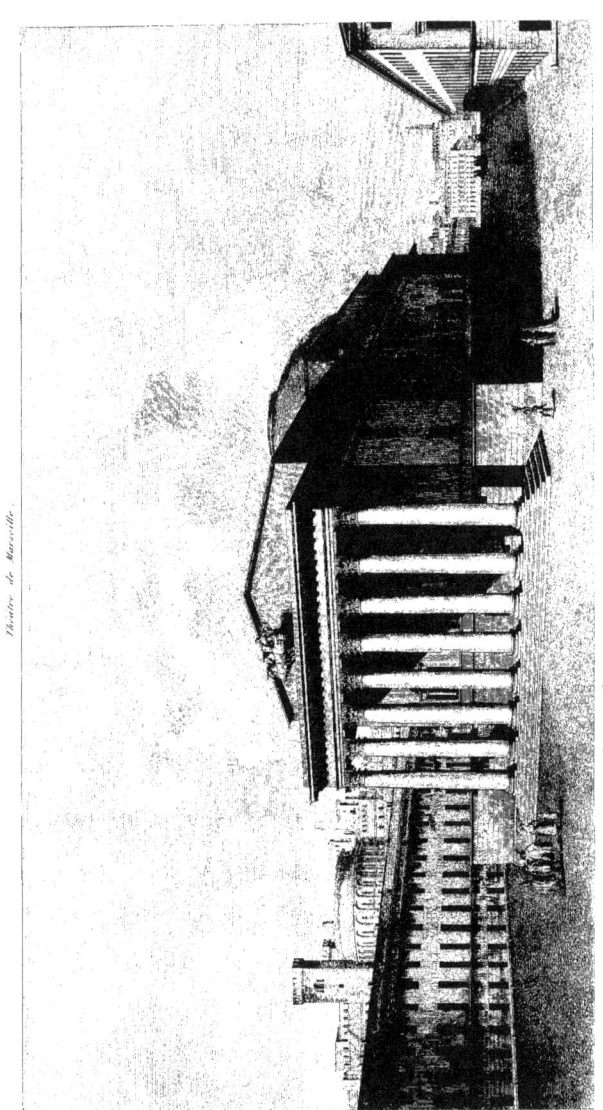

Théâtre de Marseille.

Fragmens des Propylées de Paris

PLAN

DE LA

BIBLIOTHEQUE

DE

HESSE - CASSEL

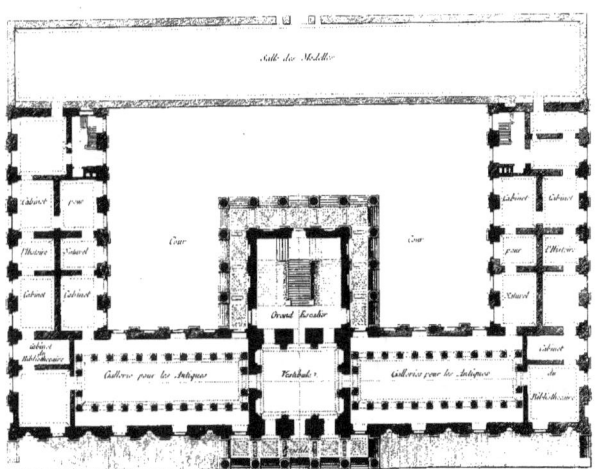

Fragmens des Propylées de Paris

PLAN

DE LA

BIBLIOTHEQUE

DE

HESSE - CASSEL

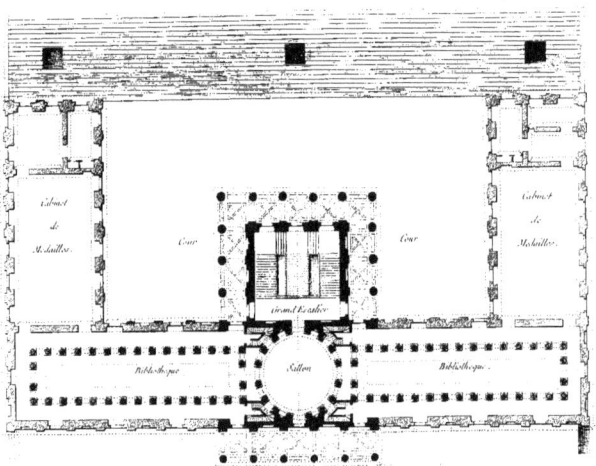

Premier Étage

Bibliothèque de Hesse-Cassel.
Élévation.

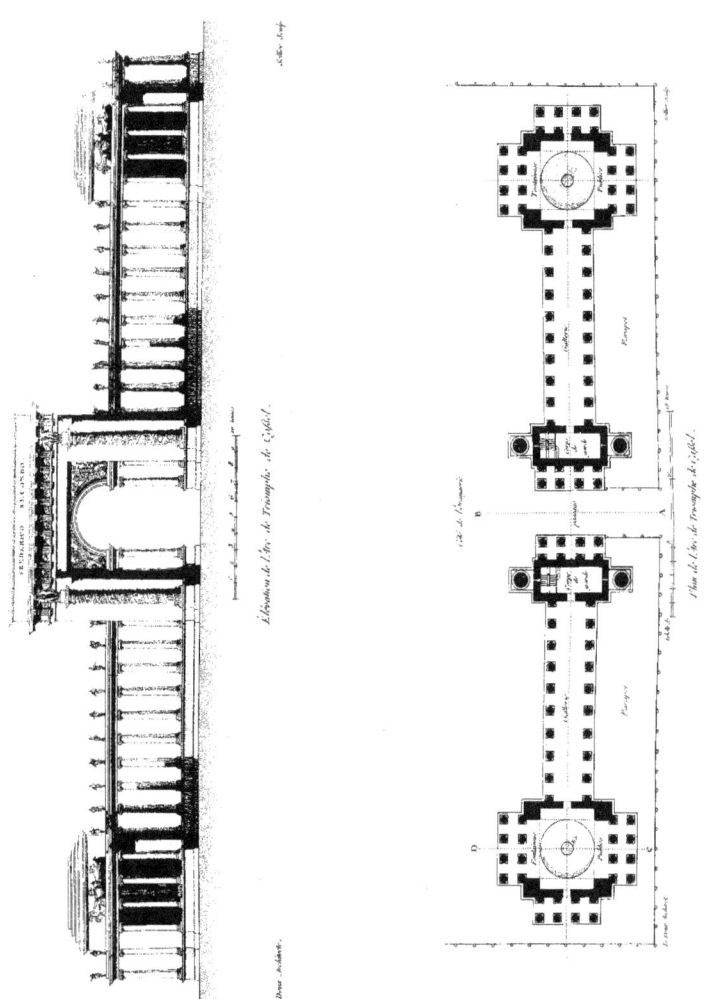

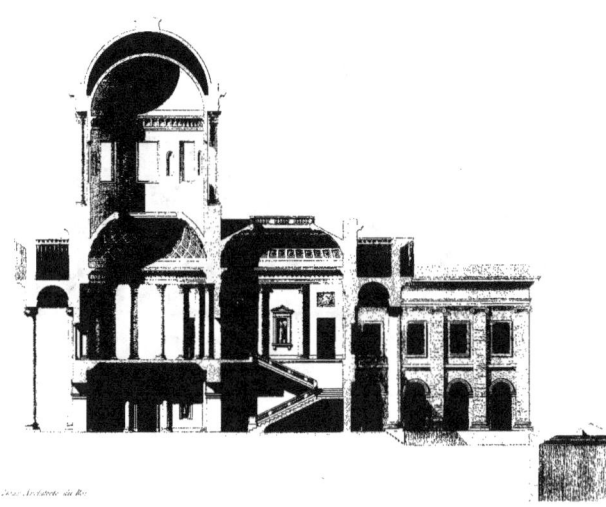

Bibliothèque de Hesse-Cassel
Coupe

Coupe sur la longueur de la ligne C.D.   Coupe sur la largeur de la ligne A.B

Vue Perspective de la Bibl.³ de Hesse-Cassel.

Vue Perspective du Château de Benouville.

Le Dreux Architecte

Plan du Rez de Chaussée

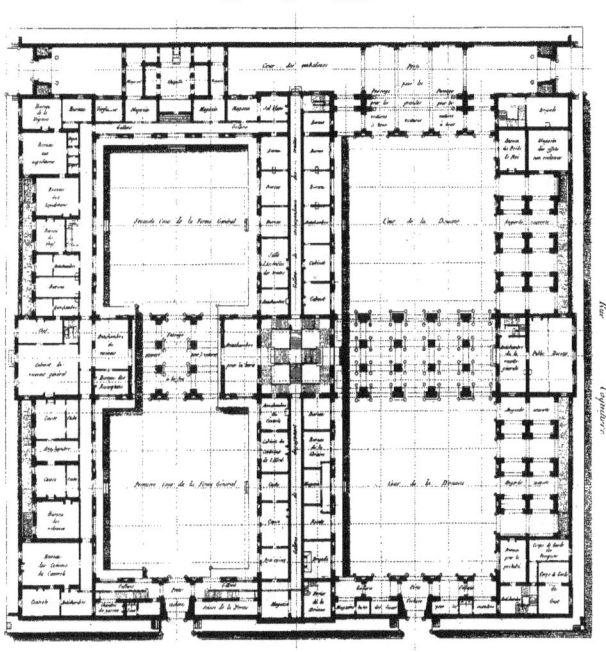

210

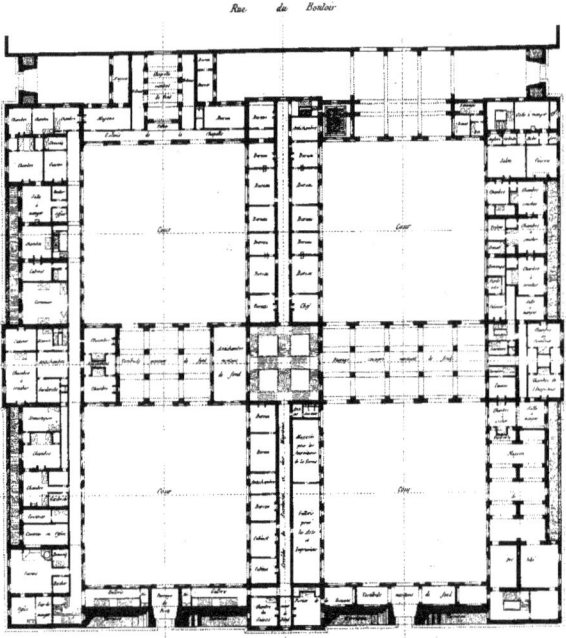

Premier Etage

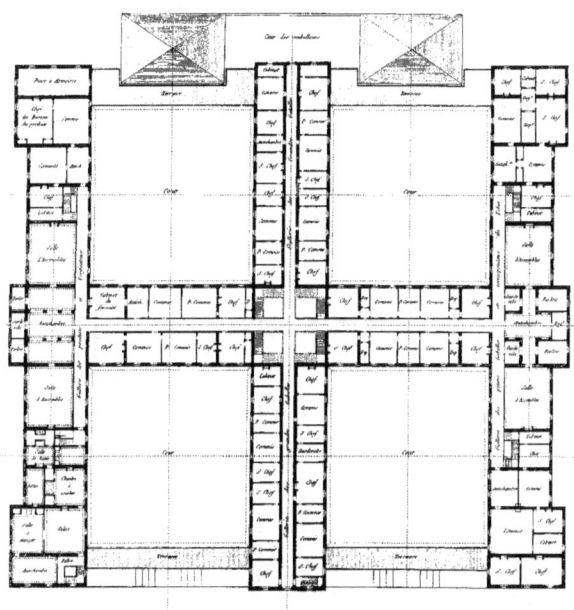

Plan du deuxième Étage

Plan de l'Etage des Combles

FERME GÉNÉRALE

Coupe.

Élévation.

Plans de la Caisse d'Escompte.

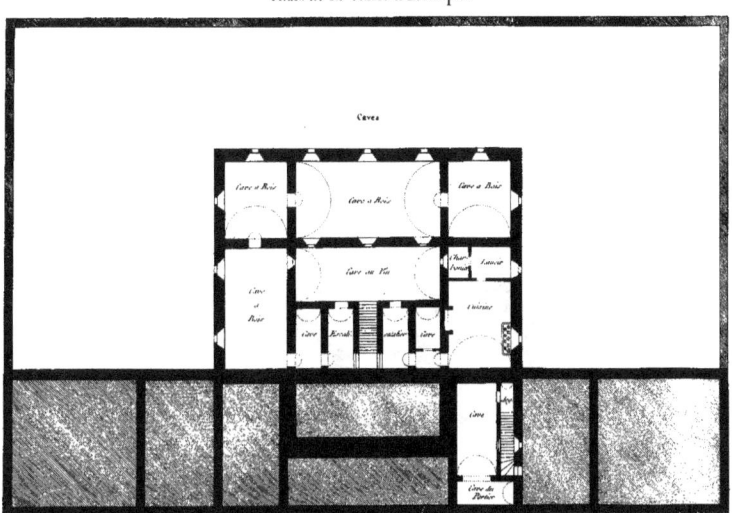

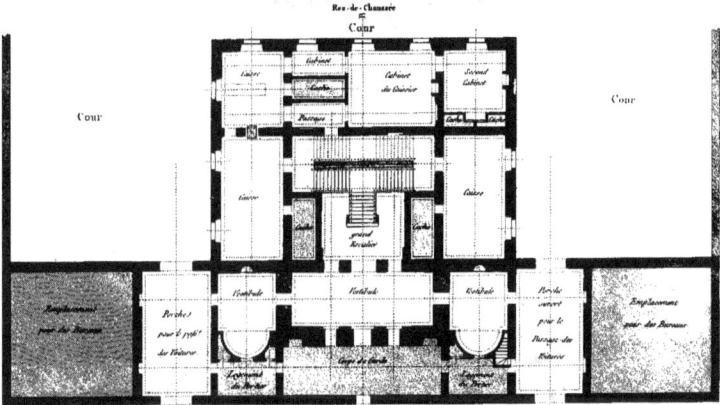

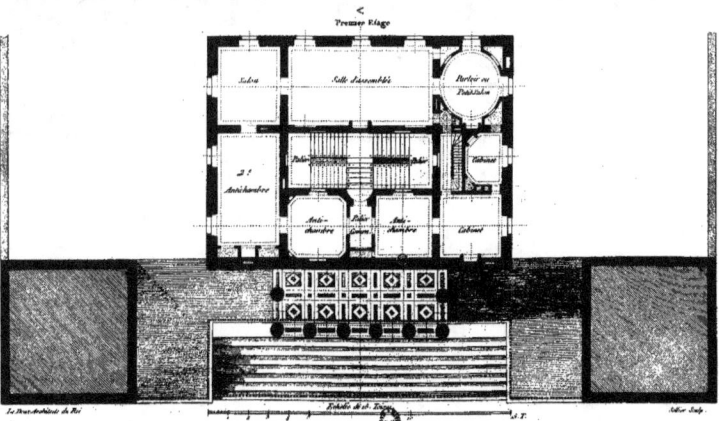

Caisse d'Escompte

Coupe prise sur la ligne A.B.

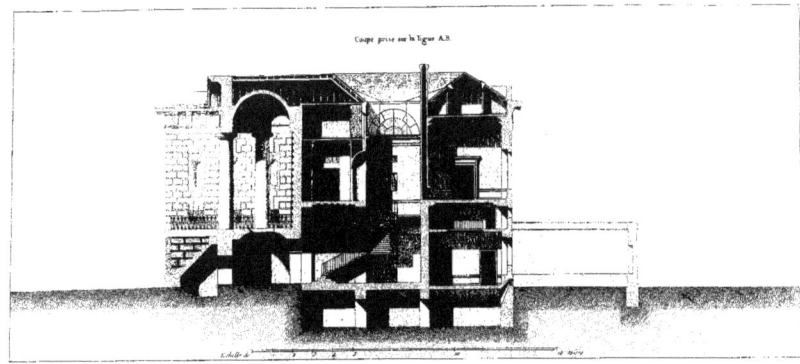

Elevation perspective

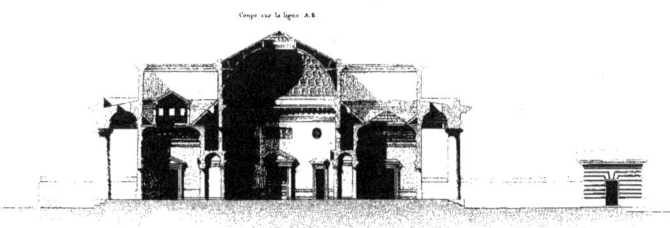
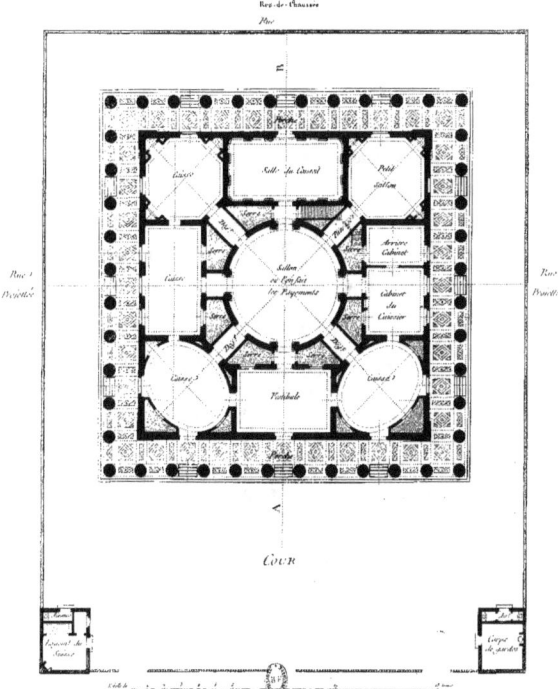

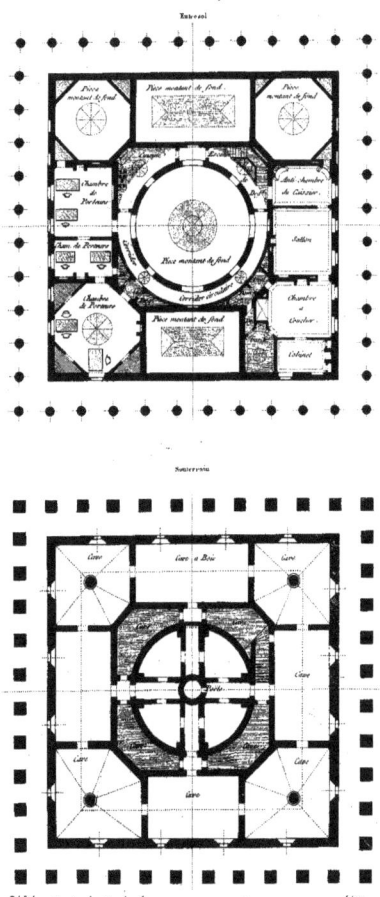

CAISSE D'ESCOMPTE

VUE PERSPECTIVE

Plans du Grenier à Sel de Compiègne.

Grenier à Sel de Compiegne.
Coupe

Elevation

L'ARCHITECTURE
DE C. N. LE DOUX.

SECOND VOLUME,

CONTENANT DES PLANS, ELEVATIONS, COUPES,
VUES PERSPECTIVES

d'Hôtels, Châteaux, Maisons de Ville et de Campagne,
Edifices destinés aux récréations publiques,
Pavillons, Parcs, Fermes parées, Bergeries, Ecuries, &c. &c.

*Collection qui rassemble tous les Genres de Bâtiments
Employés dans l'ordre social.*

PARIS,
LENOIR, Éditeur, 5, quai Malaquais.
MDCCCXLVII.

223

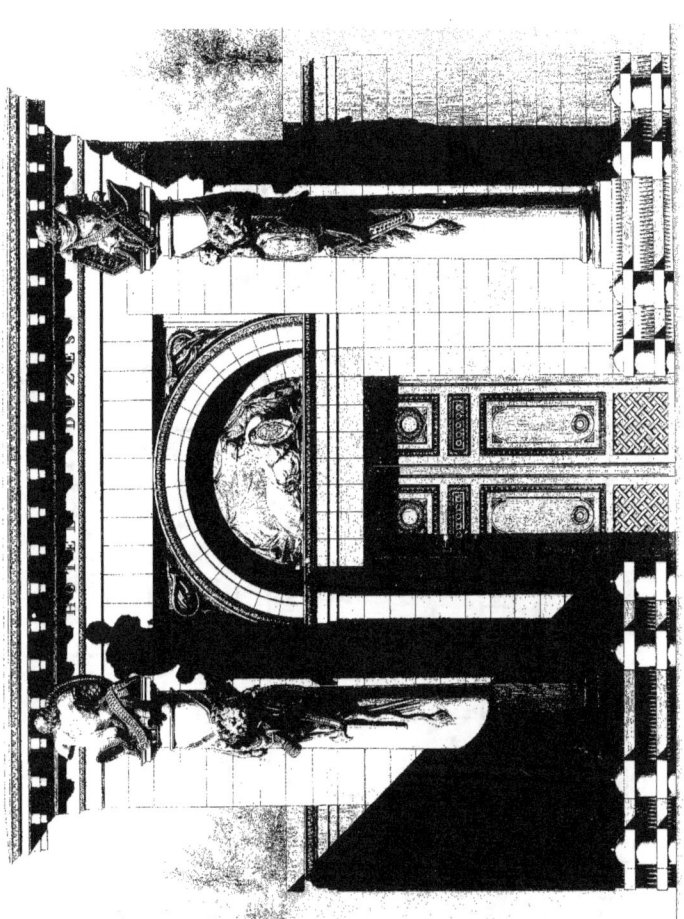

PORTE DE L'HOTEL D'UZES

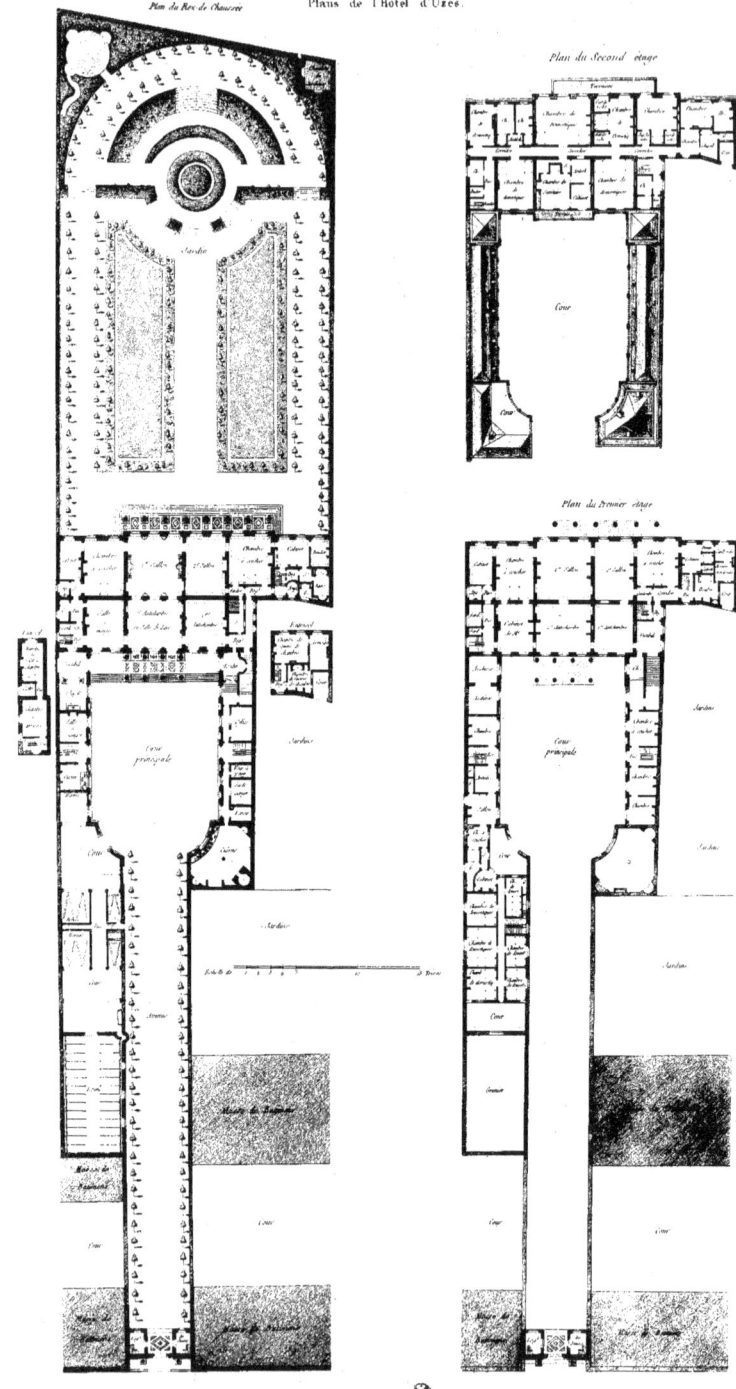

ÉLÉVATION PERSPECTIVE DE L'HOTEL DUZES.

Hôtel d'Uzès

Coupe

Élévation

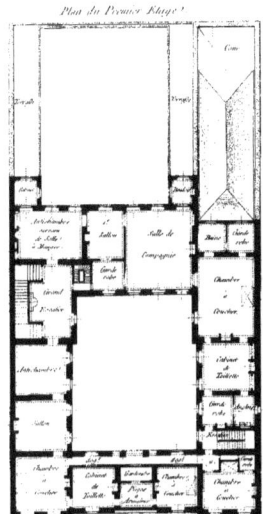

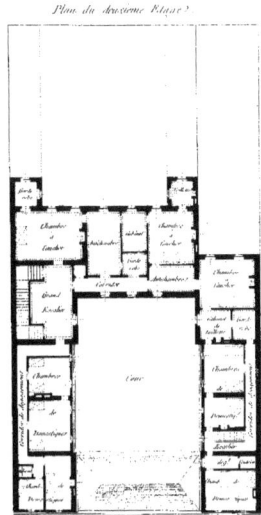

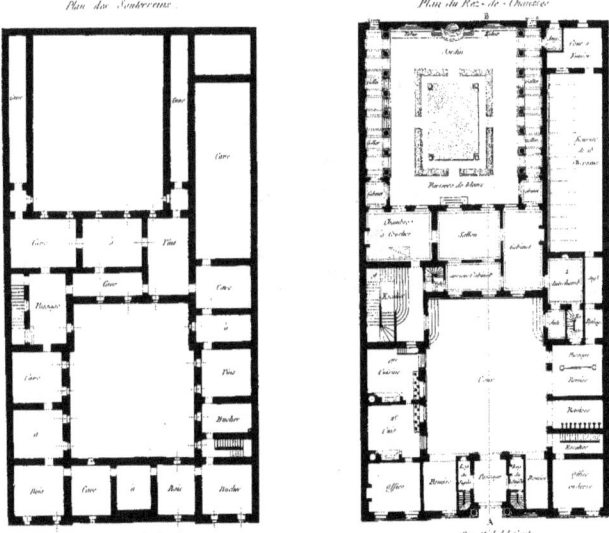

Coupe de l'Hôtel de Palent sur la ligne A B.

Elevation de l'Hotel de Balwil, sur la Rue Michel le Comte.

Coupe sur la Ligne C.D.

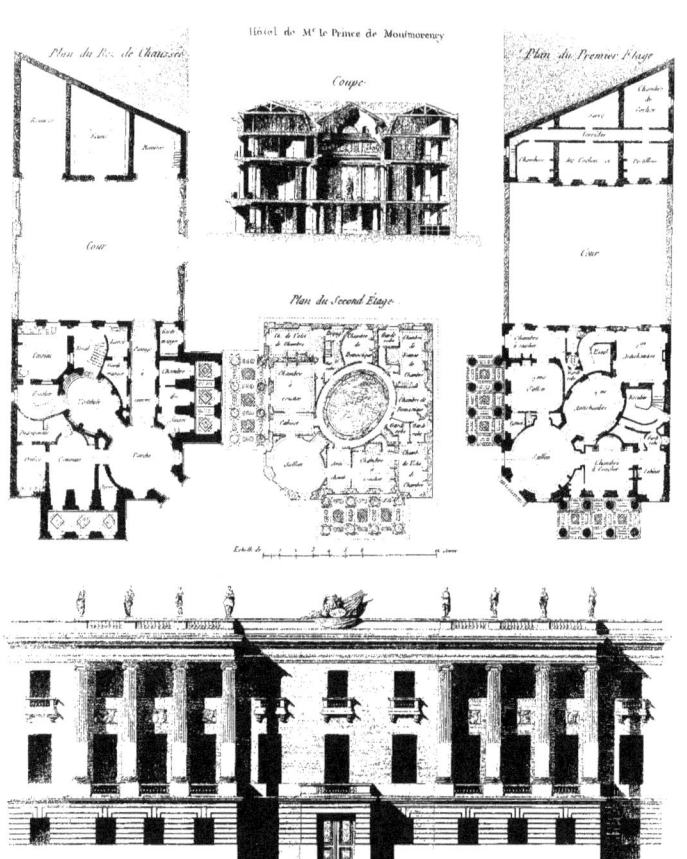

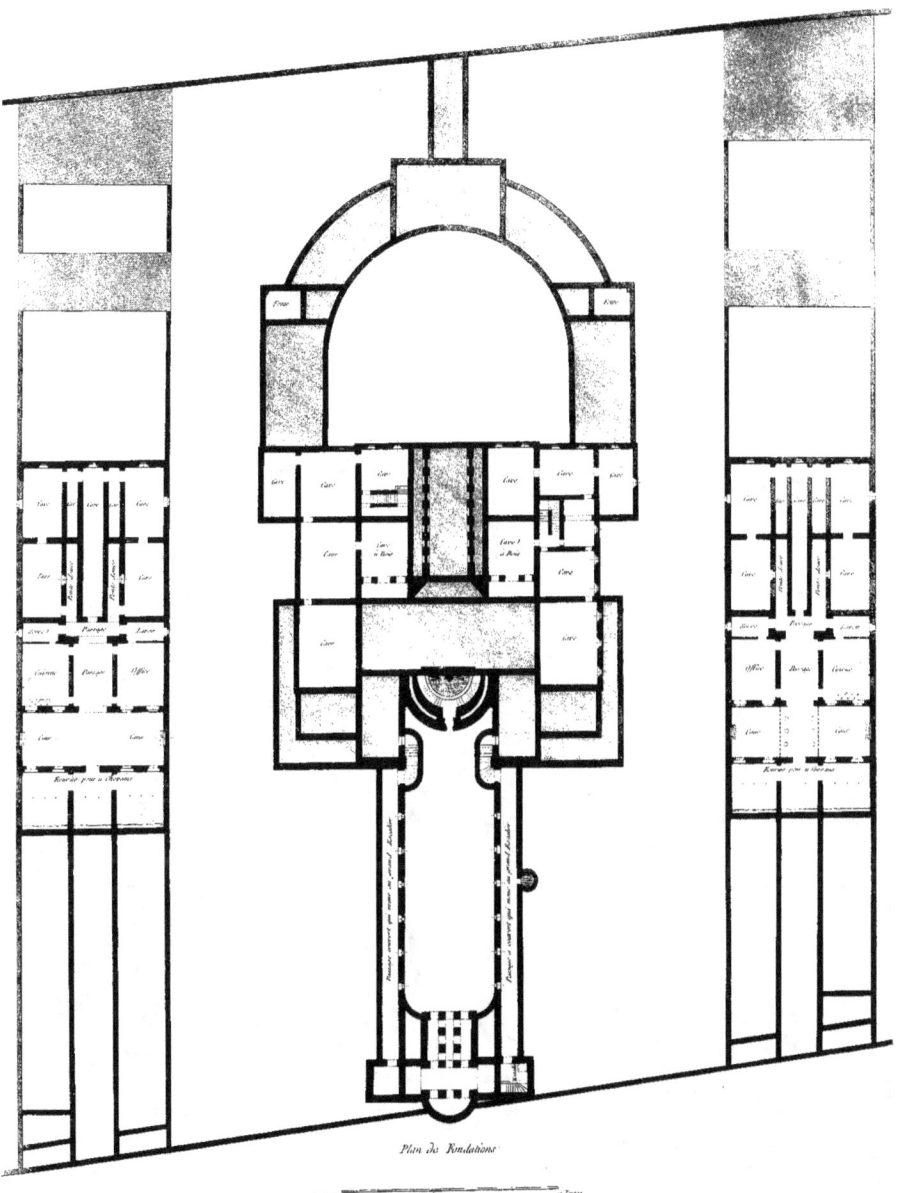

Plan des Fondations

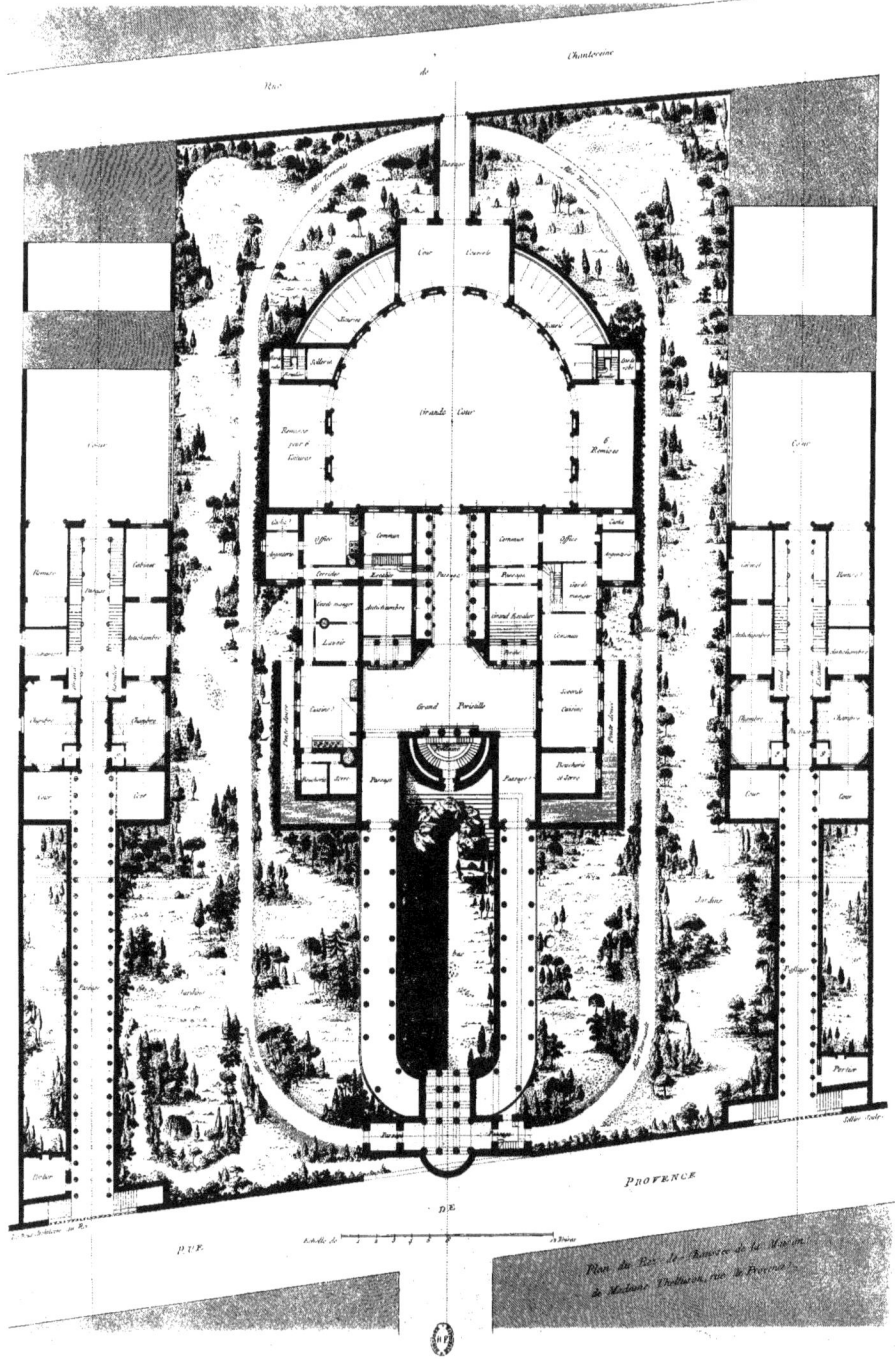

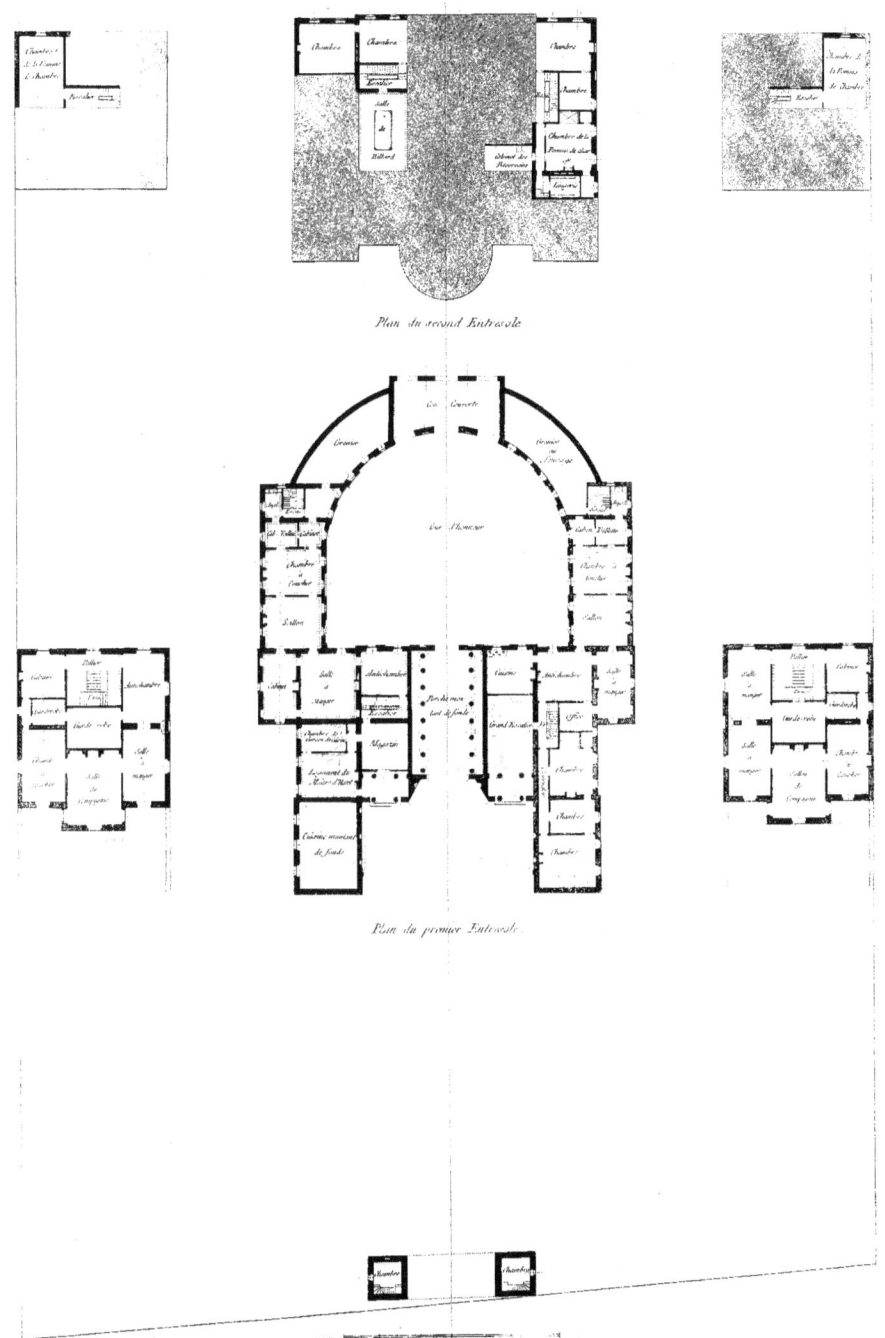

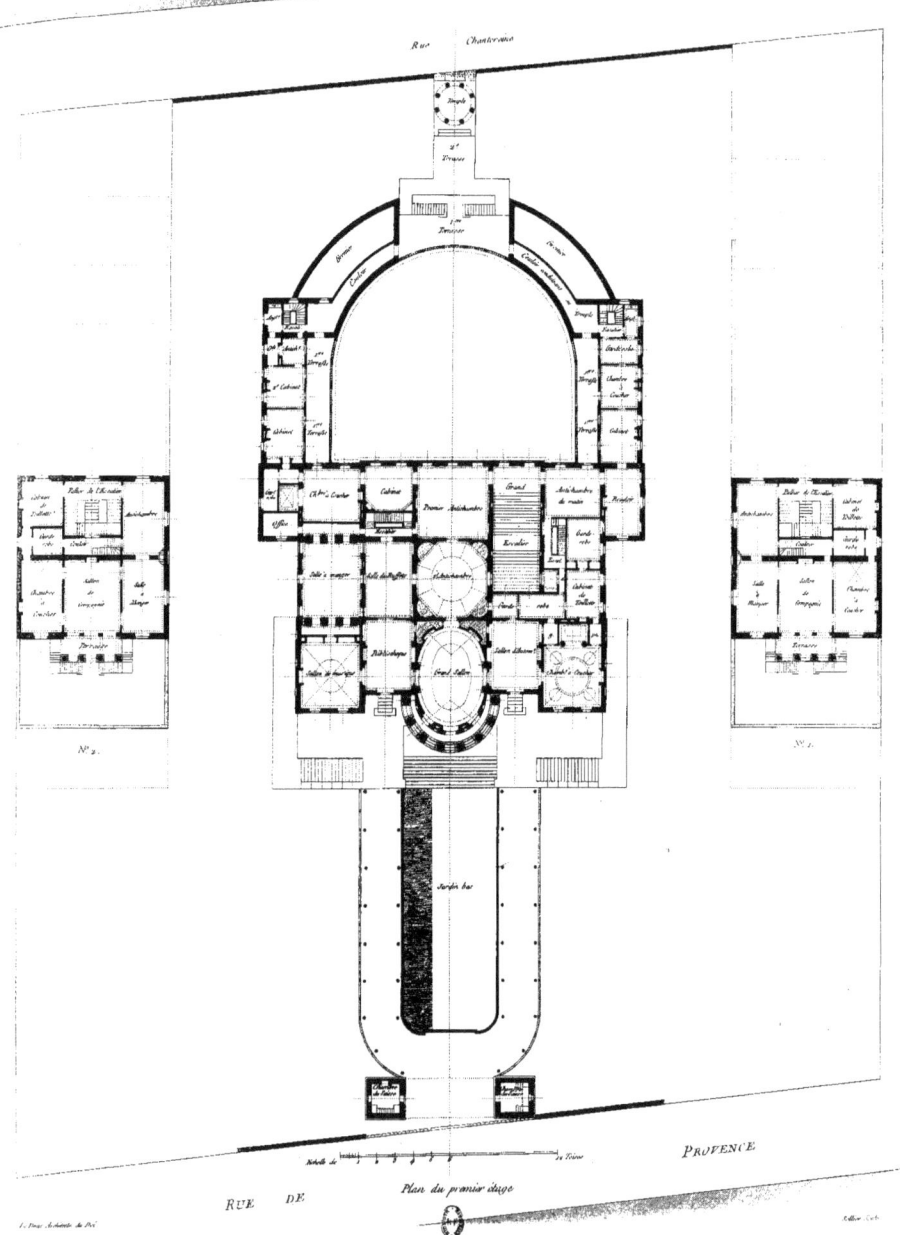

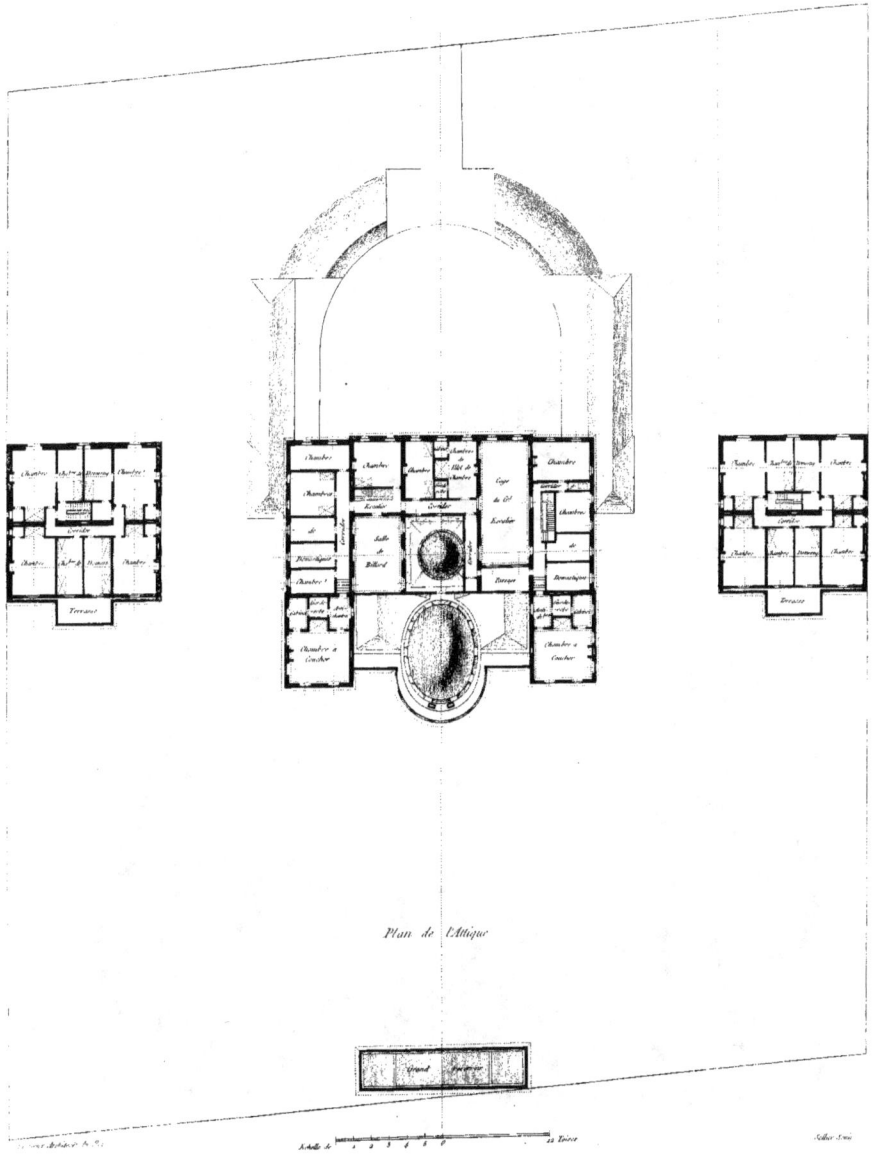

Plan de l'Attique.

VUE PERSPECTIVE DE L'ENTRÉE DE LA MAISON DE MADAME DE THELUSSON.

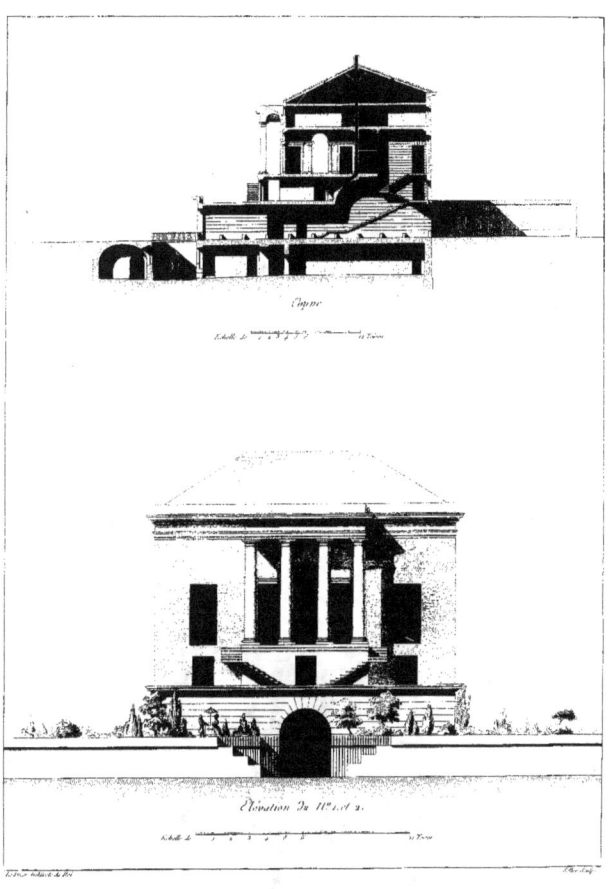

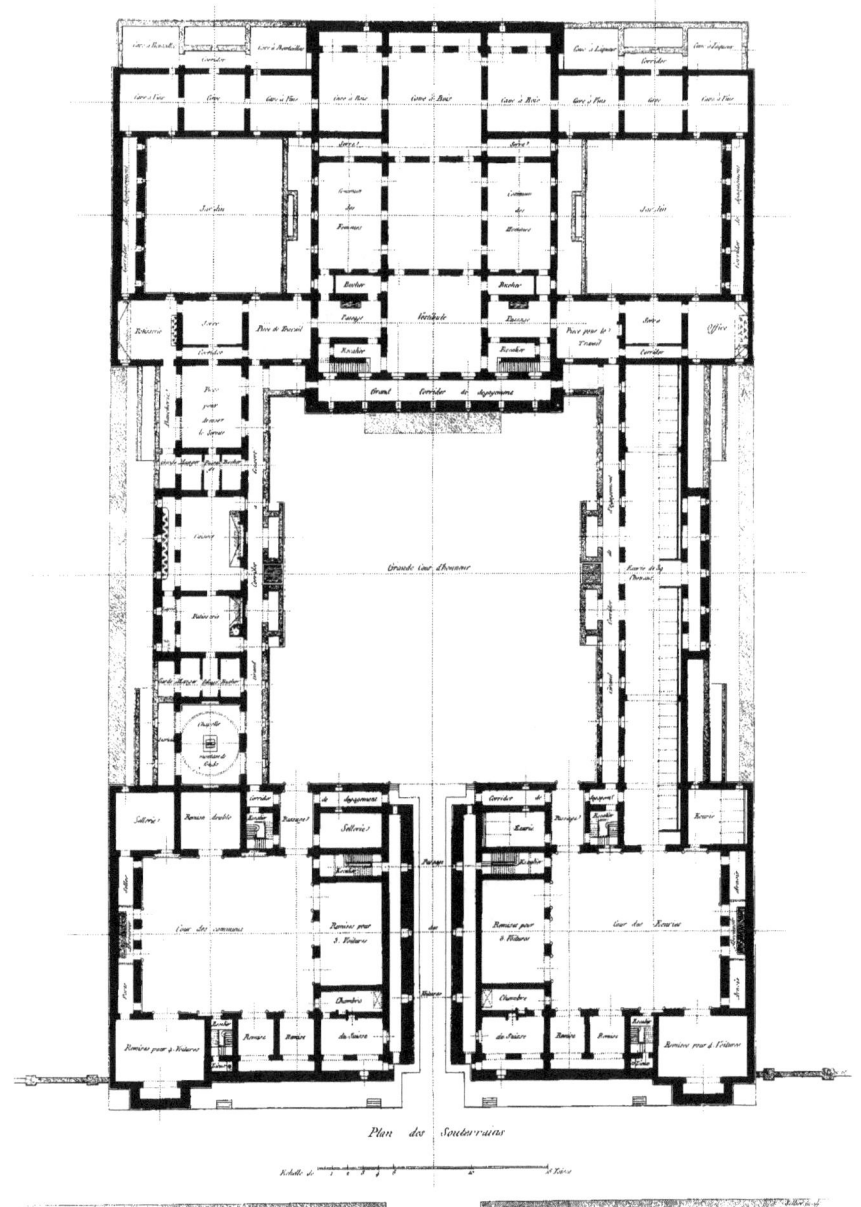

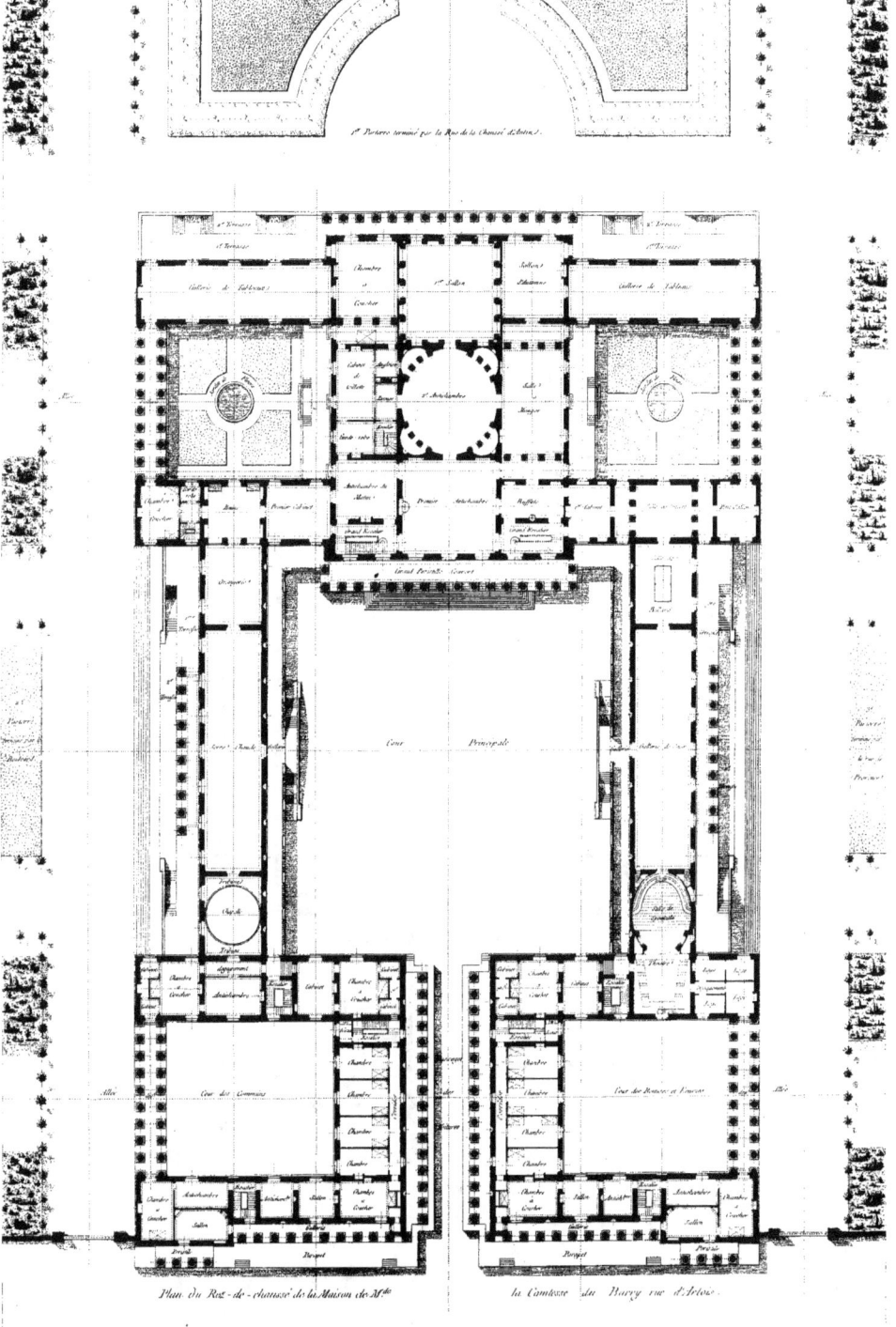

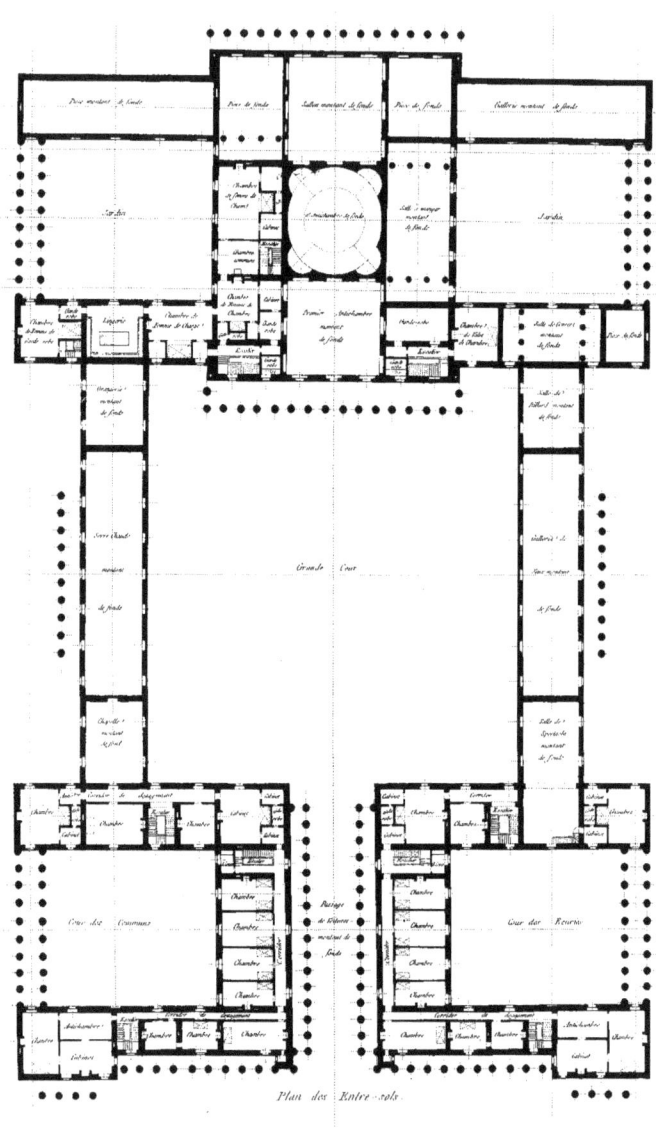

Plan des Entre-sols.

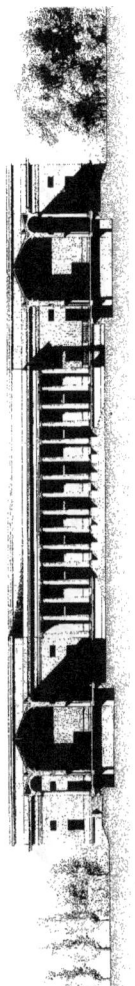

Coupe sur la ligne A.B.

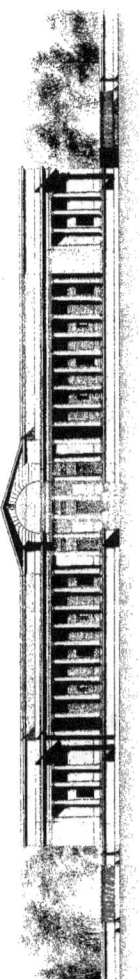

Elévation du côté de l'entrée.

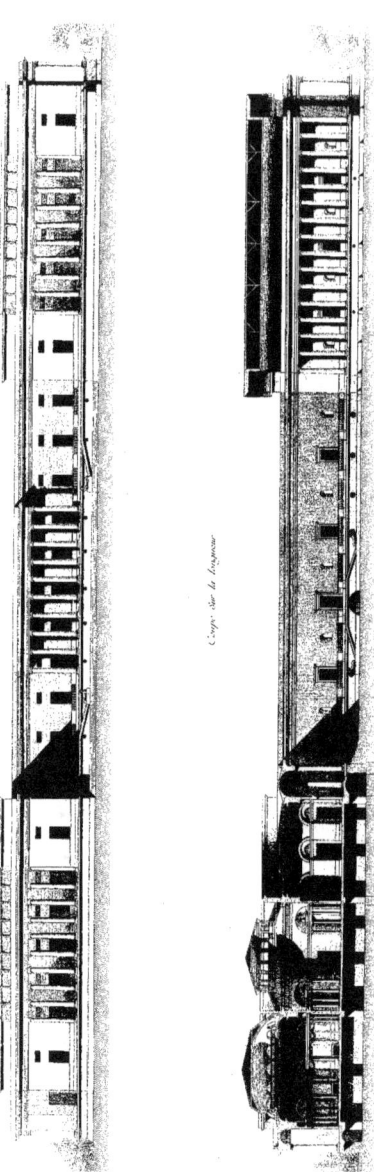

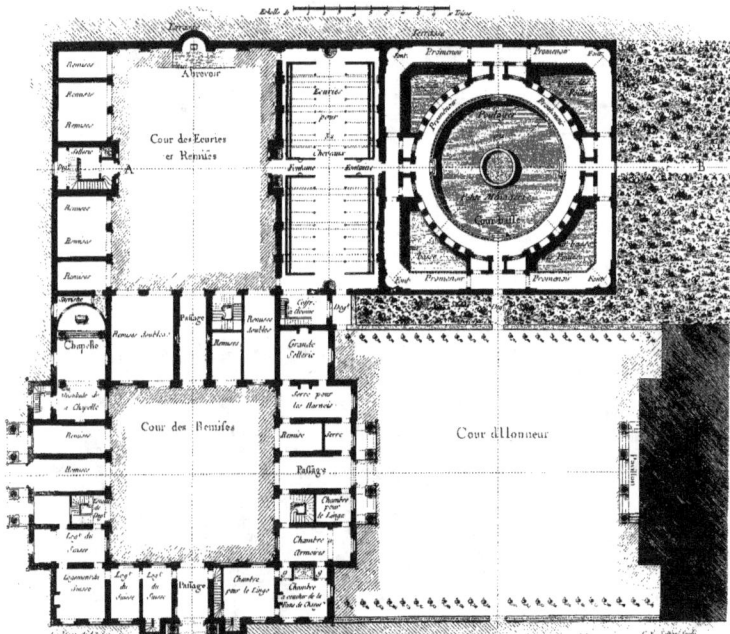

PLAN des Écuries de Mme la Comtesse Dubary à Versailles du côté de l'Avenue

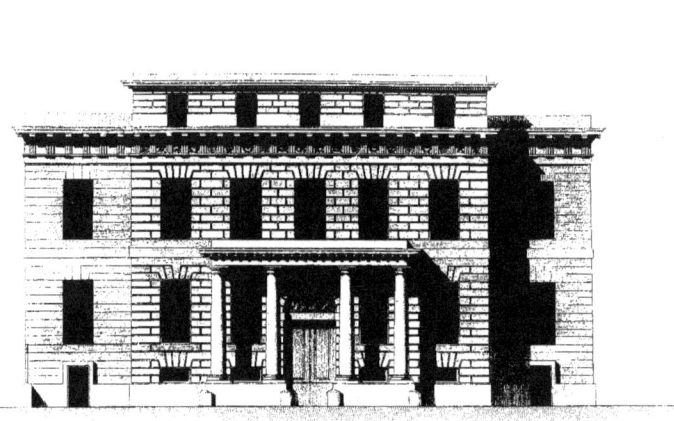

Elévation sur la Cour faisant face au Pavillon.

Elévation sur l'Avenue de Versailles.

Élévation sur la Cour faisant face au Pavillon.

Élévation sur l'Avenue de Versailles.

Maison de Mlle Guimard

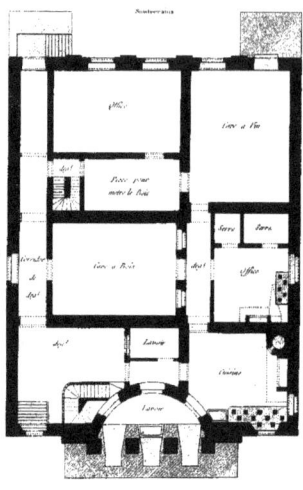

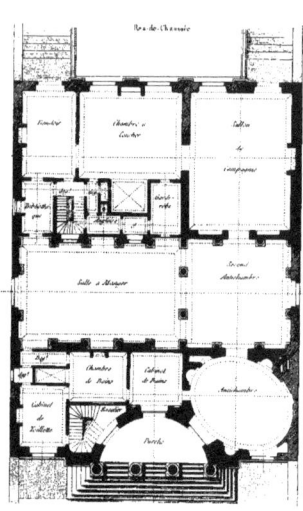

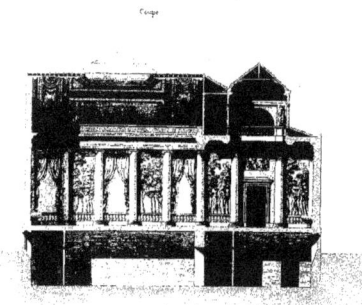

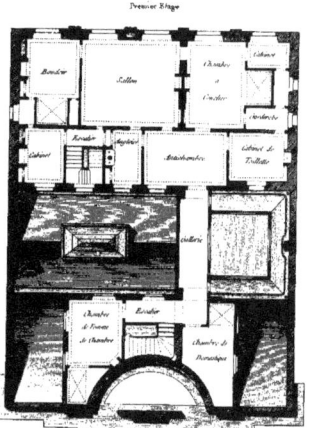

Maison de Melle Guimard située à la chaussée d'Antin.

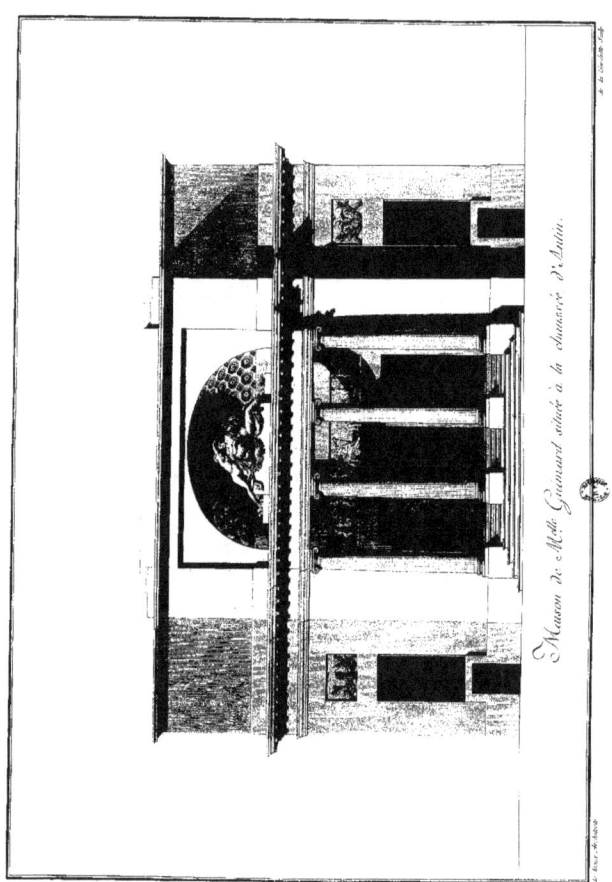

Maison de Mlle. Guimard située à la chaussée d'Antin.

251

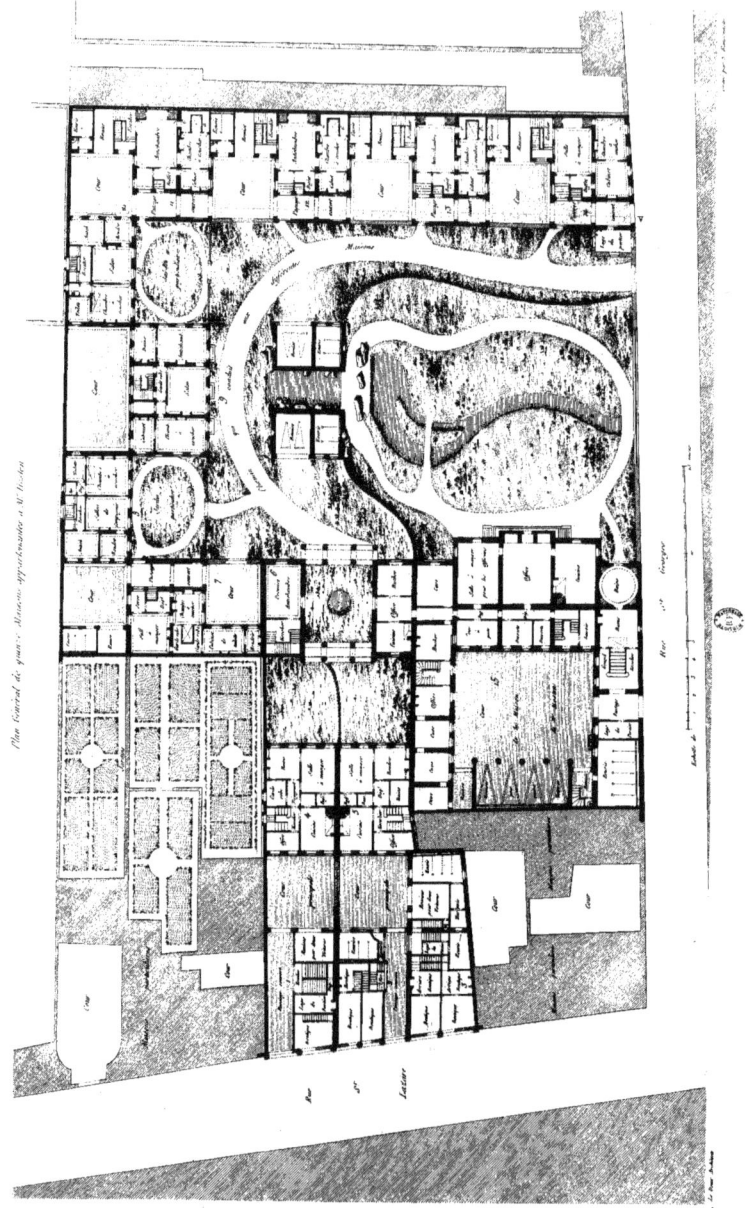

Maison de Mr Hosten, rue St Georges, N.º 15.

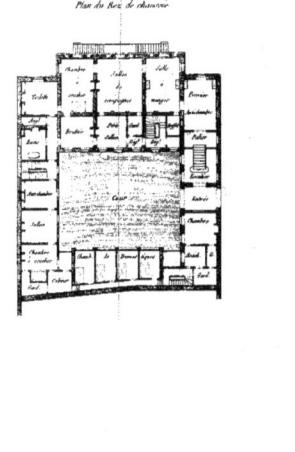
Plan du Rez de chaussée

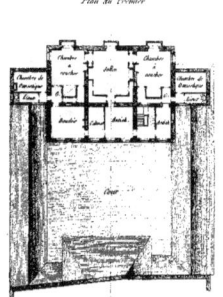
Plan du Premier

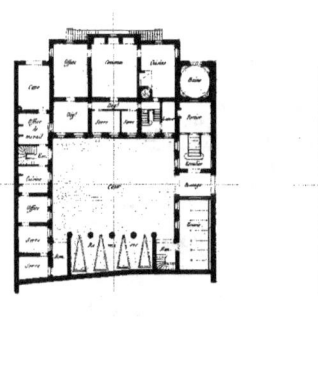
Plan des Cuisines, Remises et Ecuries

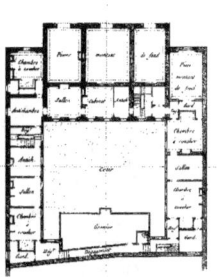
Plan du Premier Entresol

MAISON DE M. HOSTEN. N°16

Elévation sur la Cour.

Elévation sur la Rue.

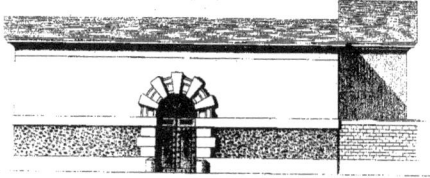

Elévation sur le Jardin.

Maison de M.' Hosten. N.º 9.

256

Maison de M. Toussaint

Échelle à [illegible] Mètres

Dessiné par M. [illegible] 190[?]

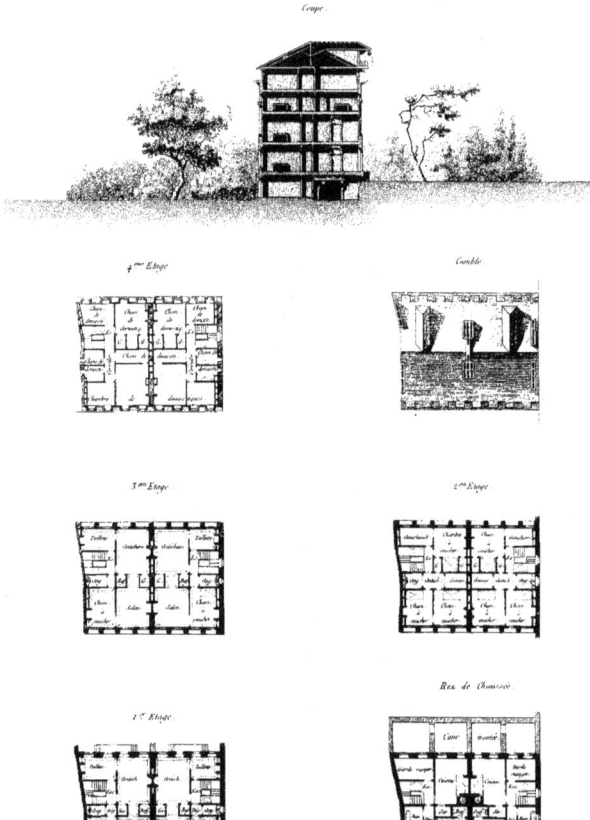

Plan de deux Maisons de M. Hosten, N.º 3.

Maison de M. Hosten, cotée sur le Plan Général, N° 6.

Coupe

2.me Étage
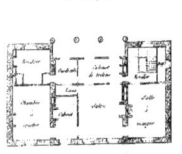

Comble
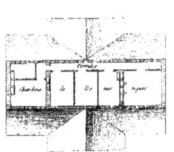

1.er Étage

Rez de Chaussée
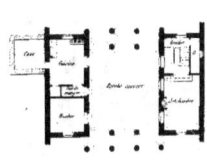

Maisons de M.r Hosten.

Élévation N.º 6.

Élévation
N.os 4.5.

Détail d'une Maison de Mr Rossen faisant partie des cinq autres comprises sur le Plan Général, depuis la ligne A.B.
N.ºs 7. 8. 10. 11. 12. 13. 14.

Plan des Combles.

Coupe sur la Ligne C.D.

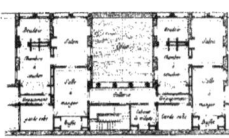
Plan du Premier Étage. — Plan du Deuxième Étage.

Plan des Souterrains.

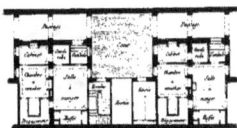
Plan du Rez de Chaussée.

Maisons de Mr Hosten

Élévation
N.º 14
sur la rue S.t Georges

Élévation
N.ºˢ 1 à 3
sur la rue S.t Lazare

Échelle de

Maison de M. de Souveral.

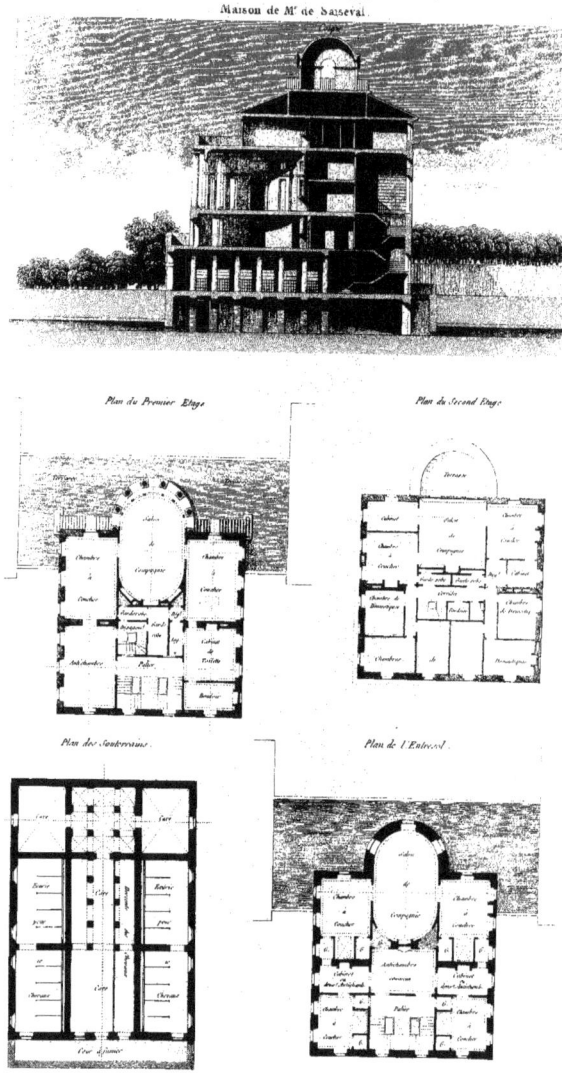

Maison de Mr de Sarseval.

Plan du Second Étage.

Plan des Combles.

Plan de l'Entresol.

Plan du Premier Étage.

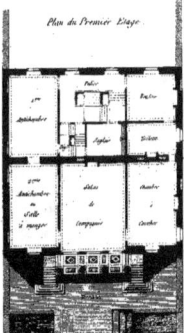

Vûe Perspective des Maisons de Mr de Sauval

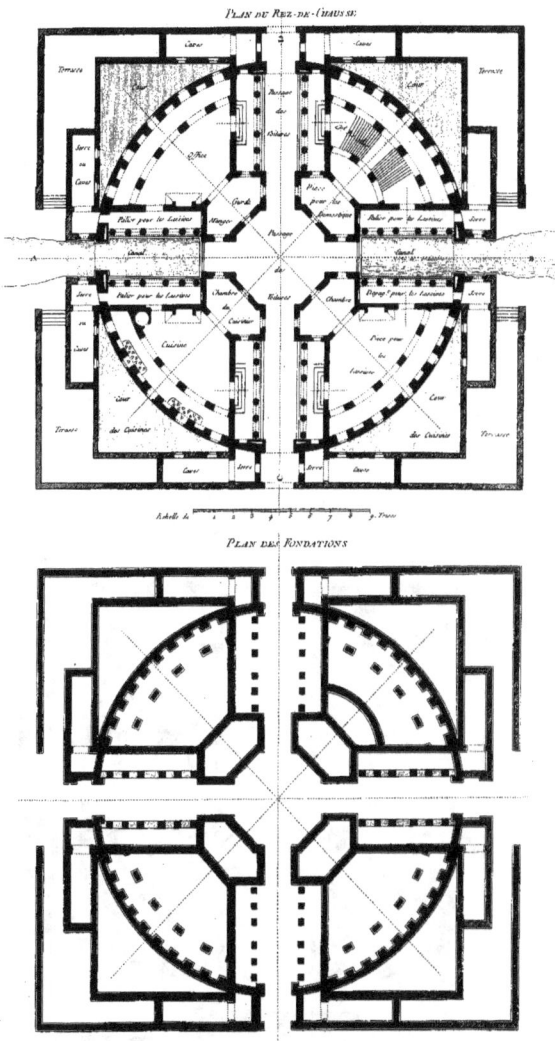

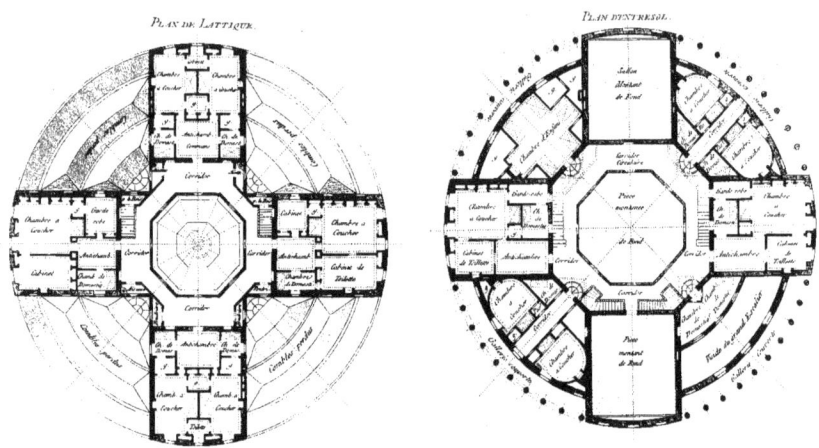

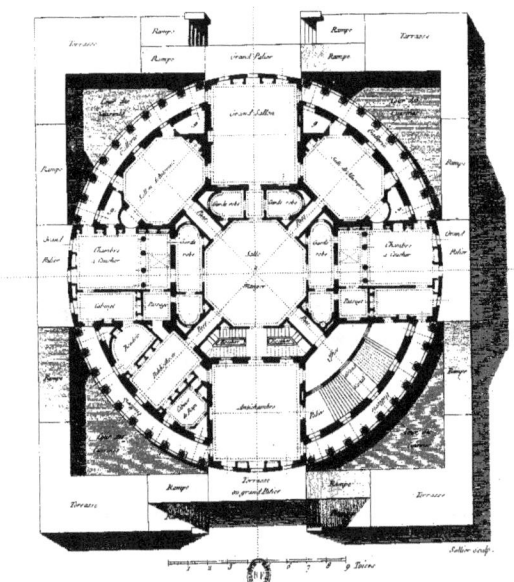

Elevation de la Maison de M. Witt.

Elévation de la Maison de M^r. de Witt en Hollande

Coupe sur la Ligne
A B

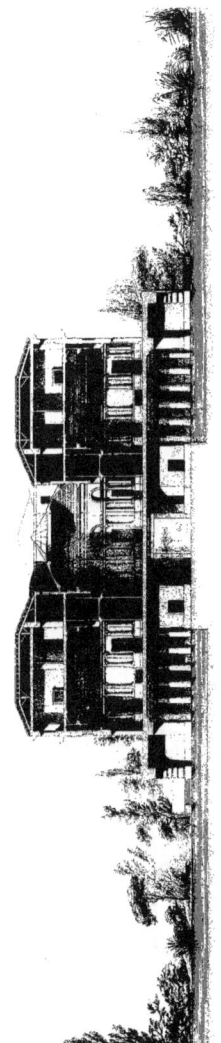

Coupe de la Maison de Witt.

Plan de la Maison de Mr le Président Bocquart

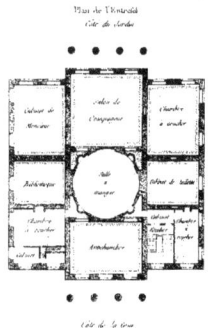

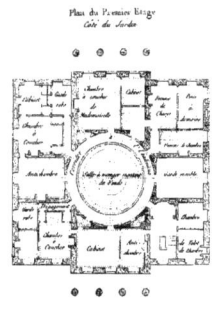

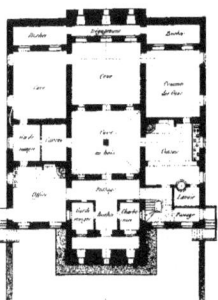

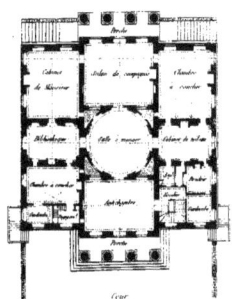

Maison de Monsieur le Président Hocquart
Coupe

Elevation

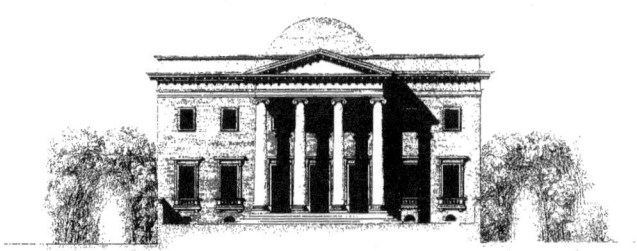

Plan Général

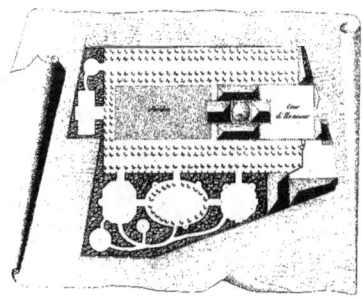

Maison de M. le Président Hocquart
Vue Perspective

Maison située Rue Poissonnière
Vue Perspective

275

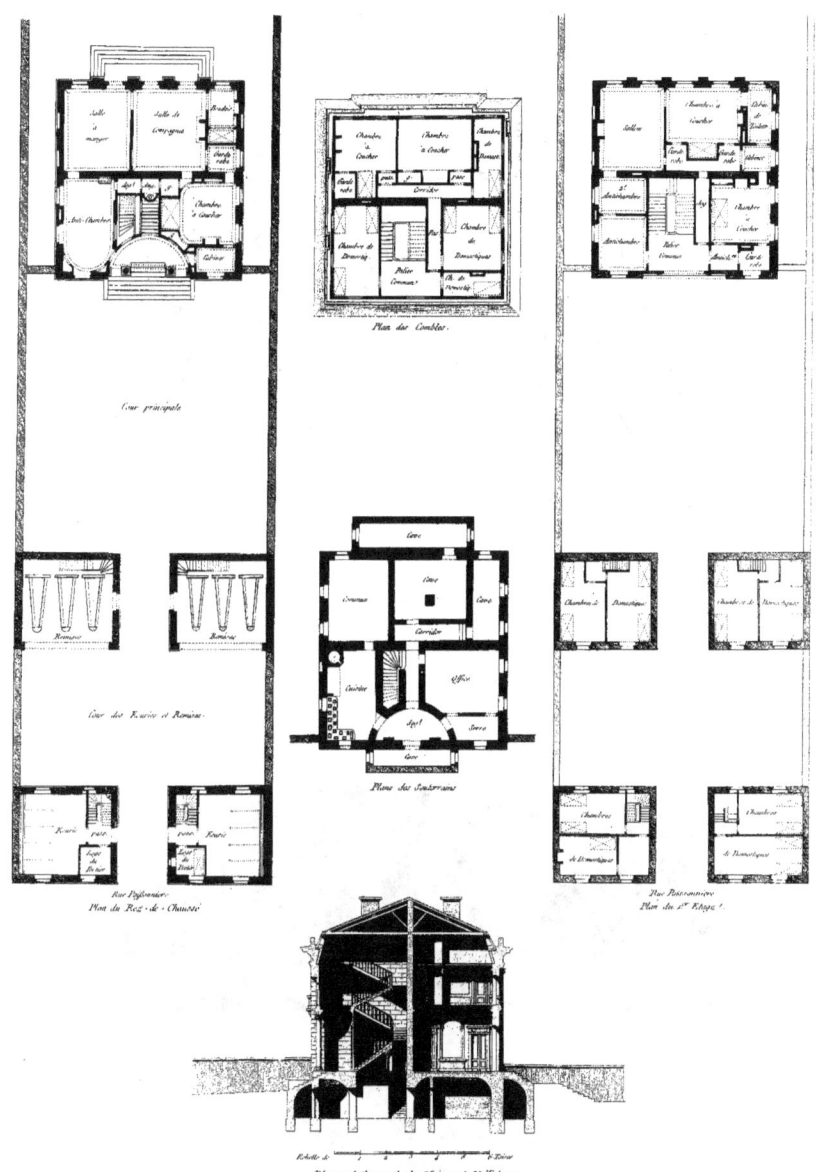

Plans et Coupe de la Maison de M. Tabary.

Élévation de la maison de M. Tabary,
Rue Poissonnière.

Vue Perspective de la Maison de Mr St Germain

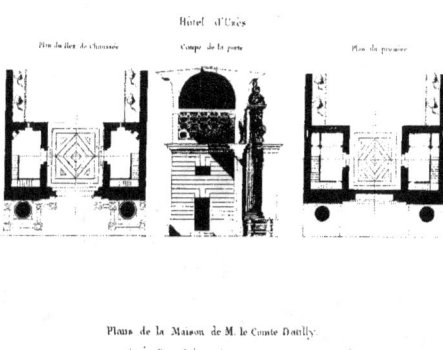

Hôtel d'Uzès

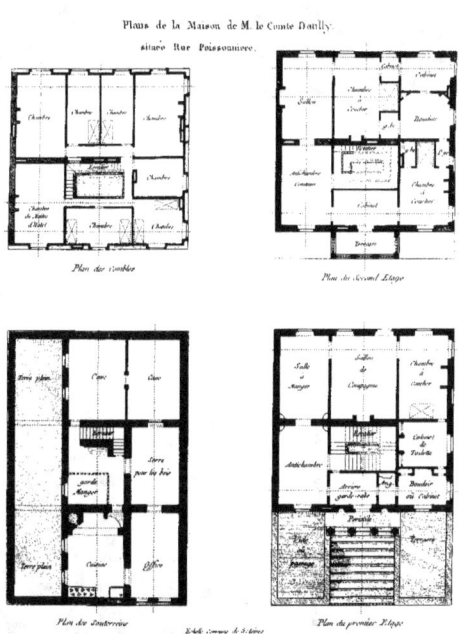

Plans de la Maison de M. le Comte Dailly, situé Rue Poissonnière.

Maison de Mr le Comte d'Atilly, Rue Poissonnière

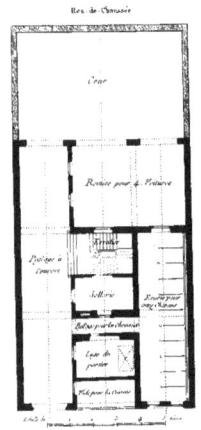

Vue perspective de l'Hôtel d'Uzès sur le Jardin.

Vue perspective de la Maison de M. de Jarnac.

Coupe de la Maison de M.¹ le Marquis d'Espinchal.

Maison habitée par M.¹ le Comte d'Espinchal, rue des petites écuries du Roi.

Maison de Mr d'Évry.

Plan du Premier étage.

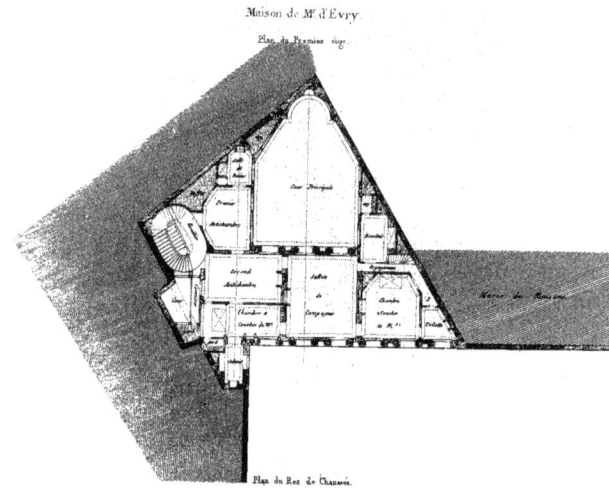

Plan du Rez de Chaussée.

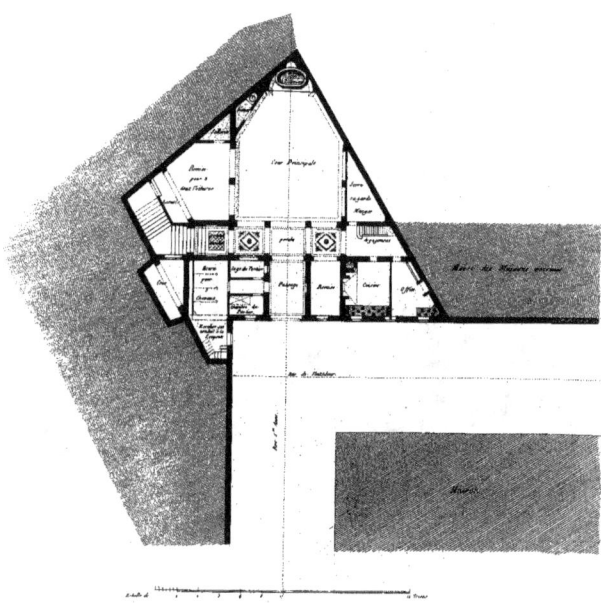

Maison de M.º Dévey

Coupe.

Élévation.

Fragments des Propylées de Paris

PLAN

DE

LA MAISON

DE

M.LLE S.T GERMAIN

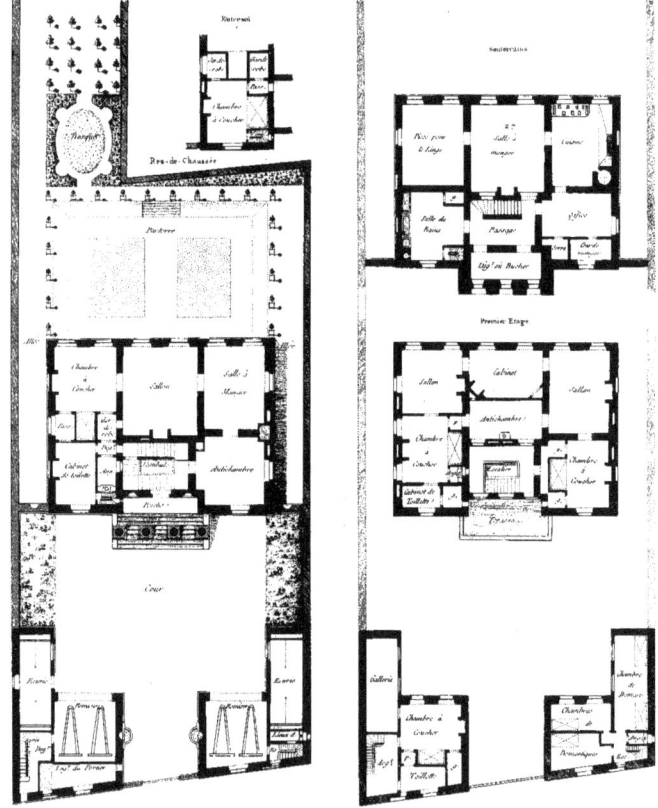

Elévation de la Maison de Mlle St Germain.

Coupe de la Maison de Mlle St Germain.

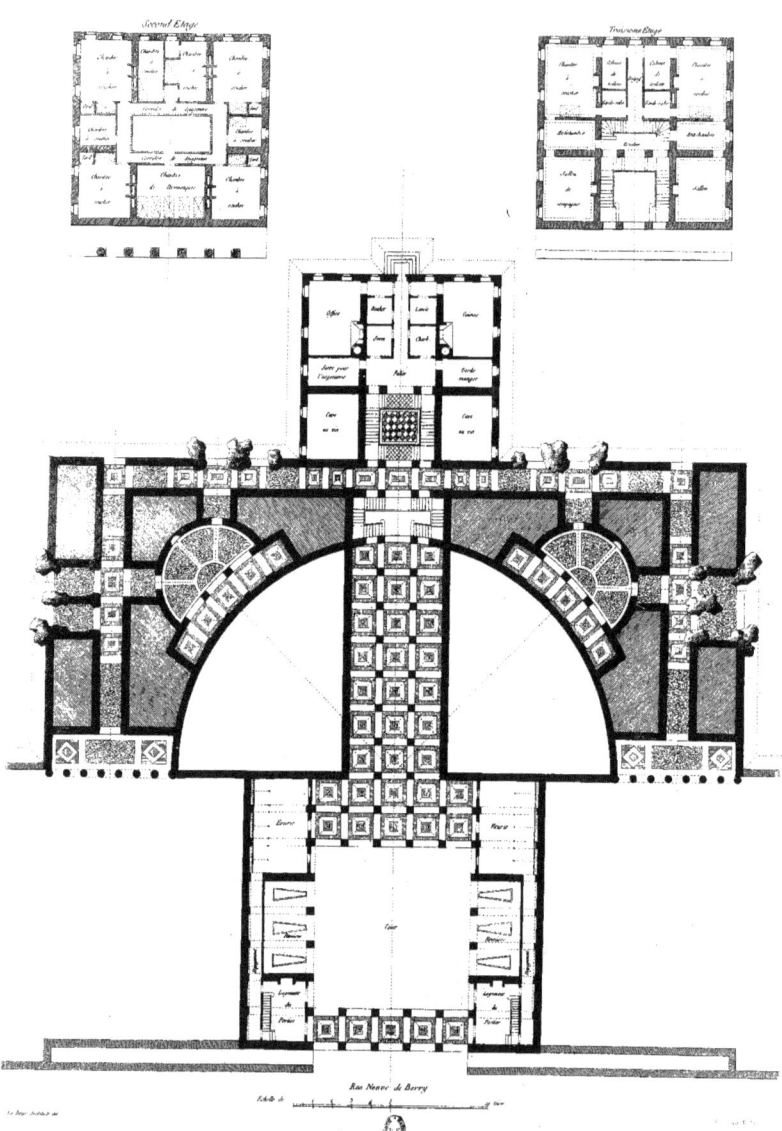

Premier Etage d'une Maison Rue Neuve Bery.

Rue Neuve Bery

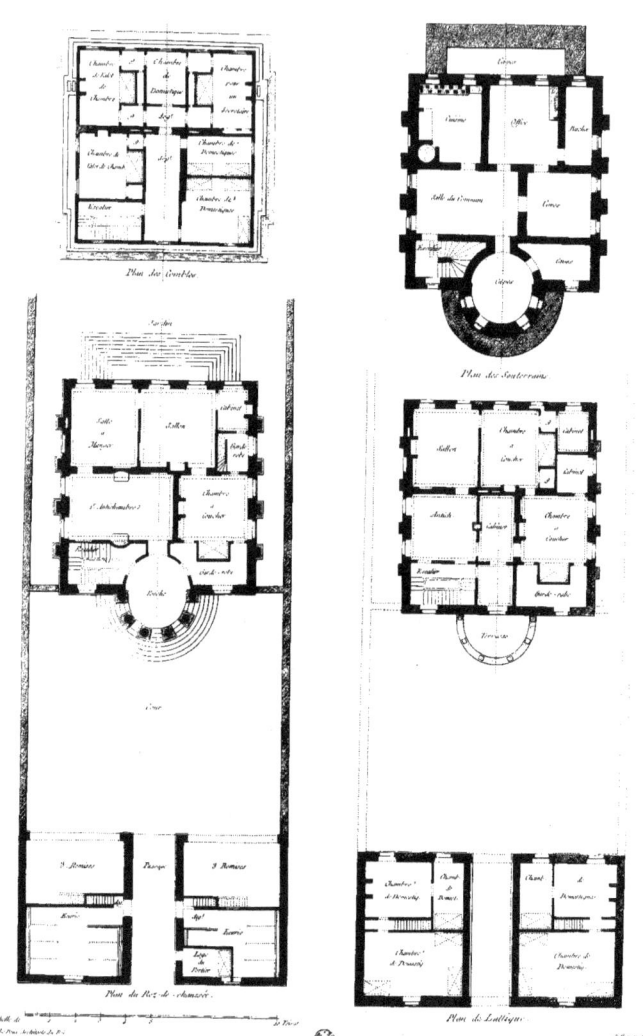

Maison située Rue Poissonière

Coupe

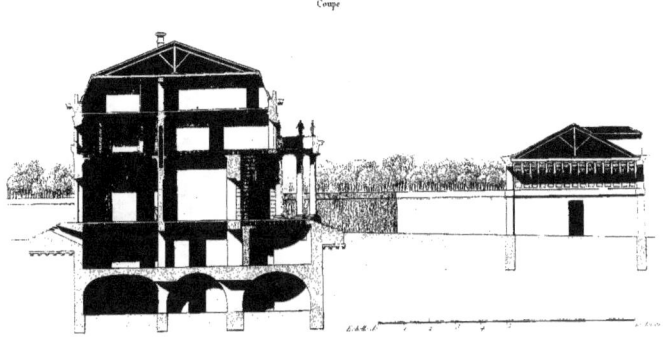

Élévation

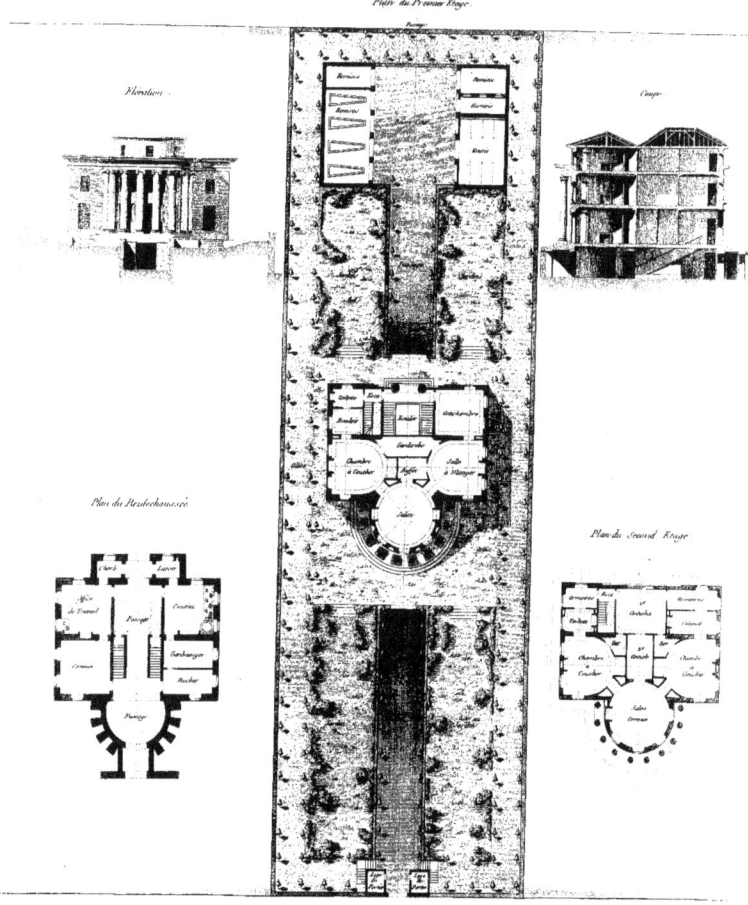

Maison de Commerce

Plan du Rez de Chaussée

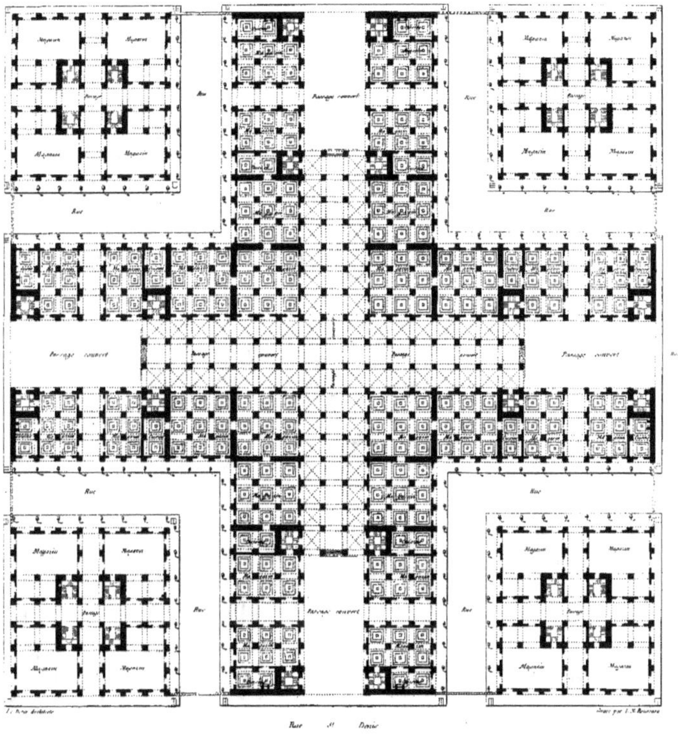

Maison de Commerce située sur la rue St Denis

Plan du Premier Étage

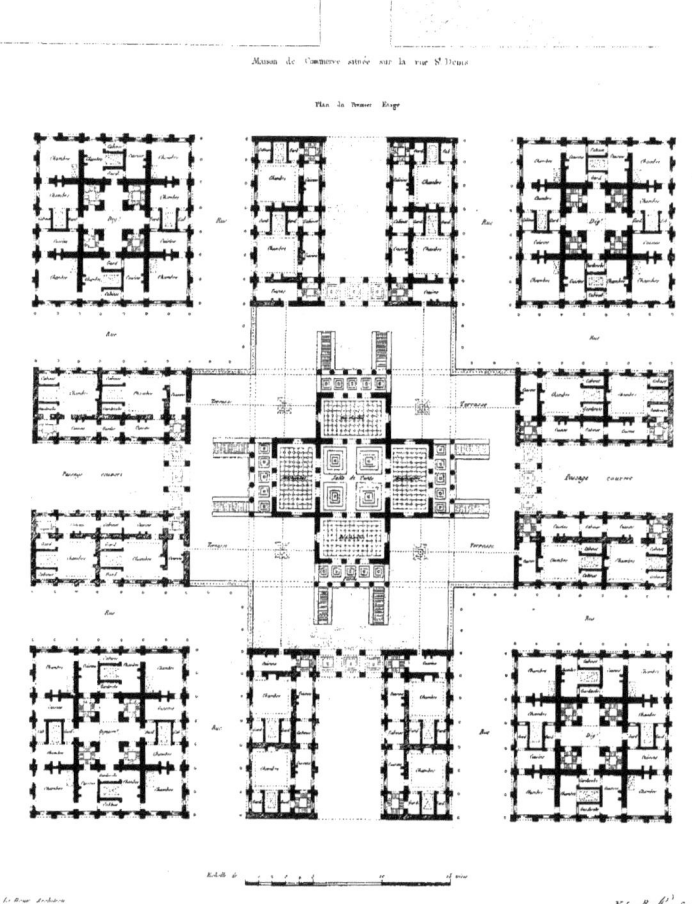

295 a

Maison de Cormorun, située rue St Denis.

Élévation principale

295 b

Coupe

Maison de Commerce.
Vue Perspective.

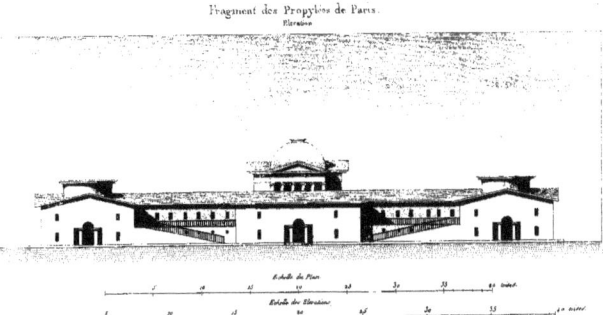

Fragment des Propylées de Paris.
Élévation

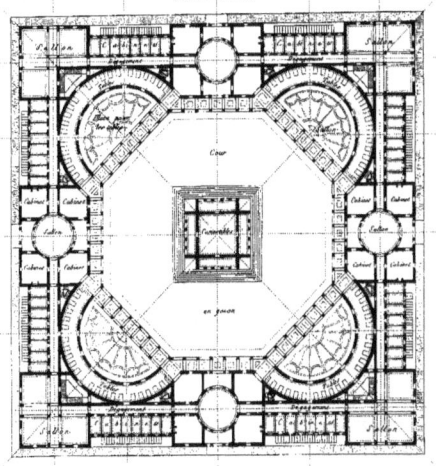

Plan du Rez-de-Chaussée

Coupe

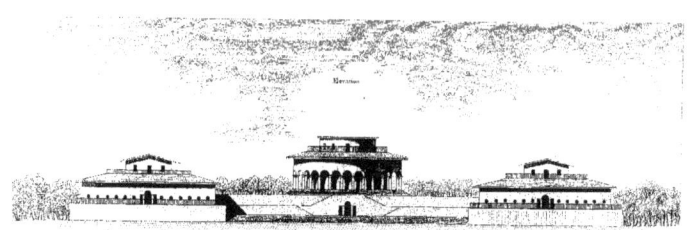

Fragment des Propylées de Paris.

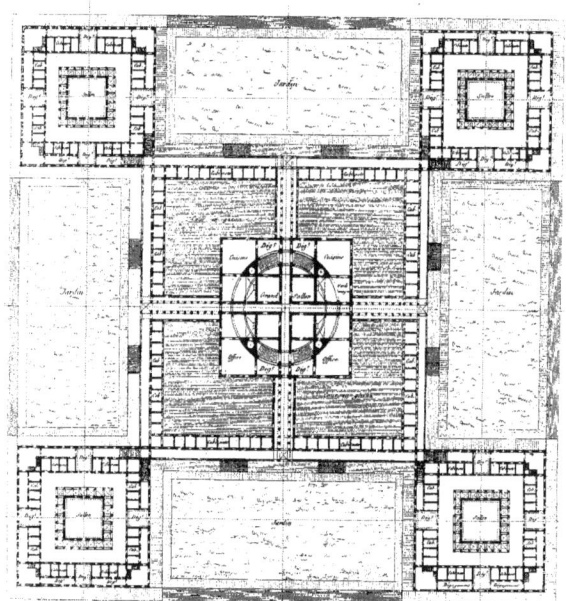

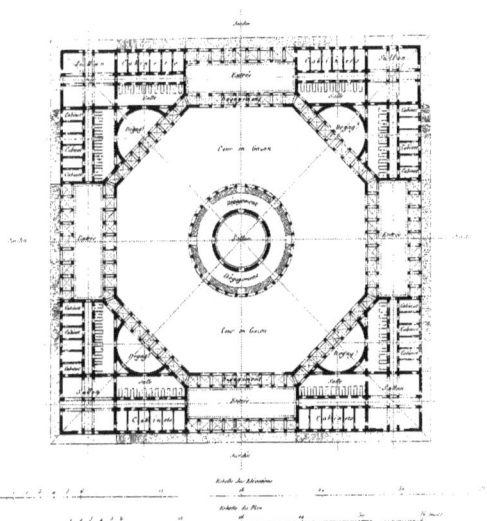

Fragment des propylées de Paris.

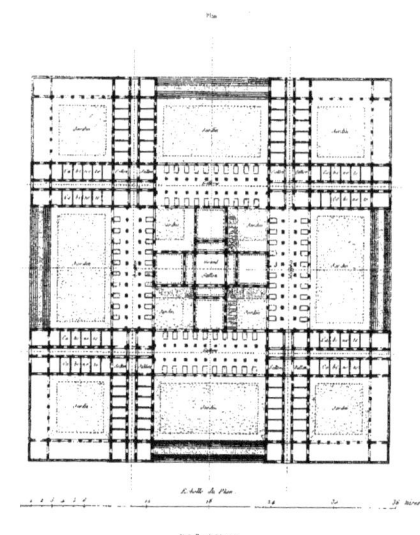

Fragments des Propylées de Paris.
Élévation

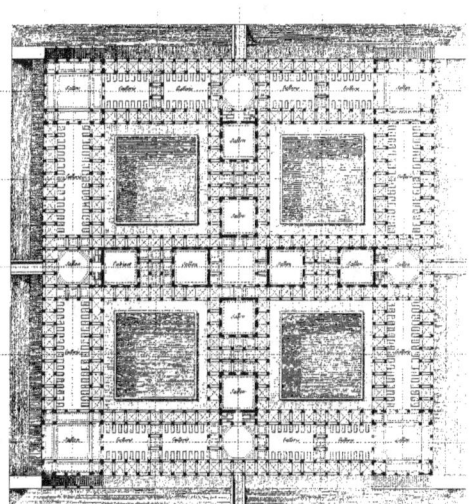

Fragmens des Propylées de Paris.
Élévation.

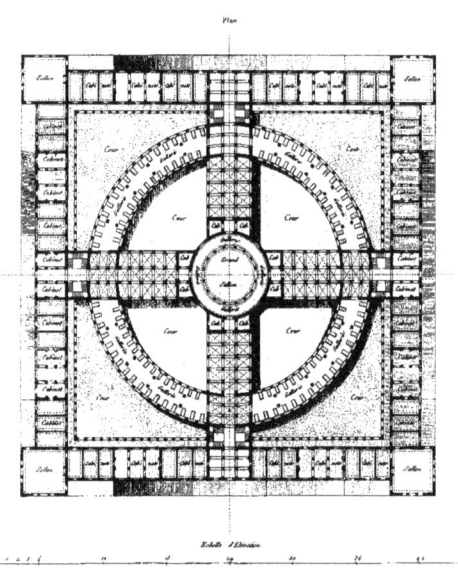

Plan.

Échelle d'Élévation.

Échelle du Plan.

Coupe.

Fragmens des Propylées de Paris.
Élévation

Plan

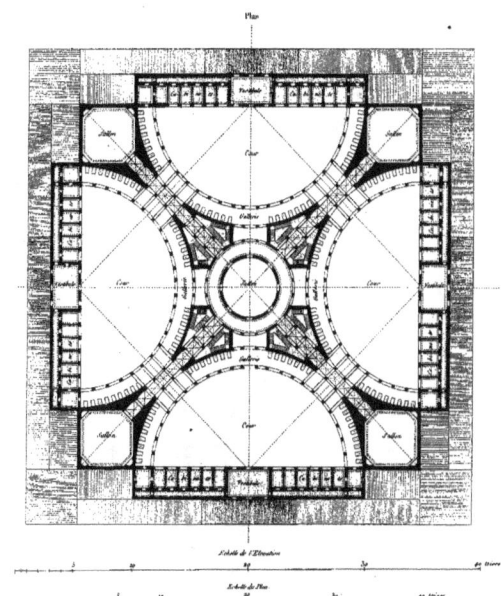

Coupe

Monument de Popularité
Plan du Rez-de-Chaussée

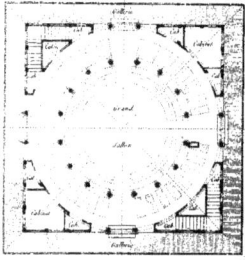

Plan du premier Étage

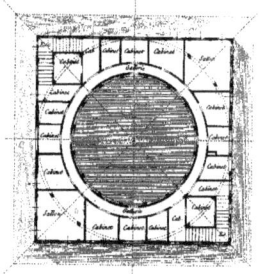

Plan de l'Attique

Plan Général

Monument de Popularité

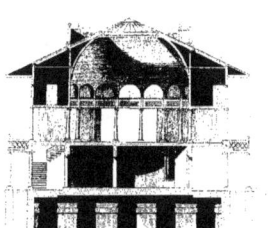

Coupe.

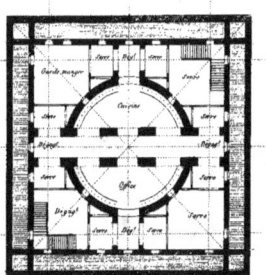

Plan des Souterrains.

Élévation.

Maison de plaisir

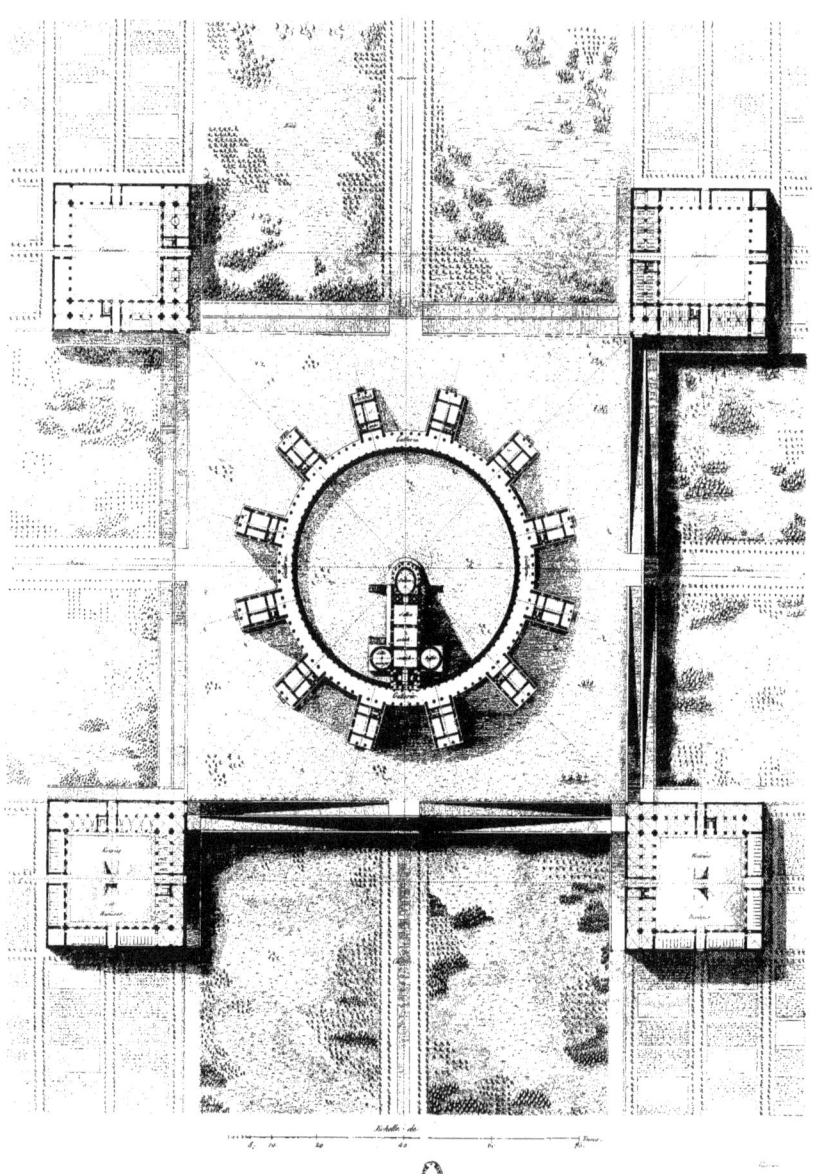

Maison de plaisir.
Élévation.

Coupe sur la ligne A B.

Coupe sur la ligne C D.

Coupe sur la ligne E F.

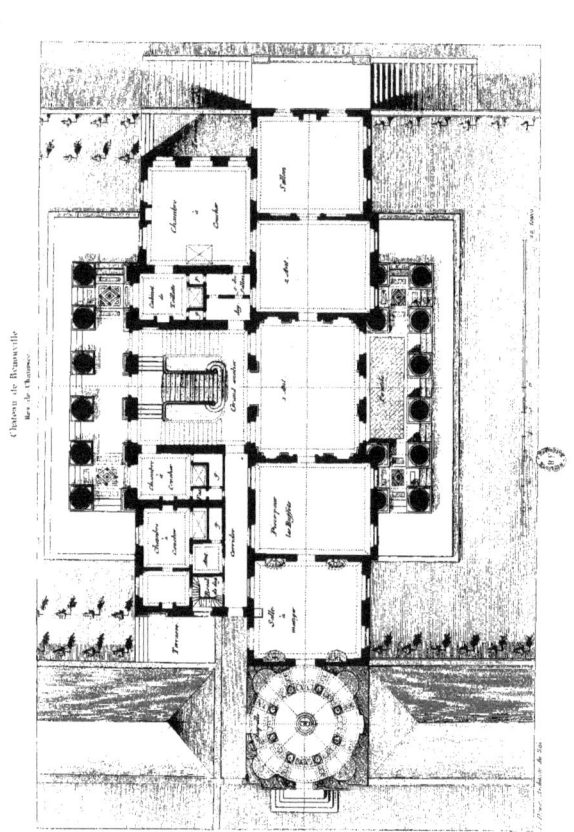

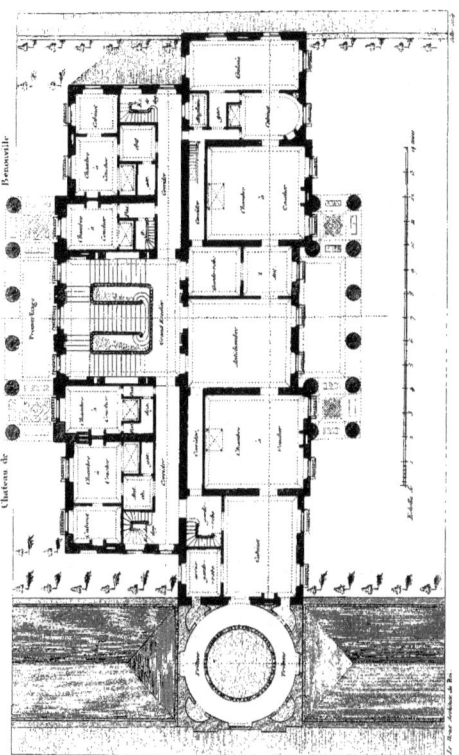

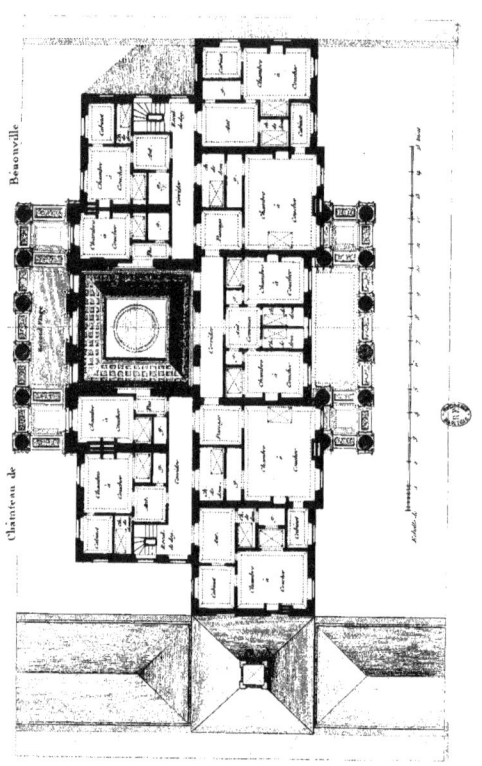

Château de Bonneville.

Élévation.

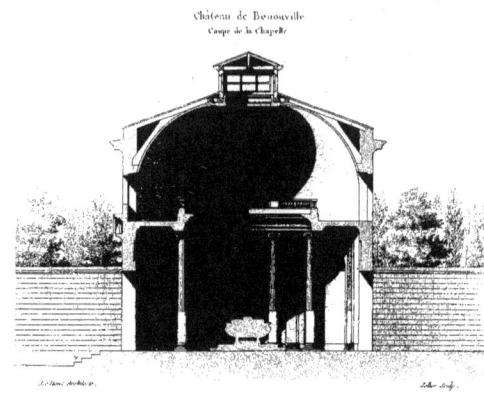

Château de Benouville
Coupe de la Chapelle

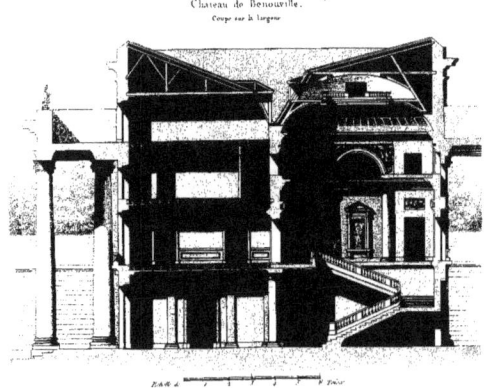

Château de Benouville.
Coupe sur la largeur

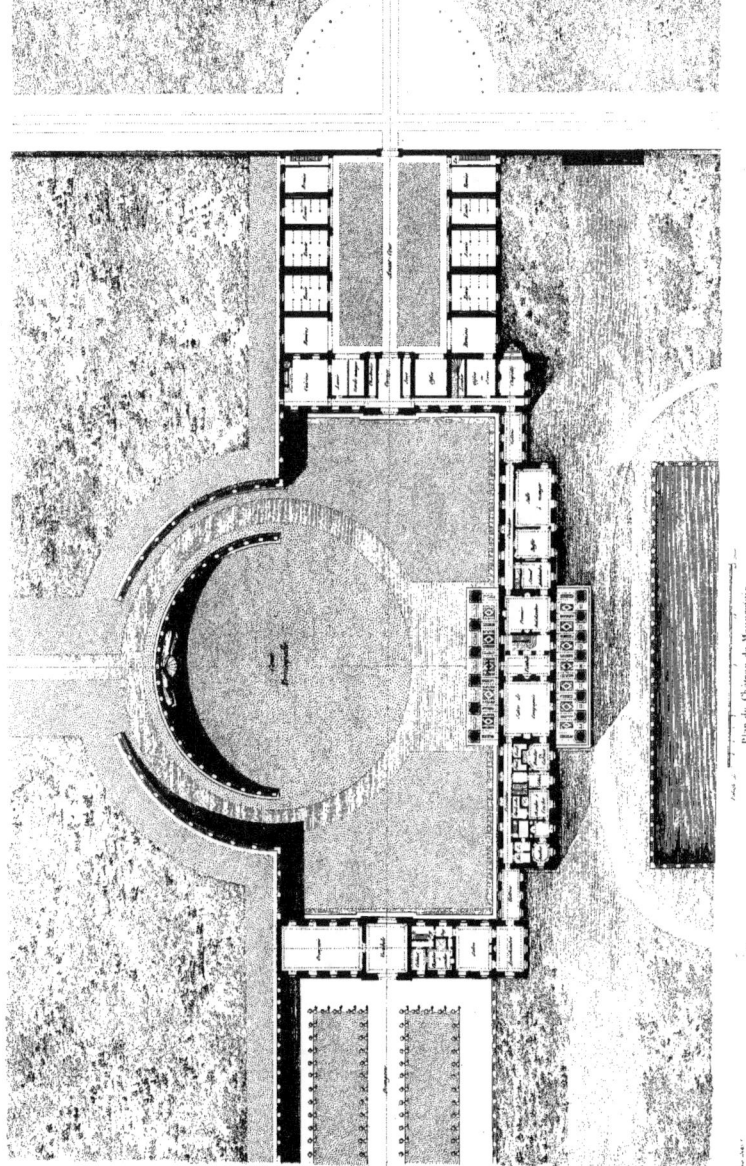

Plan du Château de Maupertuis.

CHATEAU DE MEAUPERTUIS.

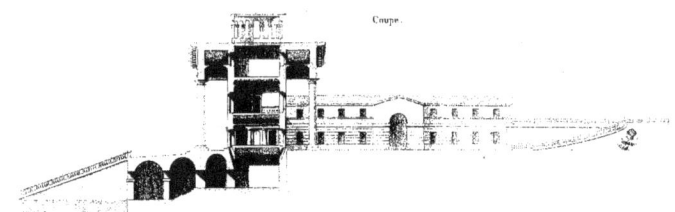

Coupe.

Elevation sur le Jardin.

Elevation sur la Cour.

Faisanderie de Maupertuis
Élévation perspective

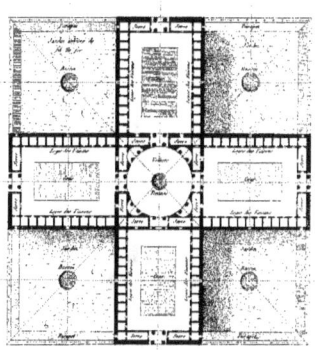

Plan

Coupe

Maison des Gardes Agricoles.
Vue Perspective.

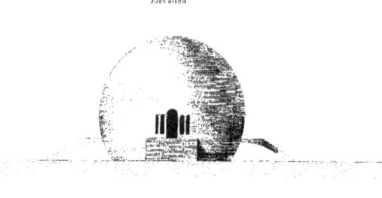

Élévation

Coupe

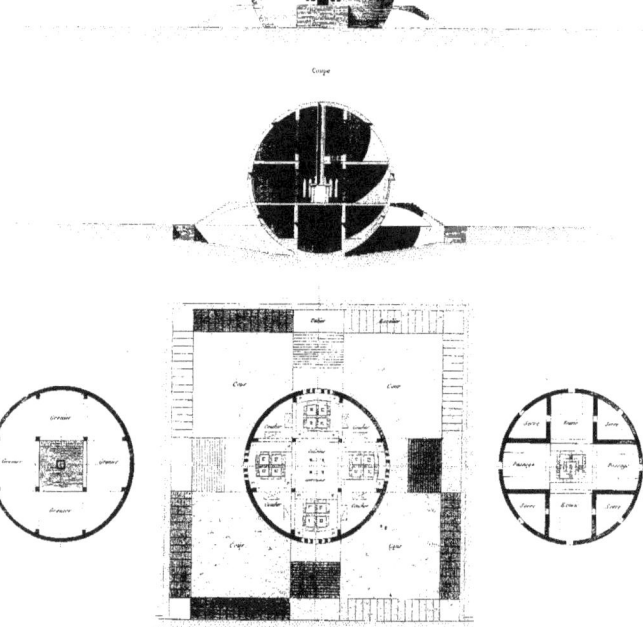

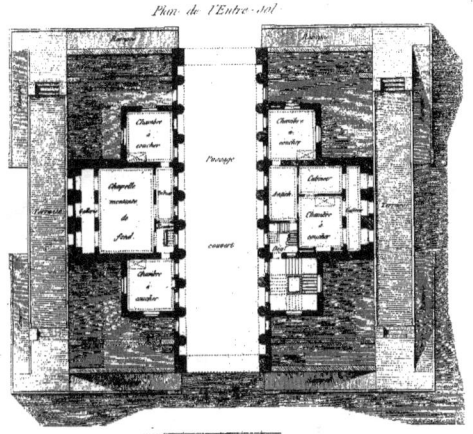

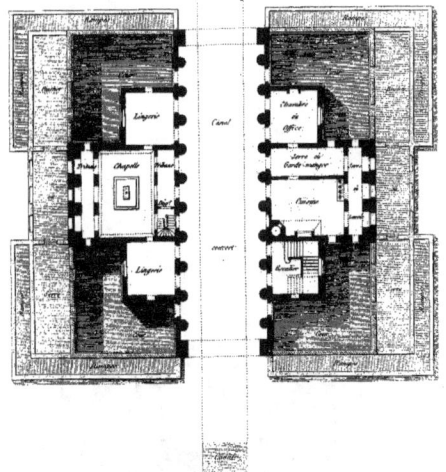

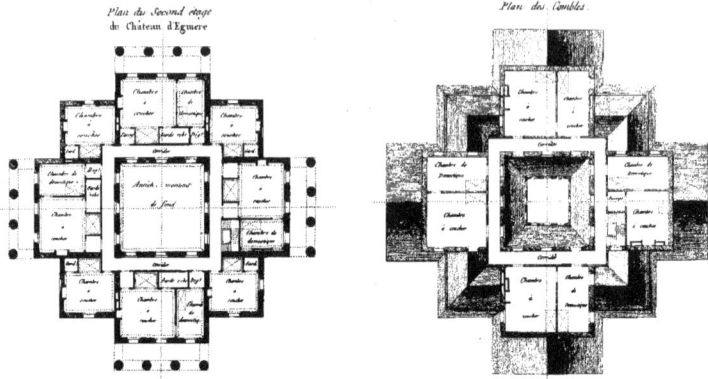

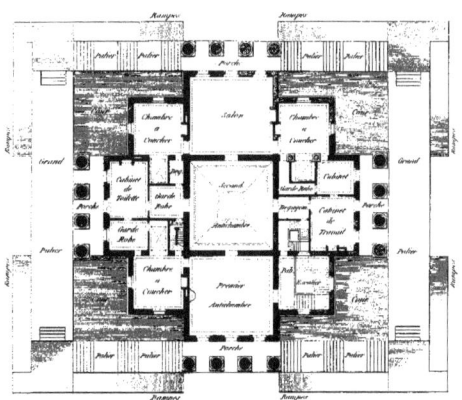

Plan du Premier Étage du Château Déguière.

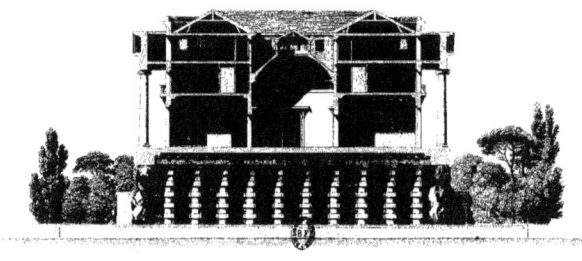

Coupe du Château Déguière, sur la longueur.

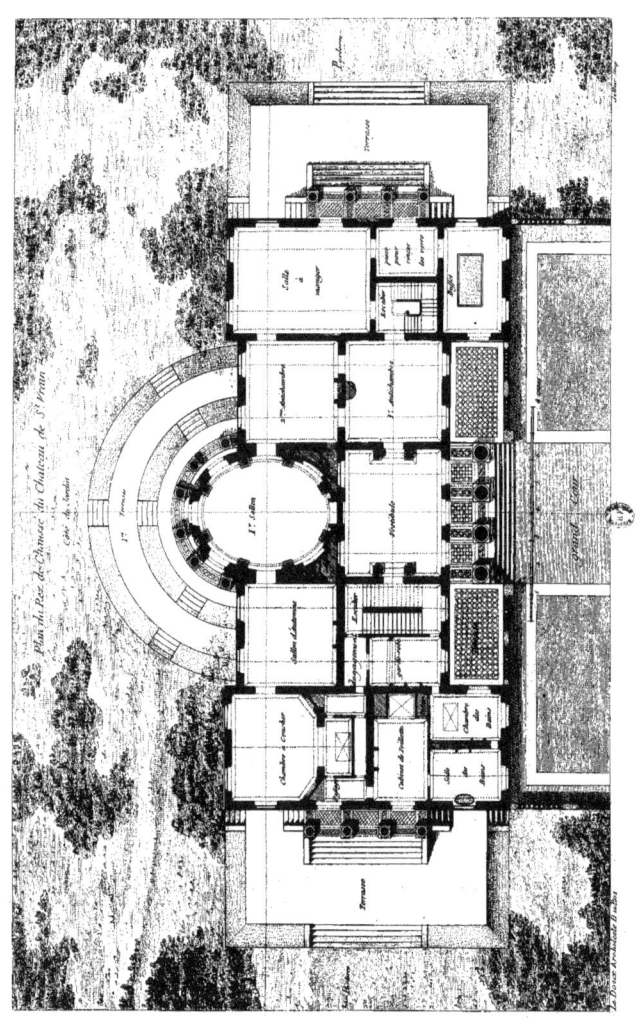

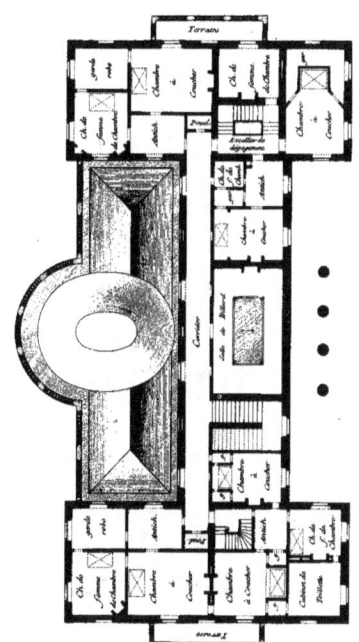

Plan du Premier Etage du Chateau de St Vrain.

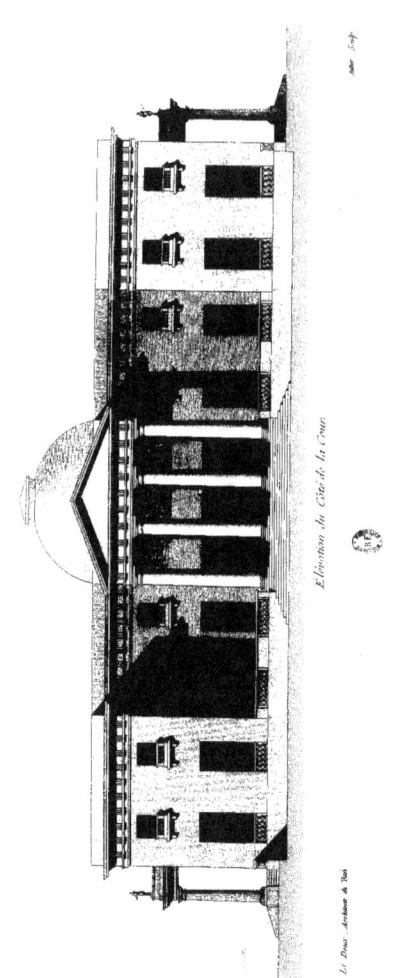

Elévation du Côté de la Cour

Elévation du Côté du Parterre

Coupe du Chateau de St. Vrain Sur la Largeur.

Elévation du Côté de la grande Piece d'Eau.

325

Château de M. le C.te de Barail.
Plan de l'Entresol.

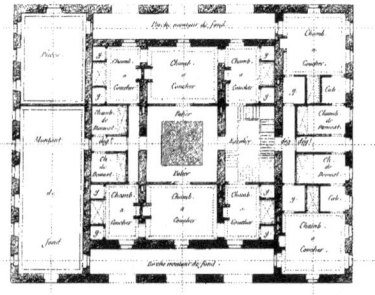

Plan des Souterrains.

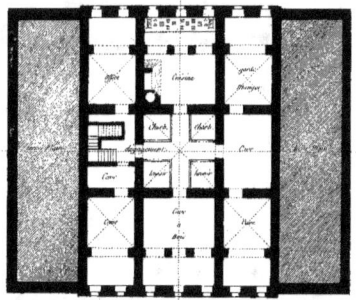

Plan du Rez-de-chaussée.

Plan du Château de Mr le Cte de Baraul.

Plan du Second Etage.

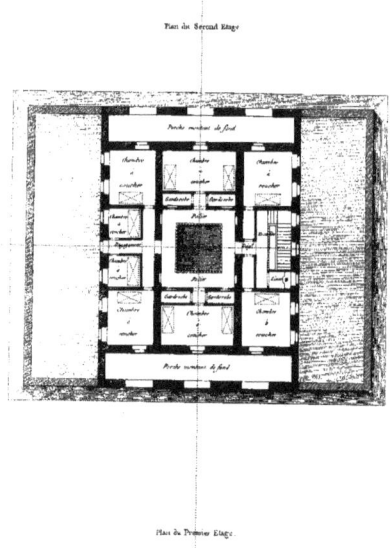

Plan du Premier Etage.

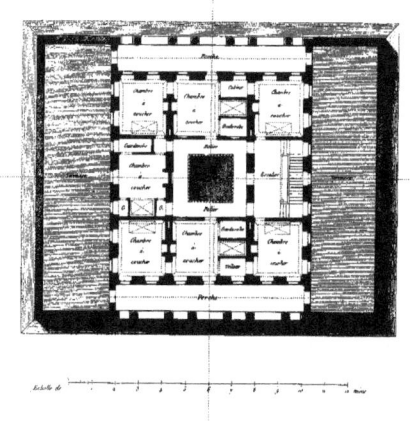

Château de M. de Barail.

Élévation Principale.

Coupe.

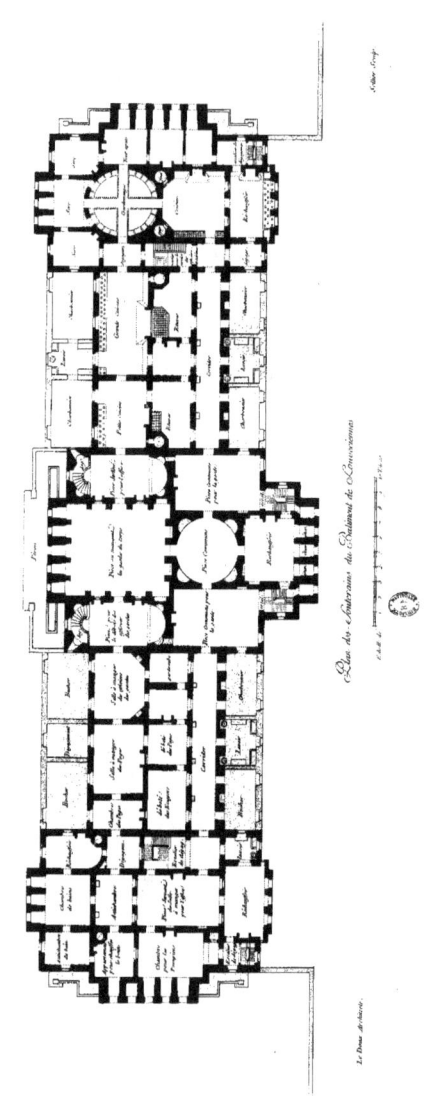

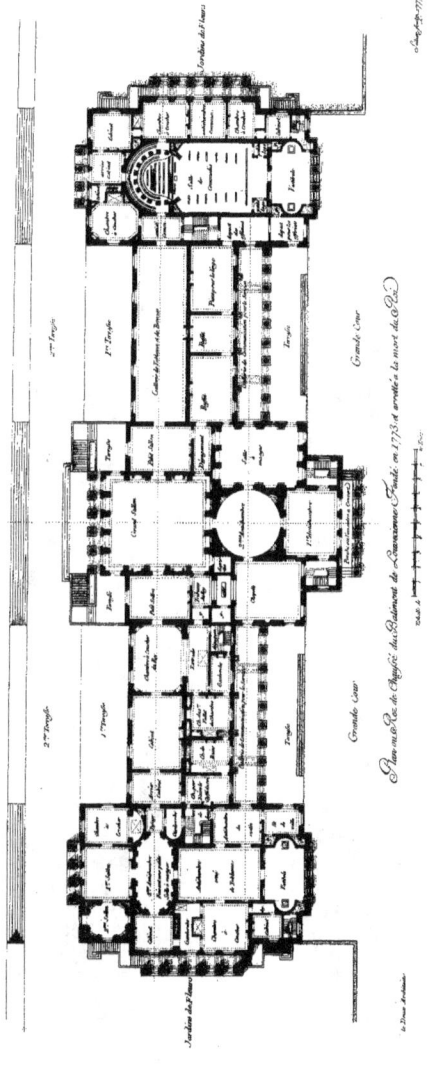

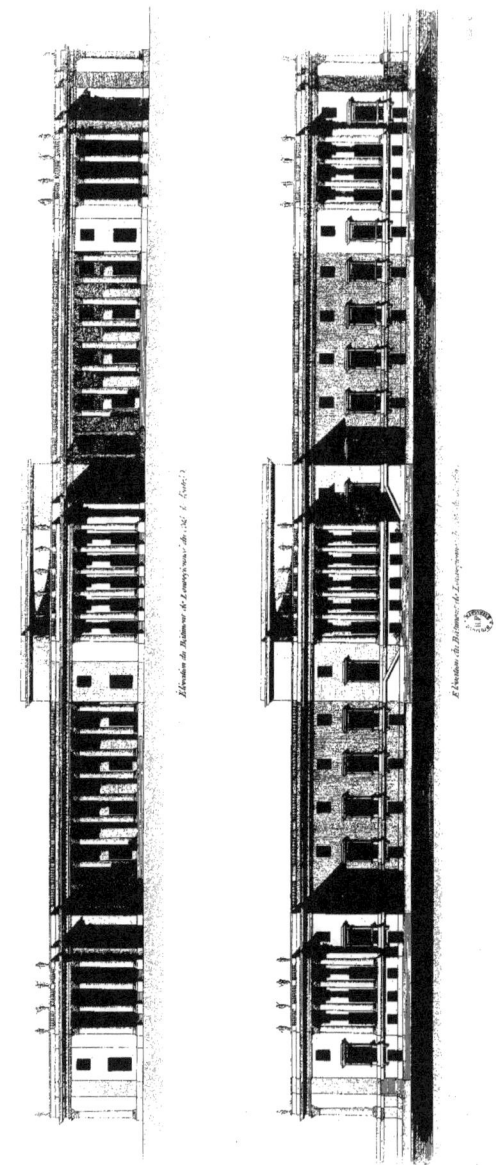

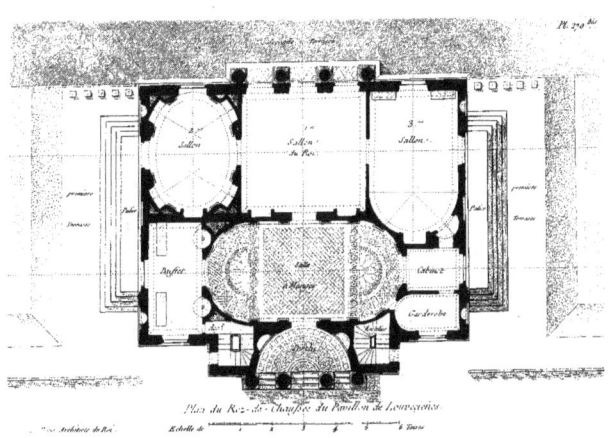

Plan du Rez-de-Chaussée du Pavillon de Louveciennes.

Elevation du Pavillon de Louveciennes du côté des Jardins.

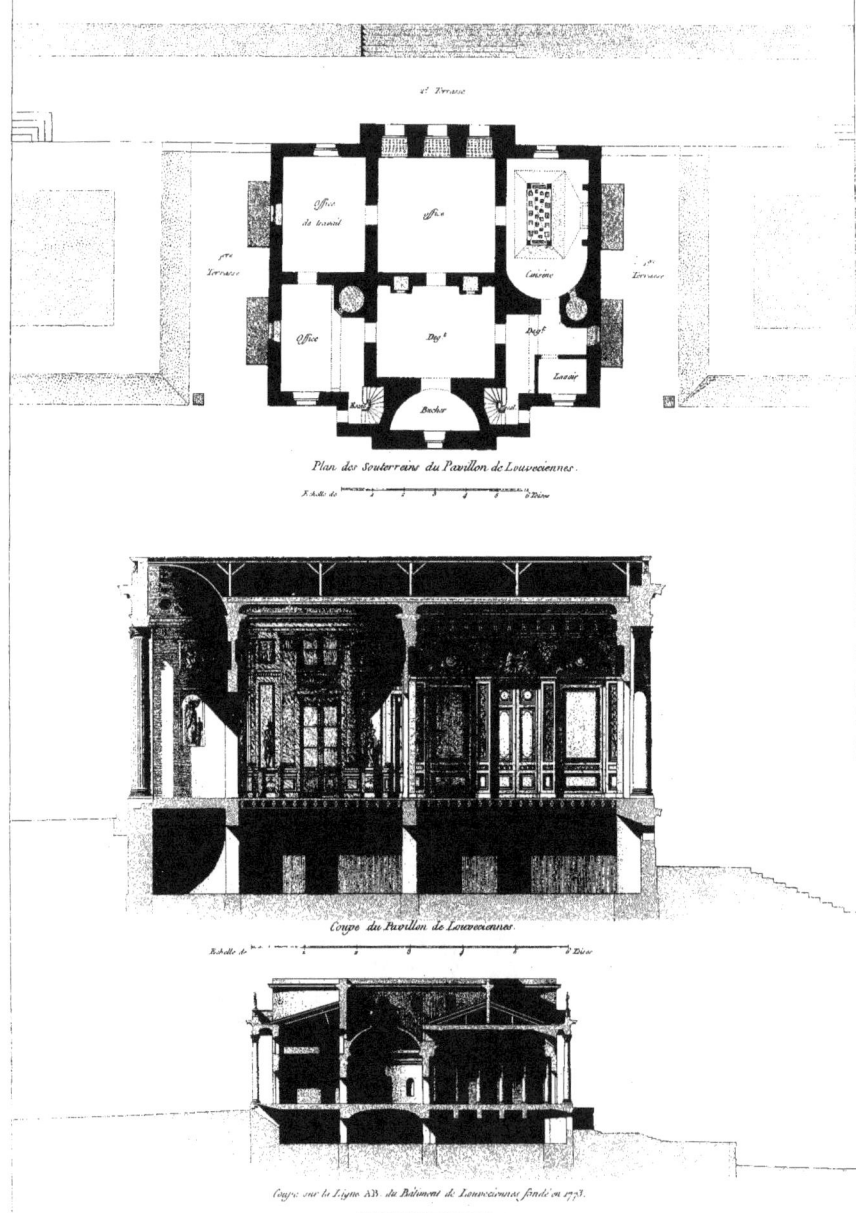

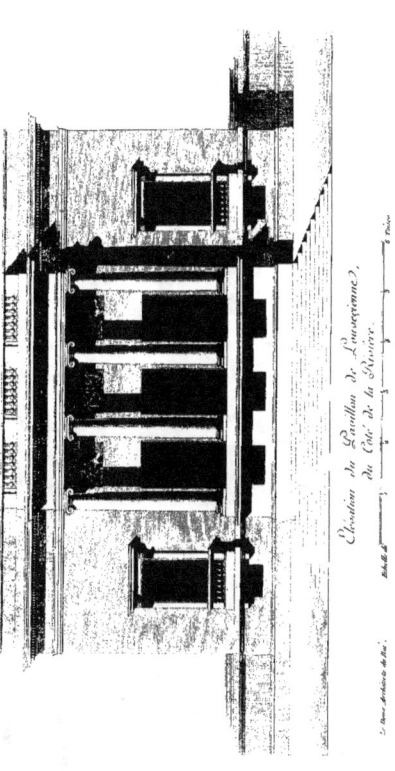

Elevation du Pavillon de Louveciennes
du Coté de la Rivière.

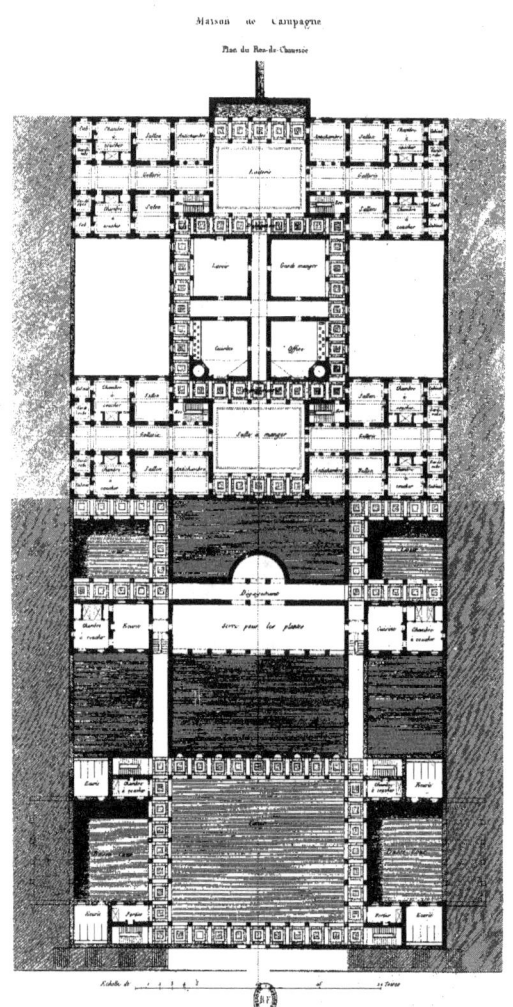

Maison de Campagne.

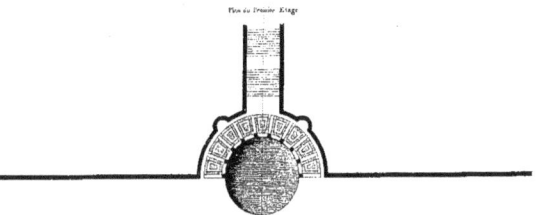

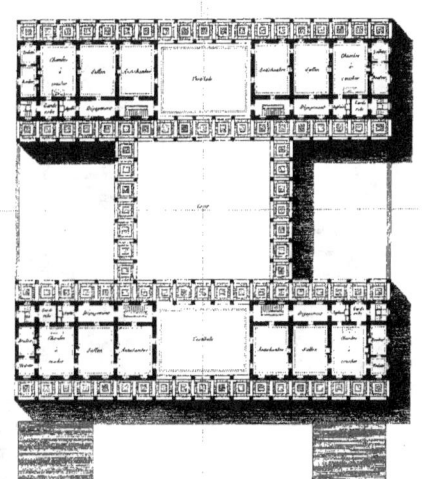

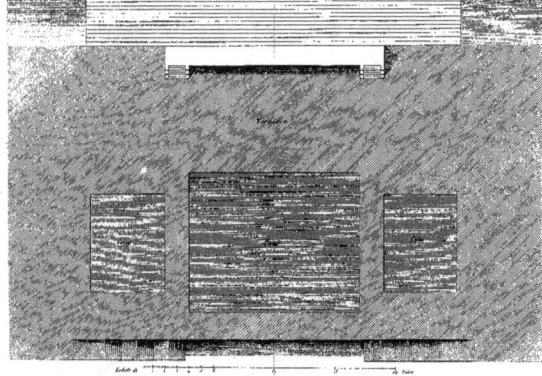

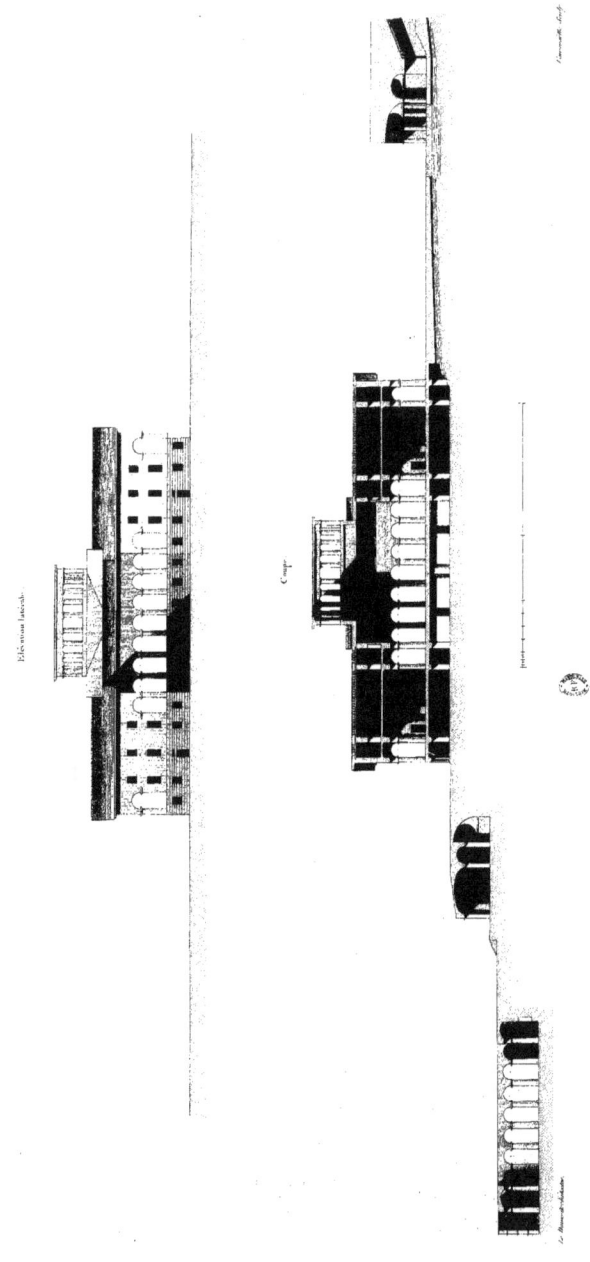

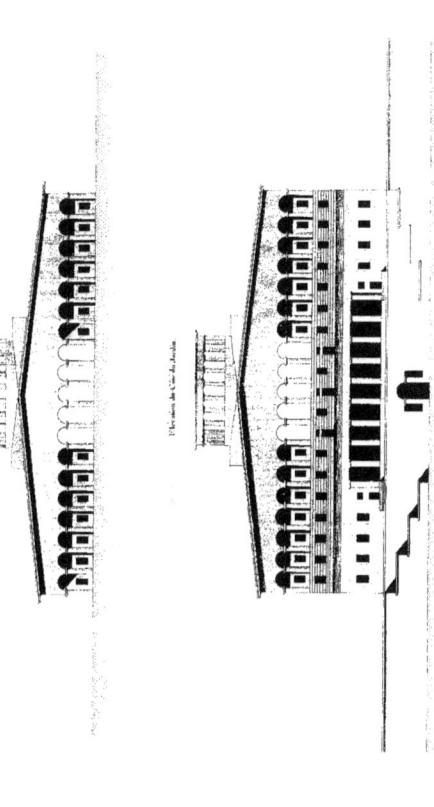

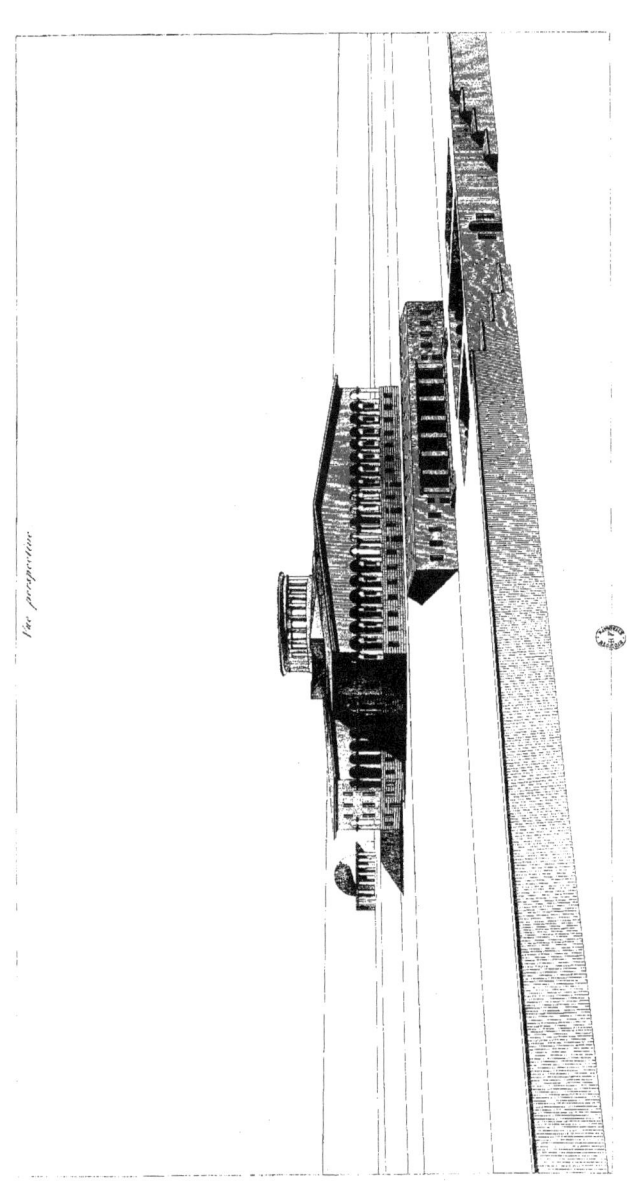

Vue perspective

Plans de la Maison de M. de S.t Lambert.

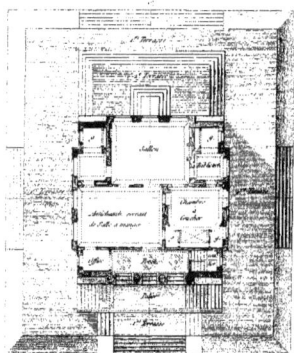
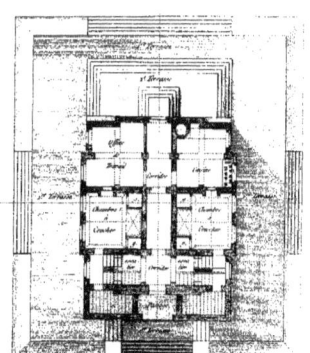

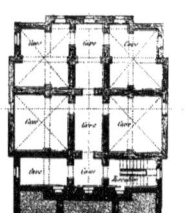

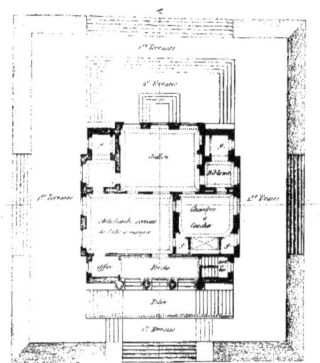
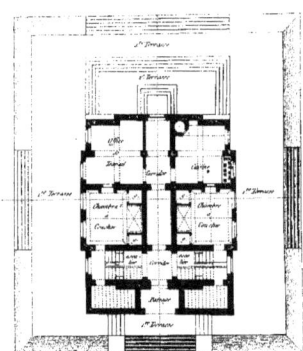

Plan du Rez-de-Chaussée de la Maison de M. de Mézières à Aubonne.

Plan des Souterrains.

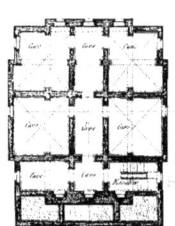

Plan du Premier Étage.

Plan des Toits.

Coupe

Elevation

Maison de M. le Chevalier de Mannery

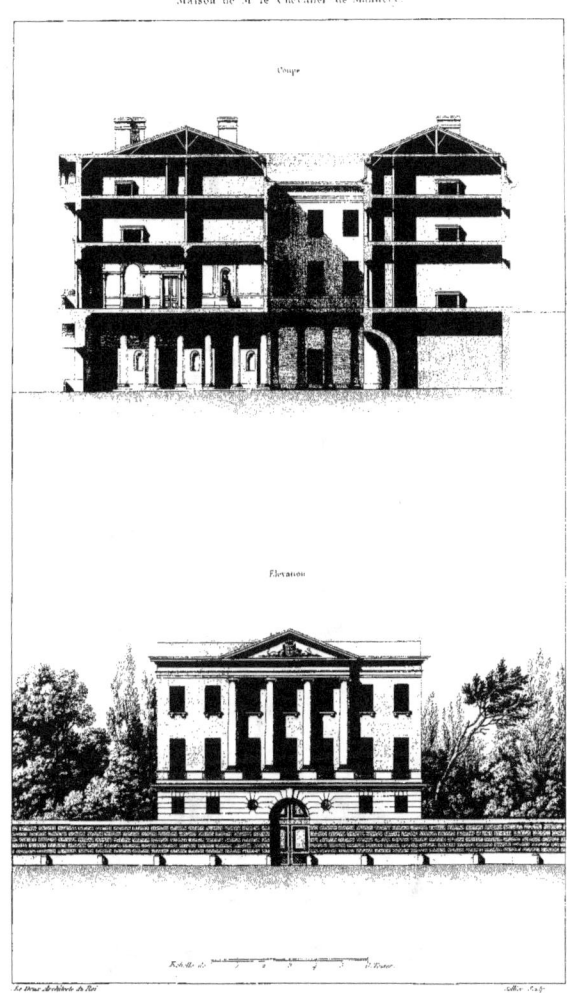

Maison de M. le Chevalier de Mannory

Plans de la Maison de Mr Schmitt.

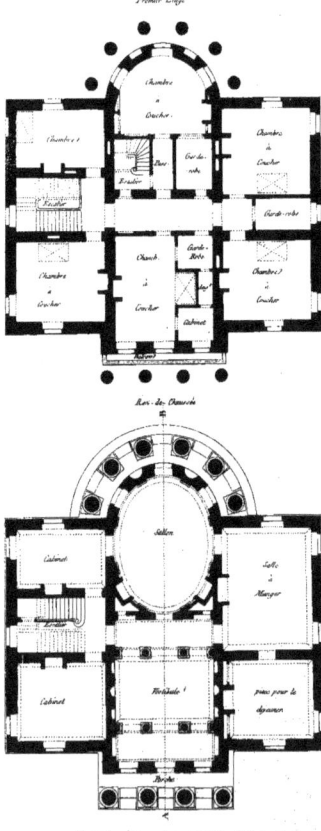

Maison de Campagne de M. Schemit.

Coupe.

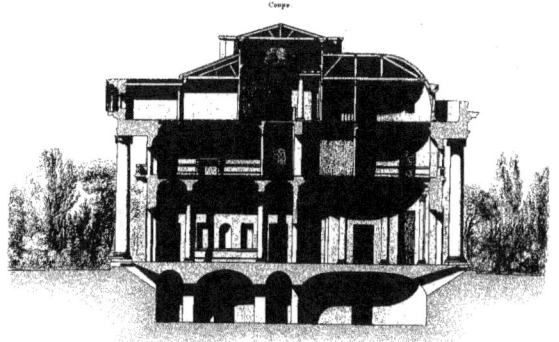

Elevation principale.

Elevation sur le Jardin.

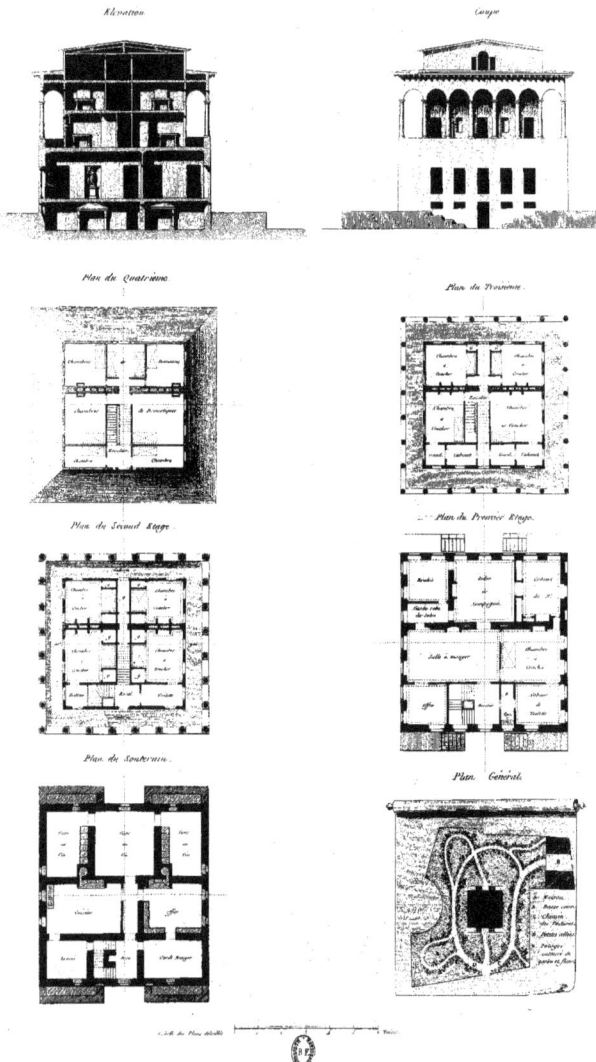

Maison de Campagne, située dans le Parc de Bellevue.

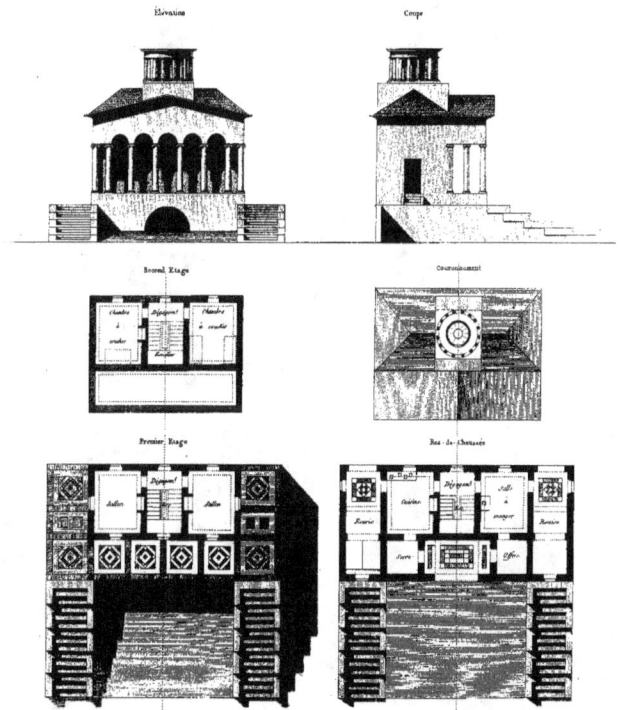

Abreuvoir et Lavoir de Meilliand.

Élévation

Coupe sur la largeur du Chemin

Ecole Rurale de Meilliand

Plan de l'Entresol   *Plan du Rez-de-Chaussée*

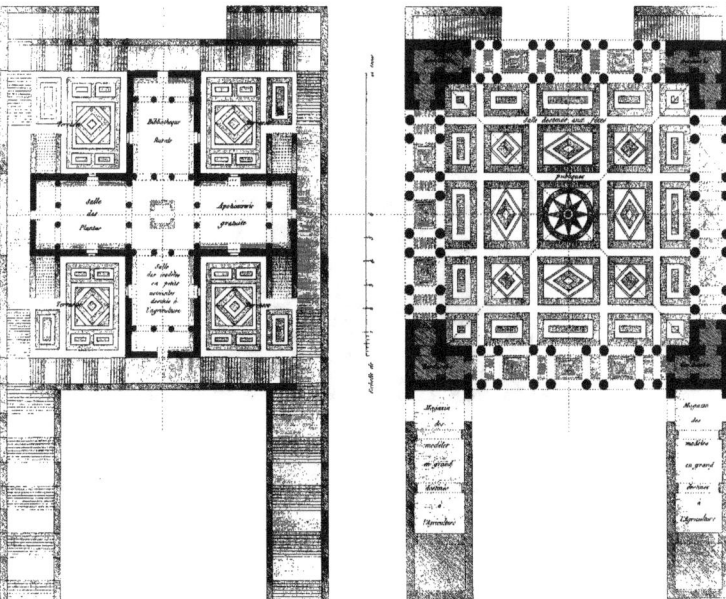

Ecole Rurale de Meilhant
Plan d'Ensemble

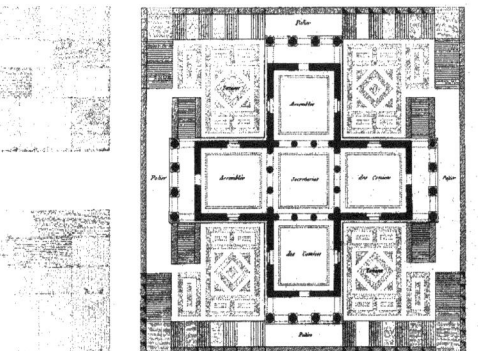

Coupe

Écoles Royales de Meilhand

Élévation Principale

Élévation sur le Jardin

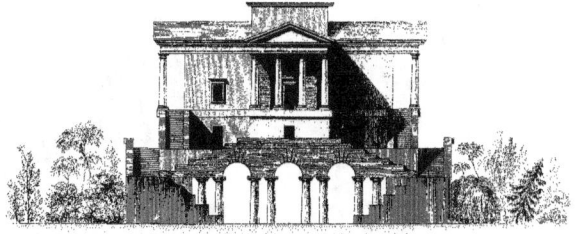

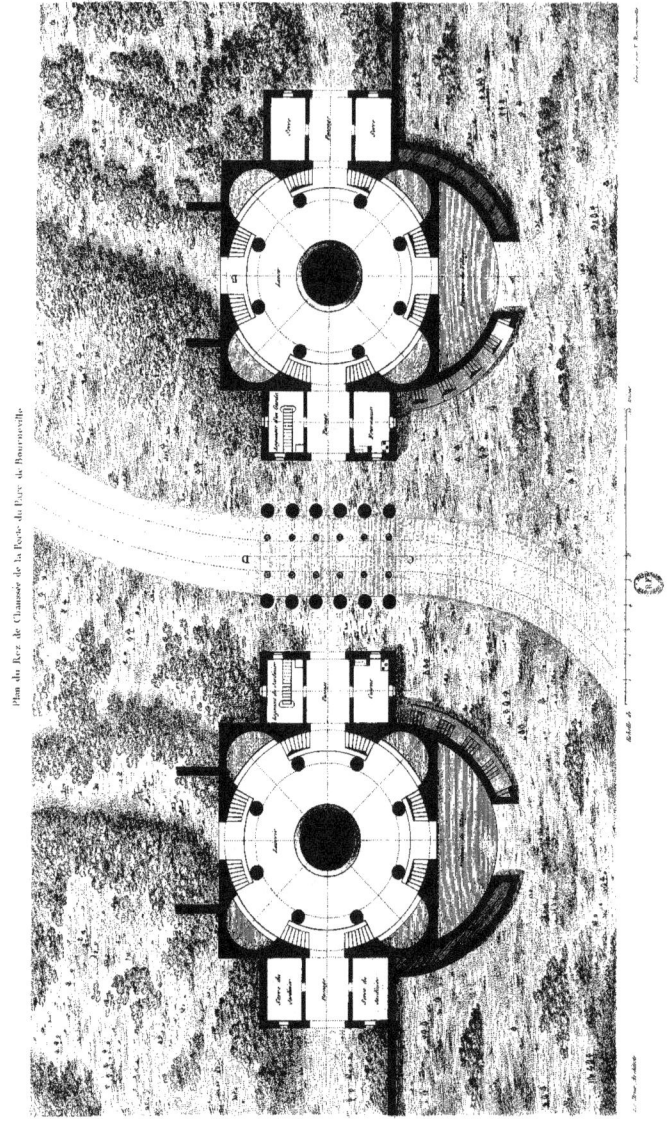

Plan du Premier Etage de la Porte du Parc de Bourneville.

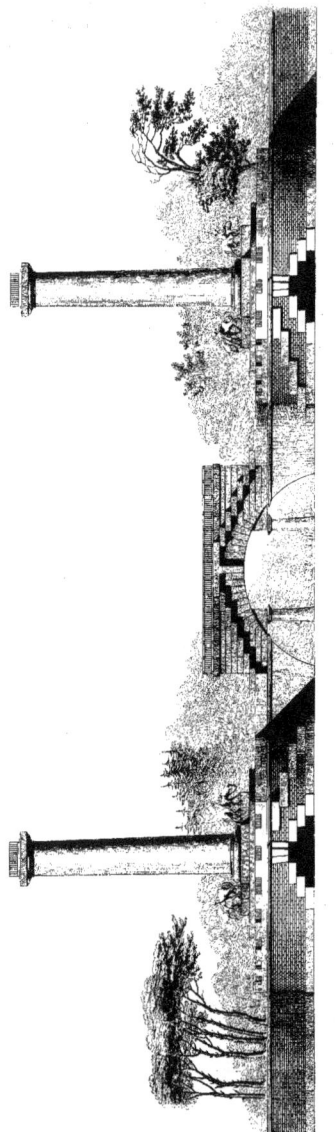

Élévation de la Porte du Parc de Bonneville

Élévation de la Porte du Parc de Bourneville

Coupe sur la ligne AB du Plan.

Coupe sur la ligne CD du Plan.

Échelle :

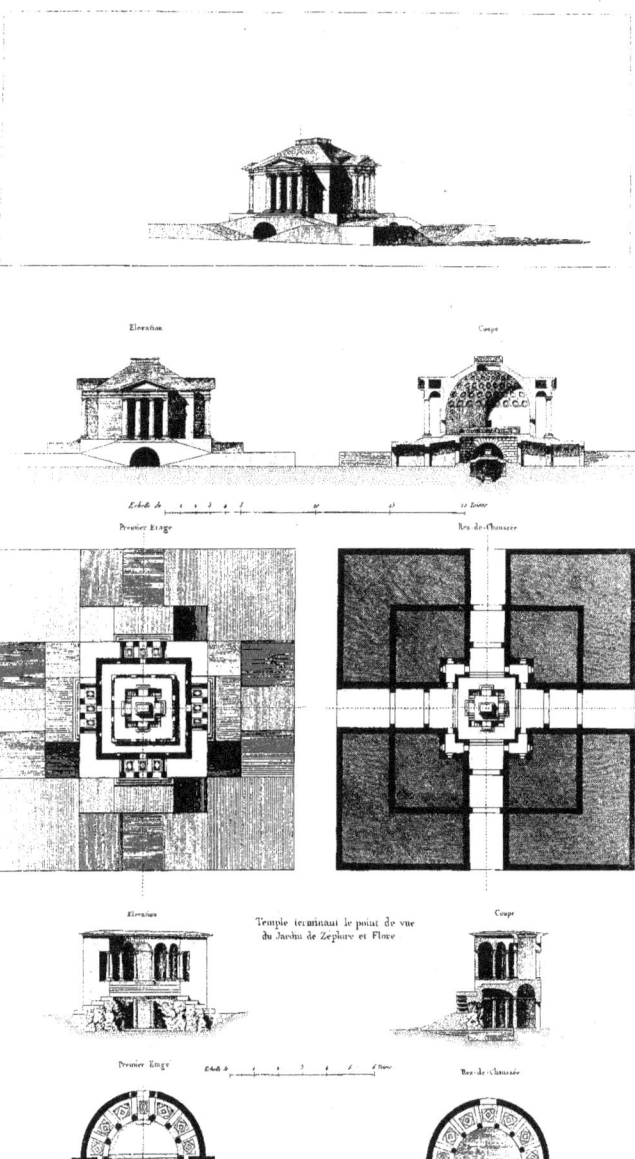

Fragments des Propylées de Paris.

Plan de la Bergerie de la Roche-Bernard.

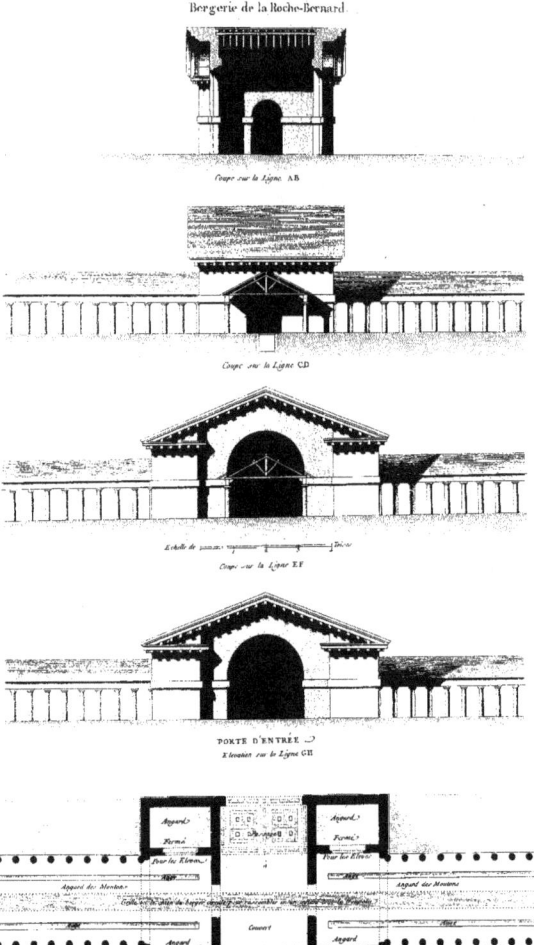

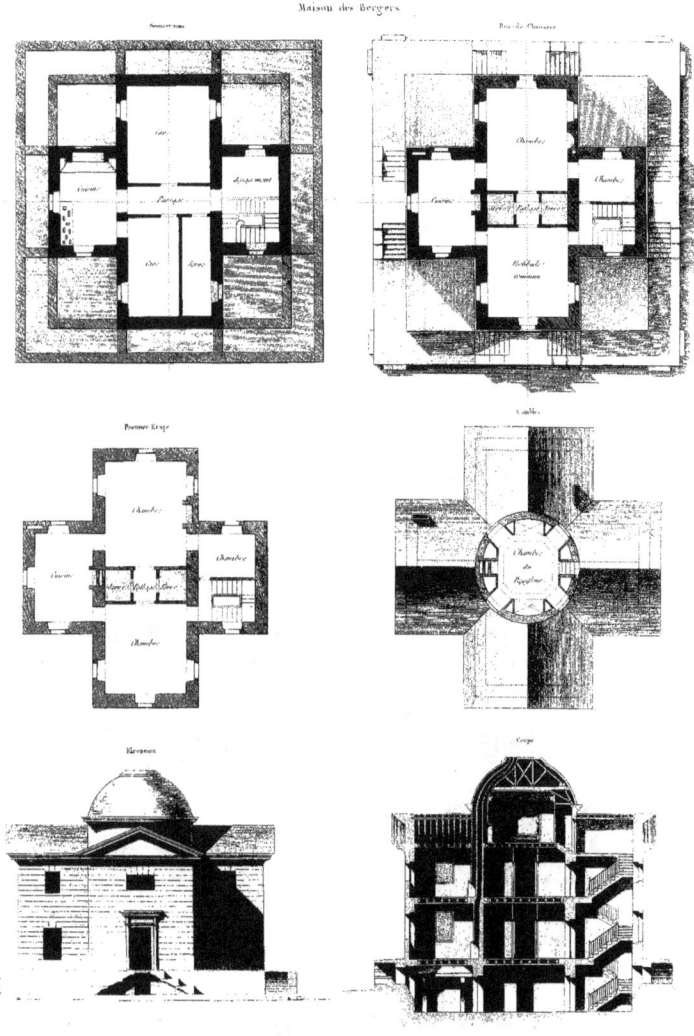

Coupe prise sur l'une des Lignes principales.

Plan général de la Ferme parée de la Roche Bernard.

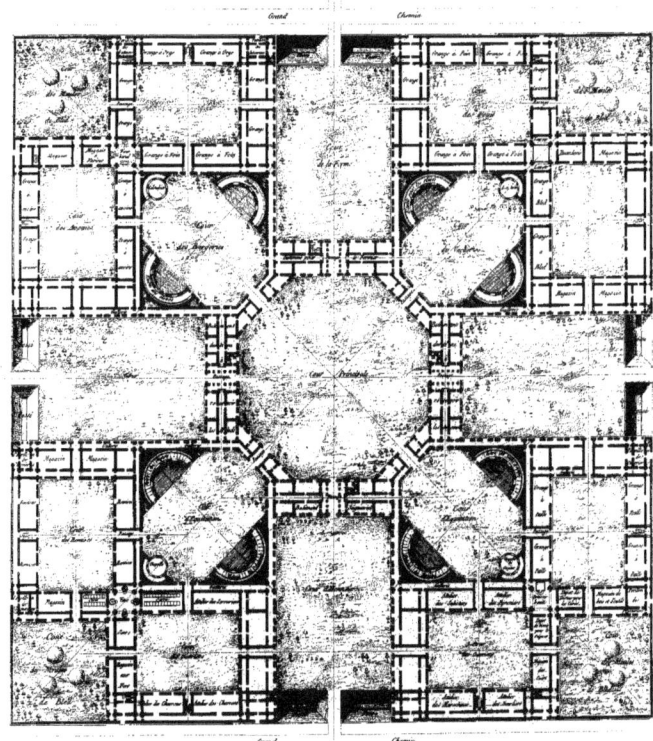

Élévation de l'une des Façades.

www.ingramcontent.com/pod-product-compliance
Lightning Source LLC
Chambersburg PA
CBHW051327230426
43668CB00010B/1171